BIBLIOTHEK DER WELTLITERATUR

PHAIDON

Des Knaben Wunderhorn

Alte deutsche Lieder

L. Achim v. Arnim. Clemens Brentano.

PHAIDON VERLAG

Nach der Heidelberger Originalausgabe von 1805–1819
(1. und 2. Auflage)

Gesamtherstellung: Stuttgarter Verlagsservice, Stuttgart
Satz: Typobauer Filmsatz GmbH, Ostfildern
Druck und Bindung: Ueberreuter, Wien
ISBN 3-88851-107-0

Sr. Exzellenz
des Herrn Geheimrat von Goethe.

„Auf dem Reichstage zu Augsburg geschah ein guter Schwank von Grünenwald, Singer an des Herzogs Wilhelmen von München Hof. Er war ein guter Musikus und Zechbruder, nahm nicht für gut was ihm an seines gnädigen Fürsten und Herren Tisch aufgetragen ward, sunder sucht sich anderswo gute Gesellschaft, so seines Gefallens und Kopfs wäre, mit ihm tapfer dämpften und zechten, kam so weit hinein, daß alle Geschenke in der Schenken für nasse Waar und gute Bißlein dahin gingen; nach mußt die Maus bas getauft werden, er macht dem Wirt bei acht Gulden an die Wand. Als der Wirt erfuhr, daß der Herzog von München samt andern Fürsten-Herren aufbrechen wollte, so kam er zu dem guten Grünenwald, fordert seine angeschriebene Schuld. Lieber Wirt, sagt Grünenwald, ich bitte euch von wegen guter und freundlicher Gesellschaft, so wir nun lang zusammen gehabt, lassen die Sach also auf diesmal beruhen, bis ich gen München komm, denn ich bin jetzt zumal nicht gefaßt, wir haben doch nicht so gar weit zusammen, ich kanns euch alle Tag schicken, denn ich hab noch Kleinod und Geld zu München, das mir die Schuld für bezahlen möcht. Das gönn dir Gott, sagt der Wirt, mir ist aber damit nicht geholfen, so wollen sich meine Gläubiger nicht bezahlen lassen mit Worten, nämlich die, von denen ich Brot, Wein, Fleisch, Salz, Schmalz, und andere Speisen kaufe; komm ich auf den Fischmarkt, sehen die Fischer bald, ob ich um bar Geld oder auf Borg kaufen will; nimm ichs auf Borg, muß ichs doppelt bezahlen. Ihr Gesellen aber setzt euch zum Tisch, der Wirt kann euch nicht genug auftragen, wenn ihr gleichwohl nicht ein Pfennig in der Taschen habt. Drum merk mich eben, was ich auf diesmal gesinnet bin. Willst du mich zahlen mit Heil, wo nicht, will ich mich dem nächsten zu meins gnädigen Fürsten und Herrn von München Sekretarien verfügen, derselbig wird mir wohl Weg und Steg anzeigen, damit ich zahlt werd.

Dem guten Grünenwald war der Spieß an Bauch gesetzt, wußt nicht wo aus oder wo an, dann der Wirt so auch mit dem Teufel zur Schulen gegangen, war ihm zu scharf. Er fing an, die allersüßesten und glattesten Wort zu geben, so er sein Tag je studieren und erdenken mocht, aber alles umsonst war. Der Wirt wollt aber keineswegs schweigen, und sagt: ich mach nicht viel Umständ, glattgeschliffen ist bald gewetzt, du hast Tag und Nacht wollen voll sein, den besten Wein, so ich in meinem Keller gehabt, hab ich dir müssen auftragen, drum such nur nicht viel Mäus, hast du nicht Geld, so gib mir deinen Mantel, dann so will ich dir wohl eine Zeitlang borgen. Wo du aber in bestimmter Zeit nicht kommst, werd ich deinen Mantel auf der Gant verkaufen lassen, dies ist der Bescheid miteinander. Wohlan sagte Grünenwald, ich will der Sache bald Rat finden. Er saß nieder, nahm sein Schreibzeug, Papier, Feder und Tinte, und dichtet nachfolgends Liedlein:

Ich stund auf an eim Morgen,
Und wollt gen München gehn,
Und war in großen Sorgen,
Ach Gott wär ich davon,
Mein Wirt, dem war ich schuldig viel,
Ich wollt ihn gern bezahlen,
Doch auf ein ander Ziel.

Herr Gast ich hab vernommen,
Du wöllest von hinnen schier,
Ich laß dich nicht weg kommen,
Die Zehrung zahl vor mir,
Oder setz mir den Mantel ein,
Demnach will ich gern warten,
Auf die Bezahlung dein.

Die Red ging mir zu Herzen,
Betrübt ward mir mein Mut,
Ich dacht, da hilft kein Scherzen,
Sollt ich mein Mantel gut
Zu Augsburg lassen auf der Gant
Und bloß von hinnen ziehen,
Ist allen Singern ein Schand.

Ach Wirt nun hab Gedulte
Mit mir ein kleine Zeit,
Es ist nicht groß die Schulde
Vielleicht sich bald begeit,
Daß ich dich zahl mit barem Geld,
Drum lasse mich von hinnen,
Ich zieh nicht aus der Welt.

O Gast! das geschieht mitnichten,
Daß ich dir borg diesmal,

Dich hilft kein Ausred-Dichten,
Tag Nacht wollst du sein voll,
Ich trug dir auf den besten Wein,
Drum mach dich nur nicht müßig,
Ich will bezahlet sein.

Der Wirt, der sah ganz krumme,
Was ich sang oder sagt,
So gab er nichts darumme,
Erst macht er mich verzagt,
Kein Geld wußt ich in solcher Not,
Wo nicht der fromm Herr Fugger
Mir hilft mit seinem Rat.

Herr Fugger laßt Euch erbarmen
Mein Klag und große Pein
Und kommt zu Hilf mir Armen,
Es will bezahlet sein
Mein Wirt von mir auf diesen Tag
Mein Mantel tut ihm gefallen,
Mich hilft kein Bitt noch Klag.

Den Wirt tät bald bezahlen
Der edel Fugger gut,
Mein Schuld ganz über alle,
Das macht mir leichten Mut,
Ich schwang mich zu dem Tor hinaus,
Adieu du kreidiger Wirte,
Ich komm dir nimmer ins Haus.

Dies Liedlein faßt Grünenwald bald in seinen Kopf, ging an des Fuggers Hof, ließ sich dem Herrn ansagen; als er nun für ihn kam, tät er seine gebührliche Reverenz, demnach sagt er: Gnädiger Herr, ich hab vernommen, daß mein gnädiger Fürst und Herr allhie aufbrechend auf München zu ziehen will. Nun hab ich je nicht von hinnen können scheiden, ich hab mich dann mit Euer Gnaden abgeletzet. Habe Deren zulieb ein neues Liedlein erdicht, so Euer Gnad das begehrt zu hören, wollt ich deren zu letze singen. Der gute Herr, so dann von Art ein demütiger Herr war, sagt: Mein Grünenwald, ich wills gern hören, wo sind deine Mitsinger, so dir behilflich sein werden, laß sie kommen. Mein Gnädiger Herr, sagt er, ich muß allein singen, dann mir kann hierin weder Baß noch Diskant helfen. So sing her, sagt der Fugger. Der gute Grünenwald hub an und sang sein Lied mit ganz fröhlicher Stimm heraus. Der gut Herr verstund sein Krankheit bald, meinet aber nit, daß der Sach so gar wär, wie er in seinem Singen zu verstehn geben hat, darum schickt er eilend nach dem Wirt; als er nun die Wahrheit erfuhr, bezahlt er dem Wirt die Schuld, errettet dem Grünenwald seinen Mantel, und schenkt ihm eine gute Zehrung dazu. Die nahm er mit Dank an, zog demnach seine Straße, da erhob sich ein Wind, der selbigen Mantel recht lustig vor dem Hause des armseligen Wirtes aufblies, war aber dem Wirte entgegen, warf ihm auch die Fenster zusammen: darum Kunst nimmer zu verachten ist."

(Aus dem Rollwagenbüchlein)

Wir sprechen aus der Seele des armen Grünenwald, das öffentliche Urteil ist wohl ein kümmerlicher Wirt, dem unsre Namen als Mantel dieser übelangeschriebenen Lieder die Schuld nicht decken möchten. Das Glück des armen Singers, der Wille des reichen Fugger geben uns Hoffnung, in Eurer Exzellenz Beifall aufgelöst zu werden.

L. A. von Arnim. *C. Brentano.*

Das Wunderhorn.

Ein Knab auf schnellem Roß
Sprengt auf der Kaisrin Schloß,
Das Roß zur Erd sich neigt,
Der Knab sich zierlich beugt.

Wie lieblich, artig, schön
Die Frauen sich ansehn,
Ein Horn trug seine Hand,
Daran vier goldne Band.

Gar mancher schöne Stein
Gelegt ins Gold hinein,
Viel Perlen und Rubin
Die Augen auf sich ziehn.

Das Horn vom Elefant,
So groß man keinen fand,
So schön man keinen fing
Und oben dran ein Ring.

Wie Silber blinken kann
Und hundert Glocken dran
Vom feinsten Gold gemacht,
Aus tiefem Meer gebracht.

Von einer Meerfee Hand
Der Kaiserin gesandt,
Zu ihrer Reinheit Preis,
Dieweil sie schön und weis'.

Der schöne Knab sagt auch:
„Dies ist des Horns Gebrauch:
Ein Druck von Eurem Finger,
Ein Druck von Eurem Finger

Und diese Glocken all,
Sie geben süßen Schall,
Wie nie ein Harfenklang
Und keiner Frauen Sang,

Kein Vogel obenher,
Die Jungfrau nicht im Meer
Nie so was geben an!"
Fort sprengt der Knab bergan,

Ließ in der Kaisrin Hand
Das Horn, so weltbekannt;

Ein Druck von ihrem Finger,
O süßes hell Geklinge!

Des Sultans Töchterlein und der Meister der Blumen.

(Altes fliegendes Blatt aus Köln)

Der Sultan hatt' ein Töchterlein,
Die war früh aufgestanden,
Wohl um zu pflücken die Blümelein
In ihres Vaters Garten.

Da sie die schönen Blümelein
So glänzen sah im Taue,
Wer mag der Blümlein Meister sein,
Gedachte die Jungfraue.

Er muß ein großer Meister sein,
Ein Herr von großen Werten,
Der da die schönen Blümelein
Läßt wachsen aus der Erden.

Ich hab' ihn tief im Herzen lieb,
O dürft ich ihn anschauen!
Gern ließ ich meines Vaters Reich
Und wollt sein Gärtlein bauen.

Da kam zu ihr um Mitternacht
Ein heller Mann gegangen,
„Tu auf, tu auf, viel schöne Magd,
Mit Lieb bin ich umfangen."

Und schnell die Magd ihr Bettlein ließ,
Zum Fenster tät sie gehen,
Sah Jesum ihr viel schönes Lieb
So herrlich vor sich stehen.

Sie öffnet ihm voll Freudigkeit,
Sie neigt sich tief zur Erden,
Und bot ihm freundlich gute Zeit,
Mit sittsamen Gebärden.

„Woher, woher, o Jüngling schön?
In meines Vaters Reichen
Mag keiner dir zur Seite gehn,
Sich keiner dir vergleichen."

„Viel schöne Magd, du dachtest mein,
Um dich bin ich gekommen

Aus meines Vaters Königreich,
Ich bin der Meister der Blumen."

„O Herr, o Herr, wie weit, wie weit
Ists zu des Vaters Garten?
Dort mögt ich wohl in Ewigkeit
Der schönen Blumen warten."

„Mein Garten liegt in Ewigkeit
Und noch viel tausend Meilen,
Da will ich dir zum Brautgeschmeid
Ein Kränzlein rot erteilen."

Da nahm er von dem Finger sein
Ein Ring von Sonnengolde
Und fragt, ob Sultans Töchterlein
Sein Bräutlein werden wollte.

Und da sie ihm die Liebe bot,
Sein Wunden sich ergossen.
O Lieb, wie ist dein Herz so rot,
Dein Hände tragen Rosen.

Mein Herz, das ist um dich so rot,
Für dich trag ich die Rosen,
Ich brach sie dir im Liebestod,
Als ich mein Blut vergossen.

Mein Vater ruft, nun schürz dich Braut,
Ich hab dich längst erfochten,
Sie hat auf Jesus Lieb vertraut,
Ihr Kränzlein war geflochten.

Tell und sein Kind.

(Abgeschrieben vom Giebel eines Hauses in Arth in der Schweiz, durch Arnim, s. Französische Miszellen III. B. S. 82)

Tell.
Zu Uri bei den Linden
Der Vogt steckt auf den Hut
Und sprach: Ich will den finden,
Der dem kein Ehr antut.
Ich tat nicht Ehr dem Hute,
Ich sah ihn kühnlich an,
Er sagt: Du traust dem Mute,
Will sehn, ob du ein Mann! –
Er faßt den Anschlag eitel,

Daß ich nun schieß geschwind
Den Apfel von dem Scheitel
Meinem allerliebsten Kind.

Kind.

Ach Vater, was hab' ich getan,
Daß du mich also bindest an?

Tell.

Mein Kind schweig still, mein Herz schonst groß,
Ich hoff, es soll mein Pfeilgeschoß
Kein Schaden dir bereiten,
Du trägst kein Schuld und ich kein Sünd,
Ruf nur zu Gott mit mir mein Kind,
Gott wird den Pfeil schon leiten.
Halt auf dein Haupt, richt dich nur auf,
In Gottes Namen schieß ich drauf,
Der gerechte Gott soll leben!

Kind.

Ach Vater mein, Gott mit uns hält,
Der Apfel von dem Scheitel fällt,
Gott hat den Segen geben.

Großmutters Schlangenköchin.

(Aus mündlicher Überlieferung in Maria's Godwi.
Bremen 1802. II. B. S. 113 abgedruckt)

Maria, wo bist du zur Stube gewesen?
Maria, mein einziges Kind!

Ich bin bei meiner Großmutter gewesen,
Ach weh! Frau Mutter, wie weh!

Was hat sie dir dann zu essen gegeben?
Maria, mein einziges Kind!

Sie hat mir gebackne Fischlein gegeben,
Ach weh! Frau Mutter, wie weh!

Wo hat sie dir dann das Fischlein gefangen?
Maria, mein einziges Kind!

Sie hat es in ihrem Krautgärtlein gefangen,
Ach weh! Frau Mutter, wie weh!

Womit hat sie dann das Fischlein gefangen?
Maria, mein einziges Kind!

Sie hat es mit Stecken und Ruten gefangen.
Ach weh! Frau Mutter, wie weh!

Wo ist dann das Übrige vom Fischlein hinkommen?
Maria, mein einziges Kind!

Sie hats ihrem schwarzbraunen Hündlein gegeben,
Ach weh! Frau Mutter, wie weh!

Wo ist dann das schwarzbraune Hündlein hinkommen?
Maria, mein einziges Kind!

Es ist in tausend Stücke zersprungen,
Ach weh! Frau Mutter, wie weh!

Maria, wo soll ich dein Bettlein hin machen?
Maria, mein einziges Kind!

Du sollst mir's auf den Kirchhof machen,
Ach weh! Frau Mutter, wie weh!

Jesaias Gesicht.

(Von Martin Luther. Aus dem J! neueröffneten Schatze der Kinder Gottes. Zittau 1710. S. 393.)

Jesaia dem Propheten dies geschah,
Daß er im Geist den Herren sitzen sah
Auf einem hohen Thron und hellen Glanz,
Seines Kleides Saum den Chor füllet ganz,
Es stunden zween Seraph bei ihm dran,
Sechs Flügel sah er einen jeden han,
Mit zween verbargen sie ihr Antlitz klar,
Mit zween bedeckten sie ihre Füße gar,
Und mit den andern zween sie flogen frei,
Gegenander ruften sie mit großem Schrei:
Heilig ist Gott der Herr Zebaoth,
Sein Ehr die ganze Welt erfüllet hat.
Von dem Geschrei zittert Schwell und Balken gar,
Das Haus auch ganz voll Rauchs und Nebels war.

Das Feuerbesprechen.

(Mündlich.)

Zigeuner sieben von Reitern gebracht,
Gerichtet verurteilt in einer Nacht,
Sie klagen um ihre Unschuld laut,
Ein Jud hät' ihnen den Kelch vertraut.

Die Ratsherren sprechen das Leben leicht ab
Sie brachen dem sechsten schon den Stab,

Der siebent ihr König sprach da mit Ruh:
„Ich hör' wohl in Lüften den Vögeln zu!

Ihr sollt mir nicht sengen ein Härlein vom Kleid,
Bald krähet der rote Hahn so weit!"
Da bricht die Flamme wohl über wohl aus,
Aus allen vier Ecken der Stadt so kraus.

Der rote Hahn auf die Spitze gesteckt,
Er krähet, wie jener der Petrum erweckt,
Die Herren erwachen aus Sünden Schlaf,
Gedenke der Unschuld, der harten Straf.

Die Herren sie sprechen zum Manne mit Flehn,
Er möge besprechen das feurige Wehn,
Er möge halten den feurigen Wind,
Sein Leben sie wollten ihm schenken geschwind.

Den Todesstab da entreißt er gleich,
Den Herren damit gibt Backenstreich,
Er rufet: „Was gießet ihr schuldlos Blut?
Wie wollet ihr löschen die höllische Glut?

Das Kindlein vom Stahle die Funken gern zieht,
Der Fromme im Steine das Feuer wohl sieht,
Was spielt ihr mit Dingen, die schneidig und spitz,
Der rote Hahn wohl unter euch sitzt."

Jetzt spricht er: „Willkommen du feuriger Gast,
Nichts greife weiter, als was du hast,
Das sag ich dir Feuer zu deiner Buß,
Im Namen Christi, des Blut hier auch floß.

Ich sage dir Feuer bei Gottes Kraft,
Die alles tut und alles schafft,
Du wollest also stille stehn,
Wie Christus wollt im Jordan stehn.

Ich sag dir Feuer, behalt dein Flamm,
Wie einst Maria die heilge Dam
Hielt Jungfrauschaft so keusch und rein,
So stelle Flamm deine Reinigung ein."

Da flog der rote Hahn hinweg,
Da nahm der Wind den andern Weg,
Das Feuer sank in sich zusamm,
Der Wundermann ging fort durch die Flamm.

Der arme Schwartenhals.

(Frische Liedlein. Nürnberg 1565. Quer 8. mit Musik.)

Ich kam vor einer Frau Wirtin Haus,
Man fragt mich, wer ich wäre,
Ich bin ein armer Schwartenhals,
Ich eß und trink so gerne.

Man führt mich in die Stuben ein,
Da bot man mir zu trinken,
Die Augen ließ ich umher gehn,
Den Becher ließ ich sinken.

Man setzt mich oben an den Tisch,
Als ich ein Kaufherr wäre,
Und da es an ein Zahlen ging,
Mein Säckel stand mir leere,

Da ich des Nachts wollt schlafen gehn,
Man wies mich in die Scheuer,
Da ward mir armen Schwartenhals
Mein Lachen viel zu teuer.

Und da ich in die Scheuer kam,
Da hub ich an zu nisteln,
Da stachen mich die Hagendorn,
Dazu die rauhen Disteln.

Da ich zu Morgens früh aufstand,
Der Reif lag auf dem Dache,
Da mußt ich armer Schwartenhals
Meins Unglücks selber lachen.

Ich nahm mein Schwert wohl in die Hand,
Und gürt es an die Seiten,
Ich armer mußt zu Fuße gehn,
Weil ich nicht hatt' zu reiten.

Ich hob mich auf und ging davon
Und macht mich auf die Straßen,
Mir kam ein reicher Kaufmanns-Sohn,
Sein Tasch mußt er mir lassen.

Der Tod und das Mädchen im Blumengarten.

(Fliegendes Blatt aus Köln.)

Es ging ein Mägdlein zarte
Früh in der Morgenstund

In einen Blumengarten,
Frisch, fröhlich und gesund;
Der Blümlein es viel brechen wollt,
Daraus ein Kranz zu machen,
Von Silber und von Gold.

Da kam herzu geschlichen
Ein gar erschrecklich Mann,
Die Farb war ihm verblichen,
Kein' Kleider hatt' er an,
Er hatt' kein Fleisch, kein Blut, kein Haar,
Es war an ihm verdorret
Sein Haut und Flechsen gar.

Gar häßlich tät er sehen,
Scheußlich war sein Gesicht,
Er weiset seine Zähne
Und tat noch einen Schritt,
Wohl zu dem Mägdlein zart,
Das schier für großen Ängsten,
Des grimmen Todes ward.

„Nun schick dich Mägdlein, schick dich,
Du mußt mit mir an Tanz!
Ich will dir bald aufsetzen,
Ein wuunderschönen Kranz,
Der wird dir nicht gebunden sein
Von wohlriechenden Kräutern,
Und zarten Blümelein.

Den Kranz, den ich aufsetze,
Der heißt die Sterblichkeit;
Du wirst nicht sein die letzte,
Die ihn trägt auf dem Haupt;
Wie viel allhie geboren sein,
Die müssen mit mir tanzen
Wohl um das Kränzelein.

Der Würmer in der Erde
Ist eine große Zahl,
Die werden dir verzehren
Dein Schönheit allzumal,
Sie werden deine Blümlein sein,
Das Gold, und auch die Perlen,
Silber und Edelstein.

Willst du mich gerne kennen
Und wissen, wer ich sei?

So hör mein Namen nennen,
Will dir ihn sagen frei:
Der grimme Tod werd ich genannt,
Und bin in allen Landen,
Gar weit und breit bekannt.

Die Sense ist mein Wappen,
Das ich mit Rechte führ,
Damit tu ich anklopfen
Jedem an seine Tür,
Und wenn sein Zeit ist kommen schon,
Spät, früh, und in der Mitten,
'S hilft nichts, er muß davon!"

Das Mägdlein voller Schmerzen,
Voll bittrer Angst und Not,
Bekümmert tief im Herzen,
Bat: „Ach du lieber Tod,
Wollst eilen nicht so sehr mit mir,
Mich armes Mägdlein zarte
Laß länger leben hier!

Ich will dich reich begaben,
Mein Vater hat viel Gold,
Und was du nur willst haben
Das all du nehmen sollt!
Nur lasse du das Leben mir,
Mein allerbeste Schätze,
Die will ich geben dir!"

„Kein Schatz sollst du mir geben,
Kein Gold noch Edelstein!
Ich nehm dir nur das Leben,
Du zartes Mägdelein,
Du mußt mit mir an meinen Tanz,
Daran noch kommt manch Tausend,
Bis daß der Reihn wird ganz."

„O Tod, laß mich beim Leben,
Nimm all mein Hausgesind!
Mein Vater wird dirs geben,
Wenn er mich lebend findt,
Ich bin sein einzigs Töchterlein,
Er würde mich nicht geben
Um tausend Gulden fein."

„Dein Vater will ich holen
Und will ihn finden wohl,

Mit seinem Hausgesinde,
Weiß, wenn ich kommen soll,
Jetzund nehm ich nur dich allein:
O zartes Mägdlein junge,
Du mußt an meinen Reihen."

„Erbarm dich meiner Jugend",
Sprach sie mit großer Klag,
„Will mich in aller Tugend,
Üben mein Lebetag.
Nimm mich nicht gleich dahin jetzund,
Spar mich noch eine Weile,
Schon mich noch etlich' Stund!"

Drauf sprach der Tod: „Mitnichten,
Ich kehr mich nicht daran,
Es hilft allhier kein Bitten,
Ich nehme Frau und Mann!
Die Kinderlein zieh ich herfür,
Ein jedes muß mir folgen,
Wenn ich klopf an die Tür."

Er nahm sie in der Mitten,
Da sie am schwächsten was,
Es half bei ihm kein Bitten,
Er warf sie in das Gras,
Und rührte an ihr junges Herz.
Da liegt das Mägdlein zarte,
Voll bittrer Angst und Schmerz.

Ihr Farb tat sie verwandlen,
Ihr Äuglein sie verkehrt,
Von einer Seit zur andern
Warf sie sich auf der Erd,
All Wollust ihr vergangen war,
Kein Blümlein mehr wollt holen
Wohl aus dem grünen Gras.

Nachtmusikanten.

(Narren-Meß von Abraham a St. Clara.
Wien 1751. III. Th. S. 8g.)

Hier sind wir arme Narrn
Auf Plätzen und auf Gassen,
Und tun die ganze Nacht
Mit unsrer Musik passen.

Es gibt uns keine Ruhe
Die starke Liebes-Macht,
Wir stehen mit dem Bogen
Erfroren auf der Wacht;

Sobald der helle Tag
Sich nur beginnt zu neigen,
Gleich stimmen wir die Laut,
Die Harfen und die Geigen.

Mit diesen laufen wir
Zu mancher Schönen Haus,
Und legen unsern Kram,
Papier und Noten aus.

Der erste gibt den Takt,
Der andre bläst die Flöten,
Der dritte schlägt die Pauk',
Der viert stößt die Trompeten,

Ein andrer aber spielt
Theorb und Galischan
Mit gar besonderm Fleiß,
So gut er immer kann.

Wir pflegen auch so lang
An einem Eck zu hocken,
Bis wir ein schön Gespenst
Hin an das Fenster locken;

Da fängt man alsbald an
Vor der Geliebten Tür
Verliebte Arien
Mit Pausen und Suspir.

Und sollten vor der Wacht
Wir endlich weichen müssen,
So macht man statt der Händ',
Die Läufe mit den Füßen.

Und also treiben wirs
Oft durch die lange Nacht,
Daß selbst die ganze Welt
Ob unsrer Narrheit lacht.

Ach schönste Phillis hör
Doch unser Musizieren,
Und laß uns eine Nacht
In deinem Schoß pausieren.

Die widerspenstige Braut.

(Bei Elwert. S. 17)

Ich eß nicht gerne Gerste,
Steh auch nicht gern früh auf,
Eine Nonne soll ich werden,
Hab keine Lust dazu;
Ei so wünsch ich dem
Des Unglücks noch so viel,
Der mich armes Mädel
Ins Kloster bringen will.

Die Kutt ist angemessen,
Sie ist mir viel zu lang,
Das Haar ist abgeschnitten,
Das macht mir angst und bang;
Ei so wünsch ich dem
Des Unglücks noch so viel,
Der mich armes Mädel
Ins Kloster bringen will.

Wenn andre gehen schlafen,
So muß ich stehen auf,
Muß in die Kirche gehen,
Das Glöcklein läuten tun;
Ei so wünsch ich dem
Des Unglücks noch so viel,
Der mich armes Mädel
Ins Kloster bringen will.

Klosterscheu.

(Limburger Chronik. „In selbiger Zeit (1359) sang und pfiff man dieses Lied.“)

Gott geb ihm ein verdorben Jahr,
Der mich macht zu einer Nonnen,
Und mir den schwarzen Mantel gab,
Den weißen Rock darunter,
Soll ich ein Nönnchen werden
Dann wider meinen Willen,
So will ich auch einem Knaben jung
Seinen Kummer stillen,
Und stillt er mir den meinen nicht,
So sollt es mich verdrießen.

Der vorlaute Ritter.
(Mündlich.)

Es waren drei Gesellen,
Die täten, was sie wöllen,
Sie hielten alle drei
Viel heimlichen Rat,
Wer wohl in dieser Nacht
Das beste Mädel hätt.

Der Jüngste der darunter,
Der sprach da auch sehr munter,
Wie ihm noch gestern spät
Ein Mädel zugeredt.
Er stiege diese Nacht,
Wohl in ihr Federbett.

Das Mädel kam geschlichen
Und wäre fast verblichen,
Sie hörte an der Wand
Nur ihre eigne Schand,
Sie weinte heimlich aus,
Sie lief zurück nach Haus.

Die Nacht war bis zur Mitten,
Der Ritter kam geritten,
Er klopfet freundlich an,
Mit seinem goldnen Ring:
„Ei schläf'st du oder wachst,
Mein auserwähltes Kind."

„Was wäre, wenn ich schliefe,
Und dich heut nicht einließe?
Du hast mir gestern spät
Eine falsche Red getan.
Ich schlafe heute Nacht,
Wenn du vorm Fenster wachst."

„Wo soll ich denn hinreiten?
Es regnet und es schneiet,
Es geht ein kühler Wind,
Nun schlafen alle Leut
Und alle Bürgers Kind,
Mach auf du süßes Kind!"

„Reit du nach jener Straße,
Reit du nach jener Heide,
Wo du gekommen bist,

Da liegt ein breiter Stein,
Den Kopf darauf nur leg,
Trägst keine Federn weg."

Die schwarzbraune Hexe.

(Fliegendes Blatt.)

Es blies ein Jäger wohl in sein Horn,
Wohl in sein Horn,
Und alles was er blies das war verlorn.
Hop sa sa sa,
Dra ra ra ra,
Und alles was er blies das war verlorn.

Soll denn mein Blasen verloren sein?
Verloren sein?
Ich wollte lieber kein Jäger sein.
Hop sa sa sa, usw.

Er zog sein Netz wohl über den Strauch,
Wohl über den Strauch,
Sprang ein schwarzbraunes Mädel heraus.
Hop sa sa sa, usw.

„Schwarzbraunes Mädel entspringe mir nicht,
Entspringe mir nicht,
Hab große Hunde die holen dich."
Hop sa sa sa, usw.

„Deine großen Hunde die holen mich nicht,
Die holen mich nicht,
Sie wissen meine hohe weite Sprünge noch nicht."
Hop sa sa sa, usw.

„Deine hohe Sprünge die wissen sie wohl,
Die wissen sie wohl,
Sie wissen, daß du heute noch sterben sollst."
Hop sa sa sa, usw.

„Sterbe ich nun, so bin ich tot,
So bin ich tot,
Begräbt man mich unter die Röslein rot."
Hop sa sa sa, usw.

„Wohl unter die Röslein, wohl unter den Klee,
Wohl unter den Klee,
Darunter verderb ich nimmermehr."
Hop sa sa sa, usw.

Es wuchsen drei Lilien auf ihrem Grab,
Auf ihrem Grab,
Die wollte ein Reiter wohl brechen ab.
Hop sa sa sa, usw.

Ach Reiter, laß die drei Lilien stahn,
Die Lilien stahn,
Es soll sie ein junger frischer Jäger han.
Hop sa sa sa, usw.

Der Dollinger.

(Kurzgefaßte Nachrichten von denen in den Ringmauern der
Stadt Regensburg gelegenen Stiftern.
Reg. 1723. S. 172 u. 173.)

Es ritt ein Türk aus Türkenland,
Er ritt gen Regensburg in die Stadt,
Da Stechen ward, vom Stechen ward er wohl bekannt.
Da ritt er vor des Kaisers Tür,
„Ist jemand hier, der komm herfür,
Der stechen will um Leib und Seel, um Gut und Ehr,
Und daß dem Teufel die Seele wär."
Da waren die Stecher all verschwiegen,
Keiner wollt dem Türken nicht obliegen,
Dem leidigen Mann,
Der so trefflich stechen kann.
Da sprach der Kaiser zorniglich:
„Wie steht mein Hof so lästerlich,
Hab ich kein Mann,
Der Stechen kann
Um Leib und Seel, um Gut und Ehr,
Und daß unserm Herrn die Seele wär?"
Da sprang der Dollinger hervor,
„Wohl um, wohl um, ich muß hervor,
An den leidigen Mann,
Der so trefflich stechen kann."
Die führten gegen einander
Zwei scharfe Speer,
Das Eine ging hin, das Andere her.
Da stach der Türk den Dollinger ab,
Daß er an dem Rücken lag.
„O Jesu Christ steh mir jetzt bei,
Steck mir ein Zweig, sind ihrer drei.
Bin ich allein, und führ mein Seel ins Himmelreich."
Da ritt der Kaiser zum Dollinger so behend,

Er führt ein Kreuz in seiner Händ,
Er strich dem Dollinger übern Mund,
Der Dollinger sprang auf, war frisch und gesund.
Da stach der Dollinger den Türken ab,
Daß er auf dem Rücken lag.
„Du berühmter Teufel steh ihm bei,
Sind ihrer drei, bin ich allein
Und führ sein Seel in die bittere Pein."

Liebe ohne Stand.

(Feiner Almanach II. Band, S. 10)

Es ritt ein Ritter wohl durch das Ried,
Er hob wohl an ein neues Lied,
Gar schöne tät er singen,
Daß Berg und Tal erklingen.

Das hört des Königs sein Töchterlein
In ihres Vaters Lustkämmerlein,
Sie flochte ihr Härlein in Seiden,
Mit dem Ritter wollte sie reiten.

Er nahm sie bei ihrem seidenen Schopf
Und schwung sie hinter sich auf sein Roß.
Sie ritten in einer kleinen Weile
Wohl vier und zwanzig Meilen.

Und da sie zu dem Wald 'naus kamen,
Das Rößlein das will Futter han.
„Feins Liebchen, hier wollen wir ruhen,
Das Rößlein, das will Futter."

Er spreit sein Mantel ins grüne Gras,
Er bat sie, daß sie zu ihm saß,
„Feins Liebchen, ihr müsset mich lausen,
Mein gelbkrauß Härlein durchzausen."

Des härmt sich des Königs sein Töchterlein,
Viel heiße Tränen sie fallen ließ,
Er schaut ihr wohl unter die Augen,
„Warum weinet ihr, schöne Jungfraue?"

„Warum sollt ich nicht weinen und traurig sein,
Ich bin ja des Königs sein Töchterlein;
Hätt ich meinem Vater gefolget,
Frau Kaiserin wär ich geworden."

Kaum hätt sie das Wörtlein ausgesagt,
Ihr Häuptlein auf der Erden lag,
„Jungfräulein hättst du geschwiegen,
Dein Häuptlein wär dir geblieben."

Er kriegt sie bei ihrem seidenen Schopf,
Und schlenkert sie hinter den Hollerstock:
„Da liege feins Liebchen und faule,
Mein junges Herz muß trauren."

Er nahm sein Rößlein bei dem Zaum,
Und band es an einen Wasserstrom.
„Hier steh mein Rößlein und trinke,
Mein jung frisch Herze muß sinken."

Gastlichkeit des Winters.

(Mündlich.)

Der Winter ist ein scharfer Gast,
Das merkt ich an dem Dache;
Mein Lieb gab mir ein Kränzelein
Von Perlen fein,
Das hab ich von ihr tragen
An meinem Bart und Kragen.

Der Sommer ist ein sanfter Gast,
Es tröpfelt von dem Dache;
Mein Lieb gab mir ein Kränzelein
Im Sonnenschein,
Da ist es aufgetauet,
Von Eis war es erbauet.

Ja traue nur dem Schleicher nicht,
Viel lieber scharfe Worte;
Der Sommer gibt wohl Kränzelein
Von Blumen fein,
Zu ihr kann ich nicht gehen,
Vom langen Tag gesehen.

Zu Ostern, als die Fasten aus,
Da längerten die Tage;
Mein Lieb gab mir ein Unterpfand,
Zwein Ärmlein blank,
Darin sollt ich mich rüsten,
Zu unsers Winters Lüsten.

Was acht ich der Waldvöglein Sang,
Und aller Kläffer Zungen;

Lieg ich in meinen Ärmlein blank,
Ich weiß ihr Dank,
Ich kann von ihr dann träumen;
Wie lange wird sie säumen?

Die hohe Magd.

(Hallorenlied in Halle, wahrscheinlich noch aus ihren früheren Wohnplätzen. Herr Buchhändler Hendel soll mehrere derselben haben.)

Ein Magd ist weiß und schone,
Gott führt den höchsten Preis,
Und die ihm dient, zum Lohne
An Künsten wird sie reich,
Geht jungfräulich bei Frauen
Dort auf den grünen Auen,
Glück zu mein edler Zweig!

Ihr Leib war angebildet
Mit Keuschheit übergroß,
Schwang sich in ihren Willen,
Schwang sich in ihren Schoß,
Er war so stark von Kräften,
Von meisterlichen Geschäften –
Gott schuf wohl Himmel und Erd.

Ein Kind nach Adams Weise
An ihren Brüsten lag,
Es war ein alter Greise,
Erschuf den ersten Tag,
Es ward ein starker Ritter,
Sein Leiden ward ihm bitter,
Erlitt groß Ungemach.

Sein Seit ward ihm zerschnitten
Mit einem scharfen Speer,
Damit hat er zersplitten
Die Hölle samt der Erd.
Gott tröstet den Gefangnen,
Drei Wünsche waren ihm ergangen
Gegen diese heilige Zeit.

Gott stieg aus seinem Grabe,
Ein Fürst war wohlgemut,
Mit seinem Kreuz und Stabe,
Drei Fähnlein schwenkt er rot,

Tat sich gen Himmel kehren,
Nach tugendlichen Ehren
Stand ihm Herz, Mut und Sinn.

O Stern, o Glanz! o Krone,
O Himmel aufgetan!
Was gab ihr Gott zum Lohne?
Drei Chorengel Lobgesang,
Bekleidet ihn mit Sonne,
Maria war voll Wonne,
Wie hell scheint uns der Mond!

Liebe spinnt keine Seide.
(Bragur VI. B. II. Ab. S.77.)

Es fuhr ein Mägdlein übern See,
Wollt brechen den Feiel und grünen Klee,
Mit ihrn schneeweißen Händen,
Der Sommer hat schier ein Ende.

Ein Ritter kam dort her geritten,
Er grüßte sie nach Schwäbschen Sitten,
Er grüßt sie da alleine:
„Ich führ euch mit mir heime."

„Ach Ritter, ihr seid hochgeborn,
So fürcht ich meines Vaters Zorn,
Ich fürcht ihn allzusehre,
Verliere vielleicht mein Ehre.

Ach Vater lieber Vater mein,
So weck mich bei dem Mondeschein,
Ich weiß gut Lämmer-Weide,
So fern auf jener Heide."

Vater.
„Die Lämmerweid die du wohl weißt,
Macht mir mein Lämmer und Schaf nicht feist,
Du mußt hier heime bleiben,
Mußt spinnen die braune Seiden."

Mädchen.
„Die Seide, die ich spinnen muß,
Bringt meinem Herzen schwere Buß,
Der Ritter muß mir werden,
Sein gleich lebt nicht auf Erden."

Der dies Lied neu gesungen hat,
Durch Lieb kam er in große Not.
Er ist gar kaum entronnen,
Die Magd hat er gewonnen.

Husarenglaube.

(Fliegendes Blatt aus dem letzten Kriege mit Frankreich.)

Es ist nichts lustiger auf der Welt,
Und auch nichts so geschwind,
Als wir Husaren in dem Feld,
Wenn wir beim Schlachten sind.
Wenns blitzt und kracht dem Donner gleich
Wir schießen rosenrot,
Wenns Blut uns in die Augen läuft,
Sind wir sternhagelvoll.

Da heißts: Husaren insgemein
Schlagt die Pistolen an,
Greift durch, den Säbel in der Hand
Haut durch den nächsten Mann.
Wenn ihr das Fransche nicht versteht,
So macht es euch bequem,
Das Reden ihm sogleich vergeht,
Wie ihr den Kopf abmäht.

Wenngleich mein treuer Kamerad,
Muß bleiben in dem Streit,
Husaren fragen nichts darnach,
Sind auch dazu bereit;
Der Leib verweset in der Gruft,
Der Rock bleibt in der Welt,
Die Seele schwingt sich durch die Luft
Ins blaue Himmelszelt.

Der Rattenfänger von Hameln.

(Mündlich.)

Wer ist der bunte Mann im Bilde?
Er führet Böses wohl im Schilde,
Er pfeift so wild und so bedacht;
Ich hätt mein Kind ihm nicht gebracht!"

In Hameln fochten Mäus und Ratzen
Bei hellem Tage mit den Katzen,

Es war viel Not, der Rat bedacht,
Wie andere Kunst zuweg gebracht.

Da fand sich ein der Wundermann,
Mit bunten Kleidern angetan,
Pfiff Ratz und Mäus zusamm ohn Zahl,
Ersäuft sie in der Weser all.

Der Rat will ihm dafür nicht geben,
Was ihm ward zugesagt soeben,
Sie meinten, das ging gar zu leicht
Und wär wohl gar ein Teufelsstreich.

Wie hart er auch den Rat besprochen,
Sie dräuten seinem bösen Pochen,
Er konnt zuletzt voor der Gemein
Nur auf dem Dorfe sicher sein.

Die Stadt von solcher Not befreiet,
Im großen Dankfest sich erfreuet,
Im Betstuhl saßen alle Leut,
Es läuten alle Glocken weit.

Die Kinder spielten in den Gassen,
Der Wundermann durchzog die Straßen,
Er kam und pfiff zusamm geschwind
Wohl auf einhundert schöne Kind.

Der Hirt sie sah zur Weser gehen,
Und keiner hat sie je gesehen,
Verloren sind sie an dem Tag
Zu ihrer Eltern Weh und Klag.

Im Strome schweben Irrlicht nieder,
Die Kindlein frischen drin die Glieder,
Dann pfeifet er sie wieder ein,
Für seine Kunst bezahlt zu sein.

„Ihr Leute, wenn ihr Gift wollt legen,
So hütet doch die Kinder gegen,
Das Gift ist selbst der Teufel wohl,
Der uns die lieben Kinder stohl."

Schürz dich Gretlein.

(Frische Liedlein.)

Nun schürz dich Gretlein schürz dich,
Wohlauf mit mir davon,

Das Korn ist abgeschnitten,
Der Wein ist eingetan."

„Ach Hänslein, liebes Hänslein,
So laß mich bei dir sein,
Die Wochen auf dem Felde,
Den Feiertag beim Wein."

Da nahm ers bei den Händen,
Bei ihrer schneeweißen Hand
Er führt sie an ein Ende,
Da er ein Wirtshaus fand.

„Nun Wirtin, liebe Wirtin,
Schaut um nach kühlem Wein,
Die Kleider dieses Gretlein
Müssen verschlemmet sein."

Die Gret hub an zu weinen,
Ihr Unmut der war groß,
Daß ihr die lichten Zähren
Über ihr Wänglein floß.

„Ach Hänslein, liebes Hänslein,
Du redetest nicht also,
Als du mich heim ausführtest
Aus meines Vaters Hof."

Er nahm sie bei den Händen,
Bei ihrer schneeweißen Hand,
Er führt sie an ein Ende,
Da er ein Gärtlein fand.

„Ach Gretlein, liebes Gretlein,
Warum weinst du so sehr,
Reuet dich dein freier Mut,
Oder reut dich dein Ehr?"

Es reut mich nicht mein freier Mut,
Darzu auch nicht mein Ehr;
Es reuen mich mein Kleider,
Die werden mir nimmermehr."

Das Lied vom Ringe.
(Elwert. S. 117.)

Es waren drei Soldaten,
Dabei ein junges Blut,

Sie hatten sich vergangen,
Der Graf nahm sie gefangen,
Setzt sie bis auf den Tod.

Es war ein wackres Mädelein
Dazu aus fremdem Land,
Sie lief in aller Eilen
Des Tags wohl zehen Meilen
Bis zu dem Grafen hin.

„Gott grüß Euch, edler Herre mein,
Ich wünsch Euch guten Tag,
Ach! wollt Ihr mein gedenken
Den Gefangenen mir zu schenken
Ja schenken zu der Eh."

„Ach nein, mein liebes Mädelein,
Das kann und mag nicht sein,
Der Gefangene der muß sterben,
Gott's Gnad muß er ererben,
Wie er verdienet hat."

Das Mädel drehet sich herum
Und weinet bitterlich,
Sie lief in aller Eilen
Des Tags wohl zwanzig Meilen,
Bis zu dem tiefen Turm.

„Gott grüß Euch ihr Gefangnen mein,
Ich wünsch Euch guten Tag!
Ich hab für Euch gebeten,
Ich kann Euch nicht erretten,
Es hilft nicht Gut noch Geld."

Was hat sie unter ihrem Schürzelein?
Ein Hemdlein, war schneeweiß:
„Das nimm du Allerliebster mein,
Es soll von mir dein Brauthemd sein,
Darin lieg du im Tod."

Was zog er von dem Finger sein?
Ein Ringlein, war von Gold,
„Das nimm du Hübsche, du Feine,
Du Allerliebste meine,
Das soll dein Trauring sein."

„Was soll ich mit dem Ringlein tun
Wenn ichs nicht tragen kann?"
„Leg es in Kisten und Kasten,

Und laß es ruhen und rasten
Bis an den jüngsten Tag.“

„Und wenn ich über Kisten und Kasten komm,
Und sehe das Ringlein an,
Da darf ichs nicht anstecken,
Das Herz möcht mir zerbrechen,
Weil ichs nicht ändern kann.“

Der Ritter und die Magd.

(Fliegendes Blatt.)

Es spielt ein Ritter mit seiner Magd
Bis an den hellen Morgen.

Bis daß das Mädchen schwanger war,
Da fing es an zu weinen;

„Wein’ nicht, wein’ nicht, braun’s Mädelein,
Dein Ehr will ich dir zahlen,

Ich will dir geben den Reitknecht mein,
Dazu fünfhundert Taler.“

„Den Reitknecht und den mag ich nicht,
Will lieber den Herrn selber;

Wann ich den Herrn nicht selber krieg,
So geh ich zu meiner Mutter,

In Freuden bin ich von ihr gangen,
In Trauer wieder zu ihr.“

Und da sie vor die Stadt Augsburg kam,
Wohl in die enge Gasse,

Da sah sie ihre Mutter stehn,
An einem kühlen Wasser.

„Bist du willkommen liebs Töchterlein,
Wie ist es dir ergangen,

Daß dir dein Rock von vorne so klein,
Und hinten viel zu lange?“

„Und wie es mir ergangen ist,
Das darf ich Euch wohl sagen:

Ich hab mit einem Edelherrn gespielt,
Ein Kindlein muß ich tragen.“

„Hast du mit einem Edelherrn gespielt,
Das sollst du niemand sagen.

Wenn du dein Kindlein zur Welt gebierst,
Ins Wasser wollen wirs tragen."

„Ach nein, ach nein, liebe Mutter mein,
Das wollen wir lassen bleiben.

Wenn ich das Kind zur Welt gebär,
Dem Vater will ich zuschreiben.

Ach Mutter, liebe Mutter mein,
Machet mir das Bettlein nicht zu klein,

Darin will ich leiden Schmerz und Pein,
Dazu den bittern Tod."

Und da es war um Mitternacht,
Dem Edelherrn träumt es schwer:

Als wenn sein herzallerliebster Schatz
Im Kindbett gestorben wär.

„Steh auf, steh auf, lieb Reitknecht mein,
Sattle mir und dir zwei Pferd,

Wir wollen reiten bei Tag und Nacht,
Bis wir den Traum erfahren."

Und als sie über die Heid 'naus kamen,
Hörten sie ein Glöcklein läuten.

„Ach großer Gott vom Himmel herab,
Was mag doch dies bedeuten."

Als sie vor die Stadt Augsburg kamen,
Wohl vor die hohe Tore,

Hier sahen sie vier Träger schwarz,
Mit einer Totenbahre.

„Stellt ab, stellt ab, ihr Träger mein,
Laßt mir den Toten schauen,

Es möcht meine Herzallerliebste sein
Mit ihren schwarzbraunen Augen.

Du bist fürwahr mein Schatz gewest,
Und hast es nicht geglaubet.

Hätt dir der liebe Gott das Leben geschenkt,
Fürwahr ich hätt dich behalten.

Hast du gelitten den bittern Tod,
Jetzt leid ich große Schmerzen."

Er zog das blanke Schwert heraus
Und stach es sich ins Herze.

„O nein! o nein! o Edelherr!
Nein das sollt ihr lassen bleiben,

Es hat schon manches liebe Paar,
Voneinander müssen scheiden."

„Macht uns, macht uns ein tiefes Grab,
Wohl zwischen zwei hohe Felsen.

Da will ich bei meinem herzliebsten Schatz,
In seinem Arm erstehen."

Sie begruben sie auf den Kirchhof hin,
Ihn aber unter den Galgen.

Es stunde an kein Vierteljahr,
Eine Lilie wächst auf seinem Grabe.

Es stund geschrieben auf den Blättern da,
beid wären beisammen im Himmel.

Heinriche Konrade der Schreiber im Korb.

(Aus Bragur III. B. 2 Ab. S. 93.)

Es ging ein Schreiber spazieren aus,
Wohl an dem Markt da steht ein Haus,
Heinriche Konrade der Schreiber im Korb.

Er sprach: „Gott grüß euch Jungfrau fein,
Nun wollt ihr heut mein Schlafbuhl sein?"
Heinriche Konrade der Schreiber im Korb.

Sie sprach: „Kommt schier her wiedere,
Wann sich mein Herr legt niedere."
Heinriche Konrade der Schreiber im Korb.

Wohlhin, wohlhin gen Mitternacht,
Der Schreiber kam gegangen dar.
Heinriche Konrade der Schreiber im Korb.

Sie sprach: „Mein Schlafbuhl sollst nicht sein,
Du setz'st dich dann ins Körbelein."
Heinriche Konrade der Schreiber im Korb.

Dem Schreiber gefiel der Korb nicht wohl,
Er durfte ihm nicht getrauen wohl.
Heinriche Konrade der Schreiber im Korb.

Der Schreiber wollte gen Himmel fahren,
Da hatt' er weder Roß noch Wagen.
Heinriche Konrade der Schreiber im Korb.

Sie zog ihn auf bis an das Dach,
In Teufels Nam fiel er wieder herab.
Heinriche Konrade der Schreiber im Korb.

Er fiel so hart auf seine Lend',
Er sprach: „Daß dich der Teufel schänd!"
Heinriche Konrade der Schreiber im Korb.

„Pfui dich, pfui dich, du böse Haut!
Ich hätt dir das nicht zugetraut."
Heinriche Konrade der Schreiber im Korb.

Der Schreiber gäb ein Gulden drum,
Daß man das Liedlein nimmer sung.
Heinrich Konrade der Schreiber im Korb.

Erntelied.

(Katholisches Kirchenlied.)

Es ist ein Schnitter, der heißt Tod,
Hat Gewalt vom höchsten Gott,
Heut wetzt er das Messer,
Es schneidt schon viel besser,
Bald wird er drein schneiden,
Wir müssens nur leiden.
Hüte dich schöns Blümelein!

Was heut noch grün und frisch da steht,
Wird morgen schon hinweggemäht:
Die edlen Narzissen,
Die Zierden der Wiesen,
Die schön' Hyazinthen,
Die türkischen Binden.
Hüte dich schöns Blümelein!

Viel hunderttausend ungezählt,
Was nur unter die Sichel fällt,
Ihr Rosen, ihr Lilien,
Euch wird er austilgen,
Auch die Kaiserkronen,
Wird er nicht verschonen.
Hüte dich schöns Blümelein!

Das himmelfarbe Ehrenpreis,
Die Tulipanen gelb und weiß,
Die silbernen Glocken,
Die goldenen Flocken,

Senkt alles zur Erden,
Was wird daraus werden?
Hüte dich schöns Blümelein!

Ihr hübsch Lavendel, Rosmarein,
Ihr vielfärbige Röselein.
Ihr stolze Schwertlilien,
Ihr krause Basilien,
Ihr zarte Violen,
Man wird euch bald holen.
Hüte dich schöns Blümelein!

Trotz! Tod, komm her, ich fürcht dich nicht,
Trotz, eil daher in einem Schnitt.
Werd ich nur verletzet,
So werd ich versetzet
In den himmlischen Garten,
Auf den alle wir warten.
Freu' dich du schöns Blümelein.

Überdruß der Gelahrtheit.

(Opitz.)

Ich empfinde fast ein Grauen,
Daß ich, Plato, für und für
Bin gesessen über dir;
Es ist Zeit hinaus zu schauen,
Und sich bei den frischen Quellen
In dem Grünen zu ergehn,
Wo die schönen Blumen stehn,
Und die Fischer Netze stellen.

Wozu dienet das Studieren?
Als zu lauter Ungemach?
Unterdessen läuft der Bach
Unsers Lebens, uns zu führen,
Ehe wir es inne werden,
Auf sein letztes Ende hin,
Dann kömmt ohne Geist und Sinn
Dieses alles in die Erden.

Hola, Junge geh und frage,
Wo der beste Trunk mag sein,
Nimm den Krug, und fülle Wein.
Alles Trauren, Leid und Klage
Wie wir Menschen täglich haben,

Eh' der Strom uns fortgerafft,
Will ich in den süßen Saft
Den die Traube gibt, vergraben.

Kaufe gleichfalls auch Melonen,
Und vergiß des Zuckers nicht;
Schaue nur daß nichts gebricht.
Jener mag der Heller schonen,
Der bei seinem Gold und Schätzen
Tolle sich zu kränken pflegt,
Und nicht satt zu Bette legt:
Ich will, weil ich kann, mich letzen.

Bitte meine guten Brüder
Auf Musik und auf ein Glas:
Kein Ding schickt sich, dünkt mich, baß,
Als ein Trunk und gute Lieder.
Laß' ich schon nicht viel zu erben,
Ei, so hab ich edlen Wein,
Will mit andern lustig sein,
Wann ich gleich allein muß sterben.

Schlacht bei Murten.

(Von Veit Weber, aus Diebold Schillings Beschreibung der Burgundischen Kriege. Abgedruckt von Koch in der neuen Literatur- und Volkskunde. I. B. S. 93. Von Bodmer in den altenglischen und altschwäbischen Balladen. II. B. S. 241.)

Die Zeitung flog von Land zu Land,
Vor Murten liegt Burgund!
Und jeder eilt fürs Vaterland,
Zu streiten mit Burgund.

Im Feld vor einem grünen Wald,
Rief Knecht und Reitersmann,
Laut rief von Lothringen Renald:
„Wir wollen vorne dran!"

Die Führer hielten kurzen Rat,
Doch dünkt er uns zu lang;
Wann endigt sich der lange Rat,
Ist ihnen etwa bang?

Schon steht die Sonn am Himmel hoch,
Nicht träg im blauen Zelt,
Und wir verziehen immer noch,
Zu hauen in dem Feld!

Zwar furchtbar knallte Karls Geschütz,
Man gab darum nicht viel;
Man achtete nicht in der Hitz,
Ob der und jener fiel.

Im weiten Kreise blitzt das Schwert,
Auslangt der lange Spieß;
Blut dürstete das breite Schwert,
Blut trank der lange Spieß.

Der Welsche kämpfte kurze Zeit,
Der Knecht und Ritter lief;
Das weite Feld ward überstreut
Mit Speeren Knies tief.

Der floh zum Strauch – der floh zum Hain
Vorm hellen Sonnenlicht,
Viel sprangen in die See hinein,
Und dürsteten doch nicht.

Sie schwammen wie der Enten Schar
Im Wasser hin und her,
Als wär es wilder Entenschar
Schoß man sie im Geröhr.

Auf Schiffen fuhr man in den See,
Schlug sie mit Rudern tot.
Das Waidwort war nur Ach und Weh,
Die grüne See ward rot.

Viel klommen auf die Bäume hoch,
Die schoß man wie die Krähn;
Die Fittich fehlten ihnen noch,
Sie mocht der Wind nicht wehn.

Zwo Meilen lang bedeckte sich
Das Land mit Tod und Blut.
Das Land, der Strauch, die Rose glich
Dem schwarzen Menschenblut.

Den Bergen war die Sonne nah,
Die uns den Sieg gebracht;
Die Welschen die man leben sah,
Die dankten es der Nacht.

Ein Lager einem Marktplatz gleich
Kam in der Schweizer Hand.
Karl machte schnell den Bettler reich
Im armen Schweizerland.

Schachzabel ist ein Königsspiel,
Jetzt spielts der Eidgenoß,
Er nahm ihm seiner Fenden viel,
Die Seite stand ihm bloß.

Die Rochen halfen ihm nicht viel,
Die Rosse litten Not;
Er wende sich, wohin er will,
Schachmatt ist ihm gedroht.

Der hatte selbst die Hand am Schwert,
Der diesen Reim gemacht;
Bis abends mäht' er mit dem Schwert,
Des Nachts sang er die Schlacht.

Er schwang die Saiten und das Schwert,
Ein Fiedler und Soldat,
Den Herren und den Mädchen wert,
Dem Tänzer und Prälat.

Die mich gebar, das gute Weib,
Sie küßte mich, und Veit,
Heiß Veit, so sprach das gute Weib!
Veit heiß ich immerseit.

Liebesprobe.

(Fliegendes Blatt.)

Es sah eine Linde ins tiefe Tal,
War unten breit und oben schmal,
Worunter zwei Verliebte saßen,
Vor Lieb ihr Leid vergaßen.

„Feins Liebchen wir müssen voneinander,
Ich muß noch sieben Jahre wandern;"
„Mußt du noch sieben Jahr wandern,
So heirat ich mir keinen andern."

Und als nun die sieben Jahr um waren,
Sie meinte ihr Liebchen käme bald,
Sie ging wohl in den Garten,
Ihr feines Liebchen zu erwarten.

Sie ging wohl in das grüne Holz,
Da kam ein Reiter geritten stolz;
„Gott grüße dich Mägdlein feine,
Was machst du hier alleine?

Ist dir dein Vater oder Mutter gram,
Oder hast du heimlich einen Mann?"
Mein Vater und Mutter sind mir nicht gram,
Ich hab' auch heimlich keinen Mann.

Gestern wars drei Wochen über sieben Jahr,
Da mein feins Liebchen ausgewandert war."
„Gestern bin ich geritten durch eine Stadt,
Da dein feins Liebchen hat Hochzeit gehabt.

Was tust du ihm denn wünschen,
Daß er nicht gehalten seine Treu?"
„Ich wünsch ihm so viel gute Zeit,
So viel wie Sand am Meere breit."

Was zog er von seinem Finger?
Ein'n Ring von reinem Gold gar fein.
Er warf den Ring in ihren Schoß,
Sie weinte, daß der Ring gar floß.

Was zog er aus seiner Taschen?
Ein Tuch sehr weiß gewaschen.
„Trockne ab, trockne ab dein Äugelein,
Du sollst hinfort mein eigen sein.

Ich tu dich nur versuchen,
Ob du würd'st schwören oder fluchen;
Hätt'st du einen Fluch oder Schwur getan,
So wär ich gleich geritten davon."

Der Falke.

(Mündlich.)

Wär ich ein wilder Falke,
Ich wollt mich schwingen auf,
Und wollt mich niederlassen
Vor meines Grafen Haus.

Und wollt mit starkem Flügel
Da schlagen an Liebchens Tür,
Daß springen sollt der Riegel,
Mein Liebchen trät herfür.

„Hörst du die Schlüssel klingen,
Dein Mutter ist nicht weit,
So zieh mit mir von hinnen
Wohl über die Heide breit."

Und wollt in ihrem Nacken
Die goldnen Flechten schön
Mit wildem Schnabel packen,
Sie tragen zu dieser Höhn.

Ja wohl zu dieser Höhen,
Hier wär ein schönes Nest,
Wie ist mir doch geschehen,
Daß ich gesetzet fest.

Ja trüg ich sie im Fluge,
Mich schöß der Graf nicht tot,
Sein Töchterlein zum Fluche,
Das fiele sich ja tot.

So aber sind die Schwingen
Mir allesamt gelähmt,
Wie hell ich ihr auch singe,
Mein Liebchen sich doch schämt.

Die Eile der Zeit in Gott.

(Fliegendes Blatt.)

Der Kommandant zu Groswardein,
Der hätt' ein einzig Töchterlein,
Theresia ihr Namen war,
Gott'sfürchtig, züchtig, keusch und klar.

Sie war von ihrer Jugend an
Der Andacht also zugetan,
Mit Beten, Singen allezeit
Lobt sie die heilig' Dreifaltigkeit.

Wenn sie nur Jesum nennen hört,
So wurd ihr Lieb und Freud vermehrt,
Auf Jesum war ihr Tun gericht,
Zu seiner Braut sie sich verpflicht.

Ein edler Herr tät um sie frein,
Der Vater gab den Willen drein,
Die Mutter zu der Tochter spricht:
„Mein Kind, nur diesen lasse nicht."

Die Tochter sprach: „Ach Mutter mein!
Das kann und mag ja nicht so sein,
Mein Bräutigam ist schon bestellt,
Derselb' ist nicht auf dieser Welt."

Die Mutter sprach: „Ach Tochter mein!
Ach tu uns nicht zuwider sein!
Wir sind nunmehr zwei alte Leut,
Mit Geld hat uns Gott auch erfreut."

Die Tochter fing zu weinen an:
„Ich hab schon einen Bräutigam,
Dem ich mich hab versprochen ganz,
Zu tragen einen Jungfernkranz."

Der Vater sprach: „Es kann nicht sein,
Mein Kind, das bilde dir nicht ein,
Wo willst du bleiben mit der Zeit,
Sehr alt sind wir schon alle beid."

Der edle Herr bald wieder kam,
Da stellte man die Hochzeit an,
Denn alles war voraus bereit,
Die Braut war voller Traurigkeit.

Sie ging in ihren Garten früh,
Da fiel sie nieder auf die Knie,
Sie rief von ganzem Herzen an
Jesum, ihren liebsten Bräutigam.

Sie lag auf ihrem Angesicht,
Viel Seufzer sie zu Jesu schickt.
Der liebste Jesus ihr erschien
Und sprach: „Schau, meine Braut, vernimm:

Du sollst jetzt und in kurzer Zeit,
Bei mir sein in der wahren Freud,
Und mit den lieben Engelein
In voller Freud und Wonne sein."

Er grüßt die Jungfrau wunderschön,
Die Jungfrau tät vor ihme stehn,
Schamhaftig, schlägt die Augen nieder,
Empfing gar schöne Jesum wieder.

Der Jüngling an zu reden fing,
Verehrt ihr einen goldnen Ring:
„Schau da, mein' Braut zum Liebespfand,
Tragt diesen Ring an Eurer Hand."

Die Jungfrau da schön' Rosen brach,
„Mein Bräutigam", zu Jesu sprach:
„Hiermit sei du von mir beehrt.
Ewig mein Herz sonst keinen begehrt."

Da gingen die verliebten Zwei,
Brachen der Blumen mancherlei;
Jesus da sprach zu seiner Braut:
„Kommt! meinen Garten auch beschaut."

Er nahm die Jungfrau bei der Hand,
Führt sie aus ihrem Vaterland,
In seines Vaters Garten schön,
Darinnen viele Blumen stehn.

Die Jungfrau da mit Freud und Lust
Köstliche Früchte hat versucht,
Kein Mensch sich nicht einbilden kann,
Was da für edle Früchte stehn.

Sie hört da Musik und Gesang,
Die Zeit und Weil wird ihr nicht lang,
Die silberweiße Bächelein,
Die fließen da ganz klar und rein.

Der Jüngling sprach zu seiner Braut:
„Meinen Garten habt ihr nun beschaut,
Ich will Euch geben das Geleit
In Euer Land, es ist nun Zeit."

Die Jungfrau schied mit Traurigkeit,
Kam vor die Stadt in kurzer Zeit,
Die Wächter hielten sie bald an,
Sie sprach: „Laßt mich zum Vater gehn."

Wer ist ihr Vater, man sie fragt?
„Der Kommandant", sie frei aussagt,
Der Eine Wächter aber spricht:
„Der Kommandant kein Kind hat nicht."

An ihrer Kleidung man erkannt,
Daß sie auch sei von hohem Stand,
Ein Wächter sie geführet hat
Bis vor die Herren in der Stadt.

Die Jungfrau sagt und blieb dabei,
Der Kommandant ihr Vater sei,
Und sei sie nur erst vor zwei Stund
Hinausgegangen da jetzund.

Den Herren nahm es Wunder sehr,
Man fragt, wo sie gewesen wär,
Ihr's Vaters Nam, Stamm und Geschlecht,
Das mußte sie erklären recht.

Man suchte auf die alte Schrift,
Unter andern man auch dies antrifft,
Daß sich ein Braut verloren hat
Zu Großwardein in dieser Stadt.

Der Jahre Zahl man bald nachschlägt,
Hundertundzwanzig Jahr austrägt,
Die Jungfrau war so schön und klar,
Als wenn sie wäre fünfzehn Jahr.

Dabei die Herren wohl erkannt,
Daß dies ein Werk von Gottes Hand,
Man trug der Jungfrau vor viel Speis,
Im Augenblick ward sie schneeweiß.

„Nichts Leibliches ich mehr begehr",
Sie bat, „bringt mir den Priester her,
Daß ich empfang vor meinem End
Den wahren Leib im Sakrament."

Sobald nun dieses ist geschehn,
Viel Christenmenschen es gesehn,
Ward ihr ohn alles Weh und Schmerz
Gebrochen ab ihr reines Herz.

Das Rautensträuchelein.

(Mündlich.)

Gar hoch auf jenem Berg allein
Da steht ein Rautensträuchelein,
Gewunden aus der Erden
Mit sonderbar Gebärden.

Mir träumt ein wunderlicher Traum,
Da unter diesem Rautenbaum,
Ich kann ihn nicht vergessen,
So hoch ich mich vermessen.

Es wollt ein Mädchen Wasser holen,
Ein weißes Hemdlein hatt sie an,
Dadurch schien ihr die Sonnen,
Da überm kühlen Bronnen.

Wär ich die Sonn, wär ich der Mond,
Ich bliebe auch, wo Liebe wohnt;
Ich wär mit leisen Tritten,
Wohl um Feinslieb geschritten.

Die Nonne.

(Mündlich.)

Stund ich auf hohen Bergen,
Und sah wohl über den Rhein,
Ein Schifflein sah ich fahren,
Der Ritter waren drei,

Der jüngste, der darunter war,
Der war ein Grafensohn,
Hätt mir die Eh versprochen,
So jung als er noch war.

Er tat von seinem Finger herab,
Ein Ringlein von Golde so rot:
„Nimm hin, du Hübsche, du Feine,
Trag ihn nach meinem Tod!"

„Was soll ich mit dem Ringlein tun,
Wenn ichs nicht tragen darf?"
„Ei sag, du hasts gefunden,
Draußen im grünen Gras."

„Ei, das wäre ja gelogen,
Stünd mir gar übel an,
Viel lieber will ich sagen:
Der jung Graf wär mein Mann."

„Ei, Jungfer, wärt ihr ein wenig reich,
Wärt ihr ein edler Zweig,
Fürwahr ich wollt euch nehmen,
Wir wären einander gleich!"

„Und ob ich schon nicht reiche bin,
Aller Ehren bin ich voll.
Meine Ehr will ich behalten,
Bis daß meinesgleichen kommt."

„Kommt aber deinesgleichen nicht,
Was fängst du darnach an?"
„Darnach geh ich ins Kloster,
Zu werden eine Nonn."

Es stund wohl an ein Vierteljahr,
Dem Grafen träumts gar schwer,
Als ob sein herzallerliebster Schatz
Ins Kloster zogen wär.

„Steh auf, steh auf, lieb Reitknecht mein!
Sattel mir und dir ein Pferd,

Wir wollen reiten über Berg und Tal,
Das Mädel ist alles wert."

Und als sie vor das Kloster kamen,
Sie klopften ans hohe Haus:
„Komm' raus, du Hübsche, du Feine,
Komm nur ein wenig raus."

„Was soll ich aber draußen tun?
Hab ich ein kurzes Haar!
Mein Haar ist abgeschnitten,
Es ist vergangen ein Jahr."

Der Graf entsetzt sich in der Still,
Saß da auf einem Stein',
Er weint die hellen Tränen,
Konnt sich nicht wieder freun.

Mit ihrem schneeweißen Händelein
Gräbt sie dem Grafen ein Grab,
Aus ihren schwarzbraunen Äugelein
Sie ihm das Weihwasser gab.

So muß es allen Junggesellen gehn,
Sie trachten nach großem Gut!
Sie hätten als gern schöne Weiber,
Sind aber nicht reich genug.

Rewelge.

(Mündlich.)

Des Morgens zwischen drei und vieren
Da müssen wir Soldaten marschieren
Das Gäßlein auf und ab;
Tralali, Tralali, Tralala,
Mein Schätzel sieht herab.

„Ach Bruder, jetzt bin ich geschossen,
Die Kugel hat mich schwer getroffen,
Trag mich in mein Quartier,
Tralali, Tralali, Tralala,
Es ist nicht weit von hier."

„Ach Bruder ich kann dich nicht tragen,
Die Feinde haben uns geschlagen,
Helf dir der liebe Gott;
Tralali, Tralali, Tralala,
Ich muß marschieren in den Tod."

„Ach Brüder! ihr geht ja vorüber,
Als wär es mit mir schon vorüber,
Ihr Lumpenfeind seid da;
Tralali, Tralali, Tralala,
Ihr tretet mir zu nah.

Ich muß wohl meine Trommel rühren,
Sonst werde ich mich ganz verlieren;
Die Brüder dick gesäet,
Tralali, Tralali, Tralala,
Sie liegen wie gemäht."

Er schlägt die Trommel auf und nieder,
Er wecket seine stillen Brüder,
Sie schlagen ihren Feind,
Tralali, Tralali, Tralala,
Ein Schrecken schlägt den Feind.

Er schlägt die Trommel auf und nieder,
Sie sind vorm Nachtquartier schon wieder,
Ins Gäßlein hell hinaus,
Tralali, Tralali, Tralala,
Sie ziehn vor Schätzels Haus.

Da stehen morgens die Gebeine
In Reih und Glied wie Leichensteine,
Die Trommel steht voran,
Tralali, Tralali, Tralala,
Daß sie ihn sehen kann.

Fastnacht.

(Feiner Almanach.)

Die Fastnacht bringt uns Freuden zwar
Vielmehr denn sonst ein ganzes halbes Jahr,
Ich macht mich auf und tät spazieren gehen
An einen Tanz,
Mir ward ein Kranz
Von Blümlein Glanz,
Des erfreut ich mich gar sehr.

Ich bot der Jungfrau meinen Gruß,
Ganz freundlich trat sie mir auf meinen Fuß,
Sie sprach: „Gut Gesell, wenn ich dir sagen sollt,
Wenn du nur wollst,
Ich wär dir hold.

Kein Silber und Gold
Ist meiner Lieb ein Sold.

Hinter meins Vaters Hof steht ein Tür,
Da ist weder Schloß noch Riegel dafür,
Da geh hinein, daß man dich nicht seh noch spür,
Sie ist geschmiert,
Daß sie nicht klirrt,
Kein Mensch dich irrt,
Tritt fröhlich hinein zu mir."

Des Nachts hob sich ein Wetter groß,
Das über Berg und tiefe Tal herfloß,
Desselben Wegs mich nie keinmal verdroß;
Ich stahl mich aus,
Still wie ein Maus,
Und kam ins Haus,
Und lebt im Saus,
Mit der Lieben die ganze Nacht.

Die Diebsstellung.

(Mündlich.)

Maria in den Garten trat,
Begegnen ihr drei Jüngling zart,

Der erste war Sankt Daniel,
Dann Raphael, dann Michael.

Sankt Daniel zu ihr da lacht,
Die Jungfrau spricht: „Was hast gelacht?"

Sankt Daniel spricht: „Ich wacht zu Nacht,
Zwei Dieb die hatten sich erdacht:

Vermassen sich wohl zu geschwind,
Zu stehln dein allerliebstes Kind."

Sie spricht: „Das wird nun werden gut,
Dann wer mein Kindlein stehlen tut,

Den müßt ihr binden an die Schwell,
Daß er nicht kann von seiner Stell.

Sankt Raphael, Sankt Michael,
Ihr bindet ihn da an die Stell."

Sankt Daniel sprach: „Ei seht nur an,
Da stehen sie noch Mann für Mann.

Der Schweiß der läuft von ihnen sehr,
Die wagen umzusehn nicht mehr,

Gebunden sind in eiserm Band,
An Gottes Erd, von Gottes Hand,

Sie stehen da wie Stock und Stein,
Bis sie die Stern gezählet ein,

Bis sie den Sand am Meer gezählt,
Die ungebornen Kind der Welt."

Maria sie aus Banden nahm,
Wer Rechtes tut hat keine Scham.

Wassersnot.

(Mündlich.)

Zu Koblenz auf der Brücken
Da lag ein tiefer Schnee,
Der Schnee der ist verschmolzen,
Das Wasser fließt in See.

Es fließt in Liebchens Garten,
Da wohnet niemand drein,
Ich kann da lange warten,
Es wehn zwei Bäumelein.

Die sehen mit den Kronen
Noch aus dem Wasser grün,
Mein Liebchen muß drin wohnen,
Ich kann nicht zu ihr hin.

Wenn Gott mich freundlich grüßet
Aus blauer Luft und Tal,
Aus diesem Flusse grüßet,
Mein Liebchen mich zumal.

Sie geht nicht auf der Brücken,
Da gehn viel schöne Fraun,
Sie tun mich viel anblicken,
Ich mag die nicht anschaun.

Tambursgesell.

(Fliegendes Blatt.)

Ich armer Tambursgesell,
Man führt mich aus dem Gewölb,

Ja aus dem Gewölb,
Wär ich ein Tambur blieben,
Dürft ich nicht gefangen liegen,
Nicht gefangen liegen.

O Galgen, du hohes Haus,
Du siehst so furchtbar aus,
So furchtbar aus,
Ich schau dich nicht mehr an,
Weil i weiß i gehör daran,
Daß i gehör daran.

Wenn Soldaten vorbei marschieren,
Bei mir nit einquartieren,
Nit einquartieren,
Wann sie fragen wer i g'wesen bin:
Tambur von der Leib-Kompanie,
Von der Leib-Kompanie.

Gute Nacht ihr Marmelstein,
Ihr Berg und Hügelein,
Und Hügelein,
Gute Nacht ihr Offizier,
Korporal und Musketier,
Und Musketier.

Gute Nacht ihr Offizier,
Korporal und Grenadier,
Und Grenadier.
Ich schrei mit heller Stimm,
Von Euch ich Urlaub nimm,
Ja Urlaub nimm.

David.

(Fliegendes Blatt von Kloster Einsiedeln.)

Ich war der Kleinste meiner Brüder,
Und meines Vaters jüngster Sohn;
Ich stellte kühn mich dem zuwider,
Vor dem ein Schäflein läuft davon:
Ich mußte meinem Vater sein
Ein Hüter seiner Lämmerlein.

Hierbei hab ich mir eingerichtet
Ein Harfenspiel mit meiner Hand,
Und meinem Gott ein Buch gedichtet;
Wer aber macht es ihm bekannt?

Wer saget meinem Herrn es an,
Daß ich die Psalter harfen kann?

Du selber, Herr! hast mich gehöret,
Was meiner Saiten Spiel vermag,
Und was mich deine Furcht gelehret,
Da ich bei deinen Schafen lag:
Um dieses hast du mich gebracht,
Und mich zum König dann gemacht.

Ob ich von meinen Brüdern allen
Der Kleinste gleich gewesen bin,
So hat doch keiner dir gefallen,
Als ich nur, David war dir fein,
Ich mußte von den Schafen gehen,
Und unter einer Krone stehen.

Ich der Geringste mußt es wagen
Mit dem geharnischten Goliath,
Und ihm das böse Haupt abschlagen,
Das dich und mich gehöhnet hat:
Er schwur bei seinem Götzen mir
Den Tod, und selbst starb er dafür.

Sein Schwert hab ich ihm ausgezogen,
Und ihm vom Leib den Hals entzweit,
Daß ihm der Geist ist ausgeflogen,
Mit ungestümer Grausamkeit:
Hiermit hat meine Siegeshand
Die Schmach von Israel gewandt.

Sollen und Müssen.

(Mündlich.)

Ich soll und muß ein Buhlen haben,
Trabe dich Tierlein, trabe,
Und sollt ich ihn aus der Erde graben,
Trabe dich Tierlein, trabe.

Das Murmeltierlein hilft mir nicht,
Es hat ein mürrisch Angesicht,
Und will fast immer schlafen.

Ich soll und muß ein Buhlen erringen,
Schwinge dich, Falke, schwing dich,
Du sollst mir ihn aus den Lüften bringen,
Schwinge dich, Falke, schwing dich.

Das Turteltäublein hilft mir nicht,
Schnurren und girren kann ich nicht,
Sein Leben muß es lassen.

Ich soll und muß ein Buhlen finden,
Laufe, mein Hündlein, laufe,
Und sollt ich ihn fangen mit meinen Winden,
Laufe, mein Hündlein, laufe.

Der edle Hirsch er hilft mir nicht,
Sein Horn ist mir zu hoch gericht,
Er möchte mich erstechen.

Ich soll und muß ein Buhlen haben,
Schalle mein Hörnlein, schalle,
Und wen du rufst, der muß mich laben,
Schalle mein Hörnlein, schalle.

Drei schöne Tierlein stellen sich
Die holt kein Hund, kein Falke nicht,
Die muß ich selber fangen.

Ich soll und muß ein Rößlein haben,
Nimm mich, Jägerlein, nimm mich,
Ich möcht gern durch die Wälder traben,
Nimm mich, Jägerlein, nimm mich.

Trabst du gern, so nimm mein Roß,
So wär ich dann das Elslein los,
Ade, Ade, mein Rößlein!

Ich soll und muß ein Falken kriegen,
Nimm mich, Jägerlein, nimm mich.
Der muß mit mir zum Himmel fliegen,
Nimm mich, Jägerlein, nimm mich.

Nimm hin, nimm hin mein Federspiel,
Lieb Bärbelein du warst zu viel,
Ade, Ade, mein Falke.

Ich soll und muß ein Küßlein haben,
Küß mich, Jägerlein, küß mich,
Du sollst und mußt einen Jäger haben,
Küß mich, Jungfräulein, küß mich.

Die dritt, die dritt, die nenn ich nicht,
Sie hat ein klares Angesicht,
Und soll mir nicht erröten.

Liebesdienst.

(Mündlich durch die gütige Bemühung des Herrn A. B. Grimm aus Schlüchtern bei Heilbronn, eines Studierenden in Heidelberg, dem wir noch einige andere verdanken.)

Es war ein Markgraf über dem Rhein,
Der hatte drei schöne Töchterlein;
Zwei Töchterlein früh heiraten weg,
Die dritt hat ihn ins Grab gelegt.
Dann ging sie singen vor Schwesters Tür:
„Ach braucht ihr keine Dienstmagd hier?"

„Ei Mädchen, du bist mir viel zu fein,
Du gehst gern mit den Herrelein."
„Ach nein! ach nein! das tu ich nicht,
Daß ich so mit den Herrlein geh!"
Sie dingt das Mägdlein ein halbes Jahr,
Das Mägdlein dient ihr sieben Jahr.

Und als die sieben Jahr um warn,
Da wurd das Mägdlein täglich krank;
„Sag Mägdlein, wenn du krank willst sein,
So sag mir, wer sind die Eltern dein?"
„Mein Vater war Markgraf über dem Rhein,
Und ich bin sein jüngstes Töchterlein."

„Ach nein! ach nein, das glaub ich nicht,
Daß du meine jüngste Schwester bist!"
„Und wenn du mir's nicht glauben willst,
So geh nur an meine Kiste hin,
Daran wird es geschrieben stehn."
Und als sie an die Kiste kam,

Da rannen ihr die Tränen ab:
„Ach bringt mir Weck, ach bringt mir Wein,
Das ist mein jüngstes Schwesterlein!"
„Ich will auch kein Weck, ich will auch kein Wein,
Will nur ein kleines Lädelein,
Darin ich will begraben sein."

Geht dir's wohl, so denk an mich.

Mündlich.

Er.

Wenn ich geh vor mir auf Weg und Straßen,
Sehen mich schon alle Leute an,

Meine Augen gießen helles Wasser,
Weil ich gar nichts anders sprechen kann.

Ach wie oft sind wir beisamm gesessen
Manche liebe halbe stille Nacht,
Und den Schlaf den hatten wir vergessen,
Nur mit Liebe ward sie zugebracht.

Spielet auf, ihr kleinen Musikanten,
Spielet auf ein neues neues Lied,
Und ihr Töne, liebliche Gesandten,
Sagt Ade, weil ich auf lange schied.

Musikanten.
Ach in Trauren muß ich schlafen gehn,
Ach in Trauren muß ich früh aufstehn,
In Trauren muß ich leben meine Zeit,
Dieweil ich nicht kann haben, die mein Herz erfreut.

Sie.
Ach ihr Berg und tiefe, tiefe Tal,
Seh ich meinen Schatz zum letzten Mal?
Die Sonne und der Mond, das ganze Firmament,
Die sollen mit mir traurig sein bis an mein End.

Musikanten.
Ach in Trauren muß ich schlafen gehn,
Ach in Trauren muß ich früh aufstehn,
In Trauren muß ich leben meine Zeit,
Dieweil ich nicht kann haben, die mein Herz erfreut.

Sie.
Geht dirs wohl, so denke du an mich,
Gehts dir übel, ach so kränkt es mich,
Wie froh wollt ich schon sein, wenns wohl dir geht,
Wenn schon mein jung frisch Leben in Trauren steht.

Er.
Ach ihr Berge und tiefe tiefe Tal,
Ach ihr seht mein Lieb noch tausendmal,
Ach tausendmal ihr tiefe tiefe Tal,
Ihr steht doch ewig ferne, ich nur bin ihr nah.

Der Tannhäuser.

(Venus-Berg von Kornmann, dann in Prätorii Bloksberg-Verrichtung. Leipzig, 1668. S. 19–25.

Nun will ich aber heben an,
Vom Tannhäuser wollen wir singen,

Und was er wunders hat getan,
Mit Frau Venussinnen.

Der Tannhäuser war ein Ritter gut,
Er wollt groß Wunder schauen,
Da zog er in Frau Venus Berg,
Zu andern schönen Frauen.

„Herr Tannhäuser, Ihr seid mir lieb,
Daran sollt Ihr gedenken,
Ihr habt mir einen Eid geschworen,
Ihr wollt nicht von mir wanken."

„Frau Venus, ich hab' es nicht getan,
Ich will dem widersprechen,
Denn niemand spricht das mehr, als Ihr,
Gott helf mir zu den Rechten."

„Herr Tannhäuser, wie saget ihr mir!
Ihr sollet bei uns bleiben,
Ich geb Euch meiner Gespielen ein,
Zu einem eh'lichen Weibe."

„Nehme ich dann ein ander Weib,
Als ich hab in meinem Sinne,
So muß ich in der Höllenglut,
Da ewiglich verbrennen."

„Du sagst mir viel von der Höllengut,
Du hast es doch nicht befunden,
Gedenk an meinen roten Mund,
Der lacht zu allen Stunden."

„Was hilft mich Euer roter Mund,
Er ist mir gar unmehre,
Nun gib mir Urlaub Frau Venus zart,
Durch aller Frauen Ehre."

„Herr Tannhäuser, wollt Ihr Urlaub han,
Ich will Euch keinen geben,
Nun bleibet edler Tannhäuser zart,
Und frischet Euer Leben."

„Mein Leben ist schon worden krank,
Ich kann nicht länger bleiben,
Gebt mir Urlaub Fraue zart,
Von Eurem stolzen Leibe."

„Herr Tannhäuser nicht sprecht also,
Ihr seid nicht wohl bei Sinnen,

Nun laßt uns in die Kammer gehn,
Und spielen der heimlichen Minnen."

„Eure Minne ist mir worden leid,
Ich hab in meinem Sinne,
O Venus, edle Jungfrau zart,
Ihr seid eine Teufelinne."

„Tannhäuser, ach, wie sprecht Ihr so,
Bestehet Ihr mich zu schelten?
Sollt ihr noch länger bei uns sein,
Des Worts müßt Ihr entgelten.

„Tannhäuser wollt Ihr Urlaub han,
Nehmt Urlaub von den Greisen,
Und wo Ihr in dem Land umfahrt,
Mein Lob das sollt Ihr preisen."

Der Tannhäuser zog wieder aus dem Berg,
In Jammer und in Reuen:
„Ich will gen Rom in die fromme Stadt,
All auf dem Papst vertrauen.

Nun fahr ich fröhlich auf die Bahn,
Gott muß es immer walten,
Zu einem Papst, der heißt Urban,
Ob er mich wolle behalten.

Herr Papst Ihr geistlicher Vater mein,
Ich klag Euch meine Sünde,
Die ich mein Tag begangen hab,
Als ich Euch will verkünden.

Ich bin gewesen ein ganzes Jahr,
Bei Venus einer Frauen,
Nun will ich Beicht und Buß empfahn,
Ob ich möcht Gott anschauen."

Der Papst hat einen Stecken weiß,
Der war vom dürren Zweige:
„Wann dieser Stecken Blätter trägt,
Sind dir deine Sünden verziehen."

„Sollt ich leben nicht mehr denn ein Jahr,
Ein Jahr auf dieser Erden,
So wollt ich Reu und Buß empfahn,
Und Gottes Gnad erwerben."

Da zog er wieder aus der Stadt,
In Jammer und in Leiden:

„Maria Mutter, reine Magd,
Muß ich mich von dir scheiden,

So zieh ich wieder in den Berg,
Ewiglich und ohn Ende,
Zu Venus meiner Frauen zart,
Wohin mich Gott will senden.“

„Seid willkommen Tannhäuser gut,
Ich hab Euch lang entbehret,
Willkommen seid mein liebster Herr,
Du Held, mir treu bekehret.“

Danach wohl auf den dritten Tag,
Der Stecken hub an zu grünen,
Da sandt man Boten in alle Land,
Wohin der Tannhäuser kommen.

Da war er wieder in dem Berg,
Darinnen sollt er nun bleiben,
So lang bis an den jüngsten Tag,
Wo ihn Gott will hinweisen.

Das soll nimmer kein Priester tun,
Dem Menschen Mißtrost geben,
Will er denn Buß und Reu empfahn,
Die Sünde sei ihm vergeben.

Mißheirat.

(Mündlich.)

Die Wasserrüben und der Kohl,
Die haben mich vertrieben wohl,
Hätt' meine Mutter Fleisch gekocht,
Ich wär geblieben immer noch.

Wenn ich nur einmal Jäger wär,
Drei schöne Flinten kauft ich mir,
Drei schöne Flinten, einen Hund,
Ein schönes Mädchen kugelrund.“

Die schöne Jägrin fand er bald,
Auf seinem Weg im dichten Wald,
Die Jungfrau war wohl kugelrund,
Sie nahm ihn ohne Flint und Hund.

Er geht mit ihr vor Mutters Haus,
Die Mutter guckt zum Schornstein raus:

„Ach Sohn! ach lieber Sohne mein,
Was bringst mir für ein Stachelschwein?"

„Es ist fürwahr kein Stachelschwein,
Es ist die Herzallerliebste mein!"
„Ist es die Herzallerliebste dein,
Bring sie zu mir in Saal herein.

Ich will auftragen Rüb und Kohl."
„Frau Mutter, das der Henker hol,
Ich bin Mosje, den Kohl veracht,
Den Schlüssel gebt, das Huhn ich schlacht."

Die Alte hält den Jungen auf,
Springt zu und hält zehn Finger drauf:
„Du Bub, das Hühnlein leget frei
Mir alle Tag vier golden Ei.

Der Bub will alle Tage mehr,
Nun schleppt er gar ein Mädchen her."
„Nun dann, Frau Mutter gebet her,
Ein ander Fleisch, das ich verehr."

Die Alte winkt ihm freundlich zu,
Der Sohn sich setzt in guter Ruh,
Sie schlachtet einen Kater ab,
Und bratet ihn am Zauberstab.

Die Jägrin sprach: „Herr Bräutigam,
Solch Wildbret ist mir gar zu zahm,
Es widersteht mir dies Geschlecht,
Ich bleib Mamsell und eß was recht."

„Was Wildbret!" schreit der Bräutigam,
„Der Kater war von edlem Stamm,
Dies ist und bleibt das Wildbret mein!"
Die Jägrin läuft in'n Wald hinein.

„Was doch der Braut mocht kommen ein,
Das Weggehn war nun gar nicht fein!"
Sie setzen sich zum Braten hin,
Uneins und doch in einem Sinn.

Die Alte lehrt den Sohn beim Mahl:
„Die Welt wird vornehm auf einmal,
Dir war die magre Wildkatz recht,
Ihr schien der fette Kater schlecht."

Wiegenlied.

(Ottmars Volkssagen. Bremen 1800. S. 43 und 44.)

Buko von Halberstadt,
Bring doch meinem Kinde was!
Was soll ich ihm bringen?
Rote Schuh mit Ringen,
Schöne Schuh mit Gold beschlagen,
Die soll unser Kindchen tragen.

Hurraso, Burra fort,
Wagen und schön Schuh sind fort,
Stecken tief im Sumpfe,
Pferde sind ertrunken,
Hurra, schrei nicht Reitersknecht,
Warum fährst du auch so schlecht!

Frau Nachtigall.

(Fliegendes Blatt.)

Nachtigall ich hör dich singen,
Das Herz möcht mir im Leib zerspringen,
Komm doch bald und sag mirs wohl,
Wie ich mich verhalten soll.

Nachtigall, ich seh dich laufen,
An dem Bächlein tust du saufen,
Du tunkst dein klein Schnäblein ein,
Meinst es wär der beste Wein.

Nachtigall, wo ist gut wohnen,
Auf den Linden, in den Kronen,
Bei der schön Frau Nachtigall,
Grüß mein Schätzchen tausendmal.

Die Juden in Passau.

(Aus einem geschriebenen geistlichen Liederbuche in der Sammlung von Clemens Brentano.)

Mit Gott der allen Dingen,
Ein Anfang geben hat,
So heben wir an zu singen,
Ein wunderliche Tat.

Der Christoph Eißenhammer
Durch sein groß Missetat
Fing an ein großen Jammer
Zu Passau in der Stadt.

Zum Juden tät er laufen,
Und fragen sie behend:
„Ob sie nit wollten kaufen,
Das heilig Sakrament?"

Alsbald sie Antwort gaben:
„Er solls ihnen bringen nun,
Sie wollten ihm mit Gaben,
Ein völlig Gnüge tun."

In stürmischer Nacht, im Finstern,
Brach er die Türe auf,
Von unser Frauen Münster,
Nahm acht Partikel raus.

Um einen Gulden merk eben,
Er sie alle acht verkauft,
Daß einer, wie zu sehen,
Auf dreißig Pfennig lauft.

Die Juden ließens zum Tempel,
Bald tragen aufn Altarstein,
Ein Messer sie auszogen,
Und stachen grimmig drein.

Bald sahen sie rausfließen,
Das Blut ganz mild und reich,
Ein Gestalt sich sehen ließe,
Eim jungen Kindlein gleich.

Das bracht ihn großen Schrecken,
Sie gingen bald zu Rat:
Zwo Hostien zu schicken,
Gen Salzburg in die Stadt.

In die Neustadt auch zwo senden,
Zwo schickten sie gen Prag,
Zwo hielten sie bei Händen,
Hätten darüber Frag.

Sie meinten und verhofften,
Christum auszutilgen gar,
Drum heizten sie ein Ofen,
Worin die Hostien warn.

Doch seht vor ihren Augen
Flogen zwei Engel raus,
Dazu zwo schöne Tauben,
Das macht ihn Furcht und Graus.

Christoph, der Übeltäter,
In Sünden hart verblendt
Wie Judas der Verräter,
Stiehlt weiter was er findt.

Als er zu Germansbergen
Angriff den Kirchenstock,
Ergriffen ihn die Schergen,
Sie schlugen ihn in Stock.

Da er nun lag gefangen,
Zu Passau im Oberhaus,
Was er je hätt begangen,
Bekennt er frei heraus.

Da wurden die Untaten
Der Juden auch vermehrt,
Wie sie geraten hatten,
Das Sakrament entehrt.

Dem Bischof ging zu Herzen
Solch lästerliche Tat,
Darauf ohn alles Scherzen,
Er nach ihnen greifen tat.

Da haben sie bekennet,
Daß sie das Sakrament,
Gestochen und gebrennet,
Und in drei Städt gesendt.

Zwar vier aus den Gefangnen,
Haben sich weisen lahn,
Die Seligkeit zu erlangen,
Den Glauben genommen an.

Die andern sind verbrennet:
Die vier so sich bekehrt,
Die Christen sich genennet,
Die gab man zu dem Schwert.

Christoph ders angefangen,
Das Sakrament verkauft,
Wurd auch mit heißen Zangen,
Nach etlich Wochen gestraft.

Kriegslied gegen Karl. V.

(Vergleiche Hartleder S. 425. S. 423. eine merkwürdige Stelle über den Trommelschlag der deutschen Landsknechte: Die übrigen Trommelschläge, damit ein jeder etwas Neues auf die Bahn bringt, sind ungeschickt und lächerlich, der alte, welchen ich allein für löblich halte, ist wenn man nach jeden fünf gleichen Schlägen etwas inne hält: Top, top, top, top, top: top, top, top, top, top. Durch solchen Trommelschlag werden beides die Gemüter zur Freud und Tapferkeit erweckt, hilft auch den Leibeskräften nicht wenig. Der gemeine Haufen pflegt bei solchen fünf Schlägen etliche Worte zu brauchen, als:

Hüt dich Baur ich komm,
Mach dich bald davon;
Hauptmann gib uns Geld,
Während wir im Feld,
Mädel komm heran,
Füg dich zu der Kann. A.

Es geht ein Butzemann im Reich herum,
Didum, Didum,
Bidi, Bidi, Bum!
Der Kaiser schlägt die Trumm
Mit Händen und mit Füßen,
Mit Säbeln und mit Spießen!
Didum, Didum, Didum.

Ach Karle großmächtiger Mann,
Wie hast ein Spiel gefangen an,
Ohn Not in deutschen Landen?
Wollt Gott, du hättst es baß bedacht,
Dich solchs nicht unterstanden.

Es geht ein Butzemann usw.
Ach Karle sieh dich besser vor,
Bedenk den Feind vor deinem Tor,
Wenn du zu Papst Gefallen
Solch greulich Mord willst richten an,
Wovon die Land erschallen.

Es geht ein Butzemann usw.
Ach denke an Papst Hildebrandt,
Er regte Krieg im deutschen Land,
Den Kaiser zu vertreiben,
Und hetzte an viel Fürsten stark,
Im Bann mußt er stets bleiben.

Es geht ein Butzemann usw.
Der Papst zum Kaiser wählen ließ,
Ein Fürsten Rudolph Kaiser hieß,

Ein Kron tät er ihm senden,
Gebot den Fürsten allzugleich,
Von Heinrich sich zu wenden.

Es geht ein Butzemann usw.
Da ward vergossen großes Blut,
Als sich beschützt der Kaiser gut,
Und Rudolph hat verloren
Die Schlacht und seine rechte Hand,
Mit der er falsch geschworen.

Es geht ein Butzemann usw.
Ach Hildebrand der feiert nicht,
Des Kaisers Sohn er auch anricht,
Den Vater zu verjagen,
Das Reich darob zerrissen ward,
Viel edles Volk erschlagen.

Es geht ein Butzemann usw.
Der Kaiser muß vorm Papste stehn,
Im Sünderhemd ganz nackt im Schnee,
Der Papst der ließ ihn stehen,
Er lag in seiner Buhlen Schoß,
So wird es dir noch gehen.

Es geht ein Butzemann usw.
Ach denk der ganze Kaiserstamm
Durch Päpste in groß Jammer kam,
Die deutsche Macht zerrissen,
Willst du für ihre Büberei,
Noch den Pantoffel küssen?

Es geht ein Butzemann usw.
Wir haben auch auf unsrer Seit'
Ein starken Held, der für uns streit,
Von Macht ist nicht seinsgleichen,
Gott's ewiger Sohn mit seinem Heer,
Dem mußt du doch noch weichen.

Es geht ein Butzemann usw.
Dies Liedlein ist in Eil gemacht,
Einem jungen Landsknecht wohlgeacht
Zu freundlichem Gefallen;
Von einem, der wünscht Glück und Heil
Den frommen Landsknechten allen.

Als ging der Butzemann im Reich herum
Didum, Didum,

Bidi, Bidi, Bum!
Der Kaiser schlug die Trumm,
Mit Händen und mit Füßen,
Die Kirchen uns wollt schließen,
Didum, Didum, Didum!

Der Bettelvogt.

(Mündlich.)

Ich war noch so jung, und war doch schon arm,
Kein Geld hatt ich gar nicht, daß Gott sich erbarm,
So nahm ich meinen Stab und meinen Bettelsack,
Und pfiff das Vaterunser den lieben langen Tag.

Und als ich kam vor Heidelberg hinan,
Da packten mich die Bettelvögte gleich hinten und vornen an;
Der eine packt mich hinten, der andre packt mich vorn;
„Ei, ihr verfluchte Bettelvögt, so laßt mich ungeschorn."

Und als ich kam vors Bettelvogt sein Haus,
Da schaut der alte Spitzbub zum Fenster heraus,
Ich dreh mich gleich herum und seh nach seiner Frau:
„Ei du verfluchter Bettelvogt, wie schön ist deine Frau."

Der Bettelvogt der faßt einen grimmen Zorn,
Er läßt mich ja setzen in tiefen tiefen Turm,
Im tiefen tiefen Turm bei Wasser und bei Brot,
„Ei du verfluchter Bettelvogt, krieg du die schwerste Not!"

Und wenn der Bettelvogt gestorben erst ist,
Man sollt ihn nicht begraben wie 'nen andern Christ,
Lebendig ihn begraben bei Wasser und bei Brot,
Wie mich der alte Bettelvogt begraben ohne Not.

Ihr Brüder seid nun lustig, der Bettelvogt ist tot,
Er hängt schon im Galgen ganz schwer und voller Not,
In der verwichenen Woch am Dienstag um halber neun,
Da haben sie 'n gehangen in Galgen fest hinein.

Er hätt die schöne Frau beinahe umgebracht,
Weil sie mich armen Lumpen freundlich angelacht.
In der vergangnen Woch, da sah er noch hinaus,
Und heut bin ich bei ihr in seinem seinem Haus.

Von den klugen Jungfrauen.
(Schuppis Schriften S. 277.)

Wachet auf, ruft uns die Stimme
Der Wächter sehr hoch auf der Zinne,
Wach auf du Stadt Jerusalem,
Mitternacht heißt diese Stunde,
Sie rufen uns mit hellem Munde:
„Wohlan der Bräutigam kommt,
Steht auf, die Lampen nehmt!
Halleluja!
Macht euch bereit
Zu der Hochzeit,
Ihr müsset ihm entgegen gehn."

Sie hörn die Wächter singen,
Die Herzen all vor Freuden springen,
Sie wachen und stehn eilend auf;
Ihr Freund der kommt vom Himmel prächtig,
Von Gnaden stark, von Wahrheit mächtig,
Ihr Licht wird hell, ihr Stern geht auf.
„Nun komm du werte Kron,
Herr Jesu, Gottes Sohn!
Hosianna!
Wir folgen all,
Zum Freudensaal,
Und halten mit das Abendmahl."

Müllers Abschied.
(Mündlich.)

Da droben auf jenem Berge,
Da steht ein goldnes Haus,
Da schauen wohl alle Frühmorgen
Drei schöne Jungfrauen heraus;
Die eine, die heißet Elisabeth,
Die andre Bernharda mein,
Die dritte, die will ich nicht nennen,
Die sollt mein eigen sein.

Da unten in jenem Tale,
Da treibt das Wasser ein Rad,
Da treibet nichts als Liebe,
Vom Abend bis wieder an Tag;
Das Rad das ist gebrochen,

Die Liebe, die hat ein End,
Und wenn zwei Liebende scheiden,
Sie reichen einander die Händ.

Ach Scheiden, ach, ach!
Wer hat doch das Scheiden erdacht,
Das hat mein jung frisch Herzelein
So frühzeitig traurig gemacht.
Dies Liedlein, ach, ach!
Hat wohl ein Müller erdacht;
Den hat des Ritters Töchterlein
Vom Lieben zum Scheiden gebracht.

Abt Neithards und seiner Mönche Chor.

(Manuskript Neithards des Minnesängers, sämtliche Streiche mit den Bauren enthaltend, in meiner Bibliothek. C. Brentano.)

Ich will mich aber freuen gegen diesen Maien,
Der mir gar üppiglichen Mut soll verleihen,
Das sei eim Bauer und seinen Gesellen leide.

Ich habe der Lieben gedient also lange
Oft und viel mit meinem neuen Gesange,
Die gelben Blümelein bracht ich ihr von der Heide.

Die trug sie gar hübschlich zu dem Tanze,
Alle meine Hoffnung mußt mir werden ganze,
Da ich sie sah die säuberliche Magd.

Ich kam zu der Lieben schon gegessen,
Wohl vierundzwanzig Bauern, die hatten sich vermessen,
Von ihne da ward schämlich ich verjagt.

In einer weiten Stube mit Gedränge,
Die weite Stube ward mir viel zu enge,
Und meines Lebens hätte ich nächst versagt.

Aller meiner Not konnt ich nicht bedenken,
Um und um hin lief ich an den Bänken,
Bis daß ich doch die recht' Tür erschreite.

Meines Unfalls Rat hätt ich bald vergessen,
Meine weiten Sprüng die waren ungemessen,
Die ich vor den alten Gauchen hin schreite.

Dahin gen Wien, da eilt ich also balde,
Hätt ich einen Laden Tuchs mit Gewalte,
Bei hundert Ellen, darum zahlt ich gut.

Und zehn Ellen mehr, darum wollt ichs nicht lassen,
Darum so wollt ich üppiglich stoßen
Die vierundzwanzig Bauern hochgemute.

Und hätt ich einen Schneider mit zweien Knechten,
Die mir schnitten die Kleider also gerechte,
Vierundzwanzig Kutten mußten sie tragen.

Die eine kurz, die andere wohl gelänget,
Als Gott ihnen ihr Gewächs nun hat verhänget,
Und oben weit gefalten um den Kragen,

Die fünfundzwanzigst Kutten will ich selber tragen,
Daß man für den Abt mich müsse ansagen,
Wann ich in dem Land mit ihnen umfahre.

Und hätt ich einen Scherer also gute,
Der mir die Bauern bescheret die Bauern hochgemute,
Ich wollt ihnen scheren die alten Bauernhaare.

Noch so muß ich haben vielerlei Dinge,
Oben eine Platte und darum einen Ringe,
Gleichwie ein Mönch auf Erden soll sein.

Noch so hab ich der Abenteuer nicht gare,
Er hieß ihm bringen ein Osterwein so klare,
Und ein Schlaftrinken goß er ihnen darein.

Also war das Abenteuer bereitet,
Und auf einem Karren schnelle geleitet,
Wohl zu dem grünen Anger hin.

Zum grünen Anger unter der schönen Linden,
Da ließen sich die Bauern allsamt finden,
Ihrer vierundzwanzig, das war ihr Ungewinn.

Der erste der sprach: „wollt ihr den Neithard sehen“,
Der ander sprach: „ja müßt ihm Leid geschehen,
Und meld sein nicht, es muß an sein Leben gahn.“

Er zog die Gugel vor der Platten gare,
Der dritt sprach: „es ist ein Mönch fürwahre,
Und ist in unserm Land ein fremder Mann.“

Er zuckt die Gugel gar nieder auf den Rücken,
Er trat zu den Bauern gar voll Tücken,
Wie bald trat Engelmayer zu ihm dar.

Er sprach: „Grüß euch Gott Kinder, wollt ihr trinken?
Guten Osterwein will ich euch schenken.“
Da bot er ihnen das Schlaftränklein dar.

Sie trunken alle den Osterwein gar faste,
Je länger, je mehr, so mehret sich ihr Laster,
Sie lagen alle für tot an einer Schar.

Die Messer und die Schwert begunnt er ihnen raufen,
Die dicken Stecken mit den großen Knaufen,
Gürtel und Taschen nahm er von ihnen gar.

Also wurden ihrer vierundzwanzig beschoren,
Rock und Mantel hättens all verloren,
Vierundzwanzig Kutten stieß er ihnen an.

Sie lagen bis an den vierten Tag ohne Sinnen,
Allererst da wurden sie's wohl innen,
Und hört, wie einer sprach der alten Knaben.

Der greift da mit der Hand wohl auf das Haare:
„Nun freut euch alle, ich bin ein Mönch fürwahre,
Und will uns morgen ein Frühmeß haben."

Der andere sprach: „So sing nun das Amte
Das helfen wir dir Bruder allesamte,
Als wir vor und nach dem Pfluge getan haben."

Der Neithard kam wohl zu den Bauren getreten:
„Ihr liebe Kind, wer hat euch her gebeten,
Daß ihr so liegt in Gottes Ordnung hie."

„Nun lieber Herr, das hat uns Gott erschaffen,
Wir sind all worden hie zu Pfaffen,
Und sind dazu gar wenig doch gelehrt."

„Ihr lieben Kind, zum Lernen seid ihr junge,
In meinem Mund trag ich eine gelehrte Zunge,
Und gute Lehre geb ich euch nun hie."

Mit guten Worten bracht er's auf die Straße,
Dahin gen Wien, so sie Gott immer hasse,
Wohl auf die Brücke vor des Herzogs Tor.

Er stellt sie vor das Tor wohl auf die Brücken,
Er kehrt ihnen die Geländer wohl an den Rücken;
„Nun lieben Brüder wartet mein hiervor.

So will ich gehen zu Herzog Otten grade,
Daß er uns bald mit einer Zell berate,
Darin wollen wir singen grob und klar."

Lieber Herzog Otto, ich bin ein Priester worden,
Und habe mir gestiftet selbst einen neuen Orden;
Draußen stehn meine Brüder all in einer Schar.

Nun lieber Herr verleiht ein Zell mir balde,
Daß man mich für einen rechten Abten halte."
Herr Otto sprach: „Ich hab ein leeren Tempel stahn.

Wohl auf drei Säulen ist er weidelich geschicket,
Ein offen Münster, daraus man weite blicket,
Darauf muß Engelmayer sein Amte han."

„Ach lieber Herr, dort hats kein rechten Schalle,
Den Brüdern möchte wohl die Stimme fallen,
Und würd dem Abten selbst der Gugelhals zu enge."

„So weiß ich noch ein Chor für deine Knaben,
Da mag ein jeder leicht sein Notdurft haben,
Und durch die Brillen schauen auf die Länge."

Nun hob sich an ein Singen gar ungleiche,
Mit großen Scheitern begannen sie sich zu streichen,
Herr Otto sprach: „Wir stehen recht sicher weit davon."

Der erste sang von Ochsen und von Rindern,
Der andere sprach und sang von Menschen und von Kindern,
Die machen zu Haus an seines Vaters Tor.

Der dritt der sang: „Nun fahr ich aus dem Lande,
Dieses Lasters hab ich immer Schande,
Es werden sein die Freunde mein gewahr."

Die andern Herrn, genannt die Brüder Otten,
Deren einer sang: „Hätt ich ein Topf voll Schotten
Von meiner Mutter, ich fräß ihn alle gar."

Der Engelmayer sang und zerrt sein Kutten oben:
„Der Neithard hat mich in ein Sack geschoben,
Deß hab ich Schand und Laster immerdar."

Sie wurden Zornes voll ohn Fressen und ohn Saufen,
Begunnten sich einander aus bösem Mut zu raufen,
Und waren doch geschoren ohne Haar.

Der Herzog sprach: „Nun fertig' sie von hinnen,
All mein Hofgesind muß schier entrinnen,
Es sind gar ungefüge Mönch fürwahr."

Da rief Herr Neithard vom Fenster nieder:
„Verkündets aller Welt ihr frommen Brüder,
Und laßt euch nicht wachsen lauter graue Haar."

Mit Murren zogen sie wie eine Wetterwolken,
Ihre vierbeinig' Schwestern standen ungemolken,
Ohn Urlaubnehmen ward Fluchen nicht gespart.

Sie huben sich zum Tor hinaus zu traben,
Die alten dummen steifen Ackerknaben,
Tanzten in ihren langen Kutten
Wie Winzer in den Butten,
Danach warens Bauren hintennach wie vor.

Von zwölf Knaben.

(Frische Liedlein.)

Mein Mutter zeihet mich,
Zwölf Knaben freien mich.

Der Erst der tät mir winken,
Der ander mein gedenken,

Der Dritt der trat mir auf den Fuß,
Der Viert bot mir einen freundlichen Gruß,

Der Fünft bot mir ein Fingerlein,
Der Sechst der muß mein eigen sein,

Der Siebent bot mir das rote Gold,
Der Acht war mir von Herzen hold,

Der Neunt lag mir an meinem Arm,
Der Zehnt der war noch nicht erwarmt,

Der Elfte war mein ehlich Mann,
Der Zwölft ging in der Still hindann.

Die zwölf Knaben gut,
Zwölf Knaben gut,

Dieselbigen zwölf Knaben gut,
Die führten einen guten frischen freien Mut.

Was machen zwölfe hie?
Ein Dutzend machen sie.

Kurze Weile.

(Frische Liedlein.)

So wünsch ich ihr ein gute Nacht,
Bei der ich war alleine,
Kein traurig Wort sie zu mir sprach,
Da wir uns sollten scheiden:
„Scheid nicht mit Leid,

Gott weiß die Zeit,
Die Wiederkehr bringt Freuden."

Da ich am jüngsten bei ihr war,
Ihr Angesicht wollt röten,
Das hat die rote Sonn getan,
Als wir in Scheidensnöten;
Viel Scherz viel Schmerz,
Brach ihr das Herz,
Das bin ich innen worden.

Das Mägdlein an der Zinnen stand,
Hub kläglich an zu weinen:
„Gedenk daran du junger Knab,
Laß mich nicht lang alleine,
Kehr wieder bald,
Dein lieb Gestalt,
Löst mich aus schweren Träumen."

Der Knabe über die Heide ritt,
Sein Rößlein warf er rumme:
„Gedenk daran mein feines Lieb,
Dein Red werf du nicht umme,
Beschertes Glück
Nimm nie zurück,
Ade ich fahr mein Straßen."

Der uns das Liedlein neu es sang,
Von Neuern hats gesungen,
Das hat getan ein freier Knab,
Ist ihm gar wohl gelungen,
Er singt uns das,
Darzu noch baß
Hats Mägdlein überkommen.

Kriegslied des Glaubens.

(Mündlich nach Martin Luther Lieder. Zittau 1710. S 502. und Phil. von Sittewald II. Band. S. 691.)

Ein feste Burg ist unser Gott,
Ein gute Wehr und Waffen,
Er hilft uns frei aus aller Not,
Die uns jetzt hat betroffen;

Der alte böse Feind,
Mit Ernst es jetzt meint,
Groß Macht und viel List
Sein grausam Rüstung ist;
Auf Erd ist nicht seinsgleichen.

Und wenn die Welt voll Teufel wär,
Und wollten uns verschlingen,
So fürchten wir uns nimmermehr,
Es soll uns doch gelingen;
Der Feind von dieser Welt,
Wie wild er sich stellt,
Tut er uns doch nichts;
Er scheut ja das Licht,
Ein Wort das kann ihn fällen.

Gott Ehr und Preis, der uns zugut,
Den Feind durch uns will schlagen,
Und über uns hat treue Hut
Auf seinem Feuerwagen,
Sein ganz himmlisch Heer
Rondet um uns her,
Lobsingt, lobsinget ihm,
Lobsingt mit heller Stimm:
Ehr sei Gott in der Höhe!

Sein Wort sie sollen lassen stehn;
Kein Dank dafür nicht haben,
Wir haben es wohl eingesehn
Mit seinem Geist und Gaben.
Nehmen sie den Leib,
Gut, Ehr, Kind und Weib,
Laß fahren dahin,
Sie haben keinen Gewinn;
Das Reich muß uns doch bleiben!

Lob, Ehr und Preis sei seiner Macht;
Sein ist die ewge Feste,
Er wacht und schildert Tag und Nacht,
Daß alles geht aufs Beste;
Jesus ist sein Wort,
Ein heimlich offen Wort,
Ihn ruft Wacht zu Wacht
Zum Trost durch die Nacht,
Bis alle Vögel ihm singen.

Tabakslied.
(Mündlich.)

Wach auf! Wach auf, der Steuermann kömmt,
Er hat sein großes Licht schon angezündt.

Hat ers angezündt, so gibts einen Schein,
Damit so fahren wir ins Bergwerk ein.

Der eine gräbt Silber, der andre gräbt Gold,
Dem schwarzbraunen Mägdlein sind wir hold.

Tabak! Tabak! echtadliges Kraut!
Tabak! Tabak! du stinkendes Kraut.

Wer dich erfand, ist wohl lobenswert,
Wer dich erfand, ist wohl prügelnswert.

Das fahrende Fräulein.
(Mündlich.)

O weh der Zeit, die ich verzehrt.
Mit meiner Buhler Orden,
Nachreu ist worden mein Gefährt,
Ich bin zur Törin worden.

Mich reut die Schmink und falscher Fleiß,
Den ich darauf gewendet,
Die Sonne schien, ich baut auf Eis,
So war ich schier verblendet.

Wie es wird heiß, fort zieht das Eis,
Und meine goldnen Schlösser,
Wie ruft es doch im Flusse leis,
Da drunten wär es besser.

Und wie sie in das Wasser fällt,
Da hat sie fest gehalten,
Der Liebste, dem sie nachgestellt,
An ihres Schleiers Falten.

Laß mir den Schleier, halt mich nicht,
Laß still mich 'nunter ziehen,
Denn mein verstörtes Angesicht,
Das würde nach dich ziehen.

Der Strom ist stark, sein Arm zu schwach,
Sie will den Schleier nicht lassen,

So zieht verlorne Liebe nach,
Er wollte sie nicht verlassen.

Bettelei der Vögel.

(Storchs- und Schwalben-Winter-Quartier durch Johann Prätorium. Frankfurt 1676. S. 187.)

Es ist kommen, es ist kommen
Der gewünschte Frühlingsbot,
So uns alles Leid benommen
Und die kalte Wintersnot,
Welcher gute Stunden bringet,
Und ein gutes Jahr bedinget.

Kommen ist die liebe Schwalbe,
Und das schöne Vögelein,
Dessen Bauch ist weiß und falbe,
Dessen Rücken schwarz und fein;
Schauet wie es rummer flieget,
Und sich bittend zu euch füget.

Wollet ihr nicht sein gebeten,
Und mit etwas Esselwar
Kommen hie heraus getreten,
Zu uns oder dieser Schar?
Gebt ihr aus des Reiches Haus,
Nicht ein wenig Wein heraus?

Oder einen Korb mit Käsen,
Oder auch ein wenig Korn;
Daß wir wiederum genesen,
Und uns quicken mit dem Born?
Weil die Schwalbe ohne Speisen
Sich nicht lässet abeweisen.

Oder sollen wir viel lieber
Euch die Tür und Pforte lähmen?
Oder sollen wir hinüber
Steigen, und die Jungfer nehmen?
Welche, weil sie klein zu nennen,
Wir gar wohl wegtragen können.

Oder wollt ihr euch besinnen,
Dennoch uns noch was verehrn;
So kann sie uns wohl entrinnen,
Und sich, wenn sie größer, wehrn;

Laßt der Schwalb die Tür aufhalten,
Wir sind Jungen und nicht Alten.

Die Greuelhochzeit.
(Fliegendes Blatt.)

In Frauenstadt ein harter Mann,
Es war ein reicher Bürgerssohn,
Der hat sich ausersehen
Ein reiches Mädchen hübsch und fein,
Er dacht, die sollt dein eigen sein;
Der Handschlag war geschehen.

Als man bei etlich Wochen Zeit,
Öffentlich die zwei junge Leut
Dreimal verkündet hatte,
Das Mädchen war betrübet sehr,
Wollt ihren Bräutigam nicht mehr,
Doch kam die Reu zu späte.

Ein Schuhknecht tat ihr gehen nach,
Welchem sie auch die Eh versprach,
Und liebet ihn dermaßen.
Hat ihm versprochen vielmal schon:
Eh sie behielt den Bürgerssohn,
Wollt sie das Leben lassen.

Zur Hochzeit war nun alles bereit't,
Da man die zwei verlobte Leut
Wollte zur Kirche führen,
Die Braut zu ihrem Bräutigam spricht:
„Du weißt, ich will dich haben nicht."
Da war groß Lamentieren.

Der Bräutigam wohl zu ihr sprach:
„Mein liebes Kind! bedenk die Sach,
Was du mir hast versprochen.
Schick dich mein Schatz, tu mit mir gehn,
Läßt du mich hier in Schanden stehn,
So bleibts nicht ungerochen."

Allein sie wollt nicht folgen ihm,
Der Bräutigam voll Zorn und Grimm,
Tät in die Kammer gehen;
Alsbald er täte in Pistol
Mit zween Kugeln laden wohl,
Das niemand täte sehen.

Indem so ging der Kirchgang an,
Es freute sich ein Jedermann,
Und wollte gerne sehen,
Daß alles möchte werden gut,
Machten der Braut ein'n guten Mut,
Sie tät zur Kirche gehen.

Als nun die Braut und Bräutigam,
Und alles Volk zur Kirche kam,
Der Priester täte gehen,
Wie sonst gebräuchlich, zum Altar,
Darauf kam das verlobte Paar,
Und täten vor ihm stehen.

Als er die Braut gefraget nun,
Ob sie den Junggesellen schön,
Zu ihrem Mann wollt haben?
Darauf die Braut antwortet bald:
„Eh ich zum Mann ihn haben wollt,
Eh geb ich auf mein Leben."

Kaum sie das Wort geredet wohl,
Der Bräutigam nahm das Pistol,
Es tät ihn so verdrießen,
Daß er die Braut vor dem Altar,
Da alles Volk zugegen war,
Täte darnieder schießen.

Drauf war der Braut ihr Bruder da,
Als er die Schwester erschossen sah,
Zog aus der Scheide sein Messer,
Stach mit großem Schmerz
Dem Bräutigam auch durch das Herz,
Da lagen alle beide.

Da ward ein großes Mordgeschrei,
Das Volk lief eilend alles herbei,
Es waren zwei Parteien.
Die Eine hielt zum Bräutigam,
Die Andere sich der Braut annahm,
Da war ein kläglich Schreien.

Man schlug, man haut, man stach darein,
Man schonte weder groß noch klein,
Mit Messer, Säbel und Degen,
Oft manches trug ein'n Fetz davon,
Sieben Personen Weib und Mann,
Tot in der Kirchen lagen.

Als nun der Hader hätt' ein End,
Ein jedes hebet auf die Händ,
Und tat nach Hause gehen.
Jedermann führte große Klag,
Und sprach: „Ich hab mein Lebetag
Kein solche Hochzeit gesehen."

Der vortreffliche Stallbruder.

(Mündlich.)

Wenn der Schäfer scheren will,
Stellt er sich hinter die Hecke,
Schert dem Schaf die Wolle ab,
Steckt sie in die Säcke.

Fängt zu tanzen an, zu singen,
Bläst auf seinem Dudeldu:
„Lieber Bruder dir ichs bringe,
Lieber Bruder trink dir's zu.

Was ich trag auf Händen mein,
Ist ein Gläslein kühlen Wein;
Flög doch ein Vöglein übern Rhein,
Brächt's dem lieben Stallbruder mein.

Stallbruder mein, du bist wohl wert,
Daß man dich auf'm Altar verehrt
Hast ein Paar Wängelein
Wie ein Rubin,

Augen wie Schwarzenstein,
Zähne wie Elfenbein,
Bist gar ein kluger Kerl,
Wie ich es bin."

Unerhörte Liebe.

(Martin Opitz.)

Ist irgend zu erfragen
Ein Schäfer um den Rhein,
Der sehnlich sich beklagen
Muß über Liebespein,
Der wird mir müssen weichen,
Ich weiß sie plagt mich mehr,

Niemand ist mir zu gleichen,
Und liebt er noch so sehr.

Es ist vorbei gegangen
Fast jetzt ein ganzes Jahr,
Daß Eine mich gefangen
Mit Liebe ganz und gar,
Daß sie mir hat genommen
Gedanken, Mut und Sinn,
Ein Jahr ist's, daß ich kommen
In ihre Liebe bin.

Seitdem bin ich verwirret
Gewesen für und für,
Es haben auch geirret
Die Schafe neben mir,
Das Feld hab ich verlassen,
Gelebt in Einsamkeit,
Hab alles müssen hassen,
Warum ein Mensch sich freut.

Nichts hab ich können singen,
Als nur ihr klares Licht,
Von ihr hab ich zu klingen
Die Lauten abgericht,
Wie sehr ich sie muß lieben
Und ihre große Zier,
Das hab ich fast geschrieben
An alle Bäume hier.

Kein Trinken und kein Essen,
Ja nichts hat mir behagt,
Ich bin nur stets gesessen,
Und habe mich beklagt:
In diesem schweren Orden
Verändert alles sich,
Die Herd' ist mager worden,
Und ich bin nicht mehr ich.

Sie aber hat die Sinnen
Weit von mir abgekehrt,
Ist gar nicht zu gewinnen,
Hat mich noch nicht erhört;
Da doch was ich gesungen
Weit in das Land erschallt,
Und auch mein Ton gedrungen
Bis durch den Böhmer Wald.

Die Schafe, die am Flusse
Im tiefsten Grase stehn,
Sie horchten meinem Gruße,
Sie wollen zu mir gehn;
Es sammelt sich die Menge,
Es winken mir die Fraun,
Doch selbst in dem Gedränge,
Kann ich die Lieb nicht schaun.

Was soll mein Lied erschallen?
Viel lieber bin ich still,
Der Liebsten zu gefallen
Ich einig singen will:
Weil alles sie auf Erden
Allein zusammenhält,
Kann ihre Gunst mir werden,
So hab ich alle Welt.

Das Bäumlein.

(Frische Liedlein.)

Ein Bäumlein zart
Geschlachter Art,
Von edlem Stamm,
Und gutem Nam,
Nach seiner Natur
Ganz rein und pur,
Kein süßer Frucht
Nie Mensch versucht,
Wer möcht es lan
Und nicht begehren Frucht davon.
O mein! O mein!
Ich gab mich ihr ins Herz hinein,
In ihrem grünen Röckelein.

Aus festem Grund,
Im schönen Rund,
Dies Bäumlein zart,
Gezieret ward,
Die Ästlein schlecht,
Schwank und gerecht,
Grün adlig fein
Die Blätter sein,
Der Früchte Zier
Wär süßer mir,

Als Zucker oder Malvasier.
O mein! O mein!
Ich gab mich ihr ins Herz hinein,
In ihrem grünen Röckelein.

So ich besinn,
Was gut Gewinn,
Dies Bäumlein klug,
Mit Nutz und Fug,
Eh es im Gart
Versperret ward,
Ertragen hat,
Ist Freud verzehrt
Des Herzens mein,
Ich schrei in Pein,
Gott segn dich zarts Bäumelein.
O mein! O mein!
Senk Zweigelein,
Daß ich mich schwenk zu dir hinein!

Lindenschmidt.

(Aus Meißners Apollo. Juni 1794. S. 173)

Es ist nicht lange, daß es geschah,
Daß man den Lindenschmidt reiten sah,
Auf einem hohen Rosse.
Er reitet den Rheinstrom auf und ab;
Er hat ihn gar wohl genossen.

„Frisch her ihr lieben Gesellen mein!
Es muß jetzt nur gewaget sein,
Wagen das tut gewinnen,
Wir wollen reiten Tag und Nacht,
Bis wir die Beute gewinnen!"

Dem Markgrafen von Baden kam neue Mär,
Wie man ihm ins Geleit gefallen wär,
Das tät ihn sehr verdrießen.
Wie bald er Junkern Kasparn schrieb:
Er sollt ihm ein Reißlein dienen.

Junker Kaspar zog'n Bäuerlein eine Kappe an;
Er schickt ihn allezeit vorn dran,
Wohl auf die freie Straßen,
Ob er den edlen Lindenschmidt findt,
Denselben sollt er verraten.

Das Bäuerlein schiffet über den Rhein,
Er kehret zu Frankental ins Wirtshaus ein:
„Wirt, haben wir nichts zu essen?
Es kommen drei Wagen, sind wohl beladen,
Von Frankfurt aus der Messen."

Der Wirt der sprach dem Bäuerlein zu:
„Ja, Wein und Brot hab ich genug!
Im Stalle da stehen drei Rosse,
Die sind des edlen Lindenschmidts,
Er nährt sich auf freier Straßen."

Das Bäuerlein gedacht in seinem Mut,
Die Sache wird noch werden gut,
Den Feind hab ich vernommen.
Alsbald er Junkern Kaspar schrieb,
Daß er sollt eilends kommen.

Der Lindenschmidt hätt einen Sohn,
Der sollt den Rossen das Futter tun,
Den Haber tät er schwingen:
„Steht auf, herzlieber Vater mein!
Ich hör die Harnische klingen."

Der Lindenschmidt lag hinterm Tisch und schlief,
Sein Sohn der tät so manchen Rief,
Der Schlaf hat ihn bezwungen:
„Steht auf, herzliebster Vater mein!
Der Verräter ist schon gekommen."

Junker Kaspar zu der Stuben eintrat,
Der Lindenschmidt von Herzen sehr erschrak:
„Lindenschmidt, gib dich gefangen!
Zu Baden, an den Galgen hoch,
Daran sollst du bald hangen."

Der Lindenschmidt war ein freier Reitersmann,
Wie bald er zu den Klingen sprang:
„Wir wollen erst ritterlich fechten!"
Es waren der Bluthund allzuviel,
Sie schlugen ihn zu der Erden.

„Kann und mag es dann nicht anders sein;
So bitt' ich um den liebsten Sohn mein,
Auch um meinen Reitersjungen,
Haben sie jemanden Leid's getan,
Dazu hab ich sie gezwungen."

Junker Kaspar, der sprach nein dazu:
„Das Kalb muß entgelten der Kuh,

Es soll dir nicht gelingen!
Zu Baden, in der werten Stadt,
Muß ihm sein Haupt abspringen!"

Sie wurden alle drei nach Baden gebracht,
Sie saßen nicht länger als eine Nacht;
Wohl zu derselben Stunde,
Da ward der Lindenschmidt gericht,
Sein Sohn und Reitersjunge.

Lied vom alten Hildebrandt.

(Eschenburgs alte Denkmäler. S. 439.)

„Ich will zu Land ausreiten",
Sprach Meister Hildebrandt,
„Wer wird die Weg mir weisen
Gen Bern wohl in das Land?
Unkund sind sie geworden
Mir manchen lieben Tag,
In zweiunddreißig Jahren
Frau Utten ich nicht sah."

„Willst du zu Land ausreiten",
Sprach Herzog Amelung,
„Was begegnet dir auf der Heiden?
Ein stolzer Degen jung.
Was begegnet dir in der Marke?
Der junge Hildebrandt,
Ja rittest du selbzwölfe,
Von ihm würdst angerammt."

„Und rennet er mich an,
In seinem Übermut,
Zerhau ich seinen grünen Schild,
Das tut ihm nimmer gut,
Zerhau ihm seine Bande,
Mit einem Schirmeschlag,
Daß er's ein ganzes Jahr
Der Mutter klagen mag."

„Und das sollst du nicht tun!"
Herr Dieterich wohl spricht,
„Denn dieser junge Hildebrandt
Ist mir von Herzen lieb.
Zu ihm sollst freundlich sprechen,
Wohl durch den Willen mein,

Daß er dich lasse reiten,
So lieb ich ihm mag sein.“

Da er zum Rosengarten reit,
Wohl in der Berner Mark,
Er kam in viel Arbeit;
Von einem Helden stark,
Von einem Helden jung,
Ward er da angerannt.
„Nun sage mir, viel Alter,
Was suchst in Vaters Land?

Du führst den Harnisch eben,
Wie eines Königs Kind,
Du machst mich jungen Helden
Mit sehnden Augen blind;
Du sollst daheime bleiben,
Beim guten Hausgemach,
Bei einer heißen Glute.“
Der Alte lacht und sprach:

„Sollt ich daheime bleiben
Bei gutem Hausgemach?
Ich bin in allen Tagen
Zu reisen aufgesetzt,
Zu reisen und zu fechten
Bis auf mein Heimefahrt;
Das sag ich dir, viel Junger,
Drauf grauet mir der Bart.“

„Dein Bart will ich ausraufen,
Das sag ich, alter Mann,
Daß dir dein rosenfarbnes Blut
Die Wangen überläuft;
Den Harnisch und dein grünes Schild
Mußt du mir hierauf geben,
Dazu auch mein Gefangner sein,
Willst du behalten Leben.“

„Mein Harnisch und mein grünes Schild
Mich haben oft ernährt;
Ich traue Christ vom Himmel wohl,
Ich will mich deiner wehren!“
Sie ließen von den Worten,
Und zogen scharfe Schwert,
Was diese zwei begehrten,
Des wurden sie gewährt.

Ich weiß nicht, wie der Junge
Dem Alten gab ein'n Schlag,
Des sich der alte Hildebrandt
Von Herzen sehr erschrak,
Sprang hinter sich zurücke,
Wohl etlich Klafter weit:
„Nun sag du mir, viel Junger,
Den Streich lehrt' dich ein Weib!"

„Sollt ich von Weibern lernen,
Das wäre mir ja Schand',
Ich hab viel Ritter und Grafen,
In meines Vaters Land;
Auch sind viel Ritter und Grafen
An meines Vaters Hof,
Was ich nicht lernet hab,
Das lern' ich heute noch."

Er nahm ihn in der Mitte
Da er am schwächsten was,
Und schwang ihn dann zurücke,
Wohl in das grüne Gras.
„Nun sage mir, viel Junger,
Dein Beichtvater will ich sein,
Bist du ein junger Wolfinger,
Von mir sollst du genesen.

Wer sich an alte Kessel reibt,
Empfahet gerne Rahm,
Also geschiehet dir Jungen
Von mir altem Mann;
Dein Geist muß du aufgeben,
Auf dieser Heiden grün,
Das sag ich dir gar eben,
Du junger Helde kühn."

„Du sagst mir viel von Wölfen,
Die laufen in das Holz,
Ich bin ein edler Degen
Aus deutschem Lande stolz.
Mein Mutter heißt Frau Ute,
Die edle Herzogin,
Und Hildebrandt der Alte,
Der liebste Vater mein."

„Heißt deine Mutter Ute,
Die edle Herzogin,
So bin ich Hildebrandt der Alte,

Der liebste Vater dein!“
Aufschloß er seinen grünen Helm,
Küßt ihn auf seinen Mund,
„Nun muß es Gott gelobet sein!
Wir sind noch beid’ gesund.“

„Ach Vater, liebster Vater!
Die Wund die ich geschlagen,
Die wollt ich dreimal lieber
An meinem Haupte tragen.“
„Nun schweig, mein lieber Sohn!
Der Wunden wird wohl Rat,
Nun muß es Gott gelobet sein,
Der uns zusammen bracht!“
Das währte nun von Neune
Bis zu der Vesperzeit,
Allda der junge Hildebrandt,
Zu Bernen einher reit.
Was führt er auf dem Helme?
Von Gold ein Kreuzelein.
Was führt er auf der Seiten?
Den liebsten Vater sein.

Er führt ihn zu der Mutter Haus,
Ihn obenan zu Tisch,
Und bot ihm Essen und Trinken,
Das deucht der Mutter fremd.
„Ach Sohne, liebster Sohne mein!
Der Ehren ist zu viel,
Du setzest den gefangnen Mann
Ja oben an den Tisch.“

„Nun schweige, liebste Mutter
Und höret was ich sage:
Er hätt’ mich auf der Heiden,
Schier gar zu Tod geschlagen.
Nun hört mich, liebe Mutter!
Gefangen sollte sein,
Herr Hildebrandt der Alte,
Der liebste Vater mein?

Ach Mutter, liebste Mutter!
Ihm bietet Zucht und Ehr.“
Da hub sie an zu schenken,
Und trugs ihm selber her.
Er trank und hatt’ im Munde
Von Gold ein Ringelein,

Das fiel da in den Becher
Der lieben Frauen sein.

Friedenslied.

(Fliegendes Blatt aus dem siebenjährigen schlesischen Kriege.)

Angenehme Taube,
Die der Väter Glaube
Längst gesehen hat;
Lasse dich hernieder,
Hier sind Jesu Glieder,
Hier ist Gottes Stadt,
Halte Rast,
Erwünschter Gast
In den Herzen,
Die verlangen,
Dich jetzt zu empfangen.

Setze dich auf jeden,
Und laß deinen Frieden
Überalle sein;
Wie du dich erhebest,
Auf dem Wasser schwebest,
So kehr bei uns ein.
Zeig uns hier
Das Ölblatt für,
Als ein höchst erwünschtes Zeichen,
Daß die Fluten weichen.

Was du abgebrochen,
Ist uns längst versprochen,
Und dies edle Blatt
Ist vom Lebensbaume,
Der in Edens Raume
Längst gegrünet hat.
Träuft es doch
Vom Öle noch,
Welches Jesus lassen fließen,
Als er leiden müssen.

O Geruch des Lebens!
Der uns nicht vergebens
Unser Herz erquickt;
Dieses Ölblatt kühlet,
Daß man Lindrung fühlet,
Wenn das Kreuze drückt.

Es gibt Kraft und Lebenssaft,
Wenn es wohl wird aufgebunden,
Heilt es alle Wunden.

Bote von dem Himmel,
Dringe durchs Getümmel,
Dieser eitlen Welt;
Und mach eine Stille,
Daß ein Herz, ein Wille,
Uns zusammen hält,
Laß das Blatt,
Das dein Mund hat,
Unser aller Lippen rühren,
Deine Stimme führen.

Macht die Feuerschlange,
Uns gleich angst und bange,
Hat sie doch nicht Macht,
Unsern Leib zu töten,
Jetzt in Kriegesnöten,
Weil ja Jesus wacht.
Jesus schützt,
Wenns kracht und blitzt,
Jesus will die Seinen decken,
Wenn Kanonen schrecken.

Nun du Himmelstaube,
Unser aller Glaube
Nimmt dich zu uns ein;
Wohnest du bei keinen,
Als nur bei den Reinen,
Ach so mach uns rein.
Taubenart
Bringt Himmelfahrt,
Bring uns den lieben Frieden
Von dem Sternen-Hügel.

Friedenslied.

(Fliegendes Blatt aus dem letzten Kriege mit Frankreich.)

Süße, liebe Friedenstaube,
Die du schnell den Ölzweig bringst,
Wenn du vor des Geiers Raube,
Frei den kleinen Fittig schwingst!
Ist es wahr, daß du den Klüften
Deines Elends dich entziehst,

Und von Hoffnung aus den Lüften,
Froh auf unsre Fluren siehst?

Komm, verzeuch nicht, laß dich nieder,
Unsre Herzen öffnen sich,
Gib uns Fried und Eintracht wieder,
Und du findest sie für dich.
Laß das holde Zweiglein fallen!
Denn, sobald es Wurzeln schlägt,
Sehn wir Heil und Wohlgefallen
In den Früchten, die es trägt.

Wo es blüht, tönt durch die Wälder
Kein entheilgend Beil zum Fall,
Und die saatenreichen Felder
Türmt kein Spat zu Schanz und Wall.
Süße Frühlingsblümchen sprießen,
Unzertreten, vor uns auf,
Und die Bäche, die hier fließen,
Färbt kein Blut in ihren Lauf.

Schmachtend seufzt nach seinem Schatten,
Das von Gram versenkte Glück,
Zarten Müttern, treuen Gatten,
Bringt er ihrem Wunsch zurück;
Väter vaterlosen Kleinen,
Und den Jüngling seiner Braut;
Alle, wo sie ja noch weinen,
Weinen vor Entzücken laut.

Nun, du holde Friedenstaube!
Die du uns den Ölzweig bringst,
Wenn du vor des Geiers Raube,
Frei den kleinen Fittich schwingst!
Komm, verzeuch nicht! Laß dich nieder!
Unsre Herzen öffnen sich,
Gib der Welt den Frieden wieder,
Und nimm ihn dann auch für dich.

Drei Schwestern: Glaube, Liebe, Hoffnung.

(Gassenhauer, Reiter- und Bergliedlein, christlich verändert durch Doktor Knausten. Frankfurt am Main, 1571. S. 27)

Es wollt ein Jäger jagen,
Dort wohl vor jenem Holz,

Was sah er auf der Heiden?
Drei Fräulein hübsch und stolz.

Die erste hieß Frau Glaube,
Frau Liebe hieß die zweit,
Frau Hoffnung hieß die dritte,
Des Jägers wollt sie sein.

Er nahm sie in der Mitte,
Sprach: „Hoffnung nicht von mir laß!"
Schwangs hinter sich zurücke,
Wohl auf sein hohes Roß.

Er führt sie gar behende
Wohl durch das grüne Gras,
Behielts bis an sein Ende,
Und nimmer reut ihm das.

Hoffnung macht nicht zuschanden
Im Glauben fest an Gott,
Dem Nächsten geht zu Handen
Die Liebe in der Not.

Hoffnung, Liebe und Glaube,
Die schönen Schwestern drei,
Wenn ich die Lieb anschaue,
Ich sag die größt sie sei.

Der englische Gruß.

(Fliegendes Blatt.)

Es wollt gut Jäger jagen,
Wollt jagen auf Himmels Höhn,
Was begegnet ihm auf der Heiden,
Maria, die Jungfrau schön.

Der Jäger, den ich meine,
Der ist uns wohl bekannt,
Er jagt mit einem Engel,
Gabriel ist er genannt.

Der Jäger blies in sein Hörnlein,
Es lautet also wohl:
„Gegrüßt seist du Maria,
Du bist aller Gnaden voll.

Gegrüßt seist du Maria,
Du edle Jungfrau fein,

Dein Leib soll dir gebären,
Ein kleines Kindelein.

Dein Leib soll dir gebären,
Ein Kindlein ohn einen Mann,
Das Himmel und die Erde
Einstmals zwingen kann."

Maria die viel reine,
Fiel nieder auf ihre Knie,
Dann bat sie Gott vom Himmel:
Dein Will gescheh allhie.

„Dein Will der soll geschehen,
Ohn Pein und sonder Schmerz."
Da empfing sie Jesum Christum
Unter ihr jungfräuliches Herz.

Vertraue.

(Mündlich.)

Es ist kein Jäger, er hat ein Schuß,
Viel hundert Schrot auf einen Kuß:
„Feins Lieb, dich ruhig stelle,
Und willst du meinem Kuß nicht stehn,
So küßt dich mein Geselle.

Mein Kuß ist leicht, wiegt nur ein Lot,
Du wirst nicht bleich, du wirst nicht rot,
Du brauchst dich nicht zu schämen,
Ich will den schwarzen Vogel dir
Vom Haupt herunter nehmen.

Feins Lieb sitz still im grünen Moos,
Der Vogel fällt in deinen Schoß
Wohl von des Baumes Spitzen;
In deinem Schoß stirbt sichs gut,
Feins Lieb bleib ruhig sitzen."

Sie wollt nicht trauen auf sein Wort,
Brauns Mädelein wollt springen fort,
Der Schuß schlug sie darnieder;
Der schwarze Vogel von dem Baum
Schwang weiter sein Gefieder.

„Mein Kuß ist leicht, wiegt nur ein Lot,
Du wirst nicht bleich, du wirst nicht rot,
Brauchst dich nicht mehr zu schämen,

In deinem Schoße stirbt sichs gut."
Er tät sichs Leben nehmen.

Das Leiden des Herren.

(Fliegendes Blatt.)

Christus, der Herr im Garten ging,
Sein bittres Leiden bald anfing,
Da trauert Laub und grünes Gras,
Weil Judas seiner bald vergaß.

Sehr fälschlich er ihn hinterging,
Ein schnödes Geld dafür empfing,
Verkaufte seinen Gott und Herrn,
Das sahen die Juden herzlich gern.

Sie gingen in den Garten hin,
Mit zornigem und bösem Sinn,
Mit Spieß und Stangen die lose Rott,
Gefangen nahmen unsern Gott.

Sie führten ihn ins Richters Haus,
Mit scharfen Striemen wieder raus,
Gegeißelt und mit Dorn gekrönt,
Ach Jesu! wurdest du verhöhnt.

Ein scharfes Urteil sprachen sie,
Indem der ganze Haufe schrie:
„Nur weg, nur weeg, nach Golgatha,
Und schlagt ihn an das Kreuze da."

Er trägt das Kreuz, er trägt die Welt,
Er ist dazu von Gott bestellt,
Er trägt es mit gelaßnem Mut,
Es strömet von ihm Schweiß und Blut.

Erschöpfet will er ruhen aus,
Vor eines reichen Juden Haus,
Der Jude stieß ihn spottend weg,
Er blickt ihn an, geht seinen Weg.

Herr Jesus schwieg, doch Gott der bannt
Den Juden, daß er zieht durchs Land,
Und kann nicht sterben nimmermehr,
Und wandert immer hin und her.

Ans Kreuz sie hingen Jesum bald,
Maria ward das Herze kalt:

„O weh, o weh! mein liebstes Herz,
Ich sterb zugleich von gleichem Schmerz."

Maria unterm Kreuze stund,
Sie war betrübt von Herzensgrund,
Von Herzen war sie sehr betrübt
Um Jesum, den sie herzlich liebt.

„Johannes, liebster Jünger mein,
Laß dir mein' Mutter befohlen sein,
Nimm sie zur Hand, führ sie von dann,
Daß sie nicht schau mein Marter an."

„Ja, Herr, das will ich gerne tun,
Ich will sie führen allzuschön,
Ich will sie trösten wohl und gut,
Wie ein Kind seiner Mutter tut."

Da kam ein Jud und Höllenbrand,
Ein Speer führt er in seiner Hand,
Gab damit Jesu einen Stoß,
Daß Blut und Wasser daraus floß.

Nun bück dich Baum, nun bück dich Ast,
Jesus hat weder Ruh noch Rast;
Ach traure Laub und grünes Gras,
Laßt euch zu Herzen gehen das!

Die hohen Berge neigten sich,
Die starken Felsen rissen sich,
Die Sonn verlor auch ihren Schein,
Die Vöglein ließen ihr Rufen und Schrein.

Die Wolken schrien Weh und Ach!
Die Felsen gaben einen Krach,
Den Toten öffnete sich die Tür,
Und gingen aus den Gräbern für.

Der Schweizer.

(Fliegendes Blatt.)

Zu Straßburg auf der Schanz
Da ging mein Trauren an,
Das Alphorn hört ich drüben wohl anstimmen,
Ins Vaterland mußt ich hinüber schwimmen,
Das ging nicht an.

Eine Stunde in der Nacht
Sie haben mich gebracht.

Sie führten mich gleich vor des Hauptmanns Haus,
Ach Gott, sie fischten mich im Strome auf,
Mit mir ists aus.

Frühmorgens um zehn Uhr
Stellt man mich vor das Regiment;
Ich soll da bitten um Pardon,
Und ich bekomm doch meinen Lohn,
Das weiß ich schon.

Ihr Brüder allzumal,
Heut seht ihr mich zum letztenmal;
Der Hirtenbub ist doch nur schuld daran,
Das Alphorn hat mir solches angetan,
Das klag ich an.

Ihr Brüder alle drei,
Was ich euch bitt, erschießt mich gleich;
Verschont mein junges Leben nicht,
Schießt zu, auf daß das Blut 'raus spritzt,
Das bitt ich Euch.

O Himmelskönig Herr!
Nimm du meine arme Seele dahin,
Nimm sie zu dir in den Himmel ein,
Laß sie ewig bei dir sein,
Und vergiß nicht mein.

Pura.

(Aus einem Gesangbuche der Wiedertäufer v. J. 1583. S. 53.)

Als ich gen Antiocha kam,
Ein Jungfrau, Pura war ihr Nam,
Ein Christin ward gefunden,
Die ward vor den Kaiser bracht,
Der sprach zur bösen Stunde:

„Geht, führt sie in ein Schandhaus ein!"
Die Jungfrau züchtig, keusch und rein,
In Spott und Schmach zu schänden.
Die Jungfrau rief in dieser Not
Zu Gott und wand die Hände.

„Errette mich, du Sohn David!
Vor Schand und Sünd, Herr mich behüt,
Laß dich meins Leids erbarmen!
Das bitt ich dich durch Jesum Christ,
Komm bald zu Hilf mir Armen!"

Die Klag erhört ein Engel fein,
Als Jüngling ging er zu ihr ein,
Sprach: „Jungfrau sei ohn' Sorgen,
Von mir sollst bleiben unberührt,
Wart mit Geduld bis morgen,

So will ich helfen dir davon,
Bald leg du meine Kleider an
Und geh aus diesem Hause."
So tauschten sie denn ihr Gewand,
Sie ging, er blieb ohn Grausen.

Betrunken in des Kaisers Wein
Trat bald ein Kriegsknecht zu ihm ein,
Tät sündig auf ihn dringen,
Der Jüngling rang in Gotteskraft
Und tät ihn niederringen.

Des ward der Kaiser sehr ergrimmt,
Als er vom Knecht die Klag vernimmt,
Läßt greifen sie und binden.
O Wunder groß! O Wunder groß!
Ein Jüngling tät er finden.

„Bist du ein Christ?" der Kaiser fragt,
„Ich bin getauft", der Jüngling sagt,
„Von ihr bin ich getaufet.
Sie gehet frei und unberührt,
Euch Heiden all zu taufen."

Der Kaiser bald das Urteil sprach,
Daß man ihn tauf in Flammen nach,
Ward bald dem Henker geben;
Der führt sogleich ihn aus der Stadt,
Wollt nehmen ihm sein Leben.

Da nun ersieht die Pura fromm,
Daß man ihn da wollt bringen um,
Lief sie in diesen Nöten
In schneller Eil auf die Richtstatt,
Wollt ihren Feund erretten.

„Ich schuldig bin an deinem Tod!"
Sprach diese Jungfrau in der Not,
„Herzliebster Bruder meine!
Darum für dich ich sterben will,
Ich rett das Leben deine."

Der Jüngling züchtig Antwort gab:
„Ach Pura laß zu bitten ab,

Ich sterben will alleine
Und preisen heut mit meinem Blut
Gott unsern Vater reine."

Die Jungfrau züchtig zu ihm sprach:
„Ich leid für dich des Todes Schmach
Zu Lob des Herren Namen,
Der helf uns wieder gnädiglich
In seinem Reich zusammen."

Bald das erhört der Wüterich,
Daß diese Christen williglich
Zum Tod ergeben wären,
Ja eins für'n andern sterben wolln,
Ließ er sie beide töten.

Der Jüngling bei der Jungfrau stand,
Das Feuer löset ihr Gewand,
Doch von dem Scheiterhaufen
Gen Himmel führt sie seine Hand,
Drauf Heiden lassen sich taufen.

Die kluge Schäferin.

(Mündlich.)

Schäferin.
Ich schlaf allhie
Bei meinem Vieh,
Ich schlaf im Moos,
Dem Glück im Schoß;
Dein Schloß ich schau,
Es liegt vor mir,
Zu sagen schier
Wie kühler Tau.

Kommt Morgenrot,
So lob ich Gott,
Das Feldgeschrei
Wird jubelnd neu
Beim goldnen Lohn,
Die Morgenstund
Hat Gold im Mund,
Baut mir den Thron.

König.
Vom Schloß ich zieh,
Zu dir ich flieh,

Lieb Schäferin,
Nach deinem Sinn
Mein Zepter wird
Ein Hirtenstab,
Und was ich hab
Dich Schäfrin ziert.

Schäferin.
Ich Schäferin
Mit leichtem Sinn
Sing ruhig fort
Mein sinnig Wort:
Ein jeder bleib
Bei seiner Herd,
Den König ehrt
Kein Schäferweib.

Ritter St. Georg.

(Aus einem geschriebenen geistlichen Liederbuche vom Jahre 1601 in der Sammlung von Clemens Brentano.)

In einem See sehr groß und tief
Ein böser Drach sich sehen ließ.

Dem ganzen Land er Schrecken bringt,
Viel Menschen und viel Vieh verschlingt.

Und mit des Rachens bösem Duft
Vergiftet er ringsum die Luft.

Daß er nicht dringe zu der Stadt,
Beschloß man im gemeinen Rat,

Zwei Schaf zu geben alle Tag,
Um abzuwenden diese Plag.

Und da die Schaf schier all dahin,
Erdachten sie noch andern Sinn,

Zu geben einen Menschen dar,
Der durch das Los gewählet war.

Das Los ging um so lang und viel,
Bis es aufs Königs Tochter fiel.

Der König sprach zu'n Bürgern gleich:
„Nehmt hin mein halbes Königreich!

Ich gebe auch an Gut und Gold,
Von Silber und Geld so viel ihr wollt,

Auf daß mein Tochter, die einzig Erb,
Noch lebe, nicht so bös verderb."

Das Volk ein groß Geschrei beginnt:
„Einem andern ist auch lieb sein Kind!

Hältst du mit deiner Tochter nicht
Den Schluß, den du selbst aufgericht,

So brennen wir dich zu der Stund
Samt deinem Palast auf den Grund."

Da nun der König Ernst ersah,
Ganz leidig er zu ihnen sprach:

„So gebet mir doch nur acht Tag,
Daß ich der Tochter Leid beklag."

Danach sprach er zur Tochter sein:
„Ach Tochter, liebste Tochter mein!

So muß ich dich jetzt sterben sehn,
Und all mein Tag in Trauren stehn."

Da nun die Zeit verschwunden war,
Lauft bald das Volk zum Palast dar

Und drohet ihm mit Schwert und Feuer,
Sie schrien hinauf ganz ungeheuer:

„Willst du um deiner Tochter Leben
Dein ganzes Volk dem Drachen geben?"

Da es nicht anders möcht gesein,
Gab er zuletzt den Willen drein.

Er kleidet sie in königlich Wat,
Mit Weinen und Klagen er sie umfaht.

Er sprach: „Ach weh mir armen Mann!
Was soll ich jetzund fangen an?

Die Hochzeit dein war ich bedacht
Zu halten bald mit herrlicher Pracht,

Mit Trommeln und mit Saitenspiel,
Zu haben Lust und Freuden viel.

So muß ich mich nun dein verwegen,
Und dich dem grausen Drachen geben.

Ach Gott, daß ich vor dir wär tot,
Daß ich nicht seh dein Blut so rot."

Er gab ihr weinend manchen Kuß,
Sein Töchterlein fiel ihm zu Fuß:

„Lebt wohl, lebt wohl Herr Vater mein!
Gern sterb ich um des Volkes Pein.“

Der König schied mit Ach und Weh,
Man führt sein Kind zum Drachensee.

Als sie da saß in Trauren schwer,
Da ritt der Ritter Georg daher.

„O Jungfrau zart! gib mir Bescheid,
Warum stehst du in solchem Leid?“

Die Jungfrau sprach: „Flieh bald von hier!
Daß du nicht sterben mußt mit mir.“

Er sprach: „O Jungfrau fürcht dich nicht,
Vielmehr mit kurzem mich bericht,

Was deuts, daß ihr allein da weint,
Ein großes Volk herum erscheint?“

Die Jungfrau sprach: „Ich merk ohn Scherz,
Ihr habt ein mannlichs Ritter Herz;

Was wollt ihr hier verderben,
Und mit mir schändlich sterben.“

Dann sagt sie ihm, wie hart und schwer,
Wie alle Sach ergangen wär.

Da sprach der edle Ritter gut:
„Getröstet seid, habt freien Mut!

Ich will durch Hilf von Gottes Sohn,
Euch ritterlichen Beistand tun.“

Er bleibet fest, sie warnt ihn sehr,
Da kam der greuliche Drach daher.

„Flieht Ritter! schont das junge Leben,
Ihr müßt sonst euren Leib drum geben.“

Der Ritter sitzt geschwind zu Roß
Und eilet zu dem Drachen groß.

Das heilge Kreuz macht er vor sich,
Gar christentlich und ritterlich,

Dann rannt er an mit seinem Spieß,
Den er tief in den Drachen stieß,

Daß jählings er zur Erden sank,
Und saget Gott dem Herren Dank.

Da sprach er zu der Jungfrau zart:
„Der Drache läßt von seiner Art.

Drum fürcht euch gar nicht dieses Falls,
Legt euren Gürtel ihm um den Hals."

Als sie das tät, ging er zu Stund
Mit ihm wie ein gezähmter Hund.

Er führt ihn so zur Stadt hinein,
Da flohen vor ihm groß und klein.

Der Ritter winket ihnen, sprach:
„Bleibt hie und fürchtet kein Ungemach.

Ich bin darum zu euch gesendt,
Daß ihr den wahren Gott erkennt.

Wann ihr euch dann wollt taufen lan
Und Christi Glauben nehmen an,

So schlag ich diesen Drachen tot,
Helf euch damit aus aller Not."

Alsbald kam da durch Gottes Kraft
Zur Tauf die ganze Heidenschaft.

Da zog der Ritter aus sein Schwert
Und schlug den Drachen zu der Erd.

Der König bot dem heilgen Mann
Viel Silber und Gold zu Ehren an,

Das schlug der Ritter alles aus,
Man solls den Armen teilen aus.

Als er nun schier wollt ziehen ab,
Die Lehr er noch dem König gab:

„Die Kirche Gottes des Herren dein,
Laß dir allzeit befohlen sein."

Der König baute auch mit Fleiß,
Der Mutter Gottes zu Lob und Preis,

Eine Kirche schön und herrlich groß,
Aus der ein kleiner Brunn herfloß.

Die Pantoffeln.

(Frische Liedlein.)

Ein Mägdlein zu dem Brunnen ging,
Und das war säuberlichen;
Das Mägdlein in Pantoffeln ging,
Ganz sacht kam sie geschlichen.

Begegnet ihr ein stolzer Knab,
Der grüßt sie herziglichen,
Sie setzt das Krüglein neben sich
Und fraget, wer ich wäre?

Weil ich ihr nicht recht schwatzen kann,
Sie schneidt mir bald ein Kappen,
Kein Tuch daran ward nicht gespart,
Kann einen höflich zwacken.

Das Mägdlein von dem Brunnen geht,
Laß traben die, laß traben,
Die vorne in Pantoffeln gehn,
Die ihnen hinten schlappen.

Xaver.

(Trutz Nachtigall, von Spee. Seite 94.)

Als nach Japon weit entlegen
Xaver dacht, der Gottes Mann,
Alle waren ihm entgegen,
Fielen ihn mit Worten an,
Wind und Wetter, Meer und Wellen
Maltens seinen Augen dar,
Redten viel von Ungefällen,
Von Gewitter und Gefahr.

„Schweiget, schweiget von Gewitter,
Ach, von Winden schweiget still.
Nie noch wahrer Held, noch Ritter
Achtet solcher Kinderspiel.
Lasset Wind und Wetter blasen,
Flamm der Lieb vom Blasen wächst,
Lasset Meer und Wellen rasen,
Wellen gehn zum Himmel nächst.

Ei doch lasset ab von Scherzen,
Schrecket mich mit keiner Not,
Noch Soldat, noch Kriegesherzen,
Fürchten nimmer Kraut und Lot;
Spieß und Pfeil, und bloße Degen,
Rohr, Pistol und Büchsenspieß
Macht Soldaten mehr verwegen
Und sie lockt zum Ehrenpreis.

Lasset ihre Hörner wetzen
Wind und Wetter ungestüm,

Laßt die Wellen brummend schwätzen
Und die Trommeln schlagen um,
Nord und Süden, Ost und Westen
Kämpfen laßt auf salzgem Feld;
Nie wirds dem an Ruh gebrechen,
Der nur Fried im Herzen hält.

Wer wills über Meer nicht wagen,
Über tausend Wasser wild,
Dem es mit dem Pfeil und Bogen
Noch viel tausend Seelen gilt?
Wem will grausen vor den Winden,
Fürchten ihre Flügel naß?
Der nur Seelen denkt zu finden,
Seelen schön, ohn alle Maß?

Eia, stark und freche Wellen,
Eia, stark und stolze Wind',
Ihr mich nimmer sollet fällen,
Euch zu stehn, ich bin gesinnt,
Seelen, Seelen muß ich haben,
Sattle dich nur hölzern Roß,
Du mußt über Wellen traben,
Auf ihr Segel, Anker los!"

Wachtelwacht.

(Fliegendes Blatt.)

Hört wie die Wachtel im Grünen schön schlagt,
Lobet Gott, lobet Gott!
Mir kommt kein Schauder, sie sagt,
Fliehet von einem ins andre grün Feld
Und uns den Wachstum der Früchte vermeldt,
Rufet zu allen mit Lust und mit Freud:
Danke Gott, danke Gott!
Der du mir geben die Zeit.

Morgens sie ruft, eh der Tag noch anbricht:
Guten Tag, guten Tag!
Wartet der Sonnen ihr Licht;
Ist sie aufgangen, so jauchzt sie vor Freud,
Schüttert die Federn, und strecket den Leib,
Wendet die Augen dem Himmel hinzu:
Dank sei Gott, dank sei Gott!
Der du mir geben die Ruh.

Blinket der kühlende Tau auf der Heid,
Werd ich naß, werd ich naß!
Zitternd sie balde ausschreit,
Fliehet der Sonne entgegen und bitt,
Daß sie ihr teile die Wärme auch mit,
Laufet zum Sande und scharret sich ein,
Hartes Bett, hartes Bett!
Sagt sie, und legt sich darein.

Kommt nun der Waidmann mit Hund und mit Blei,
Fürcht mich nicht, fürcht mich nicht!
Liegend ich beide nicht scheu,
Steht nur der Weizen, und grünet das Laub,
Ich meinen Feinden nicht werde zum Raub,
Aber die Schnitter, die machen mich arm,
Wehe mir, wehe mir!
Daß sich der Himmel erbarm.

Kommen die Schnitter, so ruft sie ganz keck:
Tritt mich nicht, tritt mich nicht!
Liegend zur Erde gestreckt.
Flieht von geschnittenen Feldern hin dann,
Weil sie sich nirgends verbergen mehr kann,
Klaget: ich finde kein Körnlein darin,
Ist mir leid, ist mir leid!
Flieht zu den Saaten dahin.

Ist nun das Schneiden der Früchte vorbei,
Harte Zeit! harte Zeit!
Schon kommt der Winter herbei.
Hebt sich zum Lande zu wandern nun fort
Hin zu dem andern weit fröhlichern Ort,
Wünschet indessen dem Lande noch an:
Hüt dich Gott, hüt dich Gott!
Fliehet in Frieden bergan.

Das Todaustreiben.

(Mündlich.)

So treiben wir den Winter aus,
Durch unsre Stadt zum Tor hinaus,
Mit sein Betrug und Listen,
Den rechten Antichristen.

Wir stürzen ihn von Berg und Tal,
Damit er sich zu Tode fall,

Und uns nicht mehr betrüge,
Durch seine späten Züge.

Und nun der Tod das Feld geräumt
So weit und breit der Sommer träumt,
Er träumet in dem Maien,
Von Blümlein mancherleien.

Die Blume sproßt aus göttlich Wort,
Und deutet auf viel schönern Ort,
Wer ists der das gelehret?
Gott ists, der hats bescheret.

Zauberlied gegen das Quartanfieber.

(Reichard's Geisterreich. I. B. S. 145)

„Steh dir bei der himmlische Degen,
Jedweden halben, darin eben,
Der Leib sei dir beinern,
Das Herz sei dir steinern,
Das Haupt sei gestahlet,
Der Himmel geschildet,
Die Hölle versperret,
Alles Übel sich von dir verirret!"
Also sagte Tobias zum Sohn,
Und sandt ihn nach Simedion.
Gott sandt ihn heim mit gutem Mut,
Zum Vater heim, zum eignen Gut.

Zauberformel zum Festmachen der Soldaten.

(Das. S. 145.)

Holunke, wehre dich!
Probatum est.

Aufgegebene Jagd.

(Frische Liedlein.)

Erster Jäger.
Ich schwing mein Horn ins Jammertal,
Mein Freud ist mir verschwunden,
Ich hab gejagt, muß abelan,

Das Wild lauft vor den Hunden,
Ein edel Tier in diesem Feld
Hätt ich mir auserkoren,
Das schied von mir, als ich es meld,
Mein Jagen ist verloren.

Fahr hin Gewild in Waldeslust,
Ich will dich nimmer schrecken,
Und jagen dein schneeweiße Brust,
Ein ander muß dich wecken,
Mit Jagdgeschrei und Hundebiß,
Daß du kaum mögst entrinnen:
Halt dich in Hut, schöns Maidlein gut,
Mit Leid scheid ich von hinnen.

Zweiter Jäger.
Kein Hochgewild ich fahen kann,
Das muß ich oft entgelten;
Noch halt ich stets auf Jägersbahn,
Wiewohl mir Glück kommt selten:
Mag ich nicht han ein Hochwild schön,
So laß ich mich begnügen,
Am Hasenfleisch, nichts mehr ich weiß,
Das mag mich nicht betrügen.

Wers Lieben erdacht.

(Mündlich.)

Knabe.
Zum Sterben bin ich,
Verliebet in dich,
Deine schwarzbraune Äugelein,
Verführen ja mich :,:

Bist hier oder bist dort,
Oder sonst an eim Ort,
Wollt' wünsche, könnt rede,
Mit dir ein Paar Wort. :,:

Wollt' wünsche 's wär Nacht,
Mein Bettlein wär gemacht,
Ich wollt mich drein legen,
Feins Liebchen daneben,
Wollt s' herzen, daß s' lacht.

Mein Herz ist verwund't,
Komm Schätzl' machs gesund,

Erlaub mir zu küssen
Dein 'n purpurroten Mund. :,:

Dein purpurroter Mund,
Macht Herzen gesund,
Macht Jugend verständig,
Macht Tote lebendig,
Macht Kranke gesund.

Mädchen.
Meine Mutter hat nur
Eine schwarzbraune Kuh,
Wer wird sie denn melken,
Wenn ich heiraten tu. :,:

Sänger.
Der dies Liedel gemacht,
Hat's Lieben erdacht,
Drum wünsch ich mein feins Liebchen,
Viel tausend gute Nacht. :,:

Ein Rundgesang von des Herrn Weingarten.

(Handschrift im Besitze von Clemens Brentano.)

Ich weiß mir einen schönen Weingarten,
Darinnen da ist gut Wesen:
Wohlauf, wir wollen drin arbeiten,
Die Weinbeer wollen wir lesen.

Wohlauf, mit mir zum Weingarten,
Dann es ist an der Zeit,
Daß wir die Weinbeer brechen,
Weil fast der Tag herscheint.

So sollen wir gern drin arbeiten,
Die Zeit, die geht dahin,
Wer sich darin versäumet hat,
Sie kömmt ihm herwieder nie.

Wer sich darin versäumet,
Wie ihm darum geschieht,
Zu ihm spricht Gott der Herre:
Geh hin, ich kenn' dich nicht.

Die Weinbeer, die sind süße,
Der Wein ist lauter klar,
Den haben die heilgen Engel
Einer Jungfrau vom Himmel herbracht.

Es war kein Mann so elend nicht,
Und auch so tief verwundt,
Genießt der edlen Träublein er,
Fürwahr er wird gesund.

So wolln wir nicht weiter fragen,
Und auch nicht mehr begehren,
Wenn uns von den edlen Weinbeeren
Ein Träublein möchte werden.

Das Weinkorn, das hochheilige,
Das kam vom Himmel herab,
Einer Jungfrau unter ihr Herze,
Die war heilig und klar.

Sie trug es unverborgen
Bis an den Weihnachtstag,
Da ward der Wein geboren,
Der alle Ding vermag.

Cedron's Klage.

(Spee Trutz Nachtigall. S. 225.)

Da nun abends in dem Garten,
Daphnis überfallen war,
Und nun keinen Grimm ersparte,
Stark bewehrte Mörderschar,
Hube süßlich an zu weinen,
Ein so gar berühmter Bach
Ließ die liebe Sternen scheinen,
Er dem Daphnis trauret nach.

Cedron hieß der Bach mit Namen,
Wohnt an einem hohen Stein:
Oft zu ihm Gesellen kamen,
Damals war er doch allein,
Saß in seinen grünen Grüften,
Strählet seine Binsenhaar,
Spielet gar mit sanften Lüften,
Dacht an keine Kriegsgefahr.

Rohr, und Gras, und Wasserblätter,
Deckten seine Schulter bloß,
Stark er sich bei feuchtem Wetter,
Lehnt auf seinen Eimer groß,
Doch weil er fast müd gelaufen,
Dazumal in starkem Trab,

Er ein wenig wollt verschnaufen,
Goß den Eimer langsam ab.

Nahm ein Röhrlein wohl geschnitten,
Spielet seinen Wässerlein,
Sie zum Schlafen tät er bitten,
Wollt sie süßlich sausen ein:
Eia, meine Wässer schlafet,
Schlafet meine Wässerlein,
Nicht mit Augen immer gaffen,
Eia, schlafet, schlafet ein.

Kaum nun waren eingeschlafen
Seine matten Wässerlein,
Bald erklungen Wehr und Waffen,
Flamm und Fackel gaben Schein,
Nur von tollen vollen Knechten,
Voll war alles überall,
Nur von Jauchzen, Springen, Fechten,
Tal und Ufer gaben Schall.

Cedron erstens gar erschrecket,
War der Waffen ungewohn,
Bald er seine Wasser wecket,
Wollte der Gefahr entgohn,
Wie die Pfeil vom Bogen zielen,
Lief er ab, auf nasser Meil,
Rohr und Eimer ihm entfielen,
Fiel auch selbst in blinder Eil.

Doch weil nachmals er verspüret,
Es nicht wider ihn gemeint,
Und nur Daphnis werd geführet,
Daphnis vom bekannten Feind,
Ließ er ab von strengem Laufen,
Fasset eine Weidenrut,
Seine Wasser trieb zu Haufen
Und beklagt das junge Blut.

Traurig hub er an zu klagen,
Blies auf einem hohlen Ried,
Herz und Mut ihm war zerschlagen,
Sang mit Schmerzen folgend Lied:
Ach, und Ach, nun muß ich klagen,
Daphnis, o du schönes Blut!
Ach, und Ach, bin gar zerschlagen,
Brochen ist mir Herz und Mut.

Daphnis, o du schöner Knabe,
Daphnis mir so lang bekannt,
Oft bei mir du schnittest abe,
Ried, und Röhrlein allerhand,
Viel du deren hast verschlissen,
Wann du spieltest deiner Herd,
Sind im Blasen viel zersplissen,
Waren mehr denn Goldes wert.

Oft bei mir die Weide nahmen,
Deine Schäflein silberweiß,
Oft zu mir auch trinken kamen,
In den Sommertagen heiß,
Wann dann spieltest deinen Schafen,
Und die Röhrlein bliesest an,
Gunten meine Wässer schlafen,
Wankten oft von rechter Bahn.

Auch die Wind sich gunten legen,
Banden ihre Flügel ab,
Kaum den Atem täten regen,
Wie dann oft gespüret hab,
Auch die Schaf mit Lüsten aßen,
Süßer wurden Laub und Gras,
Ja des Weidens oft vergaßen,
Deine Stimm viel süßer was.

Auch die Vöglein kamen fliegen,
Kam auch manche Nachtigall,
Deinem Spielen, will nicht lügen,
Hörten zu mit großer Zahl,
Saßen gegen deiner Geigen,
Saßen dir auf deinem Rohr,
Täten ihnen freundlich neigen,
Dann das link, dann rechtes Ohr.

Schöne Sonn, du deinen Wagen,
Ließest in gar lindem Lauf,
Wann bei reinen Sommertagen,
Dir nur Daphnis spielet auf,
Schöner Mond, du deine Sternen
Morgens führtest ab zu spät,
Wann auch Daphnis dir von fernen
Je zu Nachten spielen tät.

Schöne Sonn magst nunmehr trauren,
Daphnis dir nicht spielet mehr,
Daphnis ist von bösen Laurern

Hingerückt ohn Wiederkehr;
Schöner Mond magst nunmehr klagen,
Daphnis rastet im Verhaft,
O des schweren Eisenkragen!
O der kalten Kettenkraft.

Mond und Daphnis, ihr allbeiden
Oft enthieltet euch vom Schlaf,
Kamet in Gesellschaft weiden,
Du die Sterne, er die Schaf,
Nicht hinfüro wacht allbeiden,
Schlaf, o matter Mond, entschlaf!
Nie zusammen werdet weiden,
Du die Sterne, er die Schaf.

Ach ihr Schäflein, wer wird hüten,
Wer soll euch nun treiben auf?
Hirten solcher Mild und Güten
Sind nicht also guten Kaufs.
O des jung und schönen Knaben,
Hirt und Schützen gleiche gut,
Wer soll seinen Stecken haben?
Taschen, Horn und Winterhut?

Wer soll haben seinen Bogen?
Wer den Köcher, Pfeil und Bolz?
Die von ihm so weit geflogen,
Nie gefehlet in dem Holz.
Wer soll haben seine Geigen,
Dulzian und Mandolin?
Ach für Trauren muß ich schweigen,
Ach ade! muß fliehen hin.

Frühlingsbeklemmung.

(Spee Trutz Nachtigall, Köln 1660. S. 34.)

Der trübe Winter ist vorbei,
Die Kranich wiederkehren,
Nun reget sich der Vogelschrei,
Die Nester sich vermehren;
Laub allgemach
Nun schleicht an Tag,
Die Blümlein sich nun melden,
Wie Schlänglein krumm,
Gehn lächelnd um
Die Bächlein kühl in Wälden.

Der Brünnlein klar, und Quellen rein,
Viel hie, viel dort erscheinen,
All silberweiße Töchterlein
Der hohen Berg und Steinen.
In großer Meng
Sie mit Gedräng,
Wie Pfeil von Felsen zielen.
Bald rauschens her,
Nicht ohn Geplärr,
Und mit den Steinlein spielen.

Die Jägerin, Diana stolz,
Auch Wald- und Wasser-Nymphen,
Nun wieder frisch im grünen Holz
Gehn spielen, scherzend schimpfen;
Die reine Sonn
Schmückt ihre Kron,
Den Köcher füllt mit Pfeilen;
Ihr beste Roß
Läßt laufen los
Auf marmorglatten Meilen.

Mit ihr die kühlen Sommerwind,
All Jüngling still von Sitten,
In Luft zu spielen sein gesinnt,
Auf Wolken leicht beritten;
Die Bäum und Äst
Auch tun das best,
Bereichen sich mit Schatten,
Wo sich verhalt
Das Wild im Wald,
Wenns will von Hitz ermatten.

Die Meng der Vöglein hören laßt
Ihr Schir von Tire Lire,
Da sauset auch so mancher Ast,
Als ob er musiziere;
Die Zweiglein schwank,
Zum Vogelsang,
Sich auf und nieder neigen,
Auch höret man
Auf grünem Plan,
Spazieren Laut und Geigen.

Wo man nur schaut, fast alle Welt
Zu Freuden sich tut rüsten,
Zum Scherzen alles ist gestellt,

Schwebt alles fast in Lüsten;
Nur ich allein
Leid süße Pein,
Unendlich werd gequälet,
Seit ich mit dir,
Und du mit mir,
O Jesu, dich vermählet.

Lobgesang auf Maria.

(Von Balde, nach dem deutschen Musäum.)

Ich wie lang hab ich schon begehrt,
Maria, dich zu loben!
Nicht zwar als wie du wirst verehrt,
Im hohen Himmel oben;
Dies wär umsonst! Mein' arme Kunst
Würd an der Harfe hangen,
Und dieses Lied, so sehr sie glüht,
In tiefem Ton anfangen.

Demütig sei von mir gegrüßt!
Nimm gnädig an dies Grüßen,
Von dir so viel der Gnaden fließt,
Als immer her kann fließen;
Der dich erwählt hat, und gewollt
An deinen Brüsten saugen,
So schön Er ist, so schön Du bist,
Er scheint dir aus den Augen.

Was in der Welt so mannigfalt
Ist zierlichs ausgeflossen,
Hat über ihre Wohlgestalt
Sich ringsum reich ergossen,
Des Himmels Kraft, der Erden Saft,
Den Durchglanz eingeboren,
Von dem empfing, den sie empfing,
Vom Sohn, den sie geboren.

Zwölf Stern' um ihr glorwürdig Haupt,
Als Krone, ringsum schweben,
Und jauchzen: Uns ist es erlaubt
Allein sie zu umgeben!
Sie triebe ab nicht Schwert, nicht Stab,
So fest tun sie verharren;
Sie ließen eh des Himmels Höh,
Als ihre Stelle fahren.

Denn ihre Freud' und Herzenslust
Ist, dies Gesicht anschauen,
Den Mund, den Gott so oft geküßt,
Die Augen und Augbraunen,
Die Lilienhänd, Lefzen vermengt
Mit Honig und mit Rosen,
Die süße Red, die von ihr geht,
Ist über all Liebkosen.

Dem Palmbaum ihre Länge gleicht,
Die Wange Turteltauben,
Und ihren süßen Brüsten weicht
Der Wein aus edlen Trauben;
Ganz Hyazinth, von keiner Sünd,
Noch groß, noch klein beladen,
Das Adamsgift, das alle trifft,
Hat ihr nicht können schaden.

O Fürstentochter! o wie schön
Die Tritt sind, die du zählest!
Welch einen Festtag wird begehn,
Dem du dich einst vermählest!
Dein Bräutigam wird bei dem Lamm
Andern Gesang anstimmen,
Er wird in Freud und Süßigkeit
Ein Fisch im Meere schwimmen.

O daß noch von Siena viel
Der Bernhardini wären,
Die, deren einig End und Ziel
Ist diese Braut zu ehren,
Er schenkte ihr all sein Begier,
Lust, Hoffnung, Freud und Schmerzen,
Trug, wie ich sing', den liebsten Ring,
Den Diamant im Herzen.

Hintan mit dir, du Erdgestalt,
Mit Milch und Blut gewaschen,
Die doch zuletzt welk wird und alt,
Und dann zu Staub und Aschen;
Besonders die mit falscher Müh,
Sich Schönheit nur erdichtet,
Und uns ins Herz, in bitterm Scherz,
Den süßen Giftpfeil richtet.

Sag auch hiemit den Parzen ab,
Die mir bisher gesponnen,
Bei denen ich an meinem Grab

Verloren, nicht gewonnen.
Falsch und untreu sind alle drei
Heimlich mit mir umgangen;
An ihr Gespinst, an ihre Kunst
Sollt ich mein Leben hangen?

Nein, wenn der Atem mir wird schwer,
Daß ichs nicht mehr kann leiden,
Soll mir den Faden nimmermehr
Derselben Ein abschneiden;
Dein schöne Hand, dein milde Hand,
O Jungfrau auserkoren,
Schneid oder schon, straf oder lohn,
Sonst ist alles verloren.

Wenn mir geschwächt sind alle Sinn,
Und die Umstehenden sagen:
Jetzt scheidet er, jetzt ist er hin,
Der Puls hört auf zu schlagen!
Dein schöne Hand, dein milde Hand,
O Mutter meines Lebens,
Gleit über mich, erquicke mich,
Sonst ist es alls vergebens.

Abschied von Maria.

(Mündlich.)

Ihrer Hochzeit hohes Fest
Gräfin Elsbeth still verläßt,
Geht mit reich geschmücktem Haupt
Wo die Waldkapell erbaut.

Bringet Blumen, preiset laut,
Ach wie oft sie da erbaut,
Preist Maria, Geberin
Ihres Glücks in frommem Sinn.

Wie sie hält an dem Altar,
Ist es Angst? Sie fühlt es klar,
Ihre Stunde geht vorbei,
Ihr Gebet strömt immer neu.

„O Maria, welches Leid,
Letzte Blumen bring ich heut,
Daß ich reise, schmerzet mich,
Ob ich wiedersehe dich?

O Maria, jetzt ist Zeit,
Daß ich wieder von dir scheid,
Fort ich muß, auf lange fort,
Ach Ade, du Gnadenort!

Schau Maria, Mutter mein!
Laß mich dir befohlen sein;
Ach es muß geschieden sein,
Von dir und deinem Kindelein.

O du gnadenreiches Bild!
O Maria, Mutter mild!
O wie hart scheid ich von dir,
Wie so gern blieb ich allhier.

Meine Zunge ist mir schwer,
Meine Augen voller Zähr,
Nicht mehr hell ist meine Stimm,
Gute Nacht, ich Urlaub nimm.

O Maria, neue Pein
Spür ich in dem Herzen mein,
Daß ich jetzund scheiden soll,
Darum bin ich trauervoll.

O du mein lieb Herzelein,
Muß es so geschieden sein?
Ade nun mit der Mutter dein,
Gute Nacht lieb Herzelein!

O Maria, noch die Bitt,
Mich im Tod verlasse nit,
Sei gegrüßet tausendmal,
Ach Ade viel tausendmal!“

Also lange betet sie,
Und schon lange sahe sie
Über sich ein blankes Schwert;
Ihr Gebet doch ruhig währt.

Sie vergißt des Schwertes Tück,
In der Gnade schwebt ihr Blick.
Als der Räuber sie gehört,
Er sie im Gebet nicht stört.

Als er ihren Blick vernahm,
Schwere Reu ihn überkam,
Legte ab sein Schwert und Spieß,
Auf die Knie sich niederließ.

„Hoher Worte fromme Schar
Schützt den Schmuck in deinem Haar,
Schützt dein Leben gegen mich,
Edle Frau, ach bet für mich",

„O Maria, noch die Bitt,
Diesen Sünder verlasse nit,
Löse ihn von Schuld und Qual,
Ach Ade viel tausendmal."

Und als sie nun von ihm ging,
Schien ihm alle Welt gering,
Büßt als frommer Bruder schwer,
Hört, sein Glöcklein schallet her.

Ehestand der Freude.

(Seladons (Greflingers) weltliche Lieder.
Frankfurt 1651. S. 60.)

Lasset uns scherzen
Blühende Herzen,
Lasset uns lieben
Ohne Verschieben,
Lauten und Geigen
Sollen nicht schweigen,
Kommet zum Tanze,
Pflücket vom Kranze.

Drücket die Hände,
Legt euch zum Ende,
Gebet euch Küsse,
Tretet die Füße,
Machet euch fröhlich,
Machet euch ehlich,
Lasset die Narren
Einsam verharren.

Ehlich zu werden
Dienet der Erden,
Ledige Leute
Mangeln der Freude;
Jeder muß sterben,
Machet euch Erben
Euerem Gute,
Namen und Blute.

Lasset der Grauen
Murren und Schauen,
Raten und Wissen
Wenig ersprießen;
Eben sie selber
Waren auch Kälber,
Blühende Herzen
Lasset uns scherzen.

Amor.

(Mündlich.)

Des Nachts da bin ich gekommen,
Treibt mit mir ein Bübchen viel Scherz,
Wie Amor mir ists vorgekommen,
Verwundet, verbindet mein Herz.

Ich dacht, was sollt ich nun machen,
Wenn ich mein klein Bübchen gedenk,
So hör ich die Flamme schon krachen,
Schier alle Minuten ihm schenk.

Ich kann es bei Tage nicht finden,
Des Nachts da sucht es mich heim,
Ich will ihm die Augen verbinden,
Dann wird es bei Tage auch mein.

Romanze vom großen Bergbau der Welt.

(Im Ton: Wie schön leucht uns der Morgenstern.

Der durch das geistliche Schlegel andächtige Berg-Reihen das Gedinge eines Glaubens herausschlagende Bergmann. Anno 1712. S. 56–61.)

Auf! richtet Augen, Herz und Sinn
Zu jenen blauen Bergen hin,
Da Gott der Bergherr thronet!
Fahrt von der Erde tiefen Bahn
In grünen Hoffnungskleidern an,
Wo milder Segen wohnet;
Betet, tretet
Im Gemüte
Zu der Güte,
Die bescheret,
Was den Leib und Geist ernähret.

Gott hat in diesem Erdenball
So mancher Erze reichen Fall
Mit weiser Hand verborgen.
Gold, Silber, Kupfer auf sein Wort,
Streicht in den edlen Gängen fort,
Die Menschen zu versorgen,
Mächtig, prächtig
Durch die Flötzen
Heißt er setzen
Die Metallen,
Daß sein Ruhm muß herrlich schallen.

Es sieht so manches rauhe Land
In Werken seiner Wunderhand
Macht, Kraft und Weisheit spielen,
Wo man kein zartes Blümchen spürt,
Kein Frühlingsgras sich grün aufführt,
Muß die Natur erzielen,
Lichte, dichte
Berggeschicke
Zum Gelücke,
Die erweisen,
Wie man soll den Schöpfer preisen.

Es streicht in diesem Erdenhaus
Im Erz zu hellen Tage aus
Des großen Vaters Liebe,
Die wittert vor bei Tag und Nacht,
Aus jeden Stollen, Kluft und Schacht;
Die weißen Quarzgeschiebe
Geben eben
Wie die Gänge
Durch die Menge
Zu erkennen,
Was wir Vatergüte nennen.

Denn da sieht ihren milden Gott
Die Armut nach dem herben Spott,
Und vielen Zährentriefen.
Wenn das Vermögen ist verwüst,
Und alle Mittel zugebüßt,
Kommt aus der schwarzen Tiefen
Letztlich, plötzlich
Reiche Beute
Für die Leute,
Die vertrauen,
Gott, und gläubig auf ihn bauen.

Drum rufen wir auch diesen an,
Der fündige Gebirge kann
Eröffnen und erhalten;
Er wolle mit der Segenshand
Auch über unser Sachsenland
Forthin genädig walten;
Hören, Lehren,
Wenn wir schürfen
Und bedürfen
Hilf und Raten,
Sonst ists nichts mit unsern Taten.

O großer Grundherr aller Welt!
Weil deine Vorsicht uns erhält
Auch von der Erden Schätzen;
Beschere gutes Erz allhier,
Und laß die Gänge, Macht und Zier
In ewge Teufen setzen.
Klüglich, tüglich
Laß uns bauen
Ohne Grauen,
Mittel finden,
Und den Mangel überwinden.

Zähl uns in Assers Stamm mit ein,
Und laß uns so gesegnet sein,
Daß Erz an Schuhen klebe,
Das sich kein edler Gang abschneid,
Und uns vergnüge jederzeit,
Viel reichen Vorrat gebe.
Größre, beßre,
Sieh aufs Gleiche,
Daß der Reiche
Dem nicht schade,
Der bedürftig deiner Gnade.

Doch bitten wir dich, Herr! zugleich,
Mach' uns zuerst am Geiste reich,
Mit himmlischer Genüge;
Daß unser Gang zu dir gericht,
Die Stunde ja verrücke nicht,
Noch tausend Mittel kriege,
Handel, Wandel
Sei gerichtig
Und vorsichtig
Laß uns bleiben,
Weil wir hier das Bergwerk treiben.

Schenk uns nur, allerhöchster Hort!
Was Christus hat gefördert dort
Aus seiner Leidensgrube,
Da er zum Lebensgange brach,
Und hieß uns alle folgen nach,
Die Beuten, die er hube,
Mutig, blutig,
Durch die Klüfte
Seine Hüfte
Hilft uns wallen,
Wenn des Leibes Schacht muß fallen.

Die Welt ist unser Golgatha,
Wo ein Kreuzgang dem andern nah:
Laß Zion uns erblicken,
Und Karmel, da in stolzer Ruh,
Elias ruft der Knappschaft zu,
Weit von den Erdgeschicken:
Glück auf! Blick auf!
Komm gefahren
Vor den Jahren,
Komm in Sprüngen
Von der Sabbatsschicht zu singen.

Drum führ' uns einst, wie Simeon,
Auf einer sanften Fahrt davon,
Zu deinen Friedenszechen,
Wo man das neugeborne Kind,
Auch den Erzengel mächtig find,
Und Freudengold kann brechen:
Ödes, schnödes,
Müssen merken
Die Gewerken
Hier in Hoffen,
Bis sie dort den Gang getroffen.

Husarenbraut.

(Fliegendes Blatt aus dem siebenjährigen Kriege.)

Wir Preußisch Husaren, wann kriegen wir Geld?
Wir müssen marschieren ins weite Feld,
Wir müssen marschieren dem Feind entgegen,
Damit wir ihm heute den Paß noch verlegen.

Wir haben ein Glöcklein, das lautet so hell,
Das ist überzogen mit gelbem Fell,

Und wenn ich das Glöcklein nur läuten gehört,
So heißt es: Husaren, auf euere Pferd!

Wir haben ein Bräutlein uns auserwählt,
Das lebet und schwebet ins weite Feld,
Das Bräutlein, das wird die Standarte genannt,
Und ist uns Husaren sehr wohl bekannt.

Und als dann die Schlacht vorüber war,
Da einer den andern wohl sterben sah!
Schrie einer zum andern: „Ach! Jammer, Angst und Not,
Mein lieber Kamerad ist geblieben tot."

Das Glöcklein es klinget nicht eben so hell,
Denn ihm ist zerschossen sein gelbliches Fell,
Das silberne Bräutlein ist uns doch geblieben,
Es tuet uns winken, was hilft das Betrüben.

Wer sich in preußischen Dienst will begeben,
Der muß sich sein Lebtag kein Weibchen nicht nehmen:
Er muß sich nicht fürchten vor Hagel und Wind,
Beständig verbleiben und bleiben geschwind.

Das Straßburger Mädchen.

(Fliegendes Blatt.)

Es trug das schwarzbraun Mädelein
Viel Becher roten Wein,
Zu Straßburg auf der Straßen,
Begegnet ihr allda
Ein wunderschöner Knab,
Er tut sie wohl anfassen.

„Laß ab, laß ab, ei lasse ab,
Mein wunderschöner Knab,
Mein Mütterlein tut schelten,
Verschütte ich den Wein,
Den roten kühlen Wein,
Der Wein tut sehr viel gelten."

Bald hat das schwarzbraun Mädelein,
Verloren ihr Pantöffelein,
Sie kanns nicht wieder finden,
Sie suchet hin, sie suchet her,
Verliere nicht den andern mehr,
Noch unter dieser Linden.

Denn zwischen zwei Berg und tiefe Tal,
Ins grüne ebne Tal,
Da fließt ein schiffreich Wasser,
Wer sein Feinslieb nicht will,
Wen sein Feinslieb nicht will,
Die müssen sich fahren lassen.

Zwei Röselein.

(Mündlich am Neckar.)

Knabe.

Geh ich zum Brünnelein,
Trink aber nicht,
Such ich mein Schätzelein,
Finds aber nicht.

Setz ich mich so allein
Aufs grüne Gras,
Fallen zwei Röselein
Mir in den Schoß.

Diese zwei Röselein
Gelten mir nicht,
Ists nicht mein Schätzelein,
Die sie mir bricht?

Diese zwei Röselein
Sind rosenrot,
Lebt noch mein Schätzelein,
Oder ists tot?

Laß ich mein Äugelein
Rum und um gehn,
Seh ich mein Schätzelein
Beim andern stehn.

Wirft ihn mit Röselein,
Treffen mich tut,
Meint sie wär ganz allein,
Das tut kein gut.

Wärst du mein Schätzelein,
Wärst du mir gut.
Steck die zwei Röselein
Mir auf den Hut.

Mädchen.
Wirst doch nicht reisen fort,
Hast ja noch Zeit.

Knabe.
Ja ich will reisen fort,
Mein Weg ist weit,
Hin, wo ihr treue Lieb
Kein Mägdlein bricht.

Mädchen.
Schatz nimm zu Haus vorlieb,
Hin findst du nicht.

Röslein am Strauche blühn
Ewig doch nicht,
Lieb ist so lang nur grün,
Bis man sie bricht.

Nimm die zwei Röselein
Auf deinen Hut,
Ewig beinander sein
Tut auch kein gut.

Wenn die zwei Röselein
Nicht mehr sind rot,
Werf sie in Fluß hinein,
Denk ich wär tot.

Knabe.
Bist du tot allzumal,
Tut mirs nicht leid,
Untreu findt überall,
Wen sie erfreut.

Das Mädchen und die Hasel

(Herder's Volkslieder. I. B. S. 109.)

Es wollt ein Mädchen Rosen brechen gehn,
Wohl in die grüne Heide,
Was fand sie da am Wege stehn?
Eine Hasel, die war grüne.

„Guten Tag, guten Tag, liebe Hasel mein,
Warum bist du so grüne?"
„Hab' Dank, hab' Dank, wackres Mägdelein,
Warum bist du so schöne?"

„Warum daß ich so schöne bin,
Das will ich dir wohl sagen:
„Ich eß' weiß Brot, trink kühlen Wein
Davon bin ich so schöne."

„Ißt du weiß Brot, trinkst kühlen Wein
Und bist davon so schöne,
So fällt alle Morgen kühler Tau auf mich,
Davon bin ich so grüne."

„So fällt alle Morgen kühler Tau auf dich,
Und bist davon so grüne?
Wenn aber ein Mädchen ihren Kranz verliert,
Nimmer kriegt sie ihn wieder."

„Wenn aber ein Mädchen ihren Kranz will behalten,
Zu Hause muß sie bleiben,
Darf nicht auf alle Narrentänz' gehn;
Die Narrentänz' muß sie meiden."

„Hab Dank, hab Dank, liebe Hasel mein,
Daß du mir das gesaget,
Hätt' mich sonst heut auf'n Narrentanz bereit,
Zu Hause will ich bleiben."

Die Königstochter aus Engelland.

(Kirchengesänge. Köln 1625. S. 672.)

Vionetus in Engelland
War König mächtig sehr,
Sein Tochter, Ursula genannt,
Der Jungfrauschaft ein Ehr;
Weil sie mit Christi Blut erkauft
Und nach des Höchsten Will getauft,
Hat sie sich ihm vermählt allein,
In Keuschheit stets zu dienen rein.

Sieh da, eins heidnischen Königs Sohn,
Nach Ursula stand sein Sinn,
Fragt, ob sie wollte seinen Thron
Als seine Königin?
Verhieß ihr Land und wilde See,
Sehr große Schätze zu der Eh',
Sonst wollt er streiten mit Gefahr
Um ihre schöne Jugend klar.

Als Vionetus dies erhört,
Bekümmert er sich hart,

Sein Reich wollt halten ungestört
Von Heiden böser Art,
Dazu sein Tochter fromm und schön,
Wollt er dem Mann nicht zugestehn,
Jedoch des Fürsten Drohwort groß
Dem Herzen sein gab harten Stoß.

Ursula in ihr Zimmer trat,
Ausgoß vor Gott ihr Herz,
Sich in des Herren Willen gab
Ohn Trauren und ohn Schmerz;
In einen Schlaf fiel sie zur Hand,
Alsbald ihr Gott ein Engel sandt,
Derselbig bracht ihr große Mär,
Was Gott der Herr von ihr begehr.

Nachdem sie wohl gar unterricht
Durch Engelische Lehr,
Von Stund zu ihrem Vater spricht.
Mit fröhlicher Gebärd:
„Sei nicht betrübt, Gott ist mit uns,
Vor ihm besteht kein Macht noch Kunst,
Kein Mensch mag je verlassen sein,
Der nur auf ihn vertraut allein.

Ich will den Jüngling nehmen an,
Doch unter dem Beding:
Daß du samt meinem Bräutigam
Verschaffest mir geschwind
Zehn fürstliche Jungfräulein zart,
Zu den elftausend guter Art:
Adlich, jung, schön und tugendreich
Zu Gottes Ehr im Himmelreich.

Dazu elf Schiff gar wohl versehn
Mit Rüstung allerhand,
Daß wir drei Jahr von dannen ziehn
So fern in fremde Land,
Und unsrer Keuschheit heilgen Preis
Erhalten rein durch diese Reis
Dem Bräutigam im Himmelsthron,
Herrn Jesu Christ, Mariä Sohn.“

Da nun der König dies verstund,
Ward er von Herzen froh,
Der Heiden Botschaft in der Stund
Sprach unverzaget zu:
„Will euer Fürst mein Tochter han,

So soll er sich erst taufen lahn,
Und geben Jungfraun edler Art,
Und Schiffe zu der großen Fahrt."

Die edle Botschaft Urlaub nahm
Wohl zu derselben Weil,
Zu ihres Königs Sohne kam
Geschwind in aller Eil,
Da hielt man Spiel und Freudenfest,
Der junge Prinz erkennen läßt,
Er sei bereit, ein Christ zu sein
Und sich gar bald zu stellen ein.

Eilend die Könige gleicher Hand
Die elf Schiff kaufen ein,
Erkiesen auch durch ihre Land
Die Zahl der Jungfräulein;
Da schauet man viel junges Blut,
An Ehr und Adel trefflich gut,
Sie eilen nun in wenig Tag
Der neuen Königin schon nach.

St. Ursula sie froh umfangt,
Die edelen Gespielen gut,
Dem lieben Gott von Herzen dankt
Für all dies keusche Blut,
Zeigt ihnen ihr Vorhaben an,
Gab allen auch recht zu verstahn,
Was zu der Seligkeit gehör,
Damit sie nie die Sünde stör.

Sie nahmen all den Glauben an
Und liebten Keuschheit sehr,
Das Vaterland auch gern verlan
Und gaben sich aufs Meer,
Da schifften sie sich fröhlich hin,
Zu suchen geistlichen Gewinn,
Jetzt kommt ein Wind von Gottes Hand,
Der setzt sie an ein fremdes Land.

Den Rheinstrom sie da ohne Schad
Auffuhren sicherlich
Bis nach Köln zur heilgen Stadt,
O Köln, des freue dich!
Zu Ursula da ein Engel schon
Sagt: „Reiset fort und kommt gen Rom,
Verrichtet eure Andacht dort,
Kehrt wieder dann zu diesem Ort."

Des andern Tags am Morgen früh
Sprach sie so gnadenreich:
„Was mir verkündet in der Ruh,
Das höret an zugleich,
Wir ziehn gen Rom und wieder her
Nach Gottes Will und Engelslehr;
Für alles wird uns dann zu Lohn
Jungfraulichkeit und Marterkron."

Da hört man von den Jungfraun schön
Danksagung und groß Lob,
Daß Gott sie wollt zu sich erhöhn
Durch Not und Märtrertod.
Gen Basel schifften auf dem Fluß,
Dann gingen sie zu Fuß,
Bis daß sie kommen in die Stadt,
Da Petrus seinen Sitz noch hat.

Als sie ihr Andacht da verricht
In jungfräulicher Still,
Sie haben sich zurück gericht
Gen Köln nach Gottes Will;
Von Hunnen da mit Schwert und Pfeil
Getötet sind zu ihrem Heil,
Darum sie jetzt mit Engeln rein,
Hell singen, jubilieren fein.

Schall der Nacht.

(Simplicissimi Lebenswandel. Nürnberg 1713. I. B. S. 28.)

Komm Trost der Nacht, o Nachtigall!
Laß deine Stimm mit Freudenschall
Aufs lieblichste erklingen,
Komm, komm und lob den Schöpfer dein,
Weil andre Vögel schlafen sein
Und nicht mehr mögen singen;
Laß dein Stimmlein
Laut erschallen, denn vor allen
Kannst du loben
Gott im Himmel, hoch dort oben.

Obschon ist hin der Sonnenschein,
Und wir im Finstern müssen sein,
So können wir doch singen
Von Gottes Güt und seiner Macht,
Weil uns kann hindern keine Nacht,

Sein Loben zu vollbringen.
Drum dein Stimmlein
Laß erschallen, denn vor allen
Kannst du loben
Gott im Himmel, hoch dort oben.

Echo, der wilde Widerhall,
Will sein bei diesem Freudenschall
Und läßet sich auch hören,
Verweist uns alle Müdigkeit,
Der wir ergeben allezeit,
Lehrt uns den Schlaf betören.
Drum dein Stimmlein
Laß erschallen, denn vor allen
Kannst du loben
Gott im Himmel, hoch dort oben.

Die Sterne, so am Himmel stehn,
Sich lassen Gott zum Lobe sehn
Und Ehre ihm beweisen;
Die Eul' auch, die nicht singen kann,
Zeigt doch mit ihrem Heulen an,
Daß sie auch Gott tu preisen.
Drum dein Stimmlein
Laß erschallen, denn vor allen
Kannst du loben
Gott im Himmel, hoch dort oben.

Nur her, mein liebstes Vögelein!
Wir wollen nicht die faulsten sein
Und schlafen liegen bleiben,
Vielmehr bis daß die Morgenröt
Erfreuet diese Wälderöd,
In Gottes Lob vertreiben;
Laß dein Stimmlein
Laut erschallen, denn vor allen
Kannst du loben
Gott im Himmel, hoch dort oben.

Große Wäsche.

(Frische Liedlein und mündlich.)

Der Mai will sich mit Gunsten,
Mit Gunsten beweisen,
Prüf' ich an aller Vögelein Gesang,
Der Sommer kömmt, vor nicht gar lang

Hört ich Frau Nachtigall singen,
Sie sang recht wie ein Saitenspiel:
„Der Mai bald will
Den lichten Sommer bringen und zwingen
Die Jungfräulein zum Springen und Singen.

Jedoch so sind die Kleider
Mir leider zerrissen,
Ich schäme mich vor andrer Mägdlein Schar,
Mit meinen Schenklein geh ich bar,
Weil ich grad waschen wollte,
Der Reif und auch der kalte Schnee
Tat mir wohl weh,
Ich will als Waschgesellen bestellen
Die Jungfraun an den hellen Waldquellen.

Komm, komm, lieb lieb Agnette,
Margretha, Sophia,
Elisabetha, Amaleya traut,
Sibilla, Lilla, Frau Gertraut,
Kommt bald ihr Mägdlein schöne,
Kommt bald und wascht euch säuberlich,
Und schmücket mich."
Da kamen die Jungfrauen im Taue
Sich waschen und beschauen, ja schauen.

Ich dank Frau Nachtigallen,
Vor allen mein Glücke,
Daß sie zum Waschen rief die holde Schar,
Mit ihren Schenklein gingens bar,
Das Wasser ward nicht trübe,
Der Jugendglanz, der Maienschnee
Tat ihm nicht weh;
Doch mich wirds nicht mehr kühlen im Schwülen,
Im Sommer werd ichs fühlen, ja fühlen.

Der Palmbaum.

(Simon Dach.)

Annchen von Tharau ist, die mir gefällt,
Sie ist mein Leben, mein Gut und mein Geld.

Annchen von Tharau hat wieder ihr Herz
Auf mich gerichtet in Lieb und in Schmerz.

Annchen von Tharau, mein Reichtum, mein Gut,
Du meine Seele, mein Fleisch und mein Blut!

Käm alles Wetter gleich auf uns zu schlahn,
Wir sind gesinnet, beieinander zu stahn.

Krankheit, Verfolgung, Betrübnis und Pein,
Soll unsrer Liebe Verknotigung sein.

Recht als ein Palmenbaum über sich steigt,
Je mehr ihn Hagel und Regen anficht,

So wird die Lieb in uns mächtig und groß,
Durch Kreuz, durch Leiden, durch allerlei Not.

Wurdest du gleich einmal von mir getrennt,
Lebtest da, wo man die Sonne kaum kennt;

Ich will dir folgen, durch Wälder, durch Meer,
Durch Eis, durch Eisen, durch feindliches Heer.

Annchen von Tharau, mein Licht, meine Sonn,
Mein Leben schließ ich um deines herum.

Der Fuhrmann.

(Fliegendes Blatt.)

Es tät ein Fuhrmann ausfahren,
Wohl vor das hohe hohe Haus,
Da guckt die Schöne dort;
Ja dort zum hohen Fenster raus.

Der Fuhrmann schwenkte sein Hütel,
Bot der dort einen guten guten Tag;
Schön Dank, schön Dank, Herr Fuhrmann,
Spannt nur aus, bleibt heut noch da.

Frau Wirtin, sie ist darinnen,
Hat sie gut Bier, gut Bier und Wein,
Schenk sie der Schönen dort,
Ja dort, von dem allersüß'ten ein.

Was zog er aus seiner Tasche?
Dreihundert Dukaten an Gold,
Gab sie der Schönen dort, ja dort,
Sie sollte sich kaufen einen roten Rock.

Sie stieg auf hohe Berge,
Schaut runter aufs tiefe tiefe Tal,
Sie sieht den falschen Fuhrmann, ja Fuhrmann
Bei dem schwarzbraunen Mägdlein stehn.

Die dort, die wandte sich umme,
Ihre Äuglein wurden, wurden naß,

Fahr nur hin, du falscher Fuhrmann, ja Fuhrmann,
Dieweil du mich betrogen hast.

Pfauenart.

(Eschenburgs alte Denkmäler. S. 463.)

Leucht't heller denn die Sonne,
Ihr beiden Äugelein!
Bei dir ist Freud und Wonne,
Du zartes Jungfräulein,
Du bist mein Augenschein,
Wär ich bei dir allein,
Kein Leid sollt mich anfechten,
Wollt allzeit fröhlich sein!

Dein Gang ist aus dermaßen,
Gleichwie der Pfauen Art;
Wenn du gehst auf der Straßen,
Gar oft ich deiner wart,
Ob ich gleich oft muß stehen
Im Regen und im Schnee,
Kein Müh soll mich verdrießen,
Wenn ich dich Herzlieb seh.

Der Schildwache Nachtlied.

(Mündlich.)

„Ich kann und mag nicht fröhlich sein,
Wenn alle Leute schlafen,
So muß ich wachen,
Muß traurig sein."

„Ach Knabe, du sollst nicht traurig sein,
Will deiner warten
Im Rosengarten,
Im grünen Klee."

„Zum grünen Klee, da komm ich nicht,
Zum Waffengarten
Voll Helleparten
Bin ich gestellt."

„Stehst du im Feld, so helf dir Gott,
An Gottes Segen

Ist alles gelegen,
Wers glauben tut.“

„Wers glauben tut, ist weit davon,
Er ist ein König,
Er ist ein Kaiser,
Er führt den Krieg.“

Halt! Wer da? Rund! Wer sang zur Stund?
Verlorne Feldwacht
Sang es um Mitternacht:
Bleib mir vom Leib!

Der traurige Garten.

(Frische Liedlein.)

Ach Gott, wie weh tut scheiden,
Hat mir mein Herz verwundt,
So trab ich über die Heiden
Und traure zu aller Stund,
Der Stunden der sind alsoviel,
Mein Herz trägt heimlich Leiden,
Wiewohl ich oft fröhlich bin.

Hätt mir ein Gärtlein bauet
Von Veil und grünem Klee,
Ist mir zu früh erfroren,
Tut meinem Herzen weh:
Ist mir erfrorn bei Sonnenschein
Ein Kraut Je-länger-je-lieber,
Ein Blümlein Vergiß nicht mein.

Das Blümlein, das ich meine,
Das ist von edler Art,
Ist aller Tugend reine,
Ihr Mündlein das ist zart,
Ihr Äuglein die sind hübsch und fein,
Wann ich an sie gedenke,
So wollt ich gern bei ihr sein.

Mich dünkt in all mein Sinnen,
Und wann ich bei ihr bin,
Sie sei ein Kaiserinne,
Kein lieber ich nimmer gewinn,
Hat mir mein junges Herz erfreut,
Wann ich an sie gedenke,
Verschwunden ist mir mein Leid.

Hüt du dich.

(Feiner Almanach I. B. S. 113.)

Ich weiß mir'n Mädchen hübsch und fein,
Hüt du dich!
Es kann wohl falsch und freundlich sein,
Hüt du dich! Hüt du dich!
Vertrau ihr nicht, sie narret dich.

Sie hat zwei Äuglein, die sind braun,
Hüt du dich!
Sie werd'n dich überzwerch anschaun,
Hüt du dich! Hüt du dich!
Vertrau ihr nicht, sie narret dich.

Sie hat ein licht goldfarbnes Haar,
Hüt du dich!
Und was sie red't, das ist nicht wahr,
Hüt du dich! Hüt du dich!
Vertrau ihr nicht, sie narret dich.

Sie hat zwei Brüstlein, die sind weiß,
Hüt du dich!
Sie legt s' hervor nach allem Fleiß,
Hüt du dich! Hüt du dich!
Vertrau ihr nicht, sie narret dich.

Sie gibt dir 'n Kränzlein fein gemacht,
Hüt du dich!
Für einen Narr'n wirst du geacht,
Hüt du dich! Hüt du dich!
Vertrau ihr nicht, sie narret dich.

Die mystische Wurzel.

(Katholische Kirchengesänge. Köln 1625. S. 91)

Von Jesse kommt ein Wurzel zart,
Daraus ein Zweig von Wunderart,
Der Zweig ein schönes Röslein bringt,
Das wunderlich vom Zweig entspringt.

Die Wurzel der Stamm Davids ist,
Maria, du das Zweiglein bist,
Dein Sohn, die Blum, die schöne Ros
Ist Gott und Mensch in deinem Schoß.

Der heilig' Geist von dir allein
Erschaffen hat das Kindlein fein,
Gleichwie die Sonn durch ihre Kraft
Allein von Zweiglein Rosen schafft.

O Wunderwerk! auf einem Stiel
Stehn Röslein und auch Blätter viel,
O Wunderwerk! in Gottes Sohn
Sind zwei Naturen in Person.

Rot ist die Ros, grün ist das Blatt,
Ein Zweiglein gleichwohl beide hat,
Also man zwei Naturen findt
Und ein Person in diesem Kind.

O Zweig! dich ziert die schöne Blum,
Die Ros dir bringt Lob, Ehr und Ruhm,
Die Ros das Zweiglein nicht verstellt,
Dein Jungfrauschaft dein Kind erhält.

Rätsel.

(Kurzweilige Fragen S. 23.)

Es ist die wunderschönste Brück,
Darüber noch kein Mensch gegangen,
Doch ist daran ein seltsam Stück,
Daß über ihr die Wasser hangen,
Und unter ihr die Leute gehn
Ganz trocken, und sie froh ansehn,
Die Schiffe segelnd durch sie ziehn,
Die Vögel sie durchfliegen kühn;
Doch stehet sie im Sturme fest,
Kein Zoll noch Weggeld zahlen läßt.

Wie kommt es, daß du traurig bist?

(Mündlich.)

Jäger.
Wie kommts, daß du so traurig bist,
Und gar nicht einmal lachst?:,:
Ich seh dir's an den Augen an,
Daß du geweinet hast.

Schäferin.
Und wenn ich auch geweinet hab,
Was geht es dich denn an?:,:
Ich wein', daß du es weißt, um Freud,
Die mir nicht werden kann.

Jäger.
Wenn ich in Freuden leben will,
Geh' ich in grünen Wald,:,:
Vergeht mir all mein Traurigkeit,
Und leb, wie's mir gefällt.

Schäferin.
Mein Schatz ein wackrer Jäger ist,
Er trägt ein grünes Kleid,:,:
Er hat ein zart rot Mündelein,
Das mir mein Herz erfreut.

Jäger.
Mein Schatz ein holde Schäfrin ist,
Sie trägt ein weißes Kleid,:,:
Sie hat zwei zarte Brüstelein,
Die mir mein Herz erfreun.

Beide.
So bin ich's wohl, so bist du's wohl
Feins Lieb, schöns Engelskind,
So ist uns allen beiden wohl,
Da wir beisammen sind.

Unkraut.

(Mündlich.)

Unkraut.
Wie kommt's, daß du so traurig bist,
Und gar nicht einmal lachst?
Ich seh dir's an den Augen an,
Daß du geweinet hast.

Gärtner.
Und wer ein'n stein'gen Acker hat,
Dazu 'nen stumpfen Pflug,
Und dessen Schatz zum Schelmen wird,
Hat der nicht Kreuz genug?

Unkraut.
Doch wer mit Katzen ackern will,
Der spann die Mäus voraus,

So geht es alles wie ein Wind,
So fängt die Katz die Maus.

Hab all mein Tag kein Gut getan,
Hab's auch noch nicht im Sinn;
Die ganze Freundschaft weiß es ja,
Daß ich ein Unkraut bin.

Der Wirtin Töchterlein.

(Mündlich.)

Bei meines Buhlen Kopfen,
Da steht ein güldner Schrein,
Darin da liegt verschlossen
Das junge Herze mein,
Wollt Gott, ich hätt den Schlüssel,
Ich würf ihn in den Rhein.
Wär ich bei meinem Buhlen,
Wie möcht mir besser sein.

Bei meines Buhlen Füßen
Da fließt ein Brünnlein kalt,
Wer das Brünnlein tut trinken,
Der jüngt und wird nicht alt;
Ich hab des Brünnleins trunken
Viel manchen stolzen Trunk,
Nicht lieber wollt ich wünschen
Meines Buhlen roten Mund.

In meines Buhlen Garten,
Da steht viel edle Blüt,
Wollt Gott, sollt ich ihr warten,
Das wär meins Herzens Freud,
Die edlen Röslein brechen,
Denn es ist an der Zeit.
Ich trau sie wohl zu erwerben,
Die mir im Herzen leit.

In meines Buhlen Garten
Da stehn zwei Bäumelein,
Das ein das trägt Muskaten,
Das andre Nägelein;
Muskaten die sind süße,
Die Näglein riechen räß,
Die geb ich meinem Buhlen,
Daß er mein nicht vergeß.

Und der uns diesen Reihen sang,
So wohl gesungen hat,
Das haben getan zween Hauer
Zu Freiberg in der Stadt;
Sie haben so wohl gesungen
Bei Met und kühlem Wein,
Dabei da ist gesessen,
Der Wirtin Töchterlein.

Wer hat dies Liedlein erdacht?

(Mündlich.)

Dort oben in dem hohen Haus
Da guckt ein wacker Mädel raus,
Es ist nicht dort daheime,
Es ist des Wirts sein Töchterlein,
Es wohnt auf grüner Heide.

Und wer das Mädel haben will,
Muß tausend Taler finden
Und muß sich auch verschwören,
Nie mehr zu Wein zu gehn,
Des Vaters Gut verzehren.

Wer hat denn das schöne Liedel erdacht?
Es habens drei Gäns übers Wasser gebracht,
Zwei graue und eine weiße;
Und wer das Liedlein nicht singen kann,
Dem wollen sie es pfeifen.

Doktor Faust.

(Fliegendes Blatt aus Köln.)

Hört ihr Christen mit Verlangen
Nun was Neues ohne Graus,
Wie die eitle Welt tut prangen
Mit Johann dem Doktor Faust,
Von Anhalt war er geboren,
Er studiert mit allem Fleiß,
In der Hoffart auferzogen,
Richtet sich nach aller Weis,
Vierzigtausend Geister
Tut er sich zitieren
Mit Gewalt aus der Höllen.

Unter diesen war nicht einer,
Der ihm könnt recht tauglich sein
Als der Mephistophiles, geschwind
Wie der Wind
Gab er seinen Willen drein.
Geld viel tausend muß er schaffen,
Viel Pasteten und Konfekt,
Gold und Silber was er wollt,
Und zu Straßburg schoß er dann
Sehr vortrefflich nach der Scheiben,
Daß er haben konnt sein Freud,
Er tät nach dem Teufel schieben,
Daß er vielmal laut aufschreit.
Wann er auf der Post tät reiten,
Hat er Geister recht geschoren,
Hinten, vorn, auf beiden Seiten
Den Weg zu pflastern auserkoren;
Kegelschieben auf der Donau
War zu Regensburg sein Freud,
Fische fangen nach Verlangen
Ware sein Ergötzlichkeit.
Wie er auf den heiligen Karfreitag
Zu Jerusalem kam auf die Straß,
Wo Christus an dem Kreuzesstamm
Hänget ohne Unterlaß,
Daß er wär für uns gestorben,
Dieses zeigt ihm an der Geist,
Und das Heil uns hat erworben,
Und man ihm kein Dank erweist.
Mephistophles geschwind wie der Wind
Mußte gleich so eilend fort,
Und ihm bringen drei Elle Leinwand
Von einem gewissen Ort.
Kaum da solches ausgeredt,
Waren sie schon wirklich da,
Welche so eilends brachte
Der geschwinde Mephistophila.
Gleich soll abgemalet sein
Die große Stadt Portugal,
Dieses geschahe auch geschwind
Wie der Wind.
Dann er malt überall
So gleichförmig,
Wie die schönste Stadt Portugal.
„Hör du sollst mir jetzt abmalen

Christus an dem heiligen Kreuz,
Was an ihm nur ist zu malen,
Darf nicht fehlen, ich sag es frei,
Daß du nicht fehlst an dem Titul
Und dem heiligen Namen sein."
Diesen konnt er nicht abmalen,
Darum bitt er Faustum
Ganz inständig: „Schlag mir ab
Nicht mein Bitt, ich will dir wiederum
Geben dein zuvor gegebene Handschrift.
Denn es ist mir unmöglich,
Daß ich schreib: Herr Jesu Christ."
Der Teufel fing an zu fragen:
„Herr, was gibst du für einen Lohn?
Häts das lieber bleiben lassen,
Bei Gott findst du kein Pardon."
Doktor Faust, tu dich bekehren,
Weil du Zeit hast noch ein Stund,
Gott will dir ja jetzt mitteilen
Die ewge wahre Huld,
Doktor Faust tu dich bekehren,
Halt du nur ja dieses aus.
„Nach Gott tu ich nichts fragen
Und nach seinem himmlischen Haus!"
In derselben Viertelstunde
Kam ein Engel von Gott gesandt,
Der tät so fröhlich singen
Mit einem englischen Lobgesang.
So lang der Engel da gewesen,
Wollt sich bekehren der Doktor Faust.
Er täte sich alsbald umkehren,
Sehet an den Höllen Graus;
Der Teufel hatte ihn verblendet,
Malte ihm ab ein Venusbild,
Die bösen Geister verschwunden
Und führten ihn mit in die Höll.

Müllertücke.

(Musikalisches Kunst-Magazin von J.F. Reichardt. I. B. S. 100.)

Es ging ein Müller wohl übers Feld,
Der hatt' einen Beutel und hatt' kein Geld,
Er wird es wohl bekommen.

Und als er in den grünen Wald kam,
Drei Mörder unter dem Weidenbaum stahn,
Die hatten drei große Messer.

Der eine zog seinen Beutel heraus,
Dreihundert Taler zahlt er draus:
„Nimm hin für Weib und Kinder.“

Der Müller gedacht in seinem Sinn,
Es wär zu wenig für Weib und Kind:
„Ich kanns euch nicht drum lassen.“

Der andere zog seinen Beutel heraus,
Sechshundert Taler zahlt er draus:
„Nimm hin für Weib und Kinder.“

Der Müller gedacht in seinem Sinn,
Es wär genug für Weib und Kind:
„Ich kanns euch wohl drum lassen.“

Und als er wieder nach Hause kam,
Sein Weiblein hinter der Türe stand,
Für Weh konnt sie kaum reden.

„Weib, schick dich hin und schick dich her,
Du sollst mit mir in grünen Wald gehn
Zu deines Bruders Freunden.“

Und als sie in den grünen Wald kamen,
Drei Mörder unter dem Eichbaum standen,
Die hatten drei bloße Messer.

Sie kriegten sie bei ihrem krausgelben Haar,
Sie schwungen sie hin, sie schwungen sie her:
„Jung Fräulein du mußt sterben.“

Sie hatt' einen Bruder, war Jäger stolz,
Er jagd' das Wild wohl aus dem Holz,
Er hört' seiner Schwester Stimme.

Er kriegt sie bei ihrer schneeweißen Hand,
Er führt sie zurück in ihr Vaterland:
„Darin sollst du mir bleiben.“

Und als drei Tag herumme waren,
Der Jäger den Müller zu Gaste ladet –
Zu Gast war der geladen. –

„Willkommen, willkommen lieb Schwägerlein,
Wo bleibet denn mein Schwesterlein?
Daß sie nicht mit ist kommen.“

„Es ist ja heut der dritte Tag,
Daß man sie auf den Kirchhof trug
Mit ihrem Kindlein kleine."

Er hatt' das Wort kaum ausgesagt,
Sein Weibchen ihm entgegentrat
Mit ihrem Kindlein kleine.

„Du Müller, du Mahler, du Mörder, du Dieb!
Du hast mir meine Schwester zu den Mördern geführt,
Gar bald sollst du mir sterben."

Der unschuldige Tod des jungen Knaben

(Fliegendes Blatt.)

Es liegt ein Schloß in Österreich,
Das ist ganz wohl gebauet,
Von Silber und von rotem Gold,
Mit Marmorstein gemauert.

Darinnen liegt ein junger Knab
Auf seinen Hals gefangen,
Wohl vierzig Klafter unter der Erd
Bei Ottern und bei Schlagen.

Sein Vater kam von Rosenberg
Wohl vor den Turm gegangen:
„Ach Sohne, liebster Sohne mein,
Wie hart liegst du gefangen!"

„Ach Vater, liebster Vater mein,
So hart lieg ich gefangen,
Wohl vierzig Klafter unter der Erd,
Bei Ottern und bei Schlangen."

Sein Vater zu dem Herrn hinging,
Sprach: „Gebt mir los den Gefangnen,
Dreihundert Gulden geben wir
Wohl für des Knaben Leben."

„Dreihundert Gulden die helfen euch nicht,
Der Knabe der muß sterben,
Er trägt von Gold eine Kett' am Hals,
Die bringt ihn um sein Leben."

„Trägt er von Gold eine Kett' am Hals,
Die hat er nicht gestohlen,
Hat ihm ein zart Jungfrau verehrt,
Dabei sie ihn erzogen."

Man bracht den Knaben aus dem Turm,
Gab ihm die Sakramente:
„Hilf reicher Christ vom Himmel hoch,
Es geht mit mir am Ende."

Man bracht ihn zum Gericht hinaus,
Die Leiter muß er steigen:
„Ach Meister, liebster Meister mein,
Laß mir eine kleine Weile!"

„Eine kleine Weile laß ich dir nicht,
Du möchtest mir entrinnen,
Langt mir ein seiden Tüchlein her,
Daß ich seine Augen verbinde."

„Ach meine Augen verbinde mir nicht,
Ich muß die Welt anschauen,
Ich seh sie heut und nimmermehr
Mit meinen schwarzbraunen Augen."

Sein Vater beim Gerichte stand,
Sein Herz wollt ihm zerbrechen:
„Ach Sohne, liebster Sohne mein,
Dein'n Tod will ich schon rächen."

„Ach Vater, liebster Vater mein,
Meinen Tod sollt ihr nicht rächen,
Brächt meiner Seele schwere Pein,
Um Unschuld will ich sterben.

Es ist nicht um das Leben mein,
Noch um meinen stolzen Leibe,
Es ist um meine Frau Mutter daheim,
Die weinet also sehre."

Es stund kaum an den dritten Tag,
Ein Engel kam vom Himmel,
Sprach: „Nehmt ihn vom Gerichte ab,
Sonst wird die Stadt versinken!"

Es währet kaum ein halbes Jahr,
Der Tod, der ward gerochen,
Es wurden auf dreihundert Mann
Des Knaben wegen erstochen.

Wer ists, der uns das Liedlein sang?
So frei ist es gesungen
Das haben getan drei Jungfräulein
Zu Wien im Österreiche.

Ringlein und Fähnlein.

(Aus einer ungedruckten Sammlung Minnelieder in meinem Besitz. C.B.)

Vor Tags ich hört in Liebes Port wohl diese Wort
Von Wächters Mund erklingen:
„Ist jemand je verborgen hie, der achte wie
Er mög' hindannen sprengen,
Der Tag gar hell willkommen schnell,
Wer liebend ruht in Frauen Hut,
Laß bald das Bett erkalten.

Das Firmament, schnell und behend, von Orient
Im weißen Schein herpranget,
Fürwahr ich sag', aus grünem Hag der Lerchen Schlag
Den jungen Tag empfanget.
Drum eil' vom Ort, wer noch im Hort
Der Liebe sei, eh Jammersschrei
Den Mut ihm mög zerspalten."

Des Wächters Kund im Herzensgrund mich tief verwundt
Und all mein Freud zerstöret,
„Des Lichtes Neid will, daß ich scheid, hör süße Maid!"
Sie will vor Leid nicht hören.
Sich zu mir schmückt, gar schämlich blickt
Und nicht mehr schlief, gar schnell ich rief:
„Ach Gott, wir han verschlafen!"

Zur Hand sich ragt die werte Magd, hierauf sie sagt:
„Gut Wächter laß dein Schimpfen!
Und alle Welt den Tag nicht meld, eh daß das Feld
In kühlem Tau tut glimmen.
Die Zeit ist klein, daß ich und mein
Geselle gut hie han geruht
In ehrenreicher Wonne."

Der Wächter sprach: „Frau tu zur Sach, denn Feld und Dach
Hat kühler Tau umgeben,
Seit du nun hast ein fremden Gast, so hab nicht Rast,
Heiß' ihn von dannen streben.
Ich seh manch Tier in dem Revier
Von Hohl zu Hohl ja schlüpfen wohl,
Das zeiget mir die Sonne."
Erst ward zur Stund uns Jammer kund im Freudenbund,
Da wir den Tag ansahen,
Wohl Mund an Mund, gar süß verwundt im Kuß gesund,
Und liebliches Umfahen,

Ward Liebesscherz in Scheidensschmerz
Gar treu geteilt und schnell ereilt.

Ach edle Frucht du weiblich Zucht, hin auf die Flucht
Muß ich mich leider kehren,
Gott durch sein Güt, dir wohl behüt dein rein Gemüt,
Dein Heil mög er dir mehren,
Fürwahr ich will, bis an mein Ziel,
Dein Diener sein, Gnad! Fraue mein,
Mit Wissen will ich scheiden.

Allda zur Hand, ihr Händ sie wand, mehr Leids ich fand,
Ihr Äuglein wurden fließen,
Traut Buhle hör, was ich begehr, bald wiederkehr,
Der Treu laß mich genießen;
Das gelobt ich ihr, sie sprach zu mir:
„Ich hab dich hold, vor allem Gold,
Mir kann dich niemand leiden, (d.h. verleiden)."

Ein Fingerlein, von Edelstein, aus ihrem Schrein,
Gab mir die süße Fraue,
Des Schloßs ein End, sie mit mir rennt, bis ich mich trennt
An einer grünen Aue,
Sie ließ wohl hoch, so lang sie noch
Mich konnt ersehn, ihr Tüchlein wehn,
Dann schrie sie laut: „O Waffen!"

Seit macht mit Fleiß, jed Fähnlein weiß, im Kampfe heiß,
Mich ihrer Lieb gedenken,
Auf Todesau, in rotem Tau, seh ich mein Frau,
Ihr Tüchlein traurig schwenken;
Den Ring ich schau, ich stech und hau,
Hindurch ich dring und zu ihr sing:
„Mein Lieb ist dir behalten."

Die Hand.

(Antiquarius des Elbstroms. Frankfurt 1741. S. 616.)

Sieh, sieh du böses Kind!
Was man hier merklich findt,
Die Hand, die nicht verwest,
Weil der, des sie gewest,
Ein ungeratnes Kind,
Drum bessre dich geschwind.

Den Vater schlug der Sohn,
Drum hat er dies zum Lohn,

Er schlug ihn mit der Hand,
Nun siehe seine Schand,
Die Hand wuchs aus der Erd,
Ein ew'ger Vorwurf währt.

Martinsgans.

(Frische Liedlein.)

Nach Gras wir wollen gehn,
Die Vögel singen schön,
Der Gutzgauch frei,
Sein Melodei,
Hallt über Berg und Tal,
Die Mühle klappt zumal;
Der Müller auf der Obermühl,
Der hat der fetten Gänse viel,
Die Gans hat einen Kragen,
Die wolln wir mit uns tragen.

Der beste Vogel, den ich weiß,
Das ist die fette Gans,
Sie hat zwei breite Füße,
Dazu den langen Hals,
Und noch ihr Stimmlein süße,
Ihr Füß sein gel,
Ihr Stimm ist hell,
Der Hals ist lang,
Wie ihr Gesang:
Gickgack, Gickgack, Gickgack, Gickgack,
Wir singen am St. Martinstag.

Die Mutter muß gar sein allein.

(Von Martin Luther aus dem J! neueröffneten herrlichen Schatze der Kinder Gottes. Zittau bei David Richtern 1710. S. 492.)

Sie ist mir lieb, die werte Magd,
Und kann ihr nicht vergessen, :,:
Lob, Ehr und Zucht von ihr man sagt,
Sie hat mein Herz besessen,
Ich bin ihr hold,
Und wenn ich sollt
Groß Unglück han,
Da liegt nichts an,

Sie will mich des ergetzen
Mit ihrer Lieb und Treu an mir,
Die sie zu mir will setzen,
Und tun all mein Begier.

Sie trägt von Gold so rein ein Kron,
Drin leuchten hell zwölf Sterne, :,:
Ihr Kleid ist wie die Sonne schön,
Das glänzet hell und ferne,
Und auf dem Mond
Ihr Füße stahn;
Sie ist die Braut,
Dem Herrn vertraut,
Und ihr ist weh und muß gebären
Ein schönes Kind, den edlen Sohn,
Und aller Welt den Herrn,
Dem ist sie untertan.

Das tut dem alten Drachen Zorn,
Und will das Kind verschlingen, :,:
Sein Toben ist doch ganz verlorn,
Es kann ihm nicht gelingen.
Das Kind ist doch
Gen Himmel hoch
Genommen hin,
Und lässet ihn,
Auf Erden fast sehr wüten:
Die Mutter muß gar sein allein,
Doch will sie Gott behüten,
Und rechter Vater sein.

Der stolze Schäfersmann.

(Elwert S. 43.)

Und als der Schäfer über die Brücke trieb,
Warum?
Ein Edelmann ihm entgegenritt:
Hopp, hopp, hopp entgegenritt.

Der Edelmann tät sein Hütlein ab,
Warum?
Er bot dem Schäfer 'n guten Tag:
Hopp, hopp, hopp 'n guten Tag.

Ach Edelmann laß dein Hütlein stahn,
Warum?

Ich bin ein armer Schäfersmann:
Hopp, hopp, hopp ein Schäfersmann.

Bist ein armer Schäfersmann,
Warum?
Und hast doch Edelmanns Kleider an:
Hopp, hopp, hopp Edelmanns Kleider an.

Was geht dich's lumpigen Edelmann an,
Warum?
Wenn sie mein Vater bezahlen kann:
Hopp, hopp, hopp bezahlen kann.

Der Edelmann ward voll Grimm und Zorn,
Warum?
Er schmiß den Schäfer in tiefsten Turm:
Hopp, hopp, hopp in tiefsten Turm.

Als es des Schäfers sein Mutter erfuhr,
Warum?
Da macht sie früh sich auf die Spur:
Hopp, hopp, hopp auf die Spur.

Ach Edelmann, gib meinen Sohn heraus,
Warum?
Ich will dir geben eine Tonne Golds:
Hopp, hopp, hopp eine Tonne Golds.

Eine Tonne Gölds ist mir kein Geld,
Warum?
Der Schäfer soll lenken ins weite Feld:
Hopp, hopp, hopp ins weite Feld.

Und als es dem Schäfer sein Vater erfuhr,
Warum?
Er machte sich früh wohl auf die Spur:
Hopp, hopp, hopp wohl auf die Spur.

Ach Edelmann gib meinen Sohn heraus,
Warum?
Ich will dir geben zwei Tonnen Golds:
Hopp, hopp, hopp zwei Tonnen Golds.

Zwei Tonnen Golds ist mir kein Geld,
Warum?
Der Schäfer soll lenken ins weite Feld:
Hopp, hopp, hopp ins weite Feld.

Und als das des Schäfers Schatz erfuhr,
Warum?

Sie machte sich früh wohl auf die Spur:
Hopp, hopp, hopp wohl auf die Spur.

Ach Edelmann, gib meinen Schatz heraus,
Warum?
Ich will dir geben ein Perlenstrauß:
Hopp, hopp, hopp 'n Perlenstrauß.

Ein Perlenstrauß kostet mir viel Geld,
Warum?
Der Schäfer soll lenken bei dir ins Feld:
Hopp, hopp, hopp bei dir ins Feld.

Wenn ich ein Vöglein wär.

(Herders Volkslieder I. B. S. 104.)

Wenn ich ein Vöglein wär,
Und auch zwei Flüglein hätt,
Flög ich zu dir;
Weils aber nicht kann sein,
Bleib ich allhier.

Bin ich gleich weit von dir,
Bin ich doch im Schlaf bei dir,
Und red mit dir;
Wenn ich erwachen tu,
Bin ich allein.

Es vergeht keine Stund in der Nacht,
Da mein Herze nicht erwacht,
Und an dich gedenkt,
Daß du mir viel tausendmal
Dein Herze geschenkt.

An einen Boten.

(Nicolais feiner kleiner Almanach. II. B. S. 106.)

Wenn du zu meim Schätzel kommst,
Sag: Ich ließ sie grüßen;
Wenn sie fraget, wie mirs geht?
Sag: auf beiden Füßen.
Wenn sie fraget: ob ich krank?
Sag: ich sei gestorben;
Wenn sie an zu weinen fangt,
Sag: ich käme morgen.

Weine nur nicht.

(Elwerts Reste alten Gesangs. S. 41.)

Weine, weine, weine nur nicht,
Ich will dich lieben, doch heute nicht,
Ich will dich ehren so viel ich kann,
Aber's Nehmen, 's Nehmen,
Aber's Nehmen steht mir nicht an.

Glaube, glaube, glaube nur fest,
Daß dich mein Treu niemals verläßt,
Allzeit beständig, niemals abwendig,
Will ich treu sein,
Aber gebunden, das geh ich nicht ein.

Hoffe, hoffe, hoffe mein Kind,
Daß meine Worte aufrichtig sind,
Ich tu dir schwören,
Bei meiner Ehren,
Daß ich treu bin;
Aber's Heiraten, 's Heiraten,
Aber's Heiraten ist nie mein Sinn.

Keuzlein.

(Mündlich.)

Ich armes Keuzlein kleine,
Wo soll ich fliegen aus,
Bei Nacht so gar alleine,
Bringt mir so manchen Graus:
Das macht der Eulen Ungestalt,
Ihr Trauern mannigfalt.

Ich wills Gefieder schwingen
Gen Holz in grünen Wald,
Die Vöglein hören singen
In mancherlei Gestalt.
Vor allen lieb ich Nachtigall,
Vor allen liebt mich Nachtigall.

Die Kinter unten glauben,
Ich deute Böses an,
Sie wollen mich vertreiben,
Daß ich nicht schreien kann:
Wenn ich was deute, tut mir's leid,
Und was ich schrei, ist keine Freud.

Mein Ast ist mir entwichen,
Darauf ich ruhen sollt,
Sein Blättlein all verblichen,
Frau Nachtigall geholt:
Das schafft der Eulen falsche Tück,
Die störet all mein Glück.

Weinschröter-Lied.

(Mündlich bei Heidelberg.)

Weinschröter, schlag die Trommel,
Bis der bittre Bauer kommet,
Mit den Grenadieren
Mußt du fortmarschieren,
Mit dem blauen Reiter,
Auf die Galgenleiter:
Weinschröter, du mußt hangen,
Bist bei Nacht zu Wein gegangen;
Weinschröter, schlag die Trommel
Bis dein bittrer Tod gekommen.
Wollt ihr den Dragoner sehn,
Auf der leeren Treppe stehn?
Morgen tun sie'n henken,
Der wird dran gedenken;
Ei so schlag der Kuckuck drein,
Lieber kein Dragoner sein.

Maikäfer-Lied.

(Mündlich in Hessen. In Niedersachsen sagen sie Pommerland, s. Volkssagen von Ottmar (Nachtigall). Bremen 1800. S. 46.)

Maikäfer flieg,
Der Vater ist im Krieg,
Die Mutter ist im Pulverland,
Und Pulverland ist abgebrannt.

Marienwürmchen.

(Mündlich.)

Marienwürmchen setze dich,
Auf meine Hand, auf meine Hand,

Ich tu dir nichts zuleide.
Es soll dir nichts zuleid geschehn,
Will nur deine bunte Flügel sehn,
Bunte Flügel, meine Freude.

Marienwürmchen fliege weg,
Dein Häuschen brennt, die Kinder schrein
So sehre, wie so sehre.
Die böse Spinne spinnt sie ein,
Marienwürmchen flieg hinein,
Deine Kinder schreien sehre.

Marienwürmchen fliege hin
Zu Nachbars Kind, zu Nachbars Kind,
Sie tun dir nichts zuleide;
Es soll dir da kein Leid geschehn,
Sie wollen deine bunte Flügel sehn,
Und grüß sie alle beide.

Der verlorne Schwimmer.

(Mündlich.)

Es wirbt ein schöner Knabe
Da überm breiten See,
Um eines Königs Tochter,
Nach Leid geschah ihm Weh.

„Ach Knabe, lieber Buhle,
Wie gern wär ich bei dir,
So fließen nun zwei Wasser
Wohl zwischen mir und dir.

Das eine sind die Tränen,
Das andre ist der See,
Es wird von meinen Tränen,
Wohl tiefer noch der See."

Ja wie auf dem Pokale
Zum Spiel ein Lichtlein schwebt,
Wenn es beim hohen Mahle,
Auf Königs Wohlsein geht,

So setzt sie auf das Wasser
Ein Licht auf leichtes Holz,
Das treibet Wind und Wasser,
Zu ihrem Buhlen stolz.

Als der es aufgefangen,
Er rief aus voller Brust:
„Mein Stern ist aufgegangen,
Ich schiff ihm nach mit Lust."

Das Lichtlein auf den Händen,
Er schwamm zum Liebchen her,
Wo mag er hin sich wenden,
Ich seh sein Licht nicht mehr?

Liegt er in ihrem Schoße,
Sein Lichtlein wendet ab?
Liegt er im Wasserschlosse,
In einem nassen Grab?

Die Prager Schlacht.

(Fliegendes Blatt aus dem siebenjährigen Kriege.)

Als die Preußen marschierten vor Prag,
Vor Prag, die schöne Stadt,
Sie haben ein Lager geschlagen,
Mit Pulver und mit Blei ward's betragen,
Kanonen wurden drauf geführt,
Schwerin hat sie da kommandiert.

Darauf rückte Prinz Heinrich heran,
Wohl mit achtzigtausend Mann:
„Meine ganze Armee wollt ich drum geben,
Wenn mein Schwerin noch wär am Leben!"
O, ist das nicht eine große Not,
Schwerin ist geschossen tot!

Drauf schickten sie den Trompeter hinein:
Ob sie Prag wollten geben ein?
Oder, ob sie's sollten einschießen?
Die Bürger ließen sichs nicht verdrießen,
Sie wollten die Stadt nicht geben ein,
Es sollte und müßte geschossen sein.

Wer hat dies Liedlein denn erdacht?
Es habens drei Husaren gemacht,
Unter Seidlitz sind sie gewesen,
Sind auch bei Prag selbst mitgewesen:
Victoria, Victoria, Victoria,
König von Preußen ist schon da!

Frühlingsblumen.

(Bragur I. B. S. 358. Geistlich verändert in den Gassenhauern von Heinrich Knaußer. Frankfurt 1571. S. 32.)

Herzlich tut mich erfreuen,
Die fröhliche Sommerzeit,
All mein Geblüt erneuern,
Der Mai viel Wollust geit,
Die Lerch tut sich erschwingen,
Mit ihrem hellen Schall,
Lieblich die Vögel singen,
Voraus die Nachtigall.

Der Kuckuck mit seinem Schreien,
Macht fröhlich jedermann,
Des Abends fröhlich reihen,
Die Mägdlein wohlgetan,
Spazieren zu den Brunnen,
Bekränzen sie zur Zeit,
Alle Welt sich freut in Wonnen,
Mit Reisen fern und weit.

Es grünet in dem Walde,
Die Blumen blühen frei,
Die Röslein auf dem Felde,
Von Farben mancherlei,
Ein Blümlein steht im Garten,
Das heißt, Vergiß-nit-mein,
Das edle Kraut Wegwarten
Macht guten Augenschein.

Ein Kraut wächst in der Auen,
Mit Namen Wohlgemut,
Liebt sehr die schönen Frauen,
Dazu die Holderblüt,
Die weiß und rote Rosen,
Hält man in großer Acht,
Tut's Geld darum verlosen,
Schöne Kränze daraus macht.

Das Kraut, Je-länger-je-lieber,
An manchem Ende blüht,
Bringt oft ein heimlich Fieber,
Wer sich nicht davor hüt,
Ich hab es wohl vernommen,
Was dieses Kraut vermag,

Doch kann man dem vorkommen,
Wem lieb ist jeder Tag.

Des Morgens in dem Taue,
Die Mädlein grasen gehn,
Gar lieblich sich anschauen,
Bei schönen Blümlein stehn,
Daraus sie Kränzlein machen
Und schenkens ihrem Schatz,
Tun freundlich ihn anlachen,
Und geben ihm ein Schmatz.

Darum lob ich den Sommer,
Dazu den Maien gut,
Der wendet allen Kummer,
Und bringt viel Freud und Mut,
Der Zeit will ich genießen,
Dieweil ich Pfennig hab,
Und den es tut verdrießen,
Der fall die Stiegen herab.

Kuckuck.

(Fliegendes Blatt.)

Der Kuckuck auf dem Birnbaum saß,
Kuckuck, es mag schneien oder regnen, so wird er nicht naß.
Der Kuckuck rief, wird naß.

Der Kuckuck fliegt übers Nachbar sein Haus,
Kuckuck, schön Schätzel, bist drinnen, komm zu mir heraus,
Der Kuckuck, der Kuckuck ist draus.

Ich steh dir nicht auf und laß dich nicht rein,
Kuckuck, du möchtst mir der rechte Kuckuck nicht sein,
Der Kuckuck, der Kuckuck nicht sein.

Der rechte Kuckuck, der bin ich ja schon,
Kuckuck, bin ich doch meines Vaters sein einziger Sohn,
Des Kuckuck, des Kuckuck sein Sohn.

Sein einziger Sohn, der bin ich ja schon.
Kuckuck, zieh nur beim Schnürlein,
Geh rein zum Türlein,
Geh selber rein,
Der Kuckuck ist mein.

Die Frau von Weißenburg.

(Aus Meißner's und Canzler's Quartalschrift für ältere Literatur. II. S. 102. Brotuff's Marsburger Chronik.)

Was wolln wir aber singen,
Was wollt ihr für ein Lied?
Ein Lied von der Frauen von Weißenburg,
Wie sie ihren Herrn verriet.

Sie ließ ein Briefelein schreiben,
Gar fern ins Thüringer Land,
Zu ihrem Ludewig Buhlen,
Daß er da käm zur Hand.

Er sprach zu seinem Knechte:
Du, sattel mir mein Pferd,
Wir wollen zur Weißenburg reiten,
Es ist nun Reitens wert.

„Gott grüß euch Adelheid schöne,
Wünsch euch einen guten Tag.
Wo ist eur edler Herre,
Mit dem ich kämpfen mag?"

Die Frau leugnet ihren Herren,
Im Schein falsches Gemüts:
„Er reitet nachts ganz späte
Mit Hunden nach dem Ried."

Da Ludewig unter die Linde kam,
Ja unter die Linde so grün,
Da kam der Herr von der Weißenburg
Mit seinen Winden so kühn.

„Willkommen, Herr von der Weißenburg,
Gott geb euch guten Mut,
Ihr sollt nicht länger leben,
Denn heut diesen halben Tag."

Soll ich nicht länger leben,
Denn diesen halben Tag,
So klag ichs Christo vom Himmel,
Der all Ding wenden mag."

Sie kamen hart zusammen,
Mit Wort und Zorn so groß,
Daß einer zu dem andern
Sein Armbrust abe schoß.

Er sprach zu seinem Knechte:
„Nun spann dein Armbrust ein,
Und schieß den Herrn von der Weißenburg
Zur linken Seiten ein.“

„Warum soll ich ihn schießen,
Und morden auf dem Plan?
Hat er mir doch sein Lebelang,
Noch nie kein Leid getan.“

Da nahm Ludewig den Jägerspieß
Selber in seine Hand,
Durchrannt' den Pfalzgraf Friederich,
Unter der Linden zu Tod.

Er sprach zu seinem Knechte:
„Reiten wir zur Weißenburg,
Da sind wir wohl gehalten,
Nach unserm Herz und Mut.“

Da er nun gegen die Weißenburg kam,
Wohl unter das hohe Haus,
Da sah die falsche Fraue,
Mit Freuden zum Fenster aus.

„Gott grüß euch, edle Fraue,
Bescher euch Glück und Heil,
Euer Will, der ist ergangen,
Tot habt ihr euren Gemahl.“

„Ist denn mein Will ergangen,
Mein edler Herre tot,
So will ichs nicht eher glauben,
Ich seh denn sein Blut so rot.“

Er zog aus seiner Scheiden,
Ein Schwert von Blut so rot:
„Sieh da, du edle Fraue,
Ein Zeichen von seinem Tod.“

Sie rang ihr weiße Hände,
Rauft aus ihr gelbes Haar:
„Hilfreicher Christ vom Himmel,
Was hab ich nun getan!“

Sie zog von ihrem Finger,
Ein Ringelein von Gold:
„Nimm hin, du Ludewig Buhle,
Gedenk da meiner Huld.“

„Was soll mir doch das Fingerlein,
Da veracht gewonnen Gold,
Wenn ich daran gedenke,
Mein Herz wird nimmer hold.“

Des erschrak die Frau von der Weißenburg,
Faßt einen traurigen Mut:
„Verlaß mich holder Fürste nicht,
Mein edler Herr ist tot.“

Frommer Soldaten seligster Tod.

(Morhof, von der deutschen Poesie. Leipzig 1718. S. 313.)

Viel Krieg hat sich in dieser Welt
Mancher Ursach erhoben;
Demselben hat Gott zugesellt,
Die Musik, ihn zu loben.
Ihr erst Erfinder war Jubal,
Des Lamechs Sohn mit Namen,
Erfand Trompeten- und Pfeifenschall,
Konnt sie stimmen zusammen.
Die Musik gut,
Erweckt den Mut,
Frisch unverzagt,
Die Feind verjagt,
Ruft stark, dran, dran,
An Feind hinan,
Brecht mächtig durch,
Schlagt Gasse und Furch,
Schießt, stecht und haut alles nieder,
Daß keiner aufsteht wieder.

Als dort Elisa weissagen sollt,
Da Israel Durst litte,
Sprach er: Mir bald ein Spielmann holt,
Der spielt nach Davids Sitte.
Auch spielt vor ihm des Herren Hand,
Er täte Trost weissagen;
Ohn Regen floß groß Wasser durchs Land,
Der Feind wurd auch geschlagen.
Drom, drari, drom,
Pom, pom, pom, pom,
Dromm und Pfeifen gut
Macht Helden Mut,
Erweckt Propheten,

Reizt die Poeten;
In Fried und Streit,
Hört mans allezeit,
Musikam soll man ehren,
Man kann ihr nicht entbehren.

Man schreibt, daß wenn Timotheus,
Nach der Dorier Weise tät singen,
Als ein berühmter Musikus,
Konnt' er in Harnisch bringen,
Alexandrum Magnum den Held,
Streitsatt konnt er nicht werden,
Bis er zwang fast die ganze Welt,
Bekriegt den Kreis der Erden.
Timotheus
Milesius
Konnt' gewaltig sing'n,
Tat mit aufbring'n
Alexandrum,
Regem Magnum,
Daß er in Wut,
Und Heldenmut
Faßt Schild, Schwert und Kriegswaffen,
Im Grimm die Feind zu strafen.

Ob teils gleich wollten weichen ab,
Wie oftmals ist geschehen:
Jedoch ein Löwenmut ich hab'
Und vorn sollt ihr mich sehen:
Der Kern springt vor, die Spreu bleibt hint'n,
Laßt herzhaft hier drein schlagen,
Sie werden sich wohl wiedrum wendn,
Ihr Brüder tut nicht verzagen.
Kyerieleison,
Pidi, pom, pom, pom,
Lerm, Lerm, Lerm, Lerm,
Sich keiner herm,
Wirst gleich gefetzt,
Vom Feind verletzt,
Solchs tu jetzt gar nicht achten,
Hilf nur die Feind abschlachten.

Gott selbst ist vorne mit uns dran,
Tut selber für uns streiten,
Der Feind nicht länger stehen kann,
Weicht ab auf allen Seiten:
Ihr Brüder, setzt nur mutig drein,

Die Feinde tun verzaget sein,
Der Sieg und Preis sei unser,
Drom, Drari, Drom,
Komm, Bruder, komm,
Pomp, Pomp, Pomp, Pomp,
Freu dich mein Comp,
Hilf frisch nachjag'n,
Tu wackr drein schlag'n,
Acht nicht der Beut,
Sie hat ihr Zeit,
Wir wollns noch wohl finden,
Bleib keiner nicht dahinten.

Gott Lob, ihr werten Kriegesleut,
Und streitbarn Helden gute,
Den Sieg hab'n wir erhalten heut,
Habt nur ein guten Mute,
Raubt und beutet was jeder findt,
Doch teilts fein friedlich aus,
Damit ihr Eltern, Freund, Weib und Kind
Was schickt, oder bringt zu Haus.
Bidi, Bom, Bom, Bom,
Feldscherer komm,
Und mich verbind,
Bin halber blind.
Hie steckt ein Pfeil,
Zieh aus in Eil.
Verbind mich vor,
Sonst kost's mein Ohr.
Verbind mich auch:
Pech, Feur und Rauch!
Laß mich vorgehn,
Kann nicht länger stehn.
Lieber gebt her zu trinken,
Mein Herz will mir versinken.

Ein Wundarzt hat drei Angesicht,
Wird erst für Gott gehalten,
So oft ein Schaden wütet und sticht,
Kömmt er in Engelsgestalten,
Wenn man ihn aber zahlen soll,
Undank tut sich bald finden:
Wollt, daß ihn dieser und jener holt,
Oder müßt gar verblinden!
Undank, Undank
Macht Guttat krank,

Ist ein groß Laster
Für heilsame Pflaster,
Halt den Arzt wert,
Der verständig ihn ehrt,
Des Arztes Kunst
Soll bringen Gunst,
In großer Not
Schafft dir ihn Gott,
Kein Arztgeld soll man sparen,
Gott woll' uns all' bewahren.

Kein selger Tod ist in der Welt,
Als wer vorm Feind erschlagen
Auf grüner Heid, in freiem Feld,
Darf nicht hören groß Wehklagen;
Im engen Bett sonst einer allein
Muß an den Todesreihen,
Hier aber findt er Gesellschaft fein,
Falln mit wie Kräuter im Maien;
Ich sag ohn Spott,
Kein selger Tod
Ist in der Welt,
Als so man fällt
Auf grüner Heid,
Ohn Klag und Leid,
Mit Trommeln Klang,
Und Pfeifengesang
Wird man begraben,
Davon wir haben
Unsterblichen Ruhm.
Die Helden fromm,
So setzen Leib und Blut
Dem Vaterland zu gut.

Die Rose.

(Christian Weisens drei klügsten Leute. Leipzig 1675. S. 218.)

Die Rose blüht, ich bin die fromme Biene,
Und rühre zwar die keuschen Blätter an,
Daher ich Tau und Honig schöpfen kann,
Doch lebt ihr Glanz und bleibet immer grüne,
Und also bin ich wohlgemüt,
Weil meine Rose blüht.

Die Rose blüht, Gott laß den Schein verziehen,
Damit die Zeit des Sommers langsam geht,
Und weder Frost noch andere Not entsteht,
So wird mein Glück in dieser Rose blühen,
So klingt mein süßes Freudenlied:
Ach, meine Rose blüht!

Die Rose blüht, und lacht vor andern Rosen
Mit solcher Zier und Herzempfindlichkeit,
Daß auch mein Sinn sich zu der Pflicht erbeut,
Mit keiner Blum im Garten liebzukosen,
Weil alles, was man sonsten sieht,
In dieser Rose blüht.

Die Judentochter

(Mündlich.)

Es war eine schöne Jüdin,
Ein wunderschönes Weib,
Sie hatt' ein schöne Tochter,
Ihr Haar war schön geflochten,
Zum Tanz war sie bereit.

„Ach, liebste, liebste Mutter!
Was tut mir mein Herz so weh!
Ach, laßt mich eine Weile
Spazieren auf grüner Heide,
Bis daß mir's besser wird."

Die Mutter wandt den Rücken,
Die Tochter sprang in die Gaß,
Wo alle Schreiber saßen:
„Ach liebster, liebster Schreiber!
Was tut mir mein Herz so weh."

„Wenn du dich lässest taufen,
Luisa sollst du heißen,
Mein Weibchen sollst du sein."
„Eh ich mich lasse taufen,
Lieber will ich mich versaufen,
Ins tiefe, tiefe Meer.

Gut Nacht, mein Vater und Mutter,
Wie auch mein stolzer Bruder,
Ihr seht mich nimmermehr!
Die Sonne ist untergegangen
Im tiefen, tiefen Meer."

Drei Reiter am Tor.

(Mündlich.)

Es ritten drei Reiter zum Tor hinaus,
Ade!
Feins Liebchen schaute zum Fenster hinaus,
Ade!
Und wenn es denn soll geschieden sein,
So reich mir dein goldenes Ringelein,
Ade! Ade! Ade!
Ja, scheiden und lassen tut weh.

Und der uns scheidet, das ist der Tod,
Ade!
Er scheidet so manches Jungfräulein rot,
Ade!
Und wär doch geworden der liebe Leib,
Der Liebe ein süßer Zeitvertreib,
Ade! Ade! Ade!
Ja, scheiden und lassen tut weh.

Er scheidet das Kind wohl in der Wiegen,
Ade!
Wann werd ich mein schwarzbraunes Schätzel doch kriegen!
Ade!
Und ist es nicht Morgen? Ach wär es doch heut,
Es macht uns allbeiden gar große Freud,

Ade! Ade! Ade!
Ja, scheiden und lassen tut weh.

Schlachtlied.

(Weckherlin S. 244. Phil. von Sittewald II. Th. S. 574.)

Frisch auf, ihr tapfere Soldaten!
Ihr, die ihr noch mit deutschem Blut,
Ihr, die ihr noch mit frühem Mut
Belebet, suchet große Taten.

Ihr Landsleut, ihr Landsknecht, frisch auf!
Das Land, die Freiheit sich verlieret,
Wo ihr nicht mutig schlaget drauf
Und überwindend triumphieret.

Der ist ein Deutscher wohlgeboren,
Der von Betrug und Falschheit frei,

Hat voll der Redlichkeit und Treu,
Nicht Glauben, nicht Freiheit verloren.

Ha, fallet in sie, ihre Fahnen
Zittern aus Furcht, sie trennen sich,
Ihr böse Sach hält nicht den Stich,
Drum zu der Flucht sie sich schon mahnen.

Groß ist ihr Herr, bös ihr Gewissen,
Groß ist ihr Zeug, klein ist ihr Glaub,
Frisch auf! Sie zittern wie das Laub,
Und wären gern schon ausgerissen.

Herr von Falkenstein.

(Fliegendes Blatt, auch abgedruckt in Herders Volksliedern. I. Th. S. 232.)

Es reit der Herr von Falkenstein,
Wohl über ein' breite Heide.
Was sieht er an dem Wege stehn?
Ein Mädel mit weißem Kleide.

„Wohin, wohinaus du schöne Magd?
Was machet ihr hier alleine?
Wollt ihr die Nacht mein Schlafbuhle sein,
So reitet ihr mit mir heime."

„Mit euch heimreiten, das tu ich nicht,
Kann euch doch nicht erkennen."
„Ich bin der Herr von Falkenstein,
Und tu mich selber nennen."

„Seid ihr der Herr von Falkenstein,
Derselbe edle Herre,
So will ich euch bitten um'n Gefang'n mein,
Den will ich haben zur Ehe." –

„Den Gefangnen mein, den geb ich dir nicht,
Im Turm muß er vertrauren.
Zu Falkenstein steht ein tiefer Turm,
Wohl zwischen zwo hohen Mauren." –

„Steht zu Falkenstein ein tiefer Turm,
Wohl zwischen zwei hohen Mauren,
So will ich an den Mauren stehn,
Und will ihm helfen trauren." –

Sie ging den Turm wohl um und wieder um:
„Feinslieb, bist du darinnen?
Und wenn ich dich nicht sehen kann,
So komm ich von meinen Sinnen."

Sie ging den Turm wohl um und wieder um,
Den Turm wollt sie aufschließen:
„Und wenn die Nacht ein Jahr lang wär,
Keine Stund tät mich verdrießen!

Ei dürft ich scharfe Messer tragen,
Wie unsers Herrn sein Knechte,
Ich tät mit'm Herrn von Falkenstein,
Um meinen Herzliebsten fechten!" –

„Mit einer Jungfrau fecht ich nicht,
Das wär mir immer ein Schande!
Ich will dir deinen Gefangnen geben;
Zieh mit ihm aus dem Lande!" –

„Wohl aus dem Lande, da zieh ich nicht,
Hab niemand was gestohlen:
Und wenn ich was hab liegen lan,
So darf ichs wieder holen."

Das römische Glas.

(Mündlich.)

Stand ich auf einem hohen Berg,
Sah wohl den tiefen, tiefen Rhein,
Sah ich ein Schifflein schweben,
Viel Ritter tranken drein.

Der jüngste, der darunter war,
Hab auf sein römisches Glas,
Tät mir damit zuwinken:
„Feins Lieb, ich bring dir das!"

„Was tust du mir zutrinken,
Was bietst du mir den Wein,
Mein Vater will mich ins Kloster tun,
Soll Gottes Dienerin sein."

Des Nachts wohl um die halbe Nacht,
Träumt es dem Ritter so schwer,
Als ob sein herzallerliebster Schatz
Ins Kloster gangen wär.

„Knecht, sattle mir und dir zwei Roß,
Mein Haupt ist mir so schwer,
Ich leerte gar viel mein römisch Glas,
Das Schiff ging hin und her.

Mir träumt', ich hätt' eine Nonn gesehn,
Ich trank ihr zu mein Glas,
Sie wollt nicht gern ins Kloster gehn,
Ihr Äuglein waren naß.

Halt an! Halt an am Klostertor!
Ruf mir mein Lieb heraus!"
Da kam die ältste Nonn hervor,
„Mein Lieb soll kommen heraus!"

„Kein Feinslieb ist hier innen,
Kein Feinslieb kann heraus."
„Und wenn kein Feinslieb drinnen ist,
So steck ich an das Haus."

Da kam Feinslieb gegangen,
Schneeweiß war sie gekleidt:
„Mein Haar ist abgeschnitten,
Leb wohl in Ewigkeit!"

Er vor dem Kloster niedersaß,
Und sah ins tiefe, tiefe Tal,
Versprang ihm wohl sein römisch Glas,
Versprang ihm wohl sein Herz.

Rosmarin.

(Mündlich.)

Es wollt die Jungfrau früh aufstehn,
Wollt in des Vaters Garten gehn,
Rot Röslein wollt sie brechen ab,
Davon wollt sie sich machen,
Ein Kränzelein wohl schön.

Es sollt ihr Hochzeitskränzlein sein.
„Dem feinen Knab, dem Knaben mein,
Ihr Röslein rot, ich brech euch ab,
Davon will ich mir winden,
Ein Kränzelein so schön."

Sie ging im Grünen her und hin,
Statt Röslein fand sie Rosmarin:
„So bist du, mein Getreuer hin!

Kein Röslein ist zu finden,
Kein Kränzelein so schön."

Sie ging im Garten her und hin,
Statt Röslein brach sie Rosmarin:
„Das nimm du, mein Getreuer, hin!
Lieg bei dir unter Linden,
Mein Totenkränzlein schön."

Der Pfalzgraf am Rhein.

(Mündlich.)

Es wohnt' ein Pfalzgraf an dem Rhein,
Der ließ verjagen sein Schwesterlein,
Da kam der Küchenjung zu ihm:
„Willkommen! Willkommen, Pfalzgraf am Rhein!

Wo ist dein schönes Schwesterlein?"
„Mein Schwesterlein die kriegst du nicht,
Sie ist dir viel zu adelich,
Und du gehörst zur Küch hinein."

„Warum sollt ich sie kriegen nicht,
Sie hat von mir ein Kindelein."
„Hat sie von dir ein Kindelein,
Soll sie nicht mehr mein Schwester sein."

Er ließ sie geißeln drei ganzer Tag,
Bis man ihr Lung und Leber sah:
„Hör auf, hör auf, es ist genug,
Es gehört dem König aus Engelland."

„Gehört es dem König von Engelland,
So kostet michs mein ganzes Land,
Mein ganzes Land ist nicht genug,
Mein Leben muß auch noch darzu."

Es stund nicht länger als drei Tag' an,
Da kam der König aus Engelland:
„Willkommen, willkommen Pfalzgraf am Rhein,
Wo ist, wo ist dein Schwesterlein?"

„Mein Schwesterlein, die ist schon tot,
Sie liegt begraben röslinrot."
„Liegt sie begraben röslinrot,
So mußt du leiden den bittern Tod."

Selbst zog er sein schweres goldnes Schwert,
Und stach es dem Pfalzgrafen durch sein Herz:

„Hat sie müssen leiden den bittern Tod,
So mußt du leiden den Schmerz."

Vogel Phönix.

(Aus einem alten Buche ohne Titel.)

Phönix, der edle Vogel wert,
Hat seinesgleichen nicht auf Erd,

Um seinen Hals ist's goldgelb klar,
Sein Leib und Flügel Purpur gar;

Hat auf dem Haupte eine Kron,
Der höchste Baum sein hoher Thron.

Er wohnt und lebet lang allein,
Dann stellen sich viel Vögel ein.

Die Vögel sammeln für ihn frei
Den Weihrauch und die Spezerei,

Von edlem Holz wohlriechend Äst,
Sie machen aus dem alln ein Nest.

Dann schwingt er drüber sein Gefieder
Am Sonnenglanze auf und nieder.

Wenn er das Rauchwerk so gezündt,
Die Flamme sich zur Höhe windt.

Dann läßt er sich herab zur Glut,
Verbrennt sich willig wohlgemut.

Alsdann in seiner Asche wird
Ein leuchtend Würmlein erst formiert,

Darnach ein Vogel rein und pur,
Dem vor'gen gleich in der Natur.

Christus, des Himmels Phönix rein,
Hat so gewohnt auf Erd' allein,

Ein Adler stark, der überwand
Höll, Teufel, Sünd und Todesband.

Sein Gottheit ist die güldne Farb,
Und sein Verdienst uns Heil erwarb.

Das Purpurkleid er hat auch an,
Auf seinem Haupt die Dornenkron.

Aus rechter Lieb inbrünstiglich
Er opfert darauf willig sich.

Und man begrub ihn ehrlich frei,
Mit köstlich edler Spezerei.

Also des Himmels Phönix lag,
Im Grab, bis an den dritten Tag.

Alsdann er wieder lebend wurd
Durch seine ew'ge Geistsgeburt.

Der unterirdische Pilger.

(Aus Brückmanns Beschreibung aller Gebirge.)

Ein Pilger wollt ausspüren
Der Erd' Metallengeist,
Da hieß man ihn spazieren,
Ins Bergwerk man ihn weist,
Da führten ihre Schicht
Vier Männer mit zwei Weibern,
Die trügen in den Leibern,
Worauf sein Herz gericht.

Er glaubts und fuhr in Stollen,
Da fand er einen Held,
Des Faust vom Stahl geschwollen,
Zum Schlegel sich wohl stellt,
An Kleidung war er rot:
Nachdem der Krieg geendet,
Zur Arbeit er sich wendet,
Wollt er nicht leiden Not.

Der fuhr mit harten Worten,
Den fremden Landsmann an,
Sprach: „Wer zeigt dir die Pforten,
Die keiner treffen kann?
Wer stählet deinen Mut,
Dich so ohn Furcht zu wagen?
Wen suchst du wegzutragen,
Hat deine Brust auch Blut?"

Der Gast erschrak darüber,
Doch gab er Antwort drauf,
Sprach freundlich zu ihm: „Lieber!
Mein Held, halt mich nicht auf:
In den Berg soll ich gehen;
Vier Männer stark von Leibern
Die sollen mit zwei Weibern
Allhier in Arbeit stehn.

Die Stufen, die sie puchen,
Die sollen der Zeuch sein,
Den alle Weisen suchen,
Aus dem der Weisen Stein
Wird künstlich zugericht,
Drum bin ich hergezogen;
Werd ich auch sein betrogen?
Krieg ich ihn, oder nicht?"

„Du hast wohl recht vernommen",
Sagt ihm der erste klar:
Vier Männer sind herkommen
Mit dem Fraunzimmerpaar,
Und haben, was du willst,
Besonders und zusammen,
Weil wir von einem stammen:
Doch merke, was es gilt.

Ich zweifle noch am Kriegen,
Wir haben's tief versteckt,
Den kannst du zwar besiegen
Der's leichtlich dir entdeckt,
Ich geb es wahrlich nicht,
Es sei denn, daß im Kämpfen
Du meine Macht kannst dämpfen
Und mich dein Schwert hinricht.

Hier, hier in der Herzkammer
Trag ich den edlen Schatz:
Kannst du mit deinem Hammer
Dir dazu machen Platz,
So büß ich leider ein:
Denn dieses muß mir geben,
Kraft, Nahrung, Stärk und Leben,
Und allen, die hier sein."

„Du bist ein harter Knorren",
Hub drauf der Pilger an,
„Ich bleib itzt unverworren
Mit dir, du Kriegesmann,
Wiewohl ich könnte tun,
Wie David mit der Schleuder,
Doch ich schon' unser beider,
Und will dich lassen ruhn."

„Ich rat dir's", sprach der Hauer,
„Tritt mir nicht auf den Fuß,
Mein Liebchen sieht auch sauer,

Im Fall sie kämpfen muß;
Reiz ihre Waffen nicht,
Ist mein Zorn Leuenstärke,
So tut sie Leuinwerke,
Wenn man auf sie losstticht.

Laß unsern Hauptmann sitzen,
Laß seine Frau zu Ruh:
Was kann ein König nützen?
Die Königin dazu?
Ihr Prahlen ist zu groß,
Kannst du gleich was erheben,
So mußt du viel ausgeben,
Eh dein Gewinn steht bloß.

Doch wirst du weiter gehen,
Ins innerste Gemach,
Wirst du sehn andre stehen,
Die füllen Dach und Fach:
Bewältigest du sie,
So kannst du fröhlich leben,
Und deinem Nächsten geben,
Was er darf spät und früh!"

Der Fremde fuhr bald weiter,
Und lief den Strecken nach,
Kein Mensch war sein Begleiter,
Er fand ein neues Dach;
Da stand ein glänzend Mann,
Mit Kleidung wohl versehen,
Den sprach der Gast mit Flehen,
Gleich wie den ersten an.

Der Knappe gab ihm wieder
Mit Nein! Nein! nur Bescheid:
„Sollt ich und meine Brüder,
Uns töten vor der Zeit,
Das ist zu viel begehrt:
Der König selbst muß sterben,
Die Königin verderben,
Wird dir dein Wunsch gewährt."

Dem Fremden stach das Fünkeln
Des Mannes ins Gesicht,
Das er zu allen Winkeln,
Im Augenblicke richt,
Ob jemand zu der Hand,
Der seinen Sinn möcht merken,

Und ihn von seinen Werken,
Abtreiben mit Bestand.

Er dacht ihn umzubringen,
Zu rauben seinen Schatz,
Meint, es würd ihm gelingen,
Weil er so kriegte Platz,
Den König auf die Bahr,
Samt dem Gemahl zu legen,
Dieweil durch jenes Regen,
Auch lebte dieses Paar.

Weil er nun ganz alleine,
Greift er den Knappen an,
Der mit dem klaren Scheine,
Die Fremden reizen kann;
Stößt nach der Gurgel frei,
Der schreit, Gewalt zu sparen,
Er will ihm offenbaren,
Was ihm annehmlich sei.

Der Gast ließ sich erbitten,
Und fragte: Was er sei?
Der sprach: „Hinein geschritten!
Da sitzet an der Reih
Ein alt kiesgrauer Mann,
Der hat mehr von den Schätzen,
Der kann dich baß ergötzen,
Als ich dir zeigen kann.

Es wird dir frei gelingen,
Die vorgesetzte Sach,
Und kannst ihn leicht bezwingen,
Weil er von Alter schwach:
Der ist'ss, der Hüter ist
An königlicher Pforten,
Den man eim zu antworten
Den Schlüssel hat erkiest."

Der Fremde ging von dannen,
Fand endlich einen Greis,
Der leicht zu übermannen,
Ohn alles Blut und Schweiß,
Sein Kittel war gering,
Er sah beschmutzt, elende,
Und lehnt sich an die Wände,
Betrübt, weils ihm so ging.

Der Pilger sprach ingleichen
Ihn um den Handstein an,
Er möcht ihm den doch reichen;
Der Geist sprach: „Lieber Mann,
Gehst du dem Zeuge nach,
Nach dem die Herrn und Fürsten,
Unmenschlich brennend dürsten,
Wie Tantalus am Bach?

In mir kannst du ihn haben,
Ich bin schwach! sonder Müh,
Weil ich die teuren Gaben,
Im Magen trag allhie,
Davon mir Nahrung kömmt,
Und aller andrer Leibe;
Nicht, wie der mit dem Weibe,
Der über dich ergrimmt.

Derselbe trägts im Herzen,
Und schleußts inwendig ein,
Doch macht es mir viel Schmerzen,
Soll ich Gewährsmann sein?
Mein Grab ist ja dein Stoß,
Ach schone meines Lebens!
Was würgst du mich vergebens?
Ich bin alt, arm und bloß.

Ich bin der Kinderfresser,
Was Not, daß du viel lochst?
Mein Nachbar hat viel besser,
Was du so emsig suchst;
Drum prahlt er also sehr,
Er ist, schau nur sein Lager,
Der Königin Herr Schwager,
Was willst du ferner mehr?

Hast du den übertäubet,
So hast du mehr Gewinn,
Wie sehr er sich auch sträubet,
Nimmst du sein Reichtum hin,
Viel eher, als bei mir,
Mir Armen und Verachten,
Ich geb es zu betrachten,
Was meines Stands Gebühr."

Der Pilger trug Erbarmen,
Ließ sich dies machen weis,
Dacht heimlich: Von dem Armen,

Erhalt ich keinen Preis,
Eh will ich mit Gewalt
Durch ritterliches Kämpfen,
Den nächsten Nachbar dämpfen,
Gibt er's nicht alsobald.

Gesegnet so den Alten,
Und geht von ihm hinweg:
Der mocht sich nicht enthalten,
Weil jener von dem Zweck
In Eil verführet war,
Daß er nicht in der Stille,
Sich in der grauen Hülle,
Zulachte, gut und gar.

Bei so gestalten Sachen,
Sah unser Gast zurück,
Und sah den Schmutzbart lachen,
Rief lachend: „Altes Stück,
Was lachst du mich viel aus?
Sieh da! Bist du der Schleicher,
Der manchen armen Streicher
Gebracht um Hof und Haus?

Kannst du den Jecken stechen,
So stech ich dir ihn auch,
Den Hals will ich dir brechen,
Wie hart auch dir der Bauch,
Treib denn mit andern Spott:
Den Schatz mußt du mir geben,
Wie lieb dir auch dein Leben."
Und stieß ihn also tot.

Dies war des Reisens Ende,
Der Pilger kam anheim,
Und grub in eine Blende,
Den jetzt gesungnen Reim,
Wer sich mit dieser Sach,
Einmal auch will besachen,
Schau auf des Alten Lachen,
Natur die spricht: Mir nach!

Herr Olof.

(Fliegendes Blatt.)

Herr Olof reitet spät und weit,
Zu bieten auf sein Hochzeitleut';

Da tanzen die Elfen auf grünem Land,
Erlkönigs Tochter ihm reicht die Hand.

„Willkommen, Herr Olof, was eilst von hier?
Tritt her in den Reihen und tanz mit mir."

„Ich darf nicht tanzen, nicht tanzen ich mag,
Früh morgen ist mein Hochzeitstag."

„Hör an, Herr Olof, tritt tanzen mit mir,
Zwei güldene Sporen schenk ich dir,

Ein Hemd von Seide so weiß und fein,
Meine Mutter bleichts mit Mondenschein."

„Ich darf nicht tanzen, nicht tanzen ich mag,
Früh Morgen ist mein Hochzeitstag."

„Hör an! Herr Olof tritt tanzen mit mir,
Einen Haufen Goldes schenk ich dir."

„Einen Haufen Goldes nehm ich wohl,
Doch tanzen ich nicht darf noch soll."

„Und willst, Herr Olof, nicht tanzen mit mir,
Soll Seuch und Krankheit folgen dir."

Sie tät einen Schlag ihm auf sein Herz,
Noch nimmer fühlt er solchen Schmerz.

Sie hob ihn bleichend auf sein Pferd,
„Reit heim nun zu deinem Bräutlein wert."

Und als er kam vor Hauses Tür,
Seine Mutter zitternd stand dafür.

„Hör an, mein Sohn, sag an mir gleich,
Wie ist deine Farbe blaß und bleich!"

„Und sollt sie nicht sein blaß und bleich,
Ich traf in Erlenkönigs Reich."

„Hör an, mein Sohn, so lieb und traut,
Was soll ich nun sagen deiner Braut?"

„Sagt ihr, ich sei im Wald zur Stund,
Zu proben da mein Pferd und Hund."

Früh Morgen und als es Tag kaum war,
Da kam die Braut mit der Hochzeitschar.

Sie schenkten Met, sie schenkten Wein,
„Wo ist Herr Olof, der Bräutigam mein?"

„Herr Olof, er ritt in den Wald zur Stund,
Er probt allda sein Pferd und Hund."

Die Braut hob auf den Scharlach rot,
Da lag Herr Olof, und er war tot.

Ewigkeit.

(Katholische Kirchengesänge. Köln 1625. S. 620.)

O Ewigkeit, o Ewigkeit!
Wie lang bist du, o Ewigkeit,
Doch eilt zu dir schnell unsre Zeit,
Gleich wie das Heerpferd zu dem Streit,
Nach Haus der Bot, das Schiff zum Gestad,
Der schnelle Pfeil vom Bogen ab.

O Ewigkeit, usw.
Gleich wie an einer Kugel rund,
Kein Anfang und kein End ist kund;
Also, o Ewigkeit an dir,
Noch Ein- und Ausgang finden wir.

O Ewigkeit, usw.
Du bist ein Ring unendlich weit,
Dein Mittelpunkt heißt Allezeit,
Niemals der weite Umkreis dein,
Weil deiner nie kein End wird sein.

O Ewigkeit, usw.
Hinnehmen könnt ein Vöglein klein,
All ganzer Welt Sandkörnlein ein:
Wenn's nur eins nähm all tausend Jahr,
Nach dem wär nichts von ihr fürwahr.

O Ewigkeit, usw.
In dir, wenn nur all tausend Jahr
Ein Aug vergöß ein kleine Trän,
Würd wachsen Wasser solche Meng,
Daß Erd und Himmel wär zu eng.

O Ewigkeit, usw.
Den Sand im Meer und Tropfen all,
Sind nur ein Bruch der einen Zahl:
Allein schwitzt über dir umsonst,
Die tiefste Meß- und Rechenkunst.

O Ewigkeit, usw.
Hör Mensch: So lange Gott wird sein,
So lang wird sein der Höllen Pein,
So lang wird sein des Himmels Freud,
O lange Freud, o langes Leid!

Der Graf und die Königstochter.

(Aus Meißner's Apollo. Juni 1794. S. 165.)

O daß ich könnt von Herzen
Singen eine Tagesweis,
Von Lieb' und bittern Schmerzen!
Merkt auf, merkt auf mit Fleiß,
Wie's einer Königstochter ging
Mit einem jungen Grafen!
Nun hört groß Wunderding!

An ihres Vaters Tafel
Saß mancher Ritter wert,
Doch liebte sie den Grafen
Vor allem was auf Erd,
Was Gott durch seine Weisheit schuf;
Aus heimlichem bangem Herzen
Tät sie so manchen Ruf.

„Herr Gott, send mir das Glücke,
Daß er mein Herz erkenn!
Lös mir auf Band und Stricke
Der edlen Venusin!"
Und was ihr in dem Herzen lag,
Das lag wohl auch dem Grafen
Im Sinn bei Nacht und Tag.

Keins klagt dem andern offen,
Was ihm am Herzen lag;
Ein jeder täte hoffen
Einen guten Freudentag,
Der doch zuletzt mit Jammer kam,
Sie schrieben sich Liebesbriefelein,
Ganz frei und ohne Scham.

Darin sie sich gemeldet
Von einem Brunnen kalt,
Der lag so weit im Felde,
Vor einem grünen Wald,
Wer ehe käm zu des Brunnens Fluß,
Der sollte des andern warten;
Also war ihr Beschluß.

Die Jungfrau tät sich zieren
In einen Mantel weiß,
Ihre Brüst' tät sie einschnüren,
Vermacht's mit allem Fleiß;
Auch sprach die edle Jungfrau schon:

„Kein Mann soll mir's aufreißen,
Denn eines Grafen Sohn!"

Sie kam wohl zu dem Brunnen,
Sie fand viel Lust und Freud,
Sie dacht: „Ich hab gewonnen!
Mein Trauern ist zerstreut,
Aus aller Not bin ich erlost,
O daß ich säh hertreten
Mein Hoffnung und mein Trost."

Zur Hand lief aus dem Walde,
Eine grimme Löwin her.
Die Jungfrau sah sie balde,
Sie lief von dannen fern,
Und kam nicht wieder denselben Tag;
Ihren Mantel ließ sie liegen,
Daraus kam Not und Klag.

Die Löwin warf ihre Jungen
Wohl auf den Mantel gut,
Der Mantel ward durchdrungen
Von Schweiß und rotem Blut.
Danach die Löwin wieder ging
Zu Walde mit ihren Jungen,
Da kam der Jüngeling.

Wie er den Mantel gefunden,
Besprengt mit Blute so rot,
Da schrie er laut zur Stunden:
„O weh, meine Liebe ist tot!
Wie sie mich nicht gefunden hat,
Hat sie sich selbst getötet.
O weh, der großen Not!

Nun mag es Gott erbarmen!"
Tät er so manchen Ruf:
„O weh, o weh mir Armen,
Seither daß Gott mich schuf!"
Sein Schwert, das zog er aus der Scheid:
„Nun kömmts mit mir zu Ende,
Heilig Dreifaltigkeit!

Wie hast du meiner vergessen,
Wo ist das edle Weib?

Sie haben die Tiere gefressen,
So gilt's auch meinen Leib!
Sie ist durch mich gestorben hie,
Will ich ihren Leib bezahlen!"
Er fiel auf beide Knie.

„Gott segne dich, Mond und Sonne,
Desgleichen Laub und Gras!
Gott gesegne dich, Freud und Wonne
Und was der Himmel beschloß!"
Sein Schwert, das stach er durch sein Herz:
„Es soll kein Frauenbilde,
Durch mich mehr leiden Schmerz!"

Die Sonne sank zum Abend,
Die Jungfrau wieder kam
Wohl zu dem Brunnen gelaufen.
Kein tödlich Herz vernahm
So bitterliche Klage fürwahr;
Sie rang ihre schneeweißen Hände,
Rauft aus ihr gelbes Haar.

Die Jungfrau tät sich neigen
Wohl auf den Grafen schön:
„Gott gesegne dich, Erb und Eigen
Und dich königlich Kron!
Desgleichen Feuer, Wasser, Luft und Erd!"
Indem tät sie aufspringen
Und zog aus ihm sein Schwert.

„Hast du durch mich aufgeben
Land, Leute, Ehr und Gut,
Verloren hier dein Leben,
Vergossen auch dein Blut,
Weil du gemeint, ich sei ermordt,
So will ich bei dir bleiben
Ewiglich hier und dort."

Das Schwert das tät sie stechen
Durch ihr betrübtes Herz.
Gott wollt nicht an ihr rächen,
Den Tod mit ewgem Schmerz!
Denn es wahrlich am Tage liegt,
Die Lieb überwindet alle Dinge
In dieser betrübten Zeit.

Moritz von Sachsen.

(Die Geschichten und ritterlichen Taten Moritz, Herzogs zu Sachsen, durch Leonhardt Reutter. 1553. Flugschrift.)

Mir kam ein schwerer Unmut an,
Ich konnt mich selber nicht verstan,
Und wußte selbst nicht wie mir was,
Ganz traurig auf mir selber saß,
Ging in die Stadt wohl hin und wieder,
Mir war nicht recht, ich legt mich nieder,
Und mußt dem Unglück geben Raum,
Da fiel mir ein ein schwerer Traum.
Deucht mich, wie ich zu Freiberg wär,
Noch war mein Herz mir also schwer,
Vermeint ich wollt zur Kirchen nun,
Vielleicht würd' man ein Predigt tun,
Ich kam zum Dom, war ganz verdrossen,
Da warn alle Türn verschlossen,
Ich dacht es muß nicht recht da sein,
Doch klopft ich an, man ließ mich ein.
Mich fragten, was ich wollt so bald?
Die ganze Kirch hätt' traurig Gestalt,
Mit schwarzem Gewand bezogen war
Die Vorkirche und auch der Altar,
Viel Wappen sah ich rummer hangen.
Mit Trauren mein Herz wurd' umfangen,
Ich ging schnell zu der Kirchen aus,
Deucht mich, ich wollt zum Tor hinaus,
Zum Spitalholz stand mein Begehr.
Da sah ich erst ein traurig Heer,
Wenig Volk, viel Fähnlein dabei,
Die waren von Farben mancherlei,
Waren zerrissen und zerplundert,
In meinem Traum es mich sehr wundert,
Was doch das all bedeuten tät?
Fünfzehn schwarze Fähnlein man hätt,
Die trug man um ein Leich herum,
Ich erschrak sehr und sah mich um,
Da sah ich ein Haufen in schwarzem Kleid,
Die trugen allesamt groß Leid,
Und wollten auch mitgehn zu Grab.
Nach der Leich, da ritt ein Knab,
Der hat einen schwarzen Harnisch an,
Deucht mich es war ein Edelmann,
In der Hand hatt' er ein bloßes Schwert,

Die Spitze kehrt' er zu der Erd,
Und saß so gewaltig verdrossen,
Auch war der Harnisch durchschossen,
Hinten unter dem Gürtel 'nein,
Ich dacht, wes mag die Leiche sein?
Von ferne sah ich ein heidnisch Weib,
Von hohem Blick, von stolzem Leib,
Mit Schwert und Harnisch samt Sturmhauben,
Gekleidet wie ein Kriegesmann,
Sie sah mich also traurig an.
Ich sprach: „Ach Frau, tut mir erlauben,
Auf daß ich euch möcht reden an."
Sie sprach: „Was willst du von mir han,
Jetzund in meinem größten Leid,
Ich geb dir übelen Bescheid.
Mir ist betrübet all mein Sinn."
Die Sturmhaub warf sie traurig hin,
Sie wandt ihre Händ und rauft' ihr Haar,
Ich fragt': „Wes ist die Totenbahr?"
Sie antwort mir nach kurzer Frist:
„Des Herzog Moritz Leich es ist,
Den du gekannt so manchen Tag."
Ich sprach: „Nun sei es Gott geklagt,
Ich hab ihn gekannt, das glaubet ihr,
Ein Wappen gab sein Gnade mir;
Wie ist er kommen um sein Leben?"
Sie konnt vor Weinen kein Antwort geben,
Sprach schluchzend: „Folg und geh mit mir,
Groß Wunder will ich sagen dir,
Wie sich der Fürst in aller Tat,
Ritterlich wohl gehalten hat,
Er war ein teurer Held ganz wert,
Seinesgleichen lebt jetzt nicht auf Erd,
Allein daß er zu leicht geglaubt.
Das hat ihm auch sein Leben geraubt."
Und wand ihr Hände sehr zu Gott,
Sie sprach: „Das ist ein großer Spott,
Das viel auf beiden Achseln tragen,
Doch darf man's vor der Welt nicht sagen.
Das hat den Fürsten ums Leben bracht,
Ach, ach, ich hab es lang bedacht."
Ich sprach: „Frau, eins verzeiht mir noch,
Und saget mir, wie heißt ihr doch?"
Zur Antwort sagte sie mir geflissen,
Und sprach: „Ich heiße Frau Pallas,

Bin eine Göttin des Kriegs zur Hand,
Tat diesem Fürsten auch Beistand,
Denn aller Krieg, den er anfing,
Letztlich zufrieden wohl ausging."
Ach wie hatt ich im Traum ein Klag;
Indem brach an der helle Tag.
Noch konnt ich mich gar nicht bedeuten,
Da tat man schon zur Predigt läuten,
Ich erwacht von dem Glocken Ton,
Stund schnell auf, und zog mich an,
Dacht dem Traum nach in meinem Sinn,
Ging auch schnell gen Freiberg hin.
Da fand ich alles in der Stadt,
Wie mir die Frau gesaget hat,
Ach, wie weh war mir zumut,
Daß der teure Fürst so gut,
So schändlich war ums Leben kommen,
Das hat mich schmerzlich übernommen.

Ulrich und Ännchen.

(Herders Volkslieder. I. 79.)

Es ritt einst Ulrich spazieren aus,
Er ritt wohl vor lieb Ännchens Haus:
„Lieb Ännchen, willst mit in grünen Wald?
Ich will dir lehren den Vogelsang."

Sie gingen wohl miteinander fort,
Sie kamen an eine Hasel dort,
Sie kamen ein Fleckchen weiter hin,
Sie kamen auf eine Wiese grün.

Er führte sie ins grüne Gras,
Er bat, lieb Ännchen niedersaß,
Er legt seinen Kopf in ihren Schoß,
Mit heißen Tränen sie ihn begoß.

„Ach Ännchen, liebes Ännchen mein,
Warum weinst du denn so sehr um ein'n?
Weinst irgend um deines Vaters Gut?
Oder weinest um dein junges Blut?

Oder bin ich dir nicht schön genug?"
„Ich weine nicht um meines Vaters Gut,
Ich wein' auch nicht um mein junges Blut,
Und Ulrich, bist mir auch schön genug.

Da droben auf jener Tannen,
Elf Jungfrauen sah ich hangen."
„Ach Ännchen, liebes Ännchen mein,
Wie bald sollst du die zwölfte sein."

„Soll ich denn nun die zwölfte sein?
Ich bitt, ihr wollt mir drei Schrei verleihn."
Den ersten Schrei und den sie tat,
Sie rufte ihren Vater an,

Den andern Schrei und den sie tat,
Sie ruft ihren lieben Herrgott an,
Den dritten Schrei und den sie tat,
Sie ruft ihren jüngsten Bruder an.

Ihr Bruder saß beim roten kühlen Wein,
Der Schall der fuhr zum Fenster hinein:
„Höret ihr Brüder alle,
Meine Schwester schreit aus dem Walde."

„Ach Ulrich, lieber Ulrich mein,
Wo hast du die jüngste Schwester mein?"
„Dort oben auf jener Linde,
Schwarzbraune Seide tut sie spinnen."

„Warum sind deine Schuh so blutrot?
Warum sind deine Augen so tot?"
„Warum sollten sie nicht blutrot sein?
Ich schoß ein Turteltäubelein."

„Das Turteltäubelein, das du erschoßt,
Das trug meine Mutter unter ihrer Brust,
Das trug meine Mutter in ihrem Schoß,
Und zog es mit ihrem Blute groß."

Lieb Ännchen kam ins tiefe Grab,
Schwager Ulrich auf das hohe Rad,
Um Ännchen sungen die Engelein,
Um Ulrich schrieen die Raben allein.

Vom vornehmen Räuber.

(Deutsches Museum. 1778. II. B. S. 459.)

Was wollen wir aber heben an?
Von Fritschen dem jungen Edelmann,
Hat manchen stolzen Ritt getan,
Bis es ihm schlecht gelungen.

Fritsche zu seinem Knechte sprach:
„Sattle mir beide Pferde,
Wir wollen nach Görlitz auf die Straßen reiten,
Die Fuhrleute wollen wir schauen."

Da sie nach Görlitz auf die Straßen kamen,
Die Wagen wollten sie aufhauen,
So blies der Wächter auf seinem Horn,
Auf dem Rathausturme.

Fritsche zu seinem Knechte sprach:
„Ich fürchte wir sein verraten,
Wenn wir zu Seidenberg blieben,
So äßen wir Gesotten und Gebraten."

Fritsche zu seinem Knechte sprach:
„Ei Knechte sieh dich ein wenig um!"
Er sah den Hauptmann von Görlitz herreiten
Von allen Seiten mit Leuten.

Der Hauptmann wider den Fritschen sprach:
„Fritsche gib du dich gefangen,
Zu Görlitz steht ein lichter Galgen hoch,
Daran sollst du Fritsche hangen."

„Daß ich zu Görlitz hangen soll,
Des laß dich Gott erbarmen,
So reun mich nichts als meine Stiefel und Sporn,
Dazu meine gute Gesellen."

„Je reun dich nichts als deine Stiefel und Sporn,
Dazu deine guten Gesellen?
Reun dich nicht mehr deine kleinen Kinder,
Dazu deine schöne Jungfrauen?"

Der geistliche Kämpfer.

(Aus einem Manuskript in der Sammlung von Clemens Brentano.)

Groß Lieb tut mich bezwingen,
Daß ich muß heben an,
Von einem Kämpfer singen,
Der war so wohlgetan.

Den Kämpfer will ich nennen,
Daß ihr könnt merken wie,
Und eigentlich erkennen,
Christ Gottes Sohn allhie.

Der Kämpfer tugendreiche,
Nahm sich vor einen Sinn,
Aus seines Vaters Reiche,
Schickt er seinen Boten hin.

Zu einer schön Jungfrauen,
Wohl in dem Morgenland,
Die wollt er gerne schauen,
Da er sein Boten sandt.

Wollet ihr sie auch kennen,
Die Jungfrau minniglich,
Gabriel tut sie nennen,
Und spricht gar tugendlich,

Da er sie grüßt geschwinde,
Sprach Ave Maria,
Mit Worten also linde,
Plena gratia.

Er pflag auch süßer Worte,
Bei der Jungfrauen rein,
Bis sie aufschloß die Pforte,
Und ließ ihn zu sich ein.

Die Jungfrau berührt ihr Herze,
Und sprach: „Ach wer ist der,
Der in fröhlichem Scherze,
Begehret zu mir her?"

Der Bot der antwort schiere:
„Er ist gewaltiglich,
Er kommt herab zu dire,
Er macht euch alle reich."

Maria sprach mit Züchten:
„Ich tu keins Manns Begehren!"
„Sollst mit mägdlichen Früchten,
Ein Kind ohn Mann gebären.

Gott Sohn von Ewigkeite,
Der kommt herab zu dir."
Sie sprach: „Ich bin bereite,
Nach deinem Wort geschehe mir."

Die Welt die stand in Sorgen
Mehr dann fünftausend Jahr,
In Höllengrund verborgen,
Bis kam der Kämpfer klar.

Das wollt er wieder kehren (wenden),
Der edel Kämpfer wert,
Sein Blut um uns verehren,
Und kam herab auf Erd.

Durch uns so ward er junge,
Wohl bei der reinen Maid,
Vom höchsten Thron entsprungen,
Aus Gottes Ewigkeit.

Bei ihr war er zur Zeite
Wohl dreiunddreißig Jahr,
Eh daß er ging zu Streite,
Der edle Kämpfer klar.

Danach ward man ihn spüren,
Bei den Jungfrauen klar,
Darum tät sich aufrühren,
So gar ein große Schar.

Sie täten ihn auch fahen,
So gar mit scharfer Wehr,
Er ward auch hart geschlagen,
Der edel Kämpfer hehr,

Mit Geißlen und mit Ruten,
Ein Kron mit scharfem Dorn,
Das litt er durch sein Güte,
Und sühnt damit den Zorn.

Ein Urteil ward gesprochen
Wohl zu derselben Zeit,
Sein Seite ward durchstochen,
Geschlagen ans Kreuz so breit.

Da stand Maria elende,
Und sah den Kämpfer an,
Sie rang ihr schneeweiß Hände,
Sprach: „Wem willst mich hie lan?"

Er sprach zu ihr im Schmerze:
„Sieh Weib, das ist dein Sohn!"
Damit brach ihm sein Herze,
Den Kämpfer bet ich an.

Daß er uns wöll behüten,
Wohl vor der ewgen Pein,

Maria durch dein Güte,
So tu uns Hülfe-Schein.

Das sei zu Lob gesungen,
Maria der reinen Magd,
Von ihr ist uns gelungen,
Das sei ihr Lob gesagt.

Dusle und Babeli.

(Herder's Volkslieder. I. S. 139.)

Es hätte ein Bauer ein Töchterli,
Mit Name hieß es Babeli,
Es hätt ein Paar Zöpfle, die sind wie Gold,
Drum ist ihm auch der Dusle hold.

Der Dusle lief dem Vater nach:
„O Vater, wollt ihr mir 's Babele lan?"
„Das Babele ist noch viel zu klein,
Es schläft dies Jahr noch wohl allein."

Der Dusle lief in einer Stund,
Lief abe bis gen Solothurn,
Er lief die Stadt wohl auf und ab,
Bis er zum öbersten Hauptmann kam:

„O Hauptmann lieber Hauptmann mein,
Ich will mich dingen in Flandern ein."
Der Hauptmann zog die Säckelschnur,
Gab dem Dusle drei Taler draus.

Der Dusle lief wohl wieder heim,
Heim zu sein'm liebe Babelein:
„O Babele liebes Babele mein,
Jetzt hab i mi dungen in Flandern ein."

Das Babele lief wohl hinters Haus,
Es greint sich schier sein Äugele aus:
„O Babele, tut doch nit so sehr,
I will ja wieder kommen zu dir!

Und komm ich übers Jahr nit heim,
So will ich dir schreiben ein Briefelein.
Darinnen soll geschrieben stehn:
Ich will min Babele wieder sehn!"

Der eifersüchtige Knabe.

(Aus dem Elsaß. Herder's Volkslieder. I. B. S. 38.)

Es stehen drei Stern am Himmel,
Die geben der Lieb ihren Schein:
„Gott grüß euch, schönes Jungfräulein,
Wo bind ich mein Rösselein hin?"

„Nimm du dein Rößlein beim Zügel, beim Zaum,
Bind's an den Feigenbaum.
Setz dich ein kleine Weile nieder,
Und mach mir eine kleine Kurzweil."

„Ich kann und mag nicht sitzen,
Mag auch nicht lustig sein,
Mein Herz ist mir betrübet,
Feinslieb von wegen dein."

Was zog er aus der Taschen?
Ein Messer, war scharf und spitz,
Er stachs seiner Lieben durchs Herze,
Das rote Blut gegen ihn spritzt.

Und da er's wieder heraußer zog,
Von Blut war es so rot:
„Ach reicher Gott vom Himmel,
Wie bitter wird mir der Tod!"

Was zog er ihr abe vom Finger?
Ein rotes Goldringelein,
Er warf's in fließend Wasser,
Es gab seinen klaren Schein.

„Schwimm hin, schwimm her, Goldringelein!
Bis an den tiefen See!
Mein Feinslieb ist mir gestorben,
Jetzt hab ich kein Feinslieb mehr."

So geht's, wenn ein Mädel zwei Knaben lieb hat,
Tut wunderselten gut;
Das haben wir Beid erfahren,
Was falsche Liebe tut.

Der Herr am Ölberg und der Himmelsschäfer.

(Trutz Nachtigall von Spee. S. 211.)

Der Schäfer.

Mond des Himmels treib zur Weide

Deine Schäflein gülden gelb,
Auf gewölbter blauer Heide
Laß die Sterne walten selb,
Ich noch neulich so tät reden,
Da zu Nacht ein schwacher Hirt,
Aller Wegen, Steg und Pfäden,
Sucht ein Schäflein mit Begierd.

Und der Mond hört' was ich sagte,
Nahm ein lind gestimmtes Rohr:
Das er blasend zärtlich nagte,
Spielte seinen Sternen vor.

Der Mond.
Auf ihr Schäflein, auf zur Heiden,
Weidet reines Himmelblau,
Daß nachher, wenn wir hier scheiden,
Von euch fließt der Morgentau.

Ach wer aber dort im Garten
Liegt mit seinem Hirtenstab!
Wer will seiner dorten warten!
Schaut ihr Sternlein, schaut herab,
Haltet, haltet, ich nicht fehle:
Es ist Daphnis wohl bekannt,
Eja, Daphnis, mir erzähle,
Daphnis, was will dieser Stand?

Weidet meine Schäflein, weidet!
Ich mit ihm noch reden muß,
Weidet meine Sterne, weidet!
Daphnis liegt in harter Buß,
Daphnis tu die Lippen rühren,
Eja, nicht verbleibe stumm,
Daphnis, laß dich dann führen,
Eja, nicht verbleibe stumm.

Weidet meine Schäflein, weidet,
Daphnis liegt in Ängsten groß,
Daphnis Pein und Marter leidet,
Wollt, er läg im Mutterschoß!
Er dem Felsen liegt in Armen,
Liegt auf harten Steinen bloß:
Ach dort wird er nie erwarmen!
Fürcht, daß er sein Haupt zerstoß.

Weidet meine Schäflein, weidet,
Daphnis spaltet mir das Herz:

Wer mag haben ihn beleidigt?
Weinen möchten Stein und Erz;
Kalter Wind, halt ein die Flügel,
Rühre nicht das kranke Blut,
Meide jenen Berg und Hügel,
Daphnis liegt ohn Schuh und Hut.

Weidet meine Schäflein, weidet,
Daphnis leidet Angst und Not,
Daphnis dopple Tränen weinet,
Perlen weiß, Korallen rot.
Perlen von den Augen schießen,
Schießen hin ins grüne Gras.
Von dem Leib Korallen fließen,
Fließen in den Boden bas.

Weidet meine Schäflein, weidet,
Niemand hat's gezählet gar,
Niemand hat es ausgekreidet,
Wie die Zahl der Tropfen war,
Nur der Boden wohl erquicket,
Durch den weiß und roten Trank,
Dankend ihm entgegen schicket,
Rosen rot, und Lilien blank.

Weidet meine Schäflein, weidet,
Daphnis tief in Ängsten liegt,
Duft noch Farben unterscheidet,
Achtet keiner Blümlein nicht.
O was Marter mir erscheinet!
Hör zu bluten einmal auf,
Ach es ist genug geweinet.
Nicht mit Blut die Blümlein tauf.

Weidet meine Schäflein, weidet,
Wer doch hat es ihm getan?
Niemand meine Frag bescheidet.
Du mir Daphnis, zeig es an.
Daphnis kann für Leid nicht sprechen,
Seufzet manchen Seufzer tief,
Ihm das Herz will ganz zerbrechen,
Ach daß niemand helfend lief.

Weidet meine Schäflein, weidet,
Schon ein englisch Edelknab,
Stark durch Luft und Wolken schneidet,
Eilet hin in vollem Trab,
Er ihm singet süße Reimen,

Mit gar süßem Stimmlein schwank,
Auch den Kelch nicht tut versäumen,
Zeiget einen Kräutertrank.

Weidet meine Schäflein, weidet,
Alles, alles ist umsonst,
Er doch allen Trost vermeidet,
Sang und Becher bleibt umsonst.
O du frommer Knab von oben,
Du nur mehrest ihm die Pein,
Doch ich deine Treu muß loben,
Gott! dir's muß geklaget sein.

Weidet meine Schäflein, weidet,
O der traurig fromme Hirt!
Er den Becher jetzund meidet,
Morgen ihn es reuen wird,
Er sich jetzt gar will befreien,
Weigert, was man trinket zu,
Dürft vielleicht wohl morgen schreien:
Ach wie sehr mich dürstet nun!

Weidet meine Schäflein, weidet,
Daphnis bleibet schmerzenvoll,
Ich befehle euch entkleidet,
Reißet aus die güldne Woll,
Nur euch kleidet pur in Kohlen,
Pur in lauter schwarz Gewand,
Von dem Scheitel auf die Sohlen,
Euch gebühret solcher Stand.

Weidet meine Schäflein, weidet,
Daphnis führet starkes Leid,
Ist vom Vater hoch vereidet,
Hoch, mit wohlbedachtem Eid,
Er doch wollte wieder bringen,
Ein verloren Schäflein sein,
Ach wenn sollte das mißlingen,
Er ja stürb für lauter Pein.

Weidet meine Schäflein, weidet,
Daphnis wird verfolget stark.
Bös Gesinde ihn beneidet,
Trachtet ihm nach Blut und Mark.
O was dorten, was für Stangen,
Wehr und Waffen nehm ich wahr!
O vielleicht will man ihn fangen,
Wahrlich, wahrlich, ist Gefahr!

Der Schäfer.
Weidet meine Schäflein, weidet,
Sprechen wollte bleicher Mond,
Ja nicht weidet, sondern scheidet,
Er da sprach, und wollte gehn.
Scheidet, scheidet, meine Scharen,
Kann vor Leid nicht schauen zu,
Dich nun wolle Gott bewahren,
Daphnis wer kann bleiben nun!

Drauf Ade der Mond wollt spielen,
Da zersprang das matte Rohr;
Augentropfen ihm entfielen,
Hüllte sich in Trauerflor.
Und weil eben dazumalen,
Er trat an in vollem Schein,
Gleich vertauschet er die Strahlen,
Vollen Schein, gen volle Pein.

Auch die Sterne weinen, kamen,
Gossen ab all ihren Schein,
Schein und Tränen flossen sammen,
Reihn zum blauen Feld hinein,
Machten eine weiße Straßen,
So noch heut man spüren mag:
Dann der Milchweg hinterlassen,
Ist der schönsten Tränen Bach.

Abschied von Bremen.

(Mündlich.)

O Bremen, ich muß dich nun lassen,
O du wunderschöne Stadt,
Und darinnen muß ich lassen
Meinen allerschönsten Schatz.

Wir haben oft beisamm gesessen,
Manche schöne Mondennacht,
Manchen Schlaf zusamm vergessen,
Und die Zeit so zugebracht.

Mein Koffer rollt, der Morgen kühlet,
Ach, die Straßen sind so still,
Und was da mein Herze fühlet,
Nimmermehr ich sagen will.

Der Weg mich schmerzlich wieder lenket
Hin, wo Liebchen sah herab,
Daß sie ja noch mein gedenket,
Drück ich zwei Pistolen ab.

Bald jagt vor dir in diesen Gassen,
Manches Windlein dürren Staub,
Meine Seufzer sind's, sie lassen
Vor dir nieder trocknes Laub.

So steh ich wirklich nun im Schiffe,
Meinen Koffer seh ich drauf,
Wie der Schiffer herzhaft pfiffe,
Zogen wir wohl Anker auf.

Ich seh den Sturmwind rauschend gehen,
O mein Schiff hat schnellen Lauf,
Wird es wohl zu Grunde gehen,
Wanket nicht Gedanken drauf.

Aurora.

(Martin Opitz.)

Wer sich auf Ruhm begibet,
Und freie Tage liebet,
Der liebt Aurorens Licht;
Dann Gras muß Blumen bringen,
Der Vögel leichtes Singen
Durch alle Lüfte bricht.

Wer Waffen trägt und krieget,
Wer an den Ketten lieget,
Wer auf dem Meere wallt,
Wer voll ist schwerer Sorgen,
Der spricht: Wann wird es morgen?
Aurora komm doch bald!

Laß mich nur dies erlangen,
Wann ich mein Lieb umfangen,
So halt den Zügel an,
Halt an die hellen Blicke,
Bis ich zuvor mein Glücke
Wie recht, gebrauchen kann.

Werd ein Kind.

(Historie der Wiedergeborenen. 1742. S. 18.)

Klein und arm an Herz und Munde
Mußt du sein, wenn Christus soll
Gehen auf in deinem Grunde:
Denn die Rose und Viol
Wächst im Tal der niedern Seelen,
Die nichts hohes hier erwählen!

Mögst du nur so sein demütig,
Wie die niedre Sarons Blum,
Dennoch stehen ehrerbietig
Und vor Gott gebücket krumm:
Also mögst du bald die Gaben
Seines Geistes in dir haben.

Wenn dich aber hoch beflecket
Deiner Weisheit stolzer Witz,
Sich alsdann vor dir verstecket
Wahrer Wahrheit klarer Blitz:
Wenn der Buchstab dich gefangen,
Kannst du nicht zum Geist gelangen.

Werd ein Kind, werd arm und kleine,
Sei nicht hoch noch weis bei dir,
Setze dich in Staub und weine,
Bis dich Gott zur Schule führt,
Da sein Geist die Arm' und Blöden
Weislich lehret von ihm reden.

Der ernsthafte Jäger.

(Feiner Almanach I. B. S. 77.)

Es wollt ein Jäger jagen
Ein Hirschlein oder ein Reh,
Drei Stündlein vor dem Tagen,
Ein Hirschlein oder ein Reh.

„Ach Jäger, du hast kein verschlafen,
Lieber Jäger, jetzt ist es Zeit;
Dein Schlaf tut mich erfreuen,
In meiner stillen Einsamkeit."

Das tät den Jäger verdrießen,
Dieweil sie so reden tät,

Er wollt das Jungfräulein erschießen,
Dieweil sie so reden tät.

Sie fiel dem Jäger zu Füßen,
Auf ihre schneeweiße Knie:
„Ach Jäger, tu mich nicht erschießen!"
Dem Jäger das Herze wohl brach,

Sie tät den Jäger wohl fragen:
„Ach edler Jäger mein,
Darf ich ein grün Kranz fern tragen,
In meinem goldfarbenen Haar?"

„Grün Kränzlein darfst du nicht tragen,
Wie ein Jungfräuelein trägt,
Ein schneeweiß Häublein sollst tragen,
Wie ein jung Jägersfrau trägt."

Der Mordknecht.

(Feiner Almanach. I. B. S. 122.)

Es reit ein Herr und auch sein Knecht,
Wohl über eine Heide, die war schlecht,
Ja schlecht!
Und alles was sie redeten da,
War all's von einer wunderschönen Frauen,
Ja Frauen!

„Ach Schildknecht, lieber Schildknecht mein,
Was redst von meiner Frauen?
Ja Frauen!
Und fürchtest nicht mein braunen Schild,
Zu Stücken will ich dich hauen,
Vor mein'n Augen."

„Euern braunen Schild den fürcht ich klein,
Der lieb Gott wird mich wohl behüten,
Behüten!"
Da schlug der Knecht sein'n Herrn zu Tod,
Das geschahe um Fräuleins Güte,
Ja Güte!

„Nun will ich heim gehen landwärts ein,
Zu einer wunderschönen Frauen,
Ja Frauen!
Ach Fräulein, gebt mir Botenlohn,
Euer edler Herr und der ist tot,

So fern auf breiter Heide,
Ja Heide!“

„Und ist mein edler Herre tot,
Darum will ich nicht weinen,
Ja weinen!
Den schönsten Buhlen, den ich hab,
Der sitzt bei mir daheime,
Mutteralleine.“

„Nun sattel mir mein graues Roß,
Ich will von hinnen reiten,
Ja reiten!“
Und da sie auf die Heide kam,
Die Lilien täten sich neigen,
Auf breit'r Heiden.

Auf band sie ihm sein blanken Helm,
Und sahe ihm unter sein' Augen,
Ja Augen.
„Nun muß es Christ geklaget sein,
Wie bist du sehr zerhauen,
Unter dein Augen.

Nun will ich in ein Kloster ziehn,
Will 'n lieben Gott für dich bitten,
Ja bitten!
Daß er dich ins Himmelreich woll lan,
Das gescheh durch meinetwillen,
Schweig stillen!“

Wer ist's, der uns den Reihen sang,
Matthias Jäger ist er genannt,
Beim Trunk hat er's gesungen,
Gesungen!
Er ist sein'm Widersacher von Herzen Feind,
Zu ihm kann er nicht kommen,
Ja kommen.

Der Prinzenraub.

(Tänzels kuriose Bibliothek. 1705. S. 783.)

Wir wolln ein Liedel heben an,
Was sich hat angespunnen,
Wie's im Pleißnerland gar schlecht war bestallt,
Als den jungen Fürst'n geschah Gewalt,
Durch Kunzen von Kauffungen.

Der Adler hat auf'm Fels gebaut
Ein schönes Nest mit Jungen,
Und wie er einst geflogen aus,
Holt ein Geier die Jungen heraus,
Drauf ward's Nest leer gefunden.

Wo der Geier auf'm Dache sitzt,
Gedeihen die Küchlein selten,
Es war da ein seltsam Narrenspiel,
Welcher Fürst seinen Räten traut zu viel,
Muß oft es selber entgelten.

Altenburg, du feine Stadt,
Dich tät er mit Untreu meinen,
Da in dir war'n all' Hofleut voll,
Kam Kunz mit Leitern und Buben toll,
Und holt die Fürsten so kleine.

Was blast dich, Kunz, für Unlust an,
Daß du ins Schloß einsteigest?
Und stiehlst die zarten Herren heraus,
Als der Kurfürst eben nit war zu Haus,
Die zarten Fürstenzweige.

Es war wohl als ein Wunderding,
Wie sich das Land beweget,
Was da auf'n Straßen war'n für Leut',
Die den Räubern folgten nach in Zeit,
All's wibbelt, kribbelt, sich beweget.

Im Walde dort ward Kunz ertappt,
Da wollt er Beeren naschen;
Wär er in der Hast wacker fortgeritten,
Daß 'n die Köhler nit gefangen hätten,
Hätt er sie kunt verpaschen.

Ab'r sie wurden ihm wieder abgejagt,
Und Kunz mit seinen Gesellen
Auf Grünhain, in unsers Herrn Abts Gewalt
Gebracht, und auf die Zwika gestellt,
Und mußte sich lassen prellen.

Dafür fiel ab gar mancher Kopf,
Und keiner der Gefangnen
Kam aus der Haft ganzbeinigt davon,
Schwert, Rad, Zangn, Strick, die warn ihr Lohn,
Man sah die Rümpfe hangen.

Es geht's, wer wider die Obrigkeit
Sich unbesonnen empöret.

Wers nicht meint, schau an Kunzen,
Sein Kopf tut z' Freiberg noch runterschmunzen,
Und jedermann davon lehret.

Gott tu den frommen Christen alles Guts,
Und laß die jungen Herren,
In kein Feindes Hand mehr also komm'n,
Geb auch der Frau Kurfürstin viel Fromm'n,
Daß wir uns in Ruhe ernähren.

Nächten.

(Eschenburgs alte Denkmale. S. 455.)

Nächten, da ich bei ihr was,
Schwatzten wir dann dies, dann das,
Auch sehr freundlich zu mir saß,
Sagt, sie liebt mich ohn all Maß.

Nächten, da ich von ihr scheid,
Freundlich wir uns herzten beid,
Mir verhieß bei ihrem Eid,
Mein zu sein in Lieb und Leid.

Nächten, da ich von ihr ging,
Sie mich freundlich ganz umfing,
Dazu ferne mit mir ging,
Alles war sehr guter Ding.

Heute, da ich zu ihr kam,
Da war alles wieder zahm,
Bös Bescheid ich da bekam,
Mußt abziehn mit Spott und Scham.

Der Spaziergang.

(Martin Opitz.)

Kommt laßt uns aus spazieren,
Zu hören durch den Wald,
Die Vögel musizieren,
Daß Berg und Tal erschallt.

Wohl dem der frei kann singen,
Wie du, du Volk der Luft,
Mag seine Stimme schwingen,
Zu der, auf die er hofft.

Mehr wohl dem der frei lebet,
Wie du, du leichte Schar,
In Trost und Angst nicht schwebet,
Ist außer der Gefahr.

Das Weltende.

(Mündlich.)

Ob ich gleich kein Schatz nicht hab,
Will ich schon ein finden,
Geh ichs Gäßlein auf und ab,
Bis zur großen Linden.

Als ich zu der Linden kam,
Saß mein Schatz daneben:
„Grüß dich Gott, herzlieber Schatz!
Wo bist du gewesen?"

„Schatz, wo ich gewesen bin,
Darf ich dir wohl sagen,
War in fremde Lande hin,
Hab gar viel erfahren.

Sah am Ende von der Welt,
Wie die Bretter paßten,
Noch die alten Monden hell
All in einem Kasten.

Sahn wie schlechte Fischtuch aus,
Sonne kam gegangen,
Tippte nur ein wenig drauf,
Brannt mich wie mit Zangen.

Hätt ich einen Schritt getan,
Hätt ich nichts mehr funden,
Sage nun mein Liebchen an,
Wie du dich befunden."

„Ich befand mich in dem Tal,
Saßen da zwei Hasen,
Fraßen ab das grüne Gras
Bis zum dürren Rasen.

In der kalten Wintersnacht,
Ließest du mich sitzen,
Ei mein schwarzbraun Äugelein,
Mußt du Wasser schwitzen.

Darum reis' in Sommernacht,
Nur zu aller Welt Ende,
Wer sich gar zu lustig macht,
Nimmt ein schlechtes Ende."

Bayrisches Alpenlied.

(Ariel's Offenbarungen. S. 201.)

Der Franz läßt dich grüßen
Gar hoch und gar fest,
Vom Palmbaum hoch sprießen
Gar vielerlei Äst.

Mit grünblauer Seiden
Ein Kränzlein hängt dran,
Drum sollt du wohl meiden
Ein anderen Mann.

Ja Mädel, sein Lieben
Nimmt sonst mal ein End,
Wie Röslein da drüben,
Die Reif hat verbrennt.

Im Tal liegt noch Nebel,
Die Alpen sind klar,
Doch wird er bald sehen,
Was unten ist wahr.

Er sieht wohl die Schwalben,
Sie ziehen dann nieder
Die Küh von den Alpen,
Sie kommen auch wieder.

Jetzt klingeln sie, grüßen,
Sie haben gut Haus,
Viel Brünnlein drin fließen,
Ein Golddach ist drauf.

Das Haus ist ganz offen,
Kein Ringel dafür,
Der Franz tut wohl hoffen,
Du klopfst an die Tür.

Am buchsbaumern Tischlein,
Drauf stehn zwei Glas Wein;
Er schenkt klaren Wein ein,
Er saget was fein.

Er redet was wahr ist,
Er trinket was klar ist,
Er liebet was fein ist:
Lieb Mädel er grüßt dich.

Jäger Wohlgemut.

(Frische Liedlein.)

Es jagt ein Jäger wohlgemut,
Er jagt aus frischem freien Mut,
Wohl unter grünen Linden,
Er jagt derselben Tierlein viel,
Mit seinen schnellen Winden.

Er jagt über Berg und tiefe Tal,
Unter den Stauden überall.
Sein Hörnlein tät er blasen,
Sein Lieb wohl auf den Jäger harrt,
Dort auf der grünen Straßen.

Er spreit den Mantel in das Gras,
Bat, daß sie zu ihm nieder saß,
Mit weißem Arm umfangen:
„Gehab dich wohl mein Trösterin,
Nach dir steht mein Verlangen.

Uns netzt kein Reif, uns kühlt kein Schnee,
Es brennen noch im grünen Klee,
Zwei Röslein auf der Heiden,
In Liebesschein, in Sonnenschein,
Die zwei soll man nicht scheiden."

Der Himmel hängt voll Geigen.

(Bayrisches Volkslied.)

Wir genießen die himmlischen Freuden,
Drum tun wir das Irdische meiden,
Kein weltlich Getümmel
Hört man nicht im Himmel,
Lebt alles in sanftester Ruh;
Wir führen ein englisches Leben,
Sind dennoch ganz lustig daneben,
Wir tanzen und springen,

Wir hüpfen und singen,
Sankt Peter im Himmel sieht zu.

Johannes das Lämmlein auslasset,
Der Metzger Herodes drauf passet,
Wir führen ein geduldigs,
Unschuldigs, geduldigs,
Ein liebliches Lämmlein zum Tod.
Sankt Lukas den Ochsen tut schlachten,
Ohn einigs Bedenken und Achten,
Der Wein kost't kein Heller
Im himmlischen Keller,
Die Engel, die backen das Brot.

Gut Kräuter von allerhand Arten,
Die wachsen im himmlischen Garten,
Gut Spargel, Fisolen,
Und was wir nur wollen,
Ganze Schüssel voll sind uns bereit
Gut Äpfel, gut Birn und gut Trauben,
Die Gärtner, die alles erlauben.
Willst Rehbock, willst Hasen?
Auf offner Straßen,
Zur Küche sie laufen herbei.

Sollt etwa ein Fasttag ankommen,
Die Fische mit Freuden anschwommen,
Da laufet Sankt Peter
Mit Netz und mit Köder
Zum himmlischen Weiher hinein,
Willst Karpfen, willst Hecht, willst Forellen,
Gut Stockfisch und frische Sardellen?
Sankt Moritz hat müssen
Sein Leben einbüßen,
Sankt Marta die Köchin muß sein.

Mein Musik ist ja nicht auf Erden,
Die unsrer verglichen kann werden,
Elftausend Jungfrauen
Zu tanzen sich trauen,
Sankt Ursula selbst dazu lacht,
Cäcilia mit ihren Verwandten,
Sind treffliche Hofmusikanten,
Die englischen Stimmen
Ermuntern die Sinnen,
Daß alles für Freuden erwacht!

Die fromme Magd.

(Die lautere Wahrheit von Ringwaldt. S. 281)

Eine fromme Magd von gutem Stand,
Geht ihrer Frauen fein zur Hand,
Hält Schüssel, Tisch und Teller weiß,
Zu ihrem und der Frauen Preis.

Sie trägt und bringt kein neue Mär,
Geht still in ihrer Arbeit her,
Ist treu und eines keuschen Muts,
Und tut den Kindern alles Guts.

Sie ist auch munter, hurtig, frisch,
Verbringet ihr Geschäfte risch,
Und hälts der Frauen wohl zugut,
Wenn sie um Schaden reden tut.

Sie hat dazu ein fein Gebärd,
Hält alles sauber an dem Herd,
Verwahrt das Feuer und das Licht,
Und schlummert in der Kirche nicht.

Jagdglück.

(Fliegendes Blatt.)

Es ritt ein Jäger wohlgemut,
Wohl in der Morgenstunde,
Wollt jagen in dem grünen Wald
Mit seinem Roß und Hunde;
Und als er kam auf grüne Heid,
Da fand sein Herze Lust und Freud,
Im Maien,
Am Reihen,
Sich freuen alle Knaben und Mägdelein.

Der Kuckuck schreit,
Der Auerhahn balzt,
Dazu die Turteltauben,
Da fing des Jägers Rößlein an
Zu schnarchen und zu schnauben,
Der Jäger dacht in seinem Mut,
Das Jagen kann noch werden gut,
Im Maien,
Am Reihen,
Sich freuen alle Knaben und Mägdelein.

Der Jäger sah ein edles Wild,
Frisch, hurtig und geschwinde,
Es war ein schönes Frauenbild,
Das sich allda ließ finden;
Der Jäger dacht in seinem Sinn:
Zu diesem Wilde jag ich hin.
Im Maien,
Am Reihen,
Sich freuen alle Knaben und Mägdelein.

„Ich grüß euch Jungfrau, hübsch und fein,
Von Tugend reich und schöne,
Was ich in diesem Wald erschleich,
Das mach ich mir zu eigen."
„Ach, edler Jäger, wohlgestalt,
Ich bin nunmehr in eurer Gewalt."
Im Maien,
Am Reihen,
Sich freuen alle Knaben und Mägdelein.

Er nahm sie bei ihrer schneeweißen Hand,
Nach Jäger Manier und Weise,
Er schwang sie vorne auf sein Roß,
Glück zu! wohl auf die Reise.
Drum ist das Glück so kugelrund,
Des freut sich mancher, der mir kund,
Im Maien,
Am Reihen,
Sich freuen alle Knaben und Mägdelein.

Kartenspiel.

(Fliegendes Blatt.)

O verfluchte Unglückskarten,
Ändert sich das Spiel noch nicht,
Soll ich denn schon wieder passen,
Nie bekommen einen Stich?
Noch ein Trumpf ich tät erheben,
Wie ich lustig kam zum Spiel,
War die Karte, ach vergeben,
Und ich hat die Kart zu viel.

Diese Dam wär mein gewesen,
Aber ich kam viel zu spat,
Vor mir einer hat gesessen,
Der die Dam gewonnen hat.

Ei so will ich gleich aufhören,
Nehm die Dam ein jeder hin,
Ich aus ihrem Mund muß hören,
Daß der rechte Bub nicht bin.

O ihr Schippen tut euch schärfen,
Macht im Geldsack mir ein Grab,
Herzen will ich ferne werfen,
Hebe nimmer wieder ab,
Auf das Grab viel Kreuz will stellen;
Fall ich armer Bub ins Grab,
Auf den Eckstein schreibt Gesellen:
„Herzensdame stach ihn ab."

Für fünfzehn Pfennige.

(Feiner Almanach. I. B. S. 103.)

Das Mägdlein will ein Freier habn,
Und sollt sie'n aus der Erde graben,
Für fünfzehn Pfennige.

Sie grub wohl ein, sie grub wohl aus,
Und grub nur einen Schreiber heraus,
Für fünfzehn Pfennige.

Der Schreiber hatt' des Gelds zu viel,
Er kauft dem Mägdlein, was sie will,
Für fünfzehn Pfennige.

Er kauft ihr wohl ein'n Gürtel schmal,
Der starrt von Gold wohl überall,
Für fünfzehn Pfennige.

Er kauft ihr einen breiten Hut,
Der wär wohl für die Sonne gut,
Für fünfzehn Pfennige.

Schreiber.
Wohl für die Sonn, wohl für den Wind,
Bleib du bei mir, mein liebes Kind,
Für fünfzehn Pfennige.

Bleibst du bei mir, bleib ich bei dir,
All meine Güter schenk ich dir,
Sind fünfzehn Pfennige.

Mädchen.
Behalt dein Gut, laß mir mein'n Mut,
Kein andre leicht dich nehmen tut,
Für fünfzehn Pfennige.

Schreiber.
Dein guten Mut den mag ich nicht,
Hat traun von treuer Liebe nicht,
Für fünfzehn Pfennige.

Dein Herz ist wie ein Taubenhaus,
Fliegt einer 'nein, der andre aus,
Für fünfzehn Pfennige.

Der angeschossene Kuckuck.

(Feiner Almanach. II. S. 1.)

Ich hör' eine wunderliche Stimm:
Kuckuck!
Von fern im Echo ich vernimm:
Kuckuck!
So oft ich diese Stimm anhör,
Macht mir's allmal noch Freude mehr:
Kuckuck! Kuckuck! Kuckuck!

Den Vogel muß ich treffen an,
Kuckuck!
Weil er so lieblich singen kann,
Kuckuck!
Sollt ich den Wald auf alle Seit
Und auch die Büsch auslaufen heut,
Kuckuck! Kuckuck! Kuckuck!

Was schau ich dort im grünen Gras?
Kuckuck!
Ist es ein Fuchs oder ist's ein Has?
Kuckuck!
Ich weiß nicht soll ich schießen drein,
Oder soll ich's noch lassen sein?
Kuckuck! Kuckuck! Kuckuck!

Ich bin zwar ein gut Jägersmann,
Kuckuck!
Und traue mich doch nicht heran,
Kuckuck!
So ein gar junges schönes Tier

Hab ich noch nicht getroffen hier.
Kuckuck! Kuckuck! Kuckuck!

Weil nun das Schießen Jägers Brauch,
Kuckuck!
So will ich endlich schießen auch,
Kuckuck!
Mein Büchsen die sind schon geladen,
Daß dir's nicht mög am Leben schaden,
Kuckuck! Kuckuck! Kuckuck!

Nun liegst du Vogel getroffen hier,
Kuckuck!
Komm immerfort in mein Revier,
Kuckuck!
So oft ich dich im Wald erblick,
So schieß ich dich im Augenblick.
Kuckuck! Kuckuck! Kuckuck!

Der Vogel hat mich recht erfreut,
Kuckuck!
Ums Pulver ist mir's gar nicht leid,
Kuckuck!
Wenn ich ihn nur vermerken tu,
So schrei ich'm den Namen zu:
Kuckuck! Kuckuck! Kuckuck!

Warnung.

(Mündlich.)

Der Kuckuck auf dem Zaune saß,
Es regnet sehr und er ward naß,
Da kam ein hoher Sonnenschein,
Der Kuckuck, der ward hübsch und fein,
Dann schwang er sein Gefieder
Wohl übern See hinüber.
Kuckuck, Kuckuck, Kuckuck.

Da wandte er sich schnelle her,
Er sang so traurig, bange, schwer:
„Von rotem Gold ein Ringelein
Ließ ich im Bett der Liebsten mein,
Ich schwing nicht mein Gefieder,

Bis mir das Ringlein wieder.
Kuckuck, Kuckuck, Kuckuck.

Ach Goldschmied, lieber Goldschmied mein,
Schmied mir von Gold ein Ringelein
Schmied mir ihn an die rechte Hand,
Ich nehm ihn mit ins Vaterland,
Dann schwing ich mein Gefieder,
Wohl übern See hinüber.
Kuckuck, Kuckuck, Kuckuck."

„Ach Kuckuck, lieber Kuckuck mein,
Schmied ich dich an ein Ringelein,
Schmied ich dir an die rechte Hand,
Du kannst nicht ziehn ins Vaterland,
Schwingst nimmer dein Gefieder
Da übern See hinüber:
Kuckuck, Kuckuck, Kuckuck."

Das große Kind.

(Mündlich.)

Ich hört ein Fräulein klagen,
Fürwahr ein weiblich Bild,
Ihr Herz wollt ihr verzagen
Durch einen Jüngling mild.
Das Fräulein sprach mit Listen:
„Er liegt an meinen Brüsten
Der Allerliebste mein.

Warum sollt ich aufwecken
Den Allerliebsten mein,
Ich fürcht es möcht erschrecken
Das junge Herze sein;
Er ist mein Herzgeselle,
Er liegt an seiner Stelle,
Wie gern ich bei ihm bin.

Er ist mein Kindlein kleine,
Er atmet noch so heiß,
Und daß er nur nicht weine,
Ich sang ihn ein so leis!"
Das Fräulein sagt mit Listen:
„Es schläft an meinen Brüsten
Der Allerliebste mein."

Das heiße Afrika.

(Schubart.)

Auf, auf! ihr Brüder und seid stark!
Der Abschiedstag ist da,
Schwer liegt er auf der Seele, schwer!
Wir sollen über Land und Meer,
Ins heiße Afrika. :,:

Ein dichter Kreis von Lieben steht,
O, Brüder! um uns her.
Uns knüpft so manches teure Band
An unser deutsches Vaterland,
Drum fällt der Abschied schwer. :,:

Dem bieten graue Eltern noch
Zum letztenmal die Hand,
Den kosen Brüder, Schwester, Freund,
Und alles schweigt, und alles weint,
Totblaß von uns gewandt. :,:

Und wie ein Geist schlingt um den Hals
Das Liebchen sich herum,
Willst mich verlassen liebes Herz,
Auf ewig, und der bittre Schmerz,
Machts arme Liebchen stumm. :,:

Ist hart! Drum wirble du Tambur
Den Generalmarsch drein;
Der Abschied macht uns sonst zu weich!
Wir weinen kleinen Kindern gleich,
Es muß geschieden sein. :,:

Lebt wohl! Ihr Freunde, sehn wir uns
Vielleicht zum letztenmal,
So denkt: Nicht für die kurze Zeit,
Freundschaft ist für die Ewigkeit,
Und Gott ist überall. :,:

An Deutschlands Grenzen füllen wir
Mit Erden unsere Hand
Und küssen sie, das sei der Dank
Für deine Pflege, Speis und Trank,
Du liebes Vaterland. :,:

Wann denn des Meeres Woge sich
An unserm Schiff zerbricht,
So segeln wir gelassen fort,

Dann Gott ist hier, und Gott ist dort,
Und der verläßt uns nicht. :,:

Und ha, wenn sich der Tafelberg
Aus blauen Düften hebt,
So strecken wir empor die Hand
Und jauchzen: Land, ihr Brüder, Land!
Daß unser Schiff erbebt. :,:

Und wenn Soldat und Offizier
Gesund ans Ufer springt,
Dann jubeln wir: Hurra! Hurra!
Nun sind wir ja in Afrika,
Und alles dankt und singt. :,:

Wir leben drauf im fernen Land
Als Deutsche brav und gut:
Und sagen soll man weit und breit,
Die Deutschen sind doch brave Leut,
Sie haben Geist und Mut. :,:

Und trinken auf dem Hoffnungs-Kap
Wir seinen Götterwein,
So denken wir von Sehnsucht weich,
Ihr fernen Freunde, dann an euch,
Und Tränen fließen drein. :,:

Das Wiedersehen am Brunnen.

(Mündlich.)

Es war einmal ein junger Knab,
Der hat gefreit schon sieben Jahr
Um ein fein Mädlein, das ist wahr,
Er konnt sie nicht erfreien.

„Ei komm den Abend junger Knabe,
Wenn finstre Nacht und Regen ist,
Wenn niemand auf der Gasse ist,
Herein will ich dich lassen."

Der Tag verging, der Abend kam,
Der junge Knab geschlichen kam,
Er klopfet leise an die Tür:
„Steh auf, ich bin dafüre.

Ich hab schon lang gestanden hier,
Ich stand allhier wohl sieben Jahr."

„Hast lang gestanden, das ist nicht wahr,
Ich hab noch nicht geschlafen.

Ich hab geleg'n und hab gedacht,
Wo nur mein Schatz noch bleiben mag,
Er macht mir allzulang, zu lang,
Mir wird ganz angst und bange."

„Wo ich so lang geblieben bin,
Das darf dir wohl gesaget sein,
Bei Bier und Wein, wo Jungfern sein,
Da bin ich allzeit gerne."

Es war wohl um die Mitternacht,
Der Wächter fing zu läuten an:
„Steh auf, wer bei Feinsliebchen liegt,
Der Tag kommt angeschlichen."

Das Bürschlein auf die Leiter sprang
Und schaut die Stern am Himmel dicht:
„Ich scheide nicht bis Tag anbricht,
Bis alle Sterne schwanden."

Er sah das Morgensternlein nur,
Als sich der Knab von ihr gewandt,
Das Mägdlein morgens früh aufstand,
Ging an den kühlen Brunnen.

Begegnet ihr derselbig Knab,
Der nachts bei ihr geschlafen hat,
Viel guten Morgen boten hat:
„Gut Morgen mein Feinsliebchen.

Wie hast geschlafen heute nacht?"
„Ich hab gelegn in Liebchens Arm!
Ich hab geschlafen, daß Gott erbarm,
Mein Ehr hab ich verschlafen!"

Das Haßelocher Tal.

(Mündlich.)

Des reichen Schlossers Knab
Ging mit dem Müller aus,
Ging abends spät nach Haus
Durchs Haßelocher Tal,
Bei Haßloch durch den Wald,
Wohl durch den dicken Wald.

Der Knab holt Nägel her,
Einhundert aus der Stadt,
Die Tasche war ihm schwer,
Ein Groschen noch drein hat:
„Im Hundert", lustig spricht,
„Find ichs klein Gröschel nicht."

Der Müller denket schnell,
Er denkt der Nägel nicht,
Die Nägel klingern hell,
Zum armen Knaben spricht:
„Es ist wohl schwer dein Geld,
Ich nehm dir ab dein Geld."

Der junge Knabe spricht:
„Die hundert Gulden Geld,
Die trage ich noch selbst."
Der böse Müller spricht:
„So mußt du sterben bald,
Mußt sterben hier im Wald."

Er gab ihm keine Bitt,
Er gab ihm gleich drei Stich:
„Ach Vetter, liebster mein,
Kann es nicht anders sein,
Gedenk an Berg und Tal,
Wo wir gegangen her durch Berg und Tal."

„Ich seh nicht Berg und Tal,
Ich seh dran meine Qual,
Die hundert Gulden schnell
Verwandelt in Nägel schwarz,
Ich find den Nagel bald,
Daß ich mich häng im Wald!"

Abendlied.

(Mündlich.)

Nun laßt uns singen das Abendlied,
Denn wir müssen gehn,
Das Kännchen mit dem Weine
Lassen wir nun stehn.

Das Kännchen mit dem Weine,
Das muß geleeret sein,
Also muß auch das Abendlied
Wohl fein gesungen sein.

Wohl unterm grünen Tannenbaum,
Allda ich fröhlich lag,
In mein feins Liebchens Armen
Die lange liebe Nacht.

Die Blätter von den Bäumen
Die fallen nun auf mich,
Daß mich mein Schatz verlassen hat,
Das freuet wohl mich.

Daß mich mein Schatz verlassen hat,
Das kommt wohl daher,
Sie dacht sich zu verbessern,
Betrog sich gar sehr.

Des Abends, wenn es dunkel wird,
Steht er wohl vor der Tür,
Mit seinem blanken Schwerte,
Als wie ein Offizier.

Mit seinem blanken Schwerte,
Gleich einem rechten Held,
Mit ihm will ich es wagen,
Ins weite, weite Feld.

Mit ihm will ich es wagen,
Zu Wasser und zu Land,
Daß mich mein Schatz verlassen hat,
Das bringt mir keine Schand.

Das Abendlied gesungen ist,
Das Kännchen ist geleert,
Laß sehn nun wie du Kerl aussiehst,
Mit deinem blanken Schwert.

Der Scheintod.

(Mündlich.)

Des Jerman Weizers Fraue ward
Mit großer Angst beschweret
Von wunderbarer Krankheits Art,
Auch sollt sie bald gebären,
Sie betet: Wär das Kind zur Welt,
Danach, wenn's Gott dem Herrn gefällt,
Wollt sie auch gerne sterben.

Sie starb zu ihrer Kinder Leid,
Ward in ein Grab getragen,

Die Kinder gingen lange Zeit
Vielmal an allen Tagen,
Wohl auf den Kirchhof zu dem Grab,
Sie weinten sich da täglich ab,
Im Hause still zu bleiben.

Als nun die Frau neun Tage lang
Im Grabe hat gelegen,
Die Kinder nahmen ihren Gang,
Zum Kirchhof täten gehen,
Da hörten sie ein lieblich Stimm
Auf ihrer Mutter Grab, vernimm,
Ein Kinderliedlein singen.

Nun schlaf mein liebes Kindelein,
Sangs mit der Mutter Tone,
Die Kinder liefen freudig heim,
Mit einer Blumenkrone:
„O Vater, lieber Vater mein!
Geh mit uns auf den Kirchhof ein,
Die Mutter singet schöne.

Sie wiegt im Grab ein Kindelein,
Darum wir Blumen tragen.“
„Ihr lieben Kinder bleibt daheim,
Eur Mutter schläft ohn Klagen.“
Die Kinder ließen keine Ruh,
Der Vater ging dem Grabe zu,
Tät auch die Stimme hören.

Ein überlieblich reine Stimm
Er hört an diesem Orte,
Mit Wunderkraft, mit frohem Grimm
Er reißet auf die Pforte,
Er hebet auf den schweren Stein,
Den eichnen Sarg er schlaget ein,
Dann stürzt er betend nieder.

Es lag die schöne Fraue da,
Das Kind an ihrer Seite,
Die andern Kinder treten nah,
Sie tät die Arme breiten:
„Herzlieber Mann, dein Kind nimm an“,
Er sah es voller Freuden an,
„Und laß dich nicht entsetzen.“

Das Kindlein lacht den Vater an,
Sie gingen all nach Hause,

Ein Bad man tät anrichten dann,
Man ladet viel zum Schmause.
Gelehrte kamen auch heran,
Zu schauen das Mirakel an,
Zu hören ohne Grausen.

Da nahm sie einen Becher Wein,
Dann grüßte sie die Freunde
Und sprach: „O Tod, du böser Schein!
Ich schien wohl tot, ihr weintet,
Ich wachte auf und war allein,
Ich lag im engen Kämmerlein,
Ein Kind hatt ich geboren."

Sie sprach und dankte Gott so rein:
„Dreimal in einem Tage
Bracht mir ein kleines Knäbelein
Die Speis zum Glockenschlage,
Daß ich mein Söhnlein nähren konnt,
Und sprach: Neun Tage wart zur Stund,
Du gehest aus dem Grabe.

Doch länger nicht als noch drei Jahr
Wirst du noch bleiben leben,
Du sollst es zeigen an fürwahr
Den Bösen allen die leben;
Sie sollen sich bekehren all
Von Fluchen, Lästern allzumal,
Der jüngste Tag ist nahe."

Romanze von den Schneidern.

(Fliegendes Blatt.)

Es sind einmal drei Schneider gewen, o je,
Es sind einmal drei Schneider gewen,
Sie haben 'n Schneckn für 'n Bären angesehn,
o je, o je, o je!

Sie waren dessen so voller Sorgen, o je, usw.
Sie haben sich hinter ein Zaun verborgen, o je, usw.

Der erste sprach: Geh du voran, o je, usw.
Der andre sprach: Ich trau mich nicht vor, o je, usw.

Der dritte der war wohl auch dabei, o je, usw.
Er sprach: der frißt uns alle drei, o je, usw.

Und als sie sind zusammen kommen, o je, usw.
So haben sie das Gewehr genommen, o je, usw.

Und da sie kommen zu dem Streit, o je, usw.
Da macht ein jeder Reu und Leid, o je, usw.

Und da sie auf ihn wollten hin, o je, usw.
Da ging es ihnen durch den Sinn: o je, usw.

„Heraus mit dir, du Teuxels Vieh, o je, usw.
Wann du willst haben einen Stich.“ O je, usw.

Der Schneck, der streckt die Ohren heraus, o je, usw.
Die Schneider zittern, es ist ein Graus. O je, usw.

Und da der Schneck das Haus bewegt, o je, usw.
So haben die Schneider ’s Gewehr gestreckt, o je, usw.

Der Schneck der kroch zum Haus heraus, o je, usw.
Er jagt die Schneider beim Plunder hinaus. O je, usw.

Nächtliche Jagd.

(Mündlich.)

Mit Lust tät ich ausreiten
Durch einen grünen Wald,
Darin da hört ich singen
Drei Vöglein wohlgestalt.
Und sind es nicht drei Vögelein,
So sind’s drei Fräulein fein;
Soll mir das ein nicht werden,
So gilt’s das Leben mein.

Die Abendstrahlen breiten
Das Goldnetz übern Wald,
Und ihm entgegen streiten
Die Vöglein, daß es schallt;
Ich stehe auf der Lauer,
Ich harr auf dunkle Nacht,
Es hat der Abendschauer
Ihr Herz wohl weich gemacht.

Ins Jubelhorn ich stoße,
Das Firmament wird klar,
Ich steige von dem Rosse
Und zähl die Vögelschar.
Die ein ist schwarzbraun Anne,

Die andre Bärbelein,
Die dritt hat keinen Namen,
Die soll des Jägers sein.

Da drüben auf jenem Berge,
Da steht der rote Mond,
Hier hüben in diesem Tale
Mein feines Liebchen wohnt.
Kehr dich Feinslieb herumme,
Beu ihm den roten Mund,
Sonst ist die Nacht schon umme,
Es schlägt schon an der Hund.

Hier liegt ein Spielmann begraben.

(Mündlich.)

„Guten Morgen Spielmann,
Wo bleibst du so lang?"
Da drunten, da droben,
Da tanzten die Schwaben
Mit der kleinen Killekeia,
Mit der großen Kum Kum.

Da kamen die Weiber
Mit Sichel und Scheiben,
Und wollten den Schwaben
Das Tanzen vertreiben,
Mit der kleinen Killekeia,
Mit der großen Kum Kum.

Da laufen die Schwaben
Und fallen in Graben,
Da sprechen die Schwaben:
Liegt ein Spielmann begraben,
Mit der kleinen Killekeia,
Mit der großen Kum Kum.

Da laufen die Schwaben,
Die Weiber nachtraben,
Bis über die Grenze,
Mit Sichel und Sense:
„Guten Morgen Spielleut,
Nun schneidet das Korn."

Knabe und Veilchen.

(Mündlich.)

Knabe.

Blühe liebes Veilchen,
Das so lieblich roch,
Blühe noch ein Weilchen,
Werde schöner noch,
Weißt du was ich denke,
Liebchen zum Geschenke,
Pflück ich Veilchen dich,
Veilchen freue dich!

Veilchen.

Brich mich stilles Veilchen,
Bin die Liebste dein,
Und in einem Weilchen
Werd ich schöner sein!
Weißt du, was ich denke,
Wenn ich duftend schwenke
Meinen Duft um dich:
Knabe liebe mich!

Der Graf im Pfluge.

(Adelung's Magazin der deutschen Sprache. II. B. z. Stück S. 114.)

Ich verkünd euch neue Märe,
Halt Frieden bei der Kann.
Zu Rom da saß ein Herre,
Ein Graf gar wohlgetan,
Der war von reicher Habe,
War mild und tugendhaft,
Wollt ziehen zum heiligen Grabe,
Nach Ehren und Ritterschaft.

Sein Frau erschrak der Märe,
Sie blickt den Grafen an:
„Gnad mir edler Herre,
Dazu mein ehelich Mann,
Mich nimmt Wunder sehre,
Was euch die Ritterschaft soll,
Habt ihr doch Gut und Ehre
Und alles, was ihr wollt."

Er sprach zu seiner Frauen:
„Nun spar dich Gott gesund,
Alles will ich dir vertrauen
Allhie zu dieser Stund."
Also schied er von dannen,
Der edle Graf so zart,
Groß Kummer stand ihm zu handen,
Eins Königs Gefangner er ward.

Er mocht ihm nicht entfliehen,
Das war sein größte Klag,
Im Pflug da mußt er ziehen
Viel länger denn Jahr und Tag,
Erlitt viel Hunger, und schwere
Ward ihm die große Buß.
Der König reit vor ihm here,
Der Graf fiel ihm zu Fuß.

Der König sprach: „Mitnichten"
Sprach noch dem Grafen Hohn:
„Es hilft dir doch kein Bitten,
Schwör ich bei meiner Kron;
Und fielest du am Morgen
Täglich auf deine Knie,
Du möchtest nicht ledig werden,
Denn deine Frau wär hie."

Der Graf erschrak der Märe,
Groß Leid er ihm gedacht:
„Bring ich mein Frauen here,
So wird sie mir geschwächt,
Und soll ich hier noch bleiben,
So gilt es meinen Leib,
Darauf so will ich schreiben,
Will schicken nach meinem Weib."

Einer war an dem Hofe,
Der hat die Gefangen in Hut,
Dem übertrugs der Grafe,
Verhieß ihm Hab und Gut,
Ein Brief schreibt er behende,
Macht seiner Frauen klar,
Sein Kummer möcht niemand wenden,
Denn sie käm selber dar.

Der Bote zog ohne Trauern
Wohl über das wilde Meer,
Zu Rom fand er die Frauen,

Den Brief den gab er ihr:
Den tät sie selber lesen,
Gar heimlich und gar bald,
Sie verstund ihres Herren Wesen,
Ihr Herz ward ihr gar kalt.

Ein Brief schrieb sie wieder weise
So gar behendiglich,
Wie sie nicht möchte reisen;
Es wär ja unmöglich,
Daß eine Frau möcht fahren
Wohl über das wilde Meer,
Kein Gut wollt sie nicht sparen
An ihrem Grafen Herrn.

Der Bote tät sich eilen
Wohl wieder heim ins Land,
Die Frau die stand in Leiden,
Gar wohl sie das empfand.
So gar in stiller Sache
Tät sie das alles gern.
Sie ließ ein Kutten machen,
Sich eine Platte schern.

Die Frau konnt lesen und schreiben,
Und andre Kurzweil viel,
Sie konnte Harfen und Geigen,
Und ander Saitenspiel:
Da hing sie an ihr Seiten,
Harfen und Lauten gut,
Dem Boten tat sie nachreiten,
Fuhr übers Meer voll Mut.

Sie zogen der Tage viele,
Die Frau gar wunnesam
Aufm Meere hub an zu spielen,
Jedermann da Wunder nahm.
Der Bot saß ihr genüber,
Den ihr der Graf geschickt,
Die Augen gingen ihr über,
Sie kannt ihn, er sie nicht.

Der Bote sprach mit Sinnen
Wohl zu dem Mönche fein:
„Herr, wollt ihr Gut gewinnen,
So ziehet mit mir heim,
Zu einem König reiche,
Der gibt euch reichen Sold;

Er läßt auch Speise reichen,
Als lang ihr bleiben wollt."

Der Bot ließ nicht davon,
Wie sehr der Mönch ihn bat.
Sie zogen miteinander
Wohl an des Meers Gestad,
Sie zogen alle beide
Viel Berg und tiefe Tal,
Die Frau im Möncheskleide,
Wohl vor des Königs Saal.

Der König kam gegangen
Mit Rittern und Knechten viel,
Die Frau ward schön empfangen
Mit ihrem Saitenspiel,
Da schlug sie auf der Laute
Gar freudenreiche Wort,
Die Heiden sprachen all überlaute:
Nie hätten sie's schöner gehört.

Der Mönch saß oben am Tische,
Sie hatten ihn lieb und wert,
Man gab ihm Wildbret und Fische,
Und was sein Herz begehrt;
Da sie das also sahe,
Dacht sie in ihrem Mut,
Da ihr so gütlich geschahe:
Mein Sach wird werden gut.

Da schlug sie auf der Harfe,
Und macht ein frisch Gesang,
Gar höflich und gar scharfe,
Daß hell der Palast erklang,
Die Heiden mußten springen,
Damit, da ward es Nacht,
Wohl unter denselben Dingen
Ward dem Grafen die Botschaft bracht.

Dem Grafen kam die Märe
Von seinem schönen Weib,
Wie sie nicht käm dahere,
Es wär ihr unmöglich;
Viel Schand wär unter den Heiden,
Sie käm in große Not,
Der Graf der gedacht im Leide,
Nun muß ich leiden den Tod.

Die Frau war an dem Hofe
Bis an den andern Tag,
Da sah sie nach dem Grafen,
Es war ihr größte Klag;
Da ging sie an die Zinne,
Gar heimlich unvermeldt,
Sie ward ihres Grafen inne,
Den Pflug zog er im Feld.

Wohl zu derselben Stunde
Hob sie viel heiß zu weinen an,
Daß sie ihm nicht helfen konnte,
Wie sie gern hätt getan;
Sie war ganz unverdrossen,
Sang schöner jeden Tag,
Vier Wochen war sie im Schlosse,
Eh sie da Urlaub nahm.

Der König wollte lohnen,
Den Mönch wollt lohnen wohl,
Ihn krönt mit goldner Krone,
Viel Gelds, ein Schüssel voll:
„Nimm hin mein lieber Herre,
Laßt's euch verschmähen nicht."
Der Mönch wehrt sich gar sehre;
„Ist nicht meines Ordens Sitt!"

Der Mönch der sprach mit Sitten:
„Ich will kein solchen Sold,
Ein Gab will ich erbitten,
Ist nicht um rotes Gold,
Und nicht um Edelsteine,
Noch sonst um andern Rat,
Dort um den Menschen alleine,
Ders Feld umpflüget hat."

Der König sprach mit Fuge:
„Herr nehmt ihn in Gewalt."
Man bracht den Grafen vom Pfluge
Wohl vor den König bald,
Da sprach der König mit Treuen
Und gab dem Grafen Rat:
„Dank du dem Abenteurer,
Der dich erlöset hat."

Die Frau stand an dem Meere,
Wohl an dem andern Tag,
Der Graf ließ nicht davone,

Wollt ziehen zum heiligen Grab,
Wiewohl er hätt nicht mehre,
Weder Habe noch ander Gut,
Noch half ihm Gott der Herre,
Übers Meer er fahren tut.

Der Graf kam heimgegangen
Bestäubt und ärmiglich,
Es hat ihn schön empfangen,
Die Fraue säuberlich:
„Ein Brief hab ich dir geschrieben
In Kummer und großer Not,
Da bist du daheime blieben,
Du achtest nicht, ob ich tot."

Die Frau die sprach mit Züchten:
„Herr, das ist alles wahr;
Im Brief habt ihr geschrieben
Von eurem Kummer gar,
Das lasset euch nicht reuen,
Traut lieber Herre mein,
Ich durft dem Boten nicht trauen,
Ich fürchtet der Ehren mein."

Der Graf, der war daheime,
Bis an den andern Tag,
Sein Freund die kamen, ihn grüßen,
Sie führten der Fraue Klag,
Wie sie umzogen wäre,
So lange und so spät,
Bis hin und wieder heime,
Weiß niemand was sie schaffen hätt.

Die Frau sprang auf gar schnelle,
Wohl von dem Tische dran,
Sie ging in ihre Kammer,
Sie legt die Kutte an,
Sie nahm in ihre Hände
Die Lauten und Harfen gut,
Recht wie sie hat gestanden
Vorm König wohlgemut.

Sie trat hinein mit Schalle,
Wohl durch die Tür geschwind,
Sie tät sie grüßen alle,
Die da gesessen sind,

Der Graf erfreuet sich balde,
Da er sie wieder sah:
„Das ist der Abenteurer,
Der mich erlöset hat!"

Da ward die Frau bald jehen:
„Herr, das ist alles wahr,
Ihr habt mich wohl gesehen,
Vorm König, offenbar,
Der König der tät sprechen
Wohl zu derselben Sach:
Du Gefangner und Gebundner,
Geh aus ohn Ungemach."

Die Freund erschraken gar sehre,
War ihnen schwere Buß,
Sie standen auf von dem Tische
Und fielen der Frauen zu Fuß,
Sie täten sie fast bitten,
Daß sie ihnen das vergebe,
Also wird Fraun abgeschnitten,
Ihr Treu und auch ihr Ehr.

Drei Winterrosen.

(Feiner Almanach. I. B. S. 126.)

Es ritt ein Herr mit seinem Knecht
Des Morgens in dem Taue,
Was fand er auf der Heide stehn?
Ein wunderschöne Jungfraue.

„Gott grüß euch Jungfrau hübsch und fein,
Gott grüß euch Auserwählte,
Wollt Gott ich sollt heut bei euch sein,
In euren Armen schlafen."

„In meinen Armen schlaft ihr nicht,
Ihr bringt mir denn drei Rosen,
Die in dem Winter wachsen sind,
In voller Blüt erschlossen."

Er schwang sich in den Sattel frei,
Dahin so tät er traben,

Da wo die roten Röslein stehn,
Um Fräuleins Gunst zu haben.

Der Röslein warn nicht mehr denn drei,
Er brach sie an den Stielen,
Er schütt sie der Magd in Geren frei,
Nach allem ihren Willen.

Da sie die roten Röslein sah,
Gar freundlich tät sie lachen:
„So sagt mir edle Röslein rot,
Was Freud könnt ihr mir machen?"

„Die Freud, die wir euch machen wohl,
Die wird sich auch schon finden,
Jetzund geht ihr ein Mägdlein jung,
Aufs Jahr mit einem Kinde."

„Geh ich mit einem Kindelein,
So muß es Gott erbarmen,
Hab ich doch nur eine halbe Nacht,
Geschlafn an deinen Armen."

„So klage nicht mein Töchterlein,
Und weine nicht so sehre,
Es ist geschehn; manch Jungfräulein
Kam noch zu großen Ehren."

Das hat gesungen ein Reuter gut,
Ein Berggesell hat ihn verdrungen,
Er trinkt viel lieber den lautern Wein,
Denn Wasser aus kühlem Brunnen.

Der beständige Freier.

(Fliegendes Blatt.)

Andreas lieber Schutzpatron,
Gib mir doch nur einen Mann!
Räche doch jetzt meinen Hohn,
Sieh mein schönes Alter an!
Krieg ich einen oder keinen? – Einen.

Einen krieg ich? Das ist schön!
Wird er auch beständig sein?

Wird er auch zu andern gehn?
Oder sucht er mir allein
Und sonst keiner zu gefallen? – Allen.

Allen? Ei das wär nicht gut!
Ist er schön und wohlgestalt?
Ist's ein Mensch der viel vertut?
Ist's ein Witwer? Ist er alt?
Ist er hitzig oder kältlich? – Ältlich.

Ältlich? Aber doch galant?
Nun so sage mir geschwind:
Wer ist ihm denn anverwandt,
Und wer seine Freunde sind?
Sind sie auch von meinesgleichen? – Leichen.

Leichen? Ei, so erbt er viel!
Hat er auch ein eignes Haus,
Wenn er mich nun haben will:
Und wie sieht es drinnen aus?
Ist es auch von hübscher Länge? – Enge.

Enge? Ei wer fragt danach?
Wenn er nur ein größres schafft.
Und wie steht's ums Schlafgemach?
Ist das Bette auch von Taft,
Wo ich drinnen liegen werde? – Erde.

Erde? Das klingt wunderlich,
Ist ein sehr nachdenklich Wort!
Andreas, ach! ich bitte dich,
Sage mir doch auch den Ort,
Wo du ihn hast aufgehoben: – Oben.

Oben hat er seinen Platz?
Nun, so merk' ich meine Not,
Der mir jetzt beschriebene Schatz
Ist vielleicht wohl gar schon tot,
Ist mir sonst nichts übrig blieben? – Lieben.

Lieben soll ich nun das Grab?
Ach! wie manches Herzeleid,
Weil ich keinen haben mag,
Hier in dieser Sterblichkeit,
Keinen Krummen, keinen Lahmen! – Amen.

Von Hofleuten.

(Schöne neue Lieder mit Musik von Orlando di Lasso München 1576. III. T. S. 21)

Ich sprech, wenn ich nicht lüge,
So sollt ihr glauben mir,
Ihr habt oft gsehen Fliegen,
Das ist ein solches Tier.

Wenn man ein Kost richt anne,
Sie sei saur oder süß,
Sind sie die ersten dranne,
Mit Händen und mit Füß.

Kommt dann ein Krämer here
Mit guter Spezerei,
Mit Zucker und Latwere,
Sind sie die ersten frei.

Und die das Maul drein schlagen,
Versuchen's um und um,
Und wenn man's dann tut jagen,
So gebns kein Heller drum.

Wo man hat Bier und Mete,
Da ist den Fliegen wohl,
Sie kommen ungebeten,
Und saufen sich auch voll.

Daß manche tut ertrinken,
Im Becher und im Glas,
Kommts raus, so tut sie hinken,
Die Kleider sind ihr naß.

Ist einer dann beschoren
Und hat ein kurzes Haar,
Die Fliegen um ihn bohren
Sieht man im Sommer zwar.

Es muß sich einer oft wehren,
Will er Fried vor ihn han,
Sie tun's Fürsten und Herren,
Es hilft dafür kein Zaun.

Auch ich umfliege eine,
Und sie erwehrt sich mein,
Doch find ich sie alleine,
So ist sie dennoch mein.

Lied beim Heuen.

(In den frischen Liedlein Georg Forsters. Nürnberg 1565. II. XXV. ist schon der Anfang eines ganz ähnlichen Lieds:

Es hätt ein Biedermann ein Weib,
Ihr Tück wollt sie nit lan,
Das macht ihr grader stolzer Leib,
Daß sie bat ihren Mann,
Und daß er führ ins Heu, ins Heu,
Nach Gromat in das Gey.

Der Mann der wollt erfüllen
Der Frauen ihren Willen,
Er stieg zu aller öberst,
Wohl auf die Dillen,
Er sprach, er wollt ins Heu, ins Heu,
Nach Gromat in das Gey.

Mündlich.

Es hatte ein Bauer ein schönes Weib,
Die blieb so gerne zu Haus,
Sie bat oft ihren lieben Mann,
Er sollte doch fahren hinaus,
Er sollte doch fahren ins Heu,
Er sollte doch fahren ins
Ha, ha, ha; ha, ha, ha, Heidildei,
Juch Heisasa,
Er sollte doch fahren ins Heu.

Der Mann der dachte in seinem Sinn:
„Die Reden die sind gut!
Ich will mich hinter die Haustür stelln,
Will sehn, was meine Frau tut,
Will sagen, ich fahre ins Heu, usw."

Da kommt geschlichen ein Reitersknecht
Zum jungen Weibe hinein,
Und sie empfanget gar freundlich ihn,
Gab stracks ihren Willen darein.
„Mein Mann ist gefahren ins Heu, usw."

Er faßte sie um ihr Gürtelband,
Und schwang sie wohl hin und her,
Der Mann, der hinter der Haustür stand,
Ganz zornig da trat herfür:
„Ich bin noch nicht fahren ins Heu, usw."

„Ach trauter herzallerliebster Mann,
Vergib mir nur diesen Fehl,

Will lieben fürbaß und herzen dich,
Will kochen süß Mus und Mehl;
Ich dachte du wärest ins Heu, usw."

„Und wenn ich gleich gefahren wär
Ins Heu und Haberstroh,
So sollt du nun und nimmermehr
Einen andern lieben also,
Der Teufel mag fahren ins Heu, usw."

Und wer euch dies neue Liedlein pfiff,
Der muß es singen gar oft,
Es war der junge Reitersknecht,
Er liegt auf Grasung im Hof,
Er fuhr auch manchmal ins Heu, usw."

Des Antonius von Padua Fischpredigt.

(Nach Abraham a. St. Clara. Judas, der Erzschelm. I. S. 253.)

Antonius zur Predigt
Die Kirche findt ledig,
Er geht zu den Flüssen
Und predigt den Fischen;
Sie schlagen mit den Schwänzen,
Im Sonnenschein glänzen.

Die Karpfen mit Rogen
Sind all hieher zogen,
Haben d' Mäuler aufrissen,
Sich Zuhörens beflissen:
Kein Predig niemalen
Den Karpfen so gfallen.

Spitzgoschete Hechten,
Die immerzu fechten,
Sind eilend herschwommen
Zu hören den Frommen:
Kein Predig niemalen
Den Hechten so gfallen.

Auch jene Phantasten
So immer beim Fasten,
Die Stockfisch ich meine
Zur Predig erscheinen.
Kein Predig niemalen
Den Stockfisch so gfallen.

Gut Aalen und Hausen
Die Vornehme schmausen,
Die selber sich bequemen,
Die Predigt vernehmen:
Kein Predigt niemalen,
Den Aalen so gfallen.

Auch Krebsen, Schildkroten,
Sonst langsame Boten,
Steigen eilend vom Grund,
Zu hören diesen Mund:
Kein Predigt niemalen
Den Krebsen so gfallen.

Fisch, große, Fisch kleine,
Vornehm' und gemeine
Erheben die Köpfe
Wie verständge Geschöpfe:
Auf Gottes Begehren
Antonium anhören.

Die Predigt geendet,
Ein jedes sich wendet,
Die Hechte bleiben Diebe,
Die Aale viel lieben.
Die Predigt hat gfallen,
Sie bleiben wie alle.

Die Krebs gehn zurücke,
Die Stockfisch bleiben dicke,
Die Karpfen viel fressen,
Die Predigt vergessen.
Die Predigt hat gfallen,
Sie bleiben wie alle.

Die Schlacht bei Sempach.

(Von Halb Guter Tschudi. I. 529. Die ältern Kriegs- und Schlachtlieder der Deutschen fordern eine eigne Sammlung; aus Tschudi elf, bei Diebold Schilling fünf, die Seeschlacht der Vitalienbrüder aus Canzler, die Schlacht bei Ingolstadt aus Schärtlin, am Kremmerdamm aus Buchholz, der Nürnberger Krieg aus Canzler, die Grumbacher Fehde, der Württemberger Krieg u. a. m. haben sich bei uns angehäuft, wir konnten nur die Ausgezeichneten aufnehmen, ungeachtet keins unbedeutend.

Die Biene kam geflogen, macht in der Lind ihr Nest,
Es redet der gemeine Mann, das deutet fremde Gäst.

Da sah man wie die Feste bei Willisow hell brennt,
Den Herzog mit dem Heere ein jeder daran kennt.

Sie redeten zusammen in ihrem Übermut,
Die Schweizer wollen wir töten, das jung und alte Blut.

Sie zogen her mit Schalle von Sursee aus der Stadt,
Sie fangen an zu ziehen mit ihrem köstlichen Wat:

„Ihr niederländisch Herren, ihr zieht ins Oberland,
Werdet ihr euch da ernähren, es ist euch unbekannt.

Ihr solltet euch nach Beichte vorher noch umme sehen,
Im Oberländchem Streite möcht euch wohl Weh geschehen.“

„Wo sitzt denn nur der Pfaffe dem einer da beichten muß?“
„Zu Schweiz ist er im Felde, er gibt einem schwere Buß,

Er wird gar schwere Hand auf eure Köpfe legen,
Mit Hellebarden gibt er euch den besten Segen.“

An einem Montag frühe, als man die Mädchen sahe
Jetzt sicheln in dem Tau, sie waren Sempach nahe.

Die Herren von Luzerne sich streckten festiglich,
An Mannheit gar ein Kerne, sah keiner hinter sich.

Ein Herr von Hasenburg zum Herzog also sprach:
„Das Völklein ich beschaut, sie sind gar unverzagt.“

Da redet Ochsenstein: „O Hasenburg, o Hasenherz!“
Der Hasenburg der sagt: „Wir wollen sehn den Scherz.“

Sie banden auf die Helme und täten sie vorher tragen,
Von Schuchen hieben sie Schnäbel, man füllt damit ’nen Wagen.

Zusammen sie dann sprachen: „Das Völkchen ist zu klein,
Wenn wir die Bauern schlagen, das Lob wird klein nur sein.“

Die biedern Eidgenossen Gott riefen im Himmel laut,
Ein Regenbogen gar helle vom hohen Himmel schaut.

Und Herz und Sinn ist wachsen von hoher Manneskraft,
Daß sie sich tapfer kehrten jetzt gegen die Ritterschaft.

Der Löw fing an zu brüllen, zu schmücken seinen Wadel,
Sie fingen an zu schießen die Herren da von Adel.

Sie griffen mit langen Spießen, der Schimpf war gar nicht süß,
Die Äste von hohen Bäumen fielen vor ihre Füß.

Des Adels Heer war fest, ihr Ordnung dick verhagt,
Das verdroß die frommen Gäste, ein Winkelried da sagt:

„He werd ihr gnießen lon,
„Min fromme Kind und Frauen, so will ich ein Frevel beston,

Trüen lieben Eidgenossen, mein Leben verlur ich mit,
Sie hand ihr Ordnung gstoßen, wir mögens zu brechen nit;

He, ich will ein Inbruch han,
Des wellend ihr min Gschlecht in ewig genießen lan."

Hiemit so tut er fassen ein Arm voll Spieß behend,
Den seinen macht er ein Gassen, sein Leben hat ein End.

Er brach des Löwen Mut mit seinem teuren Blut,
Sein mannlich tapfer Sterben war den vier Waldstädten gut.

Sie brachen ein so schnelle des Adels Ordnung bald
Mit Hauen und mit Stechen: Gott seiner Seelen walt.

Der Löw fing an zu mauen, zu treten hinter sich,
Der Stier starzt seine Brauen und gab ihm noch ein Stich.

Da ließ er ihm das Banner, da ließ er ihm die Weid,
Zu Königsfeld im Kloster viel liegen begraben mit Leide.

Der Herzog Liupolt wollte es gar fürstlich wagen,
Da er an die Bauern kam, sie haben ihn tot geschlagen.

Die Kuh die sprach zum Stiere: Ach sollt ich dir nicht klagen,
Mich wollt auf deinem Reviere ein Herr gemolken haben,

Da hab ich ihm den Kübel so eben umgeschlagen,
Ich gab ihm eins zum Ohre, daß ihr ihn müßt begraben.

Ein Herre war entronnen, der war ein Herr von Ehren,
Er kam zu böser Stund bei Sempach zu dem See,

Er klopft mit seinem Knecht da an bei Hans von Rot:
„Nun tus durch Gott und Geld, führ uns aus aller Not."

Fast gern, sprach Hans von Rot, des Lohnes war er froh,
Den er verdienen sollt, fährt übern See also.

Er rudert stark und schnelle, da er gen Rotwyl war,
Da winkt der Herr dem Knechte, er sollt ihn erstechen gar.

Das wollt der Knecht vollbringen am Schiffmann in der Tat,
Hans Rot sieht's in dem Schatten, das Schifflein er umtrat.

Sie wollten sich noch halten, er warf sie in den See:
„Nun trinket liebe Herren, ihr erstecht kein Schiffmann mehr.

He, zween Fisch ich heute im See gefangen habe,
Ich bitt nur um die Schuppen, das Fleisch ist schlechte Gabe."

Es kam ein Bote endlich nach Österreich gesandt:
„Ach edle Frau von Österreich, min Herr liegt auf dem Land,

Ach edle Frau er lieget vor Sempach blutig rot!"
„Ach reicher Christ vom Himmel, was hör ich große Not.'

Halb Suter unvergessen, also ist er genannt,
Z'Luzern ist er gesessen, also sehr wohl bekannt;

Er war ein fröhlich Mann, das Lied hat er gedichtet,
Als ab der Schlacht er kam, wo Gott der Herr gerichtet.

Algerius.

(Von Hans Büchel, aus einem alten Gesangbuche der Wiedertäufer S. 179.)

Algerius sagt Wunderding:
„Wo andre schreien, weinen,
An diesem Ort ich Freud empfing,
Im Gefängnis mir erscheinet
Das Himmelheer,
Viel Märtyrer,
Tagtäglich bei mir wohnen,
In Freud und Wonn,
In Gnadensonn,
Seh ich den Herren thronen."

Obs Vaterland, sie fragten an,
Ob Freund und auch Verwandten,
Ob seine Kunst er lassen kann?
Er sprach zu den Gesandten:
„Vom Vaterland
Mich keiner bannt.
Es ist am Himmelsthrone,
Allda die Feind
Mir werden Freund
In einer Musik Tone.

Kein Medizin, Kunst, Meisterschaft,
Mag keinem hier gelingen,
Der nicht erkennet Gottes Kraft,
In seiner Kraft kann schwingen."
In Zorn und Grimm
Sie deuten ihm,
Sie wollten ihn verbrennen,
Algerius sagt:
„In Flammenmacht,
Werdt ihr mich erst erkennen!"

Doppelte Liebe.
(Mündlich.)

Nicht lang es ist,
In Fastnacht-Frist,
Hab ich mir auserkoren
Zwei Jungfraun zart,
Von guter Art
Und tugendlich geboren.

Am Abend spat
Schneeweiß ihr Wat,
Durchaus ganz wohlgezieret,
Ich ihnen gern
In Zucht und Ehrn
Gefällig hätt hofieret.

Doch durft ich nicht,
Dieweil es Sitt
Ein jeder Zeit zu halten;
Nach Klagens Brauch
Darum ich auch
Den lieben Gott ließ walten.

Und schmückt mich sehr,
Als ob ich wär
Ein Sohn der armen Frauen,
Mit kleinem Ruhm,
Recht wie die Blum
Den Winter in der Auen.

Vor beider Tür
Ich stehe hier,
So zwischen beiden Frauen,
Ganz grämlich schier,
Wie's Müllertier
Zwei Bündel Heu mag schauen.

Schleich auf den Zehn
Zum Schlafen gehn,
Vor großem Leid und Kummer;
In dem bedacht
In selbig Nacht
Den schön und edlen Sommer.

In kurzer Zeit
Er breitet weit
Die Blum auf grüner Heiden,

Manch schönen Strauch,
Darin ich auch
Mich hoff mit Lust zu weiden.

Die gefährliche Manschettenblume.

(Mündlich.)

Es stand ein Baum im Schweizerland,
Der trug Manschettenblumen,
Die erste Blume die er trug,
Die war des Königs Tochter.

Des Bauers Sohn darunter war,
Der täte um sie freien,
Er freite länger als sieben Jahr,
Er konnte sie nicht erfreien.

Der Bauernsohn steigt auf das Nest,
Da oben auf dem Baume.
Der König hält ihn am Mantel fest:
„Was willst mit meiner Tochter?

Sie ist viel höher geboren als du,
Von Vater und von Mutter."
„Ist sie viel höher geboren als ich,
So bin ich viel höher gestiegen."

„Und wenn du auch mein Rat schon bist,
Du bist doch nicht vom Blute."
„Ei König was du jetzo bist,
Das dankest du meinem Blute!"

„Ich dank dir mein Schloß in Österreich,
Da sollst du König werden,
Ich schlag dich zum Ritter mit dürrem Zweig,
Das Kettlein soll dir auch werden.

Und über dem Schloß noch höher hinaus,
Sie sollen hinauf dich ziehen,
Da hast du über den Wolken ein Haus,
Gewitter unter dir ziehen."

„Und hätt es des Königs Tochter getan,
Kein König ich würd über alle,
So geht's wer gerne freien tät,
Und kann doch keiner gefallen."

Der Fähnrich.

(Fliegendes Blatt.)

Marschiert ihr Regiment
Nun in das Feld,
In aller Welt
Viel Krieg ist heuer zu finden.

Bei der Frau Wirtin nachts
Sie kehrten ein:
„Wollen lustig sein,
Das Mädchen schläft allein."

Und als das Mädchen nun
Vom Schlaf erwacht,
Und sich bedacht,
Da fing sie an zu weinen.

„Ei schwarzbraun Mädchen sagt,
Was weint ihr hier?"
„Ein schöner Offizier,
Hat mir genommen mein Ehr!"

Der Hauptmann ein braver Mann,
Die Trommeln rührt,
Die Trommeln rührt,
Den Feldmarsch läßt er schlagen.

Er ließ marschieren sie,
Zu zwei und drei
Zu drei und zwei,
Auf daß sie ihn erkenne.

„Mamsell erkennt ihr ihn?"
„Ich kenn ihn wohl
So schön und voll,
Er tut die Fahne schwenken."

Der Hauptmann, ein solcher Mann,
Den Galgen baut,
Den ihr weit schaut,
Den Fähnrich dran zu hängen.

„O liebster Kamerad,
Wenn einer fragt,
Ihr ihm doch sagt,
Ich wär mit Ehrn erschossen."

Des andern Tages kam
Des Fähnrichs Frau:

„Mein Mann nicht schau,
Wo ist er denn geblieben?"

„Dort draußen vor dem Tor",
Sie sagten an,
„Den armen Mann,
Zwei Jäger ihn erschossen."

So geht es in der Welt,
Wenn man verliebt,
Wenn man verliebt,
Muß man sein Leben lassen.

Schmählied gegen die Schweizer.

(Von Isenhofer von Waldshut bei Tschudi. II. 412.)

Wohlauf ich hör ein neu Getön,
Der edlen Vögel Sang,
Ich trau es werde nun ganz schön,
Unwetter hat so lang
Geregnet auf der Heide,
Die Blumen sind erfrorn,
Dem Adel, als zum Leide,
Die Bauern zusammen schworn.

Die Wolken sind zum Berg gedrückt,
Das schafft der Sonne Glanz,
Den Bauern wird ihr Gewalt entrückt,
Das tut der Pfauen Schwanz;
Nun Kuh so laß dein Lugen,
Geh heim, hab gut Gemach,
Den Herren ekelt dein Mugen,
Trink aus dem Mühlenbach.

Und bliebest du daheime,
Du hättest gute Weid,
Und dich betrübte keiner,
Und dir gescheh kein Leid,
Du tatst zu weit ausbrechen,
Das tut dem Adel Zorn,
Das kommt von deinem Stechen,
Man schlägt dich auf dein Horn.

Die Bauern treiben Wunder,
Ihr Übermut ist groß,
In Schwitz und Glarus besunder,
Niemand ist ihr Genoß;

Sie tragen jetzt die Krone
Vor Ritter und vor Knecht,
Wird ihnen nun der Lohne,
Das ist nicht wider Recht.

Der uns dies Liedlein hat gemacht,
Der ist von Isenhofen,
Die Bauern hatten sein kein Acht,
Als er saß hinterm Ofen
Und horchet ihrem Rate,
Und was sie wollten treiben,
An einem Abend spate,
Er will es nicht verschweigen.

Ein Bauer sah im Glase
Den hellen Farbenschein,
Er warf, als ob er rase
Hinaus es in den Rhein:
„O Pfauenschwanz ich sehe
Dich doch an allem Ort,
So soll es dir auch gehen."
Er sprach ein grimmig Wort.

Sie sprachen: „Wir sind Herren
Von unsrem Land und Leut,
Der König soll es nicht wehren,
Wir geben um ihn nichts;
Er wollte uns gern spalten,
Und das liegt an dem Tag,
Das Bündel Ruten soll halten,
Doch mancher Herr noch klag."

Und frühe vor dem Morgen
Ich hob mich von dannen bald,
Ich lief dahin mit Sorgen,
Wohl oben durch den Wald,
Und da ich kam auf die Heide
Da hab ich dies gesungen,
Den Frommen nicht zu Leide,
Daß Feld und Wald erklungen.

Um die Kinder still und artig zu machen.

(Feiner Almanach. I. B. S. 145.)

Es kam ein Herr zum Schlößli
Auf einem schönen Rößli,

Da lugt die Frau zum Fenster aus
Und sagt: „Der Mann ist nicht zu Haus

Und niemand heim als Kinder
Unds Mädchen auf der Winden.“
Der Herr auf seinem Rößli,
Sagt zu der Frau im Schlößli:

„Sinds gute Kind, sinds böse Kind?
Ach liebe Frau, ach sagt geschwind.“
Die Frau, die sagt: „Sehr böse Kind,
Sie folgen Muttern nicht geschwind.“

Da sagt der Herr: „So reit ich heim,
Dergleichen Kinder brauch ich kein.“
Und reit auf seinem Rößli,
Weit, weit entweg vom Schlößli.

Gesellschaftslied.

(Mündlich.)

Dieterlein.
Wohlauf ihr Narren, zieht all mit mir,
Zieht all mit mir,
Wohl heuer in diesem Jahre,
In diesem Jahre.

Alle.
Haben's gern getan,
Tun's noch einmals,
Was geht's dich denn an?
Dich gehts gar nichts an!
Was fragst denn du danach?
Was hast denn du davon?

Dieterlein.
Bin ich ein Narr, bin's nicht allein,
Achts sicher klein,
Wollt Gott, ich wär nur ein Narre,
Nach meinem Sinne.

Alle.
Hättst gern so getan,
Tätst noch einmal, usw.

Dieterlein.
Wollt Gott, ich wär ein kleins Vögelein,
Waldvögelein klein,

Zur Lieben wollt ich mich schwingen,
Ins Fenster springen.

Alle.
Hättst gern getan, usw.

Dieterlein.
Wollt Gott, ich wär ein klein Kätzelein,
Klein Kätzelein,
Gar lieblich wollt ich ihr mausen
In ihrem Hause.

Alle.
Hättst gern getan, usw.

Dieterlein.
Wollt Gott, ich wär ein klein Hündelein,
Hündelein klein,
Gar treulich wollt ich ihr jagen,
Die Hirsch und Hasen.

Alle.
Hättst gern getan, usw.

Dieterlein.
Wollt Gott, ich wär ein klein Pferdelein,
Artig Zeltelein,
Gar sanfte wollt ich ihr traben,
Zu ihrem Knaben.

Alle.
Hättst gern getan, usw.

Dieterlein.
Zu ihrem Knaben ins Kämmerlein,
Ins Kämmerlein,
Gern würd ich dann sehen,
Euch Herren gehen.

Alle.
Drauf trinken wir alle
Diesen Wein mit Schalle,
Dieser Wein vor anderm Wein,
Ist aller Welt ein Fürste,
Trink mein lieber Dieterlein,
Und daß ich nimmer dürste,
Trink's gar aus,
Trinks gar aus.

Dieterlein.
Der Wein schmeckt wohl,
Macht mich oft trunken,
Darum soll man ihn loben,
Mir ist verkündt
Ein seltsam Spiel,
Ein Vogel auf dem Brunnen,
Ein seltsam Fang,
Macht mich oft siech,
Vor Lachen muß ich schweigen,
Kurz Griff sind auf der Lauten.

Alle.
So trinken wir die liebe lange Nacht,
Bis daß der liebe lichte Morgen wacht.
Bis zu dem lichten Morgen
Wir singen
Und springen,
Und sind nun froh,
Und leben also,
Ohn alle schwarze Sorgen.

Dieterlein.
Ich bin der König der Toren,
Zum Trinken auserkoren,
Und ihr, ihr seid erschienen,
Mich Fürsten zu bedienen.

Spann Jäger dein Gefieder,
Schieß mir das Wildbret nieder,
Erhebet dann die Stimme,
Und singt mit rechtem Grimme.

Ins Horn, ins Horn, ins Jägerhorn,
Und wer es hört der wird zum Torn,
Und springt und singt mit Schalle,
Drauf trinken wir wohl alle.

Alle.
So springt und singt mit Schallen,
Der König soll leben vor allen.

Das Gnadenbild Mariä-Hilf bei Passau.

(Procopii Mariale festivale. S. 9.)

Es wohnt ein schönes Jungfräulein
Bekleidet mit Samt und Seiden,

Ob Passau in ein Kirchel klein,
Auf einer grünen Heiden,
Dort auf dem Kapuzinerberg
In Gnaden sie verbleibet,
Mit Zeichen und mit Wunderwerk
Ihr meiste Zeit vertreibet.

Aus fremden Landen führt sie her,
Erzherzogs Leopoldus,
Ihr zu erzeigen alle Ehr,
Das war sein größte Wollust.
Den schönen Sitz hat ihr bereit
Ein edler Herr von Schwendi,
Jetzt genießt er in der Seligkeit
Ihr mütterliche Hände.

Auf ihrem Haupt trägt sie ein Kron,
Von Gold und Edelsteinen,
Von Silber ist gemacht ihr Thron,
Auf dem tut sie erscheinen,
Jesus der wahre Gottes Sohn
In ihren Armen wohnet,
Die Seel, die ihm und ihr tut schön,
Bleibt wohl nicht unbelohnet.

An ihr ist nichts denn Heiligkeit,
Und majestätisch Leben,
Ganz englisch ist ihr Reinigkeit,
Demütig doch daneben,
Ihr Ursprung ist sehr adelich,
Von königlichem Stamme,
Ich darf sie nennen öffentlich,
Maria heißt ihr Namen.

Vor ihr die Engel neigen sich,
Weil sie Gott selber ehret,
Dienstwillig sie erzeigen sich,
Sobald sie's nur begehret,
Die Kaiser beugen ihre Knie,
Die König sie schön grüßen,
Fürsten und Herrn rühmen sie,
Und fallen ihr zu Füßen.

Es stehn vor ihrem Angesicht
Viel tapfre Edelknaben,
Zu ihrem Dienst dahin gericht,
Die Schild in Händen haben.
Wie Engel stehen ihr so nah,

Der Ablaß und die Gnade,
Die grüßen uns von ferne da,
Und hin zu ihr uns laden.

Mit vielen zarten Blümelein
Ist sie gar fein umstecket,
Mit Nägeln und mit Röselein
Wir ihr Altar bedecket,
Davon das ganze Kirchel schier
Überaus lieblich schmecket,
Damit das Volk durch solche Zier
Zur Andacht werd erwecket.

Oft Musikklang und Orgelspiel
Tut man da bei ihr hören,
Ämter und Litaneien viel
Haltet man ihr zu Ehren,
Ihr viel Personen immerdar
Lichter und Ampeln brennen,
Durch welche sie sich ganz und gar
Zu ihrem Dienst bekennen.

Dort sieht man durch die Sommerzeit
Prozession und Fahnen,
Die Prediger nach Gelegenheit
Das Volk zur Buß vermahnen,
Sie, Reich und Arm, Mann, Weib und Kind.
Loben und benedeien,
Und so sie beichten ihre Sünd,
Tut man's ihnen verzeihen.

Allda sich in ein Klösterlein,
Nicht weit von ihr gelegen,
Viel arme Diener schließen ein,
Allein von ihretwegen;
Daß sie ohn alle Hindernis
Der Jungfrau mögen pflegen,
Und letztlich nach getaner Buß,
Erwerben ihren Segen.

Sie hat ein kleines Glöckelein,
Gar wunderschön es klinget,
Gleich wie ein kleines Waldvögelein
In aller Früh es singet,
Sobald es hört ein liebreichs Herz,
Vor Freuden es aufspringet:

Das Volk es locket hinaufwärts,
Wann's in die Luft sich schwinget.

Sie liegt mir an dem Herzen mein,
Holdselig von Gebärden;
Wollt Gott, ich könnt ihr Diener sein,
So lang ich leb auf Erden,
Drum sofern ist in mir was Guts,
Und auch sogar das Leben
Bis auf den letzten Tropfen Bluts
Will ich gern für sie geben.

Den Bogen sie mit Liebespfeil,
Die Herzen durchzuschießen,
Gespannt zu halten alleweil,
Läßt sie sich nicht verdrießen.
Verbreitet ihres Sohnes Licht,
Die Seelen zu gewinnen,
Ihr große Macht darauf sie richt,
Spart keinen Fleiß hierinnen.

Wer nur ansieht ihr schön Gestalt,
Der tut sich gleich verlieben,
Als wär an ihr Magnets Gewalt,
So wird er angetrieben,
Viel tausend Leut so manche Meil
Ihr zu Gefallen reisen,
Zu kurz ist ihnen Zeit und Weil,
Wann sie ihr Ehr erweisen.

Den sie nur freundlich blicket an,
Den hat sie schon gewonnen,
Ihr Anblick ihn bald fangen kann,
Kommt nimmer gern von dannen,
Nicht wenig tun bekennen das
Von Bösen und von Frommen;
Meinen, es zieh sie weiß nicht was,
So sind sie eingenommen.

Geb Gott, daß stets an diesem Ort
Sein Name werd gepriesen,
Daß ihm sogar mit keinem Wort,
Ein Unehr werd bewiesen,
Das liebe Kindlein Jesus Christ,
Der Mutter zu gefallen,
Woll helfen tun zu jeder Frist
All die zur Jungfrau wallen.

Geh du nur hin, ich hab mein Teil.

(Fliegendes Blatt.)

Husar.
Wohlan die Zeit ist kommen,
Mein Pferd, das muß gesattelt sein,
Ich hab mir's vorgenommen,
Geritten muß es sein.
Geh du nur hin, ich hab mein Teil,
Ich lieb dich nur aus Narretei;
Ohne dich kann ich wohl leben;
Ohne dich kann ich schon sein.

So setz ich mich aufs Pferdchen,
Und trink ein Gläschen kühlen Wein,
Und schwör bei meinem Bärtchen,
Dir ewig treu zu sein: Geh du usw.

Mädchen.
Du glaubst, du bist der Schönste
Wohl auf der ganzen weiten Welt,
Und auch der Angenehmste,
Ist aber weit gefehlt: Geh du nur hin usw.

In meines Vaters Garten,
Wächst eine schöne Blume drin,
So lang will ich noch warten,
Bis die noch größer ist. Geh du nur usw.

Beide.
Du denkst ich werd dich nehmen,
Ich hab's noch nicht im Sinn,
Ich muß mich deiner schämen,
Wenn ich in Gesellschaft bin;
Geh du nur hin, ich hab mein usw.

Verlorene Mühe.

(Schwäbisch.)

Sie.
Büble, wir wollen auße gehe,
Wollen unsre Lämmer besehe,
Komm, liebs Büberle,
Komm, ich bitt.

Er.
Närrisches Dinterle,
Ich geh dir holt nit.

Sie.
Willst vielleicht ä bissel nasche,
Hol dir was aus meiner Tasche;
Hol's, liebs Büberle,
Hol, ich bitt.

Er.
Närrisches Dinterle,
Ich nasch dir holt nit.

Sie.
Tut vielleicht der Durst dich plage,
Komm, will dich zum Brunne trage;
Trink, liebs Büberle,
Trink, ich bitt.

Er.
Närrisches Dinterle,
Es dürst mich holt nit.

Sie.
Tut vielleicht der Schlaf dich drücke,
Schlaf, ich jag dir fort die Mücke;
Schlaf, liebs Büberle,
Schlaf, ich bitt.

Er.
Närrisches Dinterle,
Mich schläferts holt nit.

Sie.
Gelt, ich soll mein Herz dir schenke,
Immer willst an mich gedenke;
Nimms, liebs Büberle,
Nimms, ich bitt.

Er.
Närrisches Dinterle,
Ich mag es holt nit.

Starke Einbildungskraft.

(Mündlich.)

Mädchen.
Hast gesagt du willst mich nehmen,

Sobald der Sommer kommt :,:
Der Sommer ist gekommen,
Du hast mich nicht genommen,
Geh Buble, geh nehm mich! Gelt ja
Du nimmst mich noch.

Bube.
Wie soll ich dich denn nehmen,
Und wenn ich dich schon hab :,:
Denn wenn ich halt an dich gedenk,
Denn wenn ich halt an dich gedenk,
So mein ich, so mein ich, ich mein,
Ich wär bei dir.

Die schlechte Liebste.

(Mündlich.)

Jetzunder geht mir mein Trauern an,
Die Zeit ist leider kommen,
Die mir vorm Jahr die Liebste war,
Ist schlecht mir vorgekommen.

Mein Herz ist von lauter Eisen und Stahl,
Dazu von Edelsteinen.
Ach wenn doch das mein Schatzliebchen erführ,
Es würde trauren und weinen.

Es trauert mit mir die Sonne, der Mond,
Dazu die hellen Sterne,
Die haben den lebenden, schwebenden
Lustgarten an dem Himmel.

Mein Garten von lauter Lust war erbaut
Auf einem schwarzen Sumpfe,
Und wo ich lebend und schwebend vertraut,
Da ist ein Irrlicht versunken.

Wollt Gott, daß früh ich gestorben wär,
In meinen jungen Jahren,
So wäre mir all mein Lebetag
Kein größre Freud widerfahren.

Es ist nicht hier ein kühler Brunn,
Der mir mein Herz tät laben,
Ein kühler Brunn zu aller Stund,
Er fließt aus meinem Herzen.

Maria auf der Reise.
(Procopii Mariale festivale. S. 447.)

Ei wie so einsam, wie so geschwind?
Jungfrau Maria nicht so eile;
Ringfertig, wacker, als wie der Wind,
Ach, warum läßt dir nicht der Weile?
Hoch sind die Berg, sehr rauh ist der Weg,
Dazu auch manche lange Meile,
Zart sind die Füß, gibt oft schmale Steg,
Jungfrau Maria nicht so eile.

Maria.
„Warum so einsam und so geschwind,
Will ich dir herzlich gern anzeigen,
Weil du mich fragst mein liebes Kind,
Will ich die Ursach nicht verschweigen,
Jungfrauen wills gebühren gar nicht
Viel untern Leuten umzuziehen,
Eben darum viel Böses geschicht,
Weil sie die Leut bei Zeit nicht fliehen.

Durch das Gebirg über Berg und Tal,
Tut sich mein Geist in Gott erschwingen,
Als wie ein himmlische Nachtigall
Ich das Magnifikat tu singen,
Wer gern allein ist und betet gern,
Der tut sein Zeit gar schön zubringen."
Mensch, unser Frauen die Kunst ablern!
Gott geb, daß dir es mög gelingen.

Adelnssucht.
(Frische Liedlein.)

Mancher jetzund nach Adel strebt,
Hätt er nicht Geld,
Würd öfter um sich schauen,
Gedenken wer sein Vater war,
Ders ganze Jahr
Den Acker mußte bauen;
Der jetzund sich
So gar höflich
Bei Leuten tut aufschmücken,
Hälts nicht dafür,

Als wenn man spür,
Daß er den Pflug kann zwicken.

Wenn er nun kommt zum Abendtanz,
So gilt sein Kranz
Mehr denn der andern allen.
Er krümmt sich fast nach Adelssitt,
Sein gemeßner Tritt
Tut ihm selbst wohlgefallen.
Wer hätt vertraut,
Daß solches Kraut
In Dörfern auch sollt wachsen?
Wenn er nur spricht,
Er ist erwischt,
Ist bäurisch ausgelassen.

Weisheit die tut ihm viel zu leid,
Gibt bös Bescheid,
Wenn man's ihm nicht will glauben,
Dünkt sich in aller Sach gescheit,
Doch fehlt's ihm weit,
Sieht aus wie saure Trauben.
Im Spiegelglas,
Wird sehen das,
Der Kittel ihn baß zieret,
Den seiden Wat,
Den Adelsstaat,
Zu bäurisch Art verführet.

Abschiedszeichen.

(Mündlich.)

Wie schön blüht uns der Maien,
Der Sommer fährt dahin,
Mir ist ein schön Jungfräuelein
Gefallen in meinen Sinn.
Bei ihr ja wär mir wohl,
Wann ich nur an sie denke,
Mein Herz ist freudenvoll.

Wenn ich des Nachts lieg schlafen,
Mein Feinslieb kommt mir für,
Wenn ich alsdann erwache,
Bei mir ich niemand spür;
Bringt meinem Herzen Pein,

Wollt Gott, ich sollt ihr dienen,
Wie möcht mir baß gesein.

Bei ihr da wär ich gerne,
Bei ihr da wär mir's wohl;
Sie ist mein Morgensterne
Strahlt mir ins Herz so voll,
Sie hat ein roten Mund,
Sollt ich sie darauf küssen,
Mein Herz würd mir gesund.

Ich werf mit Rosenblättern
In Liebchens Fenster ein:
Ei schlafe oder wache,
Ich möchte bei dir sein!
Das Fensterlein steht auf
Wie bei dem Vogelsteller,
Ich wag mich nicht hinauf.

Wollt Gott, ich fänd im Garten
Drei Rosen auf einem Zweig,
Ich wollte auf sie warten,
Ein Zeichen wär's mir gleich;
Das Morgenrot ist weit,
Es streut schon seine Rosen,
Adie meine schöne Maid.

Die Ausgleichung.

(Mündlich.)

Der König über Tische saß,
Ihm dienten Fürsten, Herren,
Viel edle Frauen schön und zart,
So saßen sie paarweis.
Da man das erste Essen aß,
Da kam in hohen Ehren
Ein Mädchen jung, von edler Art,
Also in kluger Weis.

Den Becher, den sie schwebend hält,
Von Golde ausgetrieben,
Der Königin sie reicht ihn dar,
Die Königin schenkt ein,
Ihn vor den König liebreich stellt:
„Das trink auf treue Liebe!"

Da kommt ein Knab mit gelbem Haar,
Trägt einen Mantel fein.

Der König bietet dar sogleich
Den Mantel weiß und eben,
Der Königin als Ehrendank:
„Wie schön wird er dir stehn!"
Drauf will er trinken alsogleich,
Da spritzt der Wein daneben,
Sie will den Mantel legen an,
Der Mantel steht nicht schön.

Der König und die Königin
Verwundern sich gar sehre,
Der König sieht den Becher an,
Den Mantel sie ablegt;
Da fanden sie dann beider Sinn,
Geschrieben hell und here:
„Nur treue Lieb draus trinken kann."
„Die Treu den Mantel trägt."

Der Königin bracht ein Zwerglein klein
Des Bechers Goldgemische,
Dem König lehrt die Feye sein,
Des Mantels alten Brauch;
Der Schimpf soll nun auch allen sein,
Und Herrn und Fraun am Tische
Versuchten auch den Becher Wein,
Den Mantel also auch.

Den Herren wird der Bart so naß,
Der Mantel Fraun entstellet,
Bis auf die jüngste Fraue schön,
Dem ältsten Herrn vertraut,
Dem wird der weiße Bart nicht naß,
Der Mantel leicht gesellet
Sich jedem Bug der Fraue schön,
Daß man treu Lieben schaut.

Den Becher läßt der König gleich
Dem Ritter voller Treue,
Die Königin das Mäntelein
Der Fraue, die ihn trug,
Zum Zwerglein ward der Ritter gleich,
Sein Fräulein wird zur Feye,
Den Becher und den Mantel fein,
Sie nahmen voller Trug.

Sie gossen aus den Becher Wein,
Ein Tröpflein auf den Mantel,
Und gaben ihn der Königin,
Den Becher leer dem König.
Gleich trank der König daraus Wein,
Der Königin paßt der Mantel,
Vergnügt ward da die Königin,
Vergnügt ward da der König.

Nun prunkten sie noch manches Jahr
Mit Becher und mit Mantel,
Und jeder Ritter trank ihn wohl,
Er stand wohl jeder Frau.
Doch wuchs mit jedem neuen Jahr
Der Flecken in dem Mantel,
Der Becher klang wie Blech so hohl,
Sie stellten beides zur Schau.

Petrus.

(Mündlich am Neckar.)

Der Herr der stellt ein Gastmahl an,
Mit seinen Jüngern alln,
Sie gingen in ein Garten,
Wo lustig jedermann.

Als die Juden den Herrn gefangen nahmen,
Da laufen die Jünger davon,
Den Petrus hat einer am Mantel ertappt:
„Glatzkopf, jetzt hab ich dich schon."

Der Petrus zieht sein Sabel,
Er wollte sie hauen allhie,
Er haut ganz miserabel,
Die mehrst Hieb gehn daneben.

Der Herr gab ihm ein Deuter:
„Ach Petrus steck ein dein Schwert,
Du bist ein Erzbärnhäuter,
Dein Schneid ist kein Teufel wert."

Das wollte den Petrus verdrießen,
Daß er erst der Niemand sollt sein,
Er zog heraus sein Sabel,
Und hieb ganz sakerisch drein.

Der Malchus stund darneben,
Und hat sich nicht umgeschaut,

Dem hat er ä Täscherl aufs Dach auf geben,
Unds Ohrwatschl putz weggehaut.

Der Malchus fängt protz und zu weinen an,
Und schrie da überlaut:
„Herr, heil mir doch mein Ohr wieder an,
Der Glatzkopf hat mir's weggehaut."

Der Herr der nahm des Malchus Ohr
Und wollt's gleich wieder kurieren,
Auf einmal sprang der Petrus hervor,
Fängt an zu räsonieren:

„Was hat mich denn mein Haun genutzt,
Da wär ich ja ein Hans,
Was ich so sakrisch hab zsammen geputzt,
Das machst du gleich wieder ganz."

Er ging bei des Kaisers Kohlenfeuer,
Da saßen die Juden dick,
Da führt der Teufel die Dienstmagd her,
Der Petrus kennet sie nicht.

„Aha, du bist auch einer,
Der mit im Garten war!"
Der Petrus lügt wie Stahl und Band,
Sprach: „Hör, es ist nicht wahr."

Gott grüß euch Alter.

(Fliegendes Blatt.)

„Gott grüß euch Alter, schmeckt das Pfeifchen?
Weist her! – Ein Blumenkopf
Von rotem Ton mit goldnen Reifchen:
Was wollt ihr für den Kopf?"

„O Herr, den Kopf kann ich nicht lassen,
Er kömmt vom bravsten Mann,
Der ihn, Gott weiß es, einem Bassen
Bei Belgrad abgewann.

Da, Herr, da gab es rechte Beute,
Es lebe Prinz Eugen!
Wie Grummet sah man unsre Leute
Der Türken Glieder mähn."

„Ein andermal von euren Taten!
Hier, Alter, sei kein Tropf:

Nehmt diesen doppelten Dukaten
Für euren Pfeifenkopf."

„Ich bin ein armer Kerl und lebe
Von meinem Gnadensold,
Doch, Herr! den Pfeifenkopf, den gebe
Ich nicht um alles Gold.

Hört nur: Einst jagten wir Husaren
Den Feind nach Herzenslust,
Da schoß ein Hund von Janitscharen
Den Hauptmann in die Brust.

Ich hob ihn flugs auf meinen Schimmel,
Er hätt' es auch getan,
Und trug ihn sanft aus dem Getümmel
Zu einem Edelmann.

Ich pflegte sein. Vor seinem Ende
Reicht er mir all sein Geld
Und diesen Kopf, drückt mir die Hände,
Und blieb im Tod noch Held.

Das Geld mußt du dem Wirte schenken,
Der dreimal Plündrung litt,
So dacht' ich, und zum Angedenken
Nahm ich die Pfeife mit.

Ich trug auf allen meinen Zügen
Sie wie ein Heiligtum,
Wir mochten weichen oder siegen,
Im Stiefel mit herum.

Vor Prag verlor ich auf der Streife
Das Bein durch einen Schuß,
Da griff ich erst nach meiner Pfeife,
Und dann nach meinem Fuß."

„Ihr rührt mich, Alter, bis zu Zähren,
O sagt, wie hieß der Mann?
Damit mein Herz auch ihn verehren
Und ihn beneiden kann."

„Man hieß ihn nur den tapfern Walter,
Dort lag sein Gut am Rhein."
„Das war mein Ahne, lieber Alter,
Und jenes Gut ist mein!

Kommt, Freund! Ihr sollt bei mir nun leben,
Vergesset eure Not,

Kommt, trinkt mit mir von Walters Reben
Und eßt von Walters Brot."

„Nun top! Ihr seid sein wahrer Erbe,
Ich ziehe morgen ein,
Und euer Lohn soll wenn ich sterbe
Die Türkenpfeife sein."

Schwere Wacht.

1. Jungfrau und Wächter.

(Aus einer Sammlung ungedruckter Minnelieder im Besitz von C.B.)

Von hoher Art ein Fräulein zart
Hört ich den Wächter klagen,
Aus Herzensqual, zum erstenmal
Wollt sie die Liebe wagen,
Sie sprach: „Geselle mein Ungefälle
Ist nah und bringt mir Schmerzen,
Ach Wächter gut, ein argen Mut
Trag ich in meinem Herzen."

„Einem werten Mann, dem wünsch ich an
Viel Glück und Heil mit Treuen,
Sein Tugend groß findt niemand bloß,
Auf ihn ist wohl zu bauen,
Daß er wohl sei alles Wandels frei,
Ein Mann von hohen Ehren."
„O Wächter mein, mag es wohl sein,
So hilf mir Freude mehren.

Gut, Wächter! ich kann ihn ohne dich
In mein Gemach nicht bringen,
O wolle mir nach meiner Begier
Mein Leid nun helfen wenden,
Ich sag fürwahr, daß immerdar
Mit Gab ich dir's vergelte,
Kömmt er herbei, gut Wächter frei,
Den Gast gen niemand melde."

Der Wächter sprach: „Zart Frau ich lach;
Tut mir's nicht übel kehren,
Meine Treu ich gab auf all mein Hab,
Ein Eid mußt ich wohl schwören,
Und mit der Hand ich mich verband,

Des Herren Schad zu wenden,
Frau, daß ich tu, mut mir nicht zu,
So darf mich niemand schelten.

Mein Herr gebot mir auf den Tod,
Da er von hier wollt scheiden,
Zu wachen wohl, ich Wächter soll
Es tun bei meinem Eide,
Er sprach: Mit Schall sing, ruf und knall,
Sei munter an der Zinnen,
Hab in der Hut, mein Schloß und Gut,
So lang ich bin von hinnen.

Er sprach noch mehr, bei Treu und Ehr,
Tu's ehrlich mit mir meinen,
Wollt hier ein Gast eindringen fast,
So werf ihn tot mit Steinen,
Falsch Weg und Steg mit Sorg verleg,
Den Schaden mein zu wehren,
Hüt Wächter recht, getreuer Knecht,
Dein Gut will ich dir mehren.

Frau, ihr wißt wohl, daß ich nicht soll,
Tun Schaden mit Untreuen
Dem Herren mein, es brächt mir Pein,
Und würd mich selbsten reuen."
„Deinem Ungefäll, Wächter Gesell,
Will ich nun wohl vorkommen,
Folg meiner Lehr, mein Jungfrau Ehr
Soll mir sein unbenommen.

Dazu dein Leib soll durch mich Weib
Mit Lieb wohl sein behütet,
Du siehest sonst das Mägdlein nie
Die hoch dein Lieb vergütet,
Der werte Gast dein Leid und Last
Wir nehmen mit von hinnen,
Das Mägdlein gut, bringt dir den Mut,
Laß uns all drei gewinnen."

2. Der lustige Geselle.

(Frische Liedlein.)

Die Sonn die ist verblichen.
Die Stern sind aufgegangen,
Die Nacht, die kommt geschlichen,

Frau Nachtigall mit ihrem Sang,
Der Mond ist aufgegangen,
Da ruft ein Wächter gut:
„Und welcher hat Verlangen,
Und ist mit Lieb umfangen,
Der mach sich auf die Fahrt!"

Das erhöret ein Geselle,
Der schreit dem Wächter zu:
„Ach Wächter traut Geselle
Gib deinen Rat dazu,
Wie ich das soll angreifen,
Daß ich käm vor die Tür?"
„Gar heimlich sollst du schleichen,
Ehe der Wächter tät pfeifen,
Daß man dich gar nicht spür."

Der Knab trat gar verborgen
Vor ihr Schlafkämmerlein,
Er sprach zu ihr mit Sorgen:
„Zart schönes Jungfräulein,
Neu Mähr will ich euch sagen,
Da ist kein Zweifel an,
Es lieget einer im Hage,
Der führt eine schwere Klage,
Es mag euer Buhle sein."

Die Jungfrau sprach mit Sinnen:
„Es hat dich sonst gedeucht,
Der Mond hat mir geschienen,
Die Stern han mir geleucht."
„Der Mond der hat geschienen,
O zartes Jungfräulein,
Er liegt in grüner Aue,
Sein Leib ist ihm zerhauen,
In großen Treuen zwar."

Die Jungfrau schrak gar sehre,
Ihr Herz war Leides voll,
Sie wollt kein Freud mehr hören,
Die Botschaft schmerzt ihr wohl,
Ein Hemd tät sie umscheuren,
Ein Hemdlein, das war weiß,
Den Knaben sie erblicket,
Ihr Herz vor Freud erquicket,
Gehrt ihn mit ganzem Fleiß.

Der Knab der tät sich schmiegen,
Gar freundlich an ihre Brust,
Sie tät den Knaben drücken
Mit ihrem freundlichen Kuß,
Der Knab fing an zu ringen
Mit der Jungfrauen zart,
Der Wächter an der Zinnen
Fing an ein Lied zu singen,
Ein schöne Tageweis:

„Gesegn dich Gott im Herzen,
Zart edles Fräuelein,
Du bringst meinem Herzen Schmerzen,
Es mag nicht anders sein,
Von dir muß ich mich scheiden,
Zart edles Fräuelein,
Ich schwing mich über Heiden,
In Braun will ich mich kleiden,
Durch Veil und grünen Klee."

3. Variazion.

(Frische Liedlein.)

Aus hartem Weh, klagt sich ein Held,
In strenger Hut verborgen:
„Ich wünsch ihr Heil, die mir gefällt,
Komm schier lös mich aus Sorgen,
O weiblich Bild, wie schläfst so lang,
Willst du die Klag nicht hören,
Laß dich erwecken mein Gesang,
Dein Lieb will ich betören."

Ein freier Wächter hört die Mär,
Lag still an seiner Zinnen,
Er fragt, wer hier verborgen wär,
So hart nach Lieb tät ringen:
„Ei komm her Held, willst mir vertraun,
Dein Klag hilf ich dir decken,
Sehnst dich so hart nach meiner Frau,
Ohn Zweifel sollst du auf mich baun,
Freundlich will ich's auferwecken."

„Mein Trauen gänzlich zu dir setz,
Wächter, o freier Geselle!
Mein Kleid laß ich dir hie zuletzt,
Mach uns kein Ungefälle:

Geh hübschlich dar, nimm dir der Weil,
Laß auch dein Gespann nicht merken,
Die Türmer sehn aus Langeweil,
Schau daß dich keiner übereil.
Zu Hoffnung tu mich stärken."

„Wach auf, herzallerliebste Frau,
Hört jämmerliche Schmerzen,
Es singt ein Held vor grüner Au,
Fürwahr tu ich nicht scherzen.
Legt an euer Wad, besorgt euch nicht,
Euch soll nichts widerfahren,
Merkt eben dem zu sein Gedicht,
Wie ihn ein Liebe aneficht,
Euer Liebe tut selbst bewahren."

Der Held hub an zum drittenmal,
Groß Freud tät er da nehmen,
Er nahet zu des Herren Saal,
Dabei sie sollt erkennen,
Daß er ihr treuer Diener wär,
Sollt Gesellschaft mit ihm pflegen:
„Ach Wächter, ich hör gute Mär!
An deiner Red spür ich kein Gefähr,
Schweig still, hüt uns vor Sorgen."

Die Frau den Held gar schön empfing,
Küßt ihn an seinem Munde,
Zu rechter Lieb er mit ihr gunt,
Macht ihr viel Freud und Wonne,
Der Wächter sprach: „Nun lieget still,
Kein Sorgen tut euch nahen,
Fürwahr ich euch des Tages Ziel
Mit ganzen Treuen nennen will,
Ich will euch nicht verführen."

Sie lagen lang in großer Lust,
Ihr Freud tät sich nur mehren,
Er griff ihr lieblich an ihr Brust:
„Tu dich zu mir herkehren."
„Ich hör Antwort, der Wächter schreit,
Daß wir uns müssen scheiden,
Es nahet wahrlich nach der Zeit,
Daß ich von dir muß in die Weit,
In Schwarz will ich mich kleiden."

Der Wächter sah am Firmament,
Daß sich die Nacht wollt enden:

„Ein scharfer Wind von Orient
Tut uns den Tag hersenden,
Die Hähnlein krähen auf dem Hag,
Die Hündlein wollen jagen,
Die Nachtigall sitzt auf dem Zweig
Singt uns eine süße Melodei,
Steht auf, es will nun tagen."

Aus süßem Schlaf da ward erweckt
Ein Fräulein minniglichen:
„Ach wie so sehr hat mich erschreckt
Ein Wunder tugendlichen,
Der Ehren Gunst, der Liebe Kunst,
Die Stern sind abgewichen,
Nun scheid von mir, mein höchster Hort,
Red vor mit mir ein freundlich Wort,
Der Tag hat uns erschlichen."

„Ach und auch Weh" klagt sich ein Held,
„Wie soll ich's überwinden;
Dazu noch wie einm schönen Weib
Ich muß den Tag verkünden."
Gar sehr erschrak die Auserwählt,
Nahm Urlaub von dem Reinen,
Ihr Herz hat sich zu ihm gesellt,
Das Fräulein tät vor ihrem Held
Gar heftiglichen weinen.

„Gesegn dich Gott, der uns beschuf",
Redt es die schöne Fraue:
„Nach dir steht mir mein täglich Ruf,
Behüt dich Gott vor Leide.
Und spar mich zu dein Wiederfahrt,
Laß dich darmit nichts merken,
Dein Scheiden kränkt mich also hart,
Ich fürcht es wird gestiftet Mord,
Die Lieb läßt sich nicht decken."

4. Beschluß.

(Herders Volkslieder. I. T. S. 118.)

Es wollt das Mädchen früh aufstehn
Und in den grünen Wald spazieren gehn.

Und als sie nun in den grünen Wald kam,
Da fand sie einen verwundeten Knabn.

Der Knab der war von Blut so rot,
Und als sie sich verwandt, war er schon tot.

„Wo krieg ich nun zwei Leidfräulein,
Die mein fein Knaben zu Grabe weinn?

Wo krieg ich nun sechs Reuterknabn,
Die mein fein Knaben zu Grabe tragn?

Wie lang soll ich denn trauren gehn?
Bis alle Wasser zusammen gehn!

Ja alle Wasser gehn nicht zusammn,
So wird mein Trauren kein Ende han."

Der Pilger und die fromme Dame.

(Fliegendes Blatt.)

Es reist ein Pilgersmann nach Morgenland hinaus,
Er kam vor eines Edelmanns Haus,
Kam vor sein Haus, vor seine Tür,
Trat eine schöne Dam herfür.

Er sprach sie an um eine gute Gab,
Was eine solche Dam vermag:
„Ich kann dir halt nichts geben,
In mein Schlafkämmerlein laß ich dich legen."

Der Pilgersmann war von Herzen froh,
Sein Mantel er sogleich auszog,
Sie schlafen beieinander die liebe lange Nacht,
Bis daß das Hämmerlein sechs Uhr schlagt.

„Ei Bettelmann, steh auf, es ist schon Zeit,
Die Vögelein singen auf grüner Heid."
„Ei laß sie betteln und pfeifen oder nicht,
Von meiner Allerliebsten scheid ich nicht."

Und als der Pilgersmann zum Hof raus kam,
Der Edelmann vom Jagen zurücke kam:
„Ich wünsche euch das ewige Leben,
Die Fraue hat mir schon Gab gegeben."

„Ei Frau, was hast du denn dem Bettelmann gegeben,
Daß er mir wünscht das ewge Leben?"
„Ich hab ihm nichts gegeben als dies oder das,
So viel mein zarter Leib vermag."

„Ei Frau, laß den Bettelmann fein nimmer in dein Haus,
Lang ihm seine Gabe zum Fenster hinaus,

Bind's ihm an eine lange Stange an,
Daß er zu dir nicht langen kann."

„Ei Mann, er bringt ja Segen in dein Haus,
Es geht der fromme Mann ins Morgenland hinaus."
„Und zieht er hin, so laß ihn gehn,
Er möchte sonst gar stille stehn."

Hochzeitlied auf Kaiser Leopoldus und Claudia Felix.

(Von Abele in seiner künstlichen Unordnung. Nürnberg 1675. I. T. S. 319.)

Kaiser
Spring, spring mein liebstes Hirschelein,
Bald wollen wir dich fällen,
Mit Pfeilen viel, in Wald hinein
Will dir mein Lieb nachstellen,
Kein Rast noch Ruh laß ich mir zu,
Bis daß ich dich kann schießen;
Spring Hirschlein fort auf ein schön Ort,
Mein Rohr wird dich bald grüßen.

Claudia.
Auf hohe Berg spring ich geschwind,
Kein Wind soll mich ereilen,
Den Pfeilen viel mein Lauf entrinnt,
Wenn ich verricht viel Meilen,
Berg und Täler sind mir zu klein,
Alls kann ich überspringen,
Gar hurtig sind die Läuflein mein,
Die Stein von ihnen klingen.

Kaiser.
Mein Rohr ich jetzt mit Freuden spann,
Wann will ich dich bald machen,
Aufzogen ist aufs Rohr der Hahn,
Das Pulver wird bald krachen,
Mein mußt du sein, ich dich nicht laß,
Spring fort mit allen Vieren,
Jetzt schieß ich drein, du liegst im Gras,
Du kannst nicht mehr stolzieren.

Claudia.
Verwund bin ich, kann fort nicht mehr,
Jäger! Du hast mich troffen!

Kein Kugel hat durchdrungen sehr,
Mein Herz das stehet offen,
Dein Kunst ich jetzt genug erfahr,
Aus ist's mit meinem Springen,
Ledig komm ich nicht aus Gefahr,
Die Jäger mich umringen.

Singer.
Fürcht dich nicht, Claudia Felix!
Jäger zwar dich umringen,
Annehmlich ist dein Augen Blitz,
Kannst wacker herum springen.
Der große Kaiser Leopold,
Der will vor allen Gefahren
Versichern dich, er ist dir hold,
Dich schützen und bewahren.

Spring, spring, spring keusches Hirschelein,
Die Freiheit ist gefangen,
Jäger auf süßes Mündelein
Gibt ein Kuß mit Verlangen,
Du bist zwar über Berg und Tal
Mit hurtig Mut gesprungen,
Gehört hat nun dein fröhlich Schall,
Der Sprung ist jetzt mißlungen.

Das Hirschlein in geschwinder Eil
Lief über Berg und Hügel,
Als wie ein abgeschoßner Pfeil,
Bewaffnet mit Luftflügel,
Der Jäger aber ist behend,
Das Hirschlein ist gefallen,
Dem schönen Wildbret er nachrennt,
Sie ist zu seim Gefallen.

Claudia noch in Jungfraustand,
Man mußte ihr nachschauen,
Hat durchgejagt den Ufersand
Und die begrünten Auen,
Diana keusch ist mir nicht leid,
Glückselig sei auf Erden,
Verwechsle nun dein freies Kleid,
Du sollst ein Mutter werden.

Nur allein in deinem Ruhm,
Schau wie die Wälder grünen,
Was mehrs zu deinem Eigentum,
Alls wünschet dir zu dienen,

Du bist der Tugend heller Schein,
Vor dir sich Himmel neiget,
Leopold ist geschlossen ein,
Dein treues Herz bezeiget.

Von der gebundnen Wiesen Bahn
Brechet Rosen, Narzissen,
Daß sie sanft genug gehen kann,
Streut zu ihren Füßen,
Du bist ein rechtes Blumenlicht,
Dein Lob soll nicht vergehen,
Andacht ist bestrahlt, weichet nicht,
So lang die Sternen stehen.

Die Steine fühlen Liebeskraft,
Der Himmel hat verbunden,
Daß selbe halten Schwägerschaft,
Wechselt genüglich die Stunden,
Luft und Erde schreien Glück zu!
Liebt nun, ihr Liebste! liebet,
Liebet und genießet der Ruh,
Und euch niemals betrübet.

Flora sticket ein Purpurkleid,
Mit Veilchen und Narzissen,
Selbsten die Götter sind erfreut,
Vieh und Wild ist ausgerissen.
Auch Gras und Kräuter sind verliebt,
Die stumme Wasserscharen,
Schauet! wie alles sich noch gibt,
Und in Lieb weiß zu paaren.

Mit ihrem übersüßen Ton
Die Wunderlerche singet,
Zu Gott allein den Schöpfer an,
Die hohe Luft durchdringet;
Die Lieb sei bei euch immer neu,
Lebet wohl beide Herzen,
Aus zweien sodann komme drei,
Dies verdient der Liebe Scherzen.

Tausend Glück, fruchtbringende Strahl,
Allda stetig Anschauen,
Wünschet herzlich der Widerschall,
Und blumenreiche Auen,
Grünet ihr Felder überall,
Dies Wunschlied muß ich singen,

Die Nymph ist nun in Kaisers Saal,
Laß wacker Stimm erklingen.

Schön rein ist der Kristallenbach,
Tief Land lieblich in Gründen,
Und sich verfolgend nach und nach,
Kann schlanke Wege finden,
Und das smaragdengrüne Feld,
Mit Blumenzier versetzet,
Anlachet euch die schöne Welt,
Herz und Augen ergötzet.

Der dick belaubten Schatten Zucht,
Seid begrüßet hohe Fohren;
An wünsche ich allreife Frucht,
Grünet lang ohn Verdorren,
Ihr Fichten und du Erlenstamm!
Die Bäum zum Leben dienen,
Gesichert seid vor Feuersflamm,
Blühet, fruchtet und grünet.

Gelobet sei du Waldgebäu,
Ihr hoch belaubte Eichen!
Benetze sie mit Himmelstau,
An Himmel sie schier reichen.
Und der vergoldte Sonnenglanz,
Will euch täglich anschauen,
Umwindet er sein Strahlenkranz,
Erfreuen sich die Auen.

Höret ihr Hirschen, Gemsen, Reh,
Hört ihr Vögel auf den Bäumen:
Begrünet ist der Garten Klee,
Ihr sollt euch nicht lange säumen,
Weil die Sonne nun heißer scheint,
Die Feigenbäume lauben,
Und der edle Rebensaft weint,
Höret die Turteltauben.

Diana nun gib her zum Tanz
Mit Veilchen und Narzissen
Dein unverwelkten Jungfraukranz,
Die Lieb hat alles zerrissen,
Die Jagdgöttin in aller Eil
Hat glücklich abgeschossen,
Leopold ihre Liebespfeil
Hat mildentlich genossen.

Es schweben die Vögel empor,
Mit ihrem krausen Gezitzer
Und bringen erstaunend hervor
Ihr flatterndes Gezwitzer,
Es wimmelt der Flut wallendes Heer,
Den hohen Gott zu preisen,
Erfüllet das schweifende Meer
Muscheln und fernen Reisen.

Die Wurzel, Kräuter, Blumen, Flur,
Sich überhäuft vermehren,
Die zahm und wilde Tiernatur
Hüpfet dem Gott zu Ehren,
Uns Menschen kommt alles zu gut,
Kein Freude kann uns trennen,
Von Osten, Westen, Nord und Süd
Dein göttlich Kraft erkennen.

Sobald der goldne Sonnenglanz
An jener Himmelszinnen,
Steht und blühet der Ehekranz,
So will er stetig grünen,
Der Silberbach sich merklich gießt
Mit überhäuften Quellen,
Mit starkem Lispeln herumfließt,
Er fängt sich an zu schwellen.

Die Erd, Wasen und Luft sich paart,
Und manches Tier zusammen,
Vermenget sich die Blumenart,
Tanzen und wünschen Amen.
Vom Himmel ab der Perlentau
Fällt süß auf falbe Matten,
Befruchtet die frisch grüne Au,
Die Bäume geben Schatten.

O Wunder großer Leopold!
Die hellen Augkristallen,
Sei mir lieb, leib und immer hold,
Laß sie dir nie mißfallen!
Vor deiner Gnade hohem Thron
Genieß ich deine Strahlen,
Von dir hab ich mein Hoffnungskron,
In dein Gnad laß mich wallen.

Es kräuselt und säuselt der Schall,
Sein Stimme übersteigen,
Es lispelt, wispelt Nachtigall,

Orgel, Lauten und Geigen,
Singe wacker, Reiter zum Pferd,
Vor dir muß alles schweigen,
Großer Leopold, du bist's wert;
Vor dir wir uns tun neigen.

Binken kann zwar der lustig Fink,
Amsel und Mistler psallieren,
Aber überwunden der Zink,
Jedes Geschöpf verspüren,
Die göttlich Gnad sei immer neu,
Laßt uns von Vögeln lernen,
Mit euch aufwachse die Liebestreu,
So Schöpfers Lob vermehret.

Der Lenz, der bunte Blumenmann,
Mit Saft und Kraft erfüllet,
Ist längsten schon gekommen an,
Den rauhen Nord gestillet,
Es hat der silberklare Bach
Den Harnisch ausgezogen,
Es jagt die Flut der Flute nach,
Immen Honig gesogen.

Steigt die Lerche (Österreich), wies Glück, wie viel mehr,
Zu Claudias Ergötzlichkeit,
Sie bringt vom blauen Himmel her
Den Frühling, die Freude allezeit,
Das Glück in sich wird vermehrt,
So mehret auch die Liebe,
Die schönste Welt ist dunkel und leer.
Gute Nacht, braucht der Liebe!

Antwort Mariä auf den Gruß der Engel.

(Procopii Mariale festivale. S. 368.)

Zwei Nachtigallen in einem Tal
Oftmals zusammen stimmen,
Sie singen mit so süßem Schall,
Daß es recht Wunder nimmet:
Sie modulieren in die Welt,
Keine der andern weichet,
Den Tod sie lieber leiden tät,
Eh sie der andern schweiget.

Zwei Nachtigallen ich singen hör,
Ein Engel kommt vom Himmel,
Nach Nazareth, nicht ungefähr,
Ins jungfräuliche Zimmer,
O wie so lieblich singt er an
Das Jungfräulein Maria:
Kein menschlich Zung beschreiben kann
Die süße Harmonie.

Was war nicht für ein Echo da,
Wie stimmten sie zusammen,
O wär ich doch gewesen nah,
Es würde mich entflammen.
Kein süßres Lied im Himmelreich
Wird nimmermehr gehöret,
Als wenn die Selgen allzugleich
Wollen, was Gott begehret.

Ritter Peter von Stauffenberg und die Meerfeye.

(Wahrhafte Geschichte Herrn P. v. St. Straßburg bei B. Tobias Erben 1595.)

1. Romanze.

Vorüber zieht manch edler Aar,
Herr Peter ein teurer Ritter war,
Er war so keusch, er war so rein,
Wie seines Antlitz edler Schein,
Er war bereit zu jeder Zeit
Zu Schimpf, zu Ernst, zu Lust, zu Streit.

In junger Kraft, in fremdem Land,
Sein Mannheit machte ihn bekannt,
Als er nach Hause kehrt zurück,
Bedenkt in sich sein hohes Glück,
Langsam zur Burg hinauf tut reiten,
Was sieht sein Knecht zu einer Seiten?

Er sieht ein schönes Weib da sitzen,
Von Gold und Silber herrlich blitzen,
Von Perlen und von Edelstein,
Wie eine Sonne reich und rein,
Der Knecht winkt seinen Herrn zu sich:
„Gern diente dieser Fraue ich!“

Der Ritter grüßt in großer Zucht,
Er drückt an sich die edle Frucht:

„Ihr seid es Ritter, edler Herr,
Das Wunder das mich treibet her,
In allen Landen, wo ihr wart,
Hab ich euch glücklich stets bewahrt."

„Kein schöner Weib hab ich erblickt,
Ich lieb euch wie es aus mir blickt.
Ich sah euch oft im tiefsten Traum,
Jetzt glaub ich meinen Sinnen kaum,
Wollt Gott, ihr wärt mein ehlich Weib,
In Ehren dient ich eurem Leib."

„Nun so wohl hin!" sprach da die Zart:
„Auf diese Red hab ich gewart,
Ich zog dich auf mit Liebeskraft,
Die alles wirkt, die alles schafft,
Ich bin die Deine, ewig dein,
Doch mußt du auch der Meine sein.

Nie darfst du nehmen ein ander Weib,
Dir eigen ist mein schöner Leib,
In jeder Nacht, wo du begehrst,
Und Macht und Reichtum dir beschert,
Ein ewig endeloses Leben,
Will ich durch meine Kraft dir geben.

Unangefocht wirst du nicht bleiben,
Man wird dich treiben, dich zu weiben,
Wo du's dann tust, red ich ohn Zagen,
So bist du tot in dreien Tagen;
Sieh weg von mir und denke nach,
Was dir dein eignes Herze sagt."

„Nun herzigs Weib ist dem also,
So werdet meiner Treue froh,
Was soll ich für ein Zeichen han,
Daß ihr von mir wollt nimmer lan?"
„So trag von mir den goldnen Ring,
Vor Unglück schützet dich der Ring."

Mit spielendem Kuß er Abschied nahm,
Zur Messe er nach Nußbach kam,
Da ging er mit den Kreuzen auch
Und nahte sich dem Weiherauch,
Sein Leib und Seel er Gott befahl,
Er sollt ihn schützen überall.

II. Romanze.

Als er auf Stauffenberg nun kam,
Schnell sprang da ab der edle Mann,
Ein jeder wollt ihn sehen, hören,
Ein jeder wollt ihn höher ehren,
Von seinen Dienern große Eil,
Von Fraun und Mädchen groß Kurzweil.

Zu Bette trachtet nur der Herr,
Nach seiner Frau verlangt er sehr,
Viel herrlich Rauchwerk ward gemacht,
Das Bett verhängt mit großer Pracht,
Den Dienern bald erlauben tät,
Daß sie sich legten all zu Bett.

Er zog sich ab, setzt sich aufs Bett
Und zu sich selber also redt:
„O hätt ich sie im Arm allein,
Die heut ich fand auf hohem Stein!"
Als er die Worte kaum noch sprach,
Die Schöne er mit Augen sah.

Viel froher Minne sie begehn,
Sie mochten einander ins Herze sehn,
Wenn einer tät dem nachgedenken,
So möcht ihn wohl die Sehnsucht kränken.
Als er erwachte, glaubt er's kaum,
Er fand den Ring, sonst war's ein Traum.

III. Romanze.

„Ihr wisset nun zu dieser Frist,
Daß unser Geschlecht im Abgang ist,
So nehmt ein Weib, berühmt und reich,
Ihr seid schon jedem Fürsten gleich,
Wir bringen euch viel Fräulein schön,
Die euch gar gerne alle sehn."

Herr Peter war erschrocken sehr,
Sein Bruder schweigt, da sprach der Herr:
„Ich dank euch edle Brüder mein,
Doch kann es also noch nicht sein,
Zur Kaiserkrönung geh ich hin,
Nach Ruhm und Ehre steht mein Sinn."

Die Meerfey gab ihm diesen Rat,
Sie hat es ihm vorausgesagt,
Sie gibt ihm Gold und edlen Schmuck,
Wie keiner ihn so herrlich trug,

Sie küsset ihn und warnet ihn,
Daß er sich nicht geb Weibern hin.

IV. Romanze.

Der Zierlichste meinte ein jeder zu sein,
Der Stauffenberger zog auch ein,
Seinsgleichen war zugegen nit,
Der so zierlich einher ritt,
Der König nahm sein eben wahr,
Dazu die Frauen ernsthaft gar.

Trompeten fingen an zu blasen,
Die Pferde fingen an zu tosen,
Da lustig ward so Roß als Mann,
Wie das Turnier gefangen an,
Herr Peter alle darnieder rennt,
Er macht dem Rennen bald ein End.

Als nun der Abend kam herbei,
Von neuem ging Trompetenschrei,
Als sie zu Hof gesessen hatten,
Den fürstlichen Tanz sie allda taten,
Des Königs Base schön geziert,
Den ersten Dank in Handen führt.

Von Gold und Perlen diesen Kranz
Dem Ritter setzt sie auf zum Tanz,
Tät auf das gelbe Haar ihm setzen,
Tät freundlich ihm den Finger pfetzen,
Gab ihre Lieb ihm zu verstehn
Durch manchen Blick schön anzusehn.

V. Romanze.

Der König lag in seinem Bett,
Des Nachts seltsam Gedanken hätt,
Und seine Gedanken gingen ein
In seiner Base Schlafkämmerlein,
Und immer schwerer kamen wieder,
Wie Bienen ziehn von Schwärmen nieder.

Am Morgen schickt er seinen Zwerg
Zu Peter Herrn von Stauffenberg:
„Die Base mein von hoher Art,
Die Fürstin, jung und reich und zart,
Die will ich geben euch zum Weib,
Mit ihrem Kärntnerland und Leut."

Kein Wort kam aus des Ritters Mund,
Erschrocken stand er da zur Stund:

„Mein Red halt mir für keinen Spott,
Und nimm hiemit zu Zeugen Gott,
Daß es mein ewger Ernst fürwahr,
Daß euer die Fürstin ganz und gar."

Herr Peter sprach mit großen Treuen,
Der hohe Lohn könnt ihn nicht freuen,
Wie er der Meerfey schon verlobt,
Der Untreu sei der Tod gelobt,
Sonst sei er frei von Not und Leid,
Mit Gut und Geld von ihr erfreut.

„Weh eurer Seele an dem Ort,
Sie ist verloren hier und dort,
Seht Gottes Auge nimmermehr,
Wenn ihr euch nicht von ihr abkehrt;
Sollt ihr nen Geist zum Weibe haben,
Nie werden euch die Kinder laben.

Dem Teufel seid ihr zugesellt,
Ihr armer Mann! Ihr teurer Held!"
So sprach der Bischof und der König,
Der Ritter sagt darauf zum König:
„Es geht mir tief zu meinem Herzen,
Und Gottes Gnad will nicht verscherzen."

Herr Peter ward verlobt sogleich,
An Gold und edlen Steinen reich,
O heller Glanz der Jungfrau fein,
Wem strahlet er mit Freudenschein!
Nach Stauffenberg sie ziehen fort,
Zu feiern ihre Hochzeit dort.

Ihr düstren Wälder auf dem Wege,
Was streckt die Äste ihr entgegen?
Viel froher Scharen ziehen ja,
Mit hellem Klange fern und nah,
Mit bunten Bändern, Scherz und Streit,
Ist alles Lust, ist alles Freud.

VI. Romanze.

Auf Stauffenberg zur ersten Nacht,
Zur schönen Frau sein Herze dacht,
Alsbald an seinem Arme lag,
Die sein mit steten Treuen pflag,
Sie weinte, sprach: „Nun wehe dir,
Du folgtest gar zu wenig mir.

Daß du ein Weib nimmst zu der Eh,
Am dritten Tag du lebst nicht mehr
Ich sag dir, was geschehen muß,
Ich lasse sehen meinen Fuß,
Den sollen sehen Frau und Mann,
Und sollen sich verwundern dran.

So nun dein Aug den auch ersieht,
So sollst du länger versäumen nicht,
Denn es sich immer anders wendt,
Empfangt das heilige Sakrament,
Du weißt, daß ich dir Glauben halten,
Auf ewig sind wir nun zerspalten."

Mit nassem Aug sie zu ihm sprach:
„Herr denket fleißig nach der Sach,
Ihr dauret mich im Herzen mein,
Daß ich nicht mehr kann bei euch sein,
Daß mich nun nimmer sieht ein Mann,
Ich fall in ewger Liebe Bann."

Dem Ritter liefen die Augen über:
„Soll ich denn nie dich sehen wieder,
So sei's geklagt dem höchsten Gott,
Der ende balde meine Not,
Ach daß ich je zu Ruhm gekommen,
Daß mich ein fürstlich Weib genommen."

Sie küßte ihn auf seinen Mund,
Sie weinten beide zu der Stund,
Umfingen einander noch mit Lieb,
Sie drückten zusammen beide Brüst:
„Ach sterben das ist jetzt euer Gewinn,
Ich nimmermehr wieder bei euch bin!"

VII. Romanze.

Kein Hochzeit je mit solcher Pracht
Gehalten ward, bis tief in die Nacht
Viel Lieder und viel Saitenspiel,
Man hörte in dem Schlosse viel,
Und alles bei dem Tische saß,
Man war da fröhlich ohne Maß.

Sie saßen da im großen Saal,
Alsbald da sah man überall,
Die Männer sahen's und die Frauen,
Sie konnten beide es anschauen,
Wie etwas durch die Bühne stieß,
Ein Menschenfuß sich sehen ließ.

Bloß zeigt er sich bis an die Knie,
Kein schönern Fuß sie sahen nie,
Der Fuß wohl überm Saal erscheint,
So schön und weiß wie Elfenbein,
Der Ritter still saß bei der Braut,
Die schrie auf und schrie laut.

Der Ritter, als er den Fuß ersah,
Erschrak er und ganz traurig sprach:
„O Weh, o Weh, mir armen Mann!"
Und wurde bleich von Stunde an.
Man bracht ihm sein kristallnes Glas,
Er sah es an und wurde blaß.

Er sah in dem kristallnen Pokale,
Ein Kind, das schlief beim lauten Mahle
Es schlief vom Weine überdeckt,
Ein Füßchen hat es vorgestreckt,
Doch wie der Wein getrunken aus,
So schwand das Kindlein auch hinaus.

Der Ritter sprach: „Der großen Not!
In dreien Tagen da bin ich tot."
Der Fuß, der war verschwunden da,
Ein jeder trat der Bühne nah,
Wo doch der Fuß wär kommen hin,
Kein Loch sah man da in der Bühn.

All Freud und Kurzweil war zerstört,
Kein Instrument ward nimmer gehört,
Aus war das Tanzen und das Singen,
Turnieren, Kämpfen, Fechten, Ringen,
Das alles still darnieder leit,
Die Gäste fliehn in die Felder weit.

Die Braut nur bleibt bei ihrem Mann,
Der Ritter sieht sie traurig an:
„Gesegne dich du edle Braut,
Du bleibst bei mir, hast mir vertraut."
„Durch mich verliert ihr euer Leben,
In geistlichem Stand will ich nun leben."

Das heilge Öl empfing er dann,
Nach dreien Tagen rief der Mann:
„Mein Herr und Gott in deine Händ
Ich meine arme Seele send,
Mein Seel tu ich befehlen dir,
Ein sanftes Ende gibst du mir."

Ein Denkmal ward ihm aufgericht,
Von seiner Frau als Liebespflicht,
Dabei sie baut die Zelle klein,
Und betet da für ihn so rein:
Oft betend kam die Meerfey hin,
Sie sprach mit ihr aus gleichem Sinn.

Des Schneiders Feierabend und Meistergesang.
(Altes Lied in meinem Besitz. C. B.)

Und als ich saß in meiner Zell und schrieb,
Da kamen drei Beginen
So alte heilge Weib,
Sie lasen mir vor
Den schnellen grimmen Tod.
Ich bin ein armer Schneider,
Und leid es wohl durch Gott,
Da hatt ich armer Schneider
Für sie und mich kein Brot.

Die Erste spann, den Faden dreht die Zweit,
Die Dritte hielt die Schere
Zum Schneiden schon bereit,
Sie lasen mir vor:
Zum schnellen grimmen Tod
Bereit dich armer Schneider,
Das Sterben tut dir not,
Dieweil du armer Schneider
In deinem Sack kein Brot.

Und als ich hungrig saß in meiner Zell und schrieb,
Da stiegen durch die Decke
Drei junge schöne Weib,
Sie sangen mir vor
Wohl von der Ewigkeit,
Da hätt ich armer Schneider
Noch lange lange Zeit.
Gebt Brot mir armen Schneider,
Mein Weg ist noch gar weit.

Die Erste trug ein Speer, ein Saitenspiel die Zweit,
Die Dritt ein Lorbeerzweig,
Das war die Ewigkeit.
Die Erste sang mir vor:
„Der Speer in gutem Streit,
Der trägt das Lorbeerzweiglein,

Der trägt die Ewigkeit!"
O hätt ich armer Schneider
Ein Stärkung in dem Streit.

Des zürnt die alte Katz und knappet mit der Scher,
Da steckt ich sie zum Fenster naus,
Auf meinem guten Speer,
Da las ich ihr vor:
„Dein schneller grimmer Tod,
Trifft nicht mich tapfern Schneider
Ich fechte wohl um Gott."
Wer gibt mir müden Schneider
Zur Stärkung nun ein Brot?

Da reichte mir die Dritt das Lorbeerzweigelein,
Mein Haupt das war zu dicke,
Der Lorbeer war zu klein.
Die Zweite sang mir vor:
„Hättst du die Harfe mein,
Es müßt' der Kranz sich weiten,
Schlüg' Gottes Finger drein!"
Ach hätt ich armer Schneider
Ein Trünklein rheinischen Wein.

Da trat in meine Zell ein schönes Jungfräulein,
Was trug sie auf den Händen?
Ein Becher Gotteswein.
Der sang ich wohl vor,
Mein Harfe klang auch rein,
Der Lorbeer tät sich breiten,
Schloß uns in Schatten ein,
Sie warf mir armen Schneider
Ins Glas ihr Fingerlein.

Nun sitze ich in meiner Zell und sing
Und leere meinen Becher,
Da klingt der Buhlen Ring.
Den Alten sing ich vor,
Sie schlafen nickend ein,
Mein Lieb nimmt ihren Faden,
Spinnt alte Zeit hinein,
Und spinnt mir armen Schneider
Ein Brauthemd obendrein.

Die Alte, die zum Fenster naus nun knappet mit der Scher,
Die ist der Werkstatt Zeichen,
Lockt gut Gesellen her.
Ich singe ihnen vor,

Wie doch der grimme Tod
Nur sei ein Bärenhäuter,
Vor Sang und Streit, und Gott,
Das bracht mich frommen Schneider
Wohl wieder an das Brot.

Von Volksliedern

An Herrn Kapellmeister Reichardt

Wenn das Volk beim Einzuge seines Helden die Pferde vom Wagen spannt, so tut es das wohl nicht, weil es besser ihn zu ziehen meint, ebenso spreche ich von Volksliedern im allgemeinen nur darum, einen guten Sinn zu bewähren, nicht aber die wichtigen Untersuchungen über einzelne derselben zu verdrängen oder aufzugeben; daß ich zu Ihnen spreche, findet in unsrer Befreundung sein Recht und in der Sache seinen Grund. Haben Sie doch selbst mehr getan für alten deutschen Volksgesang, als einer der lebenden Musiker, haben Sie ihn doch nach seiner Würdigkeit den lesenden Ständen mitgeteilt, haben Sie ihn doch sogar auf die Bühne gebracht: in allem Hohen ist kein Überdruß, so werden Sie sich gern wieder mit mir zu einer hohen und herrlichen guten Sache hinwenden. – Ich führe Ihnen manche Beobachtung vor, aus verschiedenen Zeiten, aus verschiedenen Gegenden, alle einig in dem Glauben, daß nur Volkslieder erhört werden, daß alles andre vom Ohre aller Zeit überhört wird. – Was ist erhört? – Alles was geschieht, was nur entfallen nicht vergessen werden kann, was nicht ruht, bis es das Höhere hervorgebracht, das ist erhört. Wohl wußte ich das lange nicht, viele werden es mir nie glauben, denn jeglicher muß selbst im Schweiß seines Angesichts den Kreis der Zeit um und um bis zum Anfange in sich durchlaufen, ehe er weiß, wie es mit ihr steht und wie mit ihm! – Was ich unsre Zeit nenne, was in allen lebt, als Methode, was keinem ein Wunder, das fängt mir in der Welt der Nachgedanken mit Kirchenliedern an; lange von mir nicht gehört, bleiben sie mir doch gegenwärtig. Ich hörte sie als Kind von meiner Wärterin beim Ausfegen der Zimmer, das in gleichem Zuge sie begleitete, mir ward dabei ganz still, ich mußte oft an sie denken, jetzt mögen Kinder sie seltener hören, und ich weiß nicht, was sie statt ihrer denken mögen. Nachher hörte ich in geselligen Kreisen allerlei Lieder in Schulzens Melodien, wie sie damals in raschen Pulsen des Erwachens sich verbreiteten, mein Hofmeister rühmte sie nebst Gellert, mir war es nur ums Ausschreien darin zu tun, die Langeweile der Welt kümmerte mich nicht.

Jetzt muß ich sagen, sie sind nicht ohne Bestand gewesen gegen das damalige Streben zu Krankheit und Vernichtung (die Sentimentalität[1], es war doch darin ein wahrer Ton, wie im derben Lachen aus Herzensgrund. Nachher scheint mir die Kraft wunderlich zerrisen, vieles geht glänzend vorüber, da steht die Menge mit offnem Munde, dann sinkt es unter im Hexenkessel überschätzter Wissenschaft, worin sie damals überkocht wurde. Was mir im Worte lieb, das hörte ich nie allgemein singen, und die schönen Melodien pfiff ich lieber nach, die falschen Kuckuckseier zu verdrängen, welche dem edlen Singevogel ins Nest gelegt. Hörte ich von Gebildeten, nach ihrer Eingebung zum Flügel singen: Kennst du das Land, wo die Zitronen blühen, da sah ich die vier Wände umher wie herkulische Säulen, die nun für lange Zeit den tätigen lebhaften Teil des Volkes von dem feurigen Bette der Sonne trennen.

Sah ich dann still vor sich jemand den wunderbaren Fischer (Goethes) lesen, es war mir, als sähe ich den herrlichen Gedanken halb ziehen halb sinken ins Wasser, keine Luft wollte sich ihm gestatten. –

So ging es dem Herrlichen, während die schlechten Worte zum Theater sich erhoben, das damals mit Redensarten national werden wollte, in der Tat aber immer fremder wurde der Nation, zuletzt sich sogar einbildete über die Nation erhaben zu sein (wohl einiger Fuß hoher Bretter willen, wie das Hochgericht über die Stadt.) Ja wie ein Wiederhall führte der edle Klang diese schlechten Worte durch die Gassen, und die ernsten blauen Chorschüler, wenn sie vor dem Hause sich zusammenstellten, waren von dem Streit des Doktors und Apothekers, des Poeten und Musikers befangen. Ein schönes Lied in schlechter Melodie behält sich nicht, und ein schlechtes Lied in schöner Melodie verhält sich und verfängt sich bis es herausgelacht; wie ein Labyrinth ist es, einmal hinein, müssen wir wohl weiter, aber aus Furcht vor dem Lindwurm, der drin eingesperrt, suchen wir gleich nach dem ausleitenden Faden.

---

1 Ich verstehe hier unter Sentimentalität das Nachahmen und Aufsuchen des Gefühls, das Schauspiel mit dem Edelsten, was nur im Spiele damit verloren gehen kann, nicht verstehe ich darunter jene Sentimentalität, das menschliche Gefühl wie es im Einzelnen sich ausdrückt, wogegen die Neuntöter, die philosophischen Schüler wohl schreiben (auch wohlwirken, wenn kein lebendiger Volksgeist es aufhebt), und darin zusammen kommen, mit der ersten schimpflichen Sentimentalität zu demselben Mittelpunkte, zur Seligkeit eines Steins in Unempfänglichkeit und Unfruchtbarkeit der Lust. Keine Schule ist hiermit besonders bestimmt, sondern alle, denn wie die Begeisterung der Pythia mit Ermattung verbunden, so den Philosophen die Schüler. Die Philosophen sind ewige Nilmesser einer entwichenen Gottesflut und Erhebung, ihre Schüler wollen aber das Unmögliche leisten, zu messen was nicht mehr vorhanden ist.

So hat diese leere Poesie uns oft von der Musik vielleicht die Musik selbst herabgezogen. Neues mußte dem Neuen folgen, nicht weil die Neuen so viel Neues geben konnten, sondern weil so viel verlangt wurde: so war einmal einer leichtfertigen Art von Liedern zum Volke Bahn gemacht, die nie Volkslieder werden konnten. In diesem Wirbelwind des Neuen, in diesem vermeinten urschnellen Paradiesgebären auf Erden waren auch in Frankreich (schon vor der Revolution, die dadurch vielleicht erst möglich wurde), fast alle Volkslieder erloschen, noch jetzt sind sie arm daran, was soll sie an das binden, was ihnen als Volk festdauernd? Auch in England werden Volkslieder seltener gesungen; auch Italien sinkt in seinem nationalen Volksliede, in der Oper durch Neuerungssucht der leeren Leute; selbst in Spanien soll sich manches Lied verlieren und nichts Bedeutendes sich verbreiten. –

O mein Gott, wo sind die alten Bäume, unter denen wir noch gestern ruhten, die uralten Zeichen fester Grenzen, was ist damit geschehen, was geschieht? Fast vergessen sind sie schon unter dem Volke, schmerzlich stoßen wir uns an ihren Wurzeln. Ist der Scheitel hoher Berge nur einmal ganz abgeholzt, so treibt der Regen die Erde hinunter, es wächst da kein Holz wieder. Daß Deutschland nicht so weit verwirtschaftet werde, sei unser Bemühen.

Wo ich zuerst die volle, tateneigene Gewalt und den Sinn des Volksliedes vernahm, das war auf dem Lande. In warmer Sommernacht weckte mich ein buntes Geschrei. Da sah ich aus meinem Fenster durch die Bäume, Hofgesinde und Dorfleute wie sie einander zusangen:

Auf, auf, ihr Brüder und seid stark!
Der Abschiedstag ist da,
Wir ziehen über Land und Meer.
Ins heiße Afrika.

Sie brachen ab und auf zu ihren Regimentern, zum Kriege. Damals klang manches daran, was mir so in die Ohren gefallen, alles reizte mich höher was ich von Leuten singen hörte, die nicht Sänger waren, zu den Bergleuten hinunter bis zum Schornsteinfeger hinauf.

Später sah ich den Grund ein, daß in diesen schon erfüllt, wonach jene vergebens streben, auf daß ein Ton in vielen nachhalle und alle verbinde[2], der höchste Preis des Dichters wie des Musikers, ein Preis der nicht immer jedem Verdienste gefällt (wie manche Blume wird zertreten, aber das frische Wiesengras bringt tausend), aber auf lange Zeit gar nicht erschlichen werden kann, so daß jedes hundertjährige Lied des Volkes entweder im Sinn oder in Melodie, gewöhnlich in beiden tauget. –

Und als ich dieses feste Fundament noch unter den Wellen, die alten Straßen und Plätze der versunkenen Stadt noch durchschimmern sah, da hörte ich auf, mich über die großenteils mißlungenen Versuche vieler Dichter und Musiker, besonders des Theaterwesens zu ärgern.

Vielleicht würde einmal das Vortreffliche sonst gar nicht entstehen, gar nicht verstanden werden! Wo etwas lebt, da dringt es doch zum Ganzen, das eine ist Blüte das andere Blatt, das dritte seine schmierige Wurzelfaser, alle drei müssen vorhanden sein, auch die saubern Früchtchen, die abfallen. Störend und schlecht ist nur das Verkehrte in sich, der Baum mit der Krone eingepflanzt, er muß eine neue Krone, eine neue Wurzel treiben, oder er bleibt ein dürrer Stab. Dieser Art von wahrer Störung ist die Beschränkung aller Theatererscheinungen in Klassen und für Klassen der bürgerlichen Gesellschaft, die entweder ganz unfähig der Poesie, oder unbestimmt in ihrem Geschmacke geworden. Beschränkung ist aber das Tugendprinzip der Schwachheit, das allgemeine

---

2 Ich kann mich nicht enthalten die wunderbar herrliche Vorrede Georg Forsters zu seinen frischen Liedlein, Nürnberg 1552; als eines meiner liebsten Herzblätter zur Erläuterung des Gesagten mitzuteilen.

„Freundlicher lieber Singer, und der edlen Musik Liebhaber. Es sind in einigen Jahren unter andern Gesängen so bisher gedruckt worden, mancherlei deutsche Liederbüchlein durch den Druck ausgegangen, wie aber die zum Teil sein, will ich denen, so der Gesanges einen Verstand haben zu bedenken geben.

Ich übergebe mein Liederbüchlein, damit alte deutsche Lieder, so doch noch, wenn ich sagen dürfte, schier die besten sind, samt ihren Meistern, welche mit der Musik auferzogen, umgegangen, und ihr Leben damit beschlossen haben, nicht ganz und gar vergessen, und an ihrer statt nicht viel ungereimte neue Kompositionen, die doch gar keine rechte deutsche liederische Art haben, gebraucht würden; sondern daß ich auch die mit solchen schlechten Liedern zerstörte, schöne und liebliche Kunst der Musik, welche bei den Alten ehrlich, und in großen Würden gehalten, möchte erhalten und fördern. Insonderheit dieweil bei allen Fröhlichkeiten und Kurzweilen, frische gute deutsche Lieder zu singen, oder auf den Instrumenten zu brauchen gebräuchlich: Durch welches denn viel unnützes Geschwätz, unflätisch Zutrinken, dazu zänkisch und haderlich Spielen, und andere Laster möchten verhindert werden. Wie ich denn oft von einem trefflichen teuren Manne gehört habe, als er sagt, daß unter allen Kurzweilen, damit man die Zeit zu vertreiben führt, er kein göttlichere, ehrlichere, und schönere Kurzweil wüßte, denn die liebliche Musik, daß alle andere Kurzweile, als Spielen, Fechten, Ringen, Springen, dahin gericht wären, daß sich ein jeder nur aufs beste befließe, damit er dem, mit welchem er solch Kurzweil übt, möchte überliegen, angewinnen, und zu bevorteilen, daraus denn mancher Unrat und Zank und Hader entspringe. Die Musik aber hat kein andres Fürhaben, denn daß sie gedächte, wie sie nur die Einigkeit der Stimmen mit allem Fleiß möchte erhalten, und aller Mißhellung wahren."

Der schönen Auswahl dieses Mannes dankt unsre Sammlung mehrere der besten Lieder, woraus zu ersehen, daß Verdienst nicht untergehen kann.

verdammet sie, darum kann das Überschwengliche nie von ihr gefordert werden.

Der Einfluß davon ist unbegrenzt, denn indem die Schauspieler das Gemeine vornehm machen wollen, machen sie das Ungemeine auch nichts weiter als vornehm (sie lassen Müller und Schornsteinfeger sich aneinander abreiben). So suchen nun die Künstler aller Art um in gleichen Verhältnissen zu leben, wie sie dieselben gewöhnlich darstellen, da ihren Lohn, wo sie selten hingehören und nimmermehr hineinpassen sollten, wo es der Zweck des ganzen mühevollen Lebens, sich so leise wie möglich nebeneinander wegzuschieben, sie denken nicht, daß die besten Steinschneider Sklaven, die besten altdeutschen Maler zünftig waren.

Daher das Abarbeiten ihrer edelsten Kraft an Formen des Anstandes, die ihnen sich selbst gegeben, wenn sie wirklich etwas Würdiges geben: Daher das Bemühen der Kunstsänger zu singen, wie Vornehme gern reden möchten, ganz dialektlos, das heißt, sie wollen singen ohne zu klingen, sie möchten blasen auf einem Saiteninstrumente. O! ihr lebendigen Äolsharfen, wenn ihr nur sanft wäret; und wenn ihr sanft wäret, o hättet ihr doch Ton! Dem geschickten Künstler sind die Dialekte Tonarten[3], er vernachläßigt keine, wenn er gleich nur in einer sich selbst vorgezeichnet finden kann, das heutige Theater treibt sie auseinander nach Süden und Norden, Osten und Westen, keiner kann sich fügen dem Fremden, da doch alle einander in Volksliedern begegnen, wie Lustkähne, die eben erst vom gemeinschaftlichen Gespräche im Dunkeln auseinander treiben, bald wieder zusammen, sich gleich wieder verstehen durch Aneignen und Weiterstreben, wenn auch in jedem das Gespräch sich anders gewendet. –

Hinter dem vornehmen Anstande, hinter der vornehmen Sprache versteckt, scheiden sie sich von dem Teile des Volks, der allein noch die Gewalt der Begeisterung ganz und unbeschränkt ertragen kann, ohne sich zu entladen, in Nullheit oder Tollheit. Unsere heutigen Theater- und Konzertteilnehmer, wie würden sie auseinander springen, bei wahrer reiner Kunsthöhe, sie würden umsinken in der reinen Bergluft, oder fühllos erstarren. Ruft nicht diesen Ton, ihren eigenen menschlichen Ton hinein ihr

3 Lorenz Medicis (Life of Medicis by Roscoe I. 296.) der in der Welt zu Hause, wie ein andrer in seinen vier Wänden, verstand den Wert des Dialekts und schrieb zuerst in der Bauernsprache seines Landes.

Sänger, sie würden springen wie Gläser, die tausendmal aneinander gestoßen, doch nur zersungen werden können mit ihrem Ton! –

Sei ruhig gutes Publikum, den Ton haben deine Sänger längst verloren, das Lebende von dem Toten zu scheiden, dabei kannst du noch das Heil deiner schlaffen Seele in (dem englischen Salzfläschchen) ihrer höheren Kritik suchen, in den wenigen vortrefflichen Formeln, welche die ganze Welt packen und sie in der Gravitation zwischen Ernährung und Zeugung erhalten, worin ihr wie Mücken spielt. –

Mit großer Bravour können wohl diese vortrefflichen Kunstsänger ihren Kram ausschreien und ausstöhnen, man versuche sie nur nicht mit einem Volksliede, da verfliegt das Unechte, laßt sie auch nicht miteinander reden, sie singen wohl noch miteinander, aber mit dem Sprechen geht der Teufel los. Entweder haben ihre Sangstücke so unbedeutenden Charakter, daß er gar nicht verfehlt werden kann, oder wenn wir zum rechten Verstande davon kämen, wir würden sie hinunter jagen von ihren Brettern, und uns lieber selbst hinstellen, zu singen, was uns einfiele und allen wohlgefiele, Ball schlagen, ringen, springen und trinken auf ihre Gesundheit. –

Wollt ihr Sänger uns mit der Instrumentalität eurer Kehle durch Himmel und Hölle ängstigen, denkt doch daran, daß dicht vor euch ein großes physikalisches Kabinett von graden und krummen hölzernen und blechernen Röhren und Instrumenten steht, die alle einen höheren, helleren, dauernderen, wechselnderen Ton geben als ihr, daß aber das Abbild des höchsten Lebens oder das höchste Leben selbst, Sinn und Wort, vom Ton menschlich getragen, auch einzig nur aus dem Munde des Menschen sich offenbaren könne. Versteckt euch ebenso wenig hinter welchen Liedern, dem einheimischen Gefühl entzogen seid ihr dem Fremden nur abgeschmackt. Nein, es ist kein Vorurteil der Italiener, daß jenseits der Alpen nicht mehr Italienisch gesungen werde, daß selbst nationale Sänger ihren reinen italienischen Gesang in der Fremde verlieren: Denkt auch daran, daß es gar nichts sagt, fremde Sprachen melodischer zu nennen, als daß ihr unfähig seid und unwürdig der euern. Das weiß ich wohl, die Kunstübung erbt ohne meinen Rat, wie die Pocken, in allen kränklichen Reizungen der Städtlichkeit, Philosophie und Liederlichkeit auf alle Wohlgesittete, die sich den Bart nicht scheren, wenn er lang, sondern wenn ihr Tag gekommen; nicht einheizen, wenn sie frieren, sondern wenn ihre Stunde kommt, ja es gibt ordentliche

Register über die Kunst auf dem Rücken aller der buntjäckigen Leute, denen die alten Komödienzettel auf den Rücken geklebt, ich meine die Journalisten. Wie vielmal diese Vögelscheuchen mit ihren unmaßgeblichen Meinungen sich drehen, wohin der Schlauch der Kunstspritzen sich wendet, die Kunst wendet sich selten mit der Not unsrer Zeit zu einer reinen Tätigkeit, sie ist fast nie notwendig, sondern den meisten eine böse Angewohnheit (wie der Schnupftabak, die Leute verwundern sich, wie schnell sie den Geschmack aufgeben, wenn sie die Dose einmal in eine andere Taschen stecken).

Es müßte sonderbar in ihren Winter hinein blühen, wenn ihnen so der Sinn für das Große eines Volks aufgehen sollte und für sein Bedürfnis, darum sind eigentlich die Künstler aller Art der Welt so überflüssig, wie sie gegenseitig ärmlich; zufrieden, wenn einer sie versteht unter tausenden; glücklich, wenn dieser eine keinen Überdruß an ihnen erlebt. Mag nur keine neue Völkerwanderung kommen, was würde von dem allen bleiben, – sicher keine athenische Ruinen!

Wir ahnten es schon hier, was wir in unsrer Geschichte nachgehend so allgemein durchgreifend fanden, es wird wohl ein sehr allgemeines Verhältnis zur früheren Geschichte ihm Grund legen. Denken wir dem nach, auf dem dunklen schwankenden Schiffe der Gedanken, sehen wir uns um nach den Wunderblumen, nach den Wasserlilien, was die fernen Küsten umgab, da sehen wir nur eine Stelle erleuchtet, dahin sieht des Steuermanns Auge, es ist die Windrose, sie schwebt fest und wandellos und führt uns wohl weit weg! Die Erde ist umschifft, wir haben kein heimliches Grauen mehr vor dem Weltende, es liegt fest und sicher vor uns, wie unser Tod, es ist in aller Welt ein Verbinden getrennter Elemente, welche die innere Kraft jedes Einzelnen schwächt, nur mit höchster Anstrengung jedes Einzelnen glücklich beendigt werden kann. –

Vielleicht mag dies bloß allgemein sein, und darum gar nichts, aber so ist der Übergang immer von sich zur Welt, ich will ihn wenigstens nicht verschweigen, vielleicht daß einer ihn mit ihr fand. –

Zunächst hängt wohl dieses Herabsinken schöner Bildung mit einer allgemeinen großen Erscheinung der vorigen Jahrhunderte zusammen, ich meine mit dem allgemeinen Klage- und Elend-Wesen. Dieses sonderbare Bewußtsein, wie ein Träumender läßt es das Glück aus der Hand fallen, weil ihm träumet, es falle, er müsse danach greifen und nun hält er Glück und Traum für nichts, weil es ihm nicht fortdauert. Als vorzeiten die Flagellanten in Selbstgeißelung wehklagend durch alle Straßen den Strom der Vorübergehenden in ihren Ton hineinrissen[4], so verstummte in dieser späteren Selbstpeinigung der Furcht noch einmal aller edle Gemütston. Die Regierungen glaubten es ihre Pflicht diesen Jammer zu stillen, statt ihn in sich ausgehen zu lassen, aber sie waren demselben Zeitgeiste unterworfen, statt einer höheren Tätigkeit machten sie gegentätige (antipoetische) Bemühungen, das Fieber sollte sich schwächer zeigen, indem sie die gesamte Kraft des Körpers minderten, von dem Zwecke des Fiebers hatten sie keine Vorstellung, es war ihnen ein Mißverhältnis weiter nichts. Die notwendigen Lasten des bürgerlichen Vorteils wurden Einheimischen wie Fremden versteckt und heimlich, das Regierungswesen schien daher den Regierten dunkel und sündig. Noch mehr, es wurden ihnen Grenzen des Notwendigen gesetzt, man schnitt die Freude davon ab – so ward ihrem Leben aller Wert genommen, es entstand eine Sehnsucht nach dem Tode, an sich selbst der Tod, der mit seinem Knochenarm dem Lebenden eine Fallgrube gräbt. In der Liebe ist keine Furcht, sagt Johannes, es war diese Klage über die Selbstentleibung von Deutschland, wie jene der Kriemhilde, welche immer neue Verzweiflung herbeiführt. Die Spaltung war gemacht, der Keil eingetrieben, bald sollte der Staat nicht mehr für die Einwohner, sondern als Idee verhanden sein, manches Volk kannte seinen eigenen Namen nicht mehr, und wo ein Staat sich selbst geboren, da sah man, daß die andern eigentlich nur noch Namen waren. Dieses Elendsein wurde so auffallend, wie aus wurmstichigem Holze der gelbe Staub, allen hing es an, die auch vom Holze keine Splitter, die Sentimentalität war nur eine Färbung, ganz erscheint es in der kläglichen Sprache der niederen Stände vieler Gegenden. Weisheit wurde es den freudigen Augenblick wie Unglückszeichen zu meiden, während seiner festesten Dauer sein Vergehen voraus zu sehen, und den künftigen hellen Blick des Glückes zu trüben, mit der Erinnerung, es gab noch einen helleren. Jeder wußte über sein Leben etwas zu sagen, nur hatte keiner Leben, so wurde das Leben verachtet, der Tod gefürchtet, und die Genialität bei dieser Ärmlichkeit in Völlerei

---

4 Herr Koch, dem ich bei dieser Gelegenheit für manche literarische Mitteilung meinen Dank abstatte, bemerkt den Einfluß der Flagellanten auf den Untergang vieler weltlicher Lieder in seinem schätzbaren Handbuche. Sie entstanden während der großen Pestzeiten. Merkwürdig ist, daß in zwei sehr verschiedenen Chroniken, in der Straßburger und derLimburger, immer dasselbe ganz schlechte Lied von ihnen angeführt wird. Vielleicht stammen aus den damaligen Gesinnungen die allgemein verbreiteten Totentänze.

gesetzt[5]. So war diese eitle Weisheit (wie die Petersburger Mägde um Schminke betteln sollen)! So wurde auf einmal die ganze Welt arm, schlechte Zeit, schlechte Sitten und Weltuntergang, verkündet in allem Frieden, in allem Überfluß, in allem Frühling. Weil keiner dem Drange seiner Natur, sondern ihrem Zwange nachleben wollte und konnte: so wurde schlecht Geld und kurze Elle in Gedanken, wie auf dem Markte. Kein Stand meinte, daß er wie die Früchte der Erde durch sein notwendiges Entstehen trefflich gut sei, sondern durch einige Taufformeln vom Zweck ihres Geschäfts.

So wollte der Adel das Blut verbessern, die Kaufleute bildeten sich ein, eigentlich nur zur sittlichen Kultur der Welt zu gehören, die Grübelnden, in ihren Worten sei Seligkeit, die aber alles verachteten, meinten es besonders getroffen zu haben. Es ließe sich viel sagen über die allgemeinen Aspekte dieses Phänomens, gehen wir nur in die nächste Gemäldesammlung eines alten Hauses, wie auf einmal wahre Häßlichkeit, und malerische Falschheit in die Welt gekommen.

Wichtiger ist es, die Wirkungen dieser allgemeinen Erscheinung im Volksliede zu beobachten, sein gänzliches Erlöschen in vielen Gegenden, sein Herabsinken in andern zum Schmutz und zur Leerheit der befahrenen Straße[6].

Da alles, wie wir sehen, klagend und gebrechlich erschien, so verloren die Regierungen alle Achtung, alles Vertrauen zu dem einzelnen; was nicht durch allgemeinen Widerspruch und Aufruhr sich verdammte, das schien der Aufmerksamkeit unwürdig,

---

5 Es würde angenehm lauten, alles durchzugehen, was zu verschiedenen Zeiten genialisch genannt worden, wo aus dem zersplitterten Geiste der lebende Baum entwickelt wurde: Kennen doch viele erst seine Festigkeit aus dem Gewichte, wodurch es zerreißt. Dem Takte nach setzte man Genie in schnelle, stoßweise, wenngleich noch so unbedeutende Produktion, in prahlende Schwatzhaftigkeit, und unvermögende Planmacherei, sein Boden schiender Schmutz jeder Art, den Vorüberziehenden mußte es seine Früchte auf den Kopf fallen lassen, in allem Sturm seine Blätter schlaff und jämmerlich senken, in der Ruhe immer rauschen, als wenn ein Sturm ginge. Die Vögel, die zutraulich darauf nisteten, tückisch hinunter werfen, schnell empor in falsches unbrauchbares Holz mußte es schießen, um schnell zu fallen. Wer verwundert sich nach solchen Antichristen, Talent verhaßt, Nichtigkeit geehrt zu finden. Die Wortspielerei unserer Zeit hat Kunst und Genie einander entgegengesetzt; viel Kunst und wenig Genie, wird von den elendesten Nachahmereien gesagt. Keiner ist ohne Genie, wenngleich manche Werke ohne Genie sind, der eine kann die Tropfen zählen, dem andern ist's ein Platzregen der eine steht im Nordlichte, der anderesieht's in der Ferne. Wenn Genie das Schaffende genannt werden kann, so ist Kunst die Art der Erscheinung dieses Geschaffenen. Genie ohne Kunst, wäre Lust ohne Beschränkung. Kunst ohne Genie wäre ein Punkt ohne alle Dimension.

6 Die verkehrten Versuche einiger Gutgesinnten zur Herstellung und Ermunterung des Volksliedes durch Sammlungen, die weder den niederen Ständen gefielen, noch die höheren befriedigte, übergehe ich, meine Achtung in gleichem Sinne ihrem Sinne zu bezeugen.

und dieser allgemeine Widerspruch wurde durch drückende Verbote in seiner Äußerung, selbst dem bestgesinnten Herrscher so lange unhörbar gemacht, bis seine Wut, nicht sein besserer Wille alles überschrie.

Wem der Zufall zu einer wirksamen Stelle verhalf, dem glaubte man einen solchen vollständigen Volksverstand angetauft, daß sich das ganze Volk in ihm ausspreche. Freilich, wenn einer nur reden darf, so redet er immer am klügsten, die Mühe verschiedene Sinne zu vereinigen, wie es in der Beratschlagung versucht, in der Gesetzgebung ausgeführt wird, ward ganz überflüssig dadurch, man verwunderte sich über das kinderleichte Regierungsgeschäft.

Das Volk kam dahin die Gesetze wie Sturmwind, oder irgend eine andre unmenschliche Gewalt zu betrachten, wogegen Waffnen, oder Verkriechen, oder Verzweifeln diente. In diesem Sinne wurde lange geglaubt, viele zusammen könnten etwas werden, was kein einzelner darunter zu sein brauche, so sollte sich kein einzelner Krieger bilden, sie wurden zur Ruhe und zum nährenden Leben eingepfercht, sie mußten dem ewigen Streite gegen die Barbaren entsagen.

Man wollte keinen Krieger, doch wollte man Kriegsheere, man wollte Geistlichkeit, aber keinen einzelnen Geist. So wurde das Tätige und Poetische im Lehr- und Wehrstande allmählich aufgehoben, wo nicht die allmächtige Not alle Kräfte lüftete, nur der Nährstand konnte nicht so unumschränkt vernichtet werden, nähren mußte sich doch jeder, so kümmerlich es sein mochte. Darum finden wir auch das neuere Volkslied, wo es sich entwikkelt, diesem angeschlossen in mäßiger Liebe, Gewerb- und Handelsklagen, Wetterwechsel und gepflügtem Frühling. Aber so wenig die Glieder ohne den Magen, son wenig war der Magen ohne die andern Glieder in jener uralten Fabel, auch der Nährstand wurde enger, freudenleerer, bedürftiger, befangener in dem Herkommen; nirgend leisteten Feld, Haus- und Werkarbeit, wie's ihre Bestimmung, die Notdurft des Menschen mit geringerer Not zu bestreiten. Die Scheidung zwischen Freude und Bedürfnis war einmal gemacht, es ist das Eigentümliche des Bösen, wie der Krankheit, wo es erscheint, da erscheint es ganz, in ganzer Tätigkeit, das Gute hingegen und die Gesundheit wie Sterne dunkeler Nacht wird selten sichtbar, dafür leuchtet sie ewig, während der fliegende feurige Drache in Funken zerstiebt. Die Bauern mochten klagen, daß ihnen alle Freude milder Gabe genommen, die singenden frommen Bettler wurden wie Missetäter eingefangen und gefangen gesetzt; verkappt still und heimlich mußte nun Armut umherschleichen. Wenigstens hätte das doch eine aufrichtige öffentliche Untersuchung erfordert, ob wir auf der Bildungsstufe uns befinden, wo sein eigner Herr nicht sein kann, der sich nicht selbst ernähren kann. Vielleicht würde sich finden, daß keiner mehr sein eigner Herr, daß alle bereits eingefangen in einem großen Arbeitshause: Wozu also das Arbeitshaus im Arbeitshause! –

Ich greife unter dem Vielen nur heraus, was mir am nächsten. – Wo es Volksfeste gab, da suchte man sie zu entweihen durch Abnehmung alles lebendigen Schmuckes, oder durch ungeschicktes Umfassem wobei sie ihn zerbrechen, oder bis sie gefährlich schienen in übler Nachrede. Schauspiel, Gaukelspiel und Musik, wie die Stadt sie zur Versöhnung für ihre Einkerkerung braucht, und das Land, wie es sich daran freut in dreitägiger Hochzeit, in taggleichen nachtgleichen Kirmes, alles dies wurde Eigentum einzelner, um es besteuern zu können, und durch den einen Schritt einem strengen, äußeren Drange, einer fremden Bestimmung, einem Stolze unterworfen, als wäre solche Lust etwas für sich, ohne die, welche sie hören, als wären sie Meistergilden wie jene Alten[7]. Neue Feste konnten unter den Umständen so wenig als neue Sprichwörter allgemein werden, die Rohheit äußerte ihr überflüssiges Leben in privilegierter Unzucht. Freude und Geist blieben in einzelnen Kreisen verschlossen, ein Spott gegen die andern und selbst verspottet; die bestehenden öffentlichen Vergnügen, Maskenbälle, Vogelschießen, Einzüge wurden meistens anteillosere Formen, wie alte heilige Christbäume armer Familien, immer wieder beleuchtet, immer dürrer in Blättern. Die Volkslehrer, statt in der Religion zu erheben, was Lust des Lebens war und werden konnte, erhoben schon früh gegen Tanz und Sang ihre Stimme: wo sie durchdrangen zur Verödung des Lebens und zu dessen heimlicher Versündigung, wo sie überschrieen, zum Schimpf der Religion. Der Nährstand, der einzig lebende, wollte tätige Hände, wollte Fabriken, wollte Menschen die Fabrikate zu tragen, ihm waren die Feste zu lange Ausrufungszeichen, und Gedankenstriche, ein Komma meinte der, hätte es auch wohl getan. Noch mehr, seine Bedürftigkeit wurde den andern Ständen Gesetz (sie mußten alle zur Gesellschaft medizinieren), weil der Nährstand eines festen Hauses bedarf, so wurde jeder als Taugenichts verbannt, der umherschwärmte in unbestimmtem Geschäfte, als wenn dem Staate und der Welt nicht gerade diese schwärmenden Landsknechte und irrenden Ritter, diese ewige Völkerwanderung ohne Grenzverrückung, diese wandernde Universität und Kunstverbrüderung zu seinen besten schwierigsten Unternehmungen allein taugten. Es ist genug trä-

7 Sie tragen viele vortreffliche Instrumente bei sich, warum verachten sie Landesinstrumente, wie den Dudelsack: Den Hochländern nahm man das Schwert, weil sie gewöhnlich das Gewehr wegwarfen und damit fochten, auf den Schiffen weiß man es jetzt wieder zu gebrauchen.

ger Zug im Menschen gegen einen Punkt, aber selten ist die Tätigkeit, welche durch Einöden zieht und Samen wunderbarer Blumen ausstreut, zu beiden Seiten des Weges, wo er hintrifft, allen gegeben, wie der Tau, wie der Regenbogen: doch wo er, vom Winde getragen, hinreicht, da endet die unmenschliche Einöde, es kommen gewiß, die sich unter den Blumen ansiedeln, um aus ihnen Lust und Leben zu saugen. –

Warum zieht es uns in Büchern an, was wir von den ersten Entdeckungsreisen, von den Weltfahrten, von ziehenden Schauspielern, insonderheit was wir von dem wunderbaren Wandel des Zigeunerreichs lesen, im Kriege echte Soldaten, im Frieden zutrauliche Ärzte (dessen die gelernten sich jetzt fast alle entwöhnt); ich erinnere mich noch ihrer nächtlichen Feuer im Walde, wie sie mir aus der Hand wahrsagten: Und sagten sie mir etwas Gutes, so sage ich wieder Gutes von ihnen. Wie die kleinen Zwerge, wovon die Sage redet[8], alles herbeischafften, was sich ihre stärkeren Feinde zu Festen wünschten, sich selbst mit Brotrinden des Mahles begnügend, aber einmal für wenige Erbsen, die sie aus Not vom Felde nächtlich ablasen, jämmerlich geschlagen und aus dem Lande verjagt wurden, wie sie da nächtlich über die Brücke wegtrappelten, einer Schafherde zu vergleichen, wie jeder ein Münzchen niederlegen mußte und wie sie ein Faß damit füllten: So danken wir die mehrsten unsrer Arzneien den Zigeunern[9], die wir verstoßen und verfolgt haben: Durch so viel Liebe konnten sie keine Heimat erwerben! –

Auch die hellen Triangel der Böhmischen Bergleute klingen den Kindern nicht mehr, am Leitbande danach zu treten; die treuen heilgen Drei Könige begrüßen sie nicht mehr! –

Aber was rede ich von Kindern, während die Politiker zehnmal in einer Viertelstunde zwischen Aufklärung und Verfinsterung die Welt wenden lassen, weil es in ihre Köpfe aus allen Ecken hineinbläst, den alten Staub zu heben und wegzutreiben, vielleicht ist in der Zeit anderes geschehen, was nicht bemerkt wurde, eben weil es geschah? –

8 Otmars Volkssagen. Bremen 1800, S. 327. Eine Sammlung aus einem kleinen Flecken von Deutschland, die bis auf einzelne Zusätze und Wortüberfluß als Muster ähnlicher aufgestellt werden kann. Es ist wie eine neue Welt schöner Erfindung, aber von den meisten vergessen, weil es weder Veilchensirup noch Teufelskost, sondern weil es uns führt zu den Veilchen, auch wohl in die Behausung des Teufels.

9 Ihr Lehrling war Paracelsus.

Das Wandern der Handwerker wird beschränkt, wenigstens verkümmert, der Kriegsdienst in fremdem Lande hört ganz auf, den Studenten sucht man ihre Weisheit allenthalben im Vaterlande auszumitteln und zwingt sie voraus darin zu bleiben, während es gerade das höchste Verdienst freier Jahre, das Fremde in ganzer Kraft zu empfangen, das Einheimische damit auszugleichen.

Damit wird dem Landmann gelehrt, was er nicht braucht, Schreiben, Lesen, Rechnen, da er wenig Gutes mehr zu lesen, nichts aufzuschreiben, noch weniger zu berechnen hat. In der Stadt macht die körperliche Übung drückender, geistiger Anstrengung Platz, um Kinder in die Plätze der Männer einzuschieben.

Es mag verkehrt sein[10], wie zuweilen die Alten in den Schulen behandelt worden, aber Wahnsinn ist es, während die Gebildeten sich ihrer als Meister rühmen und Ältern aus Gewohnheit ihnen wohl wünschen, daß unwissende Vorsteher diese einzige uns übrige feste historische Wurzel ausreißen: Sind denn Kinder Kartenblätter, die törichte Spieler einander an den Kopf werfen? – Was erscheint, was wird, was geschieht? – Nichts? – Immer nur die Sucht der Bösen die Welt sich, und alles der Nichtswürdigkeit in der Welt gleich zu machen, alles aufzulösen, was enger als ein umzäuntes Feld, an den Boden des Vaterlandes bindet, der Gedanke, es ist derselbe Boden, auf dem wir in Lust gesprungen. Wer so denkt, wird fest und herrlich sich und seinen Nachkommen bauen, wem aber die Baukunst fehlt, dem fehlt ein Vaterland. Wer nun fühlt, daß seinem bessern Leben ein Vaterland fehlt? Geh' in die Komödie, sagt mancher, da ist poetischer Genuß, da singt's und klingt's! –

Aber was ist das poetischer Genuß? –

Wo das Wesen dem Leben ausgegangen, da sendet es einen Schatten zu unsrer Furcht, daß wir uns selber nicht vergessen: So ist unser Schauspiel vom wahren Volksschauspiel ein fratzenhafter

10 Wenn ich es verkehrt nenne, was die Alten in vielen Schulen betreiben, so ist es meine Erfahrung. An allen Orten des Altdeutschen war nichts, des Latein zuviel, des Griechischen zu wenig. Verkehrt nenne ich der Annäherung Schulen nationale Geschichte, das Eigenste des Volks den Alten nachzubilden, da doch diese nur wegen dieser erschöpfenden Nationalität vortrefflich sind. Bis jetzt sind unsere Chroniken unsere eigenen Historiker, alle anderen konventioneller Ziererei und Ansicht versunken, und diese werden in Schulen eben so wenig zugelassen, als die nationalen epischen Gedichte, so es möchte den meisten Schulmännern sehr wunderlich noch vorkommen, wenn ich ihnen die Volkslieder als lehrreicher als alle Hallersche Gedichte aufstellte. Aber wie die Jungen in unserer Zeit ganz alt untereinander tun müssen, um in die Gesellschaft der Alten geführt zu werden, und in aller Schlechtigkeit sich früh abzuglühen, so impft man ihnen einen ästhetischen Ausschlag früh ein, die natürliche Verehrung und das Gefühl dessen zuunterdrücken, was wir selbst nur im glücklichen Augenblicke hervorzubringen vermögen. So möchte freilich mancher dieser Knaben mit edler Herablassung dieser Lieder lächeln.

Schatten; und kein Volksschauspiel kann entstehen, weil es den Künsten kein Volk gibt; die äußere Not hat sie verbunden nicht innere Lust, sonst wäre ein Volk, so weit man deutsch am Markte reden hört. Wisset, Künstler sind nur in der Welt, wenn sie ihr notwendig, ohne Volkstätigkeit ist kein Volkslied und selten eine Volkstätigkeit ohne dieses, es hat jede Kraft ihre Erscheinung, und was sich vorübergehend in der Handlung zeigt, das zeigt in der Kunst seine Dauer beim müßigen Augenblicke. Kritik ist dann ganz unmöglich, es gibt nur Bessermachen und Anerkennen, nichts ganz Schechtes; unendlich viel läßt sich dann in der Kunst tun, wenig darüber sagen, denn sie spricht zu allen und in allen wieder, kein Vorwurf ist dann das Gemeine, so wenig es den Wäldern Vorwurf, daß sie alle grün, denn das Höchste, das Schaffende wird das Gemeinste, der Dichter ein Gemeingeist, ein spiritus Familiaris in der Weltgemeine. –

Daß aber Volkstätigkeit wirklich fehle, wer zweifelt, es fehlt an Krieg, es fehlt an Frieden, eine unerschwingliche Last wälzt sich den Söhnen auf! –

Daß ich klage, werden Sie sagen, was ich selbst als die höchste Lästerung des Jahrhunderts angeklagt; wer kann sich freimachen allein, aber drein wettern möchte ich können mit Fluch und Blitz: Blau Feuer, sagte der wackere Schärtlin, alle Kopisterei und Kortisanei zerrissen, wir würden alle reich! Seit ich denken kann, merke ich einen immer langsameren Gang menschlicher Tätigkeit, wie die Stunden der Ruhe und Nahrung einander verdrängen und beeinträchtigen, so haben alle Leidenschaften und Liebhabereien ihre kürzere Periode, geringeren Grad; die meisten springen von ihrem Geschäfte ab, wie dürres Holz vom Herd, ja viele dringen nie bis zu der Einigkeit der Welt mit sich vor, wo eines sie erfüllen und befriedigen kann, das sind die sehnenden, wähnenden Embrionen von Menschen, wenigen ist Jugend, wenigen Alter. Wie die Balken unsrer Decken heutiges Tags von einem sonst unbekannten Schwamme verschwächt werden, so werden die Menschen um uns plötzlich hohl und leer, da sie noch kaum angefangen zu tragen und zu stützen, zu leisten und zu streben. Wo seid ihr versunken? Ihr liegt verloren im Allgemeinen, im Weltmeere mit tausend Schätzen. Den Störchen möchte ich zuwinken: Bleibt weg, holt keinen aus dem großen Wasser auf die Welt, er sehnt und treibt sich doch wieder hinein, wie es auch ebbend vor seinem Fuße fliehen mag. Aber es gibt nur einen Teufel und viel Engel, ist wohl noch Rettung, ist die Wahl nur eure Qual? – Ob sich etwa die Welt ausruht zum Außerordentlichen? Das Spekulieren, was so ernsthaft genommen wird, macht es wahrscheinlich, denn dies ist der Traum der Tätigkeit, nur der Morgenträume sind wir uns bewußt.

Wenn ich abends im Wintersturm beim Schauspielhause[11] vorüberziehe, wo Licht und Leben erloschen, denke ich wohl, die stille Uhr über den langwierigen Stunden wird einmal anschlagen, der hohe Deckel sich eröffnen vom Sarge, die Larve wird durchbrochen von einem bunten Chor, die neue Bande aufsteigen, ausfliegen durch das Land, fliegen auf allen Tönen, alle erwecken, die schon schlafen gegangen! Das Eis hält lange, ehe es bricht und trägt viel, aber wer nur einmal über das glatte Eis durch alle wunderbare Bahnverschlingungen seiner Vorläufer fest dahingefahren, wo seine Augen den Schein der Sonne vor sich her springen sahen, er ahndet das freudige Leben im freien Strom – zu schwimmen darin, zu segeln darauf, hindurch dem rauchenden Hirsche nachzureiten, dann bei ihm auszuruhen im Grünen, die Sterne darin zu sehen, kommen und untertauchen in ewiger Witterung.

Ja, wer nur einmal im Tanze sich verloren und vergessen, wer einen Luftball ruhig wie die Sonne emporziehen sah, den letzten Gruß des Menschleins darin empfing, der jemals vom jubelnden Taktschlage der Janitscharen hingerissen, einen Feind gegen sich, den mutigen Freund neben sich glaubte, der die Reiter auf Wolken gegen sich ansprengen sah, unwiderstehlich, wie ein Trompetenstoß den mächtigen Strom hemmte; der etwa gar im Sonnenscheine einer Kriegsflotte Ankerlichten sah, wo wenige Augenblicke hinreichen voll Weben und Leben auf Masten und Stangen, diese goldenen Schlösser und Gallerien, alle wie Flossen eines Fisches ruhig in das luftbegrenzte Meer hinschwinden zu sehen, alles Dinge, die uns umgeben, uns begegnen, der muß an eine höhere Darstellung des Lebens, an eine höhere Kunst glauben, als die uns umgibt und begegnet, an einen Sonntag nach sieben Werktagen[12], den jeder fühlt, der jedem frommt. Und wären sie tausendmal nicht gehört, es brauchen nur einmal, wenn dieser Tag gekommen, und diese Morgenstunde, alle Türmer herunterposauenen zu dem Liede der Schüler, zu den Glocken, wie sanft wir auch ruhen, wir werden doch lieber erwachen, da wird alles anspringen, da wird die Last sich heben, wie die Anker bei dem einfachen Liede der Matrosen, wenn sie nur alle zusammen singen. Was ich hoffe ist kein leerer Traum, die Geschichte hat es so oft bewährt, wie das reine Streben der Menschen in gewissen Perioden siegend und singend hervortritt, Kunstwerke gefunden, erfunden und höher verstanden werden! Wer kann sich enthalten, zu glauben, wo er in eine heiße Glashütte tritt, einige rote Netze

11 Dies bezieht sich auf den eigentümlichen sargartigen Bau des neuen Berliner Schauspielhauses, an andern Orten haben sie vielleicht die Form nicht, aber denselben toten Inhalt, wie viele haben auch nicht die Uhr über der Szene, aber dieselbe Langeweile.

12 Der gewöhnliche Sonntag wird jetzt auch in die Arbeit hinein gerissen, darum sieben Werktage, der Kalender ist wirklich nicht in Frankreich allein geändert.

um ihn ziehen, andere mächtig das Glas für ihn aufblasen, was da aus dem roten Feuer durchsichtig werde, sei ein Jubelbecher, ihn im heißen Netze zu kühlen: und ist es nun gekühlt, so ist es ein elendes gebrechliches zitterndes Singglas, kein Glas wobei er singen kann. Es sind der Singgläser doch endlich genug gemacht, wir werden endlich alle zusammenschlagen zum Pokal! Bricht aus den Springkugeln dazu die Spitze, daß sie zu Staub zerfallen, in dem lange schon die große Zahl der Dichter, Schauspieler und Sänger scheinlebend umherverkauft wurde. –

Hört nur, wie die Zugvögel schön singen dem neuen Frühling; da ziehen schon die wackern Handwerksgenossen mit Bündel und Felleisen in langen Reihen über den Weg; wie sie zusprechen bei ihrem Zeichen; wie die Fensterscheiben und das goldene Schild vom echten Grundbaß erzittern, wo sie singen ist keine Halbstimmigkeit, wo Deutsche gebraucht werden, von London bis Moskau und Rom, kein halbsinniges Lied:

Frisch auf ihr Bursche! wandert mit,
Holt Bündel und Felleisen,
Doch eh wir mit dem letzten Schritt
Der Stadt den Rücken weisen,
Schenk Mädchen uns noch Kuß und Wein,
Drauf mit der Sonn zu reisen. *Liebesrose, Lied 18.*

Es ist mir wohl begegnet im Herbste, wenn schon alles fast still und abgefallen, einen dichten krausen Baum mit sich umrungenen Ästen, von Staren wie durchdrungen, klingen und gleichsam auffliegen zu sehen, so sangen mir deutsche Handwerker lüftend ins Herz bei dumpfer Nachtluft holländischer Kanäle, ein kleines Segel flatterte von ihrem Gesange, an bunten Bändern schien das Schiff schneller fortgezogen. Wer hat so etwas nicht öfter erlebt und sei es auch nur im Traume? So hörte ich auch über die Londonbrücke Hannöversche Flüchtlinge: ein freies Leben – hinsingen, als ich mit Sehnsucht nach meinem Vaterlande den Wasserspiegel herabsah, da schien mir auch jener Boden befreundet mit seiner zornigen roten Abendsonne. – Noch nicht ganz erdrückt von der ernsthaften Dummheit die ihr aufgebürdet, lebt euch das fröhliche gesangreiche Symbol des werktätigen Lebens, die Freimaurerei. Noch stehen mitten inne als Künstler und Erfinder der neuen Welt die herrlichen Studenten; sie heften die höchsten Blüten ihrer frischen Jahre sich an den bezeichnenden Hut und lassen die farbigen Blätter hinwehen weit über Berg und Tal und in die Wasser. –

Auch die Bänke der rauchenden Wachstuben werden nicht immer von den Musen gemieden, und wenn sie auch zuweilen nicht hinein können, so sehen sie doch nach ihrem Lieblingssitz durch die Fenster: wenn die überwachte Schildwache nachts ein schauerliches Anschlagen der Gewehre hört, sie spielen mit den blanken schnellfertigen, lebendigen Gewehren. Es wird eine Zeit kommen, wo die drückende langweilige Waffenübung allen die höchste Lust und Ehre, das erste der öffentlichen Spiele, höchste Kraft und Zierlichkeit zu einem Tanze verbunden ausdrückt. Für jede Tätigkeit gibt es einen Preis, wer diesen kennt, hat jene. Wer hat es erlebt, was den Schwindelnden auf glattem Stege hält, unter ihm brauset der Strom, Felsen und Bäume drehen sich über ihm – ein mächtiger Marsch hält ihn, fällt er ihm zur rechten Zeit ein, und aller Schwindel verschwindet, wie die Tritte hinter seinem Rücken. So begreift man Taillefers Gesang, der in jener berühmten Schlacht bei Hastings, England für Wilhelm eroberte, indem er die unerschütterliche Ordnung der Sachsen durchschrie. So mag auch wohl die Macht der rumischen Verse gewesen sein. Wir begreifen nun leicht, wie unsere gebildetere Zeiten bei der Vernachlässigung des ärmeren Lebens (denn das sind die unteren Klassen jetzt) so viele leere Kriegslieder entstehen sahen, während jeder der früheren deutschen Kriege in dem gemeinsamen Mitwirken Aller zu großer Tat herrliche Gesänge hervorrief. Wer hat es je vor- oder nachgedichtet, was Zinkgref[13] aus aller braven Landesknechte Mund im öden Dreißigjährigen Kriege, lehrend uns zu Gemüte führt:

Drum gehe tapfer an, mein Sohn, mein Kriegsgenosse,
Schlag ritterlich darein, dein Leben unverdrossen
Fürs Vaterland aufsetz, von dem du frei es auch
Zuvor empfangen hast, das ist der Deutschen Brauch.
Dein Herz und Auge laß mit Eifers Flamme brennen,
Kein menschliche Gewalt wird dich vom andern trennen.
Es weht von deinem Haupt die Fahne bald hinweg,
Der Jugend Übermut, der Unordnung erweckt.

Kannst du nicht fechten mehr, du kannst mit deiner Stimme,
Kannst du nicht rufen mehr, mit deiner Augen Grimme
Den Feinden Abbruch tun in deinem Heldenmut.
Nur wünschend, daß du teuer verkaufen mögst dein Blut.[14]
Im Feuer sei bedacht, wie du das Lob erwerbest,

13 Phil. von Sittewald Strafschriften II. B. G. 573.

14 Bei dem teuren Blutverkaufen der alten Landsknechte ist die Vergleichung mit den heutigen von Land zu Land sich stehlenden und angeworbenen Soldaten sehr traurig; jene kannten ganz den Wert ihres Lebens, ließen es sich wohl bezahlen, dienten ihre Zeit mit Ehre, dem Tode mit Bewußtsein, diese stürzen sich für einen frischen Trunk in einen frischen Rock, und sehen beim Eintritt in das Tor, wie sie hinauslaufen können, wenn der Krieg sie überrascht, als welchen sie gar nicht ansehen mögen.

Daß du in mannlicher Postur und Stellung sterbest,
An deinem Ort bestehst fest mit den Füßen dein,
Und beiß die Zähn zusamm und beide Lefzen ein.

Daß deine Wunden sich lobwürdig all befinden,
Da vorne auf der Brust, und keine nicht dahinten,
Daß dich dein Feind der Tod im Tod bewundernd zier,
Dein Vater im Gesicht dein ernstes Leben spür.
Mein Sohn, wer Tyrannei geübriget will leben,
Muß seines Lebens sich freiwillig vor begeben,
Wer nur des Tods begehrt, wer nur frisch geht dahin,
Der hat den Sieg und dann das Leben zu Gewinn.

Ja wir fühlen es, wie die Sprache unter dem gewaltigen Triebe in solchen Punkten sich weitet, wir sehen dagegen die ruhige sinkende Erde asiatischer Steppen in der stillen Versteinerung (Steinfermetation) allmählich allem lebenden Eindrucke sich verschließen, jene Freiheit alter Sprache, die Starrheit der heutigen, sie sagen mehr, als ich sagen mag. Doch dieses wie so manches andere wunderbare Lied ist aus den Ohren des Volkes verklungen, den Gelehrten allein übrig blieben, die es nicht verstehen, alle Volksbücher sind so fortdauernd bloß von unwissenden Spekulanten besorgt, von Regierungen willkürlich leichtsinnig[15] beschränkt und verboten, daß es fast nur ein Zufall, oder ein hohes Schicksal, wie uns so manches Wunderschöne in diesen Tagen angemahnt hat, zu fühlen und zu wissen, zu ahnden, zu träumen was Volkslied ist und wieder werden kann, das Höchste und das Einzige zugleich durch Stadt und Land[16]. Aber in den Gelehrten, wie sie vom Volke vergessen, so liegt gegenseitig in ihnen der Verfall des Volks, das tiefere Sinken der Gemüter, die Unfähigkeit mit eigenwilliger froher Ergebenheit dienen und mit unbesorgtem allgemeinen Willen zu befehlen, ja bis zur Unfähigkeit des Vergnügens, was die tiefste Entartung andeutet, die fast aufgegebene Freiheit des Lebens. –

Die Gelehrten indessen versaßen sich über einer eigenen vornehmen Sprache, die auf lange Zeit alles Hohe und Herrliche vom

---

15 Es wäre mir leicht einige zu nennen, bei denen gute kräftige alte Bücher verboten, die seichtesten dafür eingeführt, doch hilft das nichts, vielleicht hilft ihnen diese Betrachtung, um schlechte moralische Komödienlieder und Schriften dem Volke nicht weiter aufzudringen, daß keiner über das Heiligste schlecht schreiben kann, der nicht selbst schlecht ist, sie werden dann auch den Widerstand des Volks gegen neue Gesangbücher verstehen lernen.

16 Warum Tieck vor allen früheren Bearbeitern und Herausgebern ein unsterbliches Verdienst zukommt, das wird jedem mitfühlenden Leser seine herrliche Einleitung zu den Lalenbürgern bewähren, nicht Neugierde, sondern reiner Sinn für ihren Wert bestimmte ihn, er hielt das Große vom Gemeinen frei. Ich würde der beiden Jahrgänge des von Nicolai besorgten feinen Almanachs mit Lob erwähnen, wenn nicht durch die angehefteten schlechten Späße, wunderliche Schreibart und Ironie gegen Herder die Wirkung dieser schätzbaren Sammlung aufgehoben werden.

Volke trennte, die sie endlich doch entweder wieder vernichten oder allgemein machen müssen, wenn sie einsehen, daß ihr Treiben, die Sprache als etwas Bestehendes für sich auszubilden, aller echten Bildung entgegen ist, da sie doch notwendig ewig flüssig sein muß, dem Gedanken sich zu fügen, der sich in ihr offenbart und ausgießt, denn so und nur so allein wird ihr täglich angeboren, ganz ohne künstliche Beihilfe. Nur wegen dieser Sprachtrennung in dieser Nichtachtung des besseren poetischen Teiles vom Volke mangelt dem neueren Deutschland großenteils Volkspoesie, nur wo es ungelehrter wird, wenigstens überwiegender in besonderer Bildung der allgemeinen durch Bücher, da entsteht manches Volkslied, das ungedruckt und ungeschrieben zu uns durch die Lüfte dringt, wie eine weiße Krähe: wer auch gefesselt vom Geschäfte, dem läßt sie doch den Ring niederfallen des ersten Bundes.

Mit wehmütiger Freude überkommt uns das alte reine Gefühl des Lebens, von dem wir nicht wissen, wo es gelebt, wie es gelebt, was wir der Kindheit gern zuschreiben möchten, was aber früher als Kindheit zu sein scheint, und alles, was an uns ist, bindet und löst zu einer Einheit der Freude. Es ist, als hätten wir lange nach der Musik etwas gesucht und fänden endlich die Musik, die uns suchte! –

Es wird uns, die wir vielleicht eine Volkspoesie erhalten, in dem Durchdringen unserer Tage, es wird uns anstimmend sein, ihre noch übrigen lebenden Töne aufzusuchen, sie kommt immer nur auf dieser einen ewigen Himmelsleiter herunter, die Zeiten sind darin feste Sprossen, auf denen Regenbogen-Engel niedersteigen, sie grüßen versöhnend alle Gegensätzler unsrer Tage und heilen den großen Riß der Welt, aus dem die Hölle uns angähnt, mit ihrem Zeigefinger zusammen.

Wo Engel und Engel sich begegnen, das ist Begeisterung[17], die weiß von keinem Streit zwischen Christlichem und Heidnischem, zwischen Hellenischem und Romantischem, sie kann vieles begreifen und was sie begreift, ganz, und rein, ein Streit des Glau-

---

17 Sie weiß nichts davon, daß die Alten das Schöne gesucht und die Neuen das unterlassen: Ob es wohl einer kann lassen das Schöne nicht zu finden, oder es kann finden, wenn er es sucht! Alles was mit Lust im Gemüte sich auftut und findet ist schön, sei es im Himmel oder Hölle, nur das Zufällige ist häßlich, aus kindischen Strichen wird nie ein Apollokopf, und ein Maler der aus willkürlichen Punkten Gruppen zeichnet, macht höchstens eine Klingenprobe seines Genies, so der Dichter aus Endreimen. Der Maler benutzt, was ihm die Erfahrungen über die Farben geben, der Farbe in seinem verschlossenen Auge sich zu nähern, der Dichter, was ihm die Sprache gibt, schaffend im widerstrebenden Stoff, der Reimer legt witzig zusammen, was lange schon vorhanden, er leimt eine Blume aus verschiedenen Blättern zusammen, die Fugen nennt er Originalität, die Leute verwundern sich erst darüber, dann sehen sie, daß alles daran welkt.

bens wird ihr Wahnsinn, weil da der Streit aufhört, wo der Glaube anfängt; noch wahner der Streit über Kunst[18], welche nur ein Ausdruck des ewigen Daseins. Wo Kugel auf Kugel trifft, da sinken beide einträchtig zusammen, wie die Hexameter zweier Homeriden. –

Wen die Musik nur einmal wirklich berührt, den drängt und treibt sie etwas aufzusuchen, was nicht Musik[19], worin sie ihre vorübereilende Macht binden kann. Im Altertume scheint die Musik der Plastik näher verbunden, vor den Götterbildern tönend zu erscheinen, war ein Fest, die Memnonseule ist uns ein Symbol dafür; vielleicht war Musik eben so in der Zeit der Malerei dieser sehr wahr; allgemeiner ist Musik und ursprünglicher (bei uns besonders an den Ufern der Donau) dem Tanze, (am Rheine) dem Worte verbunden[20]. Der deutsche Tanz, das einfache Zeichen der Annäherung, Verbindung und Aneignung wächst an den Ufern der Donau, bis zur reichsten inneren Bedeutsamkeit im oberösterreichischen Ländrischen, die Musik wächst und wetteifert mit ihm in hoher Erfindsamkeit und der Sinn beschränkt sich immer fester auf die gemeinschaftliche eigne Bildung des Volkes[21]. Es ist nicht jene wohlige frohmütige Zärtlichkeit durch Schwaben und Österreich, die uns in den unzerrissenen Gegenden des Rheins ergreift, es ist öfter ein Spott der Liebe in der Liebe, ein Übermut, der sich verzagt stellt, ein Kind das sich vor unseren Augen hinter einen Strauch stellt, heraus rufend: Wo bin ich? So ist Melodie und auch ihr Wort, wo sie zu Worten kommt, in der Liebe (die sich selbander Einsamkeit ist), beim Weine, beim Jagdtreiben, auf Wallfahrten, oder was das Alter die Sehnen der Füße abspannt:

Es ist nit lang, daß es g'regnet hat,
Die Bäumli tröpfle noch,

---

18 Assonanz und andere Äußerungen der Spracheinigung sind den Gebildeten bis auf unsere Zeit fremd gewesen, von dem simplen Rezensenten verspottet, von ihren Freunden geheimnisvoll angepriesen, das Volkslied hat sie ohne Anmaßung, erkennt sie ohne Zwang, und zeigt sogar besseren Gebrauch in Werken, die nicht für die Assonanz gewirkt sind, sondern nur in der Assonanz werden konnten.

19 Sie hat in der Erfindung der Harmonie ein eichenfestes Haus sich erbaut, nicht in der Harmonie, wie sie in Büchern steht, sondern wie sie im Kopfe guter Instrumental-Komponisten, oder solcher Tonkünstler klingt, welche die Stimme als Instrument gebraucht haben, in Kirchenmusiken. Daraus folgt aber nicht die Notwendigkeit dieser Harmonie, wo die Musik wieder im Worte gebunden erscheint.

20 Aus einem sehr erklärlichen Mißverständnis bei denen, die, einer der Künste nur mächtig, sich gern genügen wollten, entstand musikalische Poesie und poetische Musik, wenn aber etwas Poesie werden könnte, wäre es nicht Musik geworden, und umgekehrt. Diese beiden edlen Sinne des Geistes befinden sich dabei wie in der Fabel Storch und Fuchs bei gleicher Schüssel.

21 Wie nur sehr große Künstler andere fremde Meisterwerke lieben können so hat auch der Haufe dort eine Abneigung gegen fremdartige Musik. So lieb es mir wäre, wenn der gute Geist der Zeit am Wiedermusizieren der Volkslieder sich rechtschaffen übte, so traurig ist mir, daß ich viele der besten Volksmelodien aus Unkenntnis nicht mitteilen kann, weil doch vielleicht nur eine große innere Melodie für jedes vorhanden, ob die früher oder später einem Menschen ins Ohr fällt, das kann keiner sagen, aufhorchen kann jeder.

Ich hab einmal ein Schätzl gehabt,
Ich wollt ich hätt es noch.

Dagegen singen wohl die Jungen:

In dem Wasser schnalzt der Fisch,
Lustig wer noch ledig ist.

Was von den Sizilianern erzählt wird, die spielende Freudigkeit, in der alles zum Liede wird und ohne die nichts ein Lied, die findet sich fast dort allein, wo ein Blatt mit Reimen, die sie an Bildern, oder in Jagdbüchern absuchen[22], jung und alt erfreut. Als zwei eigentümliche Wiederklänge dieses Sinnes, welche statt zu wiederholen, die Worte umkehren, sind die tiefgefühlten Berglieder der Bayrischen und Tiroler Alpen zu hören, so auch die rein witzigen Lieder, wie sie zur Zeit des Faschings in den Tanzkellern der Wiener Vorstädte umgehen, die kommen und gehen wie die Wünsche, wie die Sorgen der Zeit, ohne der Ewigkeit eingedruckt zu werden[23]. –

Vom Tanze verlassen in der Sommereinsamkeit, zu einfach anderer Kunst singt der Hirte an den Quellen des Rheins dem ewigen Schnee zu:

Ist noch ein Mensch auf Erden,
So möcht ich bei ihm sein.

---

22 Ein trefflicher Aufsatz über Arbeits-Handwerks-Kinderlieder und Tanzlieder, der besonders den Unterschied zwischen dem deutschen Tanze und dem Reihentanze, so wie die eigene Natur des Schleifers mit Enthusiasmus entwickelt (im Bragur III. T. S. 207 284.) ist leider nicht vollendet, viele der dort erwähnten Lieder wünschte ich gerne ganz mitteilen zu können.

23 Doch zur Probe einige aus dem Jahre 1802.

1) Aus einem rätselhaften Quodlibet, oder eine Gascognade:

Potz tausend, schaut fort läuft die Katz,
Geh Plasl lauf, halts auf,
Ein jeder Mensch hat seinen Schatz,
In diesem Lebenslauf. Als d'Jungfer noch ein Jungfer war,
Hats keine mehr sein mögen,
Ich wußt es alles auf ein Haar,
Ihr Pelz der hing voll Regen.

2) Aus einer Beschreibung der Neuigkeiten im Prater:

Auch ist eine Hütte, wie ihr wohl wißt,
Da läßt man sich wägen, wie schwer als man ist,
Ich ging auch einmal hin,
Z'wissen, wie schwer ich bin?
Der Kerl war ein Flegel, er sprach: Hörts der Herr,
Sie sind gewiß ein Schneider und sind gar nicht schwer.
Wer damit nicht zufrieden, noch mehr sehen will,
Geh grade von da aus zum Ringlspiel,
Da drehen sich zwei und zwei
Rund herum in der Reih,
Oft schreien die Mädeln, nicht gar so geschwind,
Es ist nicht wegen meiner, es ist wegens Kind.

Das Verhältnis dieser Lieder zu den Nationalopern der dortigen Vorstädte, wird schon aus diesen Proben fühlbar, die meisten dieser Singespiele sind der Anlage nach schön, ungeschickt und leer in der Sprache, gewöhnlich aber nur durch Fortsetzungen unangenehm.

So klingen die Quellen des Rheins hinunter, dann immer neuen Quellen und Tönen verbunden, vom lustigen Neckar angerauscht, ein mächtiger Strom, der von Mainz mit dem weinfröhlichen singenden Main verbunden, nur geschieden von ihm durch Farbe, doppelstimmig die vergangene Zeit in heutige Frische umschlingt, eine sinnreiche Erinnerung für uns. Staunend saß ich da unter den lustigen Zechern im vollen Marktschiffe, sah drei wunderlichen Musikern mit immer neuem Liede zu, jeder ihrer Züge eine alte ausgespielte Saite, jeder ihrer Töne ein ausgebissen Trinkglas, ewig hin und zurück geht das Schiff, ihre Wiege, ihr Thron, sie sind's, die diese arme wüste Marktwelt (wie Kraut und Rüben unter einander geworfen) zu einem wechselnden, lauten und stillen Gedankenchore verbinden, daß neben ihnen die ruhigen reicheren Dörfer wie unerreichbare Sterne und Monden, ohne Sehnsucht, ohne Preis vorüberschwimmen. Das Wunderbare hat immer einen fremden Übergang, der Zauberstab unterscheidet sich erst von einem gewöhnlichen Stabe nur durch die Farbe, so mag auch diese Kunst uns nur vorbereiten auf jene höhere am Rheine, der endlich ermüdet vom wechselnden Reiz, wie das Geld im Sande sich verliert. Hier zwischen den Bergen beim Ostein leben noch alle die hochherzigen Romanzen, die Herder und Elwert gesammelt[24], viel schönere noch, die eben nur selten gehört werden, weil sie nur selten wahrhaft sich fügen; sie sind in dem Munde der meisten Schiffer und Weinbauern gleich der pastorella gentil, der zingarella und ähnlichen in Italien. Wie die Jacht mit den Reisenden durch das Wasser schäumt, in jeder Uferkrümmung von den Trümmern der Vorzeit einen Widerhall aufruft, so wechseln die Lieder, und wo sie aussteigen:

Der Kuckuck in seinem Schreien,
Macht fröhlich jedermann,
Des Abends fröhlich reihen
Die Maidlein wohlgetan,
Spazieren zu den Brunnen,
Bekränzen sie zur Zeit,

24 Ungedruckte Reste alten Gesanges von Elwert, Marburg 1781, wo er dieselben Lieder als Herder mitteilt, sind sie besser, Herder konnte sich der Kritik nicht entladen. Elwert sagt sehr klar: Der Mensch nur, der im wehenden Abendwind den Schlafgesang der Vögel belauscht, nur der konnte in voller Wehmut zum Liebchen seufzen: Wenn ich ein Vöglein wär und nur zwei Flügel hätt, flög ich zu dir. Aber es kamen andre Zeiten und die Volkslieder erstarben in meinem Kopfe unter dem Wuste von wissenschaftlichem Unkraut. Alle Blumen in euren Gärten sind Kinder des Feldes und Waldes. Sie hatten sanfte Farben von der Natur, aber sie luxurierten zuletzt und wurden oft grell durch überflüssigen Saft. Tausend solcher Sträußer blühen im hohen Grase, unsre Gelehrten stolpern vorbei, indem sie die hohen Felsen messen, Türme, Städte und all die großen Wunder der Natur anstaunen.

All Volk sucht Freud und Blumen,
Mit Reisen fern und weit.

Kennst du das Land wo die Zitronen blühen? Italien ist entdeckt, wo der Wein reift an allen Orten. Und als ich im mittelländischen Meere schiffte, der Schiffer sein Lied sang auf alles, was uns traf, Windstille und Seekrankheit, bis ihm der Sturm das Lied von der Lippe blies, da floß der Rhein. Ganz besonders ist es aber der Rhein, wenn sich die Winzer zur schönsten aller Ernten, im alten Zauberschlosse der Gisella, nachts versammeln, da flammt der Herd, die Gesänge schallen, der Boden bebt vom Tanz:

Da droben am Hügel
Wo die Nachtigall singt,
Da tanzt der Einsiedel,
Daß die Kutt in die Höh springt.

Viele der Singweisen deuten auf einen untergegangenen Tanz, wie die Trümmer des Schlosses auf eine Zauberformel deuten, die einmal hervortreten wird, wenn sie getroffen und gelöst. Durch die lustige Schar der Winzer zieht dann wohl ein Frankfurter mit der Gitarre, sie sammeln sich um ihn, sie staunen dem König von Thule, der Becher stürzt in den Rhein, der Ernst ihres Lebens wird ihnen klar, wie wir klar sehen in wunderbaren Gedanken durch dunkle Nacht. –

Wo Deutschland sich wiedergebiert, wer kann es sagen, wer es in sich trägt, der fühlt es mächtig sich regen. – Als wenn ein schweres Fieber sich löst in Durst, und wir träumen das langgewachsene Haar in die Erde zu pflanzen, und es schlägt grün aus und bildet über uns ein Laubdach voll Blumen, die schönen weichen den späten schöneren, so scheint in diesen Liedern die Gesundheit künftiger Zeit uns zu begrüßen. Es gibt oft Bilder, die mehr sind als Bilder, die auf uns zuwandeln, mit uns reden, wäre so doch dieses! Doch bewährt die tiefe Kunstverehrung unserer Zeit, dieses Suchen nach etwas Ewigem, was wir selbst erst hervorbringen sollten, die Zukunft einer Religion, die dann erst vorhanden, wenn alle darin als Stufen eines erhabenen Gemüts begriffen, über das sie selbst begeistert ausfloriert. In diesem Gefühle einer lebenden Kunst in uns wird gesund, was sonst krank wäre, diese Unbefriedigung an dem, was wir haben, jenes Klagen der Zeit. Wir denken umher und werden aufmerksam, wie so vieles uns nimmer abgestoßen, wenn wir es nicht verkehrt angezogen, wie der größere Teil der Welt, eine fremde Atmosphäre, durch unsere Luft hätte hindurch gehen können, für uns unschwer, für uns unwarm, keine Macht über uns habend, als unsre Furcht davor. Große Kunst des Vergessens, in dir scheidet sich alle fremde Pestilenz von unsrer Heimat, fort mit dem Fremden im Fremden, die Welt klimatisiert sich uns, fort mit dem Fremden im Einheimischen! Nur darum ist Italien uns Italien, weil es kräftig genug war, lange das Fremde zu übersehen: von seinen Schauspielen her klingen noch die Lieder allen durch die Gassen, und die Handwerker, die vor den Türen arbeiten, lernen sie den Vorübergehenden ab, Eitelkeit kennen sie dabei nicht, denn sie kennen die Freude darin. Da mag die Musik wohl den giftigen Biß der Tarantel heilen. –

Darum kann ich auch den Engländern nicht zürnen, die über eine Ministerveränderung kaum aufmerken, während ein italienisches Musikwunder im höchsten Glanze vor ihnen erscheint, sie müßten ihr Höchstes opfern, wenn sie diese Göttergunst erhalten wollten. Hören sie doch mit herzlicher Teilnahme jedem rotbemäntelten Weibe an der Straßenecke zu, das von Maria von Schottland singt, jagen sie doch dem Jagdhorn eifrig nach und regen die Füße, wo die schottische Sackpfeife sich hören läßt. Nein, eine höhere Musik gibt es wohl nicht, als die der Matrosen von Lord Nelsons Sieg, wie sie die Hüte schwenken und die Stimmen, daß die Wolken verziehen von ihrem Konzertsaale, wo Wagenrollen der Akkord und Grundbaß. Ich denke mir dabei die Worte des Kaisers:[25] „Heiliger Gott! Heiliger Gott, was ist das? Der ein hat eine Hand, so hat der andre ein Bein, wenn sie dann erst zwo Händ hätten und zwei Bein, wie wollt ihr dann tun?"

Noch lehrreicher ist vielleicht die Zusammenstellung der walisischen Bardengeschichte mit den schottischen Sängern[26]. Jene lebten in einer festen Kunstverbindung, hatten vieljährigen Unterricht, Ehre, Fürstengunst, aber seit sie von der Religion geschieden, treten ihre Gesänge fast nur im äußersten Elende schön und rein hervor; das nur läutert sie zur Wahrheit, dagegen entstanden bei ihnen sonst nur lächerliche Streitigkeiten für Harmonie gegen Melodie, Machtsprüche und alles das kritische Elend, was nachahmend auch bei uns über der Poesie[27] schwebt.

---

25 Götz von Berlichingens ritterliche Taten. S. 117.

26 Vergl. Relicks of the Welsh Bards by Ed. Jones.

27 Zur Ehre der Deutschen kann man sagen, daß sie nicht Erfinder dieser Höllenkünste der Rezensirbuden und des kritischen Waschweibergeschwätzes sind, ungeachtet dergleichen Mode bei ihnen insonders gefaßt. Doch sind hierbei immer noch wie ein Wirtshaus erster Klasse von einem der vierten zu unterscheiden, die ernsthaften Dikasterien, wo freilich auch oft die Akten über Stadtneuigkeiten vergessen werden, von den telegraphischen Büreaus aller literarischen Misere durch ganz Deutschland. Dem freien Sinne für Kunst und Wissenschaft sind auch diese letzteren an sich lieb als Wiedererscheinung einer gewissen Gelehrsamkeitseinbildung, die wohl jedem als Kind der Gelehrsamkeit vorausgeht, aber dieser freie Sinn ist selten, der größte Teil der Leser nimmt an Kunst und Wissenschaften gar keinen Teil, ihn reizt nur das Handelnde, das Bewegliche in den Gelehrten, er kommt endlich zu der wohlgefälligen Meinung, daß die ganze Gelehrtenrepublik nichts als ein Ameisenhaufen sei, der alles belaufe, kneife und beschmutzte, um einigen armseligen Weihrauch zusammen zu bringen.

Nur da geachtet, wo sie recht und ganz gehört wurden, ohne Kunstregel und Schule blieben die schottischen Bänkelsänger dem Großen und der Erfindung treu, so konnte ihnen auch die Form nicht fehlen. Die Walisischen klagten immer, die Kunst sterbe aus, sie war aber schon in ihnen ausgestorben; die Schotten hatten viel Größeres zu klagen und zu freuen, denn die Kunst lebte ihnen; bei jenen mußte ein Gesetz den Schülern verbieten, ihre Lehrer in der Begeisterung nicht zu rupfen und auszulachen; diese brauchten keinen solchen wunderlichen Anlauf zur Poesie, wer dichtete, dem war dies Natur und Leben, wobei er keine Gesichter schnitt. Die Lieder der Walisischen konnten durch einen tollen Eroberer fast vertilgt werden, diese Schottischen leben sich noch aus dem Herzen des Volks in den Mund unsterblich. –

Wenn nun so einfache leichte Kunst viel wirkt, wie kommt es, daß oft die schwere gehäufte sogenannte Kunst nichts leistet? Wer nicht das Höchste will, kann auch das Kleinste nicht; wer nur für sich schafft in stolzer Gleichgültigkeit, ob es einer fasse und trage, wie soll er andre erfassen und ergreifen; wer nur um jenes Völkchen buhlt, das immer läuft und klappert, sich immer was zu sagen hat und eigentlich nie etwas sagt; sie gleiten beide ab, nicht weil die Welt wirklich Eis, sondern weil sie die beiden Eispole aufsuchen. –

Auch müssen wir oft denken, es ist unendlich leicht, recht künstlich zu scheinen, wenn man das Leichte schwer, das Schwere leicht nimmt; doch was ist dieser Schein? Er wäre das Wesen, wenn es nicht erschiene[28]. Solch eine Spiegelung nach oben nach unten, wie so leer, so vorübergehend ist sie, und doch geht darin Morgenstrahl und Leben, Aufsicht und Hoffnung auf, ein ewiges geistiges Menschenopfer. Sehe jeder nur frei und ganz, wie er gestellt, und einer ist dem andern notwendig, keinem ist das astralische Verhältnis entzogen, jeder ist ein Künstler, der das mitteilen kann, was ihm eigentümlich im All, die andern zu erklären. Dem aber sind die Aspekte besonders günstig, dem ein wichtiges allgemeines Wirken mühlos vorbereitet, der ohne Arbeit erntet und alle ernährt im gottähnlichen Leben: So wird es dem, der viel und innig das Volk berührt, ihm ist die Weisheit in der Bewährung von Jahrhunderten ein offenes Buch in die Hand gegeben, daß er es allen verkünde, Lieder, Sagen, Sprüche, Ge-

28 Der Schein, was ist der, dem das Wesen fehlt?
Das Wesen, wäre es? Wenn es nicht erschiene?
Goethes Eugenie.
Auch das ist wahr, jedes an seiner Stelle.

schichten und Prophezeiungen, Melodien[29], er ist ein Fruchtbaum, auf den eine milde Gärtnerhand weiße und rote Rosen eingeimpft zur Bekränzung. Jeder kann da, was sonst nur wenigen aus eigner Kraft verliehen, mächtig in das Herz der Welt rufen, er sammelt sein zerstreutes Volk, wie es auch getrennt durch Sprache, Staatsvorurteile, Religionsirrtümer und müßige Neuigkeit, singend zu einer neuen Zeit unter seiner Fahne. Sei diese Fahne auch nicht gestickt mit Trophäen, vielleicht nur das zerrissene Segel der schiffenden Argonauten, oder der versetzte Mantel eines armen Singers[30], wer sie trägt, der suche darin keine Auszeichnung, wer ihr folgt, der finde darin seine Schuldigkeit, denn wir suchen alle etwas Höheres, das goldne Vlies, das allen gehört, was der Reichtum unsres ganzes Volkes, was seine eigene innere lebende Kunst gebildet, das Gewebe langer Zeit und mächtiger Kräfte, den Glauben und das Wissen des Volkes, was sie begleitet in Lust und Tod, Lieder, Sagen, Kunden, Sprüche, Geschichten, Prophezeiungen und Melodien, wir wollen allen alles wiedergeben, was im vieljährigen Fortrollen seine Demantfestigkeit bewährt, nicht abgestumpft, nur farbespielend geglättet, alle Fugen und Ausschnitte hat zu dem allgemeinen Denkmale des größten neueren Volkes, der Deutschen, das Grabmahl der Vorzeit, das frohe Mahl der Gegenwart, der Zukunft ein Merkmal in der Rennbahn des Lebens: Wir wollen wenigstens die Grundstücke legen, was über unsre Kräfte andeuten, im feinen Vertrauen, daß die nicht fehlen werden, welche den Bau zum Höchsten fortführen, und der, welcher die Spitze aufsetzt allem Unternehmen. Was da lebt und wird, und worin das Leben haftet, das ist doch weder von heute, noch von gestern, es war und wird sein, verlieren kann es sich nie, denn es ist, aber entfallen kann es für lange Zeit, oft wenn wir es brauchen, recht eifrig ihm nachsinnen und denken. Es gibt eine Zukunft und eine Vergangenheit des Geistes, wie es eine Gegenwart des Geistes gibt, und ohne jene, wer hat diese?

Berlin im Januar 1805. *Ludwig Achim von Arnim.*

29 Diese Sammlung sei dem Leser eine Probe von dem, was wir wünschen. Wer der Gelegenheit und Lust ermangelt, was er entdeckt, bekannt zu machen, dem erbieten wir uns, mein Freund Clemens Brentano in Heidelberg und ich in Berlin (abzugeben im Viereck n. 4.) zur schnellen Herausgabe. Die zahlreichen Schweizer-Lieder (beim Staubbach wurden mir unzählige gesungen, aber ich konnte keines verstehen und herausbringen), verdienten ganz besonders eine treue Aufzeichnung von einem würdigen Gelehrtendes Landes, es gibt große Heldengedichte noch unter dem Volke, so liest ein alter Mann in Meiningen ein sehr merkwürdiges Gedicht über die Entstehung des Völkchens den Reisenden vor. Sehr willkommen würden mir klargedachte Zeichnungen zu diesen Gedichten sein, die in ihrer gestaltreichen bestimmten Darstellung dem Zeichner ein Schatz von Erfindung sein können, wenn er ihn besprechen und heben kann. Ihn aufmerksam auf solche einzelne Bilder zu machen, würde vielleicht das Vergnügen rauben und ihm nur die Arbeit lassen.

30 Vergl. die Zueignung des Buches.

Nachschrift an den Leser

Herr Kapellmeister Reichardt hat einen Teil des vorstehenden Sendschreibens in seiner geachteten musikalischen Zeitung bekannt gemacht; er forderte bei dieser Gelegenheit von mir den Abdruck des Ganzen. Wie erfreulich ist es mir, etwas zu tun, was ihm lieb und würdig schien, indem ich zugleich für den Zweck dieser Betrachtungen der Volkslieder durch die Sammlung aus dem Wunderhorne mitwirke. Von dieser unsrer Sammlung kann ich nur mit ungemeiner Neigung reden, sie ist mir jetzt das liebste Buch, was ich kenne, nicht was mein Freund Brentano und ich dafür getan, ungeachtet es gern geschehen, sondern was innerlich darin ist und weht, die frische Morgenluft altdeutschen Wandels. Wär ich ein Bienenvater, ich würde sagen, das war der letzte Bienenstock, er wollte eben wegschwärmen, es hat uns wohl Mühe gemacht, ihm im alten Hause zu sammeln, bewahrt ihn, stört ihn nicht, genießt seines Honigs wie recht. Unrecht ist es, für die einzelne Schönheit einer Gegend aufzuwecken, den sie in schönere Träume vertieft, darum kein näheres Wort über die bedeutende Schönheit jedes einzelnen dieser Lieder, bloß literarische Merkwürdigkeit ist meines Wissens keins, jedes atmet, pulsiert in sich, lauter frische, spielende, ringende Kinder, keine hölzerne Puppen, die selbstechte Dichter, aus Angewohnheit des Bildens, ihren echten Kindern nachmachen. – Dem verständigen Leser wird dies zum aufmerksamen Lesen genügen; was die Rezensenten anbelangt, sie lesen dies so wenig als das übrige, wir lesen sie dafür eben so wenig, so sind wir miteinander im ewigen Frieden.

Heidelberg im Juli 1805.

Zweite Nachschrift an den Leser

Manche Bücher scheinen wie der Magnet einer größeren periodischen Einwirkung unterworfen zu sein, die mit den gewöhnlichen Jahreszeiten der Büchermesse und den Monatszeichen der Rezensionen in keiner Verbindung steht. So ließe sich wenigstens jetzt die wiederholte Nachfrage nach dem Wunderhorn erklären, ungeachtet der erste Band schon seit längerer Zeit vergriffen war und überall vergessen schien. Die Herren Verleger wünschten einen neuen Abdruck, und ich mußte zum Entschlusse kommen, diesen entweder unverändert zu veranstalten, oder die vielfachen Nachträge und Verbesserungen, die teils von uns selbst aufgefunden, teils uns übersandt oder in Zeitschriften und Büchern der

Welt mitgeteilt sind, an rechter Stelle einzuschalten. Die Stimme vieler Leser, die das Wunderhorn in seiner alten Gestalt lieb gewonnen hatten, dann auch die Rücksicht auf mehrere größere Sammlungen geehrter Freunde, die mit frischer Liebe in andern Gegenden sogenannte Volkslieder aufgesucht haben und sie bald bekannt zu machen denken, durch welche denn unser Wunderhorn ohnehin ergänzt wurde, bestimmten mich den Plan einer, alles Bedeutende umfassenden Auswahl bis auf spätere Jahre auszusetzen, wenn endlich der Fleiß bis in den verstecktesten Winkeln, wo sich immer noch das meiste erhält, seine Ährenlese beendet hat. So ward ich schnell für den unveränderten Abdruck der Lieder bestimmt, blieb aber um so zweifelhafter, ob das Sendschreiben am Schlusse des ersten Bandes vom Wunderhorn noch einmal der Welt vorgelegt werden sollte. Ich überdachte es noch einmal aufmerksam und verwunderte mich über manchen wichtigen Blick in eine Zukunft, die wir jetzt schon Vergangenheit nennen. Wäre mir jetzt ein gleicher Blick gegönnt, ich möchte dieses neue Bild der Zukunft an die Stelle jenes alten setzen. Doch jetzt verschwebt mir das Zukünftige in ungewissen Nebelmassen, aus denen kaum einzelne Turmspitzen hervorragen, und die Gegenwart übt ihr näheres Recht und drängt sich zwischen die Betrachtung. Woher dieser Unterschied? – Erfahrene Feldmesser wissen recht gut, daß ihnen in den zweifelhaften Tagen, kurz vor dem Eintritt des schlimmen Wetters, der deutlichste Blick in die Ferne gestattet ist, sie arbeiten dann um so rastloser, das unsichtbare Netz zu schließen, mit welchem sie die Erde umspannt und sie den Sternen verbunden haben. So war auch mir in der beschaulichen, wenn gleich zweifelhaften Zeit, welche im nördlichen Deutschland der allgemeinen Zerstörung vorausging, die Aussicht in die Ferne eröffnet, Schrecknisse und Hoffnungen der Zukunft mit Deutlichkeit voraus zu sehen. Dies erklärt manches ernste warnende Wort jenes Anhangs, der damals einigen Freunden nur ein Zeichen übler Laune schien. Zehn Jahre der Verwirrung haben Zeugnis für die ruhige Besonnenheit abgelegt, mit der ich meine Ansicht vom Zufälligen frei zu erhalten wußte. Diese Ansicht ist seitdem von vielen ergriffen und zu längeren Werken ausgearbeitet worden, manches hat sich durch strenge Lehrjahre gebessert, und erscheint auch der Übergang hin und wieder wie bei den Leibesübungen, die ich vermißte, bei der Religion, auf die ich hoffte etwas fratzenhaft unter den Zeitgenossen, die Bewegung ist doch vorhanden und läßt das Lebende nicht mehr untersinken. Was ich dem Wehrstand vorwarf, hat sich im großen und ganzen gebessert, auch die Zünfte scheinen wieder zu Ehren zu kommen, es wird im Studentenleben ein höherer Sinn erkannt, das leichtsinnige Gesetzgeben scheint endlich zu stocken, die Notwendigkeit allgemeiner Beratung und Mitwirkung soll durch Verfassungen begründet werden. Alles, was einmal ernst und tief in die allgemeine Geistesbildung eingriff, wird immerdar einen belehrenden Anklang bewahren, und so sei denn dieser Anhang als ein ausgewachsenes Kleid der herangewachsenen Welt, der es einst zu weit war, als Erinnerung beigefügt. Ziehet hin in alter Ordnung ihr Sternbilder und ihr Wolkenzüge, ihr Schatten und ihr Lichtblicke, ihr gehört nun einmal zusammen, geliebte Worte in abgesungenen Weisen; scheint der neuen Welt wieder einmal neu, spiegelt ihr nebenher einen nun fast zerstreuten Kreis verbundner Gesinnung, manche mühsame Stunde, Frost auf Bibliotheken, Hitze beim Schreiben, manchen lohnenden Abend auf den besonnten Straßen am Neckar, wenn die Wachteln aus den reifen Getreidefeldern uns riefen. Mein Gefühl für diese Lieder und für jene Sammlerzeit kann ich nicht besser schildern, als mit den Worten eines lieben Unbekannten:

Als Knabe stieg ich in die Hallen
Verlassner Burgen oft hinan,
Durch alle Städte tät ich wallen
Und sah die hohen Münster an.
Da war es, daß mit stillem Mahnen
Der Geist der Vorwelt bei mir stand,
Da ließ er frühe schon mich ahnen,
Was später ich in Büchern fand.

Daß Jungfrauen dort von ewgem Preise,
Die heilgen Lieder einst gewohnt,
Und in der Edelfrauen Kreise
Beim Feste des Gesangs gethront.
Da kam der Krieger wild Geschlechte
Und warf den Brand ins frohe Haus,
Die Schestern flohn im Graun der Nächte
Nach allen Seiten bebend aus.

Wie manche schmachtet hart gefangen
In eines Kerkers dunklem Grund!
Zu keinem milden Ohr gelangen
Die Kläng aus ihrem zarten Mund.
Ach, manche, die auf öden Wegen
Umhergeirret, krank und müde,
Sie ist dem schweren Gram erlegen
Und sang noch einmal, eh sie schied.

In eines armen Mädchens Kammer
Ist einer Andern Aufenthalt,
Sie mischt sich in der Freundin Jammer,

Wenn still der Mond am Himmel wallt,
Auch manche wagt der Märtyrinnen
Sich in des Marktes frech Gewühl,
Sie will der Menschen Herz gewinnen
Und singet sanft zum Saitenspiel.

Getrost! schon sinken eure Bande,
Und Boten ziehn nach Ost und West,
In eine Stadt am Neckarstrande
Zu laden euch zum neuen Fest:
Ihr Heitern, kommt zu Tanzes Feier,
Laßt wehn das rosige Gewand,
Ihr Ernsten, singt im Nonnenschleier
Die weiße Lilie in der Hand.

Außer dieser vom Dichter so schön ausgesprochenen Absicht bei der Sammmlung des Wunderhorns, wurde uns nicht selten die Absicht von Günstigen und Ungünstigen untergelegt, als ob wir eine Art poetischer Revolution gegen die geehrten Liederdichter der Zeit hätten machen wollen. Wie wenig dies unsre Absicht gewesen, mag außer der Aufnahme von mehreren ganz neuen Liedern, die eine Berührung mit den früheren Volksliedern hatten, oder volksmäßig geworden waren, beweisen, ja wir hätten deren gern mehr, von jedem Dichter gern das Gelungenste und Gesungenste aufgenommen, wenn es der Raum gestattet hätte. Eine andre Absicht, jene Eintönigkeit und Fremdartigkeit, die sich im Nachbilden fremder Sprachen über unsere Dichter verbreitete, durch diese würdigen Zeichen eigner mannigfaltiger Regung in unserem Volke zu durchbrechen, ist längst eingestanden, ja großenteils schon wirklich erreicht worden. Es möchte wenig spätere Liedersammlungen geben, die nicht Zeichen dieser Einwirkung trügen, die Dichter fingen wieder an von unten auf zu lernen und zu dienen, sie erkannten, daß die literarische Welt, mit ihrem Ernst und Scherz, nicht die einzige bewohnte und belebte auf Erden sei. Herzlichen Dank manchem neuen frischen Liedlein, herzlichen Dank allen neuen Melodien, mit denen das Wunderhorn von geschickten Händen ausgestattet wurde. Hier stehe Reichardts Name wie im Sendschreiben wieder oben an, verbunden mit dem Namen seiner Tochter Luise, dann Zelter, der ein paar kräftige Trinklieder mehrstimmig für die Liedertafel gesetzt hat, dann Himmel wegen seiner Reihe meist burlesker Melodien; auch die Heidelberger Melodiensammlung hat sich ein Verdienst erworben, wie so manche, die ohne Anspruch an Öffentlichkeit, die Lieder in ihrem Kreise durch wohlgewählte Melodien verbreitet haben. Für diese Anerkennung und Einwirkung auf die Menge war vor allem tätig, was der ehrwürdige Meister des deutschen Liedes in einer Rezension (Jenaische Literatur Zeitung Nr. 18.1806. S 137f.) über den ersten Band des Wunderhorns sagte. Es sei mir erlaubt, einige Stellen dieser Beurteilung hier noch einmal für die Verständigung derer abzuschreiben, denen die Sache noch neu ist, ob der denen sie wieder neu geworden, diese Stellen haben das Eigentümliche mit allen Schriften ihres Verfassers gemeinschaftlich, daß sie sich nicht umschreiben lassen, es läßt sich alles nicht anders sagen, als es da gesagt ist, sonst möchte ich des Anstandes wegen gern ein wenig Lob auslassen: „Die Kritik dürfte sich vorerst nach unserem Dafürhalten mit dieser Sammlung nicht befassen. Die Herausgeber haben solche mit soviel Neigung, Fleiß, Geschmack, Zartheit zusammengebracht und behandelt, daß ihre Landsleute dieser liebevollen Mühe nun wohl erst mit gutem Willen, Teilnahme und Mitgenuß zu danken hätten. Von Rechts wegen sollte dieses Büchlein in jedem Hause, wo frische Menschen wohnen, am Fenster, unterm Spiegel oder wo sonst Gesang- und Kochbücher zu liegen pflegen zu finden sein, um aufgeschlagen zu werden in jedem Augenblick, der Stimmung, oder Unstimmung, wo man denn immer etwas Gleichtönendes oder Anregendes fände, wenn man auch das Blatt ein paarmal umschlagen müßte. Am besten läge aber doch dieser Band auf dem Klavier des Liebhabers oder Meisters der Tonkunst, um den darin enthaltenen Liedern entweder mit bekannten hergebrachten Melodien ganz ihr Recht widerfahren zu lassen. oder, wenn Gott wollte, neue bedeutende Melodien durch sie hervorzulocken. Würden dann diese Lieder nach und nach in ihrem eigenen Ton- und Klangelemente von Ohr zu Ohr, von Mund zu Mund getragen, kehrten sie allmählich belebt und verherrlicht zum Volke zurück, von dem sie zum Teil gewissermaßen ausgegangen: so könnte man sagen, das Büchlein habe seine Bestimmung erfüllt und könnte nun wieder, als geschrieben und gedruckt, verloren gehen, weil es in Leben und Bildung der Nation übergegangen. Weil nun aber in der neueren Zeit, besonders in Deutschland nichts zu existieren und zu wirken scheint, wenn nicht darüber geschrieben und geurteilt und gestritten wird, so mag denn auch über diese Sammlung hier einige Betrachtung stehen, die, wenn sie den Genuß auch nicht erhöht und verbreitet, doch wenigstens ihm nicht entgegen wirken soll. Was man entschieden zu Lob und Ehren dieser Sammlung sagen kann, ist, daß die Teile derselben durchaus mannigfaltig charakteristisch sind. Sie enthält über zweihundert Gedichte aus den drei letzten Jahrhunderten, sämtlich dem Sinne, der Erfindung, dem Ton, der Art und Weise nach dergestalt voneinander unterschieden, daß man keins dem andern vollkommen gleichstellen kann. Diese Art Gedichte, die wir seit Jahren Volkslieder zu nennen pflegen, ob sie gleich eigentlich weder vom Volk noch fürs Volk gedichtet sind, sondern weil sie so etwas Stämmiges, Tüchtiges in sich haben und begreifen, daß der Kern und stammhafte Teil der Nationen dergleichen Dinge faßt, behält, sich zueignet und mitunter fortpflanzt, dergleichen Gedichte sind so wahre Poesie, als sie irgend nur sein kann, sie haben einen unglaublichen Reiz selbst für uns, die wir auf einer höheren Stufe der Bildung stehen, wie der Anblick und die Erinnerung der Jugend fürs Alter hat. Hier ist die Kunst mit der Natur im Konflikt und eben dieses Werden, dieses wechselseitige Wirken, dieses Streben scheint ein Ziel zu suchen und es hat sein Ziel schon erreicht. Das wahre dichterische Genie, wo es auftritt, ist in sich vollendet, mag ihm Unvollkommenheit der Sprache, der äußeren Technik, und was sonst will entgegenstehen, es besitzt die höhere innere Form, der doch am Ende alles zu Gebote steht und wirkt selbst im dunklen und trüben Elemente oft herrlicher, als es später im klaren vermag. Das lebhafte poetische Anschauen eines beschränkten Zustandes erhebt ein Einzelnes zum zwar begrenzten, doch unumschränkten All, so daß wir im kleinen Raume die ganze Welt zu sehen glauben. Der Drang einer tiefen Anschauung fordert Lakonismus, was der Poesie ein unverzeihliches Hindernis zuvörderst wäre, ist dem wahren poetischen Sinne Notwendigkeit, Tugend und selbst das Ungehörige, wenn es an unsere ganze Kraft mit Ernst anspricht, regt sie zu einer unglaublich genußreichen Tätigkeit auf. Haben wir gleich zu Anfang die Kompetenz der Kritik selbst im höheren Sinn, auf diese Arbeit gewissermaßen bezweifelt, so finden wir noch mehr Ursache, eine sondernde Untersuchung, inwiefern das alles, was uns hier gebracht ist, völlig echt, oder mehr und weniger restauriert sei, von diesen Blättern abzulehnen. Die Herausgeber sind im Sinne des Erfordernisses so sehr, als man es in späterer Zeit sein kann, und das hie und da Restaurierte, aus fremdartigen Teilen verbundene, ja das Untergeschobene, ist mit Dank anzunehmen. Wer weiß nicht, was ein Lied auszustehen hat, wenn es durch den Mund des Volkes und nicht etwa nur des ungebildeten, eine Weile durchgeht. Warum soll der, der es in letzter Instanz aufzeichnet, mit andern zusammengestellt, nicht auch ein gewisses Recht daran haben? Besitzen wir doch aus früherer Zeit kein poetisches und kein heiliges Buch, als insofern es dem Auf- und Abschreiber solches zu überliefern gelang, oder beliebte. Wenn wir in diesem Sinne die vor uns liegende gedruckte Sammlung dankbar und läßlich behandeln, so legen wir den Herausgebern desto ernstlicher ans Herz, ihr poetisches Archiv rein, streng und ordentlich zu halten. Es ist nicht nütze, daß alles gedruckt werde; aber sie werden sich ein Verdienst um die Nation erwerben, wenn sie mitwirken, daß wir eine Geschichte unserer Poesie und poetischen Kultur, worauf es denn doch nun mehr nach und nach hinausgehen muß, gründlich, aufrichtig und geistreich erhalten."

So billig diese Anforderung an uns erscheinen mag, bei einer Fortsetzung des Werks, das Geschichtliche mehr vor Augen zu haben, so wenig Beruf scheinen wir beide Herausgeber dennoch dazu gehabt zu haben, daß wir nur ungern uns zu einigen Mitteilungen der Art in der Fortsetzung bequemten und selbst diese als ein Hindernis des eigentlichen Bemühens ansahen. Die eigentliche Geschichte war mir damals unter der trübsinnigen Last, die auf Deutschland ruhte ein Gegenstand des Abscheus, ich suchte sie bei der Poesie zu vergessen, ich fand in ihr etwas, das sein Wesen nicht von der Jahreszahl borgte, sondern das frei durch alle Zeiten hindurchlebte. Diesem Wesen, das mich in neuen und alten Schriften gleich lebhaft anregte, suchte ich in seinen sichtbarsten Zeichen auch andern mitzuteilen, ich verschmähte es nicht, wo ich es in mir selbst zu entdecken glaubte, und so wurden auch die beiden folgenden Bände ein Aufnehmen des Fremden in uns. Es würde uns jetzt fast unmöglich sein durch Zeichen, wie einige gewünscht haben, anzudeuten, wo die Restauration anfängt und das Alte aufhört. Diesen Zustand selbst bezeichnet Goethe sehr schön in der begeisterten Periode seines Lebens mit den Worten: (III. Th. S. 434). „Ein Gefühl aber, das bei mir gewaltig überhand nahm und sich nicht wundersam genug äußern konnte, war die Empfindung der Vergangenheit und Gegenwart in eins, eine Anschauung, die etwas Gespenstermäßiges in die Gegenwart brachte. Sie wirkt im Gedicht immer wohltätig, ob sie gleich im Augenblick, wo sie sich unmittelbar am Leben und im Leben selbst ausdrückte, jedermann seltsam, unerklärlich vielleicht unerfreulich scheinen müßte."

Aus dieser Bemerkung mag es sich erklären, daß mir statt aller literarischen Notizen und geschichtlichen Betrachtungen über das Volkslied, die ich hier gern einschaltete, in diesem Augenblicke nur mein damaliges mit alten Bildern beschlagenes Stehpult auf Brentanos Zimmer in Heidelberg vorschwebt, von welchem ich umher auf einen reichen Schatz gesammelter alter Bücher und Handschriften und in die Ferne auf die abgestuften Weinberge jenseits des Neckars blickte, es klingen ordentlich vor meinen Ohren statt der echt historischen von uns verbesserten Übelklänge in den Liedern, so wichtig sie sein mögen, die Takte und Tonschläge der großen Trommel, welche die lustigen und leisen Walzer in den Tanzsälen jenseits des Neckars regelte, ja ich kann mich des Gedankens nicht erwehren, so ein Lied habe seine beste Geschichte in sich selbst und freue sich recht herzlich, wenn es ein andrer mit wahrer Zuneigung in seine Seele aufnimmt und nach seinem inneren Verlangen gestaltet. Was demnach an unsrer

Sammlung auch vermißt werde, eine Gewißheit hege ich, daß wir den Unglimpf nicht verdient hatten, mit dem ein andrer berühmter Mann die Fortsetzung unserer Arbeit (Morgenblatt 1808 Nr. 283. November) begrüßte. Nach einer Reihe von Jahren, die inzwischen vergangen, ist es mir verwunderlich, wie etwas so völlig Nichtiges wie jener Tadel mich damals kränken konnte. Die anspruchlose Bemühung um die Ergänzung verstümmelter Lieder wird da Betrug und Verfälschung genannt! Mögen andere an unsere Lieder die Liebe wenden, die wir an jene alten gewendet haben; statt um Entschuldigung bei den Lesern zu bitten, daß wir so manches in den Liedern änderten, bitte ich jetzt um Nachsicht, daß nicht noch manches andere darin gerundet, gekürzt und ergänzt ist; habe ich doch von Musikfreunden beim Einsingen so manche lobenswerte Änderung der Worte aus dem Stegreife dazu erfinden hören, auf die wir früher auch wohl bei wiederholter Ansicht hätten fallen können. Sucht jeder sinnige Leser, wenn ihn eins dieser Lieder innerlich berührt, alles ihn Störende hinwegzuräumen, alles hinzuzufügen, was es in ihm bildete und anregte, so hat unser Bemühen sein höchstes Ziel erreicht, und wir verschwinden unter der Menge sorgfältiger und erfindsamer Mitherausgeber des Wunderhorns.

Berlin den 20. Sept. 1818. *Lud. Achim von Arnim.*

Wunderhorn.
Alte deutsche Lieder
von Arnim & Brentano.
II.

Zueignung.

Lasset uns Maien und Kränze bereiten,
Sehet, ach sehet die fröhlichen Zeiten!
Sehet ihr Brüder und merket hierbei,
Welche Veränderung solches nur sei.

Lasset uns Weinen und Trauren vertreiben,
Klagen und Zagen soll heute verbleiben,
Klagen und Zagen verjaget jetzund,
Heute seid lustig und machet es kund.

Lasset und Zucker und Honig bestellen,
Lasset uns holen die guten Gesellen,
Lasset herbringen den Spanischen Wein,
Weil wir anjetzo beisammen hier sein.

Lasset uns birkene Maier bestellen
Daß wir euch schenken ihr guten Gesellen,
Lasset den birkenen Maier umgehn,
Lasset die Gläser nicht stille so stehn.

Lasset die Lauten und Geigen erklingen,
Lasset uns eilen zum Tanze zu springen,
Nehmet die Kegel und Bossel in acht,
Lasset uns spielen, bis kommet die Nacht.

Lasset uns geistliche, weltliche Lieder
Klingen und singen ihr herrlichen Brüder,
Lasset uns letzen: Die Jugend vergeht,
Wehmut und Trauren im Alter entsteht.

Abendreihen.

(Der lutherische Lobwasser. Rotenburg an der Tauber 1608. S. 377.)

Wie steht ihr allhie und wartet mein,
Und meint, ich soll eure Vorsingerin sein,
Soll ich denn nun singen, so höret mir zu,
Im Gesetz ist weder Rast noch Ruh.

Das Gesetz richtet nichts denn Zoren an,
Und kein Mensch lebet, der es halten kann,
Nun muß es dennoch erfüllet sein,
Darum schickt Gott seinen Sohn herein.

Derselbig ist worden unser Schild,
Er hat des Vaters großen Zorn gestillt,

Denn er hat dem Gesetz genug getan,
Für jedermann, der nur glauben kann.

Es hat ihn kostet sein rosenfarbig Blut,
Am Kreuz trug er alles uns zu gut,
Des saget Lob und Dank in Ewigkeit,
Daß er uns behüt vor allem Leid. Amen.

Zweifel an menschlicher Klugheit.

(Taulers Nachfolge des armen Lebens Christi. Frankfurt 1621. S. 133.)

Der Vater vom Himmelreich spricht,
Mensch steh still und fürcht mich,
Gehst du für dich,
So tust du töricht,
Mein rechte Hand die schlägt dich.

So spricht Gott der Sohn: Mensch!
Kehr dich um und merk mich,
Du gehst unweislich,
Ich warn dich.

So spricht Gott der heilige Geist: Mensch
Laß deinen Willen fleischlich
In meinen Willen geistlich,
So tust du seliglich,
Das rat ich!
In Gottes Namen,
Amen.

Die Wahrheit.

(Altes Manuskript.)

Vier Jungfräulein von hohem Stamm,
Die waren beieinander,
Ignis Feuer die erst mit Nam,
Aqua Wasser die ander.

Aer die Luft, so hieß die dritt,
Dann Veritas die Wahrheit,
Die stand da in des Gartens Mitt
Und leuchtete in Klarheit.

Ich sehne mich gar oft nach euch,
Sprach sie mit klugen Sinnen,

Drum saget mir, eh ich entfleug,
Wo soll ich euch stets finden?

Das Feuer sprach: Schlag an ein Stein
Mit guten Schwertes Spitzen,
So werd ich schnelle bei dir sein,
Und freudig Funken spritzen.

Das Wasser sprach: Wo Binsen stehn,
Da sollst du nach mir graben,
Du wirst mich bei der Wurzel sehn,
Da will ich dich erlaben.

Die Luft sprach: Wenn an einem Baum
Die Blättlein gehn und nicken,
Da bin ich auch in selbem Raum,
Und will dich bald erquicken.

All drei sie sprachen wonnsamlich:
Du edele Wahrheite!
Wo sollen wir dann finden dich?
Die Wahrheit sprach: Im Leide.

O ihr Schwestern Mord über Mord!
Kein eigen Haus mir bleibet,
Man findet mich nicht hier, nicht dort,
Ein jeder mich vertreibet.

Ich pocht auch bei Gelehrten an,
Weil ehrlich ist ihr Wandel,
Doch ist ihr Werk ein Lug und Wahn
Und spärlich nach dem Handel.

Sie fingen mich und banden mich,
Begossen mich mit Tinten,
In mein schneeweißes Angesicht,
Ich mußte schier erblinden.

Mit Büchern schlugen sie mich dumm,
Und kratzten mich und krallten,
Und zogen mich beim Haar herum,
Zur Tür hinaus mich brallten.

Sie wollte klagen noch viel mehr,
Ein Türlein tät erklingen,
Ein Kritikus kam ganz grad daher,
Davon tat sie sich schwingen.

Würde der Schreiber.
(Moralische Gassenhauer. S. 18)

Papiers Natur ist Rauschen,
Und rauschen kann es viel,
Leicht kann man es belauschen,
Denn es stets rauschen will.

Es rauscht an allen Orten,
Wo sein ein bißlein ist,
Also auch die Gelehrten
Rauschen ohn alle List.

Aus Lumpen tut man machen
Des edlen Schreibers Zeug,
Es möcht wohl jemand lachen,
Fürwahr ich dir nicht leug.

Alt Hadern rein gewaschen,
Dazu man brauchen tut,
Hebt manchen aus der Aschen,
Der sonst litt groß Armut.

Die Feder hintern Ohren,
Zum Schreiben zugespitzt,
Tut manchem heimlich Zoren,
Voran der Schreiber sitzt.

Vor andern Knaben allen,
Weil man ihn Schreiber heißt,
Tut Fürsten wohl gefallen,
Die lieben ihn allermeist.

Den Schreiber man wohl nennt
Ein edlen teuren Schatz,
Wiewohl mans ihm nicht gönnet
Dennoch hält er den Platz.

Vorm Schreiber muß sich biegen
Oft mancher stolze Held,
Und in den Winkel schmiegen,
Obs ihm gleich nicht gefällt.

Letzter Zweck aller Krüppelei.
(Altes Manuskript.)

O süße Hand Gottes!
Ermuntre mein Herz,

Mach, daß ich mein Unglück
Ertrage mit Scherz.
Es dünkt mich, als wenn Gott
Ballon mit mir schlüg.
Je stärker er schläget,
Je höher ich flieg.

Ich als ein klein Bäumlein,
Im Garten da bin,
Gott selbst ist der Gärtner,
Und biegt mich zu ihm,
Er stutzet und butzet
Noch immer mein Zweig,
Daß ich soll aufwachsen,
Und höher aufsteig.

Ich muß es bekennen,
Gott hobelt mich sehr,
Er schneidt mich, er haut mich,
Doch fällt mirs nicht schwer,
Willst wissen warum?
Ich halte dafür,
Gott wollt ja gern schnitzeln
Ein Engel aus mir.

Es kränket mich gar nicht,
Daß ein Krüppel ich bin,
Wer weiß ob nicht eben
Ein Glücksstern darin.
Gott ist ja so gar sehr
In die Krüppplein verliebt,
Weil er für sich selbsten
Sein Kurzweil drin geübt.

Verspätung.

(Mündlich.)

Mutter, ach Mutter! es hungert mich,
Gib mir Brot, sonst sterb ich.
  Warte nur mein liebes Kind!
  Morgen wollen wir säen geschwind.

Und als das Korn gesäet war,
Rief das Kind noch immerdar:
Mutter, ach Mutter es hungert mich,
Gib mir Brot, sonst sterb ich.

Warte nur mein liebes Kind!
Morgen wollen wir ernten geschwind.

Und als das Korn geerntet war,
Rief das Kind noch immerdar:
Mutter, ach Mutter! es hungert mich,
Gib mir Brot, sonst sterbe ich.
Warte nur mein liebes Kind!
Morgen wollen wir dreschen geschwind.

Und als das Korn gedroschen war,
Rief das Kind noch immerdar:
Mutter, ach Mutter! es hungert mich,
Gib mir Brot, sonst sterbe ich.
Warte nur mein liebes Kind!
Morgen wollen wir mahlen geschwind.

Und als das Korn gemahlen war,
Rief das Kind noch immerdar:
Mutter, ach Mutter! es hungert mich,
Gib mir Brot, sonst sterbe ich.
Warte nur mein liebes Kind!
Morgen wollen wir backen geschwind.

Und als das Brot gebacken war,
Lag das Kind schon auf der Bahr.

Urlicht.

(Mündlich.)

O Röschen rot,
Der Mensch liegt in größter Not,
Der Mensch liegt in größter Pein,
Je lieber mögt ich im Himmel sein.
Da kam ich auf einen breiten Weg,
Da kam ein Engellein und wollt mich abweisen,
Ach nein ich ließ mich nicht abweisen.
Ich bin von Gott, ich will wieder zu Gott,
Der liebe Gott wird mir ein Lichtchen geben,
Wird leuchten mir bis in das ewig selig Leben.

Sub Rosa.

(Mündlich.)

Mitten im Garten ist
Ein schönes Paradies,

Ist so schön anzusehn,
Daß ich möcht' drinnen gehn.

Als ich im Gärtlein war,
Nahm ich ein Blümlein wahr,
Brach mir ein Röselein,
Das sollt mein eigen sein.

Das Röslein glänzt so fein,
Wie Gold und Edelstein,
War so fein übergüldt,
Daß es mein Herz erfüllt.

Ich nahm das Röslein fein,
Schloß es ins Kämmerlein,
Stellt es an einen Ort,
Da es ja nicht verdorrt.

Komm ich ins Kämmerlein,
Find nicht mein Röselein,
Als ich herummer sah,
Sitzt ein schön Jungfrau da.

Sprach: „Ach erschrick nur nicht,
Denn ich bin dir verpflicht,
Denn ich bin dir vertraut,
Denn ich bin deine Braut."

Die traurig prächtige Braut.

(Mündlich.)

Komm heraus, komm heraus du schöne, schöne Braut,
Deine gute Tage sind alle alle aus.
O weiele weh! O weiele weh!
Was weinet die schöne Braut so sehr,
Mußt die Jungfrau lassen stehn,
Zu den Weibern mußt du gehn.

Lege an, lege an auf kurze kurze Zeit
Darfst du ja wohl tragen das schöne Hochzeitskleid.
O weiele weh! o weiele weh!
Ach was weinet die schöne Braut so sehr!
Mußt dein Härlein schließen ein
In dem weißen Häubelein.

Lache nicht, lache nicht, deine rote rote Schuh
Werden dich wohl drücken, sind eng genug dazu.
O weiele weh, o weiele weh!

Ach was weinet die schöne Braut so sehr.
Wenn die andern tanzen gehn,
Wirst du bei der Wiege stehn.

Winke nur, winke nicht, sind gar leichte leichte Wink,
Bis du an dem Finger einen goldnen Hochzeitsring.
O weiele weh, o weiele weh!
Ach was weinet die schöne Braut so sehr!
Goldne Ketten legst du an,
Mußt in ein Gefängnis gahn.

Springe heut, springe heut deinen letzten letzten Tanz,
Morgen kannst du weinen auf den schönen Hochzeitskranz,
O weiele weh, o weiele weh!
Ach was weinet die schöne Braut so sehr!
Mußt die Blumen lassen stehn.
Auf den Acker mußt du gehn.

Familiengemälde.

(Friderici Ehren-Liedlein. Rostock 1614. XXIV.)

An allem Ort und Ende,
Soll der gesegnet sein,
Den Arbeit seiner Hände
Ernähret still und fein,
Gott will ihm dazu geben
Ein Ehfrau tugendreich,
Die einer fruchtbaren Weinreben
Sich soll verhalten gleich.

Recht wie junge Ölzweige
Wachsen und grünen frisch,
So sollen in der Reihe,
Die Kindlein um den Tisch,
Gar fein und höflich stehen,
In Zucht und guter Sitt,
Der Vater soll sie sehen,
Im dritt und vierten Glied.

Das Wappenschild.

(Fliegendes Blatt.)

Stürmt, reißt und rast ihr Unglückswinde,
Zeigt eure ganze Tyrannei,

Zerbrecht, zerschlagt so Zweig als Rinde,
Und werft den Hoffnungsbaum entzwei;
Dies Hagelwetter
Trifft Stamm und Blätter,
Die Wurzel bleibt,
Bis Sturm und Regen
Ihr Wüten legen,
Daß sie von neuem grünt und Äste treibt.

Mein Herz gibt keinem Diamanten,
Mein Geist der Eiche wenig nach;
Wenn Erd und Himmel mich verbannten,
So trotz ich doch dem Ungemach:
Weicht falsche Freunde,
Schlagt bittre Feinde,
Mein Heldenmut
Ist nicht zu dämpfen;
Drum will ich kämpfen,
Und sehn was die Geduld für Wunder tut.

Die Liebe schenkt aus goldnen Schalen
Mir einen Wein zur Tapferkeit,
Verspricht mir guten Sold zu zahlen
Und führt mich mutig in den Streit;
Da will ich siegen,
Hier will ich kriegen;
Ein grünes Feld
Dient meinem Schilde
Zum Wappenbilde,
Allwo ein Palmenbaum zwei Anker hebt.

Rheinischer Bundesring.

(Mitgeteilt von Frau von Pattberg.)

Bald gras ich am Neckar,
Bald gras ich am Rhein,
Bald hab ich ein Schätzel,
Bald bin ich allein.

Was hilft mir das Grasen
Wann die Sichel nicht schneidt,
Was hilft mir ein Schätzel,
Wenn's bei mir nicht bleibt.

Und soll ich dann grasen
Am Neckar am Rhein,

So werf ich mein goldiges
Ringlein hinein.

Es fließet im Neckar,
Und fließet im Rhein,
Soll schwimmen hinunter
Ins tiefe Meer 'nein.

Und schwimmt es das Ringlein,
So frißt es ein Fisch,
Das Fischlein soll kommen
Aufs König sein Tisch.

Der König tät fragen,
Wems Ringlein soll sein?
Da tat mein Schatz sagen,
Das Ringlein g'hört mein.

Mein Schätzlein tät springen,
Bergauf und bergein,
Tät mir wiedrum bringen,
Das Goldringlein fein.

Kannst grasen am Neckar,
Kannst grasen am Rhein,
Wirf du mir immer
Dein Ringlein hinein.

Schwimm hin, schwimm her du Ringelein.

(Mündlich.)

Nichts schöneres kann mich erfreuen,
Als wenn der Sommer angeht,
Da blühen die Rosen im Maien,
Trompeter die blasen ins Feld.

Trompeter die habens geblasen;
Soldaten marschieren ins Feld,
Sie ziehen dem Feinde entgegen,
Zum Streite wohl sind sie bestellt.

Dort drunten ins Kaisers Schloßgarten,
Da stehet ein Feigenbaum,
Da müssen wir alle ablegen
Pistolen und Säbelgezeug.

Ach Schätzel was hab ich erfahren,
Daß du jetzt willst reisen von hier,

Willst reisen ins fremde Land nause,
Wann kommst du wieder zu mir?

Und da ich im fremden Land draußen war,
Gedacht ich gleich wieder nach Haus;
Ach wär ich zu Hause geblieben,
Und hätte gehalten mein Wort!

Und als ich wieder nach Hause kam,
Feins Liebchen stand unter der Tür;
Gott grüß dich du Hübsche, du Feine,
Von Herzen gefallest du mir!

Ich brauche dir nicht zu gefallen,
Ich habe schon längst einen Mann,
Dazu einen hübschen und feinen,
Der mich wohl ernähren kann.

Was zog er aus seiner Tasche?
Ein Messer war scharf und war spitz;
Er stach es feins Liebchen ins Herze,
Das rote Blut gegen ihn spritzt.

Er zog es gleich wieder herause,
Vom Blute da war es so rot,
Hast du nun gelitten die Schmerzen,
So will ich auch leiden den Tod.

Da nun das Liebchen gestorben,
Wo begrabt man sie denn hin?
In ihres Vaters Schloßgarten,
Wo weiße Lilien blühn.

Was zog er da von seinem Finger?
Ein Ringlein, das war von Gold,
Er warf es sogleich in das Wasser,
Die Wellen, die geben den Schein.

Schwimm hin, schwimm hin, du Ringlein,
Schwimm hin in das Meer hinein,
Und grüß mir mein Vater und Mutter,
Und sag, ich komm nimmermehr heim.

Leonore.

(Bürger hörte dieses Lied nachts in einem Nebenzimmer.)

Es stehn die Stern am Himmel,
Es scheint der Mond so hell,
Die Toten reiten schnell:

Mach auf mein Schatz dein Fenster,
Laß mich zu dir hinein,
Kann nicht lang bei dir sein;

Der Hahn der tät schon krähen,
Er singt uns an den Tag,
Nicht lang mehr bleiben mag.

Weit bin ich her geritten,
Zweihundert Meilen weit,
Muß ich noch reiten heut;

Herzallerliebste meine!
Komm setz dich auf mein Pferd,
Der Weg ist reitens wert;

Dort drin im Ungerlande
Hab ich ein kleines Haus,
Da geht mein Weg hinaus.

Auf einer grünen Heide,
Da ist mein Haus gebaut,
Für mich und meine Braut.

Laß mich nicht lang mehr warten,
Komm Schatz zu mir herauf,
Weil fort geht unser Lauf.

Die Sternlein tun uns leuchten,
Es scheint der Mond so hell,
Die Toten reiten schnell.

Wo willst mich dann hinführen?
Ach Gott! was hast gedacht
Wohl in der finstern Nacht?

Mit dir kann ich nicht reiten,
Dein Bettlein ist nicht breit,
Der Weg ist auch zu weit.

Allein leg du dich nieder,
Herzallerliebster schlaf!
Bis an den jüngsten Tag.

Der Kurmainzer Kriegslied.

(Aus dem Revolutionskriege.)

Auf einem schönen grünen Rasen,
Da ließ Albin zur Mahlzeit blasen,

Als ein General und Feldmarschall;
Sie rühren die Trommeln und schlagen den Lärmen
Und lassen die feurigen Bomben schon schwärmen,
Die blutige Mahlzeit geht schon an.

Laß Pauken und Trompeten schallen,
Laß alle Kanonen auf einmal knallen,
Auf daß sich empört die ganze Welt.
Laß Bomben und Haubitzen blitzen,
Die Festung Mainz, die muß schon schwitzen,
Bis das Feuer das Kostheim verzehrt.

Gerechter Gott! sechs Jahr verflossen,
Haben wir Kurmainzer viel Blut vergossen,
Und ist zu hoffen noch keine Ruh.
Herr Albini hat Grimmen und Zorn,
Er saß zu Pferd mit Stiefeln und Sporn:
Schießt und haut und stecht nun tot.

O ihr Grenadiere! zum Aufmarschieren,
Mit blutigen Fahnen zum Abmarschieren,
Auf diesen stolzen Franken los!
Frisch gewagt, ist halb gewonnen,
Nicht verzagt, es wird schon kommen,
Wenn's Kurmainz gehören soll.

O ihr Kurmainzer all zusammen,
Zu Pferd, zu Fuß in Gottes Namen,
Ergreift den Feind nur herzhaft an,
Gott der Herr wird uns beschützen,
Seinen Schutz und Segen schicken,
General Albini führt uns an.

Der Überläufer.

(Mündlich.)

In den Garten wollen wir gehen,
Wo die schönen Rosen stehen,
Da stehen der Rosen gar zu viel,
Brech ich mir eine, wo ich will.

Wir haben gar öfters beisammen gesessen,
Wie ist mir mein Schatz so treu gewesen,
Das hat ich mir nicht gebildet ein,
Daß mein Schatz so falsch könnt sein.

Hört ihr nicht den Jäger blasen,
In dem Wald auf grünem Rasen?

Den Jäger mit dem grünen Hut,
Der meinen Schatz verführen tut?

Hört ihr nicht den Trompeter blasen,
In der Stadt auf der Parade?
Der Trompeter mit dem Federbusch,
Der mir meinen Schatz verraten tut.

Einquartierung.

(Fliegendes Blatt.)

Jackele guck zum Fenster naus,
Moin i hör ein Drommen,
Annele gang beschleuiß das Haus,
Glaub Soldaten kommen,
Sind gau gwiß Husaren,
Lueg obs kannst erfahren,
Noin sie sind nit so antaun,
Potz i waiß und kenn sie schaun.

Ei pfui Teuffen, wie sehns drein:
I kan nit gnug gucken,
Werden wol Tralpatschen sein,
Was haunds auf den Rucken?
Sieht als wie ein Prügel,
Bärt haunds wie die Igel,
Hosen wie die Schweizer an,
Helf is Gott! mein lieber Mann.

Was kommen denn dort für Ruf?
Horch wie sie schau murren:
Marrei gang und mach mir uff,
I glaub es seind Panduren.
Was muß i gau kochen,
Daß nit mit mir pochen,
Knöpfle und ein dürre Wurst.
Mann gang, frag ob sie's nit durst?

Weib was denkst, loß mi ungkeit,
Schweig du alter Fetzen,
Waiß schau, was es sind für Leut,
Darf nit mit sie schwätzen,
Kann sie nit verstande,
Kunt n mi haue zu schande,
Mi und di und au den Bue,
Und hätt no den Spott darzue.

Ei so schlag der Plunder drein,
Was sind das für Gsellen:
Marrei gang und hoi du Wein;
Annele tu aufstellen,
Tu fein tapfer tennä,
Los Kraut nit verbrennä,
Schnid a sälle dürre Speck,
Gost dahär wie oine Schneck.

Weib i gang gau über Feld,
Daß sie mi nit sehä,
Wenn sie wölle hau no Geld,
Dort im Trog tut stehä,
Anderthalbe Gulde,
Und dem Wirt bleibs schulde,
Will ihm geben Korn dafür,
Hol der Velte das Quartier.

Soldatenglück.

(Fliegendes Blatt.)

Frisch auf ins weite Feld!
Zu Wasser und zu Lande
Bin ich Soldat fürs Geld.
Wenn alle Menschen schlafen,
Soldaten müssen wachen,
Dazu sind sie bestellt.

Der König trägt die Kron,
In seiner Hand den Szepter,
Wenn er sitzt auf dem Thron,
Ein langes Schwert zur Seite
Zu gehen mit zum Streite,
Auf Frieden und Pardon.

Ein Adelige Dam,
Die schläft bei einem Soldaten,
Aus lauter Liebesflamm,
Es klingt ihr in den Ohren
Soldaten sind geboren
Aus ritterlichem Stamm
Soldat du edles Blut,
Weil du bist hochgeboren
Aus lebensfrischem Mut,
Wenn schon die Kugeln sausen

Laß dir davor nicht grausen,
Wems glückt, der kommt davon.

Das Lustlager.

(Mündlich.)

Reiter.

Hör Bauer, was ich sage,
Das Quartier und das ist aus,
Wenn du'n Trompeter hörst blasen,
So komm und weck mich auf.

Und sattle mir mein Pferdchen
Und leg zur Hand mein Schwert,
Den Mantel tu drauf binden,
Daß ich bald fertig werd.

Mädchen.

Wer stehet draußen vor meinem Fenster,
Wer steht draußen vor meiner Tür?
Ist es der Schönste, der Angenehmste,
Der noch heute will von hier?

Reiter.

Jungfrau, ich bitt sie ganz untertänig,
Ach eröffne sie mir die Tür,
Dieweil nunmehr die Zeit verflossen,
Und ich abscheiden muß von hier.

Mädchen.

Mein Vater liegt im obern Zimmer,
In seim Schlafkämmerlein ruhet er,
Er hat ein Brieflein in seiner Tasche,
Die Antwort steht geschrieben darin.

Reiter.

Trübe Wolken an dem Himmel,
Tausend Seufzer schick ich zu dir,
Dieweil ich muß fort an einen andern Ort,
Lebe wohl zu tausend guter Nacht.

Mädchen.

Ich trage Ketten mein ganzes Leben,
Wer mich kann retten aus meiner Qual,
Dem will ich zeigen, daß ich sein eigen,
Und ihm getreu will sein bis an mein Grab.

Reiter.
Sterbe nicht mein Kind, das bitt ich dich,
Sonst ist verloren all mein Freud,
Alle Berge und Täler zusammenfallen,
Eh ich dir mein Kind untreu will sein.

Der Tag kommt hergeschlichen,
Die Sonne blickt herfür,
Nachdem die Nacht verstrichen,
Der Bauer tritt an die Tür.

Bauer.
Sie blasen wacker drauf,
Herr mein Soldat! steh auf,
Das Pferd ist schon gesattelt,
Der Mantel gebunden drauf.

Das Pferdchen muß ihn tragen
Wohl vor das hohe Haus,
Mit ihren schwarzen Augen
Schaut Liebchen zum Fenster naus.

Was tät er ihr zu Ehren?
Schoß Pulver in die Luft,
Daß man den Knall tät hören,
Wie ein Pistole pufft.

Reiter.
Hör Pferdchen, was ich sage,
Hör Pferdchen, was ich sag,
Heut nacht mußt du mich tragen
Zurück vor Liebchens Tür.

Reiterlied.

(Venusblümlein von Metzger. Nürnberg 1612.)

Nach Reitersbrauch ich reite
Mein Rößlein in das Feld,
Tumml das auf grüner Heide
Werfs rum auf alle Seiten,
Mit Spornstreich mach ichs springreich,
Das mir dann wohl gefällt.

Wann es höflich tut traben,
Lacht mir das Herze mein,
Artlich Tugend und Gaben
Mein Roß an sich tut haben,

Auf alle Weis erlangt es Preis,
Zierlich sein Sprünge sein.

Im Rennen nicht seinesgleichen,
Schnell läuft es wie der Wind,
Männlich sichs tut erzeigen,
Mit Schlagen und mit Beißen;
Gegen sein Feind ich sage heint,
Seinesgleichen man nicht findt.
Wenn ich bin ans Heimreiten,
Schenk ich mein Buhl ein Trab,
Dann wirfts den Kopf auf die Seiten,
Tritt auf mit engem Schreiten,
Und trabet vor meins Buhlens Tür,
Sie schaut zum Fenster raus.

Tut mich freundlich anlachen,
Wünscht mir einen guten Tag,
Was sollt mich in den Sachen
Denn dies fröhlicher machen.
Mein Roß und Schatz bei mir han Platz,
Ohn die ich nicht sein mag.

Die Marketenderin.

(Mündlich.)

Es hat sich ein Mädchen in'n Fähnrich verliebt,
Er spricht ihr von Ehre und heirat sie nicht,
Wenn der Fähnrich die Fahne tut rühren,
Tut sich ihr Herzchen vor Freuden florieren.

Der Tambur die Trummel im Wirbel schon rührt,
O wunderschön Mädchen mußt leiden groß Not,
Da heißt es, Soldaten ins Feld müßt marschieren,
Bald haben wir kein Geld, bald haben wir kein Brot.

Bald haben wir kein Brot, bald haben wir kein Geld,
O du wunderschön Mädel! so geht es im Feld,
Und wenn der Feind kommt und bringet uns um,
Bleib bei der Armee und halt dich fein frumm.

Wär ich ein Knab geboren.

(Mündlich.)

Es wollt ein Mädel grasen,
Wollt grasen im grünen Klee,

Begegnets ihm ein Reiter,
Wollts haben zu der Eh.

Ach komm, du hurtig Mädel,
Und setz dich zu mir her.
„Ach wollt ich dürft mich setzen,
Kein Gras hats Zicklein mehr."

Der Reiter spreit den Mantel,
Wohl über den grünen Klee:
„Komm du mein wackeres Mädel,
Und setz dich zu mir her."

„Ich wollt, ich dürfte sitzen,
Das Zicklein hat kein Gras,
Hab gar ein zornig Mutter,
Sie schlägt mich alle Tag."

„Hast du ein zornig Mutter,
Und schlägt dich alle Tag,
Verbind den kleinen Finger,
Und sag, er sei dir ab."

„Wie wollt ich dürfen lügen,
Steht mir gar übel an,
Viel lieber wollt ich sprechen,
Der Ritter wär mein Mann.

Ach Mutter, liebe Mutter,
Ach gebt mir einen Rat,
Es reitet mir alle Tage
Ein hurtiger Ritter nach."

„Ach Tochter! liebe Tochter!
Den Rat, den geb ich dir,
Laß du den Reiter fahren,
Bleib noch das Jahr bei mir."

„Ach Mutter! liebe Mutter!
Der Rat, der ist nicht gut,
Der Ritter ist mir lieber,
Als all dein Hab und Gut."

„Ist dir der Reiter lieber,
Als all mein Hab und Gut,
So bind dein Kleid zusammen,
Und lauf dem Reiter zu."

„Ach Mutter! liebe Mutter!
Der Kleider hab ich nicht viel,

Gib mir nur hundert Taler,
So kauf ich, was ich will."

„Ach Tochter! liebe Tochter!
Der Taler hab ich nicht viel,
Dein Vater hats verruschelt,
In Würfel- und Kartenspiel."

„Hats denn mein Vater verruschelt
In Würfel- und Kartenspiel,
So sei es Gott erbarmet,
Daß ich sein Tochter bin.

Wär ich ein Knab geboren,
Ich wollte ziehn ins Feld,
Ich wollt die Trommel rühren,
Dem Kaiser um sein Geld."

Abschied für immer.

(Mündlich.)

Heute marschieren wir,
Morgen marschieren wir,
Zu dem hohen Tor hinaus,
Ei du wacker schwarzbraun Mägdlein,
Unsre Lieb ist noch nicht aus.

Reist du schon fort?
Reist du denn schon fort?
Kommst du niemals wieder heim?
Und wenn du kommst in ein fremdes Ländchen,
Liebster Schatz vergiß nicht mein.

Trink du ein Gläschen Wein,
Zur Gesundheit mein und dein,
Kauf mir einen Strauß am Hut,
Nimm mein Tüchlein in die Tasche,
Deine Tränlein mit abwasch.

Es kommt die Lerche,
Es kommt der Storch,
Es kommt die Sonne ans Firmament.
In das Kloster will ich gehn,
Weil ich mein Schätzchen nicht mehr tu sehen,
Weil nicht wiederkommt mein Schatz!

„Dorten sind zwei Turteltäubchen,
Sitzen auf dem dürren Ast,

Wo sich zwei Verliebte scheiden,
Da verwelket Laub und Gras,
Was bat mich ein schöner Garten,
Wenn ich nichts darinnen hab,
Was bat mich die schönste Rose,
Wenn ich sie nicht brechen soll,
Was bat mich ein jung frisch Leben,
Wenn ichs nicht der Lieb darf geben?“

Großer Kriegshymnus in der Gelehrten-Republik.

(Filipp Zesens Frühlingslust. S. 45.)

Sollt ich ein Feldherr sein und Kriegesheere führen,
So wollt ich stracks auszieren
Das ganze Kriegesheer
Mit einem solchen Volk, das hold den Büchern wär,
Die Studenten müßten sein
Meine besten Bursch und Führer,
Die Gelehrten Feindausspürer;
Phöbus Völker insgemein
Müßten die Feinde verjagen und dämpfen,
Müßten uns helfen und ritterlich kämpfen.

Büchsmeister sollten sein die süßen Musikanten,
Die Helikons Verwandten,
Der Orgeln Freudenschall,
Sollt an Trompetenstatt erklingen überall,
Bacchus und sein Kamerad,
Ceres sollten uns wohl geben
Brot und Speis und Wein zu leben,
Frischen uns nach Kriegesrat,
Musen und Grazien müßten mitkämpfen,
Müßten die Feinde verjagen und dämpfen.

Die Feder sollte mir anstatt der Schwerter dienen,
Wir wollten uns erkühnen
In alle Welt zu gehn.
Mich deucht, ich wollte wohl mit diesem Volk bestehn,
In Gefahr und Kriegesnot;
Schriftgelehrte und Juristen
Müßten sich zu streiten rüsten,
Die, vor denen flieht der Tod,
Müßten uns helfen auch ritterlich kämpfen,
Müßten die Feinde verjagen und dämpfen.

Wettstreit des Kuckucks mit der Nachtigall.

(Dozen Miscellaneen. I, S. 284)

Einstmals in einem tiefen Tal
Der Kuckuck und die Nachtigall
Täten ein Wett anschlagen,
Zu singen um das Meisterstück:
„Gewinn es Kunst, gewinn es Glück,
Dank soll er davon tragen."

Der Kuckuck sprach: „So dirs gefällt,
Ich hab zur Sach ein Richter wählt",
Und tät den Esel nennen,
Denn weil er hat zwei Ohren groß,
So kann er hören desto baß,
Und was recht ist, erkennen.

Sie flogen vor den Richter bald,
Wie ihm die Sache ward erzahlt,
Schuf er, sie sollten singen.
Die Nachtigall sang lieblich aus,
Der Esel sprach, „du machst mirs kraus,
Ich kanns in Kopf nicht bringen."

Der Kuckuck drauf anfing geschwind
Kuckuck! sein Sang durch Terz, Quart, Quint
Und tät die Noten brechen;
Er lacht auch drein nach seiner Art,
Dem Esel gefiels, er sagt, „nun wart,
Ein Urteil will ich sprechen.

Wohl sungen hast du Nachtigall,
Aber Kuckuck singst gut Choral,
Und hältst den Takt fein innen;
Das sprech ich nach meim hohen Verstand,
Und kostets gleich ein ganzes Land,
So laß ich dichs gewinnen."

Vom Buchsbaum und vom Felbinger.

[Felbinger ein Weidenbaum.]
(Altes Blatt. Strasburg bei Jakob Fröhlich.)

Nnun wollt ihr hören neue Mär
Vom Buchsbaum und vom Felbinger,
Sie zogen miteinander über Feld,
Und kriegten wider einander.

Der Buchsbaum sprach: Bin ich so kühn,
Ich bleibe Sommer und Winter grün,
Das tust du leidiger Felbinger nit,
Du verlierst dein beste Zweige.
Felbinger, wie gefällt dir das?

Der Felbinger sprach: Bin ich so fein,
Aus mir macht man die lange Zäun,
Wohl um das Korn und um den Wein,
Davon wir uns ernähren.
Buchsbaum wie gefällt dir das?

Der Buchsbaum sprach: Bin ich so fein,
Aus mir macht man die Kränzelein,
Mich trägt auch manch schöns Jungfräulein,
Mit Freuden zu dem Tanze.
Felbinger, wie gefällt dir das?

Der Felbinger sprach: Bin ich so fein,
Aus mir macht man die Mülterlein,
Mich trägt manch schöne Jungfraue
Dem Metzger unter die Bänke.
Buchsbaum, wie gefällt dir das?

Der Buchsbaum sprach: Bin ich so fein,
Aus mir macht man die Löffelein,
Mit Silber und rotem Gold beschlagen,
Tät mich für die Gäste tragen.
Felbinger, wie gefällt dir das?

Der Felbinger sprach: Bin ich so fein,
Aus mir macht man die Fässelein,
In mich tut man den besten Wein,
Rot, Welsch und Malvasiere.
Buchsbaum wie gefällt dir das?

Der Buchsbaum sprach: Bin ich so fein,
Aus mir macht man die Becherlein,
Aus mir trinkt manch schön Jungfräulein
Mit ihrem roten Munde.
Felbinger, wie gefällt dir das?

Der Felbinger sprach: Bin ich so fein,
Aus mir macht man die Sättelein,
Auf mir reit mancher gute Gesell,
Wohl durch den grünen Walde.
Buchsbaum wie gefällt dir das?

Der Buchsbaum sprach: Bin ich so fein,
Aus mir macht man die Pfeifelein,

Auf mir pfeift mancher gute Gesell,
Im Feld wohl in den Kriegen.
Felbinger, wie gefällt dir das?

Der Buchsbaum sprach: Bin ich so drat,
Ich steh dort mitten in der Matt,
Und halt ob einem Brünnlein kalt,
Daraus zwei Herzlieb trinken.
Buchsbaum, wie gefält dir das?

Der Buchsbaum sprach: Bist du so gerecht,
So bist du mein Herr, und ich dein Knecht.
Der Sach geb ich dir alles Recht,
Das Spiel hast du gewonnen. –
Leser, wie gefällt dir das?

Vom Wasser und vom Wein.

(Mündlich.)

Ich weiß mir ein Liedlein, hübsch und fein,
Wohl von dem Wasser, wohl von dem Wein,
Der Wein kanns Wasser nit leiden,
Sie wollen wohl alleweg streiten.

Da sprach der Wein: Bin ich so fein,
Man führt mich in alle die Länder hinein,
Man führt mich vors Wirt sein Keller,
Und trinkt mich für Muskateller.

Da sprach das Wasser: Bin ich so fein,
Ich laufe in alle die Länder hinein,
Ich laufe dem Müller ums Hause,
Und treibe das Rädlein mit Brause.

Da sprach der Wein: Bin ich so fein,
Man schenkt mich in Gläser und Becherlein,
Und trinkt mich für süß und für sauer,
Der Herr als gleich, wie der Bauer.

Da sprach das Wasser: Bin ich so fein,
Man trägt mich in die Küche hinein,
Man braucht mich die ganze Wochen,
Zum Waschen, zum Backen, zum Kochen.

Da sprach der Wein: Bin ich so fein,
Man trägt mich in die Schlacht hinein,
Zu Königen und auch Fürsten,
Daß sie nicht mögen verdürsten.

Da sprach das Wasser: Bin ich so fein,
Man braucht mich in den Badstüblein,
Darin manch schöne Jungfraue
Sich badet kühl und auch laue.

Da sprach der Wein: Bin ich so fein,
Bürgermeister und Rat insgeheim
Den Hut vor mir abnehmen,
Im Ratskeller zu Bremen.

Da sprach das Wasser: Bin ich so fein,
Man gießt mich in die Flamm hinein,
Mit Spritz und Eimer man rennet,
Daß Schloß und Haus nicht verbrennet.

Da sprach der Wein: Bin ich so fein,
Man schenkt mich den Doktoren ein,
Wenns Lichtlein nit will leuchten,
Gehn sie bei mir zur Beichte.

Da sprach das Wasser: Bin ich so fein,
Zu Nürnberg auf dem Kunstbrünnlein,
Spring ich mit feinen Listen
Den Meerweiblein aus den Brüsten.

Da sprach der Wein: Bin ich so fein,
Ich spring aus Marmorbrünnelein,
Wenn sie den Kaiser krönen,
Zu Frankfurt wohl auf dem Römer.

Da sprach das Wasser: Bin ich so fein,
Es gehn die Schiffe groß und klein,
Sonn, Mond auf meiner Straßen,
Die Erd tu ich umfassen.

Da sprach der Wein: Bin ich so fein,
Man trägt mich in die Kirch hinein,
Braucht mich zum heiligen Sakramente,
Dem Menschen vor seinem Ende.

Da sprach das Wasser: Bin ich so fein,
Man trägt mich in die Kirch hinein,
Braucht mich zur heiligen Taufen,
Darf mich ums Geld nicht kaufen.

Da sprach der Wein: Bin ich so fein,
Man pflanzt mich in die Gärten hinein,
Da laß ich mich hacken und hauen,
Von Männern und schönen Jungfrauen.

Da sprach das Wasser: Bin ich so fein,
Ich laufe dir über die Wurzel hinein,
Wär ich nicht an dich geronnen,
Du hättst nicht können kommen.

Da sprach der Wein: Und du hast recht,
Du bist der Meister, ich bin der Knecht,
Das Recht will ich dir lassen,
Geh du nur deiner Straßen.

Das Wasser sprach noch: Hättst du mich nicht erkannt,
Du wärst sogleich an der Sonn verbrannt!
Sie wollten noch länger da streiten,
Da mischte der Gastwirt die beiden.

Klagred des Gott Bacchus, daß der Wein edel worden ist.

(1545).

Bacchus.
Ich bin der Gott Bacchus genannt,
Den guten Schluckern wohlbekannt,
Sie dienten mir ein lange Zeit;
Die Fürsten, Herrn und Edelleut,
Dazu Mönche und auch Pfaffen,
Haben mit mir viel zu schaffen.
Allweg hat man mit mir groß Freud,
Man brauchet mich auch gegen Leid.
Durch mich hat mancher viel gewagt,
Wo er sonst war so gar verzagt,
Ich täts als frei mit Hilf und Rat,
Des Weines war da früh und spat,
Man sang, man sprang, man rang dazu,
Durch mich hat man kein Rast noch Ruh
Mit Geigen, Pfeifen, Saitenspiel,
Kein Schimpf noch Scherz war mir zuviel.
Ich richt auch etwan zu Unrug,
Daß einer den andern weicher schlug;
Und aber jetzt, zu dieser Frist
Ein ander Rüstung worden ist.
Seither der Wein ist edel worden,
Will er nicht mehr in gemeinen Orden,
Gesellt sich stets zu großen Herren,
Die allweg ohne Trauren zehren.
Vor Zeiten war man wohlgemut,

Ob es schon allweg nicht war gut,
Sollt einer von der Kirbin gahn,
Sollt sich nicht vollgesoffen han!
Und wenn der Bauer kam zu Markt,
So war ihr keiner also karg,
Er trank vorher ein Mäßlein Wein,
Er kam oft heim beim Mondenschein,
Und sang, daß die lieb Heide lacht,
Er wenig an sein Schuldner dacht.
Nun aber jetzt hats den Bescheid,
Es ist mir wahrlich selber leid;
Wie geht der Wein, lugt wie er prangt,
Als wie ein Bildnis an der Wand,
Und hat ein Knecht, der geht ihm nach,
Ich denk er tuts nur uns zur Schmach,
Er zeigt sein Helm und auch sein Schild,
Und aufs gemeine Volk nur schilt,
Er ist ein Herr nun mit Gewalt,
Kein Mann ist jetzund also alt,
Sonst bracht er große Abenteuer,
Doch jetzo ist er viel zu teuer,
Daß niemand ihn bezahlen kann,
Er ist nicht für gemeinen Mann.

Der Wein.
Ich laß mir das nicht zweimal sagen,
Ich will hier gut Gesellen fragen.
Wie sitzt ihr also traurig hier,
Als wärs vor Tag und sonst noch früh?
Ich will euch einen Kurzweil machen,
Daß ihr allsamt müßt drüber lachen.

Bestlinkarg.
Ach edler, fester, teurer Wein,
Ich wollt gern mit euch fröhlich sein,
Doch mag die Kosten ich nicht tragen,
Besorg, ich darf so was nicht wagen.

Jobst Weingans.
Ach Bestlin, wie bist du ein Mann,
Ich leider nicht ein Pfennig han,
Hätt ich so vieles Geld wie du,
So wär bei mir kein Rast noch Ruh.

Bestlinkarg.
Ich spar es auf fürn alten Mann,
Das Saufen will ein Reichen han.

Jobst Weingans.
Dein Lebtag hast kein guten Tag,
Denn du bist karg und hast dein Klag,
Leih du mir Geld und ich will saufen,
Sollt morgen ich den Rock verkaufen.

Bestlinkarg.
Zeug du nur hin, mach kein Gesicht,
Ich werd dir wahrlich leihen nicht.

Der arme Heinz.
Was zankt ihr hier, ihr losen Leut,
Ihr wißt nicht um die Armut beid,
Ich bin ein alter, kranker Mann,
Mein Lebtag ich gearbeit han,
Und wär mir not, daß ich jetzt hätt
Ein Trünklein nur vorm Tode spät,
Soll ich nun ein halb Mäßlein trinken,
Es tut mir sehr im Säckel sinken,
Trink ich ein Achtteil nur der Maß,
So machts mir kaum die Zunge naß.
Ich glaub, es sei ein rechte Straf,
Die Gott über uns Menschen schaff,
Es sei doch Gott ewig geklagt,
Daß er uns mit der Teure plagt,
Wir han doch leider oft getrunken,
Daß wir sind unter die Bänk gesunken,
Und wenn die Zech nun hat ein End,
So ging es heim dicht an die Wänd,
Je einer dann des andern lacht,
Wie hab ich ihn so voll gemacht;
Jetzt macht der Wein sich gar zu kraus,
Man säuft ihn nicht im Ganzen aus.

Der Wein.
Ihr lieben Herrn, ihr fehlet weit,
Die Herren und die Edelleut,
Die saufen noch, als wärens wild,
Wenn schon das Maß ein Gulden gilt,
Wärt ihr bei mir, in mancher Zech,
Ihr säht, wie man mir recht zuspräch.

Kriegsmann.
Sagst recht davon, wers Geld nur hätt',
Hätt ich das Geld, ichs wagen tät,
Ich hab jetzund daran gedacht,
Du hast mich um viel Pfennig bracht,

Mir dünkt auch wohl, was du vorher
Gewesen bist, der du jetzt her
Mit deinen Schilden prächtig gehst,
In Silber und in Gold da stehst,
Und prangst mit dir, als seist ein Fürst,
Drum daß uns allweg nach dir dürst.
Du weißt noch wohl zu dieser Frist,
Wo du vorzeit gewesen bist,
Du fielst auch manchmal mit mir hin,
Man schütt dich oft auch untern Tisch,
Ich sah auch oft, du machst Unruh,
Daß man dich aufs Diuppen schlug,
Und werd ich dich wiederum treffen,
So werd ich dich zum Fenster naus werfen.

Der Wein.
Wenn du mich hast, so halt mich fast,
Kein Geld zum Weine du mehr hast,
Ich mag nicht hören euer Klagen,
Ihr wißt euch gar nicht zu betragen,
Wer mich will haben, muß mich zahlen,
Nach allem meinem Wohlgefallen.
Gen Worms zieh ich auf den Reichstag,
Da ich ein große Losung hab;
Bei Fürsten und bei Edelleuten
Tut man mit Fingern auf mich deuten,
Man tut mich in ein Prachtgeschirr,
Und zieht mich allenthalb herfür.

Bestlin Karg, Jost Weingans, der Kriegsmann.
Wie soll ich mich ernähren,
Ich armes Bruderlein,
Ich hab nicht viel zu zehren,
Zu teuer ist der Wein,
Es ist mir ungewohnt,
Beim Wein hab ich gewohnt,
Den Abend und den Morgen,
Bis er ist hoch belohnt.
Der Wein ist worden Ritter,
Altadlig im Geblüt,
Ich habe nicht gestritten,
Der Wein hat mich bemüht,
Nun sieht er mich nicht an,
Und ist ein vornehm Mann,
Den ich einst jung getreten,
Und jetzt noch tragen kann.

So wollt ich gern ihm singen,
Doch hat mein Stimm kein Ton,
Ich kanns zu Stand nicht bringen,
Wenn ich den Wein so schon;
Ich kann nicht fröhlich sein,
Zu teuer ist der Wein,
Muß ich denn Wasser saufen,
So schlafe ich gleich ein.
Kein Kurzweil ist beim Wasser,
Das red ich offenbar,
Bezeugs mit jedem Prasser,
Die zechen durch das Jahr,
Der Wein ist mir zu teuer,
Versauf ich Haus und Scheur,
Es ist allein mein Schaden,
Es gibt mir niemand Steur.

Hoffart will Zwang haben.

(Mündlich.)

O du verdammtes Adelleben!
O du verdammter Fräuleinstand!
Jetzt will ich mich der Lieb ergeben,
Der Adel bricht mein Liebesband:
Ach dacht ich oft bei mir so sehr,
Ach wenn ich nur kein Fräulein wär.

Zu morgens früh, wenn ich aufstehe,
Da putzet gleich mich die Mamsell,
Ach wenn ich in mein Schnürleib gehe,
Ich das Gefängnis mir vorstell.
Ach dacht etc.

O du Gefängnis meines Leibes!
Die Brust in goldnen Ketten liegt,
O hätt ich doch des Zeitvertreibes,
Wovon die Kammerjungfer spricht.
Ach dacht etc.

Denn wenn ich in die Kirch tu fahren,
So hütet streng mich die Mamsell,
Da seh ich die verliebten Paare,
Und jede Dirn, wies ihr gefällt.
Ach dacht etc.

Will ich mit schönen Knaben reden,
Sie neigen sich in Demut gleich,
Und merkens nicht, wie gern ich jedem
Sogleich den Mund zum Küssen reich.
Ach dacht etc.

Was schöne Späße muß ich sehen
Von Knecht und Magd auf offner Straß,
Doch muß ich gleich vom Fenster gehen,
Wenn die Mamsell erblickt den Spaß.
Ach dacht etc.

Drum will ich meinen Stand verwandeln,
Will eine Bauerndirne sein,
Damit ich nicht modest muß wandern,
Und krank ins Fräuleinstift hinein;
Bald denke ich nun gar nicht mehr,
Daß ich ein Fräulein war und wär.

Zierlichkeit des Schäferlebens.
(Fliegendes Blatt.)

Nichts kann auf Erden
Verglichen werden
Der Schäferslust,
Auf grünen Heiden,
Verblümten Weiden,
Gibts wahre Freuden,
Mir ists bewußt.

Bei kühlen Brunnen,
Bei heißer Sonnen
Bestrahlet sein,
Ohn Furcht der Waffen
Im Grünen schlafen,
Bei meinen Schafen
Ist Freud allein.

Bald geh ich leiren,
Bald wieder feiren,
Durch tiefe Tal,
Dann muß ich springen,
Mich ganz aussingen,
Tut wieder klingen
Der Echo Schall.

Ums Schäferleben
Soll man gern geben,
Ich weiß nicht was,
Ich tausch mit keinem
Und schlaf bei meinen
Herzliebsten Schäfchen
Im grünen Gras.

Des Schäfers Tageszeiten.

(Fliegendes Blatt.)

Ach! wie sanft ruh ich hie
Bei meinem Vieh!
Da schlaf ich süß im Moos,
Dem Glücke in dem Schoß,
Ganz sorgenlos.
Wenn ich die prächtigen Schlösser beschau
Sind sie doch nur mir,
So zu sagen schier
Ein kühler Tau.

Kommt denn das Morgenrot,
So lob ich Gott.
Dann mit der Feldschallmei
Ruf ich das Lämmergschrei
Ganz nah herbei;
Da ist kein Seufzen, kein trauriger Ton;
Denn die Morgenstund
Führet Gold im Mund,
Baut mir ein'n Thron.

Kommt dann die Mittagszeit,
Bin ich voll Freud;
Da grast das liebe Vieh,
Geiß, Lämmer, Schaf und Küh,
Auf grüner Heid.
Setz mich in Schatten hin, esse mein Brot.
Bei meinem Hirtenstab
Schwör ich, daß ich hab
Niemals ein Not.

Endlich seh ich von fern
Den Abendstern;
Dort draus am Wasserfall
Schlaget die Nachtigall,
Gibt Widerhall.

Freiheit in Armut gibt Reichtum und Sieg,
Allem Pomp und Pracht
Sag ich gute Nacht
Und bleib ein Hirt.

Laß rauschen Lieb, laß rauschen.

(Mündlich.)

Ich hört ein Sichlein rauschen,
Wohl rauschen durch das Korn,
Ich hört ein Mägdlein klagen,
Sie hätt ihr Lieb verlorn.

Laß rauschen, Lieb, laß rauschen,
Ich acht nicht, wie es geht,
Ich tät mein Lieb vertauschen
In Veilchen und im Klee.

Du hast ein Mägdlein worben
In Veilchen und im Klee,
So steh ich hier alleine,
Tut meinem Herzen weh.

Ich hör ein Hirschlein rauschen
Wohl rauschen durch den Wald,
Ich hör mein Lieb sich klagen,
Die Lieb verrauscht so bald.

Laß rauschen, Lieb, laß rauschen,
Ich weiß nicht, wie mir wird,
Die Bächlein immer rauschen,
Und keines sich verirrt.

Luftelement.

(Mündlich.)

O Luft, du edles Element,
Führ hin mein Liedlein behend,
Mit seinem Hirtenschall,
Über Berg und über Tal;
Klopf leise an das Tor,
An meiner Phyllis Ohr.

Den Dienst mit treuem Fleiß verricht,
Soll Luft dich aufhalten nicht,

Laß unterwegs stehn
Die klaren Brünnlein schön,
Die grünen Bäumelein
Mit ihren Blätterlein.

Gefährtin soll dir Echo sein,
Sie wiederholet so rein,
Damit du nichts vergißt,
Sie wiederholt mit List
Die Worte mein so rein;
Mußt bald zurücke sein.

Weh' ihr nur in die Äugelein,
O lachende Flammelein
Vor eurem Pfeil und Strahl,
Die Sternlein fallen ins Tal,
Des Himmels runde Scheib
Vor euch still stehen bleibt.

O spielend helle Demantlein,
Viel leuchtender als Karfunkelstein,
Der seidnen Härlein Duft
Vermeide fromme Luft,
Es hält dich sonst zurück
Der goldnen Ketten Glück.

O Luft schlag an ihr kaltes Herz,
Dann kehrst du zurück mit Schmerz!
O Furcht Schwermütigkeit,
O Hoffnung Sicherheit!
O Luft du edles Element
Führ hin mein Liedlein behend.

Feuerelement.

(Mündlich.)

Er.
Du kannst mir glauben liebes Herz,
Geh dich am Brunnen frischen,
Wenn heut die Stern am Himmel sind,
Komm ich zu dir mein schönes Kind,
Da denkst du nicht der Schmerzen
Im Herzen.

Sie.
Geh hin und nimm ein kühles Bad,
Tu dich im Tau erlaben,
Wenn Feuer und Stroh beisammen sind,
Den Schnee dazwischen treibt der Wind,
So muß es dennoch brennen,
Ja brennen.

1. Epistel.

(Aus Franken.)

Ich habe mein Herz in deines hinein geschlossen,
Darin liegen begraben
Drei güldene Buchstaben,
Der erste ist von rotem Gold,
Daß ich dir bin von Herzen hold;
Der ander ist von Edelstein,
Ich wollt du wärst die Liebste mein;
Der dritt, der ist von Sammet und Seiden,
Du sollst all andere meiden;
So wünsch ich dir ein güldenes Schlafkämmerlein,
Von Kristall ein Fensterlein,
Von Sammet ein Bett,
Von Seiden ein Deck,
Von Zimmet eine Tür,
Von Nägelein ein Riegel dafür,
Von Muskaten eine Schwell
Und mich zu deinem Schlafgesell.

Dieses wünsch ich der Hübschen und Feinen,
Der Zarten und Reinen,
Der Tugendreichen,
So nicht ihresgleichen,
Wir wollen Freund sein
Bis in das Grab hinein.
Hiermit bist du tausendmal geküßt auf deine Hand,
Das geb ich dir zum Unterpfand,
Ich schick dir ein Gruß von Sammet und von Gold,
Du bist mir lieb und ich dir hold,
So werd ich hernach dir Freund doch bleiben,
So lange die Rosse den Wagen tun treiben,
So lange der Main schwimmet durch den Rhein,
So lange werd ich der Freund doch sein;
Geschrieben im Jahr,

Da die Liebe Feuer war,
Ob schon die Augen gleich weit voneinander,
Ein Herz doch allzeit liebet das ander,
Den Namen will ich nicht nennen,
Wenn du mich liebst, wirst du mich wohl kennen.

2. Epistel

Einen freundlichen Gruß,
Der in das Herze soll und muß;
Der Gruß liegt begraben,
Zwischen zwei goldenen Buchstaben,
Der eine heißt: Eine Perle fein,
Ich kann nicht Herzallerliebste stets bei dir sein!
Der andre heißt:
Sammet und Seiden,
Mein Schatz soll andre Junggesellen meiden.
Ich habe einen heimlichen Boten ausgesandt,
Der dir und mir ist wohlbekannt,
Das Täublein tu ich bitten
Mit tugendlichen Sitten,
Daß es soll mein Bote sein
Und sagen zu der Liebsten mein:
Ich grüß sie heimlich in der Still
Und trau den falschen Zungen nicht viel,
Grüße nur ihr Mündlein rot und weiß,
Welches ist gezieret mit ganzem Fleiß,
Grüße sie durch grasgrünen Klee,
Nach ihr tut mir mein Herz so weh.
Ich wünsche ihr soviel gute Tage und Augenblick,
Als ich des Nachts Sterne am Himmel erblick.
Ich wünsche meiner Herzliebsten ein Haus,
Mich zu ihr immer ein und aus,
Von Kristallen eine Tür,
Und von Nägelein einen Riegel dafür;
Von Sammet und Seiden ein Bett,
Das ist ihr zarter Leib wohl wert.
Wir leben beide auf dieser Erden,
Ach, daß sie bald mein eigen möcht werden!
Eh ich meine Herzvielgeliebte wollt lassen,
Eh sollt mein Herz ein Pfeil durchstoßen;
Eh ich meine Herzallerliebste wollt meiden,
Eh sollt mein Herz eine Säge durchschneiden.

Es kann keiner sein so behend,
Der von der Liebe könnt schreiben ein End;
Sie ist mein Morgen und Abendstern,
Meine Augen sehn sie allezeit gern;
Ich sitze beim Trinken oder Essen,
So kann ich meine Herzallerliebste nicht vergessen;
Wenn ich sie seh voll Freuden schweben,
So freuet sich mein ganzes Leben.
Herzallerliebste, ich laß nicht von dir ab,
Bis man mich träget ins kühle Grab.
Herz in Herz geschlossen,
Pfeil in Pfeil gestoßen,
Lieb in Lieb verpflicht,
Herzallerliebste verlaß mich nicht;
Denn mein Herz ist ein Diamant,
Dein und meine Liebe scheidet niemand.
Keine Rose, keine Nelke kann blühen so schön,
Als wenn zwei verliebte Seele beisammen tun stehn.
Kein Feuer, keine Kohle kann brennen so heiß,
Als zärtliche Liebe von der niemand weiß.
Setz du mir einen Spiegel ins Herze hinein,
Damit du kannst schauen, wie treu ich es mein.
Nun Täubchen schwing die Flügel,
Bring frohe Botschaft wieder.

Babeli sieht den Wald vor lauter Bäumen nicht.

(Mündlich.)

Schwarzbrauns Babeli,
Steh auf und laß mich nein,
Ich bin allein,
Und bring dir Wein,
Laß mich in die Kammer 'nein;
Schwarzbrauns Babeli,
Mit deinen schwarzen Äugeli,
Steh auf und laß mich 'nein.

's sind unser eins, 's sind unser zwei,
Bringen dir ein Osterei,
Schwarzbrauns Babeli,
Steh auf und laß uns 'nein;
's sind unser zwei, 's sind unser drei,
Babeli komm geschwind herbei.

Schwarzbrauns Babeli,
Steh auf und laß uns 'nein.

's sind unser drei, 's sind unser vier,
Kaufen dir gut Wein und Bier,
Schwarzbrauns Babeli
Steh auf und laß uns 'nein;
's sind unser vier, 's sind unser fünf,
Kaufen dir ein Dutzend Strümpf.
Schwarzbrauns Babeli
Steh auf und laß uns 'nein.

's sind unser fünf, 's sind unser sechs,
Kaufen dir ein Kreuzersweck,
Schwarzbrauns Babeli
Steh auf, und laß uns 'nein.
's sind unser sechs, 's sind unser sieben,
Welchen will das Babeli lieben?
Schwarzbrauns Babeli
Steh auf und laß uns 'nein.

's sind unser sieben, 's sind unser acht,
Wünschen dir eine gute Nacht,
Schwarzbrauns Babeli
Steh auf und laß uns 'nein.
's sind unser acht, 's sind unser neun,
Welcher darf zum Babeli 'nein?
Schwarzbrauns Babeli
Steh auf und laß uns 'nein.

's sind unser neun, 's sind unser zehn,
Möchten gern das Babeli sehn,
Schwarzbrauns Babeli
Steh auf und laß uns 'nein.
's sind unser zehn, 's sind unser elf;
Liebes Babeli komm und helf.
Schwarzbrauns Babeli
Steh auf und laß uns 'nein.

's sind unser elf, 's sind unser zwölf,
Ist ein ganze Herde Wölf,
Schwarzbrauns Babeli
Steh auf und laß uns 'nein.
Laß uns in die Kammer 'nein,
Bringen dir ein Kanne Wein.
Schwarzbrauns Babeli,
Steh auf und laß uns 'nein.

Aus der Zeit, wo die Schäfereien überhand nahmen.

(Mündlich.)

Schäfer.
Mein Freund! Ein guter Freund,
Der hier verspätet weint,
Erbittet sich zur Gnad
Hier eine Ruhestatt,
Weil er von diesem Ort
Nicht mehr kann reisen fort.

Nachtwächter.
Wer seid ihr?

Schäfer.
Ich bin ein treuer Hirt,
Aus Liebe und Begierd,
Seht an mein Hirtenstab,
Den ich in Händen hab,
Damit weid ich die Herd
Wies mich der Vater lehrt.

Nachtwächter.
Wen sucht ihr?

Schäfer
Ich such aus treuem Sinn
Die edle Schäferin,
Die sich von meiner Herd,
So schnöd hinweggekehrt,
Und sich in dieser Stadt
Gewiß verloren hat.

Nachtwächter.
Wenn ihr ein Schäfer seid, so gehört ihr zu eurer Herd, wie bald ists geschehen, daß ein Wolf kommt und zertrennt die ganze Herd.

Schäfer.
Wenn schon die ganze Herd
Von ihm zertrennet wär,
So wär es nicht so viel,
Als wenn ich ohne Ziel
Sollt ohne Schäfrin sein,
Und nunmehr ganz allein.

Nachtwächter.
Ihr werdet schon eine andre finden, was braucht ihr der so nachzulaufen? Ist sie so gewaltig schön?

Schäfer.
Sie ist vortrefflich schön
Wie eine Götterin,
Ihr Auge ist wie Feur,
Das macht sie mir so teur,
Die liebliche Gestalt
Ist wie man Venus malt.

Nachtwächter.
Von Venus mag ich gar nichts wissen, Korporal heraus und Bursche ins Gewehr und führt den Kerl ans Licht.

Schäfer.
Gewalt geht stets vor Recht,
Mein Treu bezahlt man schlecht,
Ich such die ganze Nacht,
Man führt mich auf die Wacht,
Adje man führt mich hin,
O edle Schäferin.

Nachtwächter.
Licht her, Kerl was winkt er mir? – Ach ihre Majestät! Sie sind es! – Gnade, machen sie einen treuen alten Diener nicht unglücklich!

Schäfer.
Ihr sollt mirs nicht ansehn,
Ihr könnt mirs nicht ansehn,
Ein Schäfer will ich sein,
Ein Schäfer ganz allein,
Ihr seid einfältge Schaf,
Und ich erlaß die Straf.

Naturtrieb.

(Eingesandt.)

Wie die goldnen Bienlein schweben
Auf der bunten Blumenfahrt,
Hunderttausend Küsse geben
All den Kräutlein mancher Art,
So in meines Herzens Grunde
Treibt es mich, nach deinem Munde,
        Speis und Wein,

Küß und Freude,
Mehrt die Pein,
Die ich leide,

Ohne dich, mein Leben!
Durch Umfangen
Stillt dein Mund
Mein Verlangen,
Bin ich wund,
Kannst du mir Gesundheit geben.

Selbstgefühl.

(Fliegendes Blatt.)

Ich weiß nicht, wie mirs ist,
Ich bin nicht krank und bin nicht gesund.
Ich bin blessiert und hab keine Wund.

Ich weiß nicht, wie mirs ist,
Ich tät gern essen und geschmeckt mir nichts,
Ich hab ein Geld und gilt mir nichts.

Ich weiß nicht, wie mirs ist,
Ich hab sogar kein Schnupftabak,
Und hab kein Kreuzer Geld im Sack.

Ich weiß nicht, wie mirs ist,
Heiraten tät ich auch schon gern,
Kann aber Kinderschrein nicht hörn.

Ich weiß nicht, wie mir ist,
Ich hab erst heut den Doktor gefragt,
Der hat mirs unters Gesicht gesagt.

Ich weiß wohl, was dir ist,
Ein Narr bist du gewiß;
Nun weiß ich wie mir ist!

Dies ist das alte deutsche Übel,
Und wers nicht hat, der nehms nicht übel.

Welcher Mann ein Henn hat, die nicht Eier legt,
Und ein Sau, die nicht Junge trägt,
Und ein Kuh, die nicht Milch gibt,
Und ein Tochter, die all Nacht ausliegt,
Und ein Sohn, der allzeit gern spielt,

Und ein Frau, die ihm heimlich abstiehlt,
Und ein Magd, die da geht mit einem Kind,
Fürwahr, der hat ein unnütz Hausgesind.
Doch ist noch eine schlimmre Qual,
Die tritt die Leute an auf einmal,
Auf den hohen Rossen die Reitersknaben,
Die können ihr nicht leicht enttraben,
Die kommt von freundlicher Botschaft schicken,
Brieflein schreiben, Augen blicken,
Mündlein küssen, Händlein greifen,
Lauten spielen, Nachtes Pfeifen,
Unter dem Tisch die Füßlein treten,
Untern Bänken die Knielein kneten,
Darnach dann zusammen rucken
Und in die heimlichen Winkel schmucken,
Die roten Wänglein dreschen,
Die schwarzen Hemdlein wäschen,
Silbern Kleinod schenken,
Mit den Augbrölein wenken,
Aus der Kirchen sich verstehlen,
Und in engen Gassen sich verhehlen,
All Stunden vorbei laufen,
Heut schlagen, morgen raufen.
Wer nun ein solches Übel hat,
Der merk, wie es hernach ihm gaht.
Sein Schlaf wird ihm genommen gar,
So muß er laufen her und dar
Gleich wie ein wütender Hund,
Und kann geruhn zu keiner Stund.
Wann er soll zu Tische sitzen,
So wird er vor Ängsten schwitzen,
Hat manchen seltsamen Gedank,
Zeit und Weil wird ihm lang
Und tut nichts als Hölzlein schnitzen,
Mit denselben die Wänd zerkritzen,
Henkt unter sich sein Haupt,
Von ihm wird gar niemand erfreut.
Füß rutschen, Teller stupfen,
Handzwehlen knüpfen
Und auch die Gläser klenken,
Manchen tiefen Seufzer senken,
Mit Messern Brot klopfen,
Und die Finger ropfen,
Dazu auch über sich sehen,
Treibt er viel, es muß geschehen,

Die Augen wirft er hin und dar
Und jetzt wird er der Metze Narr.
Alte Schuld und Schaden rächen,
Niemand mehr freundlich gesprechen
Und Tischlacken schaben,
Solche Zeichen muß er an sich haben.
Was ander Leut tun ist ihm schwer,
Er ist ein rechter, groß Martrer,
Und liegt stetig in großem Weh.
Zu Nacht lauft er in den Schnee,
So er dann hört der Metzen Stimm,
Dann sticht ihn erst des Übels Grimm,
Von Frost und Regen leidet er viel,
Also treibt der Tor sein Saitenspiel
Wohl hin über die Wochen ganz.
Am Sonntag schenkt ihm die Metz ein Kranz,
Der ist nicht einer halben Haselnuß wert,
Den die Metz dem Narren gewährt,
So er nun den Kranz auftreit,
So dünkt er sich zehenmal so breit
Und lauft damit in alle Gassen,
Er dünkt sich stolz ohn alle Maßen.
Was ihm die Metz heißt, muß er tun,
So kann er ohne Krieg nicht ruhn.
Welcher sich des Übels will erwehren,
Der soll sich zu guten Gesellen kehren,
Wo sie sitzen bei dem kühlen Wein
Und soll die Metze ein Metze lassen sein,
Bis daß sie ihm werd gegeben zu der Eh,
Ihm wird dennoch wahrlich wohl weh,
Wenn er ein Jahr zu Hause sitzt bei ihr,
Er wollt, daß sie ein Reutlinger Ochs wär,
Er gäb sie wieder um das halbe Hauptgut,
Also spricht Niklas Wohlgemut.

Alte Prophezeiung eines nahen Krieges,
der aber mit dem Frühling endet.
(Badische Wochenschrift 1806. S. 256.)

Es wird am Sankt Matthäus Tag
Die Sonne treten in die Waag,
Des sei die Armut recht beklagt;
Der Friede wird ihr abgesagt,
Und auch dazu dem ganzen Land.

Der alte Feind ist wohlbekannt,
Er zieht daher von Mitternacht,
Mit großer Heereskraft und Macht,
Quartier macht ihm ein wild Gesind,
Der kalte Regen, der rauhe Wind,
Dann flüchte jeder in die Gruben
Kartoffeln, Kraut, gelb, weiße Rüben.
Mit Erd soll man die Reben decken,
Wenn Frosch und Mücken sich verstecken;
Wenn Kröt und Natter sich verkrochen,
Dann wird der wilde Feind anpochen.
Vor ihm wird Storch und Schwalbe fliehen,
Der tapfre Kranich weiterziehen,
Sein Vortrab kömmt mit kalten Reifen,
Dann soll das Volk zur Rüstung greifen,
Schnell Fenster und auch Ofen flicken,
Die Stuben verstreichen und verzwicken,
Die Tür mit Tuch und Filz beschlagen,
Die Federbetten herbei auch tragen,
Das Dach mit Stroh und Ziegel bessern,
Kein Krebs mehr fangen in Gewässern,
Kein G'sell und Bub soll bei Ungnaden
Sich fürder mehr im Flusse baden.
Den Lustgärtnern wird abgesagt,
Barfuß Hemdärmel wird verjagt,
Die Nankinghosen ziehn ab zu Haufen,
Die leinen Kittel auch entlaufen,
Die Strohhüt sind betrübt und trauern,
Und von den Dörfern knarrn die Bauern,
Auf Karren leis das Holz herzu;
Die Köhler halten auch kein Ruh,
Sie bringen große Wagen voll Kohlen.
Dann zieht der Feind ganz unverhohlen
Daher mit kaltschneidender Luft,
Wald und Heck stehn ganz in Duft,
Ein Nacht schnell Wonn und Freud zerstört.
Nun endlich wird das Volk empört,
Das Vieh flüchten sie in die Ställ,
Das Volk sich also wappnet schnell
In Pelz, Rauchmützen und Filzsocken,
Pelzschuh, Handschuh recht unerschrocken,
Auch zieht es mit großem Heer
Dem Winter zu tun Gegenwehr.
Zähnklappern, Zittern geht da los,
Husch Husch, ist ein Geschreie groß,

In weiß Montur kleidt sich der Rasen,
In blau die Mäuler, in rot die Nasen.
Der Feind wirft einen großen Schnee,
Sein Brücken schimmert auf Fluß und See,
Er stickt die Fisch boshafterweis;
Da haun wir Löcher in das Eis.
Der Feind bringt Schollen und Wassergüß,
Schwellt an mit Eises Flut die Flüß,
Tut sich die Schiffahrt gar verbitten,
Dann rasseln wir einher auf Schlitten,
Mit Frost wird er das Mühlwerk stellen,
Aber der Müller wird ihn bald prellen,
Mit Feuerhaken, und auch Schlegeln,
Wird er ihn sich vom Leibe flegeln,
Gießt Wasser heiß ihm auf den Pelz,
Bis wieder sich sein Rad umwälz.
Nachdem er ihm den Tag abbrach,
Daß man kaum acht Stund mehr sach,
Steckt an das Volk Talglicht und Schleißen,
Den finstern Winter wegzuschweißen.
Und daß wir all nicht erfrieren
Wirds gehn ans Heizen und Feuerschüren,
Die Kohlpfann muß recht scharf heran,
Sich wehre tapfer jedermann.
Gar leicht manch Pelz, manch Rock verbrennt,
Manch Mann erfriert sich Fuß und Händ;
Der Feind wird tun gar großen Zwang,
Als aber die Schlacht währet lang
Gibt sich das frostig Heer zur Flucht,
Jeder ein warme Stube sucht.
Viel wollen gar in Ofen kriechen,
Andre draus nach Beut herumriechen,
Für Beute ist ihnen zugeschworen
Ein feuchte Nas, zwei rote Ohren,
Hat nun der Feind ganz Oberhand
Und gänzlich unter sich das Land
Gewaltiglich in aller Grenze,
Schreibt bald das Volk um Hilf dem Lenze,
Daß er komm schnell in kurzen Tagen,
Und helf den Winter weiter jagen.
Da wird der Lenz bald näher gehn,
Wird lassen warme Lüftlein wehn,
Da wird der Winter werden schwach,
Mit Schnee und Frost auch lassen nach.
Der Fried kommt aus der Erd geschossen,

Auf Bäume und auf Büsche sprossen,
Frech werden schaun die grünen Röslein,
Mit aufdringenden grünen Gräslein.
Noch wird der Winter nicht gar fliehn,
Wirds Land mit Frost noch überziehn,
Und böslich nochmals überschreien:
Dann bringt der Lenz zur Hilf den Maien,
Mit seinen linden warmen Lüften,
Jetzt Wald, Berg, Tal erst recht erklüften,
Den Winter werdens von sich schütten,
Die Bäum und Hecken stehn in Blüten,
Durch Blümlein werden auf den Wiesen,
Die Maienregen sich ergießen,
Es wird ganz grün in Gras und Laub,
Da wird der Winter matt und taub
Nehmen überwunden die Flucht.
Sein Nachtrab uns noch bös heimsucht,
Mit Ungewitter und kalten Reifen,
Wohl gar des Maien Blüt angreifen.
Dann scheint und schlägt in Siegeswonne,
Mit blankem Schwertesstrahl die Sonne,
Und dann ist gar der Feind verjagt,
Der Vieh und Leut hätt lang geplagt,
Doch wird er drohn mit hartem Brummen,
Er woll aufs Jahr schon wieder kummen.
Darum so seht euch alle vor,
Weil offen steht dem Feind das Tor
Und sammelt alle Notdurft ein,
Der Winter dringet schon herein,
Daß jeder sich des Feindes erwehr,
Geh er zur Ameis in die Lehr,
Sie sammelt ein und leget hinter,
Daß sie zu zehren hab im Winter.

Frühlingserwartung.

(Mündlich.)

Schlagt ihr muntern Nachtigallen,
Laßt den hellen, reinen Ton,
Durch die dichten Sträucher hallen,
Seid gebeten singet schon:
Und ihr Schach, Schimmel und Hirsch
Und Esra, Saul und Mürsch,
Pincus, Moses, Meyer

Kommt zu dieser Feier,
Heut muß Frühling sein.

Klingts nicht wie neu Gold dies Singen,
Ach so süße kann wohl kaum
Aaronis Leibrock klingen
Mit den Zimbeln an dem Saum:
Und ihr Schach, Schimmel und Hirsch
Und Esra, Saul und Mürsch
Macht kein Streit und Händel,
Bindt die Schuh mit Bändel,
Heut muß Frühling sein.

Der Schmiedegesellen Gruß.

(Fliegendes Blatt.)

Frage.
Grüß dich Gott, mein Schmied!

Antwort.
Dank dir Gott mein Schmied!

Frage.
Mein Schmied, wo streichst du her?
Daß deine Schuhe so staubig,
Dein Haar so krausig, dein Bart auf beiden Backen herausfährt
Wie ein zweischneidig Schlachtschwert?
Du hast eine feine meisterliche Art,
Einen feinen meisterlichen Bart,
Eine feine meisterliche Gestalt,
Du bist weder zu jung noch zu alt.
Mein Schmied, bist du Meister gewesen,
Oder denkst du noch mit der Zeit Meister zu werden.

Antwort.
Mein Schmied, ich streich daher übers Land,
Wie der Krebs übern Sand,
Wie der Fisch übers Meer,
Daß ich mich junger Hufschmied auch ernähr.
Mein Schmied, ich bin nicht Meister gewesen,
Ich denk aber mit der Zeit noch Meister zu werden,
Ist es gleich nicht hier,
So ist es anderswo schier,
Wenn es gleich ist eine Meile von dem Ring,
Da der Hund über Zaun springt,
Da ist auch gut Meister zu werden.

Frage.
Mein Schmied, wie tust du dich nennen,
Wenn du hier und anderswo auf der Gesellen Herberge kommst,
Die Gesellen Lade offen steht,
Büchse, Briefe, Siegel, Geld und Gut drinnen
Und draußen herum liegen, günstige Meister und Gesellen,
Jung und alt um den Tisch herum sitzen, und halten eine feine stille Umfrage,
Gleich wie jetzt und allhier geschiehet?

Antwort.
Mein Schmied, ich tu mich nennen,
Ferdinand Silbernagel, das ehrliche Blut,
Dem Essen und Trinken wohl tut,
Essen und Trinken hat mich ernährt,
Darüber hab ich manchen schönen Pfennig verzehrt,
All mein Vaters Gut,
Bis auf einen alten Filzhut,
Der liegt in der Königlichen See- und Handlungsstadt Danzig,
Unter des Herrn Vaters Dach;
Wenn ich aber vorübergeh,
So muß ich seiner lachen,
Er ist mir weder zu gut noch zu bös,
Daß ich ihn nicht mag lösen, mein Schmied willst du ihn lösen,
So will ich dir auch drei Heller zur Beisteuer schenken.

Frage.
Mein Schmied, bedanke mich deines alten Filzhuts,
Ich habe selbst einen, der ist nicht gut.
Aber Ferdinand Silbernagel ist wohl ein feiner Name,
Er ist wohl 100 Reichstaler mehr als ein fauler Apfel einen Pfennig wert,
Denselben nimmt man und wirft ihn zum Fenster hinaus,
Da kommt wohl ein grober, toller, voller Bauer mit seinen großen Hahnreistiefeln
Und bricht wohl 99 mal den Hals darüber,
Und spricht nicht einmal ho ho!
Aber dich und deinen ehrlichen Namen wollen wir hier behalten,
Er ist auch wohl behaltenswert.
Mein Schmied, wo hast du ihn errungen?
Hast du ihn ersungen oder hast du ihn ersprungen,
Oder hast du ihn bei schönen Jungfern bekommen?

Antwort.
Mein Schmied, ich konnte wohl singen,
Ich konnte wohl springen,

Ich konnte wohl mit schönen Jungfern umgehen, das alles wollte nichts helfen,
Ich mußte meinen ehrlichen Namen um ein frei Wochlohn kaufen,
Das Wochlohn wollte nicht recken,
Ich mußte die Mutterpfennige und das Trinkgeld auch dreinstekken.

Frage.
Mein Schmied, in welcher Stadt oder Marktflecken
Sind dir solch edle Wohltaten widerfahren?

Antwort.
Mein Schmied, in der Königlichen See- und Handlungsstadt Danzig,
Da man mehr Gersten zu Bier mälzt,
Als man Silber und Gold schmelzt.

Frage.
Mein Schmied, kannst du mir nicht zwei oder drei nennen,
Damit ich dich und deinen ehrlichen Namen mög erkennen?

Antwort.
Mein Schmied, ich kann sie dir wohl nennen,
Wenn du sie nur tätest erkennen;
Es ist dabeigewesen Gotthelf Springinsfeld, Andreas Silbernagel, Gottlob Trifteisen,
Mit diesen dreien kann ichs bezeugen und beweisen
Und ist es dir nicht genug,
So bin ich Ferdinand Silbernagel der vierte
Und andere gute Gesellen mehr,
Die ich nicht alle herzählen kann.

Frage.
Mein Schmied, war es dir nicht leid,
Daß es deren so viel waren?

Antwort.
Mein Schmied, es war mir nicht leid,
Daß es ihrer so viel waren,
Es war mir leid,
Daß du und deine gute Nebengesellen nicht auch dabei waren,
Daß die Stube nicht unten so voll wie oben, und oben so voll wie unten,
Und hätten einander zum Fenster hinaus getrunken,
Und zum Kachelofen wieder herein,
Dein Kopf hätte doch allezeit der vorderste mußt sein.

Frage.
Mein Schmied, was wäre dir mit meinem Kopfschaden gedient gewesen?
Wäre es nicht besser gewesen,
Wir hätten gesessen zu Köln am Rhein,
Und hätten einander zugetrunken 24 Kannen Bier oder Wein?
Indessen scheid ich von dir, und du von mir,
Und ich werde dich hinfort nicht fragen mehr.

Die Schmiede.

1600–1650.

Wenn jetzt die Schmieder zusammengeloffen
Und angefangen, das Eisen zu klopfen,
Kein solcher Gesang kömmt auf die Bahn
Wie diese Bursche heben an.
Mit Streichen im Dutzend einander sie trutzen,
Keiner der letzte will sein.
Sie schlagen eins Schlagens und tuen den zwagen,
Der leiser schlägt darein.
Mannigfaltig, gestaltig, gewaltig
Die Hämmer hoch fliegen, das Eisen zu biegen,
Die Zangen erlangen und fangen die Stangen,
Und werfens in die Kohlen, daß klinget, widerspringet,
Inmitten der Hitzen, daß glitzet, widerspritzet, –
Und also das Eisen tauglich wird.

Weil nun die Hämmer auf dem Amboß rumspringen,
Die Blasbälge dort in dem Ofen auch singen,
Und bläst der Knecht, so lang er kann,
Bis daß die Kohlen recht angahn.
Inzwischen erfrischen sich wieder die Schmieder,
Da hebet das Schnaufen erst an.
Sie reißen das Eisen vom Heißen und schmeißen
Es auf den Amboß hinan,
Und laufen im Haufen mit Schnaufen,
Und schmieden eines Schmiedens zusammen, mit Namen
Vulkanus, Pyramus, Jost Cleußle, Thomas Fäußle,
Dies wellen die Gesellen nit lassen, dermaßen
Bis alles erbidmet inmitten der Schmieden, –
Auch letztlich das Eisen sich ergibt.

Nachdem nun das Eisen genugsam gelitten,
Kommt Wagner Franz vor die Schmiede geritten,
Er bringt mit sich der Räder drei:

„Die müssen flugs beschlagen sein!“
Gibt wieder ein Rummel, Gemummel und Tummel,
Doch mit Bescheidenheit,
Denn reine und kleine, gar feine, subteile
Sind Hämmerlein da bereit,
Die fassen sie, spaßen und lassen dermaßen
Die Hämmerlein tanzen dem Franzen das ganze
Rad über und über, als gält es viel Stüber,
Und währet das Springen, das Klingen und Singen
Bis daß sie dem Wägner, beschlagen die Räder –
Laß dies ein lustiges Handwerk sein.

Bald wieder die Schmieder zum Amboß hin stunden,
Es waren drei rüstige kohlschwarze Kunden,
Ein Kontrapunkt sie fingen an,
Kein Kantor es wohl besser kann.
Wohl Hammer um Hammer fiel wieder hernieder,
Gab ihnen den Takt dazu,
Sie schwangen mit Zangen und wandten die Stangen,
Es ist noch nimmer genug.
„Besser auffen Misthaufen ihr Schnaufer, ihr Saufer!
Die Hämmer tut schwingen, die Klingen muß springen,
Tut wacker drauf klopfen, ihr Blocken, ihr Tropfen,
Noch höher tut zücken, den Rücken fein bücken,
Jetzt gehts schon viel räscher, hui Fresser wie Drescher, –
Laßt nach, die Stange ist wohl gemacht.“

Der Meister nun brachte drei andere Stumpen. –
„Wohlan! nun zucket ihr Hudler und Lumpen!
Da habt ihr gar geringe War,
Schlagt drauf, der letzte bei nem Haar!“
Drei Knappen wie Rappen im Schlagen diltappen,
Sie schlugen von oben herein.
„Tut die Lenden schnell wenden, seid behend mit den Händen,
Potz Dampf, es muß nur so sein.
Tut besser zuhalten, sonst wird es erkalten,
Hui Strobel, mein Zobel, rück besser zum Hobel,
Hui Schlegel, schieb Kegel, spann d'Segel, netz 'n Flegel,
Rück besser zum Amboß, Melampus, Schlampampus,
Merkt auf ihr Sautriegel, ihr holzrichte Prügel! –
Ab, ab, hui Buben, alsgemach, schlagt ab!“

Nun brachte der Meister voll Bier eine Bütschen,
Sieh, wie die Bacchanten, darüber her wütschen,
Und wie es zuging bei dem Trunk.
Der ein zum andern sprach: „Du Funk!
Es gilt Flegel, gsegns Gott Schlegel, Prost Luder, hui Bruder,

Drücks aus, laß nichts darin,
Na Schlämpel, Hausträmpel, gib rummer die Blämpel,
Es gilt jetzt eins im Ring.
Gibs weiter, Hochzeiter, Freibeuter, Bärnhäuter,
Was machst lang ein Gerümpel, du Simpel, du Gimpel,
Tu die Gurgel aufspannen, wie ein Wannen, Muspfannen,
Fein ritterlich trinken, laß die Lanzen nit sinken,
Die Augen zudrucken, mit vollem Hals schlucken,
Laß mir dies hurtige Bantscher sein!"

Sie trankens wohl leer aus, wohl rein auf den Nagel,
Da brachte der Meister ein anderen Hagel;
„Hui Buben stellt euch wieder ein,
Packt hurtig an, es muß nur sein,
Potz Velti zum schmeißen, wie oft muß ichs heißen,
Wie lang muß ich da stehn,
Schlagt alle zusammen, 's wird keiner erlahmen,
Jetzt wirds erst recht angehn.
Halt tapfer zu Driessel, Schwarzfüßel, Saurießel,
Sonst soll euch Diebskragen der Hammerstiel zwagen,
Daß euch möcht die Laugen übertreiben die Augen,
Schmeißt, daß es erklinget, vom Amboß aufspringet,
Daß die Funken vor Hitzen mit Glitzen aufspritzen,
Her auf die Seiten, rum besser, wend her."

In dem es nun völlig erklingt in der Schmieden,
Kommt eilend ein Gast durch die Straße geritten,
Ein Rittersmann bekleidet stolz,
Viel schneller als ein Federbolz!
Er rennet und sprenget, er hottet, fort trottet,
Gar geschwind als wie der Wind:
„Holla, hosta, alla Posta, de questa, la cosa,
Sa sa sa, Trarara.
Faule Häuter", schrie der Reiter, „wo seid ihr, muß weiter."
Mit Spornen drein stechend, dem Klepper zusprechend,
Weil die Rippen nit krachen, läßt sich nicht irr machen.
Der Schmiede zukesselt, den Schecken anfesselt,
Wie wohl er sich sperret, die Augen verzerret. –
Zuletzt der Gaul das Maul doch henkt.

Drauf tritt er heran vor die Schmiedehöllen:
„Kommt raußer, ihr Mausser, ihr rostige Gesellen,
Und schaut doch meinem Klepper zu,
Er trabet wie des Müllers Kuh,
Flugs Nägel, Schwartvögel, Zang, Zwickl und Schlegel.
Helft schnelle meim hinkenden Gaul,
Es soll euch nicht reuen, will schicken zum Bräuer

Um Bier, seid nur nicht faul!"
Die drei Noren, wie Mohren, schwarz hinten und voren
Solch Rede erfrischet, ein jeder 's Maul wischet,
Waren lauter Courage, Pourage, Bomperfage.
Wohl hinten sie guckten, den Rucken tief buckten,
Und schauten dem Schimmel, zuinnerst in Himmel; –
„Wohl hinten mein Schimmel, heb auf."

Der Schimmel tut munter den Hinterfuß heben,
Dem Strobel Baslesmanes vor die Goschen zu geben,
Daß er wohl dreimal tummlet rum,
Und zog ein Maul so ziemlich krumm,
Den Schimmel anschielet und grillet und billet,
Als tät ihm sein Mäulchen sehr weh.
Sie lachten, daß sie krachten, viel Possen erst machten,
„O he, mein Blessel jetzt steh!
Sa, sa, sa, mein Schimmel, mach nicht viel Getümmel,
Mußt hinten fein eben den Strobel aufheben,
Hui Strobel, du Fresser, greif zu dem Hufmesser,
Nimm Nägel und Zangen, du rußige Stangen,
Greif zu dem Hufeisen, es wird dich nicht beißen; –
Steh still, mein hinkender Blessel, steh!"

Mein Strobel tritt wieder wohl hinter die Gurren,
Die hebet wohl an mit dem Magen zu murren,
Dem Strobel zu Ehren ein Musik bracht,
Des wird von andern er verlacht.
„Was gaffts lang, ihr Lümmel, disputiert mit dem Schimmel,
Helft heben den schäbigen Gaul,
Keine bratene Tauben, könnt kecklich mirs glauben
Euch fliegen wird hier in das Maul!
Knollfinken, potz Himmel, halt besser den Schimmel,
Um die Bütsche voll Hopfen tut klopfen, ihr Tropfen!
Um die Wecken daneben, die der Ritter wird geben,
Tut nieten und feilen, tut wacker drauf eilen,
Das Eisen auftragen, das Roß wohl beschlagen; –
's ist recht mein Schimmel! setzt nieder, steh!"

Drauf kam ein gut Bauer vor die Schmiede geritten
Und tät des Schmieds Jörgen herzinniglich bitten:
„O Molle, hübsche Stiefelein
Mach meinem Rolle an die vier Bein,
Von Stahel und Eisen mit Riemen zum Greifen
Auf die allergeschmeidigste Sitt,
Mit Rahmen gedoppelt, daß er nicht stollhoppelt,
Auch um den mindesten Tritt,
Allamodisch, heroisch, sklavonisch, Saphoiisch,

Mit braunen Galaunen, mit Knöpfen wie Pflaumen
Von hänfener Seiden, kohlschwarz wie ein Kreiden,
Kortesische Stötzlein, maltesische Pantöfflein.
Hasengärnisch geschnüret, palermisch staffieret,
Noch Geld, noch Kunst laß dauern dich!"

Schmied Jodel sprach zu ihm: „Mein Tolle, mein Knolle,
Vier Stiefelein will ich nun machen deim Rolle.
O Tilli Matelle miß ihm Hosen an,
Und Überschläglein daran
Von stürzenem Lündisch, das ziert ihn ausbündisch,
Trotz einem Edelmann
Mit Knöpfen und Borten, mailändischer Sorten,
So schön mans finden kann.
Das Wammes von Falten zu Falten gespalten
Um die Lenden geputzet, aufgemutzet, gestutzet.
Mit strohernen Rinken zur Rechten und Linken
Von oben und unten recht zimpferlich gebunden,
Zippergekische Tätzlein, vier Blätzlein vors Lätzlein;
Das laß mir einen tollen Rolle sein."

Fritz Knolle sprach da wohl mit Lachen zur Sachen:
„Mein Schmied, fang nur tapfer an, Hosen zu machen,
Ein bomesinens Mäntelein,
Miß gleich zum Wammes obendrein,
Mach Wammes und Hosen nach Art der Franzosen,
Einen türkischen Bund auch dazu,
Mach Feder und Boschen, sollt es mich gleich kosten
Meine alleruralteste Kuh,
Mach Maschen, Gamaschen, zwo Flaschen, drei Taschen,
Papierene Krägen für Wind und für Regen,
Acht krumme Dusecken nach Art der Poläken,
Visigungische Spörlein, an die Öhrlein zwei Perlein,
Zwei Spanner und Büxen von Brixen und Grixen; –
O Rolle, wie könntest du toller sein!"

Schmidt Jodel sprach da zum Bauern mit Lauern:
„O Bauer, kein Arbeit soll wahrlich mich dauern,
Mein Kunst passiert, wird sie geschmiert,
Den Riemen zieh, den Säckel aufschnürt,
Neunzehn Dublonen für die Hosen mußt du lohnen,
Dem Schmiedeknecht eine Zechin,
Für Stiefel und Sporn acht Scheffel gut Korn,
Der Magd eine Juppe zu Gewinn,
Für Boschen ein Groschen, gute Sorten für Borten,
Für Knöpf und für Stöcklein vier schweinerne Böcklein,
Für Mantel und Wammes, ein wilds und ein zahmes,

Gamaschen und Klappen, neun Dicken drei Rappen,
Zipfel, Ärmlein und Tatzen, fünf Piaster neun Batzen;
Kein Pfennig ich minder nehmen kann."

Da möcht dem Fritz Knolle vor Freuden und Lachen
Schier gar nächst das zarte Herzbändelein krachen,
Und sprach: „Ein guten Mut dir hab!
Ich zieh kein halben Heller ab,
Nimm deine Dublonen, doch mußt dich nicht schonen,
Staffier nur meinen Rolle aus,
Mit Stiefel und Kappen versieh mir den Rappen,
Ich geh auch nicht zuvor nach Haus.
Mit Hutzlen und Bohnen will ich dich belohnen,
Mit Haber und Weizen, zwölf Klafter zum Heizen
Fünf Wagen voll Kohlen, kannst auch bei mir holen,
Teichmispeln und Biren will ich dir zuführen,
Mit Käse und Anken gar höflich abdanken,
Dem Buben ein Saufell werden soll."

Taille douce eines süßen Herrn in bittrer Manier von 1650.

Hört zu, ein neuer Pantalon ist auf dem Markt ankommen,
Den Scharlatan jagt er davon, hat selbst den Platz genommen,
Der seltsam Kund in einer Stund wird tausend Possen reißen,
Bist du ein Mann, trutz schau ihn an und's Lachen tu verbeißen.

Was ist das für ein Strobelhaar, sind's Igel oder Ratzen?
Vielleicht nur einmal in dem Jahr tun kämmen ihn die Katzen.
Sein Haar ist g'wiß ein Storchennest, krumm hin und wieder bogen,
Er hat ein Schopf wie ein Wiedhopf, viel Volks darein erzogen.

Am linken Ohr hängt ihm herab ein à la Mode Zotten,
Den darf er gar nicht stutzen ab, bei Leibstraf ists verboten,
Dünkt ihm sehr toll, wie ihm die Woll herumschwebt vor den Augen,
Ist lang und dick, für einen Strick tut es dem Henker taugen.

Bald flicht er ihn wie einen Zopf, tut ihn zusammendrehen,
Läßt raußer schaun ein'n kleinen Schopf, damit man ihn tut kennen,
Er bindt darein ein Nestel ein, das er beim Krämer funden,
Ein Dama nennt, die ihn nit kennt; sagt, habs ihm eingebunden.

Der Hut ist voller Federbüsch, als ob er wollte fliegen,
Er gäb ein'n guten Flederwisch, damit man kehrt die Stiegen,
Er machts mit Fleiß halb gelb, halb weiß fein scheckig wie die Narren,
Er schwingt sich schon und fliegt davon, will hier nicht länger harren.

Der Bart ist spitzig überaus, krumm hin und her gezogen,
Mich däucht es sei ein Fledermaus ihm für das Maul geflogen,
Mich dünkt wie daß ihm bei der Nas die Flügel sie ausbreite.
Ein schöne Art von Ratzenbart, tut Not, daß man ihn schneide.

Das Streichen währt den ganzen Tag und sonderlich am Morgen;
Bis er sich schickt, macht ihm viel Plag, und wundergroße Sorgen,
Muß spitzig sein, ein Nädelein könnt man damit einfädeln,
Es hat kein End, all beide Händ haben daran zu knödeln.

Ein Leilach, wenns erklecken kann, braucht er für einen Kragen,
Ein Hasengarn hängt unten dran, Zahmwildbret drin zu jagen,
Er dient ihm statt als Fazolett, das Maul tut er dran putzen,
Stärkt ihn mit Schmutz, der Hudelbutz, mit Falten tut er stutzen.

Um seinen Hals trägt er zumal ein breite rote Binden,
Damit ihn kein Katarrh befall, er könnt sonst nicht mehr schlingen,
Das Hälsle das ist weiß und rein; es möchts die Sonn verbrennen,
Der lose Tropf verdeckt den Kropf, man mögt den Schelm sonst kennen.

Zu dem Reitmantel, den er trägt, kaum zwanzig Ellen klecken,
In Ärmeln, die er überschlägt, könnt er zwei Dieb verstecken.
Das Tuch ist rot, es wäre not, wenns gibt ein'n großen Regen,
Daß allemal ein Futteral er drüber tät anlegen.

Da braucht es Müh und Arbeit viel den Mantel recht zu tragen;
Wenn er hinauf ihn ziehen will, so runzelt er den Kragen,
Er muß allzeit auf einer Seit, gar weit hinunter hangen,
Liegt viel daran, daß man auch kann in schönem Wammes prangen.

Das Wammes wie ein Vogelhaus zerhauen und zerstochen,
Ach Gott wie mancher Vogelstrauß ist aus- und eingekrochen,
Es ist dabei ein Vorteil neu, kanns nit besser zerreißen,

Er besserts noch, gibt nur ein Loch, wenn zwei
zusammenschleißen.

Damit er noch mehr Lust empfang, tut er die Knöpf
aufschließen;
Im Winter ist ihm heiß und bang, er würd sonst schwitzen
müssen.
Der Nestel viel ohn Maß und Ziel sind um und um herbunden,
Er geb wohl ab ein Nestel Schwab, wie man schon längst hat
funden.

Die Tätzle wie die Pattenfleck, jetzt auf jetzt nieder schlingen,
Wann er die Händ vom Leib hin reckt, tun hin und wieder
schwingen,
Hat Händsche an, die man wohl kann ein halbe Meil weit
schmecken,
Wo das nit wär; so röche er gleich allen andern Böcken.

Er weiß gar nit mehr wie er soll den Degen jetzt anhenken,
Er will sich nirgend schicken wohl, hat zwanzgerlei Bedenken,
Tut ihn vielmehr ganz hinten her, als an der Seite tragen,
Es leben noch all, die er zumal in einem Streich erschlagen.

Die Bloderhosen um die Knie sind weiter als um d' Lenden,
Die krumme Schenkel sieht man nie, damit sie ihn nit schänden,
Ein Spangen weit, drei Finger breit sind sie am End aufschnitten,
Dort kratzt er sich, wenn er ein Stich von einem Floh erlitten.

Groß Fischerstiefel hat er an, so weit als ein Waschkübel,
Nit gnugsam er drein prangen kann, wiewohl sie stehn gar übel.
Ein Regenfaß kann man zum Spaß gar leicht daraus formieren,
Sie wackeln nicht, sind fest gericht, auf Stöcklein sich fundieren.

Groß Sporenleder hat er an, gar weit ein halbe Ellen,
Galoschen hangen unten dran, mag alles nit erzählen,
Wie ein Pflugrad er Sporen hat, mit Resonanz hell klingen,
Wie wohl er sie, vielleicht gar nie aufs Pferd hinauf tut
schwingen.

Der trutzig Gsell tritt da herein, als wollt er alle fressen,
Ist allzeit doch beim Sonnenschein beim Ofen hingesessen.
Die deutsche Sprach ist all sein Sach, kann kein Hund anders
locken;
Sein Vater sitzt und Stecken schnitzt, sein Mutter spinnt am
Rocken.

Kommt er zur Burst (Gesellschaft), tut er zur Stund Basalamana
schneiden,

Zieht seinen Hut, fährt zu dem Mund, sagt Servitor von
weitem.
Macht Courtoisie, biegt doch die Knie gar nicht oder gar wenig,
Das Haupt er buckt, die Achseln zuckt und stellt sich untertänig.

Wann er dann in die Kirche geht, auf ein Fuß kniet er nieder,
Er macht kein Kreuz, spricht kein Gebet, er gafft nur hin und
wieder,
Er dreht sein Bart zusammen hart, streicht die Ratzenschnauz
zur Seiten,
Gar weit von hinn mit seinem Sinn tut er spazieren reiten.

Sein Red ist lauter Phantasei, viel schwätzen und viel lügen,
Er lügt daher ohn alle Scheu, bis sich die Balken biegen,
Erzählet frei, wie daß er sei in fremdem Land gewesen,
Er könn viel Sprach, kann allem nach ja kaum ein Buchstab
lesen.

Er lügt daher manch Rittertat, die er nit hat begangen,
Wie er belagert jene Stadt und jenen Kriegsmann gfangen,
In einem Streich hab er zugleich zwei Kürassier erschlagen,
Kein toten Hund hat er verwundt, er tät daran verzagen.

Wann er dann auf die Fechtschul geht, sich da zu exerzieren,
Und einer ihm entgegen steht, die Wehr tut präsentieren,
Da zuckt er zwar, darf doch nicht gar, er tut zu letztens wagen,
Fängt fechten an, er muß wohl dran, man tät ihn sonst ausjagen.

Jetzt nimmt er ein Postur an sich, jetzt spanisch, jetzt französisch,
Passiert jetzt durch, jetzt über sich, haut drein zuletzt poläckisch,
Weil er nichts kann, so geht er an, und tut die Nas verstoßen,
Das rote Blut verderbt den Mut, ihm schmecken nit solch
Possen.

Auf dem Tanzboden läßt er sich im Jahr nit zweimal sehen,
Hüpft in die Höh ganz wunderlich, kann nichts als rummer
drehen,
Macht Capriol, als wär er toll, tut hin und wieder fallen,
Hurtig dazu, gleich einer Kuh, fällt nieder, daß tut knallen.

Die Reitschul sucht er selten heim, er tut vorbei nur schnurren,
Er hat ein hinkend Pferd daheim, ein alte Krämergurren,
Gibt ihr kein Heu, kein Futterei, läßt sie nur ewig grasen,
Sie geht den Zelt bis daß sie fällt, den vierten Schritt auf d'
Nasen.

Hiemit so end ich mein Gesang, vom Allomodo gesungen,
Wer es nit leiden mag, der gang und binde mir die Zungen,

Der Eitelkeit zu dieser Zeit, dienen viel solcher Lappen,
Die dazumal verdienen all eine große Narrenkappen.

Fuhrmannslied auf der Weinstraße.

(Wahrscheinlich aus dem siebzehnten Jahrhundert.)

Zieh, Schimmel, zieh!
Im Dreck bis an die Knie;
Schieb dich fein in diesen Karren,
Wir wollen an den Neckar fahren.
Zieh, Schimmel, zieh!

Mein lieber Schimmel mein,
Dort lad ich lauter Wein,
Mein Schimmel geht die Weinstraß gern,
Hats gwiß von seinem Herrn gelernt.
Zieh, Schimmel, zieh!

Hot, Schimmel, hot, fein flugs!
Mein Schimmel nicht zurucks,
Wir müssen durch den Strudel setzen,
Mein Schimmel d' mußt d' Füß einnetzen.
Zieh, Schimmel, zieh!

Setz an, Schimmel, setz an!
Spann alle Kräften dran!
Da gibts ein'n steinigen Holzweg nauf,
Mein Schimmel da gilts schnaufen drauf.
Zieh, Schimmel, zieh!

Adelig ist sein Natur,
Er ist kein Bauern Gurr,
Er ist nit längst im Krieg gewesen,
Und ist auf ihm ein Hauptmann gsessen;
Zieh, Schimmel, zieh!

Er war ein Kürassier
Bei Gott ein stolzes Tier,
Am Haupt trug er ein Federbuschen,
Nahm ein, teilt aus viel guter Huschen,
Zieh, Schimmel, zieh!

Wenn es gab ein Gefecht,
Zum Fliehen war er recht,
Und wann man sich recht wollte wehren,
Da riß er aus mit seinem Herren.
Zieh, Schimmel, zieh!

Mein Schimmel ist kein Narr,
Wußt wohl, für wen er war,
Wär er nit längst davon geflogen,
So hätt man ihm den Pelz abzogen,
Zieh, Schimmel, zieh!

Trutz allen Schimmeln, trutz,
An ihm ist alles nutz,
Ich kann ihm alle Rippen zählen,
Und sehn, wann ihm eins will zerschnellen,
Zieh, Schimmel, zieh!

Er hat ein gleichen Schritt,
Fällt nur den vierten Tritt,
Und wenn er stolz will galoppieren
So geht er auf dem Maul spazieren;
Zieh, Schimmel, zieh!

Ein recht demütig Pferd,
Küßt oftermal die Erd,
Er taugt gar wohl zu Rittertänzen
Und ist gut zu den Reverenzen,
Zieh, Schimmel, zieh!

Jetzt wird er allgemach,
Ein kleines Rößlein schwach,
Er kann kein Offizier mehr tragen,
Doch ist er recht in meinem Wagen.
Zieh, Schimmel, zieh.

Er ist noch wohlgestalt,
Ist nit zu jung noch zu alt,
Er ist mit meinem Weib geboren,
Hat erst den zehnten Zahn verloren.
Zieh, Schimmel, zieh!

Das Hüftbein hängt empor,
Es langt ihm 'rab das Ohr,
Ich kann ihn bei demselben lenken,
Und den Hut an die Rippen henken.
Zieh, Schimmel, zieh!

Ei du holdselger Dieb,
Bist mir von Herzen lieb;
Ich will mich sehr um dich bewerben,
Und dich nicht lassen Hunger sterben.
Zieh, Schimmel, zieh!

Wart nur, mein Schimmel, wart!
Das Stroh ist dir zu hart,

Morgen wolln wir Haber dreschen,
So hat mein Schimmel Futter z'fressen.
Zieh, Schimmel, zieh!

Nun iß, mein Schimmel, iß!
Fehlt es dir an dem Biß,
Sollt dich der Haber in d' Lungen stechen,
So laß ich ihn beim Müller brechen,
Zieh, Schimmel, zieh!

So hast du's alle Tag,
So lang ich es vermag,
So lang du wirst ein Ader rühren,
Laß ich dich nicht zum Schinder führen.
Zieh, Schimmel, zieh!

1. Schlacht bei Leipzig.

(Fliegendes Blatt jener Zeit.)

Ich hab den Schweden mit Augen gesehn,
Er tut mir wohlgefallen,
Geliebt mir in dem Herzen mein,
Vor andern Königen allen.

Er hat der schönen Reiter soviel,
Läßt sich nicht lang vexieren,
Er hat der schönen Stück so viel,
Viel tausend Musketierer.

Das Frankenland ist ein schönes Land,
Es hat viel schöne Straßen,
Es hat so mancher brave Soldat,
Sein junges Leben gelassen.

Das Sachsenland ist ein einiges Land,
Es dienet Gott dem Herren,
Und wenn wir kommen ins Bayerland,
Frei tapfer wollen wir uns wehren.

Der Oberst Baudiß beim Schweden tut sein,
Und tut sich tapfer halten,
Ist unverzagt mit dem Pappenheim
Ein Schlacht, zwei, drei zu halten.

Der Tilly hat ein Garn gespannt,
Es wird ihm bald zerreißen,
Der Schwede ist bekannt im Land,
Wohl in dem Lande Meißen.

Mit ihren Kartaunen und Stücken groß,
So tapfer tun unter sie krachen,
Und geben dem Garn so manchen Stoß,
Daß alle Fäden brachen.

Der Tilly ins Land zu Meißen zog,
Er freut sich sehr von Herzen,
Und wie er wieder weichen muß,
Tät er sich sehr entsetzen.

Nun weiß ich noch ein Kavalier
Der wird genannt der Holke,
Vom spanschen Wein und Malvasier
Da kriegte er die Kolke.

Das Konfekt wohl vergiftet war,
Ich tus mit Wahrheit sagen,
Der Schwed dem Tilly schor den Bart,
Und aus dem Land tut jagen.

Wie liefen die Krabaten davon,
Dazu die welschen Brüder:
„Ade Leipzig, behalt deine Mahlzeit,
Zu dir komm ich nicht wieder."

Also hat dieses Lied ein End,
Das sei zu Ehren gesungen
Dem König in Schweden gar behend,
Der Tilly ist ihm entsprungen.

2. Schlacht bei Leipzig.

(Parodie des vorigen aus einem alten fliegenden Blatt.)

Zeuch Fahler zeuch,
Balde wolln wirn Tilly dreschen,
Wolln ihn gebn in Kraut zu fressen.
Zeuch Fahler zeuch.

Fleuch Tilly fleuch,
Aus Untersachsn nach Halle zu,
Zum neuen Krieg kauf neue Schuh,
Fleuch Tilly fleuch.

Fleuch Tilly fleuch,
Das Konfekt ist vergiftet worden,
Du bist nun in der Hasen Orden,
Fleuch Tilly fleuch.

Gustav Adolfs Tod.

(Nach Weckherlin.)

Ach könnt ich meine Stimm dem Donner gleich erheben,
Daß sie, die weite Welt erschreckend, mög erbeben,
Wollt ich ersteigen bald, trostlos und ruhelos
Den allerhöchsten Berg, zu alles Geists verwundern,
Mit überlauter Macht aus meiner Brust ausdundern:
Gustav der Groß ist tot, tot ist Gustav der Groß.

Ihn hat das wilde Meer der Schweden Schatz getragen,
Zu uns so still und glatt, dem Meerzug nicht zu schaden,
Ihm war so lieb und wert des Königs Gegenwart,
Der Wind enthielt sich auch von allem Sturm und Rasen,
Erfreuend sich allein die Segel aufzublasen,
Begünstigend nach Wunsch des Helden Überfahrt.

Das Wasser rauschte tief von Schiffen wie verborgen,
Als auf dem Hauptschiff hoch der Held voll Treu und Sorgen
Betrachtet hin und her des deutschen Reichs Zwietracht,
Sah auf des Kieles Schaum drei Baltische Sirenen,
Die reich mit Bernstein Haar und Arm und Brust beschönen,
Und die ihr Lieb und Leid ihm also vorgebracht.

„Fahr fort, du edler Held, du siegst in Nost, wir schwätzen;
Der Frommen Aug wird Freud, das unsre Leiden netzen,
Ach daß sie wie wir dir auch nach dem Tod getreu.
Denn du, nachdem dein Lauf wie Herkules beendet,
Sollst werden dieser Welt, die dein nicht wert, entwendet,
So hoch wird sein dein Werk, zu machen Deutschland frei."

Hiermit die Morgenröt ihr Gold am Leib am Flügel
Entdeckte Masten dort, ihm nahen Landeshügel,
Sanft leget sich der Wind und bringt das Schiff ans Land,
Aus welchem als der Held auf das Gestad gesprungen,
Hat kniend er zum Dank mit eifrig frommer Zungen
Erhoben sein Gebet, sein Herz, Gesicht und Hand.

„Gesegnet bist du Held, gesegnet wir Soldaten,
Die dienend unter dir, teilhaftig deiner Taten!"
Sang bald der ganze Hauf mit einem Mund und Mut,
Kein Glück, kein Unglück je konnt wider dich vermögen,
Und nichts kann dein Gemüt und Angesicht bewegen,
Umsonst ist wider dich des Feinds Gewalt, List, Mut.

Gleich wie der Amboß sich nicht fürchtet vor den Streichen,
Wie Meereswellen nie den kühnen Fels erweichen
Also verändert dich kein Ernst, Gefahr und Scherz,

Wie Flüsse sich ins Meer ohn Abnahm stets ergießen,
Ins Meer ohn Zunahm stets die vollen Ströme fließen,
Also sich und der Welt ist gleich des Helden Herz.

Mit schlechtem Brot und Trank gesättiget zu werden,
Als Trinkglas seinen Helm, als Ruhbett harte Erden,
Als Pfühl den nächsten Stein, ja auch wohl Schnee und Eis,
Als Bad den wilden Fluß, ganz zaglos zu gebrauchen,
Sein Werk zu setzen fort in Hitze, Frost und Regen,
Sich selber gleich und fromm, so war des Königs Weis.

„Es walt der liebe Gott, Gott mit uns wie vor Zeiten,
O Jesu, Jesu hilf, hilf Jesu mir heut streiten
Zu deines Namens Ehr, zu steuern Feindes Macht!"
Also hat er sein Volk anführend mehr ergötzet,
Und mitten in die Feind, stets siegreich, selbst gesetzet,
Da er bald manche Tat und seinen Tag vollbracht.

Gleich wie ein Sturmwind dort, die Windsbraut hier entstehet,
Und Hecken, Bäum und Türm urplötzlich stracks umwehet,
Ein trauriges Gewölk, ganz finster schwarz und dick,
Dem Trauerschleier gleich mit Dunst und Rauch erfüllet,
Den Tag, das Firmament, die Sonne selbst verhüllet,
Verblindet das Gesicht in einem Augenblick.

Bald mancher Donnerschlag mit Strahlen ganz beladen,
Durchstürmet das Gewölk und Land mit Brunst und Schaden,
Bald feurig durch die Luft, bald finster um und um,
Die Wolken brechen sich, dann fallet ein Schlagregen,
Verhärtet ganz in Eis, das bald mit tausend Schlägen
Zerschmettert Frucht und Volk, und wer nicht schreit ist stumm.

Also und gräulicher mit Krachen, Schallen, Knallen,
Sind bald die beiden Heer einander angefallen,
Da war die Luft alsbald voll Feuer, Rauch und Dampf,
Der Grund erschüttert schon von Böllern und Kartaunen,
Darob die Tier und Leut erstummen und erstaunen,
Als ob der Himmel selbst und Erde hier im Kampf.

Damals hat unser Held, indem es Feuer regnet,
Mit seinem teuren Blut, siegreich die Welt gesegnet,
Da denn das Firmament bald krönet seine Stirn,
Damals ist unser Held, ich sprechs, uns zu bewahren,
Als wahrer Herkules dem Himmel zugefahren,
Da er denn leuchtet klar, ein neues Nordgestirn.

Kaum, kaum war das Gerücht, das niemals stumm, gehöret,
Daß Gustav Adolf schon der Götter Zahl vermehret,

Vermehrt sich auch des Heeres Grimm und Stärk und Macht,
Mit ganz gerechtem Zorn ihr Mut und Herz ist wachsen,
Vor allen tröstet sie Bernhardt, der Held aus Sachsen,
Daß, der nicht sterblich mehr, ihr Schutzherr, sie bewacht.

Daher des Helden Stell gebührlich zu vertreten,
Hat er, als heimlich sie den Stern schon angebetet,
Begierig sie geführt auf den siegtrunknen Feind,
Geschleifet auf den Grund ohn alle Gnad und Dauern,
Des Feindes Eisentürm, lebendig starke Mauern,
Da half kein Herrenstand, da galt kein Geld noch Freund.

Ein Regen dick von Blei, Stein, Erz und Feuerschlossen,
Mit schwarzem Dunst und Brunst wird wieder ausgegossen,
Mit scheußlich herbem Tod, trifft auf des Feindes Heer,
Des Nordsterns Einfluß kann der Feind nicht mehr vermeiden,
Er muß, er muß nun gleich des Lebens Schiffbruch leiden,
In seinem auf dem Feld noch rasend blutgem Meer.

Damals der bleiche Feind, auf den der Nordstern schießet,
Hat seine Tyrannei, den Blutdurst schwer gebüßet,
Mit seinem eignen Blut, das da bei Lützen fließt,
Darauf des Helden Heer mit aufgehobnen Händen
Erfleht von Gott mit Lob, sein Werk auch zu vollenden,
Stark durch des Sternes Kraft, der hell die Sieger grüßt.

Ja sieg- und trostreich ists erhöret und gewähret
Befand es sich alsbald und immerdar uns lehret,
Daß lang in Eitelkeit zu leben ganz umsonst,
Denn unserm Lebenslauf ein kurzes Ziel gestecket,
Nur der, der drüber hin sein Lob durch Tat erstrecket,
Der ist den Göttern gleich, der hat der Tugend Kunst.

Die vermeinte Jungfrau Lille.

(Mündlich.)

Prinz Eugen.
Lill, du allerschönste Stadt,
Die du bist so fein und glatt,
Meine Lieb, die brennt in Flammen,
Dich lieb ich vor allen Damen,
Lill, du allerschönste Stadt.

Stadt Lille.
Lieber Herr, was saget ihr,
Wer seid ihr, was macht ihr hier,
Was die Ritter, die Soldaten,

Eure tapfern Kameraden,
Liebster, das erzählet mir?

Prinz Eugen.
Ich bin der Savoyer Held
Bekannt genug in aller Welt,
Prinz Eugen bin ich genennet,
Der zu dir in Liebe brennet,
Lill, du allerschönste Braut.

Stadt Lille.
Lieber Herr, fort packet euch,
Gehet in das deutsche Reich,
Denn ich habe zum Galanten,
Zum Gemahl und Caressanten,
König Ludwig von Frankreich.

Prinz Eugen.
Liebste, deine Schönheit groß
Ziehet mich in deinen Schoß,
Mit Gewalt will bei dir schlafen,
Schrecken dich nicht meine Waffen,
Machen Hochzeitfeuer an.

Stadt Lille.
Lieber Herr von großer Macht,
Glaubet mir, ihr seid verlacht,
Meine Werk und Bastionen
Zitadell und halbe Monden,
Bouffler schützet meine Ehr.

Prinz Eugen.
Halt das Maul und schweige still,
Hör was ich dir sagen will,
Hab ich nicht in Ungerlanden
Türken schon gemacht zuschanden,
Hunderttausend, noch viel mehr.

Stadt Lille.
Lieber Herr, das glaub ich wohl,
Daß ihr damals waret toll,
Aber ihr habt nichts zu schaffen
Jetzo mit den türkschen Affen,
Sondern mit dem Lilien Glanz.

Prinz Eugen.
Ihr Konstabler frisch daran,
Feuert hunderttausend Mann,
Donnert, daß es kracht in Flammen,

Daß kein Stein hält mehr zusammen,
Lill, du unglückselig Weib.

Stadt Lille.
Meint ihr denn, daß mein Vandome,
Mir nicht bald zu Hilfe komm,
Der mit hunderttausend Franzen,
Den Holländern lehrt das Tanzen,
Eh mein Kränzlein mir verbrannt.

Prinz Eugen.
Lill, mein Engel und mein Lamm,
Ich weiß dir den Bräutigam,
Kaiser Karl, der Weltbekannte,
Ich bin nur sein Abgesandte,
Und des Kaisers General.

Stadt Lille.
Ei wohlan, so laß es sein,
Karle sei der Liebste mein,
Denn der Ludewig veraltet,
Und die Lieb ist ganz erkaltet,
Karl ist noch ein junger Held.

Halt dich Magdeburg.

(Flugblatt aus der Reformationszeit.)

O Magdeburg halt dich feste,
Du wohlgebautes Haus,
Es kommen viel fremde Gäste,
Die wollen dich treiben aus.

Die Gäste, die da kommen,
Die kennt man weit und breit,
Christum tun sie verfolgen,
Ist allen Christen Leid.

Die Mönche und die Pfaffen
Samt aller Nonnenknecht,
Hilf Christ, daß wir solch Affen
Empfangen mögen recht.

Gott wird sie wollen dämpfen,
Ihr Lügen richten dann,
So wollen wir auch kämpfen,
So lang wirs Leben han.

„So will ich nicht verzagen,
Ich armes Mägdelein,
Christum will ich es klagen,
Der wird mein Schutzherr sein.

Magdeburg bin ich genennet,
Ganz frei und wohlbekannt,
Ich trau auf Christ vom Himmel,
Mir hilft seine gewaltige Hand.

Die Mittel will ich brauchen,
Die mich mein Bräutigam lehrt,
Vor diesem beschornen Haufen,
Bin ich noch unversehrt."

In Magdeburg der Reinen,
Ist manches Christen Seel,
Sie ruft zu Gott im Himmel,
Klagt ihm ihr Ungefäll.

In Magdeburg wird gelehret,
Gotteswort rein lauter und klar,
Gelobet wird Gott der Herre
Mit Psalmen immerdar.

In Magdeburg der Guten,
Ist manch Jungfräulein stolz,
Sie beten von ganzem Gemüte,
Und sind keinem Spanier hold.

In Magdeburg der Festen,
Ist manch Jungfräulein fein,
Sie bitten für die Christen,
Den Spaniern sind sie feind.

In Magdeburg der Freien,
Ist mannig Kindlein zart,
Es ruft zu Gott dem Herren,
Daß er die Stadt bewahrt.

In Magdeburg der Werten,
Da sind der Kriegsleut viel,
Zu Fuß und auch zu Pferden,
Treiben sie ihr Ritterspiel.

In Magdeburg ohne Sorgen,
Da sitzen drei Jungfräulein,
Die winden alle Morgen
Von Palm drei Kreuzelein.

Das eine Gott dem Vater,
Das ander Gott dem Sohn,
Das dritt dem heiligen Geiste,
Gott woll ihn Beistand tun.

Zu Magdeburg auf dem Tore,
Da sitzen drei Jungfräulein,
Die machen alle Morgen
Drei Rautenkränzelein.

Das eine Herzog Hansen
Dem Fürsten hochgeborn,
Graf Albrechten von Mansfeld
Das andre ist erkorn.

Das dritt, das ist versprochen,
Dem Held noch unbekannt,
Der läßt nichts ungerochen,
Wagt drauf sein Leut und Land.

Dem Kaiser wollen wir geben
Jetzt und zu aller Frist,
Was ihm gebühret eben
Und nicht, was Gottes ist.

Zu Magdeburg auf der Mauren,
Da liegen der Büchsen viel,
Sie klagen alle Morgen
Über falscher Christen Spiel.

Zu Magdeburg auf der Brücken,
Da liegen zwei Hündlein klein,
Dafür müssen sich bücken,
All die da wollen hinein.

Zu Magdeburg auf dem Markte,
Da liegen zwei Faß mit Wein,
Und wer davon soll trinken,
Der muß ein Deutscher sein.

Zu Magdeburg auf dem Markte,
Da stehet ein eisern Mann,
Wollen ihn die Pfaffen haben,
Manch Spanier muß daran.

Zu Magdeburg auf dem Rathaus
Da liegt ein gulden Schwert,
Könnt das ein Mönch gewinnen,
Wär mancher Kappe wert.

Hierbei steht auf dem Platze
Ein großer, eisern Mann,
Derselb nimmt acht der Hatze
Und sieht kein Spanier an.

Zu Magdeburg auf dem Markte,
Da sind der Landsknecht viel,
Die mischen frische Karten,
Die Seestädt sehn zu dem Spiel.

Dies Liedlein hat gesungen
Ein Landsknecht frisch und frei,
Zur Stund, da viel Kronen klungen,
Daß Gott stets bei uns sei.

Es ist so wohl gesungen,
Mit frischem freien Mut
Vor drei so edlen Fürsten,
Gott behalt sie in seiner Hut.

Die Magdeburger Fehde.

(Cyriacus Spangenberg's Chronik von Aschersleben. Eisleben, Petri 1572.)

Ein guten Rat will ich euch geben,
„Mit Gottes Hilf wollen wir widerstreben,
Wolln unsre Stadt befestigen,
Und harrn damit auch nicht zu lang,
Es kommen fremde Gäste."

Arndt Jordan der Bürgermeister genannt,
Und Lindow, der auch wohl bekannt,
Sie haben dazu geschworen,
Verhegen die Stadt mit Treuen wohl,
Sie sind dazu erkoren.

Der Bischof sprach hinwiederum:
„Die Feste sollt ihr ganz abtun,
Die ihr habt aufgerichtet,
Das will ich von euch haben also,
Des seid von mir berichtet."

Die Pfaffen treiben Wunderspiel,
Der Wolltag halten sie zuviel,
Die haben sich gar betrogen,
Beflecken gar ihr eigen Nest,
Und sind daraus geflogen.

Und dieser Bischof ich merken kann,
Das ist auch wohl ein kluger Mann,
Ich wills also bewinden,
Welch Vogel sich selbst die Federn ausrupft,
Den wird der Winter zwingen.

„Gedenke edler Fürste gut,
Gedenkt an euren eignen Mut,
Kürzlich will ichs entdecken,
Die edele Stadt Magdeburg
Ist frei auf allen Ecken."

Der Bürgermeister also sprach,
Als er vor die Gemeine trat:
„Berichtet, denn ich frage,
Uns will ein Krieg hieraus entstehn.
Was tut ihr hierzu sagen?"

Die Gemeinde sprach auch wiederum:
„Gebt euren treuen Rat dazu,
Dabei so wolln wir bleiben,
Wir haben des Gelds und Guts genug,
Wir wagens mit unserem Leibe."

„Wenn die Bachmühlen stille stehn,
Die großen Wasser in Wellen gehn,
Das ist allzeit zu loben,
Der Sperling flieget in den Dom,
Der Falke schwebet oben.

Ihr lieben Bürger lobelich
Nun merket mich auch allzugleich.
Was ich euch hab gesungen,
Welcher Vogel, welcher bauet hoch,
Behält wohl seine Jungen.

Das ich nun sage und dich warn,
Magdeburg, du bist ein wilder Arn,
Dein Flügel sind unverhauen,
Du fleugst den Wald wohl auf und ab,
Das mag man auch wohl schauen."

Die Bürger schrien alle dicht:
„Magdeburg ist kein Hase nicht;
Es ist ein kühner Löwe,
Den Winden zerbricht er ihre Füß,
Das reden wir mit Vertrauen."

Die Pfaffen hattens nicht wohl bedacht,
Han ihren Herrn in Schaden gebracht,

Und kränken ihre Feste,
Wo sie vorher sind Herren gewest,
Nun sind sie worden Gäste.

Sie laufen weg, das war nicht gut,
Das macht ihr großer Übermut,
Denn nach der Alten Weise,
Wenn unser Esel Haber frißt,
So tanzt er auf dem Eise.

Der Bischof kam von Hildesheim,
Bracht mit die Stiftsgenossen sein,
Die von ihm hatten Lehen,
Nach Magdeburg wohl in das Land,
Und wollten Sold verdienen.

Auf einem Dienstag das geschah,
Magdeburgs Panier man schweben sah,
Wohl auf dem weiten Felde,
Da war manch stolzer Kriegesmann
Bei den frischkühnen Helden.

Magdeburg du bist uns wohl bekannt,
Du trägst eine Krone über das Land,
Dein Lob, das will ich preisen,
Deine Treue, die ist offenbar,
Mit Gesang will ichs beweisen.

Arndt Jordan der Bürgermeister genannt,
Im Feld ist er gar wohl bekannt,
Er ist also verwegen,
Er will selbst an der Spitze sein,
Und warten da der Schläge.

Die Fürsten zogen schnell davon,
Im Kriege wollten nicht bestohn,
Wohl in der rechten Stunde,
Der Bürger Banner schwebet dar,
Der Fürsten ihr war verschwunden.

Ein Fürste zu dem andern trat:
„Ach lieber Ohm, nun gebet Rat,
Wärn wir bei unsern Freunden,
Dieser See ist uns gar zu tief,
Wir können ih nicht gründen."

Bringen wir das Schiff auf den Strom,
Ich fürcht es möcht zu Grunde gehn,
Wir müssen ein Pfand hier lassen,

Schnell Rat wird hier der beste sein,
Wir reiten unsre Straßen.

Der Bischof von Hildesheim sprach:
„Käm ich wieder in meine Stadt,
Wollt mich des freuen mehrn.
Dieser Hechte wir essen nicht,
Die Gräten stechen sehre."

Klage der Kurfürstin, Frauen Sibylle von Sachsen.

(Von Peter Watzdorf aus der Reformationszeit.)

Ach Gott mich tut verlangen,
Nach dem, der jetzt gefangen,
Den liebsten Fürsten mein,
Daß ich ihn so muß meiden,
Bringt mir ein herzlich Leiden;
Ach Gott, hilf ihm aus dieser Pein.

Er ist in Kaisers Händen,
Mein Gott, tu es bald wenden,
Dem Kaiser gib den Mut,
Daß er recht tu bedenken,
Woher komm dieses Zänken,
Dem Fürsten geb wieder sein Gut.

Ob er was hätt verbrochen,
Fürwahr ist gnug gerochen,
Land, Leut hat man verderbt,
Den Fürsten abgeführet,
Mein Herz damit gerühret,
Der Kur hat man ihn enterbt.

Klagelied Philip Landgrafs aus Hessen im Jahre 1550.

(Fliegendes Blatt.)

Schwer, langweilig ist mir mein Zeit,
Mein Herz mich treibt zu Klagen,
Viel Untreu, Mißgunst, Haß und Neid,
Als ich jetzund muß tragen,
Viel falscher List zu dieser Frist
Wird mir zu lang mit Schmerzen,

Daß ich oft klag
All Nacht und Tag,
Doch denk ich Gotts im Herzen.

Schwer, langweilig ist mir mein Zeit,
In Trauren bin ich sitzen,
All meine Freund mir weichen weit,
Mich stellen an die Spitzen,
Zu denen ich hab stetiglich
Mich aller Treu versehen,
Die setzen gar
Mich in Gefahr,
Niemand will bei mir stehen.

Schwer, langweilig ist mir mein Zeit,
Ach Gott mich wollst ergötzen,
Steh du allzeit auf meiner Seit,
Auf dich mein Hoffen setze,
Sieh zu mein Gott, wie ich ein Spott
Bin unter meinen Feinden,
Ich ruf hinauf,
Ach Herr, wach auf,
Laß deine Güt erscheinen.

Schwer, langweilig ist mir mein Zeit,
Wie ist es mir doch kommen,
All meine Macht und Herrlichkeit
Hast du von mir genommen;
So weiß ich doch, wie tief und hoch,
Dein Gnad sich streckt am Ende,
Wie weit und breit
Barmherzigkeit,
Die wollest du mir senden.

Schwer, langweilig ist mir mein Zeit,
In Hoffnung tu ich harren,
Gedanken sind mir Herzeleid,
Ach Gott, kehr um die Karten,
Führ mich doch auf geradem Weg
Zu meinem Land und Leuten,
Zu Kindern mein
Ach führ mich heim,
Ach Gott, tu für mich streiten.

Schwer, langweilig ist mir mein Zeit,
Ich wollt mein Hörnlein gellte,
In Jägerweis, nach gutem Bruch,
Durchs Holz und auch im Felde;

So Gottes Wort, mein höchster Hort,
In meinem Land sollt klingen,
Und hüten fein,
Die Schäflein mein,
Und Gottes Lob besingen.

Schwer, langweilig ist mir mein Zeit,
Gott öffne deine Ohren,
Denn meine Stimm ist schwach vor Leid,
Mein Ruf ist nicht verloren,
Mein Herz und Mut, mein Leib und Gut
Ergeb ich ihm beizeiten,
Ich bin gewiß
Zu dieser Frist,
Er wird wohl für mich streiten.

Schwer, langweilig ist mir mein Zeit,
In Brabant muß ich warten,
Verheißen ist mir Gnadgeleit,
Wie grün ist nun mein Garten,
Gott gabs, Gott nahms in Lieb und Leid,
Wie es sich schickt auf Erden,
Wies Gott gefällt
Von ihm bestellt,
Sonst kann nichts anders werden.

Schwer, langweilig ist mir mein Zeit,
Zu Oudenar in Mauern,
Bin ich in Elend und in Leid
Mit schwerem Mund und Trauern,
Ade mein Kind und Land und Leut,
Bald ist es überwunden,
Für meine Not
Bescher euch Gott
So viele selge Stunden.

Reue.

(Gassenhauer, moralisch verändert von Knauß. S. 22.)

Schwer, langweilig ist mir mein Zeit,
Seit mich die Sünd tut scheiden
Von dir, mein Gott, du höchste Freud,
Dafür muß ich viel leiden.
Mein Leiden ist groß jeder Frist
Und wird mir lang mit Schmerzen,
Daß ich oft klag,

Es scheint kein Tag,
Mein Sünd mich reut von Herzen.

Sehnsucht.

(Aus einem Musikbuche.)

Schwer, langweilig ist mir mein Zeit,
Seit ich mich täte scheiden,
Von dir, mein Schatz und höchste Freud,
Ich merk, daß ich muß leiden,
Ach weh der Frist, zu lang sie ist,
Wird mir zu lang in Schmerzen,
Daß ich oft klag,
Es scheint kein Tag,
Des wird gedacht im Herzen.

Das Lied vom Landgrafen.

(Lebensbeschreibung Sebastian Schärtlins. Frankfurt, 1777. Beilagen S. 34.)

Zu singen will ich fangen an,
Zum Lob der kaiserlichen Kron,
Dem Landgrafen zu Leide,
Wie es ihm dann ergangen ist
Vor Ingolstadt, in kurzer Frist,
Das machte uns viel Freude.

An einem schönen Morgen fruh,
Der Landgraf rückte schnell herzu,
Sein Lager tät er schlagen
In weitem Feld vor Ingolstadt,
Er meint der Römisch Kaiser drat
Würd ihn von Stund an fliehen.

Zu morgen hub er zu schießen an
Wohl über die kaiserlichen Kron,
Mit Kartaunen und Schlangen,
Das trieb er wohl drei ganze Tag,
Dieweil er dann vor Ingolstadt lag,
Der Schimpf der wollt sich machen.

So will ich auch nicht grausen schon!
Da sprach die kaiserliche Kron,
Meins Unglücks muß ich lachen;

Schieß her, schieß her, lieber Landgraf,
Mein Glück das steht in Gotteskraft,
Erst wolln wir tapfer fechten.

Der Kaiser die ganze Schanz ausreit,
Der Büchsenmeister in kurzer Zeit
Tät da gar tapfer schießen,
Wohl unter die landgräfischen Reiter gut,
Sie schossen hinauf mit frischem Mut,
Es tät sie sehr verdrießen.

„O Ingolstadt du gemauert Haus,
Das hätt ich dir doch nicht vertraut,
Daß du zu mir hättst geschossen."
So sprach der Landgraf zum Schertel gut,
„Die Stadt ist uns nit wohlgemut,
Wir wollen nit drauf bauen."

Der Landgraf warf die Augen auf,
Aus mancher Büchse ging der Rauch,
Ich hör, daß man tut schießen;
Da sprach der Landgraf zum Schertel gewandt:
„Wir verschießen Leut, Ehr und Land,
Nit länger wolln wir harren."

Der Kaiser sprach die Deutschen an,
Verhieß ihn auch bei seiner Kron,
Von hier wollt er nit weichen,
Dieweil ihm Gott das Leben leiht,
Glück, Ehr und Sieg in Ewigkeit,
Christus von Himmelreichen.

Der Schertel sprach die Reisigen an:
„Wendt euch ihr lieben Reitersmann,
Weicht ab von diesem Schießen,
Sonst werden wir auf diesen Tag,
Dieweil kein Widerstand helfen mag,
Viel Reisigen Zeug verlieren."

Der Landgraf und Schertel wurden zu Rat,
Und wie sie täten dieser Tat,
Der Kaiser hat sich verhauen,
Fallen wir in sein Lager stark,
Die Reisigen die sind so arg,
Ist ihn nit wohl zu vertrauen.

Der Landgraf hat sehr lang geflucht,
Sich am Römischen Kaiser versucht,
Ich mein, er hab ihn funden,

Ich sag dir lieber Landgraf gut,
Übermut der tut kein Gut,
Der Kaiser ist kein Kindlein.

Dem Landgrafen kamen neue Mär,
Wie daß das Heer von Pirn kommen wär
Anstatt des Kaisers Schwester,
Da sprach der Landgraf zum Schertel gut:
„Das ist uns nit wohl zumut,
Es sind uns fremde Gäste."

Der Landgraf, der ließ zünden an
All Lager, ruckt im Rauch davon,
Der Rauch ist weit geflogen:
„O Ingolstadt, ich muß dich lan,
Hätt ich die Sach recht griffen an,
Der Teufel hat mich betrogen."

Der Landgraf nahm die Wacht in Hut,
Dieweil er macht ein Schiffbruck gut,
Darüber eilt er balde,
Er eilt dahin auf Neuburg zu,
Daselbst, da war nit lang sein Ruh,
Der Kaiser tät ihn suchen.

Noch hätt er weder Rast noch Ruh,
Auf Donauwörth da ruckt er zu,
Wohl in sein alte Schanze,
Daselbst, da wollt er warten sein
Des Kaisers bei dem kühlen Wein,
Sich halten auf Finanze.

Kein Landsknecht weiß zu dieser Frist,
Wo der Landgraf hinkommen ist,
Der Kaiser hat ihn vertrieben,
Ich sag dir, lieber Landgraf mein,
Dein Kriegen hättst wohl lassen sein,
Daheim wärst du wohl blieben.

Des König Ladislaus Ermordung im Jahre 1457.

(Senkenberg Selecta Juris Tom. V.)

Von einem König lobesam,
König Lasla ist sein Nam,
Ein König aus Österreiche,
Ja spricht man in der Christenheit,
Man findt nicht seinesgleiche.

Er war in seinen jungen Tagen (17 Jahr),
Die Ungarn hießen ihn einen deutschen Knaben,
Das haben wir wohl vernommen,
Daß er zu Ofen ist ausgeritten,
Zu Prag ist er umkommen.

Er schickte aus nach weiblicher Ehr,
Und wollt erwerben Freundschaft mehr,
Gar fein in Frankenreiche,
Nach einer Jungfrau säuberlich,
Man findt nicht ihresgleiche.

Der König in Frankreich einen Brief aussandt,
Der kam König Lasla in seine Hand,
Wie er ihn lesen sollte;
Und wie ihm der König in Frankreich,
Seine Tochter geben wollte.

Er schrieb: „König Lasla, du lieber Sohn,
Du weißt wohl, was du sollst tun,
Die Ketzer solltst du vertreiben,
Und so wird dir Ehr und Lob gesagt,
Wo du im Land sollst bleiben."

König Lasla des Briefes aufn Tisch vergaß,
Zur Hand ihm ein falscher Ketzer saß,
Er erschrak der Märe gar sehre;
Wie bald er zu dem Rockenzahn lief,
Verkündigt ihm die Märe.

Und da der Rockenzahn die Mär erhört,
Er ruft den Ketzer an einen Ort,
Er begunnt ihm diese Red zu melden,
Da huben die falschen Ketzer an,
König Lasla zu schelten.

Sie schelten ihn aus ihres Herzensgrund:
„Wie deucht euch um den deutschen Hund,
Sollt er uns hier vertreiben?
Wir wollen ihm nehmen sein junges Leben.
Er mag uns nicht entweichen."

Und da der Rat nun war vorbracht,
Den sie über König Lasla hatten gemacht,
Wie sie ihn töten wollten,
Sie hatten alle zusammen geschworn,
Wie sie einander helfen wollten.

Sie gewinnen die Riegel und auch die Tür,
Unter einer Decke zogen sie ihn herfür,

König Lasla den vielwerten;
Der erste der nahm ihn beim Haar
Und warf ihn auf die Erden.

Er fiel wohl nieder auf seine Knie:
„Gnad mir edler Herr allhie,
Gnad mir meines Lebens;
Und alles, was ich hie gewann,
Das will ich hie aufgeben."

Er sah sie alle barmherzig an:
„Nun hab ich irgendein treuen Mann,
Der mir sein Hilf hier täte?
Sind mir denn alle treulos worden,
Mein allerbesten Räte?

Girsig, lieber Vater mein,
Nur laß mich bei dem Leben sein;
Ich will dirs immer gedenken,
Mein Schweidnitz soll dein eigen sein,
Und Breslau will ich dir schenken."

„Schweig, König Lasla! es mag nicht sein,
Dein Schweidnitz ist vorhin schon mein,
Breslau will ich gewinnen;
Hilft mir das ganze Böhmerland,
Ein König bin ich drinnen."

„Nun! schneid mir ein graue Kutten an,
Ich will in ein Kloster gahn,
Zu meines Vaters Ruhe;
Es bleib ein König wer da will,
Immer und ewigliche."

Sein guter Rat half ihm nicht sehr,
Sie hatten vergessen Treu und Ehr,
Die Herren aus Böhmerlande,
Daß sie König Lasla getötet han,
Das haben sie große Schande.

Auf die Erde haben sie ihn hingestreckt,
Mit einem Kissen haben sie ihn ersteckt,
Sein Genick haben sie ihm gebrochen.
Wer wollt nicht Gott vom Himmel klagen,
Er läßt nichts ungerochen.

Und da er nun gestorben war,
Es glühet als ein Rosen gar,

Wohl unter seinen Augen,
Da ihm das Blut von Wangen abrann,
Dran hatten sie keinen Glauben.

Es war bis an den dritten Tag,
Daß er da unbegraben lag,
Man ließ ihn niemand schauen,
Und da man ihn zu Grabe trug,
Da weinten Mann und Frauen.

Da sprach ein Ketzer unter ihnen:
„Nun hebt ihn auf und tragt ihn hin,
Den König aus deutschen Landen,
Sollt er uns hier vertrieben han,
Das wär uns eine große Schande."

Und da sprach er, der Girsig:
„Der König in Böhmen bin ich,
König Lasla ist gestorben,
Um seines falschen Glaubens willen,
Darum ist er verdorben."

Da sprach er, der Rockenzahn:
„Eine neue Sitte nehm ich an,
Östreich will ich zerstören;
Denn ihren Glauben weiß ich wohl,
Ihr Herzog will ich werden."

Der Girsig der ist hochgeborn,
Recht als ein Sau ist er beschoren,
Wer ist, der ihm wohl gleiche,
Mit Rauben, mit Stehlen, mit Bannerei,
Damit er worden reiche.

König Lasla war ein junger Mann,
Er wollt den Girsig bei sich han,
Er hat ihn auserkoren;
Ja ich sprechs auf die Treue mein,
Er ist ihm treulos worden.

König Lasla du viel edles Blut,
Gott erhalte dich in seiner Hut,
Mit seinem lieben Kinde,
Daß du also verschieden bist,
Mit deinem Hofgesinde.

Die Schlacht am Kremmer Damm.

(Auch Buchholz's Geschichte der Kurmark Brandenburg. Berlin, 1765. II. T. S. 383.)

Als Barnim de fast lütke Mann,
Averst im Kriege nicht quade,
Am langen Damme kam heran,
Ging he flietig to Rade.

He sprack: Dat is en garstig Lock,
Da mütten wie nich dorch rieden,
Et mögt uns kosten unsern Rock,
Wie willen man hier bliven.

Wie willen schrieven ut de Stür,
De uns de nich will geven,
Den willen wie brüden mit det Für,
Un nah det Veh em streven.

De Rat gefehl em allen wohl,
Se fingen an to graven,
Se mackten in de Erd en holl,
Brachten det unnerst baven.

Marckgraf Ludwig de tappre Held,
Heelt up den Kremmschen Huven,
Un dachte, dat sick da int Feld,
De Pamern schöllen truven.

Da averst kener kam hervär,
Liet he rupen sienen Peter,
Un sprack: Krieg diene Trompet her,
Ried hen, als en Trumpeter.

Det segge Hertog Barnim an,
Ich hedde grot Verlangen,
Em as den Gast, un sienen Mann,
Im Felde to emfangen.

Wo averst em det nich behagt,
So will ick em tosprácken,
Un ock im Luge sien unverzagt,
De Lanz mit em to bräcken.

De Hertog sprack: He were da,
Un lichtlich ock to finnen,
Det spöt det stünde op de Wah,
Woll siehn, we werd gewinnen.

Drup ging et up den Damm hinab,
De was vull luter Köppe,
Et gaf da manchen harten Knap,
De Schall ging in de Zöppe.

De Märcker kunnen nich bestahn,
De Lug was ehr verderven,
Da mußte mancher liggen gahn,
Un ohne Wunne sterven.

Drüm wecken se up düsse Siet,
Un menen da to fechten;
De Pamer folgt im vullen Tritt,
Schlog Heeren mit den Knechten.

To Kremmen ging em det nich an,
He mußte buten blieven,
Det Fotvolck stund da Mann vor Mann,
Hulp em torügge drieven.

Se schoten up de Straat hin ut,
De men von Pamern Krewelt,
Un föhlen em so up de hut,
Det em det Harte wewelt.

Det sprack Schwerin, deit hier kein got,
Lat uns den Damm erfaten,
Oder wie weren unse Blot,
Hier alle mötten laten.

Se treckten wedder hen tom Damm,
Un sammlten ere Lüde.
Damit de Krieg en Enne namm,
Davör uns Gott behüde.

Der politische Vogel.

(Altes fliegendes Blatt.)

Als ich einmal spazierenging,
In einen Lustgarten hinein,
Zu überdenken, was ich meint,
Wo schöne Lusthäuser sein,
Hört ich es ein Vöglein singen,
Verstund es auch gar wohl,
Von unbekannten Dingen,
Was dieses Jahr geschehen soll,
Was dieses Jahr geschehen soll.

Das Vöglein in dem Strauße saß,
Und schauet den Adler an:
Ach Adler, es wird dieses Jahr,
Ein fremder Gärtnersmann,
Dich aus dem Garten vertreiben,
Samt deinen Gesellen all,
Nicht länger sollst du es verbleiben,
Des Adlers wartet Gewalt,
Des Adlers wartet Gewalt.

So bald der Adler dies vernahm,
Schwingt er sich in die Luft,
Zu schauen was noch mehr umschwebt
Französisch und spanischer Luft,
In Garten will eindringen
Ein fremder Gärtnersmann,
Und will einpflanzen die Lilien,
Anstatt der Tulipan,
Anstatt der Tulipan.

Bei Parmen und Kastellen
Hat man die Kugel gespürt,
Ein Stein mögt es erbarmen,
Wie man auf uns hat zielt,
Drei Prinzen und neun Generalen,
Wie auch der Feldmarschall,
Sind schon zu Boden gefallen,
Der Gemeinen ohne Zahl,
Der Gemeinen ohne Zahl.

Der Savoyer schlug ein Rebell,
Vermeinte sicher zu sein,
Die Deutschen aber Piff, Paff, Puff,
Und fielen ins Lager hinein,
Dort hatten sie alles verlassen,
Samt Lager, Stuck und Zelt,
Im Hemd davon geloffen,
Den Deutschen bleibt das Feld,
Den Deutschen bleibt das Feld.

So bald der Franzos nach Savoyen kam,
Da war der Savoyer so froh,
Da zog er erst sein Hosen an,
Da kampelte die Maus das Stroh,
Er tät sich resolvieren,
Und schwur bei seinem Gott,
Sollt er auch alles verlieren,

Wollt rächen diesen Spott,
Wollt rächen diesen Spott.

Wilhelm Tell.

(Fliegendes Blatt.)

Wilhelm bin ich, der Telle,
Von Heldenmut und Blut,
Mit meinem Gschoß und Pfeile
Hab ich die Freiheit gut
Dem Vaterland erworben,
Vertrieben Tyrannei,
Einen festen Bund geschworen
Haben unser Gesellen drei.

Uri, Schweiz und Unterwald,
Befreiet von dem Reich
Litten großen Zwang und Gewalt
Von Vögten unbillig.
Kein Landmann durft nicht spreche
„Dies ist mein eigen Gut“,
Man nahm ihm also freche
Die Ochsen von dem Pflug.

Dem der sich wollte rächen,
Und stellen in die Wehr,
Tät man die Augen ausstechen,
Und hörte Bosheit mehr.
Zu Altdorf bei der Linden
Der Vogt steckt auf sein Hut,
Er sprach, „den will ich finden,
Der ihm kein Ehr' antut.“

Das hat mich verursachet,
Daß ich mein Leben gwagt,
Den Jammer ich betrachtet,
Des Landmanns schwere Klag:
Viel lieber wollt ich sterben,
Dann leben in solcher Schand,
Dem Vaterland erwerben
Wollt ich den freien Stand.

Den Filz wollt ich nicht ehren,
Den aufgesteckten Hut;
Das schmerzte den Zwingherren
In seinem Übermut;

Er faßt ein Anschlag eitel,
Daß ich müßt schießen geschwind,
Ein Apfel von dem Scheitel
Meinem herzliebsten Kind.

Ich bat Gott um seine Güte
Und spannte auf mit Schmerz,
Vor Angst und Zwang mir blutet
Mein väterliches Herz;
Den Pfeil konnt ich wohl setzen,
Bewahret war der Knab,
Ich schoß ihm unverletzet
Vom Haupt den Apfel ab.

Auf Gott stund all mein Hoffen,
Der leitet meinen Pfeil,
Doch hätt ich mein Kind getroffen,
Hätt ich fürwahr in Eil
Den Bogen wieder gespannen,
Und geschossen an den Ort
Den gottlosen Tyrannen,
Zu rächen seinen Mord.

Das hat der Bluthund geschwinde,
Gar wohl an mir gemerkt,
Daß ich ein Pfeil dahinten
In meinem Göller gesteckt;
Was ich damit tät meinen,
Wollt er ein Wissen han,
Ich konnts ihm nicht verneinen,
Zeigt ihm mein Meinung an.

Er hat mir zwar versprochen,
Er wollt mir tun kein Leid,
Jedoch er hat gebrochen
Sein Wort und auch sein Eid;
Ja zu derselben Stunden
Mit Zorn er mich angriff,
Er ließ mich hart gebunden,
Hinführen in ein Schiff.

Ich klagte meinem Gesinde,
Daß ich sie muß verlan,
Mich jammert Weib und Kinde
Mit manchem Bidermann;
Ich meint sie nicht mehr zu finden,
Vergoß so manche Trän,

Vor Herzleid mocht verschwinden;
Des lachet der Tyrann.

Er wollt mich han zur Buße
Beraubt des Sonnenschein,
Zu Küßnacht auf dem Schlosse
Mich ewig sperren ein,
Mit Trotzen und mit Pochen
Führten sie mich dahin;
Das ließ Gott nicht ungerochen,
Und half dem Diener sein.

Dem Wind tät er gebieten,
Der kam im Sturm daher;
Der See fing an zu wüten,
Das Schiff stund in Gefahr;
Der Vogt hieß mich losbinden,
Und an das Ruder stehn,
Er sprach, hilf uns geschwinde,
Mir und dir selbst davon.

Das täte ich erstatten,
Und säumte gar nicht lang,
Als ich kam zu der Platten,
Zum Schiff hinaus ich sprang;
Ich eilte wunderschnelle
Durch hohe Berg hinan,
Den Winden und den Wellen
Befahl ich den Tyrann.

Er brüllte wie ein Löwe,
Und schrie mir zornig nach,
Ich achtete nicht sein Drohen,
Zu fliehen war mein Sach;
Ja in der hohlen Gassen
Wollt rächen ich den Trutz,
Mein Armbrust tät ich fassen
Und rüstet mich zum Schuß.

Der Vogt kam jetzt geritten
Hinauf die Gassen hohl,
Ich schoß ihn durch die Mitten,
Der Schuß war geraten wohl;
Zu Tod hab ihn geschossen
Mit meinem Pfeile gut,
Er fiel bald ab dem Rosse,
Des war ich wohl zumut.

Als David aus der Schlinge
Den großen Goliath,
Mit einem Stein geringe,
Zu Boden geworfen hat,
Als gab mir Gott der Herr
Sein Gnad und auch sein Macht,
Daß mich mit Gewalt erwehre,
Den Wütrich hab umbracht.

Mein Gesell hats auch gewaget,
Bewiesen seine Tat,
Den Landberger gezwaget
Mit einer Axt im Bad;
Der sein Eheweib mit Zwange
Wollt haben zum Mutwill,
Des schont er ihn nicht lange,
Schlug ihn zu Tod in Eil.

Kein ander Gut noch Beute
Begehrten wir insgemein,
Denn die Gewalt auszureiten,
Das Land zu machen rein;
Wir fanden ja kein Rechte,
Kein Schirm, kein Obrigkeit,
Darum mußten wir fechten,
Gottes Gnad war uns bereit.

Da fing sich an zu wehren
Ein werte Eidgenoßschaft;
Man griff gar bald zum Gewehren,
Der Feind der kam mit Kraft;
Den Ernst wir da nicht sparten,
Und schlugen tapfer drein,
Wohl an dem Moorgarten,
Der Letzt wollt keiner sein.

Wir schlugen da den Adel
Mit aller seiner Macht,
Gesträuft han wir den Wadel
Dem Pfau, der uns veracht:
Ein Pfeil hat uns gewarnet,
Das Glück stund auf der Waag,
Gar sauer han wir erarnet
Zwei Sieg an selbem Tag.

Der Feind tat uns angreifen
Mehr dann an einem Ort,
Den Schimpf macht er uns reife,

Wir mußten laufen fort,
An Brünig zu dem Streite
Zu helfen Freunden gut,
Da gab der Pfau die Weite,
Es kost viel Schweiß und Blut.

Das merket fromm Eidgenossen,
Gedenket oft daran,
Was Blut für euch vergossen,
Laßt euch zu Herzen gahn;
Die Freiheit tut euch zieren,
Darum gebt Gott die Ehr,
Und sollt ihr die verlieren,
Sie würd euch nimmermehr.

Die Müh ist wohl gepflanzet,
Mit euer Väter Blut,
Freiheit, den edlen Kranze,
Den haltet wohl in Hut;
Den wird man euch abstechen
Sogleich zur solchen Zeit,
Wenn Treu und Glaub wird brechen
Durch Eigennutz und Geiz.

Mir ists, ich sehe kommen
So manchen Herren stolz,
Bringen ein große Summen
Des Gelds und roten Golds,
Damit euch abzumärkten,
Zu kaufen eure Kind,
Die kein Wort können reden,
Noch in der Wiege sind.

Ich tu euch dessen warnen,
Weil Warnung noch hat Platz,
Gespannt sind euch die Garne,
Die Hund sind auf der Hatz,
Gedenket an mein Treue,
Kein Tell kommt nimmermehr,
Kein Freund alt und neue,
Gibt euch ein besser Lehr.

Tut euch zusammen halten
In Fried und Einigkeit,
Als eure frommen Alten,
Betrachtet Bund und Eid;
Laßt euch das Geld nicht müssen,
Die Gaben machen blind,

Damit ihr nicht müßt büßen,
Und dienen zuletzt dem Feind.

Nehmt hin fromm Eidgenossen,
Die noch aufrichtig sind,
Dies Lied hiermit beschlossen,
Tuts schlagen nicht in Wind;
Ein Urner hats gesungen,
Gedichtet und vermehrt,
Zur Warnung, Lehr der Jungen,
Dem Vaterland verehrt.

Schloß Orban.

(Aus einem längeren Gedichte bei Diebold Schilling. Burgund. Krieg. Bern 1743. S. 183.)

Der Winter wollte lang bei uns sein,
Des trauerte manches Vögelein,
Das jetzt gar fröhlich singet,
Auf grünem Zweig hört mans im Wald
Gar süßiglich erklingen.

Der Zweig hat gebracht gar manches Blatt,
Danach man großes Verlangen hat,
Die Heid ist worden grüne;
Darum so ist gezogen aus
Gar mancher Mann so kühne.

Einer zog auf, der andre ab,
Das hat genommen gar wilde Hab,
Der Schimpf hat sich gemachet,
Des hat der Herzog von Burgund
Gar wenig mehr gelachet.

Man ist gezogen in sein Land,
Ein Stadt ist Ponterlin genannt,
Da ist der Reigen anfangen,
Darin so sieht man Witwen viel
Gar trauriglichen prangen.

Der Bär eilt ihnen nach mit der Fahn,
Er brannt, als er vormals getan,
Den Welschen da zum Leide,
Da er das Dorf gezündet an,
Da zog er auf weite Heide.

Da nun der Zug gen Orban kam,
Da brannt die Stadt in Feuers Flamm,

Wann sie sich hätten ergeben
An die frommen Herren von Bern!
Das war dem Schloß nicht eben.

Darum sie es gezündet an,
Das hat entgolten mancher Mann,
Der in das Schloß ist kommen,
Die Eidgenossen in der Stadt
Sie löschten das Feuer zum Frommen.

Gesellen nahmen den Kirchturm ein,
Und schossen zu den Welschen herein,
Daß es so laut erkrachet,
Wiewohl es war ein großer Ernst
Des Schießens mancher lachet.

In dem da stürmt man an das Schloß,
Man achtet gar kein Wurfgeschoß,
Sie hauen ein Loch in die Mauern,
Dadurch schlüpft mancher kühne Mann,
Um sich hat er kein Trauern.

Die von Bern stürmten vorne dran
Und die von Basel hinten an,
Sie kamen darin mit Genossen,
Das Fähnlein von Luzern, weiß und blau,
Sah man gar bald im Schlosse.

Da nun die Welschen sahen klar,
Wie schnell das Schloß erstiegen war,
Sie warfen ab die Wehrn,
Und baten, daß man auf sollt nehmen,
Durch Gott und unser Frauen Ehrn.

Hätten sie das beizeit getan,
Man hätt sie allesamt leben gelan,
Jetzt wollt man sie nicht ehren;
Da nun die Welschen sehen das,
Begannen sie sich zu wehren.

Sie hatten ein Turm eingenommn,
Da konnt man lang nicht zu ihnen kommn,
Da waren viele innen,
Sie wehrten sich gar lange Zeit,
Und mocht ihr keiner entrinnen.

Da fügt sich daß man zu ihn kam,
Inwendig im Turm man aufhin klamm,
Viel höher als sie waren,

Man warf ihr eben viel zu Tod,
Und traf sie über den Ohren.

Es gesah nie keinm Mann größer Not,
Man warf sie lebendig und tot,
Allsamt über die Zinnen,
Das Schloß Orban man also tät
Den Welschen abgewinnen.

Darin waren mehr denn hundert Mann,
Die all ihr Leben mußten lan,
Darin will ich nicht lügen,
Man lehrt sie über die Mauer all
Ohn alles Gefieder fliegen.

Noch ist ein stark Schloß Jungi genannt,
Dem ward es auch gar bald bekannt,
Wie es zu Orban ergangen,
Da waren viel der Welschen auf,
Herab hatten sie Verlangen.

Man zog gen Jungi in die Stadt,
Nach dem Schloß man groß Verlangen hat;
Da man kam dargeschlichen,
Da waren die Welschen alle daraus
In welsche Land gewichen.

Der Bär war gelaufen aus der Höhl,
Es ist ihm ergangen also wehl,
Wieder heim ist er gesprungen,
Gott geb ihm fürbaß Glück und Heil,
Hat uns Veit Weber gesungen.

Herr Burkhart Münch.

In Rosen baden. Sprichwort.

(Nach Lycosthenes Psellionoros Lustgarten. Straßburg, bei Carolo. 1621. S. 678.)

Es war Herr Burkhart Münch bekannt
Als tapfrer Kriegsmann in dem Land,
Mit dem Delphin aus Frankereich
Er kam mit starker Macht zugleich.

Nicht weit von Basel fiel zumal
Der Eidgenossen große Zahl,
So daß sein Feind für diesmal zwar
Erleget und entflohen war.

Da ritt Herr Burkhart Münch frei fort,
Dort auf die Walstadt an den Ort,
Auch über tote Körper all
Und triumphiert mit lautem Schall.

Und auf der Walstadt einen fand,
Der ihm zuvor war wohlbekannt,
Der seine Wunden schwer ertrug,
Alsbald er sein Visier aufschlug.

Und sprach: „Schau heut zu Tag hiebei,
Da baden wir in Rosen frei."
Solch Wort erhört ein Eidgenoß,
Dem diese Schmach gar sehr verdroß.

Daß er zu rächen sie gedacht:
„Ich möcht nur haben so viel Macht,
Weil ich doch lieg zum Tod verwundt."
Also er sich ermahnt zur Stund.

Da richtet er an einem Stein
Sich auf die Knie ganz allein,
Und warf denselben scharfen Stein
Herrn Burkhart in den Helm hinein.

Da sank Herr Burkhart unverzogen,
Und starb an seinem Sattelbogen,
Das Roß ging mit dem Ritter durch
Und bracht ihn sterbend in die Burg.

„Wie hängt der Ritter auf dem Roß?
Sein Panzer ist ja rosenrot!
Legt ihn nur auf den Kirchhof fein,
Da wachsen viele Röselein."

So ward die Ros in ihrem Blut,
Die frech erwuchs mit Übermut,
Gar bald zunicht durch fromme Händ,
Das Rosenbad Gott von uns wend.

Zug nach Morea.

(Fliegendes Blatt aus der Schweiz, mitgeteilt von H. Prof. Blumenbach.)

Was haben die Urner und Zuger getan,
Sie wollen ein Zug gen Morea han,
Gen Morea wollens dingen,
Sie wollen dingen achttausend Mann,
Wider den Türken wollens kriegen.

Sie zogen durchs freie Amt hinab,
Sie fanden gar manchen jungen Soldat,
Sie ließens all rot bekleiden, sie führen über den Zuger See,
Sie lugen umher und das tut weh:
He, der Krieg mögt manchem verleiden.

Sie zogen zu Zug wohl aus der Stadt,
Und ein gut Gesell zum andern sprach:
„Ich habs gar eben gerechnet,
Wir müssen ziehn dem Türken zu,
He ich mein, mein Herz müßt brechen!"

Wie sie aus den Schiffen heraus dann steigen,
Die Hauptleut tun ihnen die Händ all reichen,
Sie tätens in Glieder stellen,
Der ein Hauptmann zum andern sprach:
„He, wie han wir die bravsten Gesellen."

Der ein Hauptmann zum andern seit:
„Heut nacht wend wir noch gen Uri hinein, wir müssen tapfer laufen."
Der ein Hauptmann zum andern sprach,
Wie ihm gefiele diese Sach:
„He, die Gesellen wollen wir verkaufen."

Sie zogen über den Gotthard auf,
Die jungen Soldaten schreien überlaut,
Es wollt sie all schier gereuen,
Der ein gut Gesell zum andern sprach:
„He, keim Hauptmann ist mehr zu trauen."

Sie fahren über den langen See,
Sie sehen das Vaterland nimmermehr,
Sie täten schier all weinen,
Der ein gut Gesell zum andern sprach:
„He, wären wir nunmehr daheime."

Und wie sie kamen zu der Meerstangen,
Es tut die Schweizersoldaten plangen:
„Wie weit münd wir von hinnen,
Wann ich denke an mein Vaterland,
He, mein Herz möcht mir zerspringen!"

Sie reisen eine weite Reis,
Der ein gut Gesell zum andern schreit:
„Wie weit münd wir noch reisen?"
Der Hauptmann zu den Soldaten sprach:
„He, Venedig will ich bald zeigen."

Der Wachtmeister ist ein munterer Mann,
Er hat die bravsten Soldaten g'han,
Zu Venedig war er der erste,
Sie haben ihm geben viel Gut und Geld:
He, ein guldene Ketten feste.

Und wie sie kamen zu dem Meer,
Da haben die Schweizer Galeeren gesehn,
Sie sitzen daneben nieder:
„Hend wir was gutes gehan im Vaterland,
He, auf dem Meer wirds uns eintreiben."

Und wie der Hauptmann die Red vernahm,
Und er zu den Soldaten sprach,
Zu denen Schweizerknaben:
„Wir sind versorgt mit Speis und Trank,
He, kein Hunger müssen wir haben."

Und wie sie kamen in die Stadt Morea,
Dort wollten sie ihr Lager han,
Dort hend sie ihre Lager:
„Wenn der Bluthund das vernehmen tut,
He, er wird uns bald Antwort geben."

Es stund nicht mehr denn ein Monat an,
Dem Türken wurd es kundgetan,
Es wären Christen vorhanden,
Es wären da viel tausend Mann,
He, so fern aus fremden Landen.

Der Türk, der schickt ein Boten dar,
Ob sie wollten die Stadt Morea han?
Sie sollten Antwort geben,
So woll er ziehn mit ihnen ins Feld,
He, kost manchem Schweizer sein Leben.

Und wie die Christen das vernahmen,
Und sie je länger, je kecker waren,
Sie brüllten wie die Löwen:
„Hilf Jesu Christ, wir bitten dich,
He, wie heut tut der Bluthund dräuen."

Sie laufen Sturm ein halben Tag,
Der Hauptmann zu den Soldaten sprach:
„Seid ihr doch nicht erschrocken,
Ruft heut nur Gottes Namen an,
Euere Sünd wird euch nachgelassen."

Und da sie kamen in Stadt Weißenburg,
Der Türk mit feurigen Kugeln schoß,

Er wollt die Christen dämmen,
Er grub wohl unter dem Boden durch,
He, in die Luft wollt er sie sprengen.

Von Weißenburg eine weite Reis,
Der ein gut Gesell zum andern seit:
„Wie weit münd wir noch reisen?
Wir wollen ziehn zum heiligen Grab",
Der Hauptmann habs ihnen verheißen.

Konradin von Schwaben.

(Nach der Chronik der Hohenstaufen. S. 492.)

Als Konradin zu Jahren kam,
Eine schnelle Sach sich bald vernahm,
Er wollt sich männlich halten,
Alle Erbländer nehmen ein,
Die von den Eltern eigen sein,
Die wollt er frei verwalten.

Daß er sie frei und eigen hätt
Um Kriegsvolk tät er schreiben,
Im Königreich, Fürstentum und Städt,
Da soll niemand ausbleiben,
Sondern ihm treuen Beistand tun,
Bis er sein Heer zusammenbracht,
Hat er kein Rast und konnt nicht ruhn.

Als nun Papst Clemens solches vernahm,
Der Sache bald zuvor auch kam,
Tät auch ein Kriegsheer verschreiben.
Und schrieb dem Grafen Karl gleich,
Dem Bruder des Königs in Frankenreich,
Er sollte nicht ausbleiben,
Sondern Konrad wehren tun,
Und alle Päß verlegen.
Graf Karl täts alsbald nun,
Er zog ihm stracks entgegen,
Und machte durch Verräterei,
Daß er Neapel genommen ein,
Eh Konradin noch kam herbei.

Karl der schicket aus gar viel
Verräter in geheimer Still,
Sie sollten Sperl einnehmen,
Denn Karl ließ gar viel darauf gehn,

In Papstes Namen ists geschehn,
Den Konradin zu dämmen;
Der Papst verhieß ihm großes Gut,
Wenn er ihn möcht bestreiten,
Derhalben hielt er gute Hut,
Er ließ groß Gut erbieten,
So die Verräterei gemacht,
Die Steg und Weg daselbst er wußt,
Da rückt er bei in tiefer Nacht.

Konradin mit seinem Heer
Auf die Nacht da einkehrt.
Zu morgens wollt er rücken
Ja ins Königreich Neapel ein!
Ließ ausrufen mit heller Stimm,
Sein Red wollt er nicht zucken,
Eh müß ihm drauf gehn Leib und Gut,
Er wolle es drauf setzen! –
Die Landsknecht sind nun wohlgemut:
Die Reis soll uns ergötzen!
Sie konnten sich nicht rüsten mehr,
Hineinzurücken in das Land,
Als schon der Feind vorhanden wär.

Nun höret zu, wie es erging,
Als sich der Schimpf mit Ernst anfing,
Die Schanz ward hastlich übersehen.
Konradin hat gesiegt im Anfang,
Da über die Beut die Ordnung sank,
Da war der Schaden geschehen,
Sie waren übereilet schon
Von ihrem Gegenteile,
Deshalb empfingen bösen Lohn,
Ihre Haut war ihnen feile,
Der Vorteil übergeben ward,
Das Spiel, das war verloren schon,
Vermißt ward ihnen hier die Kron.

Es kostet manchen stolzen Mann,
Der seine Haut wollt rücken dran,
Zu retten seinen Herren,
Und ihm ein treuen Beistand tun
In Nöten gänzlich nicht verloren,
Mit Tapferkeit zu wehren.
Es konnt damit doch nichts mehr sein,
Sie waren überlänget,
Der Feind drang bald auf sie herein,

Daß sie wurden zerdränget,
Noch dennoch war ihr Herz so gut,
Eh einer seinen Herrn lassen wollt,
Vergossen sie ihr eigen Blut.

O Jammer über Jammersnot,
Wie viel der Kriegsleut blieben tot,
Noch dennoch ward gefangen
Ihr Herr, für den sie Gut und Blut
Daran gesetzt aus freiem Mut,
Der muß nun von hindannen
Mit einem Herzog zu Österreich,
Friedrich ward er genennet,
Sie wurden beid hinweg zugleich
Geführet unzertrennet,
In die Hauptstadt, die ward genannt
Neapel von dem Königreich,
Gefangen saßens in ihrem Land.

Als Konradin gefangen war,
Wurd er gehalten grausam hart,
Mitsamt dem Herzog Friedrich,
Verspottet, jämmerlich traktiert,
Zu einem Schauspiel umgeführt,
Und was man konnt erdichten. –
Den vorgen Tag der Held ging zu
Durch Berg und Tal mit glänzendem Heer;
Der Papst hat weder Rast noch Ruh,
Vor Neid konnt er nicht warten mehr,
Aus eitel Gift und grimmen Zorn
Gab er Befehl, daß man sollt schnell
Mit ihnen zum Gericht fortfahrn.

Man führt herfür die Fürsten beid,
Wer hat gesehen solches Leid
Bei Denken aller Zeiten,
Da auf die Walstadt, die da war
Bereitet ihnen also bar,
Öffentlich vor allen Leuten,
Man schlug ihnen beiden ihr Häupter ab,
Da war gar kein Erbarmen,
Es mußt daran der junge Knab
Mit seinen schneeweißen Armen,
Als er alt war sechzehn Jahr,
Durch den Papst Clemens den vierten
Ist das geschehen offenbar.

Der alte Landsknecht.

(Fliegendes Blatt.)

Wohl auf ihr Landsknecht alle,
Seid fröhlich, seid guter Ding,
Wir loben Gott den Herren
Dazu den edlen Köning,
Er legt uns ein gewaltigen Haufen ins Feld,
Es soll kein Landsknecht trauern um Geld,
Er will uns ehrlich lohnen
Mit Stübern und Sonnenkronen.

Der Herzog aus Burgunde,
Derselbig treulose Mann,
Wollt uns den edlen Franzosen
Schändlich verraten han,
Das schaffet Gott durch seine Güt,
Gott woll uns den edlen König behüt,
Er ist ein edler Herre,
Wir dienen ihm allzeit gerne.

Beim Bauern muß ich dreschen
Und essen saure Milch,
Beim König trag ich volle Fleschen,
Beim Bauern ein groben Zwilch,
Beim König tret ich ganz tapfer ins Feld,
Zieh daher als ein freier Held,
Zerhauen und zerschnitten,
Nach adeligen Sitten.

Es soll kein Landsknecht garten
Vor eines Bauern Haus,
Denn er muß rotten und harken,
Daß ihm der Schweiß bricht aus,
Dazu das Mark in seim Gebein;
Viel lieber dient ich dem König allein,
Denn einem reichen Bauern,
Er gibt uns das Geld mit Trauern.

Der uns dies neue Liedlein sang,
Von neuem gesungen hat,
Das hat getan ein Landsknecht gut,
Ist gelegen vor mancher Stadt,
In mancher Feldschlacht ist er gewesen,
In vielen Stürmen hat er genesen,
Dem edlen König zu Ehren,
Sein Lob ist weit und ferne.

Henneke Knecht.

(Baringii descriptio salae principatus Calemb. Lemgo 1744. II. 153.)

„Henneke Knecht, was willst du tun,
Willst du verdienen dein alten Lohn,
Über Sommer bei mir bleiben,
Ich geb dir ein Paar neue Schuh,
Den Pflug kannst du wohl treiben."

Henneke sprach ein trotzig Wort,
„Ich will keim Bauern dienen fort,
Solcher Arbeit will ich trutzen,
Ich will mich geben auf die See,
Des hab ich größern Nutzen."

Das Weib sprach auch ein hastig Wort:
„Wie bist du Kerl auch so betört,
Willst du ein Schiffmann werden,
Hacken, reiten ist dein Art
Und pflügen in der Erden."

Henneke ward bei sich selbst zu Rat,
Er kauft für seinen Habersack
Ein Armbrust, gut von Preise,
Kurz Kleider läßt sich messen an,
Recht nach der Krieger Weise.

Er nahm die Armbrust auf den Nack,
Den Köcher er im Gürtel stach,
Das Schwert an seine Seite,
So ging er dann mit Sack und Pack,
Nach Bremen tät er schreiten.

Als Henneke nach Bremen kam,
Tät er vor einem Schiffer stahn,
Sprach: „Schiffer, lieber Herre,
Wollt ihr mich wohl zum Schiffmann han,
Für einen Ruderere?"

„Ich will dich gerne nehmen an,
Kannst du als Schiffknecht mir bestahn,
Wohl recht an Schiffes Borde,
Ich hör an deinen Worten wohl,
Du bist von Bauern Arte."

Henneke schwor einen teuren Eid:
„Kein anderer Kerl ist weit und breit
Zu allem Tun und Sachen;

Ich bin in meinem Mut so frei,
Recht als ein wilder Drachen."

Da Henneke Knecht kam auf die See,
Stand er als ein verzagtes Reh,
Kein Wort konnt er nicht sprechen,
Er dachte hin, er dachte her,
Sein Herz wollt ihm zerbrechen.

Er lehnt sein Haupt an Schiffesbord,
Ein Armes lang sprach er ein Wort,
Wohl zu derselben Stunden:
„Was mir das Weib vorhergesagt,
Das hab ich nun gefunden."

Der Wind, der weht, der Hahn, der kräht,
Das Wetter, das war gar unstet,
Das Meer ganz ungeheure,
„Hätt ich den Pflug in meiner Hand,
Dem wollt ich wohl bald steuren.

Ist denn nun niemand hier bekannt,
Der mich bringt in das Sachsenland,
Wohl zwischen Deister und Leine,
Wohl zu des edlen Fürsten Haus,
Das Haus zum Lauensteine?

Auch ist nun hier niemand bekannt,
Der mich bringt ins Braunschweiger Land,
Ich will ihn wohl belohnen,
Ich will ihm geben mein Habersack,
Dazu ein Scheffel Bohnen."

Der uns das Liedchen hat erdacht,
Hat Henneken von der See gebracht,
Daß ihn die Läus nicht fressen,
Er warnt auch all Gesellen gut,
Daß ihr nicht seid vermessen.

Zwei Schelme.

(Fliegende Blätter.)

Es trägt ein Jäger ein grünen Hut,
Er trägt drei Federn auf seinem Hut,
Juchhei, rassei! Hesasa, faldrida!
Er trägt drei Federn auf seinem Hut.

Die eine war mit Gold beschlagen,
Das kann ein jeder Jäger tragen:
Juchhei usw.

Der Jäger der jagt ein wildes Schwein
Bei Nacht, bei Tag, bei Mondenschein:
Juchhei usw.

Er jagt über Berg und tiefe Strauß,
Er jagt ein schwarzbraunes Mädel heraus:
Juchhei usw.

Wonaus, wohin, du wildes Tier,
Ich bin ein Jäger und fang dich schier?
Juchhei usw.

Du bist ein Jäger und fängst mich nicht,
Du kennst meine krumme Sprünglein noch nicht:
Juchhei usw.

Deine krumme Sprünge kenn ich gar wohl,
Leid ists mir, daß ich dich fangen soll:
Juchhei usw.

Er warf ihr das Bändlein an den Arm,
Jetzt bin ich gefangen, daß Gott erbarm:
Juchhei usw.

Er nahm sie bei ihrem roten Rock,
Er schwang sie hinter sich auf sein Roß:
Juchhei usw.

Er ritt vor seiner Frau Mutter Haus,
Frau Mutter schaute zum Fenster hinaus
Juchhei usw.

Sei mir willkommen, o Sohne mein,
Was bringst du für ein wildes Schwein:
Juchhei usw.

Frau Mutter, es ist kein wildes Schwein,
Es ist ein zartes Jungfräuelein:
Juchhei usw.

Ist es ein zartes Jungfräuelein,
So soll sie mir willkommen sein.
Juchhei usw.

Sie setzt das Jungfräulein an den Tisch,
Sie trug ihr auf gut Wildbret und Fisch:
Juchhei usw.

Sie trug ihr auf den besten Wein,
Das Jungfräulein wollt nicht fröhlich sein:
Juchhei usw.

Ei iß und trink, gehab dich wohl,
Du darfst nicht sorgen, wers zahlen soll:
Juchhei usw.

Ders zahlen soll, und der bin ich,
Ich hab kein lieberes Schätzel als dich:
Juchhei usw.

Eur Herzallerliebste will ich nicht sein,
Ich bin des Edelmanns Töchterlein:
Juchhei usw.

Und bist du des Edelmanns Töchterlein,
So sollst du mir des lieber sein:
Juchhei usw.

Er führt sie wohl vor des Goldschmieds Haus,
Der Goldschmied schaut zum Fenster hinaus:
Juchhei usw.

Ach allerliebster Goldschmied mein,
Schmied meinem Schatz ein Ringelein:
Juchhei usw.

Schmied ihr den Ring an die linke Hand,
Ich nehm sie mit ins fremde Land:
Juchhei usw.

Ins fremde Land da will ich nicht,
Du bist ein Schalk, ich trau dir nicht,
Juchhei usw.

Sie gingen miteinander den Berg hinauf,
Er setzte sie nieder an einem Baum:
Juchhei usw.

Er bricht herab einen grünen Zweig,
Und machet das Mädel zu seinem Weib:
Juchhei usw.

Da lachet das Mädel so sehr vermessen:
Ach edler Jäger, eins hab ich vergessen:
Juchhei usw.

Wenn mich mein Mutter nun jaget hinaus,
Wo lag denn deiner Frau Mutter ihr Haus.
Juchhei usw.

Der Mutter ihr Haus steht unten am Rhein,
Es ist gebauet von Marmelstein:
Juchhei usw.

Es hat weder Weg, es hat weder Steg,
Feins Mädel, scher dich deiner Weg:
Juchhei usw.

Ich bin ein Schelm, du traust mir nicht,
Du bist nicht ehrlich, ich werf auf dich:
Juchhei usw.

Als sie ein Stück Wegs hinaus kommt gegangen,
Ihr Mutter begegnet ihr mit der Stangen:
Juchhei usw.

Wo bist du gewesen, du faule Haut,
Du bist wohl gewesen des Jägers Braut:
Juchhei usw.

Wenn andre Mädchen zu Tanz gehn und springen
Du mußt bei der Wiege stehn und singen:
Juchhei usw.

Man singt bei Met und kühlem Wein,
Wohl von dem zarten Kindelein:
Juchhei usw.

Schlaf ein, schlaf ein feins Kindlein mein,
Wo wird wohl dein Vater, der Jäger, sein?
Juchhei, Rassei! Hesasa, faldrida!
Im Elsaß da wirst du ihn finden.

Der Bayrische Hiesel.

(Fliegende Blätter.)

„Ei, du mein liebe Thresel,
Ich bin nun wieder da,
Zu Nacht sollst mich behalten,
Gelt schlag mirs nicht ab.“

„Ei, Bayrischer Matthiesel
Zieh aus deinen Rock,
Setz dich ein Weil nieder,
Bis ich dir was koch.“

„Ei, du mein liebe Thresel,
Es hungert mich nicht,
Ich bin gar weit gangen,
Darum bin ich müd.“

„Warum bist du gangen
Und bist allzu müd?“
„Drei Hirsch hab ich schossen,
Die hab ich bei mir.“

„Ei, sollt dich nicht hungern,
Ei, durstet dich nicht?“
„Mein Hund hält die Wache,
Das Best ihm zuricht.“

„Ei, Bayerischer Matthiesel,
Zieh aus deine Schuh,
Leg dich ein Weile nieder
Und deck dich warm zu.“

„Ei, du mein liebe Thresel,
Allein kanns nicht sein,
Wenn ich im Bette liege,
Mußt auch bei mir sein.“

„Wenn die Kuh ist gemolken,
Die Milch ist geseiht,
So will ich schon kommen,
Da ist es noch Zeit.“

Sie schliefen zusammen
Die zeitlange Nacht,
Bis daß manch schön Hirschlein
Am Fenster rum grast.

„Ei, Thresel sollst aufstehn,
Bring Krapfen heraus,
Zwölf Jäger sind draußen
Geschwind mach uns auf.“

„Ei, meine liebe Jäger,
Euch laß ich nicht ein,
Ich tu mich stets fürchten
Und bin ganz allein.“

„Ei, du mein liebe Thresel,
Du führst uns nur blind,
Dein Bayrischer Matthiesel
Ist auch bei dir drin.“

„Ei Bayrischer Matthiesel,
Du kunstreicher Kund,
Zwölf Jäger sind draußen
Und drei große Hund.“

„Ei, du mein liebe Thresel,
Laß mir sie herein,
Ich tu mich nicht fürchten,
Wenns noch soviel sein.“

„Ei, Bayrischer Matthiesel,
Zieh an deinen Rock,
Du mußt mit uns nun gehen
In Graftilands Schloß.“

„Und eh ich mit euch gehe,
Mein Leben ich wag,
Hab noch fünfzig Gulden,
Die geb ich euch dann.“

„Ja deine fünfzig Gulden,
Die sind uns schon recht,
Die wollen wir kriegen,
Und wärs noch viel mehr.“

„Ei, meine liebe Jäger,
Noch eins ich nur frag,
Ob ich wohl im Heimgehn
Ein Gemslein mir jag?

Ei, ihr meine liebe Jäger,
Jetzt geht es zum Schluß,
Gehn wir nicht zusammen
So gibts kein Verdruß.“

Sechs Jäger sind draußen,
Sechs Jäger sind drin,
Sechs hat er geschossen,
Sechs laufen davon.

Der Hund tät sie fangen,
Sie fallen aufs Knie.
Die Thresel tut bitten:
„Die tun dirs wohl nie!“

„Ei, Bayrischer Matthiesel,
Das Leben uns schenk,
Wir tragen dir die Hirsche
So weit du gedenkst.“

Trotz Jäger auf Almen,
Merkt, grün ist mein Hut,
Drauf Schildbahnenfedern
Und Gemsbart mit Blut.

Ikarus.

(Mitgeteilt, wahrscheinlich nicht sehr alt.)

Mir träumt, ich flög gar bange
Wohl in die Welt hinaus,
Zu Straßburg durch alle Gassen
Bis vor Feinsliebchens Haus.

Feinsliebchen ist betrübt,
Als ich so flieg und rennt:
Wer dich so fliegen lehrt,
Das ist der böse Feind.

Feinsliebchen, was hilft hier lügen,
Da du doch alles weißt,
Wer mich so fliegen lehrt,
Das ist der böse Geist.

Feinsliebchen weint und schreiet,
Daß ich vom Schrei erwacht,
Da saß ich ach! in Augsburg
Gefangen auf der Wacht.

Und morgen muß ich hangen,
Feinslieb mich nicht mehr ruft,
Wohl morgen als ein Vogel
Schwank ich in freier Luft.

Ruhe in Gotteshand.

(Procopii Mariale festivale, p. 120.)

Gleich wie des Noah Täubelein
Ihr Füßlein nicht wollt sudeln ein,
Im Letten dieser Welt; –
Sie floh dem Patriarchen zu,
In seiner Hand da fand sie Ruh,
Sonst nirgends in dem Feld, –
Also in diesem Sündenland,
Maria stund in Gottes Hand,
Der Feind erjagt sie nicht,
Ihr Leib und Seel wohl angeführt,
Zum Bösen keine Neigung spürt,
Sieh an ihr Angesicht.

Wieben Peter

(Dithmarsische Chronik, 1539, S. 209.)

Will jy hören en nie Gedicht,
Wat kortelich is utgericht,
Darvan will ich jy singen,
En Mann is Wieben Peter genandt,
De Dithmarscher wolde he dwingen.

He tög wol ut sin Vaterland,
Darup het he gerovet und gebrant,
Mit Gewalt veel Gudes genahmen,
Etliche gefangen und weggeföhrt,
Is nu to Utdracht kamen.

He hefft sick Hans Pommerening genannt,
Hefft Schaepfstette sulvest abgebrannt,
Mit sienen Broder und Knechten,
Dat wareden de Acht and Vertig gewahr,
De Sacke müßte he verfechten.

Darna wart he gefangen szon,
Dat man em szolde geven sin Lohn,
Na sinen Verdenst und Rechte,
To Rendsburg ward he gefunden loß
Van adelichem Geschlechte.

Idt wahrde nicht gar lange Tyd
Tög he in dütschen Lande wit
Na Carol dem Römischen Kaiser,
Umme sine Mandata to hahlen dar,
Unglück war sine Reise.

Den Acht und Vertig is Badeschop gekommen,
Wieben Peter hedde Knechte angenohmen
To Jevern in Frehen Lande,
Darmit wolde he up de Dithmarscher nehmen,
Und don enen weh und bange.

Upenen Sonnavent edt it geschah,
De was van Hemmelfartsdag,
Her Höwetmann hebben se kohren
Bohles Johann en frammen Mann,
De Schantze wolde he wohren.

Rode Reimar, Klaus Fake, sin ock erwählt,
Reinhold Gerdt en frammer Held,
Dad beste deden se raden,

Se segelden all ut gegen de Flot,
To hilligen Lande kemen se drade.

Se hedden en Schipken rüstet ut
Mit Viktualien en büssen Krüt,
Mit Speisen und grote Geschütte,
En Jagteken, dat was darmit,
Dat wart en ock wohl nütte.

Se segelten to hillige Land langst dat Klieff,
Dar Wiebe Peters opstahnde blief,
Dat dehde em doch ken baten,
Johann sin Broder was darby,
De moste dar sin Levend laten.

Se lepen dar frischlich an dat Land,
Wieben Peters twe Baten ut gesandt,
De höret Lüde to stühren,
De ene was Vaget, de ander Pastor
Des Name het Herr Lüder.

He wolde sick gern gefangen geven,
Wolden se em fristen sin junge Leven,
Und nehmen em gefangen,
Wol up des löfligen Königs Recht,
Darnach stand sein Verlangen.

Bohles Johann sprack altohand:
De Dithmarscher hebben my ut gesandt,
He schall sich fangen geven,
Hefft he den Kopmann ken Leed gedahn,
Fristen schall he sin Leven.

Hänschen wol to Peter sprack:
Ik fürchte alhier grot Ungemack,
Ach Peter gif dy gefangen.
Peter hof up sinne witte Hand
Schleg Hänschen by de Wangen.

He settede de Kanne vär sinen Mund,
He drunk se ut bet up den Grund,
Ehn Fähnlin he so drahde,
Dar to en Schwerd umb Hövet schwank,
Hedde men de Spisse to bade.

De Dithmarscher lepen an dat Klieff
Wieben Peter mit Hansen bestande blief,
Dat dehte em keen baten,
Twen andern Gesellen waren ock darby,
Ehr Leven mosten se laten.

Do hefft he man veer Schöte gedan,
Darmet is he na der Kerken gahn,
  Den Böhne hefft he erkaren
Mit sinen Bruder und Knechten dar,
  Sin Leven hefft he verlahren.

Dat Scheten wahret en gantze Stund
Wol in der Kerken to hillige Land,
  Ener ward gefangen nahmen,
Värt gantze Land ward he geföhrt,
  Is em to Unfall gekamen.

De Acht und vertig schleten en Rat,
Wegen der dreer doden drad,
  Wo men et damit scholde macken,
Wieben Peters scholde up en Rad,
  Syn Hövet openen Stacken.

De uns dat nie Liedlein sang,
Reinhold Junge is he genannt,
  He hefft idt gar schön gesungen,
He was van twintig Jahre oldt
  Den Rey hefft he gesprungen.

Jarren Reimer de was daby,
Reinhold Junge de sprach het fry,
  Se hebben idt gar wohl gesungen,
Se drunken vel lever guth Beer efte Win,
  Denn Water ut den Brunnen.

Zugvögel.

(Procopii Mariale Festivale. p. 448.)

Ach wie so schön, wie hübsch und fein
Sind deine Tritt Maria rein
In deinem Schühlein leis dahin,
Ach Jungfrau, was hast du im Sinn?
Du weißt, was unterm Herzen tragst,
Mich wundert, wie du eilen magst?
„Hör mich nun an, du frommes Weib,
Ich trag in meinem reinen Leib,
Ich trag in mir das ewge Wort,
Beschwert mich nicht, ja hilft mich fort;
Gleich wie die Federn dem Vögelein
Nicht hinderlich, nein hilflich sein,
Die Ruder keinem Schiff zur Last,

Nein treibens, daß es ohne Rast
Hinschwanket, schwebet ganz allein
Und bringt den Sohn des Herren heim."

Die Seeräuber.

(Quartalschrift für ältere Literatur. Leipzig, 1784. I. Q. S. 29.)

Störtebecker und Göde Michael,
Die raubten beide zu gleichem Teil
Zu Wasser und nicht zu Lande,
Bis daß es Gott vom Himmel verdroß,
Des mußten sie leiden große Schande.

Sie zogen vor den heidnischen Soldan,
Die Heiden wollten ein Wirtschaft han;
Seine Tochter wollt er beraten,
Sie rissn und splissen wie zwei wilde Tier,
Hamburger Bier trunken sie gerne.

Störtebecker, der sprach allzuhand:
Die Westsee ist mir wohl bekannt,
Das will ich uns wohl holen;
Die reichen Kaufleut von Hamburg
Die sollen das Gelag bezahlen.

Sie liefen ostwärts längst des Lick:
Hamburg, Hamburg, tu deinen Fleiß,
An uns kannst du nichts gewinnen,
Was wir auch wollen bei dir tun,
Das wolln wir bald beginnen.

Und das erhört ein schneller Bot,
Der war von klugem Rat,
Kam in Hamburg gelaufen,
Er fragte nach des ältsten Bürgermeistern Haus,
Den Rat fand er zu Hause.

„Ihr lieben Herrn all durch Gott,
Nehmt diese Red nicht auf für Spott,
Die ich euch will sagen,
Die Feinde liegen euch nahe bei,
Sie liegen am wilden Hafe.

Die Feinde liegen euch hart vor der Tür,
Des habt ihr edlen Herrn zweier Kür,
Sie liegen dar am Sande,
Laßt ihr sie wieder von hinnen ziehn,
Des habt ihr Hamburger Schande."

Der ältste Bürgermeister sprach allzuhand:
„Gut Gesell du bist uns unbekannt,
Worüber solln wir dir glauben?"
„Des sollt ihr edlen Herren tun,
Bei meinem treuen Eide.

Ihr sollet mich setzen auf das Vorkastel,
Bis daß ihr eure Feinde seht
Wohl zu derselben Stunde,
Und spüret ihr einigen Wankel an mir,
So senket mich zu Grunde."

Die Herrn von Hamburg zogen aus,
Sie gingen zu Segel mit der Flut,
Wohl nach dem neuen Werke,
Vor Nebel konnten sie nicht sehn,
So finster waren die Schwerken.

Die Schwerken brachen durch,
Die Wolken wurden klar,
Sie segelten fort und kamen dar,
Großen Preis wollten sie erwerben,
Störtebecker und Göde Michael mußten darinnen sterben.

Sie hatten einen Hulk mit Wein genommen,
Damit waren sie auf die Weser gekommen
Dem Kaufmann dar zuleide,
Sie wollten darmit in Flandern,
Sie mußten dar noch scheiden.

Hört auf Geselle, trinket nun nicht mehr,
Dort laufen drei Schiffe in jener See,
Uns grauet vor den Hamburger Knechten,
Kommen uns die von Hamburg an Bord,
Mit ihnen müssen wir fechten.

Sie brachten die Büchsen an den Bord,
Zu allem Schießen gingen sie fort,
Da hört man die Büchsen klingen;
Da sah man so manchen stolzen Held
Sein Leben zu Ende bringen.

Sie schlugen sich drei Tag und auch drei Nacht,
Hamburg dir ist ein Böses gedacht
All zu derselben Stunde,
Das uns ist lang zuvor gesagt,
Das kommen wir hie zu Funde.

Die bunte Kuh aus Flandern kam,
Wie bald sie das Gerücht vernahm,

Mit ihren starken Hörnern,
Sie ging sich brausen durch die See,
Den Hulk wollte sie verstören.

Der Schiffer sprach zu dem Steurmann,
Treib auf das Ruder zum Steurbord an,
So bleibt der Hulk bei dem Winde,
Wir wollen ihn laufen sein Vorkastel entzwei,
Das soll er wohl empfinden.

Sie liefen ihm sein Vorkastel entzwei.
„Traun", sprach sich Göde Michael,
„Die Zeit ist nun gekommen,
Daß wir müssen fechten um unser beider Leib,
Es mag uns schaden oder frommen."

Störtebecker sprach sich allzuhand:
„Ihr Herrn von Hamburg tut uns kein Gewalt,
Wir wollen euch das Gut aufgeben,
Wollt ihr uns stehen für Leib und Gestalt
Und fristen unser junges Leben?"

„Ja, traun", sprach sich Herr Simon von Utrecht,
„Gebet euch gefangen auf ein Recht,
Laßt euch das nicht verdrießen,
Habt ihr dem Kaufmann kein Leid getan,
So werdet ihrs wohl genießen."

Da sie gegen die Richtstatt kamen,
Nicht viel Gutes sie da vernahmen,
Sie sahn die Köpfe stecken.
„Ihr Herren, das sind unsere Mitkompans!"
So sprach sich Störtebecker.

Sie wurden zu Hamburg in die Haft gebracht,
Sie saßen nicht länger als eine Nacht,
Wohl zu derselben Stunde,
Ihr Tod wurd also sehr beklagt,
Von Frauen und Juungfrauen.

„Ihr Herrn von Hamburg wir bitten um eine Bitt,
Die wollt ihr uns versagen nicht,
Und mag euch auch nicht schaden,
Daß wir mögen den Trauerberg
Angehn in unserm besten Gewande."

Die Herrn von Hamburg täten ihn die Ehr,
Sie ließen ihn Pfeifen und Trommeln vorgehn,

Sie hättens wohl lieber entbehret,
Ja wären sie wieder in der Heidenschaft gewest,
Sie wären nicht wiederkehret.

Der Scharfrichter hieß sich Rosenfeld,
Er haute so manchen stolzen Held
Mit einem frischen Mute,
Er stund mit seinen geschnürten Schuhen
Zu den Enkeln in dem Blute.

Hamburg, Hamburg, des geb ich dir den Preis,
Die Seeräuber waren nie so weis,
Um deinetwillen mußten sie sterben,
Das magst du von Gold ein Krone tragn,
Den Preis hast du erworben.

Inschrift.

(Procopii Mariale Festivale.)

Hör mich du arme Pilgerin,
Die zu Wallfahrten hast den Sinn,
Nicht wollest du vorüber gehen,
Bei diesem Bilde bleibe stehen,
Erfrisch allhier die müden Füß,
Maria hier die Mutter süß
Ganz ruhig stehet und wartet,
Ob du bist gut geartet.

Hast du ihr nichts zu geben mehr,
Laß ihr nur eine fromme Zähr,
Tu sie mit nassen Augen
Ganz sinniglich anschauen,
Ohn Zweifel wirds ihr lieber sein,
Denn Silber, Gold und Edelstein,
Sie wird die Treue haben,
Dich wieder zu begaben.

Hans Steutlinger.

(Eingesandt.)

Was wollen wir singen und heben an,
Von einem Hans Steutlinger,

Hat aus dem Adel geheiratet,
Hat geheirat ein adlige Frau.

„Ei, Knechte, lieber Knechte mein,
Sattel mir und dir zwei Pferd,
Gen Freiburg wollen wir reiten,
Gen Offenburg haben wir guten Weg.“

Und da ich in Freiburg eine kam,
Fürs jungen Herrn Friedrich sein Haus,
Da schaute der junge Herr Friederich
Zum obern Fenster heraus.

„Hans Steutlinger, lieber Hans Steutlinger,
Kommt zu mir jetzt herein,
Steigt ab jetzt von euerem Sattel,
Helft essen die wildesten Schwein.“

„Vom Sattel will ich wohl steigen,
Will treten auch zu euch hinein,
Wenn ihr mir wollet verheißen,
Daß ich kein Gefangner mehr sei.“

Sie gaben dem Hans Steutlinger gute Wort,
Bis sie ihn brachten oben an Tisch:
„Ei, iß und trink Hans Steutlinger,
Dein Leben wird nimmermehr frisch.“

„Wie kann ich essen und trinken,
Wie kann ich nur fröhlich sein,
Mein Herz mögt mir versinken
Beim Met und beim kühlsten Wein.“

„Hans Steutlinger, wem vermacht ihr euer Weib?“
„Ich vermach sie dem lieben Herrn Friederich,
Dem vermach ich ihren untreuen Leib,
Der sieht sie viel lieber noch als ich.“

„Hans Steutlinger, lieber Hans Steutlinger,
Wem vermacht ihr eure Kind?“
„Ich vermach sie dem lieben Gott selber,
Der weiß am besten, wem sie sind.“

„Hans Steutlinger, lieber Hans Steutlinger,
Wem vermachet ihr euer Gut?“
„Ich vermachs den armen Leuten,
Die Reichen haben selber genug.“

Der Maria Geburt.

(Procopii Mariale Festivale I, S. 288.)

Gleich wie die lieb Waldvögelein,
Mit ihren Stimmen groß und klein
Frühmorgens lieblich singen,
Sobald anbricht die Morgenröt,
Wenns purpurfarb am Himmel steht,
In Berg und Tal sie klingen.

Also ihr Menschen kommt herbei,
Laßt hören eure Melodei,
Das Kindelein zu grüßen.
Heut fröhlich sein Geburtstag fällt,
Sankt Anna bringt es auf die Welt,
Es lasset euch genießen.

Die Morgenröt so kühl und naß,
Die schönen Blumen, Laub und Gras
Sich alle freundlich neigen,
Weil dieses Kind mit Gütigkeit
Erquicket ihre Mattigkeit,
Sie ihren Dank so zeigen.

Also, weil wie der Morgentau,
Heut aufgeht unsre liebe Frau
Zum Trost der armen Seelen,
In Demut grüß sie jedermann,
Denn sie ists, die uns trösten kann
In aller Trauer Quälen.

Von dem Hammen von Reistett, wie ihn der Peter von Zeitenen gefangen hat.

(Altes fliegendes Blatt von H. P. Gräter.)

An einem Montag es geschah,
Daß man Hammen von Reistett reiten sah,
Durch einen grünen Walde,
Peter von Zeitenen begegnet ihm balde.

Alsbald er Junker Hammen ersah:
„Ja Hammen, Gott geb dir ein guten Tag,
Und einen guten Morgen,
Du reitest in großen Sorgen.

Hammen gib dich willig darein,
Deren von Ulm mußt du Gefangner sein,

Wolltest mir mein Hütlein rucken,
Das dein will ich dir zucken."

„Peter, wenn es nicht anders mag sein,
So bitt ich dich durch den Adel mein,
Zieh aus dein scharfen Degen,
Nimm mir mein edles Leben."

„Hammen, das tu ich nicht,
Dein edles Leben nehm ich nicht,
Ich will dich weder hauen noch stechen,
Die von Ulm müssen mich rächen."

Sie banden ihm Händ, sie banden ihm Füß,
Und warfen ihn auf ein hohes Roß,
Und eilten mit ihm sehre,
Sie furchten viel Landsherren.

Dem Fräulein von Österreich kam die Mär,
Wie Hammen zu Ulm gefangen leg,
Es wollt nicht länger beiten,
Gen Ulm wollt sie bald reiten.

Da sie gen Ulm eine reit,
Der Bürgermeister ihr entgegenschreit:
„Nach adeligen Sitten
Werd ihr für Hammen bitten?"

Das Fräulein auf das Rathaus trat,
Der Bürgermeister neben ihr saß,
Ihr seid meine gnäd'gen Herren,
Das Fräulein sollet ihr ehren.

Dem Fräulein ward all ihr Bitt verziehen,
Es blieb der ganze Rat verschwiegen,
Das Urteil ward gegeben,
Daß Hammen nicht blieb am Leben.

Das Fräulein auf zum Turme trat:
„Ach Hammen, Gott geb dir einen guten Tag,
Und einen guten Morgen,
Du liegst in großen Sorgen.

Hammen, gib dich willig darein,
Es geht dir an das junge Leben dein,
Ich bin vor den Rat getreten,
Und hab für dich gebeten."

„Genade mir, Frau von Österreich,
Der werte Gott vom Himmelreich

Bewahr euch eure Ehre,
Euch und andern Fräulein mehre.

Ich bitt euch also fleißiglich,
Betet für mich, daß man mich
Laß einmauern, so will ich schließen
Mein Leben dann mit Büßen."

Das Fräulein die Red vor die Herren bracht,
Das Fräulein ward von ihnen veracht,
Kein Gnad mocht sie erwerben:
Jungherr Hammen muß sterben.

Da man Hammen aus den Turme führt,
Man legt ihm an einen grauen Rock,
Man zog ihm aus seine Schuhe,
Seine Sünd taten ihm sehr reuen.

Da Hammen vor des Herrn Marterbild kam,
Nun höret zu, was Hammen sprach,
Er fiel nieder auf seine Knie,
Er bat die Gemein, daß man ihm verziehe.

„Meister laß mir wohl derweil,
Meister ihr sollt mich nicht übereiln,
Ich will euch ritterlich halten,
Den werten Gott lasset walten!"

Da man Hammen sein Haupt abschlug,
Bald man ihn zu einem Borne trug,
Man legt ihn dahin mit Fleiße
In zwei Leilachen waren weiße.

Man legt ihn auf einen hangenden Wagen,
Man tat ihn zu seinen drei Schwestern tragen,
Durch einen grünen Walde,
Zu seinen drei Schwestern balde.

Die jüngste Schwester das vernahm,
Daß da ihr toter Bruder kam,
In einer kurzen Stunden
Dreimal war ihr geschwunden.

„Ihr Herren von Ulm, wie ist euch so gach,
Fürchtet ihr nicht noch größre Schmach,
Die euch daraus möcht kommen,
Über euch und eure Frommen.

Ihr Herren wisset, was das bedeut,
Das Kindlein in der Wiegen leit,

Das noch keiin Wort kann sprechen,
Sein Vater, den muß es rächen."

Maria, Gnadenmutter zu Freiberg.

Wunderschön Prächtige,
Große und Mächtige,
Liebreich holdselige, himmlische Frau,
Welcher auf ewiglich,
Kindlich verbinde mich,
Ja mit Leib und Seel gänzlich vertrau.
Billig mein Leben,
Alles beineben,
Alles, ja alles, was immer ich bin,
Geb ich mit Freuden, Maria, dir hin.

Weil du ganz makellos
Hat Gott dich Gnadenros,
Der himmlisch Vater sein Tochter genannt,
Ja auch der göttlich Sohn,
In seinem höchsten Thron
Sich zu dir, dich als Mutter bekannt,
Endlich die Ehren
Noch zu vermehren
Als dir als seiner erwählten Braut,
Heiliger Geist sich dir selber vertraut.

Die Sonn begleitet dich,
Es unterwirfet sich,
Zu deinen Füßen der silberne Mond,
Kein Unvollkommenheit
Mindert dein Herrlichkeit,
Um dein Haupt machen die Sterne ein Kron;
Alles was lebet,
Alles was schwebet,
Alles was Himmel und Erde schränkt ein,
Muß deiner Majestät untertan sein.

In diesem Jammertal
Seufzen wir allzumal,
Zu dir, o Jungfrau, in Elend und Not;
Maria du allein,
Wollst unsre Mutter sein,
Wenn die Seel scheidet vom Leibe der Tod,
Wenn wir hinreisen,
Tu uns erweisen

Gnad und Barmherzigkeit bei deinem Thron,
Bitt für uns Jesum dein göttlichen Sohn.

Von dem Schittensamen und seinem falschen Knechte
im Ton vom König Paris.
(Altes fliegendes Blatt.)

Was wollen wir aber singen?
Von einem Edelmann,
Wollt die von Nürnberg zwingen,
Doch ihm sein Kunst zerrann.
Schittensamen war er genannt,
Er hat die von Nürnberg oft griffen an,
Beraubt und auch gebrannt.

Zwar es war sein Ungewinn,
Er bekriegt sie wider Recht,
Was hatten die von Nürnberg im Sinn,
Sie dachten, es wird wohl schlecht,
Sechshundert Gulden boten sie feil,
Wer ihnen den Schittensamen brächt,
Daß er ihnen würde zuteil.

Der Schittensamen hätt einen Knecht,
Dem tats der Gulden Not,
Er diente seinem Herrn nit recht,
Er gab ihn in den Tod,
Davon ward ihm sein Säckel schwer,
Sein Herz war aller Untreu voll,
Und aller Frommheit leer.

Er nahm sich vor ein falschen Sinn,
Wie er den Dingen tät,
Er ging zu seinem Herren hin,
Hätt mit ihm heimlich Red:
„Ich weiß ein reichen Nürnberger Bauern,
So ihr dazu nun helfen wollt,
So wollen wir ihn erlauern."

Der Schittensamen hinwieder sprach:
„Wo sitzt der Bauer im Land?" –
„Er sitzt nit fern vom Nürnberger Wald."
Da spricht der Knecht zur Hand:
„All sein Gelegenheit weiß ich wohl,

Sechshundert Gulden muß er uns geben,
Wenn ich ihn bringen soll."

Der Schittensamen hinwieder spricht:
„Nun sind doch euer wohl drei,
Bringt ihr den Bauern in meine Gewalt,
Euer Teil ist auch dabei,
Ich reite nit gern so fern hinzu,
Wollt Ihrs zu Fuße wagen,
Mein Urlaub habt dazu."

Der untreu Knecht, der konnt sich regen,
Mit seiner Schalkheit groß,
Er sprach: „Herr, so reit uns entgegen,
Und gebt uns auch ein Los,
Nur ein halb Meil hinzu."
Der Schittensamen wieder sprach:
„Das will ich gerne tun."

Der ein Knecht nahm der Red sich an,
Er sprach, „ich weiß ein Rat,
Wir lassen ein Fräulein mit uns gahn,
Das bringt uns Wein und Brot,
Wenn uns der Bauer nicht käm bald,
Und wir die Nacht verziehen,
Und bleiben im Nürnberger Wald."

Sie nahmen ihr Spieß und auch ihr Wehr
Und zogen über Feld,
Der Schittensamen gab ihnen Weis und Lehr,
Er meint, es brächt ihm Geld.
Er wünscht ihnen allen Glück und Heil,
Er sprach, sie solltens frischlich wagen
Auf einen gleichen Teil.

Das Fräulein ließen sie mit gehn,
Bis daß sie Nürnberg sahen,
Sie setzten sich nieder und ruheten,
Die Glocken hörten sie schlagen,
Da war es in der neunten Stund,
Der Pfundstein zum Fräulein sprach
Aus seinem falschen Mund:

„Geh hin und bring uns Wein und Brot,
Daß wir uns des Hungers erwehren,
Würden uns des Bauern Gulden rot,
Wir wollten lang davon zehren,
Ich hofft der Bauer wird uns schier,

Ist dir der Frankenwein zu sauer,
So bring uns ein Malvasier.“

Das Fräulein hob sich aus dem Wald,
Wohl über Stock und Stauden,
Das Tor zu Nürnberg fand sie bald
Mit Laufen und mit Schnaufen.
Auf das Rathaus war ihr Gang,
Da sie den Bürgermeister fand,
Die Stadtknecht gingen ihr nach.

Sie sagt ihnen all Gelegenheit,
Sie führt sie auf ein Ort,
Der Bürgermeister war doch gescheit,
Er merkt auf ihre Wort,
Hält sich dennoch nicht ganz daran,
Denn Frauen List und Worte
Betrügen manchen Mann.

Doch macht er bald, daß es geschah,
In einer halben Stund,
Daß man wohl manchen Reiter sah,
Freudig von Herzensgrund,
Mit ihren Harnischen bekleidt,
Und was zum Dienst gehöret,
Das war gar bald bereit.

Sie ritten vor den grünen Wald
Hinaus die unverzagten Mann,
Drei Gesellen auf der Lauer bald,
Die griffen sie frischlichen an,
Zwei führten sie gen Nürnberg ein,
Ins Rathaus unter die Erden,
Da mußt ihr Herberg sein.

Den dritten setzt man auf ein Pferd,
Um ihn manch Reiter gut,
Er sollt ihnen zeigen Weg und Fährt,
Ihm folgt ein Hinterhut,
Ihr Harnisch war lauter und erklang,
Sie ritten durch manchen grünen Wald,
Da mancher Vogel in sang.

Sie ritten bis zum dritten Tag,
Eh daß sie kamen dar,
Sie hielten beieinander im Hag,
Niemand ward ihrer gewahr,
Bis daß sie sahen das Räuberschloß,

Sie zogen doch nit gar daran,
Sie stellten auf ihre Geschoß.

Der Knecht sich aus dem Sattel schwang,
Er ging des Wegs ein Teil;
Es gelang ihm auch, danach er rang,
Er entbot seinem Herrn in Eil,
Er sollt zu ihm reiten in den Wald,
Sie hätten ein Wildbret gefangen,
Die Müh wird ihm bald bezahlt.

Der Schittensamen nit anderst dacht,
Als er die Rede vernahm,
Er meint, sie hätten den Bauern gebracht,
Er wollte ihn machen zahm,
Drum ritt er ihnen entgegen bald,
Da fingen ihn die Nürnberger Reiter,
Die hielten auf ihn im Wald.

Da führten sie ihn gen Nürnberg ein,
Da schaute ihn mancher Mann,
Weiß nicht, wes sich die Herren besannen,
Sah einer den andern wohl an,
Schlechten Empfang hätt da Schittensam
Von einem Bürger, der hieß Löffelholze,
Der sprach: „Willkomm ins Teufelsnam."

Man führt ihn zu der Herberg sein,
Da mancher gefangen drin liegt,
Darin steht ein Kapelle fein,
Da man die Räuber in wiegt,
Darin da dehnet man ihm sein Haut,
Was er den von Nürnberg hätt getan,
Das saget er überlaut.

Danach führt man ihn vor Gericht
Und seiner Knecht wohl zween,
Es war ein böse Zuversicht,
Sie hörten die Urteil gehn,
Der Herr ward verurteilt in das Feuer,
Die Knecht die sollt man köpfen,
Das Lachen war ihnen teuer.

Das Leben ward ihnen abgesagt,
Es mocht nicht anders gesein,
Die Knecht traten dem Herrn voraus,
Bis zu dem Rabenstein,
Über ein Schwert vergossen sie ihr Blut,

Des auch der Schittensamen begehrte,
Es mochte ihm nicht werden zu gut.

Er ward in einem Feuer verbrennt,
Das weiß noch mancher Mann,
Darin da nahm sein Leben ein End,
Gott sehe sein Marter an,
Gott geb der Seel die ew'ge Ruh,
Darum ist das mein treuer Rat,
Daß niemand Unrecht tu.

Der uns das Liedlein neues sang,
Von Neuem gesungen hat,
Er hats geschickt einem weisen Rat
Zu Nürnberg in der Stadt,
Hans Kugler ist er genannt,
Er war ihr steter Diener,
Und dienet ihnen all zur Hand.

Das Prager Lied.

(1636.)

O allerschönstes Jesulein,
Du Pragerisches, lieb und klein,
Klein an Gestalt, groß in der Macht,
Wie in Erfahrnis schon gebracht.

Du Zierd des ganzen Erdenreich,
Mit deiner Hilf nicht von uns weich,
Weil du zu uns ankommen bist,
Demütig sei von uns gegrüßt.

Du kommst zu uns aus Böhmen Land,
Ach, mach dein Hilf auch hier bekannt,
Wir fallen dir zu Füßen all,
Dein Gnad uns zeige überall.

O allerschönstes Jesulein,
Wie konnt es denn doch möglich sein,
Daß man so wenig dich geacht,
So lang dich in Vergessung bracht?

Sieben Jahr dauerte dein Elend,
Zerbrochen wurden dir deine Händ,
Bis endlich deiner Gnaden Strahlen
Auf einen treuen Diener gefallen.

Der ohngefähr zu Prag ankam,
Und dein Abwesenheit wahrnahm;
Cyrillus war er genannt,
Dem deine Gnaden schon bekannt.

Er suchte dich gleich einem Schatz,
Durchgehet alle Ort und Platz,
Verworfen durch der Juden List,
Findt er dich unter Staub und Mist.

Mit Jubel und auch Herzens Freud
Er dich erblicket hat mit Freud,
Grüßte dich mit Herz und Mund,
Nicht gnug dich bedauern kund.

Nach Möglichkeit tät er dich ehren,
Er mußte auch von dir anhören:
„Gebt mir nur meine Händelein,
So geb ich euch den Segen mein."

Dies muß die ganze Prager Stadt
Bekennen, die's erfahren hat,
Wie du vom Schweden sie erlöst,
Der in ihr feindlich war zuerst.

Auch zu der großen Pesten Zeit
Hast du sie von der Pest befreit,
O Jesulein streck aus deine Hand,
Beschütz das liebe Vaterland.

Die löbliche Gesellschaft Moselsaar.

(Phil. v. Sittewald Strafschriften II. T. S. 661.)

Die löbliche Gesellschaft zwischen Rhein
Und der Mosel allzeit rüstig sein,
Nach Unfall sie nicht fragen,
Das Terich (Land) hin und her,
Langes durch und die quer,
Zu Fuß und Pferd durchjagen,
Frisch sie es wagen,
Kein Scheuen tragen.

Über hohe Berg, durch tiefe Tal,
Fallen sie oftmals ein wie der Strahl,
All Weg ohn Weg sie finden,
Zu düstrer Nachteszeit
Wann schlunen (schlafen) ander Leut

Sie alles fein aufbinden,
Ohn Licht anzünden,
Bleibt nichts dahinten.

Laffel, der weiß gar fein auszusehn,
Wo irgend in einem Gfar (Dorf) Klebis (Pferd) stehn,
Wanns wär auf zwanzig Meilen,
Beim hellen Mondenschein,
Die Gleicher (Mitgesell) insgemein,
In einer kurzen Weilen
Sie übereilen,
Und redlich teilen.

Battrowitz, der alcht (geht) zur Hintertür hinein,
Bobowitz satzt sich hinter ein Haufen Stein,
Mit den andern Gesellen,
Den Quien (Hund) ruft er klug,
Und brockt ihm Lehm (Brot) gnug,
Daß sie nicht sollen bellen,
Bis auf den Ställen
Die Klebis schnellen.

Wann sie nun haben die Hautzenroß,
So reiten sie nach dem neuen Schloß:
Ist jemand, der will kaufen?
Der Putzjakala
Ist müd und liegt da,
Weil er sich lahm gelaufen,
Schier nicht kann schnaufen,
Drum will er saufen.

Herr Wirt, nun so laß uns lustig sein,
Lang mir den Glestrich (Glas) vom besten Wein,
Um Doulmeß (Pfennig) darfst nicht sorgen;
Ein halbe gute Nacht
Uns all zu Sontzen (Edelleuten) macht,
Du kannst uns ja bis morgen
Die Irtin (Zeche) borgen,
Der Hautz (Bauer) muß sorgen.

Ist das nicht wunderlich Gesind,
Daß der Hautz sein Schuh mit Weiden bindt,
Und da die Zech muß zahlen,
So lang er hat ein Kuh,
Die Klebis auch dazu,
Die Rappen mit den Fahlen,
Wir allzumalen
Durch Giel (Mund) vermalen.

Das schöne Kind.

(Mündlich.)

Wie war ich doch so wonnereich,
Dem Kaiser und dem König gleich
In meinen jungen Jahren,
Als Julia das schöne Kind,
Schön wie die lieben Engel sind,
Und ich beisammen waren.

Die Mutter nannt mich Bräutigam,
Wir wurden gar nicht rot vor Scham,
Wir mochten gern so spielen,
Doch Julia das schöne Kind,
Das ging schon fort im kalten Wind,
Und mochte es nicht fühlen.

Nun bin ich gar nicht wonnereich,
Dem alten Manne bin ich gleich,
Und bin doch jung von Jahren,
Ich bin ein König ohne Land,
Denn Julia an deiner Hand,
Da tanzen Engelscharen.

Schuld.

(Mündlich.)

Es ging ein Knab spazieren,
Zu Augsburg in den Wald,
Da begegnet ihm ein Mägdlein,
War achtzehn Jahre alt,
Gar schön war sie gestalt.

Er nahm das Mädel gefangen,
Gefangen mußt du sein!
Er zog ihr aus die Kleider,
Und schlug sie also sehr,
Hat ihr genommen die Ehr.

Zu Augsburg in dem Wirtshaus,
Saß er bei Speis und Trank;
Da kam dasselb'ge Mägdlein,
Griff ihn an seine Hand,
Schloß ihn in Ketten und Band.

Zu Augsburg auf dem Turme,
Wo er gefangen saß,

Da kam seine liebste Frau Mutter:
„Mein Sohn, was machst du da?
Was hast du da gemacht?“

„Was ich allhier wohl mache,
Das darf ich euch schon sagn:
Ich hab das schwarzbraun Mägdelein
Geschlagen also sehr,
Hab ihr genommen die Ehr.“

„Ach Jüngling! liebster Jüngling,
Ist das nicht Schand und Spott?
Dein Kopf der gehört an Galgen,
Dein Körper auf das Rad,
Weil du's verschuldet hast.“

„Ach Mutter, liebste Mutter mein!
Ist denn der Bericht schon da?
So bestell mir Roß und Wagen,
Ich geh nicht mehr zu Fuß,
Weil ich weiß, daß ich sterben muß.

Ihr lieben Herrn von Augsburg!
Noch eine Bitt an euch:
Den Kirchhof tut mir schenken,
Dazu ein seidenes Kissn,
Wo's gut drauf rasten ist.“

„Ach Jüngling, liebster Jüngling mein!
Das geht nicht bei der Stadt,
Der Kopf gehört an Galgen,
Der Körper auf das Rad,
Weil dus verschuldet hast!“

Tritt zu.

Wann alle Wässerlein fließen,
Soll man trinken,
Wann ich mein Schatz nicht rufen darf, ju ja rufen darf,
So tu ich ihm winken.

Winken mit den Augen,
Und treten mit dem Fuß,
S'ist eine in der Stuben, ju ja Stuben,
Und die mir werden muß.

Warum soll sie mir nicht werden,
Denn ich seh sie gern,

Sie hat zwei blaue Äugelein, ju ja Äugelein,
Sie glänzen wie zwei Stern.

Sie hat zwei rote Bäckelein,
Sind röter als der Wein,
Ein solches Mädel findt man nicht, ju ja findt man nicht,
Wohl unter dem Sonnenschein.

„Ach herziger Schatz, ich bitt dich drum,
Laß mich gehen!
Denn deine Leute schmähen mich, ju ja schmähen mich,
Ich muß mich schämen!"

„Was frag ich nach den Leuten,
Die mich schmähen;
Und so lieb ich noch einmal, ju ja noch einmal,
Die schönen Mädchen."

Des Bauerwirts Heimkehr.

(Mündlich.)

Es wollt ein Fuhrmann über Land fahren,
Er wollt drei Eimer Wein aufladen,
Ein süßen und ein sauern,
Altemeralte ein süßen und ein sauern.

Und da er über die Brück hinein fuhr,
Da brach ihm sein Geißel und auch sein Schnur,
Schwarzbraune ließ er laufen:
Altemeralte usw.

Er kam wohl vor der Frau Wirtin ihr Haus,
Frau Wirtin schauet oben heraus
Mit ihren schwarzbraunen Augen:
Altemeralte usw.

„Frau Wirtin, habt ihr nicht soviel Gewalt,
Daß ihr einn Fuhrmann über Nacht behalt.
Dazu vier Roß und Wagen:
Altemeralte usw."

„Ei so viel Gewalt, das hab ich wohl,
Ich weiß nur nicht, wie ich mich halten soll,
Mein Mann ist nicht daheime:
Altemeralte usw.

Er ist fort, ist über Feld,
Er hat einen Beutel, darin ist kein Geld,

Er wird bald wieder kommen:
Altemeralte usw."

Und da das Wirtlein heime kam,
Frau Wirtin hatt einen andern Mann,
Sehr übel tät er sie schlagen:
Altemeralte usw.

„Ei wollt ihr mich so übel schlagen,
So will ichs meinem Vater sagen.
Dazu will ichs ja wagen:
Altemeralte usw."

„Willst fort, willst nimmer wieder kommen,
So laß du mir die Schlüssel zukommen,
Die Schlüssel zu deinen Kästen:
Altemeralte usw."

Frau Wirtin war so voller List,
Sie schiebet die Schlüssel wohl zwischen die Brüst,
Sie sprach, sie habs verloren:
Altemeralte usw.

„Ei, hast du dann die Schlüssel verloren,
So haben wir gute Äxte und Bohrer,
Die Kiste können wir aufhauen:
Altemeralte usw."

Und da die Kiste offen war,
Darinnen war ein junger Knab,
Er blüht, als wie die Rosen:
Altemeralte usw.

„Ei Bauerwirtlein laß mich leben,
Ich will dir hundert Taler geben,
Dazu will ich euch ja geben:
Altemeralte usw."

Das glaubst du nur nicht.

(Mündlich.)

In den finstern Wäldern,
Da die Wolken schwarz,
In den Distelfeldern
Fühl ich mich so wahr,
Wo die Vöglein lustig sein,
Ach da fühlt mein Herz nur Pein:
Das glaubst du nur nicht!

O ihr hohen Berge
Fallet auf mich zu,
Und den Müden berget
In der kühlen Ruh,
Tausend Seufzer schick ich dir
Durch die kühlen Winde hier:
Das glaubst du nur nicht!

Das ist übertrieben!
Sagest du mir stets;
Ach was ist das Lieben,
Nimmermehr geräts:
Ich will es nun lassen ganz,
Du bist eine dumme Gans:
Das glaubst du nur nicht.

Die Mordwirtin.

(Mündlich.)

Es waren drei Soldatensöhn,
Die hatten Lust in Krieg zu gehn,
Wohl ins Soldaten Leben.
Sie bleiben aus eine kleine Weil,
Sie machen sich Geld und Brot dabei,
Auch ungrische Dukaten.

Sie haben sich ganz kurz bedacht,
Und haben sich wieder nach Haus gemacht,
Frau Wirtin sprang entgegen.
„Frau Wirtin hat sie die Gewalt,
Ein'n Reiter über Nacht aus zu behalten,
Dazu und auch gastieren?"

„Warum werd ich die Gewalt nicht hab'n,
Einen Reiter über Nacht zu behalten,
Dazu und auch gastieren?"
„Der Reiter setzt sich oben an den Tisch,
Sie mag nur auftragen was sie will,
Ich kanns ja wohl bezahlen."

Sie trägt ihm auf gebackne Fisch,
Und einen Schweinebraten,
Und als es war, als man da schlief:
„Ach Mann, ich kann nicht schlafen!"
Sie macht das Pfännchen mit Fette heiß,
Und schütt's dem Reiter in Hals hinein.

Kriegt ihn an seiner schneeweißen Hand
Und schleift ihn in Keller in kühlen Sand:
„Da kannst du liegen
Bis morgen mittag verschwiegen;"
Des Morgens als sein Kamerad kam:
„Wo ist der Reiter?"

„Der Reiter und der ist weiter!"
„Wie kann der Reiter weiter sein?
Er kann in eurem Hause sein.
Hat sie dem Reiter was Leids getan,
So hat sie's ihrem lieben Sohn getan,
Der aus dem Krieg ist kommen."

Sie hat sich in den Brunnen gesprengt,
Er hat sich in die Scheuer gehängt,
Müssen an einem Tag drei sterben.

Gruß.

(Mündlich.)

So viel Stern am Himmel stehen,
So viel Schäflein als da gehen
In dem grünen Feld.

So viel Vögel als da fliegen,
Als da hin und wieder fliegen,
So viel mal sei du gegrüßt.

Soll ich dich dann nimmer sehen,
Ach das kann ich nicht verstehen,
O du bittrer Scheidens Schluß.

Wär ich lieber schon gestorben,
Eh ich nur ein Schatz erworben,
Wär ich jetzo nicht betrübt.

Weiß nicht, ob auf dieser Erden
Nach viel Trübsal und Beschwerden
Ich dich wieder sehen soll.

Was für Wellen, was für Flammen
Schlagen über mir zusammen,
Ach wie groß ist meine Not.

Mit Geduld will ich es tragen,
Alle Morgen will ich sagen:
O mein Schatz, wann kommst zu mir.

Alle Abend will ich sprechen,
Wenn mir meine Äuglein brechen:
O mein Schatz, gedenk an mich.

Ja ich will dich nicht vergessen,
Wann ich sollte unterdessen
Auf dem Todbett schlafen ein,

Auf dem Kirchhof will ich liegen
Wie das Kindlein in der Wiegen,
Das die Lieb tut wiegen ein.

Inkognito.

(Mündlich.)

Es kamen drei Diebe aus Morgenland,
Die gaben sich für drei Grafen aus,
Sie kamen vor der Frau Wirtin Haus:
„Frau Wirtin hat sie es diese Gewalt,
Daß sie über Nacht drei Grafen b'halt?"
„Wenn ich es diese Gewalt nicht hätt,
Was wär mir denn die Wirtschaft nutze?"
Der erste tat die Pferde in Stall,
Der andere schwenkt das Futter hinein,
Der dritte trat zur Küche hinein,
Und küßte der Frau Wirtin ihr Mädlein,
„Oder ist es ihr getreues Töchterlein?"
„Es ist mein getreues Töchterlein,
Es soll euch zapfen Bier und Wein."
Der Erste sprach: „Das Mägdlein ist mein,
Ich hab ihm gegeben ein Ringelein!"
Der andere sprach: „Das Mädchen ist mein,
Ich hab ihm gegeben ein Glas voll Wein."
Der dritte sprach: „Das Mädchen wär wert,
Daß wir es teilten mit unserem Schwert."
Sie gaben der Frau Wirtin einen süßen Getrank,
Daß sie vom Stuhl ins Bette hinsank.
Das Mägdlein greift der Mutter wohl an den Mund:
„Ach Mutter, leb jetzt noch eine Stund!"
Es greift der Mutter wohl an die Brust:
„Ach Gott, wenn das mein Vater wußt!"
Es greift der Mutter wohl an die Händ:
„Ach Mutter, du bist am letzten End!"
Es greift der Mutter wohl an die Füß:
„Ach Mutter, was ist der Schlaf so süß."

Sie legten es auf einen viereckten Tisch
Und teilten es wie ein Wasserfisch,
Und wo ein Tröpfchen Blut hinsprang,
Da saß ein Engel ein Jahr und sang.
Und wo der Mörder das Schwert hinlegt,
Da saß ein Rabe ein Jahr und kräht.

Der Geist beim verborgnen Schatze.

(Mündlich.)

Ich habe einen Schatz und den muß ich meiden,
Muß von ihm gehn, kein Wort mit ihm zu reden,
Das Herze in dem Leibe möchte mir vergehn,
Den Sonntag, den Montag in aller Früh,
Schickt mir mein Schatz die traurige Botschaft zu,
Ich sollte ihn begleiten bis in das kühle Grab,
Dieweil er mich so treulich geliebet hat.
Ich habe ein Herz, ist härter als ein Stein,
Wo tausend Seufzer verborgen sein,
Viel lieber wär mirs, ich läg in einem Grab,
So käm ich ja von allem meinem Trauren ab.

Höllisches Recht.

(Mündlich.)

Es ging ein Hirt gar früh austreiben,
Er hört ein kleines Kindlein schreien.
Kindelein ich hör dich und seh dich nicht.
„Ich bin in einem hohlen Baum
Und mit eichenen Rütlein gedeckt.
Ach Alter nimm mich mit zu Haus,
Mein Mutter hat Hochzeit zu Haus."
Als er das Kind zur Tür nein bracht:
„Grüß euch Gott ihr Hochzeitgäst,
Dieweil die Braut mein Mutter ist."
„Wie soll ich denn dein Mutter sein,
Ich trage ja ein Kränzelein?"
„Tragst du ein Kränzelein rosenrot,
Du hast schon drei Kinder tot.
's erst hast ins Wasser geschmissen,
's ander hast in Mist vergraben,
's dritt' in einen hohlen Baum,
Und mit eichenen Rütlein zugedeckt."

„Ach wie kann das möglich sein!“
Kam der Teufel zum Fenster hinein,
Und nahm sie bei ihrer schneeweißen Hand,
Tut mit ihr den Ehrentanz
Und führt sie in die höllische Pein.

Wechselgesang.

(Mündlich.)

Nachtigall.
Jungfrau merk auf meinen Schall,
Ich bin die Frau Nachtigall,
Schwing mich über ein hohes Haus,
Ein wackrer Herr, der schickt mich aus,
Er schickt euch einen schönen Gruß.
Nun hört, was ich noch sagen muß.

Er sah im Blumengarten euch,
In Lieb entbrannt sein Herze gleich,
Viel Gut und Ehr hat er umsonst,
Weil nichts ihn freut als eure Gunst,
Nehmt diesen Ring doch von ihm an,
Daß er sich wieder freuen kann.

Jungfrau.
Gehöret hab ich deinen Schall,
Und daß du bist Frau Nachtigall,
Schwingst dich über ein hohes Haus,
Ein wackrer Herr, der schickt dich aus,
Und schickt mir einen schönen Gruß,
Nun höre, was ich sagen muß.

Den Ring steck ich an Finger hier,
Und schick die Rose ihm dafür,
Es war die Rose meine Lust,
Ich trug sie wohl an meiner Brust,
Zwar hat sie einen Dorn, der sticht,
Doch treue Lieb fürcht Dornen nicht.

Weltlich Recht.

(Reichardts musikalische Zeitung. 1806. Nro. 10. S. 40.)

Joseph, lieber Joseph, was hast du gedacht,
Daß du die schöne Nannerl ins Unglück gebracht.

Joseph, lieber Joseph, mit mir ists bald aus,
Und wird mich bald führen zu dem Schandtor hinaus.

Zu dem Schandtor hinaus, auf einen grünen Platz,
Da wirst du bald sehen, was die Lieb hat gemacht.

Richter, lieber Richter, richt nur fein geschwind,
Ich will ja gern sterben, daß ich komm zu meinem Kind.

Joseph, lieber Joseph, reich mir deine Hand,
Ich will dir verzeihen, das ist Gott wohlbekannt.

Der Fähnrich kam geritten und schwenket seine Fahn,
Halt still mit der schönen Nannerl, ich bringe Pardon.

Fähnrich, lieber Fähnrich, sie ist ja schon tot:
Gut Nacht, meine schöne Nannerl, deine Seel ist bei Gott.

Ein gut Gewissen ist das beste Ruhekissen.

(Mündlich.)

Ich ging wohl bei der Nacht,
Die Nacht, die war so finster,
Daß man kein Stich mehr sah.

Ich kam vor eine Tür,
Die Tür, die war verschlossen,
Der Riegel war schon für.

Es sind der Töchter drei,
Die allerjüngste drunter,
Sie ließ den Knaben hinein.

Sie stellt ihn hinter die Tür,
Bis Vater und Mutter schlafen,
Sie zieht ihn wieder herfür.

Sie führt ihn die Stiege hinauf,
Sie führt ihn in die Kammer,
Zum Kammerladen schmeißt sie ihn naus.

Er fiel auf einen Stein,
Er fiel das Herz im Leib entzwei,
Dazu das linke Bein.

Er krüpelt über ein Steg,
Da kam kein altes Weib daher,
Sie zog ihn aus dem Weg.

Der Pater kam dazu,
Er nahm ihn auf den Buckel,
Und beichtet ihn zur Ruh.

Wenns mir auch so sollt gehen,
So hol der Teufel das Buhlen,
Das Mägdlein laß ich stehn.

Die schweren Brombeeren.

(Vielfach schriftlich und mündlich.)

Es wollt ein Mägdlein früh aufstehn,
Drei Stündelein vor dem Tag,
Wollt in den grünen Wald naus gehn,
Brombeerlein brechen ab.

Und als sie in den Wald nein kam,
Begegnet ihr Jägers Knecht.
„Ei Mädchen, scher dich weg nach Haus,
Dem Herren ist das nicht recht."

Und als das Mädchen rückwärts kam,
Begegnet ihr Jägers Sohn:
„Ei Mädchen, brech dir ohne Scham,
Ein Schoß voll gönn ich dir schon."

„Ein Schoß voll, den begehr ich nicht,
Ein Handvoll hab ich genug."
Die Brombeeren standen da so dicht,
Sie suchten da immerzu.

Und als ein halbes Jahr um war,
Brombeerlein wurden groß,
Und als ein Dreivierteljahr um waren,
Ein Kindlein auf dem Schoß.

„Ach Gott sind das die Brombeerlein,
Die ich mir gebrochen hab,
Komm her, du falsches Jägerlein,
Hilf tragen mich ins Grab."

Kinderei.

(Mündlich.)

Als sich der Hahn tät krähen,
Da war es noch lange nicht Tag,
Da gingen die jungen Gesellchen
Spazieren die ganze Nacht.

Und als sie lange gegangen,
Da wollten sie gerne herein:

Er.
Steh auf, steh auf Feinsliebchen,
Steh auf und laß mich ein.

Sie.
Ich steh noch nicht auf fürwahr,
Ich laß dich fürwahr nicht herein,
Ich kenne dich ja an der Sprache,
Daß du es mein Schätzchen nicht seist.

Er.
Kennst du es mich an der Sprache,
Daß ich es dein Schätzchen nicht sei,
So stecke du an nur dein Kerzchen,
Dann siehest du, wer ich bin.

Sie.
Kein Fünkchen mehr in der Asche ist,
Mein Kerzchen ist längst ausgebrannt,
Adi, Adi mein Engelsschätzchen,
Jetzt reis ich nach Engelland.

Er.
Nach Engelland will ich dich fahren,
Ich bin ein Schiffmann gut,
Du bist in deinen Jahren
Noch immer kindisch genug.

Vorladung vor Gottes Gericht.

(Mündlich.)

Es sprach eine Mutter zu ihrem Sohn:
„Mußt heiraten, was sagst du dazu,
Du mußt eine andre heiraten,
Dein feines Lieb mußt du nun lassen."

„Ach nein, ach nein, das kann nicht sein,
Daß ich muß scheiden von meinem Schätzelein,
Wir haben einander genommen,
Können nicht mehr voneinander kommen."

„Habest du genommen, wen du willst,
Du bist mein Kind und folgest mir nit?"
„Ei Mutter, jetzt will ich dir folgen,
Ei geh es mir, wie es auch wolle."

Und da es war am Hochzeittag,
Und alle Leut so lustig warn,

Der gute Gesell war so betrübet
Von wegen seiner andern Herzliebsten.

Es stand nicht länger als drei Tage an,
Der gute Gesell so tödlich krank war,
Er käm seiner Liebsten vor den Laden,
Ein Gott behüt will er von ihr haben.

Sie aber gab einen harten Fluch,
Davon er schon hatte zu viel und genug;
„Ich will ihn meinen Eltern aufladen,
Ich will beide aufs jüngste Gericht laden.

In zweien Monden und das werd wahr,
Ich lad sie vor Gottes Gericht sogar."
In zweien Monden sie starben zusammen,
Ihr Weinen tät löschen die höllischen Flammen.

Eigensinn.

(Aus Hr. v. Stromers Familienbuche vom Jahre 1581.)

Hast du's nicht gefischet,
So fisch es aber noch,
Hat sie der Schimpf gereuet,
So tu ers aber noch.
Ist es denn Unglück heuer alles mein,
Ade du schönes Liebelein,
Du mußt mein eigen sein.

Weiß ich mir ein Mädelein
Auf dieser Erden,
Ist sie mir beschert,
So muß sie mir auch werden,
Wohl über allen Dank,
Geschieht es aber heuer nicht,
So geschieht es überlang.

Da kauft er ihr ein Gürtlein schmal,
Das war gesprenkelt überall,
Es hing gesprenkelt wohl auf den Fuß,
Es reut mich, daß ich sterben muß.

Sterb ich denn, so bin ich tot,
So gräbt man mich in die Röslein rot,
Inne die Rosen, inne den Klee,
Kein solch braun Mädlein bekomm ich nimmermehr.

Von der Erden wohl in das Haus,
Schau, liebe Mutter wie bin ich so groß
Da kauft er ihr ein Ringelein von Gold,
Ach ja, du schönes Mädelein, wie bin ich dir so hold.

Da war bedecket ein Bettlein mit Fleiß,
Da begrüßt er das Mägdlein mit ganzem Fleiß,
Er drucket sie mit lieblicher Art,
Hat mir dasselbe Mägdlein drei Jahr zu Lieb gewart.

Zucht bringt Frucht.

(Fliegendes Blatt.)

Es flohen drei Sterne wohl über den Rhein,
Es hätt eine Witwe drei Töchterlein;
Die eine starb, wie es Abend war
Und die Sonne nicht mehr schiene klar,
Die andre um die Mitternacht,
Die dritte um die Morgenwacht.

Sie nahmen sich all einander die Händ
Und kamen vor den Himmel behend,
Sie klopften leise an die Tür,
Sankt Petrus sprach: „Wer ist dafür?"
„Es stehn drei arme Seelen hier,
Ach, macht bald auf die Himmelstür."

Er sprach: „Ich muß erst zeigen an,
Welch von euch soll in Himmel gahn",
Drauf ging er hin und fragte nach,
Die Himmelsstimme also sprach:
„Die ältsten zwei sollen hier eingehn,
Die jüngste muß bleiben stehn."

Sie schrie und sprach: „Was hab ich getan,
Daß ich hier bleiben soll bestahn?"
Sankt Petrus sprach: „Weil du veracht
Gotts Wort, deine Seele nicht bedacht,
So geh nun hin und siehe zu,
Wo du findest in der Höllen Ruh.

Denn wenn du in die Kirch solltst gehn,
So bliebst du vor dem Spiegel stehn,
Dein Haupt bekrönt, dein Haar geschmiert,
Und dich hoffärtig ausgeziert:
Drum geh nur fort und packe dich,
Die Hölle wird aufnehmen dich!"

Als sie nun vor die Hölle kam,
Da klopfte sie gar grausam an,
Der Satan sprach: „Wer ist allhier?"
„Es ist eine arme Seel dafür!"
Drauf sprang er auf, und ließ sie ein,
Und schenkt ihr ein ein glühnden Wein.

Als sie nun aus dem Becher trank,
Das Blut ihr aus den Nägeln sprang,
Er bracht sie in den höllischen Pfuhl,
Und setzt sie auf ein glühenden Stuhl
Ja ihre Qual war übergroß,
Sie kriegte manchen harten Stoß.

Sie sprach: „Das ist meiner Mutter Schuld,
Daß sie mein Bosheit hat erduldt,
Und mich in Frevel lassen gehn,
Nicht einmal sauer drum gesehn,
Da meine Schwestern im Himmelssaal,
So sitz ich in der Höllenqual.

Was hilft mir nun mein Übermut,
Mein Reichtum, Ehre, Geld und Gut?
Was hilft mir nun all Zierd und Pracht?
Ach hätt' ich nie daran gedacht!
So säß ich nicht in dieser Flammen,
Da alle Qualen schlagen zusammen."

Das wackre Maidlein.

(Altes fliegendes Blatt. Nürnberg bei Valentin Newber, 1500)

Es war ein wacker Maidlein wohlgetan,
Sie ging an ihres Vaters Zinne stahn,
Sie sah daraus,
Sie sah dahere reiten
Ihrem Herzen einen Trost.

„Ach Maidelein voll der Wonne,
Falbet euch die Sonne,
Daß ihr seid worden bleich,
Hat euch ein andrer lieber dann ich,
Das reuet mich."

„Warum sollt ich nicht werden bleich,
Ich trag alle Tag groß Herzeleid,
Allein schöns Lieb um dich,

Daß du mich verkiesen willst,
Das reuet mich."

„Warum sollt ich dich verkiesen,
Ich hab dich noch viel lieber
Als alle Freunde mein,
Ach Maidelein laß dein Sorgen
Und folge du mir."

Worin ging sie ihm entgegen?
In ein seiden Hemdlein war wohl genäht,
Das war so fein,
Darin ging sie geschnüret
Das wacker Maidelein.

Er nahm sie bei ihrer schneeweißen Hand,
Er führt sie durch den grünen Wald,
Da brach er ihr einen Zweig,
Sie küsset ihn auf seinen roten Mund,
Das wackre Maidelein.

Und da es kam zur halben Mitternacht,
Der gute Held nahm Urlaub von der Magd,
Derselbig gute Held
Die Treu, die er ihr gelobet hat,
Die hielt er nicht.

Und wär ich weißer denn ein Schwan,
Ich wollt mich schwingen über Berg und tiefe Tal,
Wollt fahren übern Rhein,
Und wüßten daß all die Freunde mein,
Sie sängen mir ein Liedelein.

Es ist der Menschen Weh und Ach
So tausendfach.

(Mündlich.)

Wie bin ich krank,
Gebt mir nur einen Trank,
Nur keine Pulver,
Und keine Pillen,
Die können meinen Schmerz nicht stillen:
Wie bin ich krank!

Wie bin ich matt!
Kaum eß ich mich nur satt;
Des Fiebers Wüten

Durchwühlt den Körper,
Schwächt alle Glieder:
Wie bin ich matt!

Ich sterbe ja,
Drum gute Nacht;
Mein Testament ist gemacht,
Sag meiner Phyllis,
Sag mein Verlangen,
Dort seh ich sie, sie kommt gegangen,
Küß mir den Mund:
Ich bin gesund.

Rückfall der Krankheit.

Soll ich denn sterben?
Bin noch so jung.
Wenn das mein Vater wüßt,
Daß ich schon sterben müßt,
Er tät sich kränken
Bis in den Tod.

Wenn es die Mutter wüßt,
Wenn es die Schwester wüßt,
Täten sich härmen
Bis in den Tod.

Wenn es mein Mädel wüßt,
Daß ich schon sterben müßt,
Sie tät sich kränken
Mit mir ins Grab.

Unerschöpfliche Gnade.

(Mündlich.)

Maria führt einen Reihen Kindlein klein,
Da kam eine arme Seele:
„Maria, laß mich nein!"
„Ich kann dich nicht rein lassen,
Dein Ehr hast du verschlafen,
Dazu dein Kränzelein."

„Hab ich mein Ehr verschlafen,
Dazu mein Kränzelein,
Warum sollt's Gott nicht erbarmen,

Warum sollt's Gott nicht erbarmen,
Daß ich verloren soll sein."

Da kam sie vor die Hölle,
Gar traurig klopft sie an.
Es hören sie all die Teufel,
Sie hießen sie einergehn.
Der erste der machts Türle auf
Der andre sucht einen Stuhl,
Der dritte der blasts Feuer auf,
Der viert schürt wacker zu.

Was hat sie vor ihren Äuglein stehn,
Ein kleines Kindelein;
Hat sie das Kind getötet
Hat sie das Kind getötet,
So muß sie leiden Pein.

„Hab ich das Kind getötet,
Hab ich das Kind getötet,
Und muß ich leiden Pein,
Warum sollts Gott nicht erbarmen,
Warum sollts Gott nicht erbarmen,
Daß ich verloren soll sein."

Ständchen.

(Fliegende Blätter.)

Liegst du schon in sanfter Ruh
Und tust dein schwarzbraun Äuglein zu,
Und die zarte Gliederlein
Wohl in ein Federbett gewickelt ein.

Wälder, Felder schweigen still,
Und niemand ist, der mit mir sprechen will,
Alle Flüß haben ihren Lauf,
Und niemand ist, der mit mir bleibet auf.

Heut hab ich die Wach allhier,
Schönste vor deiner verschloßnen Tür,
Sonn und Mond, dazu das Firmament,
Schaun wie mein junges Herz vor Liebe brennt.

Hörst du nicht die Seufzer schallen,
Schönste vor deinem Schlafkämmerlein fallen,
Stehest du nicht auf und lässest mich nicht ein,
Wie könntest du so unbarmherzig sein.

Harfenklang und Saitenspiel,
Hab ich lassen spielen so oft und viel,
Ich hab es lassen spielen so oft und viel,
So daß mir keine Saite mehr klingen will.

Berg und Hügel auch dieses Tal,
Schreien über mich auch hunderttausendmal,
Froh wollt ich sein, wenns dir und mir wohlgeht,
Obschon mein treues Herz in Trauren steht.

Gute Nacht, gute Nacht! Frau Nachtigall
In dem Tal, tausendmal, überall,
Grüße sie aus meinem Herzensgrund,
Aus meinem Herzen, mit deinem Mund.

Hörst du wohl den Schuß hier fallen,
Schönste vor dem Schlafkämmerlein schallen,
Ach warum ließest du mich nicht herein,
Konntest ach so unbarmherzig sein.

Geht es dir wohl, so denke an mich,
Geht es dir übel, so kränket es mich;
Froh wollt ich sein, wenns dir und mir wohlgeht,
Obgleich mein treues Herz in Trauren steht.

Rosenkranz,
Tritt an den Tanz.

(Mitgeteilt von H. Nehrlich.)

Es starben zwei Schwestern an einem Tag,
Sie wurden an einem Tag begraben.

Und als sie kamen vors himmlische Tor,
Sankt Petrus sprach: „Wer ist davor?“

„Es sind davor zwei arme Seelen,
Sie möchten gern bei Gott einkehren.“

„Die erste, die soll zu ihm gehn,
Die zweite soll den breiten Weg gehn.“

Der breite Weg gar böse steht,
Der zu der leidigen Höll eingeht.

Und da sie den breiten Weg auße kam,
Begegnet ihr die heilige Frau.

„Wo naus, wohin du arme Seele,
Wir wollen jetzt bei Gott einkehren.“

„Ich hab ja schon bei Gott eingekehrt,
Er hat mir hinausgewehrt."

„Was hast du dann für Sünd getan,
Daß du nicht darfst in Himmel gahn?"

„Ich hab ja alle Samstagnacht,
Ein Rosenkränzlein naus gemacht."

„Hast du sonst keine Sünd getan,
Darfst du mit mir in Himmel gahn."

Und als sie kamen vors himmlische Tor,
Sankt Petrus sprach: „Wer ist davor?"

„Es ist davor eine arme Seele,
Sie möchte gern bei Gott einkehren."

Maria nahm sie bei der Hand,
Und führt sie ins gelobte Land.

Da ward ihr gleich ein Stuhl bereit't,
Von nun an bis in Ewigkeit.

Sündenlast.

(Mündlich.)

Es sterben zwei Brüder in einem Tag,
  Ein armer und ein reicher,
Der reiche, der wird in die Hölle begraben,
  Der arme in den Himmel.

Und da der Reiche begraben ward,
  Saß er in großer Hitze,
Sah er seinen herzgeliebten Bruder,
  In der ewigen Freude sitzen.

Ach Bruder, herzliebster Bruder mein,
  Reich mir ein Tröpflein Wasser,
Wohl auf meine Zunge, wohl auf meinen Mund,
  Das mich erquicken möge.

Ach Bruder, herzliebster Bruder mein,
  Kein Tröpflein soll dir werden,
Du hast den Armen das Brot versagt,
  Hasts Hunden und Schweinen gegeben.

Hab ich den Armen das Brot versagt,
  Habs Hunden und Schweinen gegeben,
Mein großes Gut trieb Übermut,
  Kann es nicht mit mir nehmen.

Wenn Berg und Tal aufeinander ständ,
   Viel lieber wollt ich sie tragen,
Als daß ich soll stehn vor dem jüngsten Gericht
   Soll all meine Sünden beklagen.

Und käme alle Jahr ein Vögelein,
   Und nähm nur ein Schnäblein voll Erden,
So wollt ich doch die Hoffnung haben,
   Daß ich könnt selig werden.

Amen, Amen, steht auch dabei,
   Gott helf uns allen zusammen,
Wohl hier und dort aus aller Not,
   Durch Jesum Christum, Amen.

Wo's schneiet rote Rosen,
Da regnet's Tränen drein.

(Mündlich.)

Wohl heute noch und morgen,
Da bleibe ich bei dir;
Wenn aber kömmt der dritte Tag,
So muß ich fort von hier.

Wann kömmst du aber wieder,
Herzallerliebster mein;
Und brichst die roten Rosen,
Und trinkst den kühlen Wein?

Wenns schneiet rote Rosen,
Wenns regnet kühlen Wein;
So lang sollst du noch harren,
Herzallerliebste mein.

Ging sie ins Vaters Gärtelein,
Legt nieder sich, schlief ein;
Da träumet ihr ein Träumelein,
Wies regnet kühlen Wein.

Und als sie da erwachte,
Da war es lauter Nichts;
Da blühten wohl die Rosen,
Und blühten über sie.

Ein Haus tät sie sich bauen,
Von lauter grünem Klee;
Tät aus zum Himmel schauen,
Wohl nach dem Rosenschnee.

Mit gelb Wachs tät sies decken,
Mit gelber Lilie rein,
Daß sie sich könnt verstecken,
Wenns regnet kühlen Wein.

Und als das Haus gebauet war,
Trank sie den Herrgotts Wein,
Ein Rosenkränzlein in der Hand,
Schlief sie darinnen ein.

Der Knabe kehrt zurücke,
Geht zu dem Garten ein,
Trägt einen Kranz von Rosen,
Und einen Becher Wein.

Hat mit dem Fuß gestoßen
Wohl an das Hügelein,
Er fiel, da schneit es Rosen,
Da regnets kühlen Wein.

Des Pfarrers Tochter von Taubenheim.

Da drunten auf der Wiesen
Da ist ein kleiner Platz,
Da tät ein Wasser fließen,
Da wächst kein grünes Gras.

Da wachsen keine Rosen,
Und auch kein Rosmarein,
Hab ich mein Kind erstochen
Mit einem Messerlein.

Im kühlen Wasser fließet
Sein rosenrotes Blut,
Das Bächlein sich ergießet
Wohl in die Meeresflut.

Vom hohen Himmel sehen
Zwei blaue Äugelein,
Seh ich mein Englein stehen
In einem Sternelein.

Dort droben auf dem Berge
Da steht das hohe Rad,
Will ich mich drunter legen,
Und trauern früh und spat.

Hast du mich denn verlassen
Der mich betrogen hat,

Will ich die Welt verlassen,
Bekennen meine Tat.

Der Leib der wird begraben
Der Kopf steht auf dem Rad,
Es fressen den die Raben,
Der mich verführet hat.

Der Traum.

In des Regenbogen überlangem Ton.
(Altes Manuskript.)

Einmal lag ich
In Schlafes Qual,
Mich däucht ich war
Auf einem Berg
Vor eim königlichen Palast,
Der war durchhauen pur
Nach meisterlichen Sinnen,
Bildwerk zierlich
Stand überall
Am Palast stolz,
Der war von Marmorquader;
Fein war das Dach
Von Kupfer braun,
Beryllen klar
Das Fensterwerk.
Zuoberst von der Burg her glast
Von Gold ein Sonnenuhr,
Gülden waren die Zinnen.
Ringweis ich sah
Darum einen Zaun
Von Zederholz,
Die Pforte war Albaster.
Ich trat auf die Schlagbrücke,
Und sah ein Tanz
Von minniglichen Bilden
In diesem Palast schön;
Da ging ich stehn
Zu dieser Pforten,
Und blickte heimlich hinein,
Die klaren Äuglein spielten,
Freundliche Wort,
Wurden gehort.

Die adeligen Jungen
Nach den Trompeten, Flöten
Höfelich sprungen,
Ihr jedes hat
Von Samt ein Wat,
Ein köstlich Schauben,
Ring, Ketten, goldne Borten.
Heidnisch war der Frauen Gebänd,
Darauf jede mit Rosenkränz;
Der Männer fürstliches Gewand,
Von Sammet, Seiden und Taffant,
Damast und gulden Stücken
Von Perlen glänzen, Kränzen
Auf den Hauben.
Im Herzen mein
Dacht, mögt ich bei der Schare sein!
Ich wollt mich mischen unter sunder
Und tat gehn,
Das war mir frei gelücken.

2.
Ich kam hinein,
Und sah die Tisch
Mit Pfeler Tuch
Bedecket all,
Mit Teppich war der Saal geziert,
Mitten stund im Palast
Ein kaiserlich Kredenze,
Von Zipperwein,
Wildbret und Fisch,
Bereitet war
So überköstlich Speise,
Solch mannich Blum
War da gestreut,
Himmlischer Geruch
War in dem Saal.
Zu Tisch
Manichem edlen Gast
Zu großer Referenze
Ein große Summ
Der Diensteleut,
Dienten der Schar,
Nach Art höfelicher Weise.
Als ein End hätt das Mahle,
Standen sie auf,

Ein Sommer Reihen sprungen,
Gar lieblicher Gesang
Mit Freud erklang.
Ihr Melodeie
Die konkerdieret lustiglich
Gleich engelischen Zungen.
Auch sah ich viel
Der Ritterspiel
Von Rittern und von Knechten,
Mit Laufen, Springen, Ringen,
Kämpfen, Fechten,
Künstlich, gelenk,
Mit viel Gepräng.
Nach dem einliesen
Sie auch ein Mummereie.
Verputzet, daß man sie nit kennt,
Zumal ein wohl gezierter Hauf,
Die hätten ein Maruskatanz,
Ihr zween sah ich gerüstet ganz,
In Harnisch überalle,
Die könnten stechen, brechen
Mit den Spießen
Gar ritterlich.
In einen Winkel schmiegt ich mich,
Mein Herz vor Freuden kittert, zittert,
Hupfet, sprang
Von Wonn in diesem Saale.

3.
Schau, indem kam
Hinein der Tod,
Mit sich er trug
Ein Sense scharf,
Und schlich grausam hinein den Saal,
Und mähet ab und auf,
Bald starbe, wen er trafe,
Ein Ende nahm
Die fröhlich Rott,
Jedermann floh,
Und aus dem Saal sich machet,
Traurig Geschrei
War ihr Gesang,
Der Tod sie schlug,
Zu Haufen warf,
Da ward manch rotes Mündlein fahl,

Groß ward der Toten Hauf,
Also däucht mich im Schlafe,
Wie daß ich frei
Herab da sprang
In Graben hoch,
Indem ich aufgewachet,
Und däucht mir heimlich eben:
Der Traum bedeut
Die Wollust dieser Welte.
Der Pracht, Gewalt und Ruhm
Ist als ein Blum
Zu ihrer Zierde
Durch Regen sanft und kühlen Tau,
Aufwächset in dem Felde,
So Reifes Duft
Und kalte Luft
Geschwind über sie tut blasen,
Bald sie verschmoret, dorret
In der Maßen,
Reichtum und Kunst,
Freud, Lieb und Gunst,
Ehr und Gewalte,
Gepräng, Geschmuck und Würde,
Auf dieser Erde aller Stand,
Steht es in Glück und blühet heut,
So schwindet es doch morgen ab,
Und sinket endlich in das Grab,
Was Fleisch und Blut konnt geben,
Das muß verderben, sterben
Jung und alte
Mann unde Frau,
Auf das Vergänglich hier nit bau,
Das als ein Traume, Schaume
Kommet um;
Fleuch, zeuch zum ewgen Leben.

Gedankenstille.

Vögel tut euch nicht verweilen,
Kommet, eilet schnell herzu,
Wölfe höret auf zu heulen,
Denn ihr störet meine Ruh.

Götter kommt und helft mir klagen,
Ihr sollt alle Zeugen sein,

Dürft ich es den Lüften sagen
Und entdecken meine Pein.

Wehet nur ihr sanften Winde,
Bächlein rauschet nicht so sehr,
Fließt und wehet jetzt gelinde
Gebt doch meinem Lied Gehör.

Äst und Zweige tut nicht wanken,
Bäum und Blätter haltet still,
Weil ich jetzo in Gedanken,
Euch mein Lied entdecken will.

Der Bremberger.
(Fliegendes Blatt.)

1.
Mit Urlaub Frau um euren werten Dienstmann
Geheißen war der Bremberger,
Ein edler Ritter weise.
In seinem Ton ich euch wohl singen kann,
Darin mir niemand verdenke,
Sein Lob immer preise.
Er hat gesungen mannigfalt,
Das red ich auf die Treue mein
Von einer schönen Frauen.
An ihm geschah große Gewalt,
Daß er verlor das Leben sein,
Sein Leib der ward ihm zerhauen.
Der Herr der sprach: „Du hast mir lieb die Fraue mein,
O Bremberger, es geht dir an das Leben dein!"
Sein Haupt das ward ihm abgeschlagen
Zu derselben Stund.
Das Herz er in dem Leibe trug,
Das aß der Fraue rote Mund.

2.
Der Herr der sprach: „Frau könnt ihr mich bescheiden nun,
Was ihr jetzund gegessen hand,
Daß euchs der lieb Gott lohne."
Die Frau die sprach: „Und das weiß ich sicher nicht,
Ich wollts also gern wissen tun,
Es schmecket mir also schöne."
Er sprach: „Fürwahr glaub du mirs,
Es ist gewesen Brembergers Herz,
Er trugs in seinem Leibe

Und bracht dir viel Schimpf und Scherz,
Es konnt dir machen Freuden viel
Und konnt dir Leid vertreiben."
Die Frau sprach: „Hab ich gegessen, das mir Leid vertrieben hat
Und sollt meiner armen Seel nimmer werden Rat,
So tu ich einen Trunk darauf zu dieser Stund
Von Essen und von Trinken kommt nimmer mehr in meinen Mund."

3.

Die Frau stand auf, sie eilet von dem Tische hin,
Verbarg sich in ihr Gemach,
Und dacht ihrs Herzens Schwere:
„Hilf Maria, du himmlische Königin,
Daß mir nie so Leid geschah
Ja an dem Brembergere.
Um meinetwillen litt er Not,
Da war er gar unschuldig an,
Es muß mich immer reuen, um ihn so leid ich hier den Tod.
Meines Leibes er nie gewaltig ward,
Red ich bei meinen Treuen;
Er kam mir nie so nah, daß mir von ihm ward ein Umbefang,
Des trauer ich sehr, mir ist mein Leben worden krank,
Sich hat verkehrt Herz, Mut und all mein Sinn,
Und wenn meins Lebens nimmer ist,
So scheid mein arme Seel von mir dahin."

4.

Nun wollt ihr hören, wie lang die Frau des Lebens pflag,
Ohn Essen und Trinken hat sie kein Not,
Als ich euch will bescheiden.
Fürwahr sie lebt bis an den elften Tag,
Da schied die Zart, die Wert davon,
Dem Herrn geschah groß Leiden.
„Ach Gott, wie soll es mir ergahn,
Daß ich die liebste Fraue mein
So unehrlich hab verraten
Und ihren werten Dienstmann,
Ich fürcht, es wird mir viel zu schwer,
Mein Seel, die muß leiden Not."
Der Herr der stand und sah den großen Jammer an:
„O Herre Gott, daß ich sie beide samt verraten han!"
Der Herr ein Messer in sein eigen Herz stach,
Es wende dann Maria und ihr liebes Kind,
Sein Seel muß leiden Ungemach.

Die Herzogin von Orlamünde.

Nach einer chronikalischen Erzählung v. Nikolaus Dumman, abgedruckt in Ch. Ph. Weldenfels Selecta antiquit. lib. II. c. XXXIII. p. 469. Herr Heinze bemerkte, daß die Kinder in der Niederlausitz sich der Worte beim Abzählen bedienen: Engel, Bengel laß mich leben, ich will dir einen schönen Vogel geben.

Albert Graf von Nürnberg spricht:
„Herzogin ich liebe nicht;

Bin ein Kind von achtzehn Jahren
Und im Lieben unerfahren,

Würde doch zum Weib dich nehmen,
Doch vier Augen mich beschämen;

Wenn nicht hier vier Augen wären,
Die das Herze mein beschweren."

Orlamündens Herzogin
Spricht zu sich in ihrem Sinn:

„Witwe bin ich schön vor allen,
Aller Fürsten Wohlgefallen;

Wenn nicht hier vier Augen wären,
Würde seine Lieb mich ehren.

Kinder ihr vom schlechten Mann,
Der mich hielt in strengem Bann;

Weil ihr meine Land ererbet
Wenn ihr nicht unmündig sterbet."

Also Öl in Flammen wütet,
Das statt Wasser aufgeschüttet.

Also deutet sie die Rede
Auf zwei eigne Kinder schnöde,

Die im Saal zum Spiel abzählen,
Unter sich den Engel wählen:

„Engel, Bengel, laß mich leben,
Ich will dir den Vogel geben."

Nadeln aus dem Wittibschleier
Zieht sie, daß er falle freier,

Zu dem wilden Hager spricht:
„Nimm die Nadeln und verricht,

Schwarzer Hager, du mein Freier
Fürchtest nicht den schwarzen Schleier,

Fürchtest du nicht auch vier Augen,
Die zum Zusehn hier nicht taugen?

Setz dich mit zu ihren Spielen,
Daß sie keine Schmerzen fühlen,

Daß die Wunden niemals sprechen,
Mußt du in das Hirn sie stechen!"

Herulus zum Hager spricht,
Eh der ihm das Hirn einsticht:

„Lieber Hager, laß mich leben,
Will dir Orlamünde geben,

Auch die Plassenburg die neue,
Und es soll mich nicht gereuen."

Herula zum Hager spricht,
Eh er ihr das Hirn einsticht:

„Lieber Hager, laß mich leben,
Will dir meine Docken geben,

Engel, Bengel laß mich leben,
Will dir meinen Vogel geben."

Hager sich als Mörder nennt,
Eh er sich das Hirn einrennt.

„Gott ach Gott, wo werd ich ruhen,
Höre schon den Vogel rufen,

Gott ach Gott, wo soll ich fliehen,
Sehe schon den Vogel ziehen."

Albert spricht zur Herzogin:
„Das war nicht der Rede Sinn,

Meinte unsre eignen Augen,
Wie wir nicht zusammen taugen."

Beide Kinder unverweset
Liegen noch im Marmorsarge,
Als wär heut der Mord gewesen,
Recht zum Trotze allem Argen.

Auf diese Gunst machen alle Gewerbe Anspruch.

Es war einmal ein Zimmergesell,
War gar ein jung frisch Blut,

Er baut dem jungen Markgrafen ein Haus,
Sechshundert Schauläden hinaus.

Und als das Haus gebauet war,
Legt er sich nieder und schlief,
Da kam des jungen Markgrafen sein Weib,
Zum zweiten- und drittenmal rief.

„Steh auf, steh auf, gut Zimmergesell,
Denn es ist an der Stund;
Hast du so wohl ja gebauet das Haus
So küß mich an meinen Mund."

„Ach nein, ach nein, Markgräfin fein,
Das wär uns beiden ein Schand,
Und wenn es der junge Markgrafe erführ,
Müßt ich wohl meiden das Land."

Und da die beiden beisammen waren,
Sie meinen sie wären allein,
Da schlich wohl das älteste Kammerweib her,
Zum Schlüsselloch schaut sie hinein.

„Ach edler Herr, ach edler Herr!
Groß Wunder, zu dieser Stund
Da küsset der jung frische Zimmergesell,
Die Frau Markgräfin an Mund."

„Und hat er geküßt meine schöne Frau,
Des Todes muß er mir sein,
Ein Galgen soll er sich selber baun
Zu Schaffhausen draus an dem Rhein."

Und als der Galgen gebauet war,
Sechshundert Schauläden hinaus,
Von lauter Silber und Edelgestein,
Steckt er darauf ein Strauß.

Da sprach der Markgraf selber, wohl
Wir wollen ihn leben lan,
Ist keiner doch unter uns allen hier,
Der dies nicht hätte getan."

Was zog er aus der Tasche heraus?
Wohl hundert Goldkronen so rot,
„Geh mir, geh mir aus dem Land hinaus,
Du findest wohl überall Brot."

Und als er hinausgezogen war,
Da ging er über die Heid,

Da steht wohl des jungen Markgrafen sein Weib,
In ihrem schneeweißen Kleid.

Was zog sie aus der Tasche gar schnell,
Viel hundert Dukaten von Gold:
„Nimms hin, du schöner, du feiner Gesell.
Nimms hin zu deinem Sold.

Und wenn dir Wein zu sauer ist,
So trinke du Malvasier,
Und wenn mein Mündlein dir süßer ist,
So komme nur wieder zu mir.“

Albertus Magnus.

(Von den Geheimnissen der Weiber.)

Die Königin blickt zum Laden aus,
Ein Jüngling stand wohl vor dem Haus,
Sie winkt ihm da,
Daß er sollt zu ihr kommen.

Der Jüngling kam heimlichen dar,
Er sprach: „Zart edle Fraue klar,
Kein Mann soll sich
In eurem Dienst versäumen.“

Da sprach die Königin hochgeborn:
„In meinem Dienst hast du geschworn
Leibeigen dich,
Das sollst du nun erkennen.

Dein Willen mach dem meinen gleich,
So wird mein Herz ganz freudenreich,
Lieblich Begier,
Die will icch dir bekennen.“

Er wußt nicht, was sie damit meint,
Sie hätt sich nah mit ihm vereint,
Sein Freiheit er
Vor ihr nicht konnt erhalten.

Sie blickt ihm in das Herz hinein:
„Meins Leibs mußt du gewaltig sein.“
Der Ehren sein
Hätt er da kein Gewalte.

Und als der Tag sich anebrach,
Die Königin wohl zu ihm sprach,

„Deins Leibs hab ich
Begehrt, der ist mir worden.

Geb dich davon, saum dich nicht lang.“ –
Gar bald er in die Kleider sprang,
Er wußt auch nicht,
Daß ihm folgt nach ein Morde.

Sie nahm ihn fälschlich bei der Hand,
Hin auf ein Brett sie ihn da sandt,
Zuckt an der Schnur,
Das Brett tät mit ihm fallen.

Wohl in ein Wasser ungeheur,
Darin verdarb der Fromm und Teuer,
Das falsche Weib
Ließ freudig Lachen schallen.

Aus ihrer Lieb führt nur ein Weg,
Der führte auf den Todessteg,
Die ihr vertraut,
Acht Jüngling noch gar freie.

So warens mit dem ersten neun,
Die Zahl war ihr noch viel zu klein,
Den zehnten auch
Sucht sie in falscher Treue.

Er war ein hochgelehrt Student,
Ihr Komplexion er gar wohl kennt,
Er wußt gar wohl,
Sie konnt ihn nicht betrügen.

Er blickt sie an durch Kunstes Glas,
Er sah wie sie naturet was,
Er warb um sie,
Ihr List mußt ihm erliegen.

Er zwang ihr Herz mit seiner Kunst,
Er zwang ihr Herz in Liebesbrunst,
Die Königin
Wollt sehnlich ihn umfangen.

Da sagt er ihr ein hartes Wort,
„Neun Jüngling seh ich schweben dort,
Die warnen mich,
O Weib, das bringt mir Bangen.

Ein Wasser brauset unter mir,
Dein Bett ein böses Schifflein schier,

Will schlagen um,
Will jenen mich gesellen.

Du führest falsche Segelein,
Du glaubst, ich sollt der zehnte sein,
Du Mörderin
Willst töten mich in Wellen."

Groß Zorn das Weib der Red empfand,
Sie ließ ihm binden Fuß und Hand:
„Ihr Diener mein,
Tut mir den Mann ertränken."

Er blickt sie an, ganz still gemüt,
Er wußt wohl, daß er war behüt,
Man hob ihn auf,
Und wollt ihn schon versenken.

Da brachen seine Strick zur Stund,
Er sprang hinab frei und gesund,
Im tiefen See
Konnt er gar lustig schweben.

Ganz aufrecht als ein Federbolz,
Trat er darin das Wasser stolz.
Wer ihn ermordt,
Dem will sie sich ergeben.

Des faßt manch böser Knabe Lust,
Manch Armbrust zielt nach seiner Brust;
In Vögelein
Die Pfeil sich da verkehren,

Und schwebten um ihn auf und ab,
Die Königin rief da herab:
„O hätt ich dich,
Ich wollt dein Kunst zerstören."

„Frau Königin", er zu ihr sprach,
„Ich trage um neun Knaben Rach,
Neun Vögelein
Die Pfeil sich um mich schwingen.

Nach einem Wald steht mir mein Sinn,
Darin ich euer Vogler bin,
So viel ich fang,
Von euch lehr ich sie singen."

Da schwang er sich zum Wald hin dann,
Ihm sahen nach viel Weib und Mann,

Die Königin
Ward bleich an ihren Wangen.

Er setzt sich in den grünen Plan,
Viel Vögelein sich zu ihm nahn,
Mit Listen braucht,
Er keinen nicht zu fangen.

Er schwang sich in die Lüfte klar
Um ihn die laute Vogelschar,
Ließ nieder sich
Auf eines Turmes Zinne.

Den Vöglein in die Schnäbel band
Er Brieflein all, darinnen stand:
„Neun mordete
Die Königin um Minne."

Die fliegen wohl durch Stadt und Land,
Man fing sie alle mit der Hand,
Da ward die Schand
Wohl allen offenbare.

Ein Vogel bunt in Sonderheit,
Des hätt die Königin ein Freud,
Sie griff nach ihm,
Er setzt sich auf ihr Haare.

Er ließ ihr fallen auch mit List,
Den Zettel zwischen ihre Brüst,
Und flog von dann,
Da las sie ihre Schande.

Das Zettelein sie da zur Stund
Zerriß mit ihrem roten Mund,
Wohl hin und her
Sie ihre Händlein wandte.

Ihr Schuld kam da wohl klar an Tag,
Der Künstler führt die erste Klag:
„Frau Königin,
Albertus ist mein Namen.

Albertus Magnus heiße ich,
Sanktus nennt auch die Kirche mich,
Du hast um mich
Dein Buhlerkunst verloren.

Ein weiser Meister heiße ich,
Du wolltst im Zorn ertränken mich."

Da schrie sie laut:
„O weh, daß ich geboren!

O weh, daß ich geboren bin!"
Schrie da die edle Königin,
Verzweifelung
Kam da in ihre Sinnen.

Albertus macht sie da wohl zahm,
Sie stand vor ihm in großer Scham,
Er redt zu ihr
Und ließ sie Mut gewinnen.

Zur Hand gewann sie Reu und Leid,
Zerriß ihr königliches Kleid,
Und legt sich an
Wohl einen grauen Orden.

Albertus lehrt sie in der Beicht,
Wie sie Versühnung wohl erreicht,
Mit strenger Buß,
Um ihre Schuld und Morden.

Vor ihrer Zell wohl achtzehn Jahr,
Neun Vögel sangen traurig gar,
Den gab sie Speis,
Und weinet bitterlichen.

Und da die Zeit verstrichen war,
Da waren es neun Engel klar,
Die führen sie
Wohl in das Himmelreiche.

Wächter, hüt dich bas.

(Fliegendes Blatt. Nürnberg bei Valentin Neuber um 1506 I. 299.)

Es wohnet Lieb bei Liebe,
Dazu groß Herzeleid,
Ein edle Herzoginne
Ein Ritter hochgemait,
Sie hätten einander von Herzen lieb,
Daß sie vor großer Hute
Zusammenkamen nie.

Die Jungfrau, die war edel,
Sie tät ein Abendgang,
Sie ging gar traurigliche,

Da sie den Wächter fand;
„O Wächter mein, tritt her zu mir,
Selig will ich dich machen,
Dürft ich vertrauen dir.“

„Ihr sollet mir vertrauen
Zart edle Jungfrau fein,
Doch fürcht ich nichts so sehre,
Als eures Vaters Grimm.
Ich fürchte eures Vaters Zorn,
Wo es mir misselinge,
Mein Leib hätt ich verlorn.“

„Es soll uns nicht mißlingen,
Es soll uns wohl ergehn,
Ob ich entschlafen würde,
So weck mich mit Getön,
Ob ich entschlafen wär zu lang,
O Wächter, traut Geselle,
So weck mich mit Gesang.“

Sie gab das Geld dem Alten,
Den Mantel an sein Arm.
„Fahrt hin, mein schöne Jungfraue
Und daß euch Gott bewahr,
Daß er euch wohl behüt!“
Es kränkt demselben Wächter
Sein Leben und Gemüt.

Die Nacht, die war so finster,
Der Mond gar lützel scheint,
Die Jungfrau, die war edel,
Sie kam zum hohlen Stein,
Daraus da sprang ein Brünnlein kalt,
Auf grüner Linde drüber
Frau Nachtigall saß und sang.

„Was singest du, Frau Nachtigall,
Du kleines Waldvögelein,
Woll mir ihn Gott behüten,
Ja da ich warte sein,
So spar mir ihn auch Gott gesund,
Er hat zwei braune Augen,
Dazu ein roten Mund.“

Das hört ein Zwerglein kleine,
Das in dem Walde saß,
Es lief mit schneller Eile,

Da es die Jungfrau fand.
Ich bin ein Bot zu euch gesandt,
Mit mir sollt ihr gleich gehen,
In meiner Mutter Land.

Er nahm sie bei den Händen,
Bei der schneeweißen Hand,
Er führt sie an das Ende,
Wo er sein Mutter fand.
„O Mutter, die ist mein allein,
Ich fand sie nächten spät
Wohl bei dem hohlen Stein."

Und da des Zwergleins Mutter
Die Jungfrau recht ansah:
„Geh, führ sie wieder geschwinde,
Da du sie funden hast.
Du schaffst groß Jammer und groß Not,
Eh morgen der Tag hergehet,
So sind drei Menschen tot."

Er nahm sie bei den Händen,
Bei der schneeweißen Hand,
Er führt sie an das Ende,
Wo er sie funden hat.
Da lag der Ritter verwundet in Tod,
Da stand die schöne Jungfraue,
Ihr Herz litt große Not.

Sie zog aus seinem Herzen
Das Schwert und stieß es in sich:
„Und hat es dich erstochen,
So stech ichs auch in mich:
Es soll nun nimmer kein Königs Kind
Um meinetwillen sterben,
Sich morden mehr um mich."

Und da es morgen taget,
Der Wächter hub an und sang:
„So ward mir nie kein Jahre,
Kein Nacht noch nie so lang,
Denn diese Nacht wollt nicht vergehn.
O reicher Christ vom Himmel,
Wie wird es mir ergehn."

Und das erhört die Königin,
Die auf dem Bette lag.
„O höret, edler Herre,

Was ist des Wächters Klag,
Wie ihm die Nacht doch hätt getan,
Ich fürcht, daß unsre Tochter,
Die hab nicht recht getan."

Der König zu der Königin sprach:
„Zünd an ein Kerzlein Licht,
Und lug in alle Burge,
Ob ihr sie findet nicht,
Kannst du sie in dem Bett nicht sehn,
So wirds demselben Wächter
Wohl an sein Leben gehn."

Die Königin war geschwinde,
Sie zündt ein Kerzlein Licht,
Sie lugt in alle Burgen,
Sie fand die Tochter nicht.
Sie tät ins Bette sehn,
O reicher Christ vom Himmel
Wie wird es heut ergehn.

Sie ließen den Wächter fahen,
Sie legten ihn auf den Tisch,
In Stücken tut man ihn schneiden,
Gleich wie ein Salmenfisch.
Und warum täten sie ihm das?
Daß sich ein andrer Wächter
Sollt hüten desto baß.

Trümmeken Tanz.

(Altes Tanzlied Dithmarsische Chronik Seite 108.)

Herr Hinrich und siene Bröder alle dree, voll grone,
Se buuden een Schepken tor See, um de adlige Rosenblome,
Do dat Schepken rede was, voll grone,
So setten sick darin, se föhrden alle daher, um de adlige Rosenblome.

Do se Westwerts averkemen, voll grone,
Do stond dar een Goldschmits Söhne vor de Dör, mit de adlige Rosenblome,
„Weset mir willkommen, ji Herren alle dree gar hübsch und schone
Will ji Mede, efte will ji nun Wien", sprach de adlige Rosenblome,
„Wi willen neen Mede, wi willen neen Wien, voll grone,

Wi willen en Goldschmits Tochter han, de van de adlige
Rosenblome."
„Des Goldschmits Tochter krieg ji nig, gar hübsch und schone,
Se is Lütke Leicke al to gesegt, de adlige Rosenblome."
„Lütke Leicke de krieg se nig, voll grone,
Dar will wi dree unse Halse um wagen, um de adlige
Rosenblome."

Lütke Leicke tog ut sien blankes Schwerd, voll grone,
He houde Herr Hinrich sien lütgen Finger af, um de adlige
Rosenblome.

Herr Hinrich tog ut sien blankes Schwerd, gar hübsch und
schone,

He houde Lütke Leicke sien Hövende wedder af, um de adlige
Rosenblome.

„Ligge du aldar ein kruse Kroll, voll grone,
Min Hert is hundert tusend Freuden voll, um de adlige
Rosenblome."

Lütke Leicke siene Kinder wenden all so sehr voll grone,
„Morgen schallen wi unsern Vader begraven, um de adlige
Rosenblome."

Springel- oder Lange-Tanz.

(Dithmarsische Chronik.)

Dat geit hir gegen den Sommer, gegen de leve Sommertidt,
De Kinderken gahn spehlen an dem Dahl, dat sprack en Wyff.
„Ach Mömecken, min leve Moder, moste ick aldar tom
Avendtanz gahn,

Dar ick hör de Pipen gahn und de leven Trummel schlan!"
„Ach neen! min Tochter nichten dat, du schalt, du schalt
schlaapen gahn."

„Ach Mömecken min, dat deit my de Not, dat deit mi de Not.
Kann ick tom Avendtanz nich, so mut ick sterven dot."
„Ach neen du min Dochter, alleen schalst du nich gahn,
So weck op dienen Broder und lat em mit di gahn."
„Min Broder is junk, is man en Kind, ick weck en altes nicht,
Vielmehr weck ick een andern Mann, den ick sprecken schall."
„O Dochter min, Gott geve di grot Heil, Gott geve di grot Heil,
Nu ick di nich stören kan, so gah du all dar hen."
Do se tom Avendtanze kam, to de Kinder speele gahn,
Se let er Ogen herummer gahn, ehr se den Richter fand,
De Richter de was grot, he toeg aff sinen Hoet,

He toeg aff sinen Hoet, he küssede se vör den Mund
An dem Tanze dar se stund.

Alle bei Gott, die sich lieben.
(Mündlich.)

Es hatt ein Herr ein Töchterlein,
Mit Namen hieß es Annelein,
Ein Herrn wollt man ihr geben,
Frau Markgräfin sollte es werden.

„Ach Vater, ich nehm noch keinen Mann,
Ich bin nicht älter dann elf Jahr,
Ich bin ein Kind und sterb fürwahr."

Es stund nicht an ein halbes Jahr,
Das Fräulein mit dem Kinde ging,
Sie bat ihren Herrn im Guten,
Er sollt jetzt holen ihre Mutter.

Und als er in den finstern Wald eintritt,
Ihm seine Schwieger entgegenschritt:
„Wo habt ihr dann euer Fräulein?"

„Mein Fräulein liegt in großer Not,
Fürcht, wenn wir kommen, sei sie schon tot;
Mein Fräulein liegt in Ehren
Ein Kind soll sie gebären."

Und als er über die Heide ritt,
Ein Hirtlein hört er pfeifen,
Ein Glöcklein hört er läuten.

„Ei Hirtlein, liebes Hirtlein mein,
Was läutet man im Klösterlein,
Läutet man um die Vesperzeit,
Oder läutet man um eine Totenleich?"

„Man läutet um eine Totenleich!
Es ist dem jungen Markgrafen
Sein Fräulein mit dem Kind entschlafen."

Und als er zu dem Tor einritt,
Und als er in den Hof einritt,
Drei Lichter sieht er brennen,
Drei Schülerknaben singen.

Und als er in die Stube kam
Sein Fräulein in der Bahre lag,
Das Kindlein in ihren Armen lag.

Er küßt sie an ihren bleichen Mund,
„Jetzt bist du tot und nimmer gesund.“
Er küßt sein Kindlein an ihrem Arm,
„Daß Gott erbarm, daß Gott erbarm.“

Die Mutter, die war ganz allein,
Die setzt sich an ein harten Stein,
Vor Leid brach ihr das Herz entzwei.

Da zog er aus sein glitzerich Schwert,
Und stachs sich selber durch sein Herz:
Er sprach: „Ists nicht ein Straf von Gott,
Vier Leichen in eines Fürsten Schloß.“

Es stand nicht länger als drei Tag,
Drei Lilien wuchsen auf des Fräuleins Grab;
Die erste weiß, die ander schwarz.

Die schwarz dem kleinen Kindlein war,
Weil es noch nicht getaufet war;
Auf der dritten war wohl geschrieben:
Sie sind all bei Gott, die sich lieben.

Den Herrn, den gräbt man wieder aus,
Legt ihm zum Annelein ins Gotteshaus,
Da liegen vier Leichen zusammen,
Daß Gott erbarme. Amen!

Edelkönigs-Kinder.

(Mitgeteilt von H. Schlosser.)

Es waren zwei Edelkönigs-Kinder,
Die beiden die hatten sich lieb,
Beisammen konnten sie dir nit kommen,
Das Wasser war viel zu tief.

„Ach Liebchen, könntest du schwimmen,
So schwimme doch her zu mir,
Drei Kerzlein wollt ich dir anstecken,
Die sollten auch leuchten dir.“

Da saß ein loses Nönnechen,
Das tat, als wenn es schlief,
Es tat die Kerzlein ausblasen,
Der Jüngling vertrank so tief.

„Ach Mutter, herzliebste Mutter,
Wie tut mir mein Häuptchen so weh,

Könnt ich eine kleine Weile
Spazierengehn längst der See."

„Ach Tochter, herzliebste Tochter,
Allein sollst du da nit gehn,
Weck auf deine jüngste Schwester,
Und laß sie mit dir gehn."

„Ach Mutter, herzliebste Mutter,
Mein Schwester ist noch ein Kind,
Sie pflückt ja all die Blumen,
Die in dem grünen Wald sind.

Ach Mutter, herzliebste Mutter,
Wie tut mir mein Häuptchen so weh,
Könnt ich eine kleine Weile
Spazierengehn längst der See."

„Ach Tochter, herzliebste Tochter,
Alleine sollst du da nit gehn,
Weck auf deinen jüngsten Bruder,
Und laß ihn mit dir gehn."

„Ach Mutter, herzliebste Mutter,
Mein Bruder ist noch ein Kind,
Er fängt ja alle die Hasen,
Die in dem grünen Wald sind."

Die Mutter und die ging schlafen,
Die Tochter ging ihren Gang,
Sie ging so lange spazieren,
Bis sie ein Fischer fand.

Den Fischer sah sie fischen,
„Fisch mir ein verdientes rot Gold,
Fisch mir doch einen Toten,
Er ist ein Edelkönigs-Kind."

Der Fischer fischte so lange,
Bis er den Toten fand,
Er griff ihn bei den Haaren,
Und schleift ihn an das Land.

Sie nahm ihn in ihre Arme,
Und küßt ihm seinen Mund:
„Adie, mein Vater und Mutter,
Wir sehn uns nimmermehr."

Die Braut von Bessa.

(Kornmans Frau Veneris Berg. Frankfurt am Main 1614. S. 305.)

Zu Felsberg bat mich Kledte,
Ich sollt ihm schreiben recht,
Was ich gesehen hätte,
Von manchem stolzen Knecht,
In einem Dorf hieß Bessa,
Da war ein groß Kirmes,
Dazu ein großer Tanz
Um einen Kettenkranz.

Ich kam einmal gen Bess,
Auf einen Sonntag früh,
Da war ein groß Kirmes,
Davon ich singen will,
Ich ward gar schön empfangen,
Von ein'm der hieß Hans Lange,
Mit dem ich ziehen pflegt
Gar manche liebe Tag.

Er bracht mich unter ein Linde,
Die war unterschieden recht,
Da fand sich ein wüst Gesinde,
Das waren die Eisern Knecht,
Die hätten sich bezeichnet mit Weiden,
Kein Hochmut wollen sie leiden,
Sie sprungen auf den Plan,
Ein jeder wollt den Vorreihen han.

Die andern trugen Berken,
Das war also getan,
Daß einer den andern soll merken,
Wann sich erhüb ein Schlan,
Die dritten trugen Hopfen
Am Hals und auch am Kopf,
Trutz wer sie zornig mächt,
Und sie zum Zanke brächt.

Wohl an demselbigen Tanze,
Sahe man ein wunderschöne Magd,
Sie künnt gar wohl umschwanzen,
Vor allen wohlbehagt,
Sie kunnt gar wohl begaffen
Mit Mönchen und mit Pfaffen,
Sie wollt kein andern han,
Als Eisserer Henzen Sohn.

Sie hieß die Riebel feiste,
Das war ganz offenbar.
Viel Spott tät sie beweisen,
An manchem Knecht fürwahr,
Es hofft ein jeder Knabe
Kundschaft mit ihr zu haben,
Dadurch wuchs ihr der Mut,
Keinem Geringen tät sie gut.

Sie war so schön gezieret,
Den Sternen ward sie gleich,
Dazu konnt sie vexieren
Die Knaben meisterlich,
Sie war von solcher Schanze,
Daß jeder wollt mit ihr tanzen,
Dadurch zuletzt geschach,
Groß Leid und Ungemach.

Da kam ein stolzer Knabe,
Der hieß Bellerstein,
Den Vortanz wollt er haben,
Mit der schönen Magd allein,
Er sprach: „Mich tun verdrießen,
Die Hellebarden und die Spieße,
Der sehe ich also viel,
Daß ich nicht tanzen will.“

Ein Zank erhub sich balde,
Durch die Eisern und Bessar Knecht,
Ein jeder wollt den Platz behalten,
Sie waren all kühn und frech,
Sie begunnen sich zu schlagen,
Die Bessar waren zagen,
Sie machten die Flucht davon,
Die Eissern behielten den Plan.

Wohl an demselben Tanze,
Sag ich wohl auf mein Eid,
Waren vierundvierzig Knechte,
Waren alle rot Lündsch gekleidt,
In gelben Wammes und Hosen,
Sie sprungen, als wären sie rasend,
Sie machten sich so breit,
Zum Streit waren sie bereit.

Großen Hochmut täten sie treiben,
Mit Trotzen, Keiben und Schlan,
Das wollt ich bald aufschreiben,

Und nicht vergessen lan,
Sie täten sich bald bedenken,
Ein Trinkgeld wollten sie mir schenken,
Sie brachtens zu mir her,
War gar nicht mein Begehr.

Sie täten mich bald fragen:
Ob ich der Schreiber wär?
Das sollt ich kurzum sagen,
Dazu ward mir nicht her.
Ich gab ihn gute Worte,
Als die keiner nie erhörte,
Ich macht mich bald davon,
Ihr Klopfen an mich kam.

Sie wollten mich lernen schreiben,
Die zornig Bursche Art,
Bei ihn war nicht zu bleiben.
Sie waren mir viel zu gelahrt;
Ihr Buchstaben taten sie ziehen
Mit Schlägen und großen Striemen,
Ich macht mich bald davon,
Begehrt von ihn kein Lohn.

Der uns dies Lied tut singen,
Will ich berichten bald,
Von dannen mußt er entspringen,
Wär sonst nicht worden alt,
Er ging mit kurzen Schritten,
Recht nach der Hasen Sitten,
Ja lauffete über Macht.
Ade zu guter Nacht.

Die Tartarfürstin.

(Aus einer Handschrift mitgeteilt von H.D. Hinze.)
(Ein in Preußen sehr gewöhnliches Volksblatt: Der im Jahre 1656 geschehene Einfall der Tartaren in Preußen, von Johann Melitor, aus dem Polnischen ins Deutsche übersetzt, Elbing 1793, gibt in Versen einen Bericht, der aber ohne Einzelheit auf alle kriegerische Einfälle paßt.)

Was wollt ihr aber hören,
Was wollt ihr, daß ich sing?
Wohl von der Tartarfürstin,
Wie's der zu Neumark ging.

Nach Bresselau in Schlesien
Ein große Reis sie macht,
Nach Neumark kam sie gefahren
Und blieb allda zur Nacht.

Da sprach der Wirt zum andern:
„Ein Heidin wohnt bei mir,
Sie hat Gold, Edelsteine,
Die laß ich nicht von hier."

„Gute Nacht, o Fürstin schöne,
Ihr lebt nicht bis zum Tag."
Und wandte sich behende,
Gab ihr den Todesschlag.

Und all ihr Hofgesinde
In tiefem Schlaf er fand,
Und würgt sie groß und kleine
Mit seiner eignen Hand.

Mit seinen eignen Händen
Begrub er sie allzumal
Gar tief in kalten Keller,
Ihr Gold und Gut er stahl.

Er zeigte drauf den andern
Sein Hand von Blut so rot,
Von Gold und Edelsteinen
Die Hälft er ihnen bot.

Die nahmen sie so gerne
Und schwiegen von der Tat,
Doch was nicht früh gerächet,
Das straft der Himmel spat.

Der Tartarfürst, der hörte:
In Neumark ist mein Kind
Gemordet und beraubet,
Den Körper man noch findt.

Da rief er seinen Haufen;
„Auf nehmet Spieß und Schwert,
Nach Schlesien wir ziehen,
Es ist des Ziehens wert."

So kamen sie in Scharen
Ins ganze Schlesierland,
Und sengten, brannten, stahlen,
Der Welt ists wohlbekannt.

Der Fürstin Tod zu rächen
Bei Wahlstadt ging es trüb,
Zur Ehr der Heidenfürstin
Der Christen Herzog blieb.

So ward am Land gerächet
Was Neumark hat getan,
Herr Gott mich selbst regiere
Fang ich allein was an.

Kloster Trebnitz.

(Mitgeteilt von H. D. Hinze.)

Der edel Herzog Heinrich zu Pferd
Stürzt in den Sumpf gar tief, tief, tief.
Seines Lebens er sich schier verwehrt,
Als Gott sein Engel rief, rief, rief.

Der Engel nahm ein Köhlertracht,
Und trat zum Sumpf hinan, an, an.
Und schnell dem Herrn ein Ästlein bracht
„Da halt der Herr sich dran, dran, dran."

Und als der Herzog g'rettet war,
Da kniet er freudig hin, hin, hin.
„O Herr, wie ist es wunderbar,
Daß ich gerettet bin, bin, bin.

Und bin ich denn gerettet nu,
Bau ich ein Kloster dir, dir, dir,
Daß man dir dien in Fried und Ruh,
Auf diesem Flecklein hier, hier, hier."

Das Kloster war gar schön gebaut,
Des freut sich, wer es sah, sah, sah.
Und manche fromme Gottesbraut,
Kam hin von fern und nah, nah, nah.

„Was begehrt ihr edle Jungfrauen mehr?"
Der Herzog fragt sie dann, dann, dann.
„Wir b'dürfen nichts und nimmermehr,
Dieweil wir alles han, han, han."

„Und weil euch denn nichts not mehr ist,
So sei denn dieser Nam, Nam, Nam,
Trebnitz, das hieß, wir b'dürfen nichts,
Den Namen es bekam, kam, kam."

Herzog Hans von Sagan und die Glogauschen Domherrn.

(Mitgeteilt von H.D. Hinze.)

Hannes der Herzog zu Sagan
Der Grimme lag in schwerem Bann,
Der Bischof*) wollt sich rächen,
Den Bann ließ über ihn sprechen.

„Und lieg ich auch in tiefem Bann,
So kehr ich mich kein Daumen dran“,
Tät Herzog Hannes sagen,
„Die Domherrn will ich fragen.

Ihr Glogschen Domherrn kommt herbei,
Laßt mit euch reden frank und frei,
Kommt ihr zu meinen vier Pfählen,
Ihr könnts euch selber wählen.“

„In euern vier Pfählen gehts nicht an,
Dieweil ihr seid in schwerem Bann,
Ruft uns zu andern Orten,
Da wollen wir euer warten.“

Er b'stellt sie auf die Brücke schlau,
Die werten Domherrn von Glogau,
Der Herzog kam gegangen,
Die Red tät er anfangen.

Sie sprachen viel und mancherlei
Riz, Raz, da ging der Boden entzwei.
Wohl hinter ihrem Rücken
Zersägte man die Brücken.

„Nun seht euch um, ihr Herrn gemach“,
Der Herzog grimmen Tones sprach,
„Ihr Herren, wollt ihr singen,
Ihr Herren, wollt ihr springen?“

Die Herren sahn die Wassernot,
Sie sahen vorn und hinten Tod:
„Es muß euch wohl gelingen
Herr Hans, wir wollen singen.“

Und darauf gingen all nach Haus,
Der Herzog lacht sie lustig aus:

*) Rudolph I. Bischof von Breslau st. 1482.

Sein Spaß, der war gelungen,
Mein Lied, das ist gesungen.

Der Pfalzgraf.

(Der erschossene Pfalzgraf, wahrscheinlich des Kurfürsten Philipp Wilhelms Sohn, Pfalzgraf Friedrich Wilhelm, erschossen vor Mainz, 1689 den 30. Juli.)

Es reitet die Gräfin weit über das Feld,
Mit ihrem gelbhaarigen Töchterlein fein,
Sie reiten wohl in des Pfalzgrafen sein Zelt,
Und wollen fein fröhlich und lustig sein.

Frau Gräfin, was jagt ihr so früh schon hinaus?
O reitet mit eurem fein Liebchen nach Haus,
Der Pfalzgraf kommt selber gleich zu euch hinab,
Sie tragen ihn morgen hinunter ins Grab:

Es hat ihn eine Kugel so tödlich verwundt,
Da starb er sogleich in der nämlichen Stund,
Da schickt er dem Fräulein ein Ringelein fein,
Soll seiner beim Scheiden noch eingedenk sein.

Hat dich, o Pfalzgraf, die Kugel getroffen,
Wär ich viel lieber im Neckar ersoffen;
Trägt man den Liebsten zum Kirchhof herein,
Steig ich wohl mit ihm ins Brautbett hinein.

Will reichen ihm meinen jungfräulichen Kranz,
Will sterben und scheiden von Güter und Glanz;
Lieb Mutter, setz du mir den Kranz in das Haar,
Auf daß ich schön ruhen kann auf der Bahr.

Steck mir an den Finger das Ringlein fein,
Es mit mir soll liegen ins Grab hinein,
Ein schneeweißes Hemdelein zieh du mir an,
Auf daß ich kann schlafen bei meinem Mann.

Auf Töchterleins Grab sollst legen ein Stein,
Drauf sollen die Worte geschrieben sein;
Hier ruhet der Pfalzgraf und seine Braut;
Da hat man den beiden das Brautbett gebaut.

Die Nachtwandler.

Konrad, der Degenfelder hat
Sein edles Fräulein in die Stadt

Zur Hochzeit mitgenommen,
In ein Gespräch gar mancherlei
Sind da die Frauen kommen.

Jakob von Gültlings Frau zeigt an:
„Viel Tugend hat mein Edelmann,
Viel Tugend tut er üben,
Er ist besonnen, hat Vernunft,
Er tut mich herzlich lieben.

Doch leget er sich trunken nieder,
Er oft gar schnell erwachet wieder,
Ein'n Streich hat er empfangen
Vor Maastricht in dem Niederland,
Der tut ihm noch anhangen.

Dann springet er von dem Bett herab,
Daß ich mich oft verwundert hab,
Wehrt sich um Leib und Leben,
Doch tut er sich auf freundlich Wort
Ganz stille niederlegen."

Des Degenfelders Frau zeigt an:
„Die Tugend liebt mein Edelmann,
Doch tut er dies oft üben,
Im Schlafe geht er manche Nacht,
Tut mich damit betrüben."

Indem sie dies Gespräch vollendt,
Ging schier die Hochzeit auch zu End,
Da ging es an ein Scheiden,
Allein die beiden edlen Fraun
Lebten da länger in Freuden.

Junker Jakob ward lustig gemacht,
Daß er ist blieben über Nacht,
Doch gar mit großen Bitten,
Viel lieber wär er mit Gesind
Zur Wohnung gleich geritten.

Mit Trinken setzt man stark an ihn,
Der Junker dacht in seinem Sinn:
„Ich muß mich wohl vorsehen,
Daß ich die Sach nicht mach zu grob,
Will mich beizeit ausdrehen."

Sie lebten all in Freuden groß,
Den Degenfeld die Frau umschloß,
Und küßte ihn vor allen;

Sobald die andern solches sahn,
Hats ihnen wohlgefallen.

Junker Jakob saß an dem Tisch,
Den Degenfeld an der Hand erwischt,
Aus Lieb tät er sie drücken,
Sprach ihm daneben freundlich zu,
Tät sich an ihn auch schmücken.

Ein Umtrunk bald herummer ging,
Junker Jakob wieder anfing,
Hat ganz freundlich gebeten;
„Den bring ich euch zur guten Nacht."
Vom Tisch ist er getreten.

Als bald er sich zur Ruh begab,
Sein Knecht zog ihm die Kleider ab;
In einer Kammer kleine
Befahl er sich dem lieben Gott,
Legt sich ins Bett alleine.

Zu plaudern noch Herr Konrad kam,
Doch als er Gültlings Schlaf vernahm,
Wollt er ihn nicht erwecken,
Und als er noch ein Bett ersah,
Tät er hinein sich strecken.

Da es nun war um Mitternacht,
Der Teufel hat sein Spiel gemacht,
In dieser Kammer kleine,
Da die zween Junker gelegen sind,
Der Mond schien hell und reine.

Konrad von Degenfeld aufsteht,
Und in dem Schlaf nachtwandeln geht,
Wie er sonst oft tut pflegen,
Das Deckbett schlug er um sich rum,
Darunter er gelegen.

Jakob erwacht und blicket hin,
Konrad geht still im Schlaf auf ihn,
Als wollt er ihn verfolgen,
Da springt er auf vor dem Gespenst
Und sucht nach seinem Dolche.

Er tappt umher, und auf der Erd
Greift er des Degenfelders Schwert,
Tuts gegen ihn erheben,
„Nun steh und sage, wer du bist,
Sonst geh ich dir ans Leben."

Als Konrad noch kein Antwort gab,
Entsetzt sich Gültling sehr darob,
Wehrt sich um Leib und Leben,
Vermeint es wär ein Teufelsspuk,
Tät viele Stich ihm geben.

Tödlich verwundet sinkt zur Erd
Der edle Degenfelder wert,
Indem da tut erwachen
Der Schultheiß und das Hausgesind,
Niemand wußt von den Sachen.

Ein Lichtlein schlägt er an geschwind,
Der Kammer eilt er zu geschwind,
Junker Jakob tät anfangen;
„Was ist das für ein Teufelsspuk
Der mich hat angegangen."

Das Licht nimmt er in seine Händ,
Und es zur Erde niederwendt,
Als er den Mord gesehen,
Da schrie er Jammer immerfort:
„Ach Gott, wie ist mir geschehen!"

Erst wollte er's ganz glauben nicht,
Dem Konrad küßt er das Gesicht,
Der Schultheiß schrie mit Bangen:
„Herr Jakob, gib dich mir geschwind."
Herr Jakob ward gefangen.

Bis morgens früh ein Stund vor Tag,
Dem Ritter man das Urteil sprach,
Da ward das Tor geschlossen,
Die Fuhrleut, fremde Wandersleut
Hat man hinaus gelassen.

Danach sie wurden zugesperrt,
Viel Bürger mußten wohlbewehrt
Zum Markte eilend kommen,
Die ganze Stadt des Wunder nahm,
Wie sie das hat vernommen.

Ein schwarzes Tuch ward da bereit,
Und mitten auf den Markt gespreit,
Auch eine Bahr daneben,
Herr Jakob nahm seinen Mantel ab,
Tät ihn seinem Jungen geben.

Ein seidnes Tuch war da zur Hand,
Die Augen er sich selbst verband,

Und tät aufs Tuch hinschreiten,
Darauf kniet er mit Heldenmut,
Stellt beide Händ in die Seiten.

Indem der Meister sein Werk verricht,
Tritt ihm der Teufel unters Gesicht,
Das sag ich unverhohlen,
Wie gern hätt er ihm Leib und Seel,
In dieser Stunde gestohlen.

Er aber beständig blieben ist
In dem Vertrauen auf Jesum Christ,
Ist ritterlich gestorben,
Die ewge Freud und Seligkeit
Hat er damit erworben.

In die Bahr hat man ihn gelegt,
Mit einem schwarzen Tuch bedeckt,
Die ganze Gemeind tät klagen,
Er ward von ehrlichen Leuten da
Ganz traurig weggetragen.

Das vierte Gebot.

(Altes Manuskript.)

Im Land zu Frankereiche
Ein alter König saß,
Der all sein Land und Reiche
An seinen Sohn da gab.

Das war aus Alterssхwäche,
Daß er sich des verwandt,
Der Sohn tät ihm versprechen,
Ich nähre dich zur Hand.

Der Sohn gar bald sich nahme
Ein Hausfrau minniglich
Die war dem Vater grame,
Sprach also klägelich:

„Der alt Mann tut stets husten,
Bei Tisch, das graut mir sehr,
Und nimmt mir Essens Lusten,
Macht mir die Zunge schwer."

Der Sohn tät ihren Willen,
Ließ auch den Vater sein

Da legen in der Stillen
Unter die Stiege hinein.

Ein Bett darinnen stunde,
Von Heu und auch von Stroh,
Recht als ein andrer Hunde
Viel Jahre lag er so.

Die Königin tät sich legen,
Gebar ein Sohne gut,
Der ward ein stolzer Degen,
Und hätt ein frommen Mut.

Als der die Sach erkannte,
Bracht er zu aller Stund
Seim Ahnherrn Speis und Tranke,
Was er nur finden kunnt.

Er bat ihn an eim Tage
Um eine Roßdeck alt,
Daß er nit kalt da lage,
Der fromm Jüngling lief bald.

Da er zum Roßstall kame,
Ein Roßdeck, die war gut,
Er von dem Pferd da nahme,
Zerriß sie mit Unmut.

Sein Vater ihn da fraget:
Was ihm die Roßdeck tät:
„Ich bring sie halb", er saget
„Deim Vater an sein Bett."

Das Halbteil ich behalte
Für dich, wenn du da ruhst,
Wo deinen Vater alte,
Du jetzt versperren tust.

Traure nicht, traure nicht,
Um dein junges Leben,
Wenn sich dieser niederlegt,
Wird sich jener heben.
(Mündlich.)

Es ritt ein Herr und auch sein Knecht.
Sie ritten miteinander einen Winter weiten Weg.

Sie kamen an einen Feigenbaum,
„Lieb Knecht steig, schau dich ume auf dem dürren
Feigenbaum."

„Es ist, lieb Herr, es ist zuviel,
Mein Kraft ist mir entschwunden, die Ästlein sind auch dürr."

„Lieb Knecht, so halt mein Roß am Zaum,
Ich will wohl selber steigen auf den dürren Feigenbaum."

Und da er auf den Baum nauf trat,
Die Ästlein waren dürre, er fiel ins grüne Gras.

„Lieb Herr, nun liegst du halber tot,
Wo soll ich mir nun ausnehmen, mein schwer verdienten
Lohn?"

„Lieb Knecht, für deinen Lohn und Wert,
Dafür sollst du wohl nehmen mein rappelbraunes Pferd."

„Dein rappelbraun Pferd, das mag ich nit,
Ich weiß mir noch was andres, das mir lieber ist."

„Lieb Knecht, für deinen Lohn und Wert,
Dafür sollst du wohl nehmen, mein silberreiches Schwert."

„Dein silberreiches Schwert, das mag ich nit,
Ich weiß mir noch was anders, das mir lieber ist."

„Lieb Knecht, so nimm mein wunderschönes Weib,
Dazu den jungen Markgraf, der in der Wickelwiege leit."

„Lieb Herr, jetzt reit ich, schau um ein Grab,
Daß man euch mit den Schülern zur Kirche eintrag."

Und da sie an die Kirche kamen,
Da fingen alle Glöckelein, zu läuten, läuten an.

Sie läuten so hübsch, sie läuten so fein,
Sie läuten dem Markgrafen ins Himmelsreich hinein.

Ins Paradeis, ins Himmelreich,
Da sitzen die Markgrafen den Engelein zugleich.

Der grobe Bruder.

Kuchlebu, Schifflebu fahren wohl über den Rhein,
Bei einem Markgrafen, da kehrten sie ein.

„Guten Morgen, junger Markgraf, guten Morgen,
Wo hast du dein adelig Schwesterlein verborgen?"

„Was fragst du nach meinem adeligen Schwesterlein klein,
Es möchte dir viel zu hübsch und zu adelig sein.“

„Warum möcht es mir viel zu hübsch und zu adelig sein,
Es geht mit einem Kindelein klein.“

„Geht es mit einem Kindelein klein,
So soll es auch nicht mehr mein Schwesterlein sein.“

Er schickte sogleich Roß und Wagen,
Und ließ sein adeliges Schwesterlein hertragen.

Sie versprach der Kindsmagd ein Paar neue Schuh,
Soll ihrem Kindlein die Sach recht tun.

Versprach dem Kutscher ein Paar silberne Sporen,
Er soll auch tapfer in Hof nein fahren.

Und da sie in den Hof nein kamen,
Da sagt der Bruder ihr gleich willkommen:

„Liebes adeliges Schwesterlein mein,
Wo hast du dein Kindelein klein?“

„Ich hab fürwahr kein Kindelein klein,
Die Leute gehn mit Lügen auf mich ein.“

Er nahm sie bei ihrer schneeweißen Hand,
Und führt sie auf Ulm zu dem Tanz.

„Ihr Musikanten, macht mir auf einen langen Tanz,
Mein Schwester ist hier im Nägelkranz.“

“ Der Tanz, der währte dritthalbe Stund,
Bis ihr die Milch aus den Brüsten raussprung.

Der Bruder nahm sie bei der schneeweißen Hand
Und führt sie in sein Schlafzimmer alsbald.

Und sprang mit Stiefel und Sporen auf sie,
Daß sie vor großem Schmerze laut schrie.

„Hör auf, hör auf, grober Bruder mein,
Es ist ja genug, das Kind ist nicht dein.

Es gehört ja dem König in Engeland zu!“
„Ach hättst du es bälder gesaget nur!

Hätt ich fürwahr einen Schwager gehabt,
Ist dir noch zu helfen, mein Schwesterlein, sags?“

„Warum wird es mir zu helfen sein,
Man sieht auf Lung und Leber hinein!“

Es stand nicht länger an als dritthalbe Tag,
Da war der König von England selber da.

„Willkommen, willkommen junger Markgraf mein,
Wo hast du dein adelig Schwesterlein klein?“

„Es liegt im kühlen Grab und da liegts,
Daß du es nimmermehr hier wiedersiehst.“

Was zog der König? Sein glitzeriges Schwert,
Und stach es dem jungen Markgrafen durchs Herz.

Er stach es ins Herz, so tief als er kann;
„Sieh an, das hast du deiner Schwester getan.“

Er nahm sein Kind froh in den Arm:
„Jetzt hast keine Mutter mehr, daß Gott erbarm!“

Die wiedergefundene Königstochter.

(v. Seckendorfs Musenalmanach f. 1808, S. 29.)

Es hat ein König ein Töchterlein,
Mit Namen hieß es Annelein;
Es saß an einem Rainelein,
Las auf die kleinen Steinelein.

Es kam ein fremder Krämer in's Land,
Er wurf ihm dar ein seidnes Band: :,:
„Jetzt mußt du mit mir in fremde Land.“

Er trugs vor einer Frau Wirtin Haus,
Er gabs für einen Bankert aus:
„Frau Wirtin, liebe Frau Wirtin mein,
Verdinget mir mein Kindelein.“

„O ja! o ja! das will ich wohl,
Ich will ihm tun doch also wohl, :,:
Gleich wie ein' Mutter eim Kind tun soll.“

Und als die Jahrszeit ummen war,
Und es zu seinen Jahren kam:
Es wollt ein Herr ausreiten
Und er wollt ausgahn weiben.

Er ritt vor einer Frau Wirtin Haus,
Die schöne Magd trägt ihm Wein heraus.
„Frau Wirtin, liebe Frau Wirtin mein! :,:
Ist das euer Töchterlein?
Oder ist es eures Sohnes Weib?
Daß es so wunderschön mag sein.“ :,:

„Es ist doch nicht mein Töchterlein,
Es ist doch nicht meines Sohnes Weib,

Es ist nur mein armes Südeli,
Es weist meinen Gästen die Stübeli."

„Frau Wirtin, liebe Frau Wirtin mein,
Erlaubet mir ein Nacht oder drei, :,:
So lang das euer Willen mag sein!"

„O ja! o ja! das will ich wohl,
Es soll doch euch erlaubet sein, :,:
So lang das euer Willen mag sein."

Er nahm schön Annelein bei der Hand,
Er führt es in eine Schlafkammer lang,
Er führt es vor ein schönes Bett,
Ob es die Nacht bei ihm schlafen wöllt.

Der Herzog zog aus sein goldiges Schwert,
Er leit es zwischen beide Herz!
Das Schwert soll weder hauen noch schneiden,
Das Annelein soll ein Mägedli bleiben.

„Ach Annelein, kehr dich umher!
Nun klag mir deinen Kummer schwer,
Klag mir alles, was du weißt,
Was du in deinem Herzen treist.

Sag, wer ist dein Vater? Sag, wer ist deine Mutter?"
„Der Herr König ist mein Vater, Frau Königin ist meine Mutter,
Ich hab einen Bruder, heißt Mannigfalt,
Gott weiß wohl, wo er umherfahrt."

„Und ist dein Vater ein König,
Und ist dein Mutter eine Königin,
Hast du einen Bruder, heißt Mannigfalt;
Jetzt hab ich mein Schwesterlein an meiner Hand."

Und wie es morgens Tage ward
Frau Wirtin vor die Kammer trat:
„Steh auf, du schnöde Magd, steh auf,
Füll deinen Gästen die Häfelein auf!"

„O nein! laß du schön Annelein in Ruh,
Füll deine Häfelein selber zu, :,:
Mein Schwester Annelein muß 's nimmer mehr tun!"

Er saß wohl auf sein hohes Pferd,
Und er sein Schwesterlein hinter ihm nahm,
Er nahm schön Annelein beim Gürtelschloß,
Er schwungs wohl hinter sich auf sein Roß.

Und wie er durch den Hof einritt,
Sein Mutter ihm entgegenschritt:

„Bis mir Gott willkommen, du Sohne mein,
Und auch dies zarte Fräuelein!"

„Es ist doch nicht mein Fräuelein, :,:
Es ist doch nur euer liebes Kind,
Was wir so lang verloren gehan."

Sie setzen schön Annelein oben an Tisch,
Sie geben ihm gesotten und gebratne Fisch,
Sie stecken ihm an einen güldnen Ring:
„Jetzt bist du wieder mein Königskind!"

Der Star und das Badwännelein.

(In der Spinnstube eines hessischen Dorfs aufgeschrieben.)

Herr Konrad war ein müder Mann,
Er band sein Roß am Wirtshaus an.

Das Mägdlein sprach: „steig ab, steig ab",
Ihre Äuglein schwankten auf und ab.

„Ach Jungfer, liebste Jungfer mein,
Schenk mir ein Becher kühlen Wein!"

„Ach Herre, lieber Herre mein!
Ich bring ein Becher kühlen Wein."

„Trink ab, trink ab, du roter Mund,
Trink aus den Becher auf den Grund.

Frau Wirtin, liebe Frau Wirtin mein,
Ist dies fürwahr euer Töchterlein?"

„Mein Töchterlein ist sie nicht fürwahr,
Sie ist meine Magd für immerdar."

„Wollt ihr mir sie leihen auf eine Nacht?
So will ich euch geben des Goldes Macht."

„Wollt mir mir geben des Goldes Macht,
Will ich sie euch leihen auf eine Nacht.

Nun richt dem Herrn ein Fußbad an,
Mit Rosmarin und Majoran."

Sie ging in Garten und brach das Kraut,
Da sprach der Star: „O weh, du Braut,

In dem Badwännnlein ist sie hergetragen,
Darin muß sie ihm die Füße zwagen,

Der Vater starb in Leid und Not,
Die Mutter grämt sich schier zu Tod.

O weh, du Braut! du Findelkind,
Weißt nicht, wo Vater und Mutter sind."

Da trug sie das Badwännelein,
Wohl in des Herrn Schlafkämmerlein.

Sie fühlt hinein, obs nit zu warm,
Und weint dazu, daß Gott erbarm!

„Ach meine Braut, was weinst du dann?
Bin ich dir nicht gut für einen Mann?"

„Du bist mir gut für einen Mann,
Ich wein über, was der Star mir sang.

Ich war im Garten und brach das Kraut,
Da sang der Star: o weh, du Braut!

In dem Badwännelein ist sie hergetragen,
Darin muß sie ihm die Füße zwagen.

Der Vater starb in Leid und Not,
Die Mutter grämt sich schier zu Tod.

O weh, du Braut, du Findelkind,
Weißt nicht, wo Vater und Mutter sind."

Da sah der Herr das Badwännelein an,
Da war das burgundische Wappen dran.

„Das ist meines Herrn Vaters Schild allein,
Wie kommt dies Wännlein ins Wirtshaus herein?"

Da sang der Vogel am Fensterladen:
„In dem Badwännelein ist sie hergetragen.

O weh, du Braut, du Findelkind!
Weißt nicht, wo Vater und Mutter sind."

Herr Konrad sah an ihren Hals,
Da hatte sie ein Muttermal.

„Grüß Gott, grüß Gott mein Schwesterlein.
Dein Vater ist König an dem Rhein.

Christina heißt deine Mutter,
Konrad dein Zwillingsbruder."

Da knieten sie nieder auf ihre Knie,
Und dankten Gott bis morgens früh.

Da er sie hielt von Sünden rein,
Durch den Star und das Badwännelein.

Und als zu Morgen kräht der Hahn,
Frau Wirtin fängt zu rufen an.

„Steh auf, steh auf, du junge Braut,
Kehr deiner Frau die Stube aus."

„Sie ist fürwahr keine junge Braut,
Sie kehrt der Wirtin die Stube nicht aus.

Herein, Frau Wirtin, nur herein
Nun bringt uns einen Morgenwein."

Und als die Wirtin zur Stube eintrat,
Herr Konrad sie gefraget hat:

„Woher habt ihr das Jungfräulein?
Sie ist eines Königs Töchterlein."

Die Wirtin ward bleich als die Wand,
Der Star verriet da ihre Schand.

In einem Lustgarten im grünen Gras
Das Kind in dem Badwännelein saß.

Da hat die bös Zigeunerin
Gestohlen das zarte Kindelein.

Herr Konrad war so gar entrüst,
Sein Schwert er durch ihre Ohrlein spießt.

Er bat sein Schwesterlein um einen Kuß,
Ihr Mündlein reicht sie ihm mit Lust.

Er führt sie bei der schneeweißen Hand
Und hob sie auf den Sattel bald.

Das Wännelein trug sie auf dem Schoß,
Da ritt er vor der Frau Mutter Schloß.

Und als er in das Tor eintritt,
Die Mutter ihm entgegenschritt.

„Ach Sohne, lieber Sohne mein,
Was bringst du für eine Braut herein.

Sie führt das Wännelein ja zur Hand,
Als ob sie mit einem Kinde gang."

„Es ist fürwahr keine junge Braut,
Es ist euer Tochter Gertraut."

Und als sie von dem Sattel sprang,
Die Mutter in ein Ohnmacht sank.

Und als sie wieder zu Sinnen kam,
Ihr Tochter sie in die Arme nahm.

„Laß sie sichs eine Freude sein,
Ich bin Gertraut ihr Töchterlein.

Heut sind es fürwahr 18 Jahr,
Daß ich der Frau Mutter gestohlen war.

Und ward getragen übern Rhein
In diesem kleinen Badwännelein."

Und als sie sprach, da kam der Star,
Und sang die Sach ganz offenbar.

Und sang: „O weh, mein Ohr tut weh,
Ich will keine Kinder stehlen mehr." –

„Ach Goldschmied, lieber Goldschmied mein,
Nun schmiede mir ein Gitterlein.

Schmied mirs wohl vor das Badwännelein,
Das soll des Staren Wohnung sein."

Die Entführung.

(v. Seckendorfs Musenalmanach auf 1808. S. 16.)

„Ich bin durch Frauen Willen
Geritten in fremde Land,
Mich hat ein edler Ritter
Zu Boten hergesandt.
Der entbeut euch sein viel werten Gruß.
Nun entbiet't ihm was ihr wöllet,
Von euch, so hat er Freuden g'nug."

„Was soll ich ihm entbieten?"
Redt als das Mägdlein rein,
„Säh ich den Held mit Augen,
Das erfreuet das Herze mein.
Und siehst du dort die Linden,
Wohl vor der Burge stahn,
Da heiß dann deinen Herren
Des Abends spät darunter gahn.
Da will ich mit ihm kosen,
Und sagen meinen Mut;
Ich bin vor großen Sorgen
Sicher wohl behut't."

Da der edel Ritter
Da unter die Linden kam
Was fand er unter der Linden?

Ein Mägdlein, die war wohlgetan.
Ab zog er den Mantel sein,
Er warf ihn in das Gras.
Da lagen die zwei die lange Nacht,
Bis an den lichten Tag.
Er halst, er küßt, er drücket,
Sie lieblich an sein Leib;
„Du bist auf meine Treue,
Das allerliebste Weib."

„Nun ist dir dein Will an mir zergangen",
Redt als das Mägdlein rein,
„So tust du wohl dem gleiche,
Sam du mir treu wollst sein.
Und kehrst mir bald den Rücken
Und reist dahin von mir.
So tu ich als ein kleines Kind,
Und wein, ach edler Herr! nach dir."

„So verbiet ich euren Augen
Ihr wunderschönes Weib!
Daß sie nach mir nicht weinen,
Ich komm her wieder in kurzer Zeit.
Und siehst du dort mein Rößlein
Nach dem Zügel schlagen,
Das soll uns, mein allerliebstes Lieb!
Aus größten Nöten tragen."

Da hub sich in der Burge,
Wohl wundergroßer Schall,
Der Wächter an der Zinne,
Der sang: „die Burg ist aufgetan!
Hat jemand hier verloren,
Der soll sein nehmen wahr."
Da sprach der Edel von Kerenstein:
„Ich hab mein schöne Tochter verloren,
Darum so hast du Wächter genommen das rote Gold,
Darum so mußt du leiden den bittern Tod."

„Nun weiß es Christ vom Himmel wohl,
Daß ich unschuldig bin.
Und ist mein schön Jungfraue,
Mit einem andern dahin,
Das war ihr beider Wille,
Sie waren einander lieb."

Der Wächter an der Zinne,
Der sang so wohl ein Tagelied.

Der König aus Mailand.

(Mitgeteilt von H. v. Westenberg in Konstanz.)

Weiß mir e Herr, hätt siebe Süh
Und nune einzig Töchterli.
Der Herre stellt e Gastmal a,
Er ladt viel fremdi Herre dra.
Er ladt viel fremdi Herre ni,
De König us Mailand au darbi.
Di Tochter hät e Haar, ist gelber weder Gold,
Darum wird ihre der König us Mailand hold,
Das Mägdli wölt ge schlafe go,
Tritt ihr der König us Mailand no,
Und doner hot sie Wille geto,
Sizt er ufs Roß, und ritt darvo.
In vierzig Woche will er wider ko.
Die vierzig Woche sind umme,
Der König ist nie kumme.
Dem Mägdli wurds im Siteli weh
Zu einem kleinen Kindele.
„Ach! Bruder! liebe Bruder mi!
Erlaub du mir di Kämmerli!
Erlaub mir di Schlofgade,
Klei Kindli mueni habe!" –
„Ach Schwester, liebi Schwester mi!
Schlafkämmerli soll di eige si;
Ich will dir ge viel Gut und Geld
Bring du di Kindli recht uf d'Welt."
„Ach Bruder, liebe Bruder mi!
Und hätti numme ne Wiber dri!" –
„Ach Schwester liebi Schwester mi,
D' Wiber müend gli vorhande si." –
Und do das Kind gebore war,
Die eine zu der andere sprach:
„Das Kind ist hübsch und minniglich,
Es sieht dem König us Mailand glich."
Die Mutter an de Wände
Erloset de Reden en Ende.
Sprung dür die Stege uf und ab,
Bis daß sie zus Mägdlis Vater kam.
„Hänt aister gesproche eui Tochter sei fromm,

Izt hätt sie gebore en junge Sohn.
Und wär die Tochter eu wie mi,
Die Red muß uns verschwige si;
Das Kind ist wüest und grüsiglich,
Es sieht em leidige Teufel glich." –
Der Vater fiel in e große Zorn,
Er sprung wohl uf de Mure
Ruft alle sine Nachbure:
„Nachbure, liebi Nachbure mi,
Müend mir e Galge mure;
Dra mue mi Tochter verfuhle.
Ich will sie lasse henke,
Ihr junge Soh vertränke." –
Der Bruder an de Wände
Erloset de Reden en Ende.
Erloset von Anfang bis zum End,
Bis ihm sini Äugli Wasser gend.
„Ach! Schwester! Liebi Schwester mi,
Mir hände zornigs Väterli;
Er will di lasse henke,
Din junge Soh vertränke." –
Es Mägdli setzt sie uf im Bett
Es heischt Dinte und Federe her,
Es tut e Briefli schreibe
Sim Herrn in Mailand ine.
„Ach! Bruder, liebe Bruder mi
Hätt ich e kleines Bötemli,
Mueßt mir e Briefli trage
Mim Herre in Mailand sage." –
„Lieb Schwester, liebi Schwester mi,
Das Bötemli will i selber si,
Will dir das Briefli trage,
Dim Herre in Mailand sage." –
Do ner is Mailand ine kam
Er so zu selbigem Diener sprach:
„Ach Diener, liebe Diener mi
Möcht euer Herr dahaime si?" –
„O nei! min Herr ist nit dahai,
Min Herr der ist geritten us
Umme zarts Jungfräuli us." –
Der Bot der kehrt sie nit dara,
Bis er zum Herr ind Stube trat, –
Was zog er us sim Buse? –
„Sieh hi! sieh hi! min Herre mi,
Darinn kannst sehe, wer ih bi." –

Ehb er das Briefli ganz lese kann
Die Träner ihm ind' Schoß aberann.
„Stehnt uf! stehnt uf, ihr Ritter uf!
Wir müend an Rhinstrom ritten us;
Ume zartes Jungfräuli us,
Und du, min liebe Diener mi
Gang sattle mir mi Pferdeli,
Und sattle mir das beste Pferd,
Das unter vierthalb hundert wär." –
Und dones war am Fritig früh
Sie führet das Mägdli us so früh.
Frumm Mägdli wend sie henke,
Sin junge Soh verträнke. –
Und dones uf die Laiter kam
Und es de Nachrichter treuli bat.
„Nachrichter, liebe Nachrichter mi –
O wart du nune kleine Wil,
Ih ghör e scharfe Reiteri,
Ih hoffs es möcht ein drunter si,
Möcht meines Kindlis Vater si." –
Der Nachrichter ist en barmherzige Ma,
Er warte vierthalb Stunden ab,
Er wartet vierthalb Stund
Bis daß die Schar vo Ritter kumt.
Er wünschet allen e gute Tag,
Dazu nen gute Morge.
„Wen wender so früh versorge? –
In unserm Land ists nit der Bruch
Daß man Wibervolk tut henken uf."
Was zog er us sim Buse? –
Voll Wunder! – Ein schönes Tücheli.
„Sieh hi! sieh hie! Brun Maidli mi!
Wickle du di kleis Kindli dri!" –
Was zieht er us si'r Scheide? –
Voll Wunder! – Ein schönglänziges Schwert,
Er stach sin Schwägerin uf die Erd.
„Wenn ih den Adel nit niesse möcht,
So stäch ih min Schwäher wohl uf die Erd.
Ach! Anni – magsts ritten erlide? –
Magst zu mir uf mi Pferd stige? –
Du mußt nu ritte ne halbi Stund
Bis daß die Gutsche gegen us kunnt!"
„Worum wött is Ritte nit besser erlide,
Als uf de hohe Galgen uf stige!" –
Es stoht nit me als e halb Johr a,

Der König stellt e Gastmahl a. –
„Ach: Anneli, liebs Anneli mi
Wönmer lode die Väterli an dri? –“
„O Nei! O Nei! min Here o nei!
Wönd lade mi Väterli nit drei!“ –
„Es fliegt e Vögeli nit so hoch
Es lot sie wieder nieder.
Wenn scho di Väterli zornig ist,
Der Zorn, der let sie wieder.“

Graf Friedrich.

(Fliegendes Blatt aus der Schweiz.)

Graf Friedrich tät ausreiten
Mit seinen Edelleuten,
Wollt holen seine liebe Braut,
Die ihm zur Ehe war vertraut.

Als er mit seinem hellen Hauf
Ritt einen hohen Berg hinauf
An einem kleinen Weg,
Kam er auf einen schmalen Steg.

In dem Gedräng dem Grafen wert
Schoß aus der Scheid sein scharfes Schwert,
Verwundet ihm sein liebe Braut
Mit großem Schmerz sein's Herzens traut.

Aus zog er bald sein Hemmed weiß
Drucket's ihr in die Wunden mit Fleiß,
Das Hemmed war mit Blut so rot,
Als ob mans draus gewaschen hätt.

Er gab ihr gar sehr freundlich Wort,
Man hat nie größer Klag gehört,
Die von eim Manne kommen schon,
Als von dem Grafen wohlgetan.

„Graf Friedrich edler Herre,
Ich bitt euch gar sehre,
Sprecht ihr zu eurem Hofgesind,
Daß sie nicht reiten so geschwind!“

Graf Friedrich ruft seinen Herren:
„Ihr sollt nicht reiten so sehre!
Meine liebe Braut ist mir verwundt,
O reicher Gott, mach sie mir gesund!“

Graf Friedrich zu seinem Hof einritt
Sein Mutter ihm entgegenschritt:
„Bis Gott willkomm, du Sohne mein,
Und all die mit dir kommen sein!

Wie ist dein liebe Braut so bleich,
Als ob sie ein Kindlein hab gezeugt;
Wie ist sie also inniglich,
Als ob sie ein's Kindleins schwanger sei!"

„Ei schweig mein Mutterlein stille,
Und tu's um meinetwille!
Sie ist kindshalben nicht ungesund
Sie ist bis auf den Tod verwundt."

Da es nun war die rechte Zeit,
Ein köstlich Wirtschaft war bereit,
Mit aller Sach versehen wohl,
Wie eins Fürstenhochzeit sein soll.

Man setzt die Braut zum Tische,
Man gab ihr Wildbret und Fische,
Man schenkt ihr ein den besten Wein,
Die Braut, die mocht nicht fröhlich sein.

Sie mocht weder trinken noch essen,
Ihr's Unmuts konnt sie nicht vergessen,
Sie sprach: „Ich wollt, es wär die Zeit,
Daß mir das Bettlein würd bereit."

Das höret die übel Schwieger,
Sie redt gar bald hin wieder:
„Hab ich das mein Tag nie gehört,
Daß eine Braut zu Bett begehrt."

„Ei schweig mein Mütterlein stille!
Hab daran kein'n Unwillen!
Sie redt es nicht aus falschem Grund,
Sie ist todkrank zu dieser Stund."

Man leuchtet der Braut zu Bette
Vor Unmut sie nichts redte,
Mit brennenden Kerzen und Fackeln gut,
Sie war traurig und ungemut.

Man leuchtet der Gräfin schlafen
Mit Rittern und mit Grafen,
Mit Ritter und mit Reitern,
Mit lauter Edelleuten.

„Graf Friedrich, edler Herre,
So bitt ich euch so sehre:
Ihr wollt tun nach dem Willen mein,
Laßt mich die Nacht ein Jungfrau sein!"

„O allerliebste Gemahlin mein!
Der Bitt sollst du gewähret sein.
Mein Schatz! mein Trost, mein schönes Lieb,
Ob deinen Schmerzen ich mich betrüb.

Du herzigs Lieb! mein höchster Hort,
Ich bitt dich: hör mich nur ein Wort!
Hab ich dich tödlich wund erkennt,
Verzeih mir das vor deinem End!"

„Ach allerliebster Gemahl und Herr!
Bekümmert euch doch nicht so sehr!
Es ist euch alles verziehen schon,
Nichts Arges habt ihr mir getan."

Sie kehrt sich gegen die Wände,
Und nahm ein seligs Ende,
In Gott endt sie ihr Leben fein,
Und blieb ein Jungfrau, keusch und rein.

Zu morgens wollt sie haben
Ihr Vater reichlich begaben,
Da war sie schon verschieden
In Gottes Namen und Frieden.

Ihr Vater fragt all Umstände,
Wie sie genommen hätt ein Ende?
Graf Friedrich sprach: „Ich armer Mann
Bin, Gott sei's klagt! selbst schuldig dran."

Der Braut Vater sprach in Unmut:
„Hast du verderbet ihr junges Blut,
So mußt du auch darum aufgeben
Durch meine Hand dein junges Leben."

Indem so zog er aus sein Schwert,
Er stach den edlen Grafen wert,
Mit großen Schmerzen durch seinen Leib,
Daß er tot auf der Erden bleib.

Man band ihn an ein hohes Roß,
Man schleift ihn durch das tiefe Moos,
Darin man seinen Leib begrub;
Kürzlich zu blühen er anhub.

Es stund an bis den dritten Tag,
Da wuchsen drei Lilien auf seinem Grab,
Darauf da stund geschrieben:
Er wär bei Gott geblieben.

Ein Stimm vom Himmel kam herab,
Man sollt ihn nehmen aus dem Grab!
Der schuldig war an seinem Tod,
Der muß darum leiden ewig Not.

Man grub ihn wieder aus dem Moos,
Man führt ihn auf sein bestes Schloß,
Zu seiner Braut man ihn begrub,
Sein liebliche Farbe sich erhub.

Er war bei dreien Tagen schon tot,
Noch blühte er als ein Rose rot
Unter seinem Angesicht fürwahr,
Sein ganzer Leib war weiß und klar.

Ein groß Wunder auch da geschah,
Das mancher Mensch glaubhaftig sah:
Sein Lieb er mit Armen umfing,
Ein Red aus seinem Munde ging.

Und sprach: „Gott sei gebenedeit!
Der geb uns heut die ewig Freud!
Seit ich bei meinem Buhlen bin,
Fahr ich mit leichtem Mut dahin.“

Graf Friedrich.

(Mitgeteilt von H. von Westenberg.)
(In einer Abschrift dieses Liedes, das uns in mehreren Dialekten, doch nie so vollständig wie hier zugekommen, wirft der Sohn der Mutter nachher vor: Ach Mutter, du mußt mein Ehr nicht abschneiden, du hast mirs fürwahr schon dreimal so gemacht, wann ich aufs Weiben ausgeh. Auch ersticht er sich darin selbst.)

Grof Friederich wötti*) wibe,
Si Mutterli wär nit z'friede.
Tut ihm de Dege fege
Mit lauter Gift und Schwebel.
Grof Friederich wött usrite
Mit viele Edellüte,
Wött hole sei liebi Braut

*) wollte.

Wo'n ihm zur Eh wär vertraut. –
Er wurd gedrungen e' böse Weg.
Do schießt us der Scheid si glänzig Schwert,
Siner liebe Braut in rechte Fuß.
„Itzt weiß i daß sie sterbe muß!" –
Bald zug er aus sie Hemdli weiß
Er druckt es in die Wunde mit Fleiß.
Das Hemdli war vom Blut so rot,
Als ob mes drinn gewasche hätt.
Und doner in de Hof nei ritt
Si Mutter ihm entgege schritt; –
„Bis mir gottwillche Sohn dahai!
Mit deinem bleiche Bräutelei! –
Wie ist doch deine Braut so bleicht
Als ob sie ne Kindli hätt gesäugt,
Wie sieht sie nit so höniglich,
Als ob sie gar scho schwanger ist."
„Nu stille mi Mutterli stille! –
Sie redts nit us Uwille! –
Sie ist kindshalbe nit ugsund,
Sie ist bis auf de Tod verwundt." –
Sie führet die Braut zum Tisch,
Bringet ihr viel Brät und Fisch,
Sie schenket ihr i vom beste Wi,
Das Bräutli möcht nit lustig si;
Möcht weder trinke noch esse,
Ihres Unmuts nit vergesse.
Sie sprach, sie wöll's zu ner andern Zeit.
Als ihre ne Bettli wär bereit,
Sie führet die Braut zu Bettli,
Vor Unmut sie nit redti,
Mit Lichter und mit Leuchter
Mit lauter Edelleute.
Sie führet die Braut ge schlofe
Mit Reuter und mit Grofe;
Mit brennede Kirze und Fackle gut,
Die Braut ist krank, ist übel zumut.
„Gemahli lieb Gemahli und Schatz,
Ich bitt eu um en einziges Gsatz,
Hab ich eu tötli verwunde könnt,
Verzeihet mer das vor eurem End!"
„Gemahl, lieber Gemahl und Herr!
Bekümmeret eu do nit so sehr,
Es ist eu alles verziehe scho,
Nix Arges habet ihr mir geto.

Gemahl lieber Gemahl lond mi
Heut Nächte no ne Jungfrau si.
Und diese Nacht alleini
Und fürderhi me keini! –
So lang mir Gott wills Lebe lo',
Für dos bin ih eu unterto. –"
– – – – – – – –
– – – – – – – –*)
Sie kehrt si gegen d Wände,
Izt fallt sie schon ins Ende.
In Gott hätt sie ihrs Lebe frei.
Ist bliebe au e Jungfrau rei
Und wurd am Morge begrabe.
Ihr Vater wött sie begabe,
Hätt gmeint er käm zu einer Hochzeit,
Jetzt kommt er zu einer Totenleich.
Der Vater erfraget alle Umständ,
Wie sie hat gnommen e seligs End.
Grof Friedrich sprach: „Ich armer Ma,
Vor Gott ist Klage, bi schuldig dara!"
Der Vater sprach in wilder Wut:
„Hast du verursacht ihr unschuldigs Blut,
So mußt du au darum aufgebe
Durch mei Hand dei jugendlich Lebe."
Er zog wohl us sei glanziges Schwert
Und stichts dem adeliche Grofe durs Herz,
Mit großer Gewalt dur seinen Leib,
Bis daß er tot auf der Erde leit.
Sie vergrabet d Braut uf das feste Schloß,
Grof Friedrich in e tiefes Moos.
Dahin man seinen Leib vergrub,
Allda es kürzlich zu blühen erhub.
Und dones wär am dritte Tag
So wachset drei Lilie uf sim Grab.
Darinne stund geschriebe;
Bei Gott sei er gebliebe.
Sie nemmet Grof Friedrich us dem Moos,
Sie führet ihn uf sei festes Schloß,
Zu seiner Braut man ihn vergrub,
Und kürzlich zu blühe das erhub,
Er ist de dritte Tag scho tot,

*) Die Sängerin, ein 76jähriges Bauernweib, wußte sich hier einiger Reimpaare nicht zu erinnern.

Er blühet wie ne Rose rot.
Ein großes Wunder au geschah,
Das menger Mensch glaubhaftig sah.
Mit weißen Armen er sie umfing,
Ein Red us seinem Munde ging:
„Ich danke eu, ihr liebe Leut,
Daß ihr mi zu meim Schatz geleit:
Weil ih bi meiner Buhle bi
Fahr ich us dieser Welt dahi,
Mit leichter und mit ringer Gemüt,
Laß ih dahinde mein uschuldig Geblüt,
Ich fahr us dieser Welt dahi
Us aller Not erlediget bi." –

*Der Färber.**)

(Mitgeteilt von H. v. Westenberg.)

Kummet her! kummet her ihr jungi Leut,
Und still und stille ne kleini Zeit,
Und höret was will i eu singe! –
Was dieß Johr sich begebe hat
Zu Miltau in der werte Stadt,
So gar viel traurige Dinge.
Ein kunstreicher Maler in dieser Stadt
Mit seiner Frauen erzoge hat
Ei Tochter und die ist scho bestellt,
Und sie ist billig zu lobe,
Es lobet sie nu jederma,
Ma bhalt sie sehr in Ehre,
Sie schicket sie ind Schul und Lehre,
Ka schriben und lese nach Begehre,
Man brucht sie nit lang zu weise.
Jetztunter e braune Färber kam,
Tät sie zur Eh begehre.
Der Maler sprach: „Es hat no Zeit,
Noch all e Jahre zwei oder drei;
Sie muß no länger warte." –

*) Der Dialekt, in der diese Romanzen gesungen wurden, ist nicht ganz die ländliche Volkssprache – des hauensteinischen Schwarzwalds; sondern es ist die Volkssprache, die das Hochdeutsche zu sprechen affektiert.

Die Mutter sprach: „Schämt ihr üch nit,
Weil sie noch jung und närrisch ist.“ –
Sie tät der Sache wehre.
Es wurd ihm rund abgschlage.
Das tut ihr i dem Herze so weh,
Die Antwort sie verdrosse,
Weil sie so heimli hätt die Eh
Dem Färber scho versproche.
Er geit ihr au en ehlige Pfand,
E scho Goldstück wohl uf die Hand.
Dabei hätt sie versproche,
Sie wöll no warte drei, vier Johr,
Bis daß er wiederkäm gelofe.
Dabei soll es nu bleibe.
„Ade! mein Kind! izt mu n i fort,
Mei Herz ist voller Leide.“
Sie heißt i Gottsname bald,
Durch Berg und Tal und Wasser und Land
Zu ihre wieder kume.
Er goht nach seines Vaters Haus,
Den Abschied tut er nemme.
Der Vater geit ihms Gleit hinaus
Wie wackere Handwerksgselle.
Und do der Färber wär eweg,
Wär niene meh vorhande,
Tut sich e reiche Wittma dar,
Viel Gut hätt er beisamme.
Die Tochter sprach: „O Elteren i bitt,
Mir kommet nit zusamme.
Will lieber bleibe ganz allei,
Kei Wittma mag ih nit nemme.“ –
Der Vater sprach: „Du mußte ha,
Ih tu di nit lang frage.“
Er ließ sie au zusamme bald,
Die Tochter mit dem alte Ma,
Zu ihrem größte Schade.
Sie wurde krank wohl a der Stätt,
Ma muß sie legen i das Bett,
Empfindt sie Weh und Schmerze.
Sie war so voller Kümmernis,
Und durf's au niemed klage,
Wenn sie sonoft as Goldstück denkt,
Wo n ihre der Färber hätt gebe.
Sie wurdi krank und kränker je,
Tät nimmer uferstehe. –

Zu Preuß dort in der Rosen, am Tag,
Bei der Nacht hätt er sie gsehn.
Er hört sie klägeli weine.
Er sieht sie in eme weiße Kleid,
„Das ist mi Brut, ihr helle Schei
Was ist ihr doch geschehe!?"
Und dones morndriges Tages war,
Er ließ sie setze uf die Post,
Tut nacher Moldau jage.
Allein er kommt ja viel zu spat,
Si Braut ist scho vergrabe. –
Er goht wohl uf de Kilihof,
Nimmt Haue und Spad so viel er mag,
Er tut si nit langweile,
Er grabt die Totebahr heraus,
Die Tote tut si richten auf,
Sie stellt sie uf die Erde,
„Ach Gott! ach Gott! warum bin i do!
Wer tut mi itzt erquäle?!" –
Der Färber sprach: „Kennt ihr mi nit,
Der eu das Goldstück hätt gebe,
Wien ihr mir händ so treuiglich,
Wien ihr mir händ versproche,
Ihr wöllet no warte dri, vier Johr,
Bis daß ih wieder käm geloffe." –
Er nimmt sie bi der wiße Hand,
Tut sie nach Hause führe,
Zun ihrem erste Bräutigam,
Wien es si tut gebühre.
Er klopfet a der Türe a
Mit ungehöfligem Herze,
Der Junge hätt ihm aufgetan,
In d'Stube tät er sie führe.
Er wünscht dem Hochzeiter e guti Zeit
Mit ungehöflichem Herze:
„Do bring i eueri Liebi hai
Wohl us der kühligen Erde." –
Der Hochzeiter verschrickt, fallt in Ohnmacht,
Und stirbt au no i der selbige Nacht,
Empfindet sie Weh und Schmerze.
Itzt wartet sie none halbes Jahr,
So ließet si das neue Paar
Druf no der Kilche führe.
Und das ist ein seltsami Eh
Wo diese drei Persone,

Desgleiche nie geschehe wär,
Noch niemal wär vernomme.*)

Des edlen Helden Thedel Unvorferden von Walmoden Taten.

I. Die Taufe.

(Nach den Reimen von Georg Thym. Wolfenbüttel 1563.)

Es hat gewohnt ein Edelmann,
Des Tugend kannte jedermann
Nicht ferne vom Braunschweigschen Land,
Aschen von Walmoden genannt.
Gott segnete des Aschen Weib
Im heilgen Stand mit fruchtbarem Leib,
Sie hat ein Söhnlein ihm geboren,
Der war zu Großem auserkoren.
Die Eltern sein aus Griechenland
Theodulus ihn han genannt,
Verkürzt man aber Thedel spricht,
Von Gott ein Knecht, keins andern nicht.
Zur Schule ward er früh gesandt,
Die Sprachen lernt aus allem Land,
In fremde Land ging nach Paris,
Damit er ward der Kunst gewiß.
Da Thedel war so lange Zeit
In fremdem Land gewesen weit,
Kam endlich wieder heim nach Haus,
Der Vater gab nen großen Schmaus.
Da ward getauft sein Schwesterlein,
Er muß dabei Taufzeuge sein.
Er konnt Latein, verstand so drat,
Die Tauf, die Christus setzen tat.
Die Worte, die der Priester las,
Aus seinem Herzen nicht vergaß,
Und als die Mahlzeit war geschehen,
Ließ er den Pfarrherrn zu sich gehen,

*) Die Melodie, nach welcher diese Romanzen gesungen wurden, war mehr rhythmische Deklamation, als Melodie. Ein Linienpaar war der Satz des Rhythmus, wovon die erste Linie die Kadenz, die zweite das Finale machte.

Er sprach: „Mir ist gezeiget an,
Daß ihr mich auch getaufet han,
Habt ihr da auch die Wort gelesen,
Die bei der Schwester Tauf gewesen?“ –
„Ich sage euch bei Jesu Christ,
Der unsrer aller Mittler ist,
Bei euch sind keine andre Wort
Gebraucht als heut an diesem Ort,
So wird euch Gott vom Himmelsthron
Beistand geben durch seinen Sohn!“
„Ehrwürdiger Herr, bin ich also
Getauft, so bin ich herzlich froh,
Seit ich das bin von euch bericht,
Ich fürchte mich vor keinem nicht,
In Kampf und Streit in Gottes Namen,
Ich schlag den Teufel selbst zusammen.“
Den Teufel das gar sehr verdroß,
Daß Thedels Glauben war so groß.

II. Das schwarze Pferd.

Des Junker Thedels fromme Eltern
Entschlafen sind in Gott dem Herren,
Sie ließen ihm Lotter das Haus,
Unter dem Barenberg siehts heraus.
Von ungefähr ging er einmal
Mit seinem Schreiber in das Tal,
Zur wilden Heid, genannt die Haard,
Da man viel Wildes wird gewahr,
Sie wollten Hasen, Füchse fangen,
Von Reitern bald die Felder klangen.
Der Thedel sah da viel Bekannte,
All gute Freund vom Vaterlande,
All die gestorben lange Zeit,
Er war von ihnen nicht sehr weit.
Vor ihnen reitet schwarz ein Mann,
Mit einer großen schwarzen Fahn,
Auf einem feinen schwarzen Pferd,
Das trabt daher seltsam Gebärd.
Herr Thedel war ganz unerschrocken
Die Springschnur gab und auch die Glocken
Dem Schreiber sein, zu dem er sprach:
„Stell du die Garn all fein gemach,
Der Reiter will ich nehmen wahr,

Ein Wunder ich vielleicht erfahr!"
Im Hinterhalt er droben sah,
Fünf Reiter, kam ein Reiter nach,
Derselbe saß bei seiner Reis,
Auf einer schwarz dreibeingen Geiß,
Derselbe sprach: „Gevatter mein,
Was sucht und macht ihr hier allein,
Habt ihr nicht Lust und Lieb darin:
So zieht zum heilgen Grabe hin
Auf meiner schwarz dreibeingen Geiß,
Sitzt hinter mir auf dieser Reis,
Verdienet euch das schwarze Pferd,
Das jetzt der schwarze Mann herkehrt,
Doch müßt ihr auf dem Weg nicht sprechen,
Das würde gleich den Hals euch brechen.
Und seid ihr dann am heilgen Grab,
So steiget nach Gefallen ab,
Wenns euch gefällt, mögt ihr ein Schild
Da hängen lassen und ein Bild:
„Ihr könnt da tun nach eurer Macht
Und bleiben bis zur andern Nacht.
Wenn aber dann zum drittenmal
Wir umgezogen überall,
Dann dürfet ihr euch nicht verweilen,
Und müßt zur Stunde mit mir eilen,
Sonst möget ihr zu eurem Frommen
Zusehn, wie ihr nach Haus mögt kommen."
Bald sprach der Thedel unverfehrt:
„Die christliche Taufe sei verehrt,
Ich bin von aller Teufels List
Erkauft durch meinen Jesu Christ,
Willst du mich hier zurücke bringen,
So tu ich um das Pferd schon ringen."
Bald auf die Ziege sprang der Held,
Und macht sich unverzagt ins Feld,
Und da sie sind ans Meer gekommen,
Den Teufel hieß es gleich willkommen!
Der Teufel sprach zum Unverfehrden:
„Nun soll es gar nicht lange werden,
Laßt euer Rütteln, sitzet still,
Ich über die Pfütze springen will."
Nun kamen sie zum heilgen Grab,
Sie stiegen von der Geiße ab.
Der Teufel blieb für sich allein,
Herr Thedel ging in Jerusalem ein,

Da ließ er zum Gedächtnis sein
Sich malen dort ein Schild so fein,
Was ich allda noch hab gesehen,
Hoch in der Kirche tut es stehen.
All seine Wunder beichtet gern,
Geht auch zum Nachtmahl unsres Herrn,
Und dann besah er alles, mein ich,
Ward auch gewahr den Herzog Heinrich,
Der damals mit dem Löwen sein,
Und einem Gruß im Dom erscheint:
„Wie geht es unserm lieben Gemahl
Mit unsern Kindern auf dem Saal?"
Der Unverfehrt war da bekannt,
„Es steht noch wohl im ganzen Land,
Doch sagt man, daß ihr seid ertrunken,
Mit Rittern und mit Gut versunken.
Die Herzogin will sich vermählen,
Den Pfalzgraf tut sie sich erwählen."
Darob erschrak der Herzog sehr,
Und bat sogleich den Unverfehrt,
Zur Mahlzeit sollt er zu ihm kommen,
Und Briefe würd er da bekommen.
Darauf gab Thedel sein Bericht:
„Mein gnädger Herr sehr weise spricht,
Kanns eurer Gnaden nicht abschlagen,
Denn ich hab einen leeren Magen,
Mir sind die Wirt auch unbekannt,
Auch hab ich nicht viel Geld, noch Pfand."
Als nun der Fürst zur Herberg kam,
Der Marschall sprach: „In Gottes Nam
Herr Wirt laßt decken, gebt zu essen,
Vom besten Wein laßt uns einmessen,
Mein Herr hat Botschaft überkommen,
Die hat ihm alle Sorg benommen."
Dem Unverfehrt sie gaben all
Den Handschlag recht mit lautem Schall,
Er muß erzählen gar mit Fleiß,
Sie hörtens an mit froher Weis,
Sie fragten alle nach seinem Pferd,
Er tat, als ob ers nicht gehört.
Als nun die Mahlzeit ging zuende,
Der Kanzler kam, die Brief in Händen,
Ein jeder bracht sein Briefelein,
Das eine groß, das andre klein.
Wegfertig war Herr Thedel schon,

Nahm Abschied ging dann in den Dom.
Als nun die Mitternacht heran,
Da kam der Teufel, klopfet an
Und fragt: „Was machst du an dem Ort?“
Herr Thedel schweigt und sagt kein Wort.
Der Teufel klopft zum drittenmal,
Da betet er recht laut einmal.
Der Teufel schrie mit lauter Stimm:
„Du wachest noch, umsonst mein Grimm:
Dein Glauben ist so ganz und gar,
Daß ich dir bringe kein Gefahr.“
Da gab er auf den Unverfehrt,
Und schenkt ihm gleich das schwarze Pferd,
Der ritt von dannen immerfort
Bis zu der Haard, nach jenem Ort,
Wo er den Schreiber lassen tät,
Beim Hasengarn zu abends spät.
Dem lags gar übel in dem Sinn,
Daß er nicht wußt wo aus, wo hin,
Nach Lotter er getraut sich nicht,
Weil er vom Herren ohn Bericht.
Der Junker sprach: „Gott sei geehrt,
Wie hast du Schreiber dich verfehrt,
Wovon bist du geworden grau?“
Der Schreiber sprach: „Da ich euch schau,
Wie ihr so stark und unversehrt
Gewonnen habt das schwarze Pferd,
So hab ich all mein Leid vergessen.“
Herr Thedel sprach: „So häng indessen
Das Hasengarn wohl auf dein Pferd.
Ich reit zu meiner Hausfrau heim,
Die mag in großen Ängsten sein.“
Die Hausfrau ihm entgegenging,
Mit ihren Armen ihn umfing,
Und fragt ihn, wo er blieben wär:
„Ich hab gejagt bei meiner Ehr!“
Da nun die Mahlzeit war getan,
Da fing die Hausfrau wieder an,
Sprach: „Lieber Junker Unverfehrt;
Woher habt ihr das schwarze Pferd,
Das so gewaltig schlägt und beißet,
Den Haber an die Erden schmeißet,
Nichts frißt als glühende Kohlen und Dorn,
Beim Heu gerät in großen Zorn;
Es sattelt sich auch gar zu schwer.“

Herr Thedel sagt: „Bei meiner Ehr
Ich habs gefunden auf der Haard."
Denn er gedachte wohl daran,
Was ihm gesagt der schwarze Mann:
Ihm solle alles Glück zukommen,
So lang er sich in acht genommen,
Doch wenn er sagt, wie ers gekriegt,
Der Tod ihn in drei Tag besiegt.

III. Der gehangene Pferdedieb.

Der edle Thedel Unverfehrt
Nach Braunschweig eilt auf seinem Pferd,
Zu Herzog Heinrichs Ehgemahl,
Und ihren Kindern sprach im Saal:
„Der Herzog wünscht euch so viel gute Nacht
Als manch rot Mündlein in dem Jahre lacht,
So viel als grüne Grasstiel sind,
Die man am Weg zum Grabe findt,
Von wo er diese Briefe sandt,
Die übergibt euch meine Hand."
Die Fürstin küßt die Brief fürwahr,
Mit Weinen, Seufzen spricht sie dar:
„Gott lohn es dir, mein edler Herr,
Ich glaubt ihn tot und weinte sehr,
Nun seh ich, daß er noch am Leben,
Als er den Abschied dir gegeben.
Aus seinen Schreiben ich befind,
Wohl wie sie zupetschieret sind,
Du sollst hier trinken und auch essen
Nach Notdurft, bis wir sie gelesen."
Die Fürstin war sehr guter Ding,
Ließ bringen einen goldnen Ring.
Auch einen Kranz von Golde gut,
Der saß auf einem neuen Hut,
Sie wurd gereizt zur Fröhlichkeit,
Daß sie ihm gab ein neues Kleid,
All das dem Thedel zum Geschenk,
Daß er ihr Gnaden bei gedenk.
Dann sagt sie ihm: „Ein gutes Pferd
Müßt ihr wohl haben, Unverfehrt,
Daß ihr in zweien Tagen hier?" –
„Dafür gebt Gott die Ehr, nicht mir!"
Die Fürstin gab ihm ihre Hand,

Eh dann sie ihn von dannen sandt,
Der Thedel in die Herberg ging,
Zu sagen also gleich anfing:
„Ihr Knechte, daß wir reiten, trachtet,
Herr Wirt genau die Rechnung machet."
Der Wirt sprach: „Zieht in Gottes Geleit,
Die Fürstin hat bezahlet heut."
Da nahm er gütlich sein Abschied
Zum Graf von Schladen er hinritt,
Doch fand er ihn nicht gleich zu Haus,
Er mußte vor das Tor hinaus,
Gericht ward da gesprochen,
Der Stab war schon gebrochen.
„Der Pferdedieb ist schon gehangen,
Laßt euch um euer schön Pferd nicht bangen."
Der Graf ihn führt zu seinem Schloß,
Und freut sich übers schwarze Roß.
„Das schwarze Roß", Herr Thedel spricht,
„Das fürcht selbst höllsches Feuer nicht.
Es ist wie ich, ich mach kein Kreuz
Wie auch der Teufel mir einheizt."
Das tät dem Teufel sehr verdrießen,
Er meint, das soll der Thedel büßen,
Und als es auf den Abend kam,
Der Bös den Dieb vom Galgen nahm,
Und setzt ihn auf die Heimlichkeit,
Der Teufel war voll Fröhlichkeit,
Und hat in seinem Sinn gedacht,
Wie er ihn schon zu Fall gebracht,
Daß Thedel dann ein Kreuz würd machen,
Säh er also den Ort bewachen,
Denn Thedel hat verlobt fürwahr,
Daß er in größter Todesgefahr
Kein Kreuz vorm Teufel machen wollt,
Denn Gottes Wort ihm alles golt.
Da es nun in die Nacht nein kam,
Vom Grafen Thedel Abschied nahm;
Es wurden Licht gestecket an,
In die Latern, daß er hinan
Von Dienern würd zu Bett gebracht.
Er schickt sie fort mit: „Gute Nacht!"
Begehrt dann auf die Heimlichkeit,
Und macht sich auch dazu bereit.
Der Held war kühn und unverzagt,
Er fand da, was ihm baß behagt,

Den toten und gehangnen Dieb,
Dasselbe war ihm gar sehr lieb,
Nahm ihm beim Kopf und bei den Haaren,
Und sagt: „Dich will ich wohl bewahren!"
Und setzt ihn von dem Hohlaltar,
Daß sein ein andrer würd gewahr.
Der Schreiber kam da hergeschlichen,
Wollt seine Sachen auch ausrichten.
Als der erblickt den toten Dieb,
So wars ihm ganz und gar nicht lieb,
Fing auch gar sehr zu rufen an,
Konnt gar nicht laufen mehr der Mann,
Wär auch gestorben zu der Zeit,
Doch Thedel half ihm aus dem Leid.
Herr Thedel morgens früh aufstund
Und täts dem Graf von Schladen kund,
Als er die Morgensuppe aß
Und seinen Ärger ganz vergaß.
Darauf der Graf gar selbst hinging,
Um anzusehn das seltsam Ding.
Hat auch dem Schloßvogt anbefohlen,
Den Henker gleich zur Stell zu holen:
„Er hat sein Geld gekriegt dafür,
Und muß nun tun auch sein Gebühr."
Alsdann zum Unverfehrden spricht:
„Die Nacht hast du geschlafen nicht,
Ich hätt nicht bleiben können die Nacht,
Ich hätte mich gleich fortgemacht."
Der Unverferd also danach:
„Ich war sehr müd und blieb nicht wach,
Gott lebt, ich fürcht den Teufel nicht.
Der Dieb war tot und gar nicht spricht,
Ich habe meine Seel und Leben
Gott einzig in die Händ gegeben."

IV. Die Feder im Bart.

Nicht aber lang zu dieser Zeit
Im ganzen Land ist große Freud,
Der Herzog Heinrich ist zurück,
Und hat gestört der Freier Glück,
Und nach dem Meßhaus in der Stadt,
Er allen Adel zu sich bat.

Auch Thedel kam im neuen Kleid,
Der Herzog ihn erkannt von weit,
Auch gab ihm seine Gnad die Hand,
Und dankte ihm, wie allbekannt.
Sie aßen, tranken allzumal,
Und waren guter Ding im Saal,
Auch über Essen ward gesungen,
Darnach gerungen und gesprungen,
Getanzt, gefochten und torniert,
Auf Trommel und auf Pfeif hoffiert;
Herr Thedel wollt dabei stets sein,
Und sollts ihm kosten Arm und Bein.
Im Rennen, Torniern und Stechen,
Im Schwert und Spieß zerbrechen
Ward keiner mehr gesehen,
Der ihn noch wollt bestehen.
Es rief ein jeder Edelmann,
Daß er das Beste hab getan.
Der Herzog gab ein Kleinod fein,
Gemacht aus Gold und Edelstein,
Und sagt, daß er Gefallen hab
An seinem Roß, schwarz wie ein Rab,
Weil er von seinem schwarzen Pferd,
Noch nie gefallen auf die Erd.
Herr Thedel sprach: „Es ist dies Pferd
Weils Nachricht bracht, der Fürstin wert,
Von euch, Herr Herzog, mir sehr teuer,
Drum hassens ihre Rät und Freier."
Der Fürst fing ihn zu loben an,
Und pries ihn da vor jedermann.
Ein Jungfräulein reicht ihm den Kranz
Und führet ihn so drat zum Tanz,
Und wie er zu dem Tanz hintrat
Gedacht er in dem Herzen drat:
„Ich dank dir Gott zu dieser Frist,
Daß du mein Hilf und Tröster bist,
Herr Jesu Christ, Lob, Ehr und Preis,
Dem heilgen Geist in gleicher Weis!"
Als nun der Thedel unverfehrt
Vor andern ward so hochgeehrt,
Da ward ein Neider aus dem Freund,
Der wollt ihm schlimmer als der Feind,
Der Herzog fragt: „Ob Unverfehrt
Wohl irgend zu erschrecken wär?"
Der Neider sprach: „Ich hab eins funden,

Wenn morgen kommt zur Kirch die Stunde
Steckt eine Feder dünn und klein
In eures Bartes Haar hinein,
Wird dann Herr Thedel zu euch kommen,
Er hätt sie gern herausgenommen;
Ihr gebt das zu, doch greift er drin,
Die Feder aus dem Bart zu ziehn,
So beißet schnell nach seiner Hand,
Ich setze meine Seel zum Pfand,
Er wird die Hand zurücke ziehn,
Und in dem ersten Schrecken fliehn."
Dem Fürsten wohl gefiel der Rat,
Den ihm der Mann gegeben hat,
Die Feder in den Bart er steckt,
Wie er vom Schlafe war erweckt,
Als morgens er zur Kirche ritt,
Er nahm sein Hausgesinde mit,
Auch unser fromme Thedel kam
Und seine Stell beim Fürsten nahm,
Fein tapfer kam daher getreten,
Mit seines Fürsten ersten Räten
Und ward der Feder bald gewahr,
Die in des Fürsten Bart steckt dar.
Der unerschrockne Unverfehrt
Trat da zu ihm, wohl vor sein Pferd,
Der Fürst sich da nicht anders stellt,
Als ob er ihm zusprechen wöllt,
Und neiget sich zum Unverfehrt,
Der ihm mit sittlicher Gebärd,
Nach seiner Feder tasten tät,
Meint, daß er sie ergriffen hätt;
Der Herzog biß ihm nach der Hand,
Dafür er auf der Backe fand,
Ein Schlag, und der war übergut,
Das tät er aus bewegtem Mut.
Herr Thedel sprach mit zorngem Mund:
„Sind eure Gnaden worden ein Hund?"
Der Fürst allda sprach zu der Frist:
„Ganz recht von dir geschehen ist,
Wenns uns ein andrer hätt getan,
Wir wolltens ungestraft nicht lan,
Von einem Narren ists gekommen,
Daß schlechten Rat wir angenommen,
Der uns den Rat gegeben hat,
Der packe sich von Hof und Stadt,

Du Thedel, unerschrockner Mann,
Hast recht bezahlt und gut getan."

V. Der Bischof gibt das Salz.

Da er nun Abschied hat genommen,
Nach Lotter wiederum gekommen,
Wollt eine Zeitlang ruhen fein
Bei seiner Frau und Kinderlein,
Der Bischof ihm von Halberstadt
Die Freundschaft aufgesaget hat,
Er mocht wohl sein der Narr gewesen,
Der schlechten Rat dem Fürst gegeben.
Er wollt nicht ruhen, bis er brächt
Um alle Güter sein Geschlecht.
Herr Thedel sprach: „Ich freue mich,
Der Bischof hat viel mehr als ich,
Das man ihm nehmen kann und rauben,
Das sag ich ihm mit gutem Glauben."
Mit Reitern hat er sich bemannt,
Dreihundert starke Männer fand,
Wohl über fünfzig Dörfer und Städt,
Des Junker Thedels Banner weht,
Und gingen nun den geraden Weg
Und nahmen alles Vieh hinweg;
Der Bischof auch gefangen ward,
Und sitzt in Lotter wohl ein Jahr,
Er wollt das Vieh gern wiederhaben,
Und mußt dazu das Salz bezahlen.

VI. Zug nach Livland, Heidentaufe, Tod.

Nach diesem Zug des Thedels Weib,
Verschied aus dieser Zeitlichkeit.
Er brachte sie mit großer Pracht
Bei Fackelschein in schwarzer Nacht,
Nach Goslar in die Kaiserstadt,
Berief da einen edlen Rat
Und übergab da seinem Sohn
Die Güter all und zog davon.
Er zog auf seinem schwarzen Pferd
Zum Orden von dem heilgen Schwert
Nach Livland, Heiden zu bekehren,

Darin war er ganz unverfehren,
In kurzer Zeit das ganz Livland
Kam meist durch ihn in Ordenshand.
Der Deutschmeister ihn den Unverfehrt
Vor allen hielt so lieb und wert,
Er ließ den Heiden keine Ruh,
Er taufte sie nur immerzu,
Es mußten dran, arm oder reich,
Jung, alt, groß, klein wohl alle gleich.
Der Deutschmeister da zu wissen begehrt,
Wie er gekommen zu dem Pferd,
Das sicher ihn in den Gefahren
Vor allen andern kann bewahren.
Herr Thedel bat, davon zu schweigen,
Am dritten Tag es würd sich zeigen,
Wenn er es hätt bekanntgemacht,
Er würd verscheiden in der Nacht,
Doch würd er treu der Ordenspflicht,
Es sagen, wie er es gekriegt.
Der Meister sich verwundert sehr,
Steht doch nicht ab von Ordensehr,
Hofft, daß Herr Thedel könn entgehen,
Will vom Befehle nicht abstehen.
Herr Thedel bat um vierzehn Tag,
Daß er der Welt den Abschied sag,
Empfing das heilge Sakrament,
Bereitet sich zum letzten End,
Besteiget dann sein schwarzes Pferd,
Erzählt sein Leben unverfehrt,
Da geht das Pferd gleich mit ihm durch,
Drei Tage irrt er im Gebirg,
Die dritte Nacht beim Christusbild
Er sinkt herab, entschlafen mild.
Also kam er aus dem Elend,
Also hat die Geschicht ein End.

Tragödie.

(Nach Joh. Georg Tibranns Narration von Wallfahrten. Konstanz bei Straub 1598.)

Ein Graf von frommem edlem Mut,
An Sitten hochgeehrt und gut,
Ging täglich in die Kirch zur Zeit,
Von seiner Burg nicht sonder weit.

Und einmal trug es sich da zu,
Daß er sich niedersetzt in Ruh,
Entschläft er betend vorm Altar
Der Sankt Kathrina heilig war.
Ein Jungfrau sah er vor sich stehn,
Mit einer Krone blinkend schön,
Wie Spinngeweb voll Himmelstau
Wenn Morgenlicht auf Rosen schaut,
Von Demant schien es eine Laube,
Voll Strahlen schien hindurch der Glaube.
An ihrer Seite konnt er schauen
Zwei schöne stehende Jungfrauen,
Doch wieviel schöner die Gekrönte
Aus tausend bunten Vögeln tönte.
Der Jüngling fürcht sich vor dem Wunder,
Er neigt sich, schlägt die Augen unter.
Sie sprach: „Da du doch edel bist,
Wie zeigst du dich unadelig,
Wir kommen darum, wie wir sollen,
Daß wir dich jetzt ansehen wollen;
So deckst du deine Augen zu,
In dieser deiner müden Ruh,
Willst du dir ein Gemahl gern freien,
Hier unter uns erwähl von dreien!"
Da er nun diese Wort gehört,
Aus seinem Schlaf geschwind auffährt,
Erwacht mit himmlischer Lieb durchgossen,
Seine Augen waren von ihm erschlossen;
Ein Jungfrau sprach zu ihm da gnädig:
„Nimm die, so jetzt mit dir geredet,
Dann wie sie schöner ist als wir
Kann ich jetzund versprechen dir,
Also ist sie vor Gott auch höher,
Und deiner Bitt Gewährung näher,
Ihr Name ist dir wohlbekannt,
Sankt Katharina ist genannt."
Darauf der Jüngling sie tät grüßen,
Und fiel der Jungfrau still zu Füßen,
Hub an zu weinen inniglich,
Und bat die Heilige demütlich,
Sie wolle seiner sich des Armen
Allzeiten über ihn erbarmen.
Sie setzt ihm auf ein Rosenkranz,
Der gab von sich ein Sonnenglanz,
Und sprach: „Nimm diesen Kranz der Liebe

Von mir, die du sollst stetig üben!“
Verschwand also vor seinen Augen,
Mit ihren zweien Beijungfrauen.
Da nun der Graf jetzund erwacht,
Hat er des Rosenkranz gedacht,
Auf seinem Haupt tät er den finden,
Tät ihn mit Wohlgeruch umwinden.
Nachdem es aber sich begab,
Daß man dem Grafen sehr oblag,
Und wider Willen muß er freien,
Das ihm doch übel tät gereuen! –
Ihm ward in seinem jungen Leben
Ein schöne edle Jungfrau gegeben,
Ließ doch von der Gewohnheit nicht
All Tag er Katharinen bitt,
Daß sie ihn darum nicht woll hassen,
In seinen Nöten nicht verlassen.
Da nun sein Hausfrau schwanger ging,
Sie einen Argwohn auch empfing,
Wenn er ging nach Kathrinen Kirche,
Tät sie in ihrem Herzen fürchten,
Er möcht vielleicht in diesen Tagen
Ein lieber dann sie selber haben.
Einstmals bestellt sie eine Magd,
Zu der sie diese Worte sagt:
„Wo geht mein Herr all Morgen hin?“
Die Magd sagt ihr aus bösem Sinn:
„Ich weiß wohl, wo er hingegangen,
Hat nach des Pfaffen Schwester Verlangen.“
Die Frau ward ob dem Wort betrübt,
Weil sie den Grafen allein nur liebt,
Da nun der Graf zurücke kam,
Der Frauen Traurigkeit vernahm,
Fragt er, warum sie traurig wär,
Sie sagt, sie hörte böse Mär,
Wie er ging täglich umher buhlen,
Zu des Pfarrers Schwester in die Schulen.
Er sagt: „Du hast nicht recht gehört,
Oder bist sonst worden betört,
Die ich lieb hab in meiner Pflicht,
Die ist des Pfarrers Schwester nicht,
Es ist ein andere der Frist,
Die tausendmal viel schöner ist.“
Stand also auf von seinem Bett,
Als wenn er noch zu buhlen hätt,

Ging doch nur wieder von ihr hin,
Wie vor auch zu Sankt Katharin.
Ob dieser Antwort das Gemüt
Der Gräfin war so tief betrübt,
Sie sprang im Zorn vom Bett herab
Und stach sich selbst die Kehle ab.
Der Graf von dem Gebet heimkam,
Die Trauerbotschaft nun vernahm,
Sah sein Gemahl des Tods verschieden
Und dort im Blut umwälzet liegen,
Erschrak er sehr, sein Herz ward kühl,
Daß er in ein Ohnmacht hinfiel.
Da er nun wieder zu sich kam
Hub bitterlich zu weinen an,
Klopft an sein Herz, rauft aus sein Haar,
Und sprach zu sich in der Gefahr:
„O heilge, heilge Katharin,
Sieh an, in welcher Not ich bin,
Ach ich hab meine Treu verloren,
Und bin meineidig an dir worden."
Mit diesen Worten lief er hin
Zur Kirche der Sankt Katharin,
Mit Seufzen er sein Bitt vorbracht,
Bis um ihn her war dunkle Nacht,
Und traurig prächtig Stern bei Stern,
Durchs Kirchenfenster sah von fern.
Mit ihren Jungfrauen da erschien,
Die heilge Jungfrau Katharin,
Dem Grafen, der vor dem Altar,
Da lag und halb entschlafen war.
Ging zu ihm hin, wischt seine Augen
Mit ihren beiden Beijungfrauen.
Sie sprach zu ihm: „Hast unrecht getan,
Daß du mich so verlassen, Mann,
Auf dich genommen andre Last,
Dein Treu an mir gebrochen hast,
Doch hast du mich ziemlichermaßen
Geliebt und mich nicht gar verlassen.
Steh auf und geh mit Freuden heim,
Dir soll diesmal geholfen sein.
Dein Hausfrau ist lebendig worden,
Hat eine Tochter dir geboren.
Die wird dir lange Zeit nachleben,
Der sollst du meinen Namen geben,
In ihrem Gebet wird sie sich üben,

Daß Gott der Herr sie sehr wird lieben,
Also, daß sie in einem Jahr
Den Großvater aus großer Gefahr
Des Fegefeuers erlösen wird,
Der immer noch im Feuer irrt."
Sie neigt sich ihm, wischt seine Augen,
Die Tränen ihre Händ einsaugen.
Doch wie der Birken weiße Rinde,
So wächst ein Handschuh davon geschwinde
Auf ihren Händen weiß wie Schnee,
Den streift sie ab, als sie zur Höh,
Der fällt und weckt ihn am Altar.
Da er vor Kummer schlafen war,
Er findet einen Handschuh weiß,
Wie niemand ihn zu weben weiß.
Ein Bote kam: „Herr, kommt herüber,
Denn euer Gemahl, die lebet wieder,
Und hat in diese Welt geboren
Ein schöne Tochter auserkoren."
Ob dieser fröhlichen Botschaft
Erhielt der Graf zurück die Kraft,
Stand auf und dankte Katharin,
Den Handschuh steckt zum Helme kühn,
Zog wiederum zu seiner Frauen,
Die er mit Freuden an tut schauen,
Und küßt das Kind, umfängt das Weib,
Drückt sie zu sich an seinen Leib,
Fing an zu weinen gleich dem Kind,
Bat um Verzeihung seiner Sünd,
Die Gräfin sprach: „Wir sollen loben
Sankt Katharin im Himmel droben,
Denn da ich mich vor Leid getötet,
Und lag in allen meinen Nöten,
Zu mir schon kamen höllsche Knaben,
Mein Seel sie wollten genommen haben,
Da hat die heilge Katharin
Für mich gebeten; Gott verziehn,
Daß er den Leib der Seel noch ließe,
Daß sie in ihm noch könnte büßen." –
Die Gräfin ließ ein Kloster bauen,
Die Tochter im Gebet zu schauen,
Der Graf zog ins gelobte Land
Vom Handschuh große Kraft empfand,
Den Rosenkranz, den Handschuh weiß
Ins Kloster gab nach seiner Reis.

Dorothea und Theophilus.

(Mündlich.)

Gleich wie ein fruchtbarer Regen
Ist der Martyrer Blut,
Und Frucht durch Gottes Segen
Reichlicher bringen tut.
Durchs Kreuz die Kirche dringet
Und wächst ohn Unterlaß,
Durch Tod zum Leben ringet,
Wer herzlich glaubet das.
Aus guter Zucht und Namen
Erschwingt sich gute Art,
Von Gott die Frommen kamen,
Der frommen Kinder wart't.
Ist Dorothea geboren
Von Eltern keusch und rein,
So geht sie nicht verloren,
Und bleibt sie auch allein.
Die Heiden wollten zwingen
Sie zur Abgötterei,
Dem Feind wollts nicht gelingen,
Christum bekannt sie frei,
Ein Urteil ward gefället
Verdient hätt sie den Tod,
Ritterlich sie sich stellet,
Und schrie ernstlich zu Gott.
Und Theophil, dem Kanzler,
Dem jammert die Jungfrau sehr;
Er sprach: „O, schon dein Leben,
Verlaß die falsche Lehr,
Und frist dein junges Leben!"
Drauf Dorothea spricht:
„Ein beßres wird er geben
Und das vergehet nicht.
Zum schönen Paradiese
Komm ich nach meinem Tod,
Daß sie sich Christum wiesen,
Stehn da viel Röslein rot,
Draus wird mir Christ, mein Herre
Machen ein Ehrenkranz,
Der Tod geliebt vielmehre
Als so ich ging zum Tanz."
Doch Theophil die Rede
Erklärt für lauter Spott,

Sprach: „Liebe Dorothea,
Wenn du bei deinem Gott,
Schick mir auch Äpfel und Rosen
Aus Christi Garten schön!" –
„Ja", sprach sie, „heilge Rosen
Die sollst du wahrlich sehn."
Das Fräulein war gerichtet,
Da klopft es an sein Haus,
Der helle Morgen lichtet,
Ein Knäblein stehet draus,
Geschwingt mit goldnen Flügeln
Reichts Rosenkörbchen dar,
Verschwindet auf den Hügeln,
Von wo es kommen war.
Und auf den Rosenblättern
Da steht geschrieben klar:
„Mein Christus ist mein Retter,
Und er mir gnädig war,
Ich leb in Freud und Wonne,
In ewger Herrlichkeit!" –
„Mein Irrtum ist zerronnen!"
Theophilus sagt mit Freud.
Bald fing er an zu preisen
Dich Christus wahren Gott,
Und ließ sich unterweisen
Wohl in des Herrn Gebot,
Hat heilge Tauf empfangen
Und Christum frei bekennt,
Zur Marter ist gegangen
Und mit der Ros verbrennt.

St. Jakobs Pilgerlied.

(v. Seckendorfs Musenalmanach für 1808, S. 11.)

Wer das Elend bauen wöll,
Der heb sich auf und sei mein G'sell,
Wohl auf Sankt Jakobs Straßen.
Zwei Paar Schuh, der darf er wohl,
Ein Schüssel bei der Flaschen.

Ein breiten Hut, den soll er han,
Und ohne Mantel soll er nit gahn
Mit Leder wohl besetzt,

Es schnei oder regen oder wehe der Wind
Daß ihn die Luft nicht netzet.

Sack und Stab ist auch dabei,
Er lug, daß er gebeichtet sei,
Gebeichtet und gebüßet.
Kommt er in die welsche Land,
Er findt keinen deutschen Priester.

Ein deutschen Priester findt er wohl,
Er weiß nit, wo er sterben soll,
Oder sein Leben lassen.
Stirbt er in dem welschen Land,
Man gräbt ihn bei der Straßen.

So ziehen wir durch Schweizerland hin,
Sie heißen uns Gott willkumm! sin,
Und geben uns ihre Speise.
Sie legen uns wohl und decken uns warm,
Die Straßen tun sie uns weisen.

So ziehen wir durch die welsche Land,
Die sind uns Brüdern unbekannt,
Das Elend müssen wir bauen,
Wir rufen Gott und St. Jakob an,
Und unsre liebe Frauen.

So ziehen wir durch der armen Gecken Land.
Man gibt uns nichts denn Äpfeltrank,
Die Berge müssen wir steigen.
Gäb man uns Äpfel und Birn genug,
Wir essens für die Feigen.

So ziehen wir durch Sofei hinein,
Man gibt uns weder Brot noch Wein;
Die Säck stehn uns gar leere;
Wo ein Bruder zu dem andern kommt,
Der sagt ihm böse Märe.

So ziehen wir zu St. Spiritus ein,
Man gibt uns Brot und guten Wein,
Wir leben in reichem Schalle,
Langedocken und Hispanien,
Das loben wir Brüder alle.

Es liegen fünf Berg im welschen Land,
Die sind uns Pilgram wohlbekannt,
Der erst heißt Runzevale,
Und welcher Bruder darüber geht
Sein Backen werden ihm schmale.

Der eine heißt der Monte Castein,
Der Pfortenberg mag wohl sein Bruder sein,
Sie sind einander fast gleiche.
Und welcher Bruder darüber geht,
Verdient das Himmelreiche.

Der vierte heißt der Rabanel,
Darüber laufen die Brüder und Schwestern gar schnell,
Der fünft heißt in Alle Fabe,
Do leit viel manches Biedermann Kind,
Aus deutschem Land begraben.

Der König von Hispanien, der führt ein Kron,
Er hat gebaut drei Spital gar schon,
In St. Jakobs Ehren,
Und welcher Bruder darein kommt,
Man beweist ihm Zucht und Ehre.

Es war dem Spitalmeister nit eben,
Vierthalbhundert Brüder hat er vergeben,
Gott ließ nicht ungerochen.
Zu Burges ward er an ein Kreuz geheft,
Mit scharfen Pfeilen durchstochen.

Der König, der war ein Biedermann,
Zu Pilgramkleider legt er sich an,
Sein Spital wollt er beschauen,
Was ihm die deutschen Brüder sagten,
Das wollt er nit glauben.

Da ging er in das Spital ein,
Er hieß ihm bringen Brot und Wein,
Die Suppe die war nit reine;
„Spitalmeister, lieber Spitalmeister mein!
Die Brot sind viel zu kleine."

Der Spitalmeister war ein zornig Mann:
„Der Greulich hat dich herein getan,
Das nimmt mich nimmer Wunder!
Und wärst du nit ein welscher Mann,
Ich vergäb dir, wie den deutschen Hunden!"

Und da es an den Abend kam,
Die Brüder wollten schlafen gahn.
Der Pilgram wollt schlafen alleine;
„Spitalmeister, lieber Spitalmeister mein,
Die Bett sind gar nicht reine."

Er gab dem Pilgram ein Schlag,
Daß er von Herzen sehr erschrak,

Er tät zu dem Spital auslaufen,
Die andern Brüder täten
Den Spitalmeister sehr raufen.

Da es an den Morgen kam,
Man sah viel gewappneter Mann,
Zu dem Spital eindringen,
Man fing den Spitalmeister
Und all sein Hausgesinde.

Man band ihn auf ein hohes Roß,
Man führt ihn gen Burgoes auf das Schloß,
Man tät ihn in Eisen einschließen,
Es tät den Spitalmeister
Gar sehr und hart verdrießen.

Der Spitalmeister hätt ein Töchterlein,
Es mocht recht wohl ein Schälkin sein.
„Es nimmt mich immer Wunder,
Daß der liebste Vater mein,
Soll sterben wegen der deutschen Hunde."

Es stund ein Bruder nahe dabei,
„Nun soll es nit verschwiegen sein,
Ich will es selber klagen!"
Da ward desselbig Töchterlein
Unterm Galgen begraben.

Sieh Bruder, du sollst nit stille stahn,
Vierzig Meil hast du noch zu gahn;
Wohl in St. Jakobs Münster.
Vierzehn Meil hinunter baß
Zu einem Stern, heißt Finster.

Den finstern Stern wollen wir lan stahn,
Und wollen zu Salvator eingahn,
Groß Wunderzeichen anschauen.
So rufen wir Gott und St. Jakob an,
Und unsre liebe Frauen.

Bei St. Jakob vergibt man Pein und Schuld,
Der liebe Gott sei uns allen hold,
In seinem höchsten Throne,
Der St. Jakob dienen tut,
Der lieb Gott soll ihm lohnen.

Der Pilgrim.

(Procopii Paschale. p. 263.)

Der Geistliche.
Winter ist hin, der Pilgrim zieht ins Feld,
Im Frühling er sich umschaut in der Welt,
Wo er hinkommt, find er kein bleibend Städt,
Fühlet ers jetzt, was ihn da führen wohl tät,
Im Sinn ihm liegen nur heilige Örter,
Wohin er auch zieht, dahin nur begehrt er,
Von seinem Vorhaben zurücke nicht weichet,
Bis er das Vaterland endlich erreichet.

Geistlicher Pilgrim, halt dich nicht auf,
Laß dich nicht hindern, weit ist dein Lauf,
Hie in kein Ding verliebe dich sehr,
Sonst machen sie dir die Reise nur schwer,
All falschen Betrug im Gesang der Sirenen,
Liebkosen der Welt du weißt zu verhöhnen,
Ach bist du ermüdet, wie rauh sind die Wege,
Wie wird es so dunkel, wie schmal sind die Stege.

Der Pilgrim.
Ich bin der Pilgrim, reis ins heilge Land,
Ob ich komm wieder, das ist Gott bekannt,
Nach Rom, Lorett in Italia,
Auch nach St. Jakob in Galizia.
Gott mich begleite, daß ichs glücklich ende,
Mein Müh und Zeit zu seinem Dienst anwende,
All Tritt und Schritt geschehen ihm zu Ehren,
Er geb mir Gnad, daß ich mög wiederkehren.

Viel muß ich leiden auf der Wanderschaft,
Ach lieber Herr, verleih mir Stärk und Kraft,
Denn der Gefahr ich unterworfen bin,
Hilft nichts dafür, ich schlag mirs aus dem Sinn.
Mein schweres Bündel muß ich selber tragen,
Weiß keinen Weg, darum muß ich oft fragen,
Groß Ungewitter, Ungelegenheiten,
Mich werden plagen, ich sehs schon von weiten.

Der bittre Hunger mir die Kräfte frißt,
Der täglich Durst mein steter Gleitsmann ist,
Bei langem Tag, wohl in dem Sommer heiß
Tu ich vergießen manchen Tropfen Schweiß.
Geld hab ich nicht, davon ich möchte zehren,
Doch trau ich Gott, der wird mir Speis bescheren.

Die müden Füß mich machen schier verzagen,
Gern hättens, daß ich sie am Hals tät tragen.

Komm ich zu einem klaren Wasserbach,
Bald um ein gutes besser wird mein Sach,
Ich halt mich auf dabei, leg ab die Bürd,
Mir ist, als wenn ich neu geboren würd,
Ich tret hinein und tu mich recht abkühlen,
Fast alle Glieder mein das Kühl bald fühlen,
Ich spritz mirs ins Gesicht und tu mich waschen,
Und füll wohl auch damit mein Pilgertaschen.

Ein grünen Baum ich seh gar schattenreich,
Darunter ich mich niederlasse gleich,
Ich schau hinauf, ob er von Obst hat was,
Mit Stein und Prügeln ich ihm abnehm das.
Den matten Körper tu ich wacker laben,
Die Säck ich voll anschieb, wenn ichs kann haben,
Damit den Durst und Hunger ich vertreibe,
Und dergestalt ich noch bei Kräften bleibe.

Im grünen Gras nehm ich ein wenig Ruh,
Ein süßer Schlaf bekommt wohl auch dazu,
Dann steh ich auf und setze fort mein Reis,
Die erste Nachtherberg ich selbst nicht weiß,
Ich bin erquickt, drum frisch darauf ich springe,
Bin lustig, guter Ding und mir eins singe,
Was werd ich essen, abends oder morgens,
Drum laß ich Gott und klein Waldvöglein sorgen.

Der Geistliche.
In diesem Leben sind Pilgrim wir all,
Niemand sich schätze besser zumal,
Die anderen Ding sind allhier daheim,
Warum, sie sind nur von Erde und Leim:
Aber der edle Mensch ist hier Fremdling,
Muß von hinnen wandern oft jähling,
Ist für die bessere Welt doch erschaffen,
Zum Vaterland eilt er zum Himmel rechtschaffen.

Ein neues Pilgerlied.

(Aus den siebziger Jahren, mitgeteilt von H. F. Schlosser.)

An welcher Zelle kniet nun
Mein süßer Pilgerknab,

Ach wo! ach wo! in welchen Sand
Drückt er den Dornenstab?

Wo drückt sein roter Mund ein Kuß,
Aufs heilige Gewand,
Und welchen Bruder grüßet er
Mit seiner frommen Hand?

Ihr Engel singt ihm alle gar
Wo er im Schlummer ruht,
Den Rosenkranz in seiner Hand,
Die Muscheln auf dem Hut.

Ach süßes Aug, so fromm und rein,
So schwarz als Holderbeer!
Ach dürft ich seine Schwester sein,
So heilig sein wie Er!

Fremd ist die Welt mir weit und breit,
Irr ich ohn Rast und Ruh,
Klein ist die Welt, und mein und mein,
Wenn ich Ihn finden tu.

Von der Belagerung der Stadt Frankfurt

Ein Lied im Ton: Frisch auf in Gottes Namen. 1552.
(Fliegendes Blatt, gedruckt in Frankfurt.)
(Die kursiv gedruckten Worte sind Namen von Schanzen und Geschütz.)

Die Sonn mit klarem Scheine
Erglastet überall,
Die kühlen Brünnlein reine
Erlusten Berg und Tal,
Viel süßer Lüftlein Güte
Von Auf- und Niedergang,
Aus freier Stimm, Gemüte,
Der hell Waldvöglein Blüte
Frau Nachtigall erklang.

Des Walds, der Blümlein Ziere
Gab Wonn und Freudigkeit,
In deutschem Landreviere
War stille Sicherheit.
Der gütig Herr und Gotte
Sohn, Vater, heilger Geist
Erlöst aus aller Note,

Aus Teufels Macht und Tode
Sein göttlich Gnad uns reißt.

Stadt Frankfurt an dem Maine!
Dein Lob ist weit und breit,
Treu, Ehr und Glauben reine,
Mannliche Redlichkeit
Hast du mit deinem Blute
Erhalten ritterlich.
Vertrau dem Herrn, du Gute,
Er hilft unschuldgem Blute,
Des sollst du freuen dich.

Ich ritt an einem Morgen
Mit Lust in grünem Wald,
Nach Wildes Spur ohn Sorgen,
Da sah ich mannigfalt
Von fernen einherbrechen
Viel Reiter und Landsknecht gut,
Mit Schießen, Rennen, Stechen,
Daß mancher zahlt die Zechen
Gar teuer mit seinem Blut.

Die Stadt sie täten beschießen,
Des achten wir gar klein,
Man ließ sie's wieder genießen,
Schenkt ihnen tapfer ein.
Aus Stücken, neuen und firnen,
Hieß sie Gott willkomm sein;
Es gab Köpf, Bein und Hirnen,
Ich mag nicht solcher Birnen,
Gott helf ihnen all aus Pein!

Der *Rehbock* sein Gehürne
Männlichen richtet auf,
Zerstieß manch harte Stirne
So fern in schnellem Lauf.
Der *Kauz* in grüner Auen
Auf seinem Zweiglein schön,
Tät manchen Vogel krauen,
Daß er sich mußte rauen,
Die Federn lassen gehn.

Ein *Landsknecht* schrie von ferne
Jetzt wehr dich unser *Hahn*,
O Brüder und Schwester gerne
Ist Beistand euch getan,
Es fliehen *Stephans* Pfeilen

Viel scharfer Nadeln geschwind,
Die alte *Schlang* mit Weilen
Tut's *Öchslein* übereilen;
Her, her ihr bösen Kind!

Der *Singerin* Stimm so reine,
Ihres Liedleins Anefang
Hört man am *Affensteine*,
Am *Mühlenberg* entlang.
Mit ihren Gespielen allen
Hält sie den Abendtanz,
Tät mancher übel fallen
Von Bollwerken und Wallen,
Erwart't nit dieser Schanz.

Es währt manch Nacht und Tagen,
Ist unsrer Sünden Schuld,
Dem Herren wollen wirs klagen,
Und warten mit Geduld.
Frankfurt mit den Genossen
Warst du so gar verlorn,
Mit Feuer und Kugel beschossen,
Allein du trägst entschlossen
Die kaiserliche Kron.

Aus einem ähnlichen Lied im Ton der Schlacht von Pavia.

Frankfurt, die hochgelobte Stadt!
Sag mir, wie sie's verdienet hat,
Um Fürsten und groß Herren,
Sechs Fürsten kamen auf eine Zeit,
Die wollten sie umkehren.

Kaiser Karl, der hielt die Stadt in Hut,
Versammelt da ein Haufen gut,
Von Reitern und Landsknechten,
Die waren stets ganz wohlgemut
Mit ihm ums Blut zu fechten.

Konrad von Hanstein, dem edlen Held,
Dem war die Stadt anheim gestellt
Zu frommen treuen Händen,
Der hielt sich wohl; drum alle Welt
Ihn preist in allen Landen.

Die Fürsten schossen Tag und Nacht,
Bewiesen ihre große Macht,
Und ließen sich nichts dauren,
Die Tauben in ihren Häuslein klein
Die mußten darum trauren.

Zu Nürnberg in der werten Stadt
Ein Ocklesmann sein Wohnung hat,
Kann gut Pilullen machen,
Die hört man hie stets früh und spat
Mit großer Macht herkrachen.

Der Unfall fahr ihm in die Händ,
Und schlag den Kopf ihm um die Wänd,
Mit seiner großen Taschen!
Ich mein, der Markgraf sei ein Mann,
Der könn ihm daraus naschen.

Aber Markgraf, wie gefiel es dir?
Willst du nicht kommen wieder schier?
Den Wein wollen wir dir schenken,
Den Mecklenburg bring auch mit dir,
So springen wir über die Bänke.

Ein'n *Hahn* wir dir bereitet han,
Ein *Rehbock* steht auch auf dem Plan,
Ein *Kauz* in freier *Schanzen*,
Ein *Lanzknecht* der ist wohlgemut,
Der wollt gern mit dir tanzen.

Es ist auch neulich kommen her,
Ein Tier, das heißt der leidig *Bär*,
Den führt *bös Els* am Stricke,
Der *Bauer* mit seim groben Sack,
Die werden dich wohl zwicken.

Sie haben sich all wohlbedacht,
Ein Sack mit Ingwer mit sich bracht,
Viel Lorbeern und Muskaten,
Wann dir darnach der Bauch tut weh,
Sie können ihrer wohl entraten.

Ich wollt, daß nie dem wohl erging,
Der Unlust und groß Krieg anfing,
Zu verderben Städt und Lande,
O Gott, wer rächt der Armen Blut?
Es steht in deinen Handen.

Man spricht: Arm Leut drückt jedermann,
Das wir dann jetzt vor Augen han,

Kein Freund will sie erretten,
Man schickt eh Pulver und grob Geschütz,
Daß man sie mög zertreten.

Gott aber sieht mit Macht darein,
Und wehrt des Teufels falschen Schein,
Und seinen bösen Tücken,
Er wird ohn Zweifel den Kaiser gut
Nicht lassen unterdrücken.

Wunderliche Zumutung.

(Geschichte des Lutherischen Gesangbuchs von Schmidt. Altenburg 1707, S. 276.)

Einstmals zu Frankfurt an dem Main
Viel Fürsten täten ziehen ein,
Ihrer lutherischen Religion gemäß,
Nach dem Stift zu St. Barthelmäs.
Als dieser Schluß ward offenbar,
Vom Volk ein großer Zulauf war;
Da nun ein Zeichen ward geläut,
Dadurch die Predigt angedeut,
Siehe, da kam ein Priester dar,
Der dem Papsttum anhängig war:
Trat auf die Kanzel stracks hinauf.
Des wundert sich des Volkes Hauf,
Tät sich doch nicht besinnen lang,
Sondern fing bald an den Gesang:
Nun bitten wir den Heiligen Geist
Um den rechten Glauben allermeist.
Da nun der Gesang vollendet was,
Das Evangelium er las,
Das Volk mit Fleiß solchs höret an,
Doch, da ers wollt erklären dann,
Wolltens nicht hören überall
Fingen an mit fröhlichem Schall:
„Nun freut euch lieben Christen gemein
Und laßt uns fröhlich springen."
Der Pfaff stand, wundert ob den Sachen,
Weil man am Gesang kein End wollt machen;
Da stand er und ward gleich erstarrt,
Letztlich er halb unsinnig ward,
Lief von der Kanzel ungestüm,
Und ging mit großem Zorn und Grimm,

Zu einem Jülichschen Fürsten dar,
Denn sonst noch kein Fürst drinnen war,
Klagt ihm, er würd von seinem Ort
Mit Gewalt, ohn Recht gedrungen fort,
Und könnt sein Amt verrichten nicht,
Das wollt er klagen ihm hiermit,
Und sollt er ihm auf diese Klag
Zeugnis geben am Jüngsten Tag.
Der Fürst sprach: „Lieber Priester mein,
Die Fürsten kamen überein,
Daß sie wollten an diesem Ort,
Anhören das Göttliche Wort,
Von einem, welcher zugetan
Ihrem Glauben und Religion,
Solchem, der Fürsten Schlußgemein,
Sollt ihr nicht widerstanden sein.
Zudem kömmt mir beschwerlich für,
Daß ihr habt zugemutet mir,
Ich soll von dieser eurer Klag
Zeugnis geben am Jüngsten Tag,
Denn dort entweder werdet ihr
Nicht kommen wiederum zu mir,
Oder, wenn solches schon geschieht,
So werd ich euch doch kennen nicht."
Hierauf lief der Pfaff davon mit Grimm,
Und warf die Sanduhr ungestüm
Beim Altar aufn Boden hin;
Flucht und schwört mit tollem Sinn.
Das Volk insgemein ob diesen Sachen,
Mußte des tollen Pfaffen lachen:
„Nun bitten wir den heilgen Geist
Um den rechten Glauben allermeist."

Georg von Fronsberg.

1. Wie das Kriegsvolk von Georg von Fronsberg singt.

(Spangenbergs Adelsspiegel. Zinkgräfs Apophtegmen.)

Georg von Freundsberg, von großer Stärk,
Ein teurer Held, behielt das Feld,
In Streit und Fehd, den Feind besteht,
In aller Schlacht er Gott zulegt die Ehr und Macht.

Er überwand mit eigner Hand
Venedisch Pracht, der Schweizer Macht,
Französisch Schar legt nieder gar,
Mit großer Schlacht den päpstlichen Bund zuschanden macht.

Der Kaiser Ehr, macht er stets mehr,
Ihr Land und Leut beschützt allzeit,
Mit großer Gefahr er sieghaft war,
Ganz ehrenreich, man findt nicht bald, der ihm sei gleich.

2. *Wie Georg von Fronsberg von sich selber sang.*

Mein Fleiß und Müh, ich nie hab gespart,
Und allezeit gewahrt, dem Herren mein;
Zum Besten sein schickt ich mich drein,
Gnad, Gunst verhofft, dochs Gemüt zu Hof
Verkehrt sich oft.

Wer sich zukauft, der lauft weit vor,
Und kömmt empor, doch wer lang Zeit
Nach Ehren streit, muß dannen weit,
Das sehr mich kränkt, mein treuer Dienst
Bleibt unerkennt.

Kein Dank noch Lohn davon ich bring,
Man wiegt mich gring, und hat mein gar
Vergessen zwar, groß Not, Gefahr
Ich bestanden han, was Freude soll
Ich haben dran?

Galantes dreißigjähriges Kriegslied.

Amor, erheb dich edler Held!
Begebe dich mit mir ins Feld,
Frisch auf!
Mein Liebchen ist gerüst
Als ob sie mit mir streiten müßt,
Sie hat nichts Guts im Sinn.

Jetzt zieh ich wider die ins Feld,
Die mir die Liebst ist in der Welt,
Frisch auf!
Gott weiß, ich bin bereit,
Mit ihr zu leben ohne Streit,
Wenn sie nur selber wollt.

Was all ihr Gott verliehen hat
Vor andern Fraun aus großer Gnad,
Frisch auf!
Das setzt sie wider mich,
Mich zu vertilgen eigentlich,
Der ich doch nichts verschuldt.

Ihr Leib von Gott gar schön bereit
Die Festung ist, darum ich streit,
Frisch auf!
Ihr zarte Brüstelein
Zwei mächtige Basteien sein,
Worauf sie sich verläßt.

Ihr Fähnlein ist der Übermut,
Damit sie mich verachten tut.
Frisch auf!
Ihr zarter roter Mund,
Ist Spieß und Schwert, so mich verwundt,
Ja öfters bis in Tod.

Trabanten, Fußknecht, Reiterei
Sind Ungnad, Falschheit, Tyrannei.
Frisch auf!
Ihr klare Äugelein,
Die sind zwei Feuerkügelein,
Damit sie mich verblendt.

So Gott mir gönnet Glück und Preis,
Daß ich das Fähnlein niederreiß,
Frisch auf!
Ich hoff damit zu siegn,
Herzlieb, du mußt doch unterliegn
Und geben mir den Preis.

Die Waffen sind, womit ich streit,
Kunst, Tugend, Ehr und Frömmigkeit,
Frisch auf!
So soll ihr Spieß und Schwert
So mich vor Zeiten hat versehrt
Meinen Schaden machen heil.

Denn nimmer hast du die Gewalt,
Daß sich dein List gen mir erhalt,
Frisch auf!
Geliebt die Frömmigkeit,
Kunst, Tugend, Ehr, so wird der Streit
Durch mich gewonnen sein.

Wo aber du nach Reichtum freist,
Schau, daß du nie den Kauf bereust,
Frisch auf!
O Weh! Ein alter Mann
Hat einen Sack voll Taler an,
Der wird dich führen hin.

Ein wenig denke nach, mein Schatz,
Eh du kömmst auf den Musterplatz,
O Weh!
Wenn du mich nun besiegst,
Und dann bei deinem Alten liegst,
Wie wird dir sein zumut!

Herzallerliebstes Engellein,
Bedenk, was dir zu tun mag sein,
O Weh!
Wirst du einmal verführt,
Mein junger Leib dir nimmer wird,
Du bringst mich auch in Tod.

Rühre nicht Bock, denn es brennt.

(Aus der Zeit Simon Dachs.)

Bons dies, Bock!
Dei Grats, Block!
Wieviel Tuch zum Rock?
Sieben Ellen,
Wann soll ich ihn haben?
Gleich auf der Stelle,
Auf den Sonntagabend,
Sprach der Geselle.
Sonntag kam, Block kam.

Bons dies, Bock!
Dei Grats, Block!
Nun, wo ist mein Rock?
Nicht genug Tuch.
Sieben Ellen kein Rock?
Was solls dann werden, Bock?
Ein Wammes, Block!
Wann soll ich ihn haben?
Gleich auf der Stelle,
Auf den Sonntagabend,
Sprach der Geselle.
Sonntag kam, Block kam.

Bons dies, Bock!
Dei Grats, Block!
Wo ist nun mein Wams, Bock?
Nicht genug Tuch.
Sieben Ellen kein Wams, kein Rock?
Was solls dann werden, Bock?
Ein paar Hosen, Block.
Wann soll ich sie haben?
Gleich auf der Stelle,
Auf den Sonntagabend,
Sprach der Geselle.
Sonntag kam, Block kam.

Bons dies, Bock!
Dei Grats, Block!
Wo sind nun die Hosen, Bock?
Nicht Tuch genug.
Sieben Ellen nicht Hosen, nicht Wams, nicht Rock?
Was solls dann werden, Bock?
Ein paar Strümpfe, Block!
Wann soll ich sie haben?
Gleich auf der Stelle,
Auf den Sonntagabend,
Sprach der Geselle.
Sonntag kam, Block kam.

Bons dies, Bock!
Dei Grats, Block!
Wo sind nun die Strümpfe, Bock?
Nicht Tuch genug.
Sieben Ellen nicht Strümpf, nicht Hosen, nicht Wams, nicht Rock?
Was solls dann werden, Bock?
Ein paar Handschuh, Block.
Wann soll ich sie haben?
Gleich auf der Stelle,
Auf den Sonntagabend,
Sprach der Geselle.
Sonntag kam, Block kam.

Bons dies, Bock!
Dei Grats Block!
Wo sind nun die Handschuh, Bock?
Nicht Tuch genug.
Sieben Ellen nicht Handschuh, nicht Strümpfe, nicht Wams, nicht Rock?

Was solls dann werden, Bock?
Ein Däumling, Block!
Wann soll ich ihn haben?
Gleich auf der Stelle,
Auf den Sonntagabend,
Sprach der Geselle,
Sonntag kam, Block kam.

Bons dies, Bock!
Dei Grats, Block!
Wo ist nun mein Däumling, Bock?
Nicht Tuch genug.
Sieben Ellen nicht Däumling, nicht Handschuh, nicht Strümpf,
nicht Hosen, nicht Wams, nicht Rock?
Was solls dann werden, Bock?
Noch ein Viertel
Wirds ein Gürtel, Block,
Wann soll ich ihn haben?
Gleich auf der Stelle,
Auf den Sonntagabend,
Sprach der Geselle.
Sonntag kam, Block kam.

Bons dies, Bock!
Dei Grats, Block!
Wo ist mein Gürtel, Bock?
Das Tuch ist zerbrochen,
Ihr tragts schon acht Wochen,
Block tät zum Kramer laufen,
Tät ein neues Tuch kaufen.
Und wär der Block nicht gestorben,
Der Bock hätt ihn verdorben.

Streit zwischen dem blinden Cupido und einem Waldbruder.

(Fliegendes Blatt.)

Cupido.

Willkomm, mein lieber Eremit!
Was machst in dieser finstern Hütt?
Wie kommts, daß der verdrießlich Wald
Dir besser als die Stadt gefallt?
Soll dann ein so betrübter Stand
Das grob und rauhe Klausnergwand

Den schönsten Kleidern von Drador
Und Silber gehen vor.

Eremit.
Ein G'müt, so nach dem Himmel tracht,
Acht kein Geschmuck noch Kleiderpracht,
Ein Hütt so mich bedecken kann,
Ist stattlich gnug für mein Person:
Dazu wo findt man größre Freud,
Als in der süßen Einsamkeit?
Da kann man in vergnügter Ruh
Sein Leben bringen zu.

Cupido.
Ja, ja, hast recht, ich stimm dir bei
Daß es kein gemeiner Wollust sei,
Zubringen seine Lebenszeit
In Wäldern mit der Jagdbarkeit,
Wo man die Hirschen und die Reh
Sieht lustig springen in die Höh,
Doch aber so verschlossen sein,
Das geht mir gar nicht ein.

Eremit.
Ist nur ein schnöde Eitelkeit
Das irdisch Geschütz und Jagdbarkeit,
Ein rein anmütig Klausnergmüt,
Das ist allein mein Jagdgebiet,
Mit dem Brevier so mein Geschoß,
Geh ich auf gutes Waidwerk los,
Bring meiner Seele einen Schmaus
Von dieser Jagd nach Haus.

Cupido.
Hast du Lust zu dem Brevier,
Wie gefallt dir das? hab eins bei mir,
Das braucht so viel Durchblättern nicht.
Verlaß den Wald und gehe mit,
Ich will dich führen in die Stadt,
So schöne Plätz und Häuser hat,
Dort leben kannst in guter Ruh,
Komm! schlag dein Hütte zu.

Eremit.
Wer Gott recht liebt, ihm dienen will,
Dem ist das Beten nicht zu viel,
Das Fasten und die Geißelstreich,
Die bringen mich ins Himmelreich;

Drum geh nur fort, verführisch Kind,
Dein Rat ist nichts als ungesinnt,
Laß mich in meiner Klausnerei
Der Andacht wohnen bei.

Cupido.
Du bist der erst mein Eremit!
Der mich verstößt aus seiner Hütt,
Du bist da wie im Himmel drein,
Quäl dich einmal ein Gott zu sein,
Du hast wohl nicht dazu den Mut,
Ich bin ein armes, junges Blut,
Und muß mich wagen in die Welt,
Als Gott bin ich bestellt.

Eremit.
Wenn dem so ist, gib mir den Pfeil,
Die Vögel schieß ich zum Kurzweil,
Bleib hier mit Kutt und mit Brevier,
Dir reuets bald, es ist halb vier,
Da kommt die alte Schäferin,
Hör an die Beicht mit frommem Sinn
So viel ihr sind, sie sind verliebt
In jeden Eremit.

Die feindlichen Brüder.

(Handschrift mit Noten. 1600–1700.)
(Der lieben Dummheit muß hierbei bemerkt werden, daß dies ein Scherz, wenn sie weiß, was ein Scherz ist, kein Schimpf gegen Schiller sei.)

Don Geißhaar.
Müller, warum tust erbleichen?
Weiße Farb bezichtigt dich,
Aller Mut will von dir weichen,
Was ist dir, dich frage ich,
Diebstähl dir vielleicht einfallen,
Die begangen hast beim Mahlen,
Weißer Müller ohne Scham,
Weil du führst ein Diebesnam.

Don Mahlmehl.
Schneiderlein, was tust du fragen?
Warum ich ganz weiß erschein,
Solltest mir zuvor erst sagen,
Was bedeut die Röte dein?

Rot bist du vor lauter Fleckel,
Die gestohlen du Geißböckel,
Schneider großen Diebstahl übt,
Gar nichts als den Abschnitt liebt.

Don Geißhaar.

Mehldieb sei nicht also trutzig,
Halte mir nicht Diebstahl für,
Mache dich nicht so unnützig,
Kehre nur vor deiner Tür,
Schwarzmehl du für weiß tust geben,
Davon stiehlst du noch daneben,
Ja die Kleien stiehlst du auch,
Das ist ja der Müller Brauch.

Don Mahlmehl.

Was tut doch der Geißbock meckern,
Fängt da mit mir Händel an,
Will ihn in ein Beutel stecken,
Hängen auf am Hosenband.
Diebstahl will er mir vorstoßen,
Der doch voller Diebespossen,
Sag, wie ist das Kleid doch dein,
Da's gestohlne Fleckel sein.

Don Geißhaar.

Säckelleerer, magst so lügen
Schweige mir nur alsbald still,
Sonsten deinen Mehlmut biegen,
Ich mit meiner Elle will,
Meinst, ich pfleg vom Raub zu leben,
Weil du es so machest eben,
Dein Kropf ist Diebstahli voll,
Weil dein Kopf schmirali toll.

Don Mahlmehl.

Brauch die Elle nur zum Messen,
Fleckeldieb und nicht für mich,
Doppelt messen tu vergessen,
Hiezu mahnt Don Mahlmehl dich,
Doppelt Tuch und doppelt Seiden,
Doppelt Knöpf brauchst beim Zuschneiden,
Ja noch dieses nicht erkleckt,
Weiter sich dein Geiz erstreckt.

Don Geißhaar.

Müller, Mahler, Roggenstehler,
Sag, womit erhältst dein Schwein,

Kauft Getreid nicht um ein Heller,
Muß doch fett wie du ja sein.
Andre müssen sich ernähren,
Du tust fremdes Gut verzehren,
Gleich eim Habicht Räuber lebst
Und in lauter Diebstahl schwebst.

Don Mahlmehl.
Wie prangst du mit Silberknöpfen,
Mit Seiden ausgenähtem Tuch,
Weib und Tochter auch mit Schöpfen,
Mit Spitz, Bändern, hohem Schmuck,
Dann sind dies gestohlne Waren,
Die da zieren Hoffahrts Narren,
Bist ein rechter Papagei,
Ist nichts dein, als das Geschrei.

Don Geißhaar.
Mein Mühlesel tu betrachten,
Zieh dich bei der Nasen doch,
Deinen Kropf tu beobachten
Mit demselben hurtig poch,
Die Natur hat dir ihn geben,
Daß du sollst bezeichnet leben.
Dieser ist ein Überfluß,
Gleich wie dir dein Diebsgenuß.

Don Mahlmehl.
Hättst ein Kropf, du wärest schwerer,
Dürftst nicht tragen 's Bügeleis,
Der Wind dich hinweht, du Leerer,
Du verschüttest deine...!
Geh du deine Finger reiben,
Daß du kannst die Zeit vertreiben,
Unrecht Gut heraus dir fährt,
Gesunder Haut bist du nicht wert.

Don Geißhaar.
Eines muß ich dich noch fragen,
Warum machst die Säck so leer,
Werden voll dir zugetragen,
Kehren heim nicht halb so schwer.
Geld brauchst du für deine Kinder,
Die nicht klüger als die Rinder,
Oder für dein Lumpgesind,
Wenns nicht durch die Gurgel rinnt.

Don Mahlmehl.
Sag mir auch, du Fingerreiber,
Zu was so viel Futter ist,
Doch nicht so viel Diebstahl treibe,
Schau, man kennt schon deine List,
Steifleinwand, Kamelhaar eben
Muß man dir ja doppelt geben,
Damit kleidest du die Dein,
Ach laß doch das Stehlen sein.

Chor Don Geißhaars.
Weizendieb, Roggendieb, Gerstendieb,
Korndieb, Kleiendieb, Breiendieb,
Erbsendieb, du, du, du Linsendieb,
Graupendieb du, du, du Mehlbeutel,
Lügenveitel, Wasserkropf, Eselsknopf,
Mühlnarr, du, du, du Me Me Mehldieb,
Du bist ein Dieb, ja ja ja, nein nein nein,
Ich nicht, du du du.

Chor Don Mahlmehls.
Tuchdieb, Zeugdieb, Hosendieb, Seidendieb,
Fadendieb, Bortendieb, Säckeldieb,
Fleckeldieb, du, du, du Kamelhaardieb,
Manchesterdieb, du, du, du Knopfdieb,
Fingerreiber, Bocktreiber, Ziegenbart,
Armer Tropf, meck meck meck, Ziegenknopf,
Du bist ein Dieb, meck meck meck, ja ja ja,
Ich nicht, du, du, du!

Chor Don Geißhaars.
Es ist ein Dieb da!

Chor Don Mahlmehls.
Es ist ein Bock da!

Chor Don Geißhaars.
Wer ist er?

Chor Don Mahlmehls.
Wer ist er?

Chor Don Geißhaars.
Der Mahlmehl.

Chor Don Mahlmehls.
Der Geißhaar.

Nun gehen mir alten seligen Manne erst die Augen auf.

(Docen Miscellaneen I, S. 272.)

Als Jupiter gedacht,
Er hätte Himmel und Erd,
Ganz fertig ausgemacht,
Und was darin gehört,
Da sah er hin und her,
Besinnt sich endlich fein,
Es müßt sein etwas mehr,
So da gehört darein.
Der Sachen, ha ha, Cupido lacht,
Sprach: „Alter, du hast nicht alles gemacht,
Besinn dich fein wohl, besinn dich fein wohl,
Das Beste fehlt hier, das billig sein soll!"

Solches jenen verdroß hart,
Daß er von diesem Kind,
Spöttlich verlachet ward,
Da nahm er in sein Sinn,
Erschafft ein Kreatur
Ein schön jungfräulich Bild,
Welche schöne Figur
Er für sein Kunstwerk hielt.
Der Sachen, ha ha, Cupido lacht:
„Du hast alles recht wohl gemacht,
Des freu ich mich sehr, des freu ich mich sehr;
Ach Lieber, mach doch der Dinge noch mehr."

Welches Jovi Freuden bracht,
Daß dieses Kind nackend und bloß,
Ihn sehr freundlich anlacht,
Drum setzt ers in sein Schoß,
Das Bild entschlief so bald,
Er hätts geküßt so gern,
Wolls aber mit Gewalt,
Nicht aus dem Schlaf verstörn.
Der Sachen, ha ha, Cupido lacht,
Sprach: „Alter, küß fort, bis sie erwacht,
Laß also nicht ruhn, laß also nicht ruhn,
Es ist ihr nicht um den Schlaf zu tun."

Dein Liebelein schlaf oder wach,
So küß sie immerfort,
Dir kein Gedanken mach,
Sondern glaub meinem Wort,

Küß sie so oft und wohl,
Ich will verwetten was,
Ob sie dich schelten soll,
Sondern sprechen, küß nur baß!
Der Sachen, ha ha, Cupido lacht,
Zwei Lieblein scherzen die ganze Nacht,
Laß also frei gehn, laß also frei gehn,
Ach Kinder, was wird noch draus entstehn.

Darum schönes Liebelein,
Laß mich dir nun küssen auch
Dein wertes Mündelein,
Weils ist ein alter Brauch,
Der muß abkommen nicht,
Weils ist ein ehlich Pflicht,
Und wenns in Ehren geschicht,
So kanns ja schaden nicht.
So haben die Alten einander geküßt,
Bis aus Zwei ein Drei worden ist.
So laßt uns nun auch halten den Gebrauch,
So lang wir leben auf dieser Erd.

Ehrensache und Satisfaktion zu Günzburg.

In des guten Kerls Ton.

(Altes Manuskript.)

Zu Günzburg in der werten Stadt,
Als ihre Zunft den Jahrstag hat,
Die Schneider alle kamen,
Die Meister sämtlich jung und alt,
Die Gesellen auch in schiefer Gestalt
Da in der Kirch zusammen.

Der Teufel aber hat kein Ruh,
Baut sein Kapelle auch dazu,
Als sie zum Opfer gehen,
Da hat man mitten in der Schar
Ein großen Geißbock offenbar
In ihrer Mitt gesehen.

Der ging ganz sittsam nebenher
Dem Opfer zu in aller Ehr,
Und tät sich doch nit bücken,
Ein alter Meister hochgeschorn
Der faßt da einen grimmen Zorn,
Und wollt darüber zücken.

Wo führt der Teufel den Bock daher,
Potz Elle, Fingerhut und Scher,
Er kömmt mir recht und eben,
Ging er nur besser her zu mir,
Ich wüßte schon ein Kunst dafür,
Wollt ihm ein Maultasch geben.

Der Geißbock hätt sehr feine Ohrn,
Vermerkte bald des Schneiders Zorn,
Hätt doch nichts zu bedeuten,
Er machet sich zugleich unnutz,
Und biet dem Schneider einen Trutz,
Ging frisch ihm an die Seiten.

Der Schneider aber hielt sein Wort,
Es war grad an der Stiege dort,
Er griff den Bock beim Boschen,
Er stieß denselben hin und her,
Als wenns des Bocks sein Mutter wär,
Gab ihm eins an die Goschen.

Der Geißbock fiel die Stiegen ein,
Das mußt er also lassen sein
Und dürft sich nicht wohl rächen,
Ging bald davon in aller Still,
Gedacht der Schneider sind zu viel,
Sie dürften mich verstechen.

Frau Burgermeisterin alldort
Stand in dem Stuhl an ihrem Ort,
Die hat der Bock ersehen,
Er ging ganz traurig zu ihr hin,
Und klagte ihr in seinem Sinn,
Wie hart ihm wär geschehen.

Er sprach: „Ich habs nit bös gemeint,
Dieweil die Schneider meine Freund,
Hab ich für Recht ermessen,
Daß ich mit Meister und Gesell
Mich bei dem Jahrstag auch einstell,
Bin grob doch eingesessen.

Die Maultasch hab ich nit erwart,
Hätt sonst mein Fell so rauch und hart
Gar wohl verschonen können,
Jetzt habe ich die Stöß davon,
Die hängen mir mein Lebtag an,
Das fühl ich an dem Brennen.

Wenn ich aufs Jahr noch hier verbleib,
Bleib ich daheim und schick mein Weib,
Kanns leichter übertragen,
Die ist zumal ein reine Geiß,
Wie sie und jedermann wohl weiß,
Die dürften sie nit schlagen."

Die Frau sagt ihm auf sein Begehrn:
„Geh nur, mein Schatz, klags meinem Herrn,
Dem Schneider bringts nicht Rosen."
Der Geißbock neiget sich vor ihr,
Bedankt sich auch auf sein Manier
Mit Stutzen, Meckern, Stoßen.

Der Schneider schaut von ferne zu,
Des Bocks Anklag gab ihm Unruh,
Wollt schier darum verzagen,
Daß er den Bock, es war ihm leid,
Aus Zorn und Unbescheidenheit
Im Gotteshaus geschlagen.

Wie's endlich ablief noch zur Lust,
Das ist den Schneidern wohl bewußt,
Habs weiter nit beschrieben,
So viel ich hab gehört davon,
Hat er dem Bock Abbitt getan,
Dabei ist es geblieben.

Ein guter Herr, der sprach mich an,
Dem hab ich es zulieb getan,
Sein Bitt nit abgeschlagen,
Und diese schöne Aktion
Ins guten Kerles Weis und Ton
Also zusamm getragen.

Schadenfreude.

(Nach Anakreon, national. Antike. Philanders Strafreden I. S. 713.)

Hie auf dieser Liebesmatt
Cupido vor dreien Tagen,
Weil er nichts zu schaffen hat,
Wollt sein Zelt und Lager schlagen:
Ach Cupidon, kleiner Schelm,
Wie machst du so große Wunden.

Als er nun ins Grüne kam,
Dieses hier dort das wollt sehen,
Venus bei der Hand ihn nahm,
Doch wollt er nicht mit ihr gehen,
ach Cupidon etc.

Lief bald vor das Bienenhaus,
Wollt ein wenig Honig lecken,
Eine kroch zum Korb heraus
Und flog nach dem jungen Gecken,
ach Cupidon. etc.

Cupido bald her, bald hin,
Hätt sich gern vor ihr verkrochen,
Doch die Bien flog stets auf ihn,
Bis er von ihr war gestochen,
ach Cupidon. ect.

Als er seinen Finger schaut,
Wie er armsdick aufgeloffen,
Fing er an zu schreien laut:
O weh, Mutter, ich bin troffen!
Ach Cupidon. etc.

O Weh, liebe Mutter bald,
Ich muß an dem Stich verderben,
O Weh, ich lauf in den Wald,
Lasse mich drin Hungers sterben.
Ach Cupidon. etc.

Helft und helft ihr nicht geschwind,
Stürz ich mich in einen Brunnen,
Wie bald kann ein armes Kind
Als ich, in der Hitz verbrennen.
Ach Cupidon. etc.

Rach, o liebste Mutter, Rach,
Ich werd noch verzweifeln müssen,
Helft, ich spring sonst in den Bach,
Oder will mich selbst erschießen,
ach Cupidon. etc.

Venus sprach vor Zorn kein Wort,
Endlich nahm ein Hand voll Ruten,
Wart, ich will dich bringen fort,
Daß dir soll der Hintern bluten,
ach Cupidon. etc.

Hab ich dirs nicht vor gesagt,
Du sollst stupfens müßig gehen,

Wer nicht folgen will, der wagt.
Komm her, laß den Finger sehen,
ach Cupidon. etc.

Ei, du ungeratner Sohn,
Dir ist eben recht geschehen,
Das ist dein verdienter Lohn,
Willst nicht mit der Mutter gehen,
ach Cupidon. etc.

Indem bückt sie ihn herum:
Halt, ich will dich lehren sitzen,
Gß gß noch einmal so kum,
Dann will ich dich besser fitzen,
ach Cupidon. etc.

Cupido fiel auf die Erd,
Ha! wie tat ihn das verdrießen,
Und wie ein zaumloses Pferd,
Schlug um sich mit Händ und Füßen,
da Cupidon. etc.

Ach mein, klag dich nicht so sehr,
Sprach sie, und bald laß die Possen,
Denk, daß du wohl andre mehr
Unverschuldet hast geschossen,
ha Cupidon. etc.

Deine Pfeil sind voller Gift,
Und gehn richtig zu dem Herzen,
Was aber den Finger trifft,
Das ist nur ein Kinderscherzen.
Ha Cupidon. etc.

Tuts dir schon ein wenig weh,
Darfst dir drum nicht lassen bangen,
Eh du dreimal Steh und Geh,
Sagst, so wird es sein vergangen.
Ach Cupidon. etc.

Wen der lose Vorwitz sticht,
Und solch Leckerei will treiben,
Dem gerat es anders nicht,
Drum sollst bei der Mutter bleiben.
Ach Cupidon kleiner Schelm,
Wie machst du so große Wunden!

Du Stupfer, du Hauser,
Du Rupfer, du Zauser,

Du Lecker, du Lauser,
Du Schlecker, du Mauser,
So soll es dir gehn,
Recht ist dir geschehn,
So soll es dir gehn!!!

Rinaldo Rinaldini.

Es wollt ein Schneider wandern,
Am Montag in der Fruh,
Begegnet ihm der Teufel,
Hat weder Strümpf noch Schuh:
„He, he, du Schneidergsell,
Du mußt mit mir in d' Höll,
Du mußt uns Teufel kleiden,
Es gehe wie es wöll."

Nachdem er all gemessen hat,
Nahm er seine lange Scher
Und stutzt den Teuflen d' Schwänzlein ab
Sie hüpfen hin und her.
„He, he, du Schneidergsell,
Pack dich nur aus der Höll,
Wir brauchen nicht das Stutzen,
Es gehe wie es wöll."

Da zog er's Bügeleisen raus,
Und warf es in das Feuer,
Er streicht den Teuflen die Falten aus,
Sie schrieen ungeheuer:
„He, he, du Schneidergsell,
Geh du nur aus der Höll,
Wir brauchen nicht zu bügeln,
Es gehe wie es wöll."

Er nahm den Pfriemen aus dem Sack,
Und stach sie in die Köpf,
Er sagt, halt still, ich bin schon da,
So setzt man bei uns Knöpf:
„He, he, du Schneidergsell,
Geh einmal aus der Höll,
Wir brauchen keine Kleider,
Es geh nun wie es wöll."

Drauf nahm er Nadel und Fingerhut,
Und fängt zu stechen an,

Er flickt den Teufeln die Naslöcher zu,
So eng er immer kann:
„He, he, du Schneidergsell,
Pack dich nur aus der Höll,
Wir können nimmer riechen,
Es geh nun wie es wöll."

Darauf fängt er zu schneiden an,
Das Ding hat ziemlich brennt,
Er hat den Teuflen mit Gewalt
Die Ohrlappen aufgetrennt:
„He, he, du Schneidergsell,
Marschier nur aus der Höll,
Sonst brauchen wir den Bader,
Es geh nun wie es wöll."

Nach diesem kam der Luzifer,
Und sagt: „es ist ein Graus,
Kein Teufel hat kein Schwänzerl mehr,
Jagt ihn zur Höll hinaus:
„He, he, du Schneidergsell,
Pack dich nur aus der Höll,
Wir brauchen keine Kleider,
Es geh nun wie es wöll."

Nachdem er nun hat aufgepackt,
Da war ihm erst recht wohl,
Er hüpft und springet unverzagt,
Lacht sich den Buckel voll,
Ging eilends aus der Höll,
Und blieb ein Schneidergsell;
Drum holt der Teufel kein Schneider mehr,
Er stehl so viel er wöll.

Hans in allen Gassen.

(Fliegendes Blatt.)

Ich will einmal spazierengehn,
Und suchen meine Freud,
Begegnet mir ja alsobald,
Ha, ha, ja ja, ja alsobald,
Ein Knäblein war schön bekleidt.

Zwei Flüglein tät er tragen,
Ein Bogen in seiner Hand,
Er tät gleich zu mir sagen,

Ha ha, ja ja, ja sagen,
Schenk mir dein Herz zum Pfand.

Was tust du da, du kleiner Bub?
Was machst du hier im Wald?
Du ghörst nach Haus in deine Ruh,
Ha ha, ja ja, in deine Ruh,
Die Nacht ist dir zu kalt.

Seine Äuglein hat er verbunden,
Mit einem schwarzen Flor,
Du machst mir ja viel Wunden,
Ha ha, ja ja, viel Wunden,
Du kleiner Cupido.

Jetzt will ich erst recht lieben,
Weils die Leut verdrießen tut,
Ich wills nicht mehr aufschieben,
Ha ha, ja ja, aufschieben,
Wills nehmen für mein Buß.

Das zarte Wesen.

(Altes Manuskript.)

Zu Backnang wohnt ein Schneiderlein,
Es hat ein einzigs Geißelein,
Er bracht ihm Gras, er bracht ihm Kraut,
Das best, das er im Garten baut.
Da ward das zarte Wesen krank,
Der Schneider war in großem Leid,
Als sie den Tod mußt leiden:
„Mein edle Geiß, die Häddel heißt,
Hat manches Kraut gefressen.
Jetzt muß ich gar vor Herzeleid
Mein süße Geiß vergessen!"

Der Stadtknecht ging am Zaune nah,
Sobald, als er die Geiß ersah:
„Potz Kreuz! was seh ich liegen!
Das wär jetzt eine gute Sach,
Wenn es nur blieb verschwiegen."
Der Stadtknecht zeigts dem Metzger an:
„Ei guten Abend, Metzger du,
Beim Bettelhaus, da liegt ein Rehbock,
Die Haut ist abgezogen.

Das wär ein gute Sach für uns,
Wenn es nur bleibt verschwiegen."

Der Metzger in die Metzel kam,
Sein Gürtel und Messer mit sich nahm,
Ein weißen Schurz daneben.
Die Pfarrerin mit dem Gelenk heimging,
Die Vögtin macht ein Braten,
Es habens kauft mehr als zehn Fraun,
Ist reißend abgegangen.
Die Backnanger Herrn sind zusammen gesessen,
Das zarte Wesen als einen Rehbock gegessen,
Ein Kuckuck für eine Tauben,
Und blaue Schlehen für Trauben.

Das Backnanger Liedlein lautet nit wohl,
Man schlägt einem gleich den Buckel voll,
Sie konnten das zarte Wesen nit verdauen.

Weibliche Selbständigkeit.

(Mündlich.)

Wer noch in Freiheit leben will,
Der komm mit mir zum Walde,
Diana spielt und rastet still,
Und rufet alsobalde.
Frau Echo schlägt den Triller drein,
Daß mir mein Herz zerspringt,
Weil auf der Sait Diana spielt,
Und mir ein Liedlein singt.

Und als ich in Gedanken da
Schier ganz verwirret ware,
Da kam ein Wildbretschütz mir nah,
Dazu ein junger Knabe.
Er nennet mich bei meinem Nam,
Und schaut mich herzlich an:
„Wie kommen wir allhier zusamm",
Sprach er, „o, Schäfersdam?"

Ich gab zur Antwort: „Kleiner Bu,
Was tust du hier im Walde,
Heraus gehörst du in die Ruh,
Die Nacht ist dir zu kalte!
Mein Feuer habe ich bei mir!"
Und seufzet alsogleich,

Weil auf der Sait Diana spielt
In ihrem edlen Reich.

Sie führt ihn ins Gebüsch hinein,
Zum grün tapzierten Saale,
Sie bleibt nicht lange so allein,
Und strickt am Vogelgarne,
Das Feuer lockt die Flora hin,
Die Blumen sehn hinein,
Ich bleib mit meinem freien Sinn
Wohl in dem Wald allein.

Das Erbbegräbnis.

(Altes Manuskript.)

Das Schneiderlein sah am Wege stehn
Eine alte verzottelte Geiß,
Da sprach dieselbige: Zick, Zick, Zick,
Bock, Bock, Bock, Meck, Meck, Meck,
Da wards dem Schneiderlein heiß.

Das Schneiderlein fing zu laufen an,
Lauft in das Wirtshaus hinein,
Da sprach derselbige: Zick, Zick, Zick,
Bock, Bock, Bock, Meck, Meck, Meck,
Schenkt mir ein halb Maß ein.

Das Schneiderlein fing zu laufen an,
Sauft aus den Fingerhut,
Da sprach derselbige: Zick, Zick, Zick,
Bock, Bock, Bock, Meck, Meck, Meck,
Wie schmeckt der Wein so gut.

Das Schneiderlein fing zu tanzen an,
Tanzt in der Stuben herum,
Da fiel derselbige: Zick, Zick, Zick,
Bock, Bock, Bock, Meck, Meck, Meck,
Vor Ohnmacht gar bald um.

Das Schneiderlein wurde begraben dann
In ein hohle verzottelte Geiß,
Da sprach derselbige: Zick, Zick, Zick,
Bock, Bock, Bock, Meck, Meck, Meck,
Wie ist die Hölle so heiß.

Der Paß.

(Fliegendes Blatt.)

Schöns Salzburger Mädl,
Mit dem krausen Härl,
Tust mir überaus gefallen,
Wann ich dich seh gehen,
Bleib ich allzeit stehen,
Und betrachte dich vor andern allen,
Deine schwarze Hauben,
Sticht mir in die Augen,
Mit deinen güldnen Borten;
Bin ich z'Haus allein,
Fallt mirs wieder ein,
Dirnerl! wär ich bei dir dorten.

Wenn ich fragen darf,
Mein, wer ist der Herr,
Denn es ist nicht allzeit zu trauen,
Mein Herr ist sehr bös,
Gibt der Frau oft Stöß,
Daß sie nicht auf mich tut schauen! –
Weil du mich tust fragen,
Will ich dirs wohl sagen:
Ich bin einer von den Liebesgöttern,
Alle Schäfersleut
Auf der grünen Heid
Heißen mich auch einen Vettern.

Flußübergang.

(Altes Manuskript.)

Es hatten sich siebenzig Schneider verschworen,
Sie wollten zusammen ins Niederland fahren,
Da nähten sie einen papierenen Wagen,
Der siebenzig tapfere Schneider konnt tragen,
Die Zottelgeiß spannten sie dran,
Hott Hott, Meck Meck, ihr lustigen Brüder,
Nun setzt euer Leben daran.

Sie fuhren, da trat wohl an einem Stege
Den Schneidern der Geiß ihr Böcklein entgegen,
Und schaute die Meister gar trotziglich an,
Darunter war aber ein herzhafter Mann,

Der zog wohl den kupfernen Fingerhut an,
Und zog eine rostige Nadel heraus,
Und stach das Geißböcklein, daß es sprang.

Da schüttelt das Böcklein gewaltig die Hörner,
Und jagte die Meister durch Distel und Dörner,
Zerriß auch dem Held den Manchesternen Kragen,
Erbeutet viel Ellen und Scheren im Wagen,
Und weil achtundsechzig gesprungen in Bach,
So hat nur ein einzger sein Leben verloren,
Weil er nicht konnt springen, er war zu schwach.

Cupido, die Fledermaus.

Als ich verwichen lag in sanfter Ruh,
Da klopft an meiner Tür,
Und kommet auch zu mir,
Ein kleiner Bue!

Schneeweiß ist er gekleidt, von Angesicht blind,
Er stellt sich an die Wand,
Ein Fackel in der Hand,
Das lose Kind!

Was das bedeuten soll, schrie ich darauf,
„Schweig still, es geschieht dir nichts!
Schweig still, ich tu dir nichts",
Sprach er darauf.

Er geht zum Bette hin, der kleine Fratz,
Er bittet mich gar schön,
Sollt aus dem Wege gehn,
Sollt machen Platz.

„Ei, du verdammtes Kind! was bildst dir ein,
Willst schon im Bette liegen,
Gehörst noch in die Wiegen,
In die Wickel hinein.

Scher dich vom Bett und geh nach Haus
Anstatt der Liebesglut
Gehört dir noch die Rut,
Du Fledermaus!"

90 × 9 × 99.

(Fliegendes Blatt.)

Es waren einmal die Schneider,
Die hatten guten Mut,
Da tranken ihrer neunzig,
Neun mal neunundneunzig
Aus einem Fingerhut.

Und als die Schneider versammelt waren,
Da hielten sie einen Rat,
Da saßen ihrer neunzig,
Neun mal neunundneunzig,
Auf einem Kartenblatt.

Und als die Schneider nach Hause kamen,
Da können sie nicht hinein,
Da schlupften ihrer neunzig,
Neun mal neunundneunzig,
Zum Schlüsselloch hinein.

Und als die Schneider recht lustig waren,
Da hielten sie einen Tanz,
Da tanzten ihrer neunzig,
Neun mal neunundneunzig
Auf einem Geißenschwanz.

Und als sie auf der Herberg waren,
Da hielten sie einen Schmaus,
Da fraßen ihrer neunzig,
Neun mal neunundneunzig,
An einer gebacknen Maus.

Und als ein Schnee gefallen war,
Da hielten sie Schlittenfahrt,
Da fuhren ihrer neunzig,
Neun mal neunundneunzig,
Auf einem Geißenbart.

Und als die Schneider nach Hause wollen,
Da haben sie keinen Bock,
Da reiten ihrer neunzig
Neun mal neunundneunzig,
Auf einem Haselstock.

Und als die Schneider nach Hause kamen,
Da saßen sie beim Wein,
Da tranken ihrer neunzig,

Neun mal neunundneunzig,
An einem Schöpplein Wein.

Und als sie all besoffen warn,
Da sah man sie nicht mehr,
Da krochen ihrer neunzig,
Neun mal neunundneunzig,
In eine Lichtputzscher.

Und als sie ausgeschlafen hatten,
Da können sie nicht heraus,
Da wirft sie alle neunzig,
Neun mal neunundneunzig,
Der Wirt zum Fenster hinaus.

Und als sie vor das Fenster kamen,
Da fallen sie um und um,
Da kommen ihrer neunzig,
Neun mal neunundneunzig,
In einem Kandel um.

Cupido und die Magd.

Cupido.
Als ich bei dunkler Nacht
War auf der Liebesjagd,
Wollte fangen in der Still
Der Herzen viel,
Da tät sich offeriern
Ein schöne Bauersdirn,
Als ich sie schlafend fand,
Mein Bogen spannt,
Und schoß in schneller Eil,
Ihr Herz mit Liebespfeil.

Magd.
Tausend Sapperment,
I mein gar, mein Jackerl brennt,
Gschosse bin i auch,
An irgendeinem End,
I schmeck schon a Rauch!

Cupido.
In Scherz und Liebeslust
Schieß ich nach deiner Brust

Magd.
Schau, der Narr is gscheit,
Schießt mer dann uff die Leut
So grad für Gspaß,
Daß Gott erbärmel!
Schieß mer brav in Ärmel,
Do triffst mi nit uff die Nas.

Cupido.
Mägdlein, treib du kein Spott,
Ich bin der Liebesgott,
Der nach deinem Herzen tracht',
Mich nit veracht,
Sonst brauch ich mein Gewalt,
Du wirst's erfahren bald,
Daß ich auch jedermann
Bezwingen kann,
Mit meinen Pfeilen spitz.

Magd.
Was schert mich dein Bolz,
Schieß dir im Holz
Kleine Vögle z'sammen,
Erdbeer oder Schwammen,
Dir zum Futter such.

Cupido.
Ich hab Speis und Früchten gnug,
Dich nur zu lieben such.

Magd.
Ei, du kleiner Diab!
Was verstehst du von der Liab,
Bischt hintern Ohren
Noch nit trucke woren,
Machst noch in die Wiegen.

Cupido.
Weil du mich dann verachst,
Und meiner Worte lachst,
So solllst mit Liebespein
Du ganz umgeben sein.
Wenn dein Herz in Flammen brinnt,
Denk an das kleine Kind,
Das dir so zugesetzt,
So daß die Liebesglut
Dich schier verzehren tut

Magd.
Sollst mirs nur probieren,
Ich will dirs Fleisch kurieren,
Will dir dein Spiegelein
Mit Ruten kehren rein.

Cupido.
Niemand mich fangen kann,
Weil ich hab Flügel an.

Magd.
So kannst Zauberei,
Fliegst in Lüften frei,
Wie ein geropfte Gans?
Du Spatzenhirn.

Cupido.
Du stolze Bauerndirn!
Läßt gar kein Lust verspürn
Vor meinen betrübten Sinn,
So geh nur hin,
Nimm nur den Veit,
Gib acht, daß dichs nit reut,
Wenn du suchst in Müh und Not
Dein Stücklein Brot.
Mußt dreschen, Butter rühren,
Mußt Gras und Mist ausführen.

Magd.
Dreschen ist meine Freud,
Mistführen tut der Veit,
Wenn dann die Sennrin kommt,
Hat er die Spielleut gholt,
Führt mich zum Bier.

Cupido.
So bleib beim Bauergesind,
Bauernmensch, du bist blind.

Magd.
Ich sieh wohl gnu für mi,
Schau nur du für di,
Sag ders mit eim Wort
Scher di wieder fort,
's is nix mit mi.

Meine Reise auf meinem Zimmer.

(Fliegendes Blatt.)

Der Schneider Franz, der reisen soll,
Weint laut und jammert sehr:
„O! Mutter lebet ewig wohl,
Euch seh ich nimmermehr!"
Die Mutter weint entsetzlich:
„Das laß ich nicht geschehn,
Du darfst mir nicht so plötzlich
Aus deiner Heimat gehn."

„O! Mutter, nein, ich muß von hier,
Ist das nicht jämmerlich!"
„Mein Kind, ich weiß dir Rat dafür,
Verbergen will ich dich.
In meinem Taubenschlage,
Verberg ich dich, mein Kind,
Bis deine Wandertage
Gesund vorüber sind."

Mein guter Schneider merkt sich dies,
Und tut, als ging er fort,
Nahm kläglich Abschied und verließ
Sich auf der Mutter Wort,
Doch abends nach der Glocke,
Stellt er sich wieder ein,
Und ritt auf einem Bocke
Zum Taubenschlag hinein.

Da ging er, welch ein Wanderschaft,
Im Schlage auf und ab,
Und wartete, bis ihm die Kraft
Die Mutter Nudeln gab,
Beim Tag war er auf Reisen,
Und auch in mancher Nacht,
Da hat er mit den Mäusen
Und Ratten eine Schlacht.

Einst hatte seine Schwester Streit,
Nicht weit von seinem Haus,
Er hört, wie die Bekämpfte schreit,
Und guckt zum Schlag hinaus,
Mein Schneiderlein ergrimmte,
Macht eine Faust und droht:
„Wär ich nicht in der Fremde,
Ich schlüge dich zu Tod."

Kerbholz und Knotenstock.

(Fliegendes Blatt.)

Seid lustig und fröhlich
Ihr Handwerksgesellen,
Denn es kommt die Zeit,
Die uns all erfreut;
Sie ist schon da!

Wir haben uns besonnen,
Feierabend genommen
Ganz in der Still,
Reden nicht zu viel,
Brauchen nicht viel Wort!

Wir haben uns besonnen,
Wo wir werden hinkommen,
Reisen ist kein Schand,
Zu Wasser und zu Land,
Gehn auch abends zu Bier.

Wir haben uns besonnen,
Wo wir werden hinkommen,
In das Österreich,
Gilt uns alles gleich,
Wien ist die Hauptstadt!

Kaiser, Königin zu sehn,
Etwas zu erlernen,
Von Bescheidenheit,
Von der Höflichkeit,
Wie auch von Manier!

Preßburg in Ungarn,
Hat uns bezwungen,
Breslau in der Schlesing,
Bin ich schon gewesen,
Das gefällt mir wohl.

Moskau in Rußland,
Allerlei Lieder sind mir da bekannt,
Juchten und Korduan,
Zucker und Marzipan
Ißt man allda zum Frühstück

Bozen in Ellischland,
Innsbruck im Tirolerland,
Setz mich auf das Meer

Fahre hin und her,
Nach Holland hinein.

Amsterdam in Holland,
Schöne Farben sind uns wohlbekannt,
Grün und blau,
Scharlachrot und grau,
Karmesinfarbrot.

Haben einen weiten Gang
Fort in das Tirolerland,
Frankreich in Paris,
Wo ich meine Stiefel ließ,
Ist allda ein Lazarett!

Dresden in Sachsen,
Wo die schönen Mädel auf den Bäumen wachsen,
Hätt ich dran gedacht,
Hätt ich eine mitgebracht,
Für den Altgesellen auf der Post.

Prag in Böhmen, mag ich auch nicht sein,
Sein so viele Juden darein,
Alle liebe Tag
Ist es eine Klag,
Daß eine Mordtat geschach.

Dreißigtausend groß und klein
Studitutidenten tun drin sein,
Jederzeit,
Ist es ihr Freud,
Wenn sie machen brave Beut.

Können Juden vexieren,
Recht tribulieren,
Sie gehen her
Mit Schweineschmer
Schmieren sie ihnen die Bärt.

Haben noch einen harten Stand
Bis nunter ins Kravattenland,
Sitz ich auf der Sau
Und herummer schau,
Belgrad ist schon da.

Nun adje, Heidelberg.
Bist eine rechte Staatsherberg,
Ist ganz still,
Wenn man will
Singen die ganze Nacht.

Nun adje, du werte Stadt,
Weil es ausgeregnet hat,
Mit dem Parableh
Geh ich nach der See,
Wenn ich komm vom großen Faß .

Rechenexempel.
(Fliegende Blätter.)

„Bruder Liederlich,
Was saufst dich so voll?“
„O du mein Gott,
Was schmeckts mir so wohl.“

Am Montag
Muß versoffen sein,
Was Sonntag
Übrig war vom Wein.

Am Dienstag
Schlafen wir bis neun,
Ihr liebe Brüder
Führt mich zum Wein.

Am Mittwoch
Ist mitten in der Wochen,
Haben wir das Fleisch gefressen,
Freß der Meister die Knochen.

Am Donnerstag
Stehn wir auf um vier,
Ihr lieben Brüder,
Kommt mit zum Bier.

Am Freitag
Gehen wir ins Bad,
Alle Lumperei
Waschen wir ab.

Am Samstag
Da wollen wir schaffen,
Spricht der Meister:
„Könnts bleiben lassen.“

Am Sonntag
Vor dem Essen
Spricht der Meister:
„Jetzt wollen wir rechnen.

Die ganze Woche
Hast du gelumpt,
Hast du gesoffen,
Null für Null geht auf.
Nun will ich nicht mehr leben
Mit dir Geselle mein.
Urlaub will ich dir geben,
Weil du nicht bleibst daheim.
Du hast die sieben Tag
Gefeiert mit Spaziergehen,
So ich nicht leiden mag."

Bruder Liederlich.
Gar willig und mit Freuden
Will ich jetzt ziehn davon,
Will solche Krauter meiden,
Dies also machen tun,
O Kraut, o Meister, Kraut
Des Tags soll zweimal fressen,
In meine zarte Haut.

Meister.
Ägyptisch soll dich plagen
Der Sonn und Mondenschein,
Ein Bündel schwer zu tragen
Soll dir Gesellschaft sein,
Dazu ein schlimmer Weg,
Darauf du jetzt sollst wandern,
Bis über die Schuh im Dreck.

Bruder Liederlich.
Wie bist du so vermessen,
Hör zu, du Krauter mein,
Du gibst zwar wohl zu fressen,
Viel Supp und wenig Fleisch,
Und alle Tag zwei Kraut,
Das macht in einem Jahre
Siebenhundertdreißig Kraut.

Meister.
Was soll ich dir belohnen,
Wenn du's verdienest nicht?
Den Buckel tust du schonen,
Daß dir nicht Weh geschicht;
Tust alle Stund ein Schlag,
Die Hand magst nicht aufheben.
Drum ich dich nimmer mag.

Bruder Liederlich.
Die Frau hat mich geliebet,
Und auch die Tochter dein,
Der Abschied mich betrübet,
Bringt mich in schwere Pein,
Macht mir mein Herz verwundt,
Wann ich an sie gedenke,
Und ihren roten Mund.

Meister.
Mein Weib kann dir nicht helfen,
Weil sie nicht Meister ist,
Laß nur die Lieb verwelken,
Wann abgereiset bist,
Geh, nimm dein Kleid an Leib,
Und laß das Lieben bleiben,
Bei deines Meisters Weib.

Trutz den Meistern.

(Fliegendes Blatt.)

Drum ihr Gesellen, halt euch gut,
Zu Hamburg das junge Blut,
Tut die Meister scheren;
Rommodedom und Faldrida,
Tut die Meister scheren.

Sagt in vierzehn Tagen auf,
Reiset fort mit schnellem Lauf,
Tut die Welt durchreisen: Rommod. etc.

So ihr an Ort und Stelle werd kommen,
Sagt die Meister habn genommen
Geld aus unserer Lade: Rommod. etc.

Den Gesellen, die davon sprechen,
Wollen wir den Hals zerbrechen,
Ja, sie sollen schweigen: Rommod. etc.

Gesellen gingen nach Altona hinaus,
Lebten da in Saus und Schmaus,
Auf des Meisters Gelder: Rommod. etc.

Als sie ein vierzehn Tage gelegen,
Wollten sie das Geld erlegen,
Wollten sie es wohl ändern: Rommod. etc.

Gesellen täten sich resolvieren,
Nach der Herberg zu spazieren,
Täten da brav saufen: Rommod. etc.

Türen wurden zugemacht,
Trommel geschlagen, daß es kracht,
Bürger schlugen Lärmen: Rommod, etc.

Vor die Herberg kamen an
Mehr als dreißigtausend Mann,
Bürger und Soldaten: Rommod. etc.

Tischler gaben sich gefangen,
Kamen den Herren entgegengegangen,
Fragten, was sie wollten: Rommod. etc.

Wir verlangen nicht mehr als Recht,
Oder es wird Hamburg schlecht
Dieses Jahr ergehen: Rommod. etc.

Schornsteinfeger fuhren fort:
Tischler saget nur ein Wort,
Sollen wir drein werfen: Rommod. etc.

Tischler kamen aus Arrest,
Ließen sich aufs allerbest
Die Trompeten blasen: Rommod. etc.

Andre Handwerker allzumal
Riefen Vivat überall,
Es leben unsre Brüder: Rommod. etc.

Nun Adieu, mein Lied ist aus,
Meister müssen gehn nach Haus,
All ihr Gut verkaufen: Rommod. etc.

Wer hat uns dies Lied erdacht,
Das haben brave Burschen gemacht,
Die die Welt durchreisen,
Rommodedom und Faldrida,
Die die Welt durchreisen.

Der Habersack.

(Altes fliegendes Blatt aus 1500.)

Und wollt ihr hören singen,
Ich sing ein neues Lied,
Von einem feinen Fräulein,
Und wie es dem erging,

Sie war genannt der Habersack,
Gott geb ihr einen guten Morgen,
Und einen guten Tag,
Tag und Tag und aber Tag
Mit der ich heut nacht sprach.

Das Fräulein, das war weise,
Mit seinen Worten klug,
Wie bald nahm sie den Habersack,
Ihn zu der Mühle trug,
Nun seh, du lieber Müller mein,
Den Haber sollst du mahlen wohl,
Wohl um den Willen mein,
Dein und mein und aber dein,
Es soll verschwiegen sein.

Der Müller nahm den Haber
Und schütt ihn auf die Well,
Er konnt ihn nie gemahlen,
Es war sein Ungefäll,
Er mahlt die Nacht, bis an den Tag,
Gott geb ihm einen guten Morgen,
Und einen guten Tag.
Tag und Tag und aber Tag
Mit der ich heut nacht sprach.

Der Müller nahm die Stiefel,
Streift sie an seine Bein,
Er ging die Gassen auf und ab,
Und sang ein Liedlein klein.
Er sang ein Lied vom Habersack,
Gott geb ihr einen guten Morgen,
Und einen guten Tag,
Tag und Tag und aber Tag
Mit der ich heut nacht sprach.

Das hört des Müllers Knechte
In seinem Kämmerlein,
Er dacht in seinem Sinne,
Es wär ein Fräulein fein,
Es wär ein Fräulein minniglich,
Wollt Gott sollt ich sie schauen,
Wohl durch den Willen mein,
Dein und mein und aber dein,
Es soll verschwiegen sein.

Müllerlied.

(Altes fliegendes Blatt aus 1500.)

Der Müller auf seim Rößlein saß,
Gar wohl er in die Mühle sah,
Er tät dem Anneli winken,
„O Annelin, liebstes Annelin mein,
Hilf mir den Wein austrinken."

Und da der Wein austrunken war,
Da kam ein grober Bauer dar,
Er bracht dem Müller Säcke,
Der Müller dacht in seinem Sinn,
Hätt Korn ich drein gemessen.

Der Müller in die Mühle trat,
Er wünscht den Säcken guten Tag,
Tät in die Lauten schlagen,
Und welcher Sack nit tanzen will,
Den nimmt er bei dem Kragen.

Das Bäurlein in die Mühle trat,
Er wünscht dem Müller guten Tag,
Dazu ein guten Morgen,
„Dank hab, Dank hab du grober Bauer,
Was willst du bei mir holen?"

Das Bäurlein in die Mühle schreit,
„Müller, hast mir das Mehl bereit?
Du hast mirs halber gestohlen."
„Du lügst, du lügst, du grober Bauer,
Ist mir in der Mühl verstoben."

Das Bäurlein aus der Mühle trat,
Das Annelein ihm die Wahrheit sagt,
„Du hast der Kleie vergessen."
„Ach nein, ach nein, liebs Annelin,
Des Müllers Schwein han's gessen."

Der Müller hätt die fettsten Schwein,
Die in dem Lande mögen sein,
Er mästs aus Bauern Säcken.
Da muß sich mancher arme Bauer
Sein Mägd und Knecht früh wecken.

Der Müller war so gar verwegen,
Er ist dem Bauer in Weg gelegen,
Es hat ihn sehr verdrossen,

Dasselbig tat dem Müllerlein gut,
Ist ihm gar übel erschossen.

Der Müller gäb ein Batzen drum,
Daß man ihms Liedlein nimmer sung,
Er tuts gar übel hassen,
Singt man das in der Stuben nit,
So singt mans auf der Gassen.

Der uns das Liedlein neu gesang,
Ein grober Bauer ist er genannt.
Er hats gar wohl gesungen,
Er hat drei Säck in die Mühle getan,
Sind ihm zwei wiederkommen.

Das schwerste Leiden.

(Albertini Narrenhatz. Augsburg 1617.)

Es ist auf Erden kein schwerers Leiden,
Als wann sich einer auf ein neus muß kleiden.
Ein neues Paar Schuh,
Ein Wammes dazu
Ein Rock dabei, hat kein Falten.
Die Hosen sind hinten und vorne zerspalten,
Die Strümpf hängen wohl über die Schuh,
Gleichwie ich auch tu,
Hab ich kein anders zu kaufen.

Wann ich über die Gassen gehe,
Der Wind tut mir von Herzen wehe,
Man siehet mir hinten und vorne ein,
Das stehet nicht fein,
Ein jeder tut meiner lachen.

Linz ist gar eine feine Stadt,
Darin es gar viel Schneider hat,
Hätt ich Geld, so zöge ich hinein,
Und kaufet ein.

Also muß ichs lassen bleiben.
Also geschicht den kostfreien Gesellen,
Wann sie stets banketieren wöllen,
Fressen und saufen wohl bei dem Wein,
Wollen die besten sein,
Für einen jeden tun sie auszahlen.

Dies Liedlein ist den jungen Gesellen gemacht,
Die gern spazierengehn bei der Nacht,

Wenig erwerben,
Und viel verderben.

Habt ihr den krummen Peter lange nicht gesehen?
(Mündlich.)

Hab ich dann schon rote Haar, rote Haar,
Leid ich drum noch kein Gefahr.
Rote Haar die Leut nicht schänden,
S'ist, daß mich die Leute kennen,
Hab ich dann schon rote Haar, rote Haar,
Leid ich drum noch kein Gefahr.

Hab ich schon ein schieles Aug, schieles Aug,
Krieg ich doch ein schöne Frau.
Mancher hat zwei schöne Augen,
Muß doch durch die Brille schauen,
Wann ich schon ein wenig schiel, wenig schiel,
Brauche ich doch keine Brill.

Hab ich schon ein stumpfe Nas, stumpfe Nas,
Bin ich doch ein schlauer Has.
Kann doch schön die Teller lecken,
Bleibt mir keiner am Näschen stecken,
Hab ich schon eine stumpfe Nas, stumpfe Nas,
Bin ich doch ein schlauer Has.

Hab ich schon ein krummen Fuß, krummen Fuß,
Weiß ich, daß ich hüpfen muß,
Mancher hat fein grade Glieder,
Hinkt und hüpft doch hin und wieder,
Hab ich einen krummen Fuß, krummen Fuß,
Weiß ich, daß ich hüpfen muß.

Leb ich schon inkognito, inkognito,
Scher ich mich auch nichts darum,
Gut gelebt und selig gestorben,
Ist dem Teufel die Rechnung verdorben,
Leb ich schon inkognito, inkognito,
Scher ich mich auch nichts darum.

Das Weberlied.

Frühmorgens, wenn der Tag bricht an,
Hört man uns schon mit Freuden

Ein schönes Liedlein stimmen an,
Und wacker drauf arbeiten.
Die Spule die ist unser Pflug.
Das Schifflein ist das Pferde,
Und damit machen mir gar klug
Das schönste Werk auf Erden.

Gar manche Jungfrau freundlich spricht:
Macht mir gut Tuch zu Betten,
Das Garn ist auch schon zugericht,
Zu Tischtuch und Servietten.
Webt mir die schönsten Bilder drein,
Macht mir darin kein Neste,
Das Trinkgeld sollt ihr haben fein,
Webt mirs aufs allerbeste.

Und wenn ein Kriegsheld zieht ins Feld
Mit seinen Wehr und Waffen,
So schlägt er auf ein Leinwandzelt,
Darunter tut er schlafen.
Die schönste Arbeit weben wir
Von Seiden, Flachs und Wolle,
Dem Fähnrich weben wir's Panier,
Daß ers erhalten solle.

Und ist die Leinwand nichts mehr wert,
Und ist die Fahn verloren,
So kömmt sie erst in rechten Wert.
Papier rauscht vor den Ohren,
Man druckt darauf das Gotteswort,
Und schreibt darauf mit Tinten,
Des Webers Werk währt immerfort,
Kein Mensch kann es ergründen.

Konstruktion der Welt.

(Mündlich.)

Als Gott die Welt erschaffen
Und allerhand Getier,
Konnt er nicht ruhig schlafen,
Er hat noch etwas für;
Wann nur ein Mensch auf Erden,
Dacht er in seinem Sinn,
Die Welt muß voller werden,
Es sei noch etwas drin.

Dem könnt wohl alles nutzen
So schön gemacht voraus,
Drauf nahm er einen Butzen
Und macht ein Männlein draus;
Er schnippt ihn in die Höhe,
Blies ihn ein bissel an,
Da sah er vor sich stehen
Adam! den ersten Mann.

Der Stein, wo Adam saße,
Der war sehr kalt und naß,
Es fror ihn ans Gesaße,
Drum legt er sich ins Gras;
Gott Vater schaut vom Himmel,
Und schaut dem Adam zu,
Gedacht bei sich schon immer:
Was macht mein großer Bu?

Ich darf ihn ja nicht schlagen,
Es ist ein jung frisch Blut,
Ein Weib muß ich ihm schaffen,
Sonst tut er mir kein gut.
Dann kommt er hergeschlichen,
Daß man's konnt merken schier,
Fein geschwind nahm er ein Rippe,
Aus Adams Seit herfür.

Adam, der tut erwachen,
Und hat das Ding gespürt,
Es war ihm nicht ums Lachen,
Drum er so heftig schrie:
„O Herr! Wo ist mein Rippen?
Ich bin kein ganzer Mann,
Wann ich daran will dippen,
So ist kein Ripp mehr da."

„Adam, sei nur zufrieden,
Schlaf fort in guter Ruh,
Vor Schaden dich will b'hüten,
Ich stell dirs wiedrum zu.
Ein Weib will ich draus machen,
Ein wunderliches Tier,
Du sollst mir drüber lachen,
Schau geschwind, da stehts schon hier!"

„Kannst du so schöne Sachen
O lieber Gott und Herr!
Aus meinen Rippen machen,

So nimm der Rippen mehr;
Komm her, mein liebe Rippe
Sei tausendmal willkomm,
Geh hin und nimm die Schippe,
Und grab die Erd herum."

„Eins will ich euch noch sagen,
Den Baum laßt mir mit Fried,
Die Frucht so er tut tragen
Sollt ihr verkosten nit.
Ihr sollt des Tods gleich sterben,
Zum Garten naus gejagt,
Ins Elend und Verderben,
Zum Garten naus gejagt."

„Ach Gott, was schöne Äpfel,
So rot als wie ein Blut,
Sie wär'n recht in mein Kröpfel,
Ich glaub sie sind recht gut!
Bräucht nicht lang zu studieren,
Könnt bald ein Doktor sein:
Bräucht nicht lang zu studieren,
Könnt bald ein Doktor sein."

Darauf die Schlang sich krümmet,
An die verbotne Frucht,
Anbei ganz lieblich singet:
„Glaubt nicht, daß dieser Fluch
An euch erfüllt soll werden,
Viel lieber wird euch sein
Das Leben hier auf Erden,
Wie Götter könnt ihr sein."

„Mit Gott das laß du bleiben,
Fangst schöne Händel an,
Er ist imstand, tut treiben,
Uns gleich zum Garten naus."
„Adam, wo bist hinkrochen?"
„O weh, er ruft uns schon;"
„Adam, wo bist hinkrochen?"
„O weh, er ruft uns schon."

„O Herr! tut mich verschonen,
Ich kann ja nichts dafür,
Die Rippe hats getan,
Die Schlang hat uns verführt.
Die Schlang hat uns versprochen,
Wir könnten was Bessers sein,

Drauf dachten wir wolltens wagen,
Und haben halt bissen drein."

„Kriech mit mir unters Gebüsche,
Geschwind laßt uns bedecken,
Sonst tut er uns erwischen,
Wann er herein tut treten."
„Adam, wo bist hingangen?"
„O weh! er ruft uns schon!"
„Adam, wo bist hingegangen?"
„O weh! er ruft uns schon!"

„Untreues Lumpengsindel,
Wie übel habt ihr ghaust;
Geschwind macht euren Bündel,
Packt euch zum Garten naus;
In Arbeit sollst du schwitzen,
Weil dieses hast getan,
Und bei dem Rocken sitzen,
Das ist der Sünden Lohn."

Die Eva wollt nicht gehen,
Die rief sich ihren Mann,
Der wollt ihr nicht beistehen,
Da ging das Zanken an. –
„Jetzt wird das größte Wetter
Um meinen Hals hergehn,
Hätt ich das alte Leder
Mein Lebtag nicht gesehn!"

„Zu Fuß sollst du nicht laufen,
Ich sags bei meiner Treu,
Was Schönes will ich dir kaufen,
Wenn Kirchweih kommt herbei.
Und kriegst du mir erst Kinder,
Wohl übers Jahr hinaus,
So wasch ich dir die Windel
Und kehr die Stuben aus."

Aussicht in die Ewigkeit.

(Fliegendes Blatt.)

O wie gehts im Himmel zu
Und im ewigen Leben.
Alles kann man haben genug,
Darf kein Geld ausgeben,

Alles darf man borgen,
Nicht fürs Zahlen sorgen;
Wenn ich einmal drinnen wär,
Wollt nicht mehr heraus begehr.

Fällt im Himmel Fasttag ein,
Speisen wir Forellen,
Peter geht in Keller nein,
Tut den Wein bestellen;
David spielt die Harpfen,
Ulrich bratet Karpfen,
Margareth backt Küchlein gnug,
Paulus schenkt den Wein in Krug.

Lorenz hinter der Küchentür,
Tut sich auch bewegen,
Tritt mit seinem Rost herfür,
Tut Leberwurst drauf legen,
Dorthe und Sabina,
Lisbeth und Kathrina
Alle um den Herd rum stehn,
Nach den Speisen sie auch sehn.

Jetzt wolln wir zu Tische gehn
Die beste Speis zu essen,
Die Engel um den Tisch rum stehn,
Schenken Wein in d' Gläser.
Sie tun uns invitieren,
Der Barthel muß tranchieren,
Joseph legt das Essen vor,
Cäcilia bstellt ein Musikchor.

Martin auf dem Schimmel reit,
Tut fein galoppieren,
Blasi hält die Schmier bereit,
Tut die Kutschen schmieren,
Wären wir ja Narren,
Wenn wir nicht täten fahren,
Und täten alleweil zu Fuße gehn,
Und ließen Roß und Kutsche stehn.

Nun adje, du falsche Welt,
Du tust mich verdrießen,
Im Himmel mir es besser gfällt,
Wo alle Freuden fließen.
Alles ist verfänglich,
Und alles ist vergänglich,

Wenn ich einmal den Himmel hab,
Hust ich auf die Welt herab.

Das neue Jerusalem.

(Fliegendes Blatt.)

Wer hat Lust mit mir zu ziehen
Nach der Stadt Jerusalem,
Denn drinnen kann man sehen
Was der weise Salomon
Hat gebauet Schlösser, Kirchen,
Alles ist von Stein und Holz,
Alles überzogen worden
Mit dem Silber und roten Gold.

Der Glanz ist nicht auszusprechen
Von der Stadt Jerusalem,
David spielet auf der Harfe,
Benjamin spielt Flöttrawär,
Isaak tanzet mit Rebekka,
Jakob mit der schönen Rachel.
Zu der großen Freudenwonne,
Auf dem Schloß Jerusalem.

O Jerusalem du schöne,
O wie schöne glänzest du,
Ei, wärst du nur in der Nähe,
So wär ich schon längst bei dir.
Ach wenn ich ein Engel wäre,
Daß ich heut noch fliegen könnt,
In die Höh wollt ich mich schwingen,
Und fliegen nach Jerusalem.

So lang sich mein Herz beweget,
Und ein warmes Tröpflein Blut,
In den blauen Adern reget,
Bleib ich dir mein Engel gut.

Schnützelputz-Häusel.

(Büsching und von der Hagen. Sammlung deutscher Volkslieder Berlin 1807. S. 59.)

So geht es in Schnützelputz-Häusel,
Da singen und tanzen die Mäusel,

Und bellen die Schnecken im Häusel.
In Schnützelputz-Häusel, da geht es sehr toll,
Da saufen sich Tisch und Bänke voll,
Pantoffeln unter dem Bette.

So geht es in Schnützelputz-Häusel etc.
Es saßen zwei Ochsen im Storchennest,
Die hatten einander gar lieblich getröst't,
Und wollten die Eier ausbrüten.

So geht es in Schnützelputz-Häusel etc.
Es zogen zwei Störche wohl auf die Wacht,
Die hatten ihre Sache gar wohl bedacht,
Mit ihren großmächtigen Spießen.

So geht es in Schnützelputz-Häusel etc.
Ich wüßte der Dinge noch mehr zu sagen,
Die sich in Schnützelputz-Häusel zutragen,
Gar lächerlich über die Maßen.

Rätsel um Rätsel.

Ei, Jungfer ich will ihr
Was aufzuraten geben,
Und wenn sie es erratet
So heirat ich sie.

Was für eine Jungfer
Ist ohne Zopf?
Was für ein Turm
Ist ohne Knopf?

„Die Jungfer in der Wieg
Ist ohne Zopf,
Der Babylonisch Turm,
Hat keinen Knopf.“

Was für eine Straße
Ist ohne Staub?
Welcher grüne Baum
Ist ohne Laub?

„Die Straße auf der Donau
Ist ohne Staub,
Der grüne Tannenbaum
Ist ohne Laub.“

Was für ein König
Ist ohne Thron?

Was für ein Knecht
Hat keinen Lohn?

„Der König in der Karte
Hat keinen Thron,
Der Knecht an dem Stiefel
Hat keinen Lohn."

Was für ein König
Ist ohne Land?
Was für ein Wasser
Ist ohne Sand?

„Der König auf dem Schilde
Ist ohne Land,
Das Wasser in den Augen
Ist ohne Sand."

Was für eine Schere
Hat keine Schneid?
Was für eine Jungfer
Geht ohne Kleid?

„Die schwarze Lichtputzscher
Hat keine Schneid,
Die Jungfer in dem Meer
Die hat kein Kleid."

Welches schöne Haus
Hat weder Holz noch Stein?
Welcher grüne Strauß
Hat keine Blümelein?

„Das kleine Schneckenhaus
Hat weder Holz noch Stein,
Der Strauß an dem Wirtshaus
Hat keine Blümelein."

Was für ein Herz
Tut keinen Schlag?
Und was für ein Tag
Hat keine Nacht?

„Das Herz an einer Schnalle,
Tut keinen Schlag,
Der allerjüngste Tag
Hat keine Nacht."

Ei Jungfer, ich kann ihr
Nichts aufzuraten geben,

Und ist es ihr wie mir
So heiraten wir.

„Ich bin ja keine Schnalle,
Mein Herz tut manchen Schlag,
Und eine schöne Nacht
Hat auch der Hochzeitstag.“

An den Meistbietenden gegen gleich bare Bezahlung.

Lieber Schatz, wohl nimmerdar
Will ich von dir scheiden,
Kannst du mir aus deinem Haar
Spinnen klare Seiden.

Soll ich dir aus meinem Haar
Spinnen klare Seiden,
Sollst du mir von Lindenlaub
Ein neu Hemdlein schneiden.

Soll ich dir aus Lindenlaub
Ein neu Hemdlein schneiden,
Mußt du mir vom Krebselein
Ein paar Scheren leihen.

Soll ich dir vom Krebselein
Ein paar Scheren leihen,
Mußt du tausend Krebselein
Durch den Neckar treiben.

Soll ich tausend Krebselein
Durch den Neckar treiben,
Mußt du mir die Schrittlein zählen,
Die die Krebslein schreiten.

Soll ich dir die Schrittlein zählen
Die die Krebslein schreiten,
Mußt du mir die Brücke schlagen
Von einem kleinen Reise.

Soll ich dir die Brücke schlagen
Von einem kleinen Reise,
Mußt du mir den Siebenstern
Am hellen Mittag weisen.

Soll ich dir den Siebenstern
Am hellen Mittag weisen,

Mußt du auf den Münsterturm
Mit mir zu Pferd auch reiten.

Soll ich auf den Münsterturm
Mit dir zu Pferd auch reiten,
Mußt du mir die Spornen machen,
Wohl von dem glatten Eise.

Soll ich dir die Spornen machen,
Wohl von dem glatten Eise,
Mußt du sie an die Füße schlagen,
Am heißen Sonnenscheine.

Soll ich sie an die Füße legen
Am heißen Sonnenscheine?
Mußt du mir eine Peitsche drehen
Von Wasser und von Weine.

Soll ich dir eine Peitsche drehen,
Von Wasser und von Weine,
Mußt du mir den Riesenstein
Zu klarem Staube reiten.

Soll ich dir den Riesenstein
Zu klarem Staube reiben,
Mußt du mir den Apfel rot
Wohl um die Welt rum treiben.

Soll ich dir den Apfel rot
Wohl um die Welt rum treiben,
Mußt du ziehen übers Meer,
Und doch auch bei mir bleiben.

Soll ich ziehen übers Meer,
Und doch auch bei dir bleiben,
Mußt du deine Mutter geben
Als Jungfrau mir zum Weibe.

Soll ich meine Mutter geben
Als Jungfrau dir zum Weibe,
Lieber will ich dir ein Knäblein geben,
Und keine Jungfrau bleiben.

Fuge.

(Hackenbergers deutsche Gesänge. Danzig 1610. p. 20.)

Ein Musikant wollt fröhlich sein,
Es tät ihm wohl gelingen,

Er saß bei einem guten Wein,
Da wollt er lustig singen,
Bekannt ist weit und breit der Wein,
Gewachsen hin und her am Rhein,
Macht sittlich modulieren,
Tut manchen oft verführen.

Davon setzt er ein Liedlein klein,
Das tut er wohl betrachten,
Und mischet gute Fugen ein,
Niemand konnts ihm verachten.
Er dacht in dem Gemüte sein,
Ei, wären tausend Kronen mein,
Und alle Jahr ein Fuder Wein.
Das könnten gute Fugen sein.

Säuberliches Mägdlein.

(Frankens musikalisches Convivium. 1622.)

Wo find ich deines Vaters Haus,
Säuberliches Mägdlein?
Geh das Gäßlein ab und aus,
Schweig still und laß dein Fragen sein.

Wo bellet dann das Hündlein dein: Säub. etc.
Ruf den Wächter leise ein: Schweig etc.

Wo knarret dann das Türlein dein, Säub. etc.
Nimm den Haspen in die Hand: Schweig. etc.

Wo schimmert dann das Feuer dein: Säub. etc.
Geuß ein wenig Wasser drein: Schweig etc.

Wo find ich dann das Kämmerlein: Säub. etc.
Bei der Küche an der Wand: Schweig etc.

Wo leg ich hin dein Hemdelein: Säub. etc.
Weißt dus nit, so nimms nicht rein: Schweig etc.

Wie soll ich auf den Morgen tun: Säub. etc.
Zieh dich an und geh davon: Schweig. etc.

Trinklied.

(Erasmus Widtmanns musikalische Kurzweil. Nürnberg 1623.)

Zu Klingenberg am Maine,
Zu Würzburg an dem Steine,
Zu Bacherach am Rhein

Hab ich in meinen Tagen
Gar oftmals hören sagen,
Soll'n sein die besten Wein.
Jung! schenk mir ein
Ein Gläslein Wein,
Und bring mirs her!
Wie ichs begehr.
„Mein lieber Herr!
Ich will euch diesen bringen,
Fröhlich und guter Dingen.
Frisch auf, ihr Herrn! her und dran,
Das Fäßlein hat kein'n Panzer an."

Bin ich schon nit am Maine,
Zu Würzburg an dem Steine,
Noch diesesmal am Rhein,
Sein dennoch andre Reben,
Die auch gut Säftlein geben,
Lieblich und edle Wein.
Jung! schenk mir ein
Ein Gläslein Wein,
Und bring mirs her,
Wie ichs begehr.
„Mein lieber Herr!
Ich kann euch nicht abschlagen,
Will's kecklich mit euch wagen,
Frisch auf, ihr Herrn! her und dran,
Das Fäßlein hat kein'n Panzer an."

Im Württemberger Lande
Ist weit und breit bekannte,
Das edle Neckartal,
Da wächst ein gesunder Safte,
Der gibt uns gute Krafte,
Mit Freuden oftermal.
Jung! schenk mir ein
Ein Gläslein Wein,
Und bring mirs her,
Wie ichs begehr.
„Mein lieber Herr!
Ich bitt, ihr wöllt mit Freude
Fein redlich tun Bescheide.
Frisch auf, ihr Herrn! her und dran,
Das Fäßlein hat kein'n Panzer an."

Und kann ein Land nit haben
Des edlen Weines Gaben,

So führts der Fuhrmann drein,
Darum an allen Orten
Von viel und manchen Sorten
Wird gefunden guter Wein.
Jung! schenk mir ein
Ein Gläslein Wein,
Und bring mirs her,
Wie ichs begehr.
„Mein lieber Herr!
Ich will es jenem bringen,
Tut ihr ein Weile singen!
Frisch auf, ihr Herrn! her und dran,
Das Fäßlein hat kein'n Panzer an."

Im fruchtbarn Taubergrunde
Wächst Wein stark und gesunde,
Auch an viel Orten mehr,
Dabei wir fröhlich singen,
Und oft mit Freuden springen,
Gut Wein jagt Trauern fern.
Jung! schenk mir ein
Ein Gläslein Wein,
Und bring mirs her,
Wie ichs begehr.
„Mein lieber Herr!
Das Wasser ghört dem Fische,
Der Wein dem Menschen frische.
Frisch auf, ihr Herren! her und dran,
Das Fäßlein hat kein'n Panzer an."

In Österreich und Steier
Sind gewachsen fern und heuer,
Gesund und gute Wein,
So die Leut lustig machen,
Daß sie singen und lachen,
Tag und Nacht fröhlich sein.
Jung! schenk mir ein
Ein Gläslein Wein,
Und bring mirs her,
Wie ichs begehr.
„Mein lieber Herr!
Jung! tu das Gläslein schwenken,
Ein frisches einzuschenken.
Frisch auf, ihr Herrn! her und dran,
Das Fäßlein hat kein'n Panzer an."

Trinklied.

(Mitgeteilt von H. C. Bertuch.)

Ich ging einmal nach Graßdorf nein,
Da kam ich vor die Schenke,
Und da ich vor die Schenke kam,
Da fing mich an zu dursten.
Der Wirt der setzt mich oben an,
Er dacht, ich wär der beste.
Ei Mutter Gottes ja
Mainblümlein bla,
Wie lachten die andern Gäste.

Und weil ich nun gegessen hatt,
Da sollt ich auch bezahlen,
Da fragt ich, was die Mahlzeit kost,
Da sprach der Wirt, ein Taler,
Ei Mutter Gottes ja
Mainblümlein bla,
Da hatt ich keinen Taler.

Der Wirt der zog mein Röckle aus,
Und jagt mich in die Scheune,
Ei Mutter Gottes ja, Mainblümlein bla,
Wie lang war mir die Weile.
Und als es gegen Morgen kam,
Da träufelts von dem Dache,
Ei Mutter Gottes ja
Mainblümlein bla,
Da mußt ich selber lachen.

Und als es gegen Mittag kam,
Da zog der Wirt mirs Käpple aus,
Und jagt mich auf die Straße.
Und als ich auf die Straße kam,
Die Schuh warn sehr zerbrochen,
Ei Mutter Gottes ja
Mainblümlein bla,
Da lief ich auf den Socken.

Trinklied.

(Kriegers Arien. Dresden 1667.)

Der edle Wein
Ist doch der beste Schieferdecker,

Sein güldner Schein
Macht alle Menschen etwas kecker,
Ich wundre mich,
Daß er so klettern kann und steigen,
Und macht, daß sich
Die großen Häupter vor ihm neigen.

Der muntre Trank.
Kann ohne Leiter weiter kommen,
Wenn er so blank
Die Stirnenburg hat eingenommen,
Als mancher, der
Mit Hilfe sich hinan will bringen,
Und ohn Gefähr
Die Hälfte noch weiß zu erzwingen.

Drum bleibts dabei,
Er hegt ein recht vergöttert Leben,
Weil er so frei
Kann in die Lüfte schweben.
Und wenn wir ihn
In unsre hohlen Hälse lassen
Mit Pracht einziehn,
Empfinden wir ihn gleichermaßen.

Dann manches Haus,
So schwer es sonst auf Säulen stehet,
Fährt mit hinaus,
Es merket, daß es leichter gehet,
Sobald der Wein
Durch seine Pfort ist eingezogen
So stimmt es ein,
Und meint, es sei schon hochgeflogen.

Wenn dies geschieht,
So könnte doch kein Haus bestehen,
Wenn Morpheus nicht,
Der Baukunst an die Hand zu gehen,
Vor andren wär
Erfahren und so weit gekommen,
Daß ihm die Ehr
Von Sterblichen noch nie genommen.

Denn wenn der Wein
Aufleget gar zu schwere Dächer,
So muß es sein,
Daß sich beschweren die Gemächer,
Macht er Verdruß,

So mag er Schieferdecker bleiben,
Doch Morpheus muß
Den Bau erhalten und forttreiben.

Hum fauler Lenz.

(Mitgeteilt von H. Spangenberg.)

Es wollt eine Frau zu Weine gahn. Hum fauler Lenz.
Und wollt den Mann nicht mit sich han. Ha ha ha.

Du mußt zu Hause bleiben. Hum etc.
Sollst Küh und Kälber treiben. Ha etc.

Ach Mann, was hast du dann getan. Hum etc.
Du hast den Rahm gefressen ab. Ha etc.

Und hast die Molken lassen stahn. Hum etc.
Dafür mußt du jetzt Prügel han. Ha etc.

Die Frau ergriff den Plaul. Hum etc.
Und schlug den Mann aufs Maul. Ha etc.

Der kroch zum Hühnerloch hinaus. Hum etc.
Wohl in das nächste Nachbarhaus. Ha etc.

Ach Nachbar, ich muß klagen. Hum etc.
Mein Frau hat mich geschlagen. Ha etc.

So ist mir gestern auch geschehn. Hum etc.
So will ich wieder heime gehn. Ha etc.

Trinklied.

(Poetisches Lustgärtlein. Gedruckt 1645. S. 21.)

Wer fragt danach?
Aus dem Gelag,
Hab ich mir vorgenommen,
Den ganzen Tag,
So lang ich mag,
Auch morgen nicht zu kommen.
Herr Wirt, gebt ihr
Die Freiheit mir,
Mich lustig zu erzeigen,
So seht nur an,
Wie wohl ich kann
Die frischen Gläser neigen.

Dies ist der Trank,
Der Unmut zwang,
Durch den wir lustig werden,
Der unsern Geist
Der Pein entreißt,
Gibt freudige Gebärden.
Er tut uns kund
Des Herzens Grund,
Macht Bettler gar zu Fürsten,
Wir werden kühn
Und frisch durch ihn,
Daß uns nach Blut muß dürsten.

Sein süßer Saft
Gibt denen Kraft
Zu reden, die sonst schweigen,
Macht uns bereit,
Barmherzigkeit
Den Armen zu erzeigen,
Wie auch beherzt,
Das was uns schmerzt
Zu eifern und zu lästern,
Erteilt die Kunst
Und alle Gunst
Der dreimal dreien Schwestern.

Daher man sieht,
Wenn wir hiermit
Die Nase schon begossen,
Wie dann der Fluß
Des Pelagus
Kommt auf uns zugeschossen,
Der will dann ein
Poete sein,
Der kann viel Streitens machen
Von der Natur,
Der redet nur
Von Gottes hohen Sachen.

Dort hat ein Paar
Sich bei dem Haar,
Der greift nach seinem Degen,
Der steht und speit,
Der jauchzt und schreit
Und kann sich kaum noch regen,
Der säuft dem zu
Auf einen Du,

Der schwatzt von seinen Kriegen,
Der sitzt und weist
Wo er gereist,
Und scheut sich nicht zu lügen.

Auch mir wird itzt
Der Kopf erhitzt,
O Wein, von deinen Gaben,
Die Zunge singt
Die Seele springt,
Die Füße wollen traben,
Wohlan noch baß
Durch dieses Glas
Will ich auf dich jetzt zielen,
Du deutsches Blut
Laß mir ein gut
Rundadinella spielen.

Trinklied.

(1500–1550.)

Die liebste Buhle, die ich han,
Die liegt beim Wirt im Keller,
Sie hat ein hölzern Röcklein an,
Und heißt der Muskateller.
Sie hat mich nächten trunken gemacht,
Und fröhlich mir den Tag vollbracht,
Drum wünsch ich ihr ein gute Nacht.

Sie hat mich auch so angelacht,
Daß ich die Sprach verloren,
Und hat mir gestern Bauchweh gemacht
Wohl zwischen meinen Ohren,
Drum tu ich ihr ein Possen heut,
Und bring zu ihr ein andre Maid,
Die mag mit ihr bestehn den Streit.

Nun Mägdlein, halt dein Kränzlein fest,
Daß du nicht kömmst zum Weichen,
Mein Wein tut heut gewiß sein Best,
Gar sanft wird er einschleichen.
Mein Herz hält Wasser als ein Sieb,
Mein Buhl, er ist mir gar zu lieb.
Steig ein, schleich ein, du lieber Dieb.

Soll ich mein Kränzlein halten fest,
Das sein hängt an der Pforten,
Viel lieber wär ich nie gewest
In diesem schweren Orden.
Dein Buhl dreht mir die Sinnen all,
Das Gläslein hat ein glatten Schall,
Gib acht, mein Knab, daß ich nit fall.

Und wenn er in ein faul Faß käm,
So müßt mein Wein versauren,
Und wenn ich eine andre nähm,
So müßt mein Herz vertrauren;
Drum will mein Buhl mir stehen bei,
Er lehrt mich sagen also frei,
Daß ich dich mein mit steter Treu.

Und wär ein Fäßlein noch so rein,
So findt man Drusen drinnen,
Und wär ein Knabe noch so fein,
Ist er doch falsch von Sinnen.
Mit Spinnen voll ein Zuckerlad,
O Weh, der mich verführet hat
Auf diesen steilen Rebenpfad.

Ach Mägdlein, laß dein Weinen sein,
Bis daß geweint die Reben,
Und bringst du mir ein Knäbelein,
Ein Winzer soll es geben,
Und bringst du ein klein Mägdelein,
Solls nähen mit der Nadel fein
Den Schlemmern ihre Hemdelein.

Das dumme Brüderlein.

(1500–1550.)

Wo soll ich mich hinkehren,
Ich dummes Brüderlein,
Wie soll ich mich ernähren
Mein Gut ist viel zu klein;
Wie wir ein Wesen han,
So muß ich bald daran,
Was ich heut soll verzehren
Ist gestern schon vertan.

Ich bin zu früh geboren,
Wo heute ich hinkomm,
Mein Glück das kommt erst morgen,

Hätt ich den Schatz im Dom,
Dazu den Zoll am Rhein,
Und wär Venedig mein,
So wär es all verloren,
Es müßt verschlemmet sein.

Was hilft, daß ich mag sparen,
Vielleicht verlör ichs gar,
Sollt mirs ein Dieb ausscharren,
Es reute mcih ein Jahr,
Ich weiß, mein Gut vergeht
Mit Schlemmen früh und spät,
Doch der hat einen Sparren,
Dem was zu Herzen geht.

Ich laß die Vögel sorgen
In diesem Winter kalt,
Will uns der Wirt nicht borgen,
Den Rock geb ich ihm bald,
Sein Wein, der mich erzog,
Hat nur ein hölzern Rock,
Will mich als Faß ihm borgen,
In meinem roten Rock.

Rück an den Schweinebraten,
Dazu die Hühner jung,
Darauf mag bas geraten
Ein frischer kühler Trunk,
Mein Freund, du guter Wein,
Willkommen, du bist mein,
Mir ist ein Beut geraten,
Die muß verschlemmet sein.

Drei Würfel, eine Karte,
Das ist mein Wappen frei,
Sechs hübsche Fräulein zarte
An jeder Seite drei,
Komm her, du schönes Weib,
Mein Herz freut sich im Leib,
Du mußt heut auf mich warten,
Der Wein ist Zeitvertreib.

Trinklied.

(1500–1550.)

Dort unten an dem Rheine,
Da ist ein Berg bekannt

Der trägt ein guten Weine,
Rüdesheimer genannt,
Der hat ein geistlich Art an sich,
Macht äußerlich und innerlich.

Ein Klösterlein wir bauen
Dort aus der Maßen gut,
Von lauter schön Jungfrauen,
Liegt gar in großer Armut,
Darin manch Bruder trinkt kein Geld,
Und ißt kein Wein, daß er den Orden hält.

Ein Abt, den tun wir weihen,
Der hat der Hüh Hühner viel,
Die gachsen all und schreien,
Wer nur die Eier will,
Ka, ka, ka, ka, ka, ka nei
Backen wir ein Küchelein zu dem Wein.

Karthäuser sind uns zuwider,
Zur Zeit wenn sie aufstehn,
Dann legen wir uns nieder,
Und putzen uns die Zähn.
Karthäuser sind uns ungemäß,
Wir essen kein Brot und sie kein Käs.

Gloria! ihr Brüder alle,
Profiziat ihr Herrn,
Kapitel wollen wir halten,
Bis zu dem Morgenstern.
Nun resonet in Laudibus,
Wer übrig bleibt, bezahlen muß.

Trinklied.

(1500–1550.)

Man sagt wohl in dem Maien,
Da sind die Brünnlein gesund,
Ich glaubs nicht meiner Treuen,
Es schwenkt eim nur den Mund,
Und tut im Magen schweben,
Drum will mirs auch nicht ein,
Ich lob die edlen Reben,
Die bringen uns gut Wein.

Wo Heu wächst auf der Matten,
Dem frag ich gar nichts nach,

Es hab Sonn oder Schatten,
Ist mir geringe Sach.
Gut Heu, das wächst an Reben,
Dasselbig wolln wir han,
Gut Streu tut es auch geben,
Das weiß wohl Weib und Mann.

Und wer es nicht kann kauen,
Der geh auch nicht zum Wein,
Doch seh ich an dem Hauen,
Daß wir gut Mäher sein:
Wir rechens mit den Zähnen,
Und worflens mit dem Glas,
Der Magen muß sich dehnen,
Daß ers in Scheuer laß.

Wir han gar kleine Sorgen
Wohl um das römisch Reich,
Es sterb heut oder morgen,
Das gilt uns alles gleich;
Und ging es auch in Stücke,
Wenn nur das Heu gerät,
Daraus drehn wir ein Stricke
Der es zusammen näht.

Die Specksupp ist geraten,
Den Schlaftrunk bringt uns her,
Ist noch ein Weck am Laden,
Er ist nit sicher mehr,
Ein Kaiser steckt zum Spieße,
Ein Künglein in Pastet,
Arm Ritter macht recht süße,
Bis daß der Hahn gekräht.

Das Liedlein will sich enden,
Wo ist daheime nu?
Tappt hin nur an den Wänden,
Und legt das Heu zur Ruh,
Der Wagen schwankt hereine,
Sie han geladen schwer,
Er bräch, wenn nicht am Rheine
Der Strick gewachsen wär.

Ich bind mein Schwert zur Seiten,
Und mach mich bald davon,
Hab ich dann nit zu reiten,
Zu Fuße muß ich gon,
Ich taumle als ein Gänselein,

Das ziehet auf die Wacht,
Das tut das Heu und auch der Wein,
Ade zur guten Nacht.

Evoe.
(1500–1550.)

Freut euch, ihr lieben Knaben!
Der Herbst erzeigt sich wohl,
Die lang getrauert haben,
Heut wollen wir werden voll.
Wir haben vormals den sauren Wein
Gar teuer genommen an,
Das wollen wir heute bringen ein:
Der süße Most, der neue Wein,
Wird uns gar gern eingahn.

Was wir versäumet haben,
Das machen wir nun gleich,
Mit Wein wollen wir uns laben
Hier und in Österreich,
In einer neuen Krausen
Wollen wir ihn nehmen an,
Ob ihm soll uns nit grausen,
Bis uns der Kopf tut sausen,
Nit eh gehn wir davon.

In einem Keller tiefe,
Wollen wir uns senken ein;
Darnach dem Wirtsknecht rufen:
Trag her ein kühlen Wein!
Von dir wollen wir nit weichen,
Bis daß wir werden voll,
Laß uns nur Wein herreichen,
Gesellen, ich will euch zeigen,
Der Wein tut, was er soll.

Wirtsknecht, nun merk uns eben,
Was unser Meinung sei,
Kein Pfenning wir dir geben,
Du bringst uns dann herbei
Ein guten feisten Braten,
Den wollen wir gern haben,
Wir mögen sein nicht geraten,
Eine gute Henne gesotten,
Die fügt wohl solchen Knaben.

Ein Bergwerk haben wir funden,
Das macht uns heut noch reich
Das bringt uns Freud und Wonne,
Zu Wien in Österreich,
Da finden wir aufgeschlagen
Gar manche Grube fein,
Da füllen wir unsern Kragen,
Den Bauch und auch den Magen
Wohl bei dem Osterwein.

Wohl auf ihr lieben Gesellen,
Wohl in das Bergwerk ein,
Die alle Morgen wollen
Trinken gut Wermutwein,
Das sind die rechten Gesellen,
Die in das Bergwerk fahrn,
Es sind die rechten Knappen,
Sie sitzen in einer Kappen,
Gott woll sie all bewahrn.

Den Herren allen gleiche,
Wünsch ich viel Glück und Heil,
Die heut von Österreiche
Bringen ein rechtes Teil
Des Erzes aus der Grube,
Die Noe funden hat,
Sie erfreut gar manchen Buben,
Um Sorg gäb er kein Ruben,
Sein Herz in Freuden staht.

Wir haben uns vermessen
Gut Gesellen allgemein,
Wir sollen nit vergessen
Der Fuhrleut groß und klein,
Die in das Elsaß fahren,
Und bringen rheinschen Wein,
Ihr Lob wolln wir nit sparen,
Gott woll sie all bewahren,
Maria die Königin.

Dazu die Franken alle,
Die bauen guten Wein,
Gott grüß sie mit reichem Schalle,
Ihr Lob das ist nit klein,
Dazu die Fuhrleut gute,
All die gen Frankfurt fahrn,
Gott habs in seiner Hute,

Maria die viel gute
Woll sie allzeit bewahrn.

Im Wirtshaus ist gut leben,
Wenn kömmt der heurig Wein,
Da wollen wir dar streben,
Und wollen fröhlich sein,
Bratwürst, jung Schwein und Hahnen
Soll man uns tragen her,
Und andre Gericht und Namen,
So kommen wir zusammen
All voll und selten leer.

Reich Würfel her und Karten,
Ein Brettspiel wolln wir han,
So mögen wir erwarten,
Den nüchtern Morgenhahn,
Dann wollen wir noch haben
Ein guten Salvewein,
Damit wir uns erlaben,
Gott behüt die frommen Knaben,
Die stets voll wollen sein.

Einladung zur Martinsgans.

(Simon Dachs Zeitvertreiber. 1700.)

Wann der heilge Sankt Martin
Will der Bischofsehr entfliehn,
Sitzt er in dem Gänsestall
Niemand findt ihn überall,
Bis der Gänse groß Geschrei
Seine Sucher ruft herbei.

Nun dieweil das Gickgackslied
Diesen heilgen Mann verriet,
Dafür tut am Martinstag
Man den Gänsen diese Plag,
Daß ein strenges Todesrecht
Gehn muß über ihr Geschlecht.

Drum wir billig halten auch
Diesen alten Martinsbrauch,
Laden fein zu diesem Fest
Unsre allerliebste Gäst
Auf die Martinsgänslein ein,
Bei Musik und kühlem Wein.

Eine gute, auserwählte, hochgelobte Buttermilch.

(Altfliegendes Blatt. Straßburg bei Jakob Frölich. 1500–1550.)

Vielleicht indischen Ursprungs?

Eins Bauren Sohn hätt sich vermessen,
Er wollt ein gute Buttermilch essen,
Ein auserwählte Milch, ein hochgelobte Milch,
Ein abgefeimte Milch, des Milri Milch, ein gute Buttermilch.

Man trug ihm her ein saures Kraut,
Die Buttermilch troff ihm baß in die Haut,
Ein auserwählte Milch, ein hochgelobte Milch,
Ein abgefeimte Milch, des Milri Milch, ein gute Buttermilch.

Man trug ihm her ein Schweinebraten,
Die Buttermilch war ihm baß geraten,
Ein auserwählte Milch, ein hochgelobte Milch,
Ein abgefeimte Milch, des Milri Milch, ein gute Buttermilch.

Man trug ihm her gut Äpfel und Birn,
Die Buttermilch lag ihm stets im Hirn,
Ein auserwählte Milch, ein hochgelobte Milch,
Ein abgefeimte Milch, des Milri Milch, ein gute Buttermilch.

Man bracht ihm her gut Hering frisch,
Die Buttermilch war ihm ein besser Fisch,
Ein auserwählte Milch, ein hochgelobte Milch,
Ein abgefeimte Milch, des Milri Milch, ein gute Buttermilch.

Man trug ihm her die Waldvögelein,
Die Buttermilch däucht ihm, besser zu sein,
Ein auserwählte Milch, ein hochgelobte Milch,
Ein abgefeimte Milch, des Milri Milch, ein gute Buttermilch.

Bergreihen.

(Nürnberg 1543.)

Ach Gott, was wollen wiir aber heben an,
Daß wir das recht und wohl ersinnen,
Wir wollens auch nicht unterwegen lan,
Von den Hauern da wollen wir singen,
Sie hauen das Silber, das Gold mit Fleiß,
Sogar aus festem Gesteine,
Gott weiß wohl, wo es liegt.

Ein Hauer in die Grube fuhr,
Aus frischem freiem Mute.

Man sieht wohl, daß er Eisen führt,
Darum gewinnt er das Gute,
Wenn er kömmt wieder wohl auf sein Ort,
Wenn er an Gott gedenkt,
So ist er fein wohl behüt.

Wenn er nun sitzt und will bestechen,
Die ganze Woche so sehr,
Hilf lieber Gott, das Erz woll brechen,
Wir ringen ja fast nach Erze,
Gott hat es nur selber verriegelt gar,
Für manchen gar verschlossen,
Es bauet mancher Mann über das Jahr,
Er wird des gar hart verdrossen.

Gott will es uns wieder aufriegeln gar,
Der Hauer mit seinen Händen,
Er getraut des zu genießen zwar,
Wenn uns nun Gott ein Glück gäb,
Daß wir das Erz begreifen,
Unser Lob steht auf dem Bergwerk so breit,
Wir achten keines harten Reifes,
Wir sitzen gar gern bei gutem Getränk,
Wie's Menschenbild genießet,
Der Malvasier oder Rheinische Wein,
Den trinken gar gerne die Reichen.
Wenn nun die Hauer kommen dar,
Wenn uns die Herren erkennen,
Unser Lob, das preiset man gar,
Herr Wirt, die Stube ist uns viel zu enge,
Auch rücken wir Tische und Bänke,
Wir begießen das Flötz recht überall,
Sieht man die Äuglein herwinken,
Dazu kommen uns die Fiedler dar,
Man hört die Saiten klingen,
Dazu die werten Pfeifferlein gut,
Man sieht die Hauer herspringen,
Dazu die Jungfräulein säuberlich,
Sie tragen rosenfarbe Mündlein,
Ihre Wänglein sind lilienweiß,
Der gewaltige Münzerhof ist uns viel zu enge,
Darauf wir das Silber bringen,
Merkt auf ihr werten Münzer gut,
Helft mir die Hauer erkennen,
Sie hauen das Silber aus der alten Wand,
Die Gott der Herr selber gebauet hat,

Mit seiner selbst Gewalt.
Auf dem Berg findet man,
Manchen guten Berggesellen,
Der wohl des Bergs genießet,
Wo findet man denn einen bessern Berg,
Da uns das Silber rausfließet,
Damit so preisen wir St. Annaberg,
Er ist geziert also schön,
Man lobt ihn in aller Welt,
Damit so preisen wir St. Joachimstal,
Er ist geziert also schön,
Man singet ihn in der Hauer Ton,
Damit so preisen wir dem Kaiser seine Kron,
Sie ist geziert also schon,
Man singet sie in der Hauer Ton.

Braunbier, braunisch kuriert.

(Fliegendes Blatt.)

Bauer.
Herr Doktor, ich will fragen,
Seht dieses Glas voll Bier,
Ihr könnet mir wohl sagen,
Was fehlt dem Bier allhier?
Es tut sich ganz entfärben,
Die Kräfte sind auch hin,
Wenn es vor mir sollt sterben,
Ein arme Wais ich bin.

Doktor.
Hört Bauer, kanns nicht sagen,
Hab nicht auf das studiert,
Ihr müßt nur weiter fragen,
Vielleicht sagts euch der Wirt.
Will doch ein wenig sehen,
Ob ich nichts kennen kann;
Weiß schon, was ihm geschehen,
Die Wassersucht ist dran.

Bauer.
Jetzt merk ich schon den Possen,
Es ist ein Fehler drin,
Man hat das Bier vergossen,
Sonst wär es nicht so dünn;
Das Malz ist ihm verronnen,

Und Wasser hat's für drei,
Der Wirt hat nah zum Bronnen,
Was ratet ir dabei?

Doktor.
Das ein will ich euch raten,
Ihr müßt halt folgen mir,
Ich wett mit euch Dukaten,
Ihr kriegt das beste Bier.
Geschwind zum Wirt tut laufen,
Er macht euch Bier nach Wunsch,
Das Wasser gebt zu kaufen,
Die Gerste gebt umsonst.

Bauer.
Herr Doktor, ich muß lachen,
Der Handel geht nicht an,
Wenn er nur Bier tät machen,
Das mans bloß trinken kann,
Das wollen wir halt hoffen,
Im Wasser gehts nicht zugrund,
Das Bier wär längst versoffen,
Wenn es nicht schwimmen kunnt.

Sehnsucht nach dem Esel mit dem Gelde.

(Paul Sartorius neue Teutsche Liedlein. Nürnberg 1601. Nr. 20.)

Frisch auf, ihr lieben Gesellen, ein neue Zeitung gut,
Hab ich euch sagen wöllen, faßt einen guten Mut,
Der mit dem Geld wird kommen, hab ich für gewiß
vernommen,
Mit einer großen Summen, das wird uns bringen Frommen.

Laßt uns nun fröhlich singen, ob dieser Botschaft gut,
Und dem zu Lohn eins bringen, der's uns verkünden tut,
Ich riet zu diesen Dingen, daß wir entgegengingen,
Und freundlich den empfingen, der uns das Geld tut bringen.

So wolln wir frisch aufstehen, weil ihrs für ratsam acht,
Und ihm entgegengehen, daß er auf uns sei bedacht,
Laßt eilends uns fortlaufen, und ihm die Federn raufen,
Er möcht zurück sonst zaufen, und sich von uns abschraufen.

He lustig Compagnia! ich hör den Esel wohl,
Er schreit nur I, A, I, A, die Truhen sind gewiß voll,
Es wird uns noch gelingen, drum seid nur guter Dingen,
Vor Freude laßt uns springen, das Geld wird man uns bringen.

Ach wenn sie das Rössel doch langsam gehn ließen.

(Aus dem Bayrischen. 1650–1700.)

Schlimm Leut sind Studenten, man sagts überall,
Obwohl sie schon kommen im Jahr nur einmal,
So machens ins Dorf so viel Unruh und Mist,
Daß uns die erste Woche schon weh dabei ist.

Wir müssen nur sorgen auf Mariengeburt,
Es wünscht auch ein jeder, daß Galli bald wird,
Da kommens mit Degen und Büchsen daher,
Und machen im Dorfe ein jämmerlich Gescher.

Nichts ist vor ihnen sicher, kein Henne, kein Taube,
Als wärens erschaffen zum Plündern und Raube,
Darf ihnen kein Gans auf die Wiesen naus trauen,
Studenten tun ihr gleich den Kragen weghauen.

Sind Gärten mit Brettern und Riegeln umzäunt,
So tun sie's zerbrechen, daß die Sonne durchscheint,
Sie steigen um die Äpfel, zerreißen die Bäum,
Wär zufrieden, trüg jeder nur ein Tasche voll heim.

Mit Feuer und Pulver sinds gar sehr gefähr,
Daß oft eim sein Häusel verbrennet gar wär,
Lassen pulverne Fröschle einem hupfen aufs Dach,
Wenns brennet, so fragens kein Teufel danach.

Hat einer beim Häusel ein wachbaren Hund,
Der sonst von der Kette nicht abkommen kunnt,
Sie lassen ihn laufen, es wär ja nicht not,
„Potz Hagel, da schießt's ja!" der Pudel ist tot.

Studenten im Wirtshaus, sinds aus der Weis frisch,
Sie brauchen allein ein großmächtigen Tisch,
Sie saufen und schreien, als g'hört das Haus ihn'n,
Und saufen und schreien sich blitzblau und grün.

Bald redens lapodeinisch, ich kanns nicht verstehn,
Doch ists leicht zu raten, auf uns muß es gehn,
Bald tanzens und springens und hupfens am Fleck,
Und nehmen den Knechten den Tanzboden weg.

Und schmeißen die Knecht sie auch alle heraus,
So laufens wie die Mäus auf die Straßen hinaus,
Und machen ein Haufen und grausam Gefecht,
Und hauen und stechen und schreien erst recht.

Ziehn naus auf die Felder und geben kein Fried,
Ist grad wie ein Wetter, so spielens damit,
Da tretens die Äcker, verstehn nicht was 's ist,
Wenn einer schwarz Brot um sein Handarbeit frißt.

Sind Roß auf der Weide und rasten ein Weil,
So nehmens Studenten, es ist gar ein Gräul,
Und hauens in die Seiten mit allbeiden Füßen:
Ach wenn sie das Rössel doch langsam gehn ließen!

Kriegslied.

(Christoph Demantius siebenundsiebzig Tänz. Nürnberg 1601.)

Ach Jungfrau klug von Sinnen,
Still deinen Übermut,
Acht nicht so gar geringe
Das edle Studentenblut.
Wer ists, der ihn'n mag gleichen,
An Tugend, Mut und Ehr,
Laß du sie nur hinschleichen,
Weil keiner dich begehrt.

Du magst nur immer loben
Die Reiter voll und wild,
Du kömmst noch auf den Kloben,
Und auf ihr Narrenschild,
Dir gefällt ihr Sakramenten
Um Gottes Wunden all
Viel baß als der Studenten
Gesang und Lautenschall.

Als ich wohl sah, vom Zaune
Die Ursach gebrochen hast,
Bist du nit guter Laune,
Ists uns ein leichte Last,
Lauf hin in Stall nach Miste,
Deinsgleichen man wohl findt,
Und dich nach Gefalln erlüste,
Bei tollem Reiter-Gesind.

Sie können es nehmen, wie sie wollen.

(Nikolaus Rosthius liebliche Galliarden. 1593.)

Ein Mägdlein jung gefällt mir wohl,
Von Jahren alt, weiß wie ein Kohl,

Schön wie ein Rab ihr gelbes Haar,
Tiefdunkel sind die Äuglein klar.

Die Stirn rund wie ein Faltenrock,
Feist ausgedörrt die Bäcklein schmuck.
Blaurot ist ihr das Mündlein weiß,
Schön häßlich ich sie schelt und preis.

Schneeweiß sind ihre schwarze Händ
Wie eine Schneck ihr Gang behend,
Wie ein Kettenhund sie freundlich redt,
Sauhöflich, wenn sie geht und steht.

Ein solches Mägdlein hätt ich gern,
Nah bei ihr zu sein weit und fern,
Sie oft zu herzen nimmermehr,
Gott nehm sie bald! ist mein Begehr.

Das naive Kammermädchen an den Studiosus der zweiten Potenz.

(Mündlich.)

Jetzt bin ich wiederum recht vergnügt,
Weil mein Schatz bei mir ist,
Und so viele Treu verspricht,
Redet mit mir,
Redet von der Wahrheit,
Redet von der Treuheit,
Redt von der Welt Süßigkeit,
Redt von der Welt End.

Wollt ihr wissen was es macht,
Daß mich mein Schatz verlacht,
Und ich im schwarzen Register muß stehn?
Du kannst leicht denken,
Wie es mich tut kränken,
Wenn ich eine andere muß bei dir sehn stehn;
Denn du bist hochgesinnt,
Hast doch nichts hinter dir,
Als nur die Kleider, die du trägst,
Wirst ausgelacht,
Eine Arme, die magst du nicht,
Eine Reiche, die kriegst du nicht;
O weh, wie wird dirs noch gehn!

Die Schwäbische Tafelrunde.
(Altes Manuskript. 1500–1550.)

Neun Schwaben gingen über Land,
Zu einer Dornenhecken,
Allda der Jokel stille stand,
Tät Abenteuer schmecken.

Es schlief ein Has ganz starr im Gras,
Die Ohren tät er recken,
Die Augen offen, hart wie Glas,
Es war ein rechter Schrecken.

Hätt jeder ein Gewehr, gewiß
Er wollts für'n andern strecken,
So hattens all neun nur ein Spieß,
Wer darf den Has mit wecken?

Drum hieltens einen Kriegesrat,
All neun ganz einig schiere,
Sie wollten tun ein kühne Tat
An dem grausamen Tiere.

All neun an ihrem Schwabenspieß
Stehn männlich hint'reinander,
Du Jokel bist der vorderst gwiß,
Sprach einer zu dem ander.

Du Ragenohr, geh du voran!
Der vorderst tät auch sprechen:
Ich muß dahinten vorne stahn,
Ich schieb, du mußt nur stechen.

Der vorderst sprach: wärst du vorn dran,
Du sprächst nit mein Geselle,
Du Ragenohr, geh du voran,
Hier ist ein harte Stelle.

Der Has erwacht ob ihrem Streit,
Ging in den Wald hinschweifen,
Der schwäbisch Bund tät als ein Beut
Des Hasen Banner ergreifen.

Sie wollten auch dem Feind zur Flucht
Ein goldne Brücken schlagen,
Und han da lang ein Fluß gesucht,
Und kunnten kein erfragen.

Da stand ihn'n auch ein See im Weg,
Der bracht ihn'n große Sorgen,

Weil in dem Gras, nit weit vom Steg
Ein Frosch saß unverborgen.

Der immerdar geschrien hat
Mit der quaterten Stimme,
Wadwad, Wadwad, Wadwad, Wadwad,
Da gings dem Ragenohr schlimme.

Glaubt, daß der Spiritus ihm rief
Wad, wad! er könnt durchwaten,
Da tät er in dem Wasser tief
Ersaufen ohn zu baden.

Sein Schaubhut auf dem Wasser schwamm,
Da lobten ihn die andern:
Seht bis an Hut, der gut Landsmann!
Durchs Wasser tut er wandern.

Der Frosch schrie wieder Wadwad, Wad,
Der Jokel sprach: uns allen
Der Landsmann ruft auf seinen Pfad,
Wir sollen nit lang kallen.

Wir sollen wahrlich jetzt vielmehr
Alsbald ohn Kriegesrate,
Wohl alle springen in den See,
Weil wir noch sehn den Pfade.

So richt ein Frosch neun Schwaben hin,
Die schier besiegt ein Hasen,
Drum hassen Schwaben immerhin
Die Frosch und auch die Hasen.

Eine Kastanie.

(Mündlich.)

Jockel.
Guck, Bastel, was ich funden han,
Es hat ein Igels Pelzlein an,
Ein braunes ledern Koller drunter,
Mit Woll gefüttert, guck! lug! Wunder!
Wie glatt liegt ihm an Hos und Hemd.
Au, Au! mich dünkt, s' schmeckt unverschämt,
Doch lug! indem ich schäl den Kern,
So schmeckt es süß, das eß ich gern!

Bastel.
Mein Jockel, dieses heißt ein Kästen,
Wir Schwaben wissens doch am besten,
Drum nennen wir dies Iglein fein,
Wenns geschält ist aus dem Pelzlein fein,
Ein Nüßlein in eim Lederlein.

Jockel.
Ei, das war mir ein Schneiderlein,
Ders nähen konnte also fein!

Igels Art.

(Aus einem Liederbuche der Igel. 1500–1600.)

Igels Art ist manchem bekannt,
Tut weit hin und her wandern,
Singers Lied durch Stadt und Land
Sich singt einer zum andern,
Igel auch hat diesen Gebrauch,
Dabei Stacheln zu spitzen.
Manchem Hund zersticht er das Maul
So auch Singer mit Witzen.
Iglein er setzt jährlich so fromm,
Sie müssen selbst sich ernähren,
Bald du holder Sommergast komm,
Schwalbe in Zucht und Ehren!

Wunderhorn

Alte deutsche Lieder

A. von Arnim C. Brentano

III.

Liebesklagen des Mädchens.

1.
Nach meiner Lieb viel hundert Knaben trachten,
Allein der, den ich lieb, will mein nicht achten,
Ach weh mir armen Maid, vor Leid muß ich verschmachten.

Jeder begehrt zu mir sich zu verpflichten,
Allein der, den ich lieb, tut mich vernichten,
Ach weh mir armen Maid, was soll ich dann anrichten.

All andre tun mir Gutes viel verjehen,
Allein der, den ich lieb, mag mich nicht sehen,
Ach weh mir armen Maid, wie muß mir dann geschehen.

Von allen keiner mag mir widerstehen,
Allein der, den ich lieb, will sich nicht geben,
Ach weh mir armen Maid, was soll mir dann das Leben.

2.
Ich wollt, daß der verhindert mich
An meinem Glück, sollt halten sich
Ein Jahr nach meinem Willen,
Ich wollt ihm gar in kurzer Zeit, all seinen Hochmut stillen.

Ich wollt, daß der mein jetzund spott,
Ein Jahr sollt halten mein Gebot,
Er würd dermaßen büßen,
Daß ihm gewiß in Tagen kurz, seins Lebens sollt verdrießen.

3.
Ich bin gen Baden zogen,
Zu löschen meine Brunst,
So find ich mich betrogen,
Denn es ist gar umsunst,
Wer kann das Feuer kennen,
Das mir mein Herz tut brennen!

Ich tu mich vielmals waschen
Mit Wasser kalt und heiß,
Und kann doch nicht erlöschen,
Ja mein kein Rat mehr weiß,
Kann nicht das Feuer kennen,
Das mir im Herz tut brennen.

4.
Wenn ich den ganzen Tag
Geführt hab meine Klag,

So gibts mir noch zu schaffen
Bei Nacht, wann ich soll schlafen.
Ein Traum mit großem Schrecken
Tut mich gar oft aufwecken.

Im Schlaf seh ich den Schein
Des Allerliebsten mein,
Mit einem starken Bogen,
Darauf viel Pfeil gezogen,
Damit will er mich heben
Aus diesem schweren Leben.

Zu solchem Schreckgesicht
Kann ich stillschweigen nicht,
Ich schrei mit lauter Stimmen:
„O Knabe, laß dein Grimmen,
Nicht wollst, weil ich tu schlafen,
Jetzt brauchen deine Waffen."

5.

Ach hartes Herz, laß dich doch eins erweichen,
Laß mich zu deiner Huld doch noch gereichen;
Wen sollt doch nicht erbarmen,
Daß ich muß als erarmen.

Ach starker Fels, laß dich doch eins bewegen,
Tu dein gewohnte Härt eins von dir legen;
Wen sollt doch nicht erbarmen,
Daß ich muß als erarmen.

Ach feste Burg, laß dich doch eins gewinnen,
Ach reicher Brunn, laß mich nicht gar verbrinnen;
Wen sollt doch nicht erbarmen,
Daß ich muß als erarmen.

6.

Wer sehen will zween lebendige Brunnen,
Der soll mein zwei betrübte Augen sehen,
Die mir vor Weinen schier sind ausgerunnen.

Wer sehen will viel groß und tiefe Wunde,
Der soll mein sehr verwundtes Herz besehen,
So hat mich Lieb verwundt im tiefsten Grunde.

7.

Mit Weinen tu ich meine Zeit vertreiben,
Kein Mensch auf Erd den Jammer kann beschreiben,
Den ich erduld bei Nacht und auch bei Tage,
Und red ich nicht, so tötet mich die Plage.

Die Augen mein, vertrocknet tiefe Brunnen,
Durch Weinen sind so gänzlich ausgerunnen,
Daß ich deswegen muß gar bald verschmachten
Beim vollen Brunnen, wo wir nächtlich wachten.

8.

Der süße Schlaf, der sonst stillt alles wohl,
Kann stillen nicht mein Herz mit Trauern voll,
Das schafft allein, der mich erfreuen soll.

Kein Speis, kein Trank mir Lust noch Nahrung gibt,
Kein Kurzweil mehr mein traurig Herze liebt,
Das schafft allein, der so mein Herz betrübt.

Gesellschaft ich nicht mehr besuchen mag,
Ganz einig sitz in Unmut Nacht und Tag,
Das schafft allein, den ich im Herzen trag.

9.

Recht wie ein Leichnam wandle ich umher
Zu seiner Türe nachts und seufze schwer,
Aus meiner Brust an Trost und Wohlsein leer.

Mein Atem stöhnet wie ein Fichtenwald,
Ein Unglückszeichen mein Gesang erschallt,
Daß alle Nachbarn sich ergrimmen bald.

Sie lärmen, nicht zu hören all mein Weh,
Sie nehmen Umweg, daß ich keiner seh,
Jetzt fürcht ich nichts, war scheu sonst wie ein Reh.

Wie von dem Ast im Traum ein Vogel fällt,
So flattre ich des Nachts, so ungesellt;
Ein Unglücksvogel nimmermehr gefällt!

Was soll draus werden? fraget alle Welt.
Was ist die Welt? Wer schuf sie unbestellt?
Die schuf allein, die mich so sehr entstellt.

Ich freu mich, wie mein Fleisch so schwinden tut,
Mein festes Land zerreißt der Strom von Blut,
Der aus dem Herzen kommt und niemals ruht.

O meine Tränen, keiner schätzet euch,
Ihr seid den Himmelsgaben darin gleich;
An allem bin ich arm, in euch so reich.

Abendstern.

(Mündlich.)

Schlaf nur ein, geliebtes Leben,
Schlaf, ich will ja gern zufrieden sein,
Deine lieben Augen geben
Dennoch deinem Diener hellen Schein.
   Hast du dich verschlossen,
   Will ich unverdrossen
Liebend doch vor deiner Türe stehn;
   Daß sie Liebe quäle,
   Jauchzet meine Seele,
Darf ich liebend doch an deiner Türe stehn.

Schlaf nur ein, dein Sternenschimmer
Läßt mich nie zu meinem Bette gehn,
Meine müden Augen sehn dich immer,
Bis sie vor den deinen untergehn,
   Wie die Blätter fallen,
   Also werd ich fallen,
Unter deinem Fuße rauschen hin,
   Mild bist du den Armen,
   Trage mir Erbarmen,
Unter deinem Fuße rausch ich hin.

Schlaf nur ein, und heiß mich wachend gehen,
Herz und Seele bleibet doch bei dir,
Will mir mit dem Tag die Sonne untergehen,
Ist ein Liebeshimmel doch in mir,
   Denn da seh ich immer
   Deiner Sterne Schimmer,
Wie sie flüchtig auf mein Herze gehn,
   Säh ich dich doch morgen,
   Ließ ich alle Sorgen,
Also flüchtig durch mein Herze gehn.

Der Fürstentochter Tod.

(Procopii Aestivale p. 246.)

Es fuhr gen Acker ein grober Baur,
Arbeitet wacker im Schweiß so saur,
Im Frühling, Märzen, Mai, April,
Im Feld standen der Blümlein viel,
Die ihn anlachten in der Still.

Er ließ sich solches bewegen nicht,
Mit seinem Pflug er sich drüber richt,
Er schnitt darein, der wilde Mann,
Und griff an ihren Wurzeln an
Die schönen Blumen lobesan.

Die Blümlein neigten die Köpfe zart,
Sanken darnieder zu Boden hart,
Ich sie anschaute sinniglich,
Von Herzen sie erbarmten mich,
Hätt sie wohl gern errettet ich.

Auf unsres Fürsten sein Wiesen grün
Da tat ein holdselig Blümlein blühn,
Das war sein liebstes Töchterlein,
Zwölfjährig, edel, hübsch und fein,
Ein Herzentrost den Eltern sein.

Da kam der grimmige Tod daher,
Trabanten, Garden, nichts achtet er,
Frei trat er in die Burg hinein,
Schlug grausam ins Frauenzimmer drein,
Und traf das fürstliche Fräulein allein.

Nun kommt zum Saale ihr Christenleut,
Nun gehet ins Feld mit bitterem Leid,
Zwei Blumen stehn auf einem Feld,
Die eine frisch, die andre welk,
Rat, welche länger sich erhält.

Da kommt gegangen ein Wandersmann,
Der trägt Verlangen zu greifen an,
Der Blumen eine mit Gewalt,
Die Hand danach er ausstreckt bald,
Nimmt die am besten ihm gefallt.

Die halbverwelkte will er nicht,
Die frische ihm in die Augen sticht,
Er läßt die alt und nimmt die neu,
Tut dran gar recht bei meiner Treu,
Ich machets auch so ohne Scheu.

Ach, was hilft ein Blümelein.

(Mündlich.)

Sterben ist eine harte Buß,
Weiß wohl, daß ich sterben muß,

Und ein Röslein rosenrot
Pflanzt mein Schatz nach meinem Tod.

Wenn ich mal gestorben bin,
Wo begrabt man mich denn hin?
Schau nur in den Kirchhof nein,
Da wird noch ein Plätzlein sein!

Wachsen schöne Blümlein drauf.
Geben dir ein schönen Strauß.
Ach was hilft ein Röslein rot,
Wenn es blüht nach Liebes Tod!

Dort hinein, und nicht hinaus,
Trägt man mich ins Grabeshaus,
Habs gesehen in der Nacht,
Hats ein Traum mir kund gemacht.

Auf den Kirchhof wollt ich gehn,
Tät das Grab schon offen stehn,
Ach, das Grab war schon gebaut,
Hab es traurig angeschaut.

War wohl sieben Klafter tief,
Drinnen lag ich schon und schlief,
Als die Glock hat ausgebraust,
Gingen unsre Freund nach Haus.

Sterben ist ein harte Pein,
Wenns zwei Herzallerliebste sein,
Die des Todes Sichel scheidt,
Ach, das ist das größte Leid.

Denn was hilft ein Blümelein,
Wenn es heißt ins Grab hinein;
Ach, was hilft ein Röslein rot,
Wenn es blüht nach Liebes Tod.

Nachtlieder an die Braut.

(Mündlich.)

1.

Ach Schatz, willst du schlafen gehn,
Schlafe wohl, schlafe wohl,
Schlafe wohl in guter Ruh,
Und tu deine schwarzbraune Äuglein zu,
Und ruh, und ruh, und ruh in sanfter Ruh.

Ach Schatz, wenn ich nur bei dir wär,
Allein, allein, allein,
Allein im Federbett,
Wir beide wollten vergnüget sein,
Und wollten gern allein beinander sein,
Ach, wenn ich dich doch allein in meinen Armen hätt.

Die Geig, die führt einen sanften Ton,
Zeiget an, Zeiget an,
Zeiget an, du edle Kron,
Sie zeiget an du edle Kron,
Wie vielmal ich geklopfet schon,
Ich muß, ich muß, ich muß vergeblich stohn.

Ach Schatz, nimm dieses Liedlein an,
Es ist, es ist, es ist,
Es ist auf dich gericht,
Nimm nur dies schlechte Liedlein an,
Wie vielmal ich geklopfet an,
Gute Nacht, gute Nacht, gute Nacht mein Schatz.

2.

Ach edler Schatz, verzeih es mir,
Daß ich so spät bin kommen,
Die große Lieb aus Herzens Begier
Hat mich dazu gezwungen.

Jetzt liegt mein Schatz, mein edler Schatz
Gar sanft in seinem Bettchen,
Ei, möcht ich ihn ganz inniglich
Mit meiner Musik wecken.

Erweck ich sie, erschreck ich sie,
Es müß mich herzlich reuen,
Ach, könnte ich doch bei ihr sein,
Und ruhn in ihren Armen.

Sie hat zwei kristallinisch Stein,
Auf Elfenbein auch Purpur,
Sollt ihr geschehn daran ein Leid,
So spräng mein Herz in Stücken.

Vision.

(Mündlich.)

Über den Kirchhof ging ich allein,
Zu meines Liebchens Kämmerlein,

Und als ich wollt von dannen gehn,
Da hielt es mich, ich mußt da stehn.

Ein Seel stand traurig an eim Grab,
Und schrie mit heller Stimm hinab,
„Steh auf, mein Leib, verantwort dich,
Dann ich bin hier, beschuldge dich.“

Da hebet sich des Grabes Stein,
Und geht hervor ein weiß Gebein,
Der Leib steht auf gar bald und schnell,
Und geht dahin, spricht zu der Seel:

„Wer ist dadraus, der mein begehrt,
Der mich da rufet aus der Erd,
Bist du es, Seele, die vor Jahren
Aus meinem Leibe ist gefahren?“

Die Seel sprach: „Hab ich beten wöllen,
Da pflegtest du dich krank zu stellen,
Wenn ich anfing das Abendgebet,
Da hast du dich gleich schlafen gelegt.“

Der Leib sprach: „Ach, ich schien nur faul,
Und gähnte, macht ein schiefes Maul,
Und war zum niederknien verdrossen,
Denn ich hatt einen Bettgenossen.“

„Ach weh! Ach weh“, antwort die Seel,
„Daß ich gewesen dein Gesell,
Wovon die Ursach du allein
Darum leid ich die Höllenpein.

Im Tal Josaphat am Jüngsten Tag,
Da will ich führen große Klag,
Alsdann wird angehn auch dein Leid,
Du wirst brennen in Ewigkeit.“

Da sprach der Leib: „Du seist verklagt,
Du warst die Frau, und ich die Magd,
Du trägst mit mir die Sündenlast,
Weil du mich bös geführet hast.“

Die Seel wollt da noch widersprechen,
Da tät der Morgenstern anbrechen,
Sankt Petrus Vogel tät auch krähn,
Da waren beid nicht mehr zu sehn.

Ich aber schrieb dies Liedelein,
Und steckts an Liebchens Fensterlein,

„Ich war mit Leib und Seel zu Gast,
'S ist mir leid, wenn du auf mich gewartet hast."

Nicht Wiedersehn.

Nun ade, mein allerherzliebster Schatz,
Jetzt muß ich wohl scheiden von dir,
Bis auf den andern Sommer,
Dann komm ich wieder zu dir.

Und als der junge Knab heimkam,
Von seiner Liebsten fing er an,
Wo ist meine Herzallerliebste,
Die ich verlassen hab?

Auf dem Kirchhof liegt sie begraben,
Heut ists der dritte Tag,
Das Trauern und das Weinen
Hat sie zum Tod gebracht.
Jetzt will ich auf den Kirchhof gehen,
Will suchen meiner Liebsten Grab,
Will ihr alleweil rufen,
Bis daß sie mir Antwort gibt.

Ei, du mein allerherzliebster Schatz,
Mach auf dein tiefes Grab,
Du hörst kein Glöcklein läuten,
Du hörst kein Vöglein pfeifen,
Du siehst weder Sonn noch Mond!

Hessisch.

Als ich kam zur Stube rein,
Da ist gut wohnen!
Ich hab so lang draußen gestanden,
Daß Gott erbarm!

Ich seh dies an deinem Hut,
Wie dein Hut tröpflen tut,
Von Regen ist er naß,
Von wegen meinem Schatz.

Ich ging wohl über Berg und Tal,
Wär mir kein Weg zu schmal,
Zu meinem Schätzchen wollt ich gehn,
Alle Wochen siebenmal.

Dort steht ein schöner Lorbeerbaum,
Der steht schön da,
Und ein schöner Reitersbub,
Der steht mir an.

Herz mich ein wenig, küß mich ein wenig,
Hab mich ein wenig lieb,
Wenns auch regnet oder schneit,
Wenns unser Herz nur erfreut.

Heimlicher Liebe Pein.

Mein Schatz, der ist auf die Wanderschaft hin,
Ich weiß aber nicht, was ich so traurig bin,
Vielleicht ist er tot und liegt in guter Ruh,
Drum bring ich meine Zeit so traurig zu.

Als ich mit meim Schatz in die Kirch wollte gehn,
Viel falsche, falsche Zungen unter der Türe stehn,
Die eine redt dies, die andre redt das,
Das macht mir gar oft die Äugelein naß.

Die Distel und die Dornen, die stechen also sehr,
Die falschen, falschen Zungen aber noch viel mehr,
Kein Feuer auf Erden auch brennet also heiß,
Als heimliche Liebe, die niemand nicht weiß.

Ach herzliebster Schatz, ich bitte dich noch eins,
Du wollest auch bei meiner Begräbnis sein,
Bei meiner Begräbnis bis ins kühle Grab,
Dieweil ich dich so treulich geliebet hab.

Ach Gott! was hat mein Vater und Mutter getan,
Sie haben mich gezwungen zu einem ehrlichen Mann,
Zu einem ehrlichen Mann, den ich nicht geliebt,
Das macht mir ja mein Herz so betrübt.

Salomo, sprich Recht.

Es waren einmal zwei Gespielen,
Sie gingen ins Feld spazieren.
Die eine, die war so munter und wohlauf,
Die andre trauert sehre, ja sehre.
Wir beide haben einen Knaben so lieb,
Den können wir nicht teilen, ja teilen.

Ach Gespielin, liebe meine,
Laß mir den Knaben alleine.
Ich will dir meinen Bruder geben,
Meines Vaters Gut zum Teile, ja Teile.
Ei, deinen Bruder mag ich nicht,
Deines Vaters Gut, das acht ich nicht.
Ich wollt nicht nehmen Silber und Gold,
Daß ich den Knaben lassen sollt, ja lassen sollt.

Liebesaugen.

Sobald du hebst die klaren Äugelein,
Freut sich Gestirn und auch der Sonnenschein,
Also gar sehr, du Liebeszier,
Sind sie geneiget dir.
Sobald du auch die Erde blickest an,
Ist sie erhitzt, schickt Blümelein heran,
Wie sollt dann ich nicht herziglich,
Jungfrau auch lieben dich.
Und schließest du, o Herz, die Äugelein,
Da gibt der Stern der Venus großen Schein
Wie ihrem Kind, wenn sie offen sind,
Die Fackel heftig brennt,
Und hüllst du ein die hellen Äugelein,
Der Himmel traurig zieht die Sterne ein,
Die Erd ist kalt, Frau Venus alt,
Ohn Feuer Amor bald.

Ade zur guten Nacht.

(Fliegendes Blatt aus 1500.)

Der Mond, der steht am höchsten,
Die Sonn will untergehn,
Mein Feinslieb liegt in Nöten,
Ach Gott, wie solls ihr gehn,
In Regen und in Wind,
Wo soll ich mich hinkehren,
Da ich mein Feinslieb find!

Mein Feinslieb wollt mich lehren,
Wie ich ihr dienen soll,
In Züchten und in Ehren,
Das weiß ich selbst gar wohl,

Und kann auch noch viel mehr,
Wer sich seins Buhlen rühmet,
Dem bringt es wenig Ehr.

Mancher geht zu seinem Buhlen
Bei lichtem Mondenschein,
Was gibt sie ihm zum Lohne?
Ein Rosenkränzelein,
Ist grüner als der Klee,
Ich muß mich von dir scheiden,
Tut meinem Herzen weh.

Ach Scheiden über Scheiden,
Wer hat dich doch erdacht,
Hast mir mein junges Herze
Aus Freud in Trauern bracht,
Dazu in Ungemach.
Dir ists schöns Lieb gesungen,
Ade zu guter Nacht.

Liebes-Noten.

Wahres Lieben, süßes Leben,
Wo zwei Herzen eins nur sind,
Wie zwei Turteltäublein schweben,
Die ein treues Band verbind,
Wo die Lieb den Chor anstimmet,
Und die Treue gibt den Takt,
In dem Blut die Freude schwimmet,
Und der Puls auf Lauten schlagt.

Wo die Spröde muß pausieren,
Wenn die Lust ein Solo singt,
Wenn die Äuglein pizzikieren,
Bis der Lieb ein Saite springt,
Wenn die Herzen konkordieren,
Und schön singen in dem Ton,
Wird der Mund auch sekundieren,
Und ein Kuß gibt ihm den Lohn.

Will ein Ton ins Kreuzlein steigen,
Will ein B wie Weh erschalln,
Mag aufs Herz der Finger zeigen
Und Musik ganz leise halln,
Weil die Noten in zwei Herzen
Einfach stehen in der Terz,

Laß uns ganz piano scherzen,
Und allegro leiden Schmerz.

Schlummer unter Dornrosen.

Ich legte mich nieder ins grüne Gras,
Und lauert auf meinen herzliebsten Schatz,
Ich lauerte so lange, bis mich es verdroß,
Da fielen zwei Röselein mir in den Schoß.
Die Röselein, die waren wie Blut so rot,
Jetzt schläft ja mein Schatz oder er ist tot,
Er schläft ja nicht, er schlummert ja nur,
Es blinken seine Äuglein, es lächelt sein Mund,
Da ließ ich meine Augen herummer gehn,
Da sah ich mein Schätzlein bei einem andern stehn,
Bei einem andern stehn,
Das hab ich gesehn.

Dem Tode zum Trutz.

(Mündlich.)

Komm zu mir in Garten,
Komm zu mir ins Gras,
Sprich aus deinen Jammer,
Es bringt mir nicht Schmerz.

Geh, hol mir den Mantel,
Geh, hol mir den Stock,
Jetzt muß ich von dannen,
Muß nehmen B'hüt Gott!

Und wenn schon bisweilen
Die Falschheit schlägt ein,
So muß ich halt denken,
Es muß also sein.

Und wenn schon bisweilen
Der Tod auch regiert –
Ach, er hat mein Lieb mir
Von dannen geführt.

Mein allerfeinst Liebchen
War die schönst in der Sonn,
Verblendet die Sonne,
Verdunkelt den Mond.

Mein allerfeinst Liebchen,
Nimm mich in deinen Schoß,
Jetzt will ich dich erst lieben,
Den Leuten zum Trotz.

Den Leuten zum Possen,
Dem Tode zum Trutz,
Will ich mein Schatz lieben,
Wenns mich gleich nichts nutzt.

Biwak.

Habt ihr die Husaren gesehn,
Auf dem grünen Veilchenstock,
Bei der Jungfer Lieschen.

Jungfer Lieschen, was ist das?
Auf der Wiese wächst das Gras,
Auf dem Acker wächst der Klee,
Mädchen, trau kein'm Buben meh.

Hab einmal dem Buben getraut,
Hat mich sieben Jahr gereut,
Sieben Jahr ist noch nicht lang,
Reut mich wohl mein Leben lang.

Ei! Ei!

Ei, Ei, wie scheint der Mond so hell,
Wie scheint er in der Nacht.
Hab ich am frühen Morgen
Mein Schatz ein Lied gemacht.

Ei, Ei, wie scheint der Mond so hell,
Ei, Ei, wo scheint er hin.
Mein Schatz hat alle Morgen
Ein andern Schatz im Sinn.

Ei, Ei, wie scheint der Mond so hell,
Ei, Ei, wie scheint er hier.
Er scheint ja alle Morgen
Der Liebsten vor die Tür.

Ei, Ei, wie scheint der Mond so hell,
Ei Jungfer, wann ists Tag?
Es geht ihr alle Morgen
Ein andrer Freier nach.

Einsiedler.

Dort droben auf dem Hügel,
Wo die Nachtigall singt,
Da tanzt der Einsiedel,
Daß die Kutt in die Höh springt.

Ei, laßt ihn nur tanzen,
Ei, laßt ihn nur sein,
Zu Nacht muß er beten
Und schlafen allein.

Dort drüben auf dem Hügel
Wos Füchsle rum lauft,
Da sitzt der Einsiedel,
Hat die Kutte verkauft.

Dort drunten im Tale
Geht er ins Wirtshaus,
Geh, leih ihm dein Dirnel,
Das mein hat ein Rausch.

Ich geh nit aufs Bergle,
Ich geh nit ins Tal,
Ich leih ihm nits Dirnel,
Der Weg ist zu schmal.

Der Berggesell.
(1500–50.)

War ich ein wilder Falke,
So wollt ich mich schwingen auf,
Ich wollt mich niederlassen,
Für eins reichen Bürgers Haus.

Darin ist ein Mägdelein,
Madlena ist sie genannt,
So hab ich alle meine Tag
Kein schöners brauns Mägdlein erkannt.

An einem Montag es geschah
An einem Montag früh,
Da sah man die schöne Madlena,
Zu dem obern Tor ausgehn.

Da fragten sie die Zarten:
„Madlena, wo willst du hin?“

„In meines Vaters Garten,
Da ich nächten gewesen bin.“

Und da sie in den Garten kam,
Wohl in den Garten einlief,
Da lag ein schöner, junger G’sell,
Unter einer Linden und schlief.

„Steh auf, junger Geselle,
Steh auf, denn es ist Zeit,
Ich hör die Schlüssel klingen,
Mein Mütterlein ist nicht weit.“

„Hörst du die Schlüssel klingen,
Und ist dein Mütterlein nicht weit,
So zeuch mit mir von hinnen,
Wohl über die breite Heid.“

Und da sie über die Heide kamen,
Wohl unter ein Linde was breit,
Da ward denselben zweien,
Von Seiden ein Bett bereit.

Sie lagen beieinander,
Bis auf dritthalbe Stund,
„Kehr dich, brauns Mägdlein herum,
Beut mir dein’n roten Mund.“

„Du sagst mir viel von kehren,
Sagst mir von keiner Eh,
Ich fürcht, ich hab verschlafen,
Mein Treu und auch mein Ehr.“

„Fürchst du, du habst verschlafen
Dein Treu und auch dein Ehr.
Laß dichs, Feinslieb, nicht kümmern,
Ich nehm dich zu der Eh.“

Wer ist, der uns dies Liedlein sang,
Von neuen gesungen hat,
Das hat getan ein Berggesell,
Auf Sankt Annenberg in der Stadt.

Er hats gar frei gesungen,
Bei Met, bei kühlem Wein,
Dabei da sein gesessen,
Drei zarte Jungfräulein.

Hat gesagt – bleibts nicht dabei.

(Mündlich.)

Mein Vater hat gesagt,
Ich soll das Kindlein wiegen,
Er will mir auf den Abend
Drei Gaggeleier sieden;
Siedt er mir drei,
Ißt er mir zwei,
Und ich mag nicht wiegen,
Um ein einziges Ei.

Mein Mutter hat gesagt,
Ich soll die Mägdlein verraten,
Sie wollt mir auf den Abend
Drei Vögelein braten;
Brät sie mir drei,
Ißt sie mir zwei,
Um ein einziges Vöglein
Treib ich kein Verräterei.

Mein Schätzlein hat gesagt,
Ich soll sein gedenken,
Er wöllt mir auf den Abend
Drei Küßlein auch schenken;
Schenkt er mir drei,
Bleibts nicht dabei,
Was kümmert michs Vöglein,
Was schiert mich das Ei.

Das schwere Körblein.

(Musikalisch Rosengärtlein.)

Sag mir, o Mägdelein, was trägst im Körbelein
So schwer und dich bemühest?
Es ist ein Knäbelein, der hat das Herze mein
So oftmals sehr betrübet,
Drum muß er jetzt tun henken,
Im Korbe und sich kränken,
Bis daß er fällt hindurch.

Ich sprach: o Mägdelein, tu doch gnädig sein,
Und nicht so grausam tobe,
Laßt heraus das Knäbelein, und rett das Leben sein,
Es bringt dir sonst kein Lobe,

Wenn du ihn läßt verderben,
Und gar in Unmut sterben,
Folg mir, ich rat es dir.

Billig wär es, daß du, anziehest seine Schuh,
Und tretest an seine Statt,
So wollt ich tragen dich, im Korbe säuberlich,
Daß dir widerführ kein Schad!
Hiermit nahm ich das Körbelein,
Und rettete das Knäbelein,
Setzt drein die Jungfrau fein.

Laß mir doch jetzt der Weil, und mit mir nicht so eil,
Sprach sie mit Ungemache,
Nein, nein, sprach ich zu ihr, ich will nicht folgen dir,
Weil gut ist jetzt die Sache.
Und mußt also tun henken,
Im Korbe und dich kränken,
Bis du erlöset wirst.

Übersichtigkeit.

(1500–1600.)

Schön wär ich gern, das bin ich nicht,
Fromm bin ich wohl, das hilft mir nicht;
Geld hilft mir wohl, das hab ich nicht,
Darum bin ich kein Buhler nicht.

Schönheit hilft mir wohl zur Buhlerei,
Schöne Gestalt macht stolz dabei;
Dich nicht verlaß auf schöne Gestalt,
Daß du nicht in Verfall kömmst bald.

Wenn ich schön wär, und hätt viel Geld,
Wär ich der beste in der Welt;
Dieweil ich aber solches nicht haben kann,
So muß ich im Elende bleiben stahn.

Frömmigkeit hat einen schlechten Platz,
Geld ist doch der Welt bester Schatz,
Frömmigkeit hilft nichts zur Buhlerei,
Darum mir dasselbig verboten sei.

Hätte ich solches alles drei,
So wär mir geholfen frei;
Geldeswert hilft noch wohl,
Liebe ein jeder, was er lieben soll.

Frömmigkeit hat einen rechten Schein,
Geldeswert ist auch wohl fein,
Schön Gestalt halt dich nur wert,
Dieweil du lebest auf dieser Erd.

Kennst die bewegliche Drei du noch nicht und der Viere Gebilde,
Wahrlich, so wollt es der Gott, findest du nimmer die Eins.

(Zur Beruhigung einer gewissen Kritik, die immer wissen muß, ob etwas wirklich alt sei, um zu fühlen, daß es schön sei, wird hier bemerkt, daß dieses Lied unverändert abgedruckt.)

Die 4 heilige 3 König mit ihrem Steara,
Der Casper, der Melchar, der Baltes, der Beara,
Sie seaga de nagelnuia Steara,
Potz Blitz! s' wird gwiß was Nuis draus weara.
Sie stiefla, sie waidle, sie fülle de Bauch,
Und springa, wie d'Schelma, zum Städtle hinaus,
Und do sie sain kuma fürs Herodes sei Tür,
Herodes, der König, trat selbsta herfür.
Ei, wo kömmt ihr her in so schneller Uyl?
Sitzt ani aufs Bänkli, und g'ruhet a Wuyl.
Mie könna nit gruahga, mie han nit de Wuyl.
Mie müasse hünt noch fünfhalba Müyl.
Ei, woruma könnt' ir nit g'ruahga, es tut jo nit naut,
I will üch vor gea a Käs und a Brout.
Mer möaga kui Käs, mer möaga kui Brout,
Mer müssa gau gea, s' tut werli gau naut.
Ei, möagat er kui Käs, so frässet e Dreck,
Un schärt i ins Teufels paar Daza a weg.
Und do mer sin kömme übers Städle hinaus,
Denka mer, blos es der Herodes da Hobel fein aus.
Und do mer sin komma ge Betlahai,
So find a mirs Kindli ä Mueters allai.
Und do mer im han brunge Butter, Nuß,und a Milach,
Hats Kindli klo bizli druf aini gschilacht.
Sankt Joseph nahm waidli die Wiege-Schnuar,
Und macht go dem Kindli a Gugel fuar.
Do stundes en Engeln hinter der Tür,
Und bot es a Mümfeli Brout herfür. –
Jetzt sin mer halt gestorben, und leabe nimmai,
Und liega zua Költa am Bodasai.

Lebewohl.

(Mündlich.)

Morgen muß ich weg von hier,
Und muß Abschied nehmen;
O du allerschönste Zier,
Scheiden, das bringt Grämen.
Da ich dich so treu geliebt
Über alle Maßen,
Soll ich dich verlassen.

Wenn zwei gute Freunde sind,
Die einander kennen,
Sonn und Mond bewegen sich,
Ehe sie sich trennen.
Noch viel größer ist der Schmerz,
Wenn ein treu verliebtes Herz
In die Fremde ziehet.

Dort auf jener grünen Au
Steht mein jung frisch Leben,
Soll ich dann mein Lebelang
In der Fremde schweben?
Hab ich dir was Leids getan,
Bitt dich, wolls vergessen,
Denn es geht zu Ende.

Küsset dir ein Lüftelein
Wangen oder Hände,
Denke, daß es Seufzer sein,
Die ich zu dir sende,
Tausend schick ich täglich aus,
Die da wehen um dein Haus,
Weil ich dein gedenke.

Das wundertätige Mannsbild.

(* * * Galliarden von Rost. 2. Th. 1593.)

Die Tochter bat die Mutter schön,
Sie möchte in die Kirche gehn,
Die Bilder anzubeten,
Denn sie jetzt große Heiligkeit
Inbrünstig hätt betreten.

O Tochter, das wär gar verrucht,
Die Schrift ein solches Tun verflucht,

Gottes Worrt allein sollst hören;
Das kann dir geben Trost und Freud,
Die Bilder tun betören.

Das Bild, o liebste Mutter mein,
Das mich zieht in die Kirch hinein,
Ist nicht von Holz formieret;
Es ist ein schöner, stolzer Knab,
Sein Leib gar wohl gezieret.

Solch lebend Bild die Kraft jetzt han,
Ziehn in die Kirch manch Frau und Mann,
Wenn sich die Augen drehen,
Das man also verstehen kann,
Manch Wunder ist geschehen.

O Himmel, was hab ich getan.

Das Klosterleben ist eine harte Pein,
Weil ich ohn mein Liebchen muß sein;
Ich habe mich drein ergeben zur Zeit,
Den Orden ertrag ich mit Schmerz und Leid.
O Himmel, was hab ich getan?
Die Liebe war schuldig daran.

Und komm ich am Morgen zur Kirche hinein,
So sing ich die Metten allein;
Und wenn ich das Gloria patri da sing,
So liegt mir mein Herzallerliebster im Sinn.
Ach Himmel, was hab ich getan?
Die Liebe ist schuldig daran.

Des Mittags, wenn ich zum Essen hin geh,
So find ich mein Tischlein allein;
Da eß ich mein Brot und trinke mein Wein,
Ach, könnt ich bei meinem lieb Schätzelein sein.
O Himmel, was hab ich getan?
Die Liebe ist schuldig daran.

Des Abends, wenn ich nun schlafen da geh,
So find ich mein Bettlein ja leer;
Da greif ich bald hin, da greif ich bald her,
Ach, wenn ich bei meinem Herzliebsten doch wär!
Ach Himmel, was hab ich getan?
Die Liebe ist schuldig daran.

Da kömmt ja mein Vater und Mutter auch her,
Sie beten wohl für sich allein;

Sie haben buntfärbige Röcklein auch an,
Und ich, ich muß in dem Kuttenrock stahn.
Des Abends, wenn ich nun schlafen da geh,
Ach Himmel, was hab ich getan?
Die Liebe ist schuldig daran.

Die gute Sieben.

(Mündlich.)

Es war einmal ein junger Knab,
Der liebt sein Schätzlein sieben Jahr,
Wohl sieben Jahr und noch vielmehr,
Die Lieb, die nahm kein Ende mehr.

Er liebte des Bauers Töchterlein,
Auf Erden konnte nichts Schönres sein;
Die Knaben gingen ihm um sein Haus:
„Ach Bauer, geb uns dein Tochter heraus."

„Ich geb die Tochter nicht heraus,
Ich geb ihr kein Geld, ich geb ihr kein Haus;
Ich kaufe ihr ein schwarzes Kleid,
Das soll sie tragen zur Kirch und zum Leid."

Da reist der Knabe ins Niederland,
Da ward ihm sein Herzallerliebste krank;
Die Botschaft ihm kam krank auf den Tod,
Drei Tag und drei Nacht redt sie kein Wort.

Und als der Knab die Botschaft hört,
Daß sein Herzliebste so krank da wär;
Da ließ er gleich sein Hab und Gut,
Und schaut, was sein Herzallerliebste tut.

Und als er in die Stub hinein kam,
Sein Herzallerliebste auf den Tod war krank:
„Seist du mir willkommen, getreuer Schatz,
Der Tod will jetzt wohnen an deinem Platz."

„Grüß Gott, grüß Gott, liebs Schätzelein,
Was machst du hier im Bettelein?"
„Dank Gott, dank Gott, mein lieber Knab,
Mit mir wirds heißen fort ins Grab."

„Nicht so, nicht so, mein Schätzelein,
Die Lieb und Treu muß länger sein;
Geht gschwind, geht gschwind und holt ein Licht,
Mein Schatz, der stirbt, daß niemand sieht."

Was zog er aus seiner Tasche mit Fleiß?
Ein Äpfelein, das war rot und weiß,
Er legts auf ihren weißroten Mund,
Schön Schätzl, bist krank, werd wieder gesund.

Er wollt sie legen in seinen Arm,
Sie war nicht kalt, sie war nicht warm;
Sie tut ihm in seinem Arm verscheiden,
Sie tut eine reine Jungfrau bleiben.

Was zog er aus der Tasche sein,
Von Seide war es ein Tüchlein fein;
Er trocknet damit sein Auge und Händ,
Ach Gott, wann nimmt mein Trauern ein End.

Er ließ sich machen ein schwarzes Kleid,
Er trugs wegen seiner Traurigkeit,
Wohl sieben Jahr und noch viel mehr,
Sein Trauern, das nahm kein Ende mehr.

Spinnerlied.

(Mündlich.)

Spinn, Mägdlein, spinn!
So wachsen dir die Sinn,
Wachsen dir die gelbe Haar,
Kommen dir die kluge Jahr!

Ehr, Mägdlein, ehr
Die alte Spinnkunst sehr;
Adam hackt und Eva spann,
Zeigen uns die Tugendbahn.

Lieb, Mägdlein, lieb
Der Hanna ihren Trieb;
Wie sie mit der Spindel kann
Nähren ihren blinden Mann.

Preis, Mägdlein, preis
Der Mutter Gottes Fleiß;
Diese heilge Himmelskron
Spann ein Röcklein ihrem Sohn.

Sing, Mägdlein, sing,
Und sei fein guter Ding;
Fang dein Spinnen lustig an,
Mach ein frommes End daran.

Lern, Mägdlein, lern,
So hast du Glück und Stern;
Lerne bei dem Spinnen fort
Gottesfurcht und Gotteswort.

Glaub, Mägdlein, glaub,
Dein Leben sei nur Staub;
Daß du kömmst so schnell ins Grab,
Als dir bricht der Faden ab.

Lob, Mägdlein, lob,
Dem Schöpfer halte Prob;
Daß dir Glaub und Hoffnung wachs,
Wie dein Garn und wie dein Flachs.

Dank, Mägdlein, dank
Dem Herrn, daß du nicht krank,
Daß du kannst fein oft und viel
Treiben dieses Rockenspiel.
Dank, Mägdlein, dank.

Lied des Verfolgten im Turm.

(Nach Schweizerliedern.)

Der Gefangne.
Die Gedanken sind frei,
Wer kann sie erraten;
Sie rauschen vorbei
Wie nächtliche Schatten.
Kein Mensch kann sie wissen,
Kein Jäger sie schießen;
Es bleibet dabei,
Die Gedanken sind frei.

Das Mädchen.
Im Sommer ist gut lustig sein,
Auf hohen, wilden Heiden,
Dort findet man grün Plätzelein,
Mein herzverliebtes Schätzelein,
Von dir mag ich nicht scheiden.

Der Gefangne.
Und sperrt man mich ein
Im finstern Kerker,
Dies alles sind nur
Vergebliche Werke;
Denn meine Gedanken

Zerreißen die Schranken
Und Mauern inzwei,
Die Gedanken sind frei.

Das Mädchen.
Im Sommer ist gut lustig sein,
Auf hohen, wilden Bergen;
Man ist da ewig ganz allein,
Man hört da gar kein Kindergeschrei,
Die Luft mag einem da werden.

Der Gefangne.
So sei es, wie es will,
Und wenn es sich schicket,
Nur alles in der Still;
Und was mich erquicket,
Mein Wunsch und Begehren
Niemand kanns mir wehren;
Es bleibet dabei,
Die Gedanken sind frei.

Das Mädchen.
Mein Schatz, du singst so fröhlich hier,
Wies Vögelein in dem Grase;
Ich steh so traurig bei Kerkertür,
Wär ich doch tot, wär ich bei dir,
Ach, muß ich denn immer klagen.

Der Gefangne.
Und weil du so klagst,
Der Lieb ich entsage,
Und ist es gewagt,
So kann mich nichts plagen,
So kann ich im Herzen
Stets lachen, bald scherzen;
Es bleibet dabei,
Die Gedanken sind frei.

Spinnerlied.

(Mündlich.)

Spinn, spinn, meine liebe Tochter,
Ich kauf dir ein paar Schuh.
Ja, ja, meine liebe Mutter,
Auch Schnallen dazu;
Kann wahrlich nicht spinnen,

Von wegen meinem Finger,
Meine Finger tun weh.

Spinn, spinn, meine liebe Tochter,
Ich kauf dir ein paar Strümpf.
Ja, ja, meine liebe Mutter,
Schön Zwicklen darin;
Kann wahrlich nicht spinnen,
Von wegen meinem Finger,
Mein Finger tut weh.

Spinn, spinn, meine liebe Tochter,
Ich kauf dir einen Mann.
Ja, ja, meine liebe Mutter,
Der steht mir wohl an;
Kann wahrlich gut spinnen,
Von all meinen Fingern,
Tut keiner mir weh.

Spruch vom Glück.

(Docens Miscellaneen I. S. 282.)

Ich sag, wems Glück wohl pfeifet,
Der mag wohl lustig tanzen,
Wems Glück zum Würfel greifet,
Gewinnt oft manche Chancen,
Mit Freuden mag rumschwanzen.

Wems Glück das Hörnel bläst,
Der fängt, wenn andre jagen,
Glück, wem das Feld du säest,
Der mag Getreid heim tragen,
Und niemand darf drum fragen.

Wems Glück ist Keller, Koch,
Der trinkt, wenn ihn tut dürsten,
Ißt, wenn ihn hungert noch,
Nach Glück oft gleich tut bürsten,
Dem Bettler, wie den Fürsten.

Wems Glück das Fähnlein schwingt,
Da gibts gut Beut und Kriegen,
Wenns Glück dem Buhler singt,
Da ist gut Kinder wiegen,
Galanisieren und Lieben.

Doch jeder ist der Schmied
Des eignen Glücks allzeiten,

Wer wohl gebettet sich,
Der lieget auch in Freuden,
Ob man ihn gleich tut neiden.

Dein Glück flieht nicht vor dir,
Was dir auf Erd beschaffen,
Schau nur, wenns vor der Tür,
Daß dus nicht tust verschlafen,
Brauch Mittel, Zeit und Waffen.

Gimpelglück.

(Postiglion der Lieb. XXIII.)

Ich tat einmal spazierengehn,
Da hört ich ich also singen schön
Der Vöglein viel und mancherlei,
Ganz lieblich war ihr Melodei;
Da kam ich auch zu einem Nest,
Das war geziert aufs allerbest,
Konnt mich aber nicht richten drein,
Was doch dies für ein Nest möcht sein.

Nahm mir drum also wohl der Weil,
Ei, da sah ich im Nest ein Eul,
Dieselb erzeigt sich schön geziert,
Groß und klein Vögelein sie vexiert,
Des muß ich mirs lachen in Still,
Dieweil deren warn vorhanden viel,
Und jeder wollt der Nächste sein,
Und durft doch keiner ins Nest hinein.

Endlich gar bald ich einen ersah,
Der zu dem Nest ging dreist und nah,
Und dieser flog geschwind hinein,
Ich dacht bei mir: Wer mag dies sein?
Daß es ohn Scheu der andern alle,
Der Eulen also wohl tat gefallen,
An Federn ich ihn gleich erkannt,
Daß er der Gimpel ward genannt.

Wie ihr nun weiter hören werdt,
Vom Gimpel, der ist lobenswert,
Drum will ich jetzt verhalten nicht
Sein Lob in diesem kleinen Gedicht:
Der Gimpel ist ein Vogel schon,
Der nächste bei den Eulen dran;

Kein andrer darf sich nahen frei,
Hin zu dem Nest, wer es auch sei.

Du Gimpel aber magst nach Lust
Bei der Eule sein ganz wohl bewußt;
Drum ich forthin werd haben keine Ruh,
Bis daß ich ein Gimpel werd wie du;
Kein schönern Gimpel sah ich nie,
Denn dich jetzt gegenwärtig hie,
Von Art bist du ganz wohl geziert,
Gleichwie eim Gimpel sich gebührt.

Magst darum wohl ein Gimpel bleiben,
Denn dich wohl keiner wird vertreiben,
Dessen darfst dich doch fürchten nicht,
Denn dies wohl nimmermehr geschieht,
Ihr rechter Gimpel du bist allein,
Den sie vor andern liebt gemein,
Auch wegen deines süßen Gesangs,
Bleibst du ein Gimpel dein Leben lang.

Drum billig bist du lobenswert,
Du bleibst ein Gimpel wohl heur als sehr,
Wie gern wollt ich ein Gimpel sein,
Damit ich dürft ins Nest hinein,
Ob dich schon vexiert jedermann,
So laß nur Red vor Ohren gehn,
Gedenk in deinem Sinn allzeit,
Wer dir nichts geit, laß dich ungheit (ungeschoren.)

So bleibst du recht ein Gimpel allein,
Und fleugst mit ihr wohl aus und ein,
Bei deiner liebsten Eulen zart,
Ein rechter Gimpel bist von Art;
Wünsch dir hiermit viel guter Nacht,
Zu Ehre sei dir dies Lied gemacht;
Drum, lieber Gimpel, sei nur verliebt,
Ich bin nicht bös und nicht betrübt.

Ich stand an einem Morgen.

(Hundertundfünfzehn neue Lieder. Nürnberg 1544. Johann Ott Buchdrucker. Seite 73.)

Ich stand an einem Morgen
Heimlich an einem Ort,
Da hätt ich mich verborgen,

Ich hört klägliche Wort,
Von einem Fräulein hübsch und fein,
Sie sprach zu ihrem Buhler,
Es muß geschieden sein.

Herzlieb, ich hab vernommen,
Du willst von hinnen schier,
Wann willst du wiederkommen,
Das sollst du sagen mir,
Merk, mein Feinslieb, was ich dir sag,
Mein Zukunft tust du fragen,
Ich weiß weder Stund noch Tag.

Das Fräulein weinet sehre,
Ihr Herz war Trauern voll:
„So gib mir Weis und Lehre
Wie ich mich halten soll,
Für dich setz ich mein Hab und Gut,
Und willst du hier nun bleiben,
Ich verehr dich in Jahr und Tag."

Der Knab, der sprach aus Mute,
„Dein Willen ich wohl spür,
Verzehr ich dir dein Gute,
Ein Jahr ist bald dahin,
Dennoch müßt es geschieden sein,
Ich will dich zärtlich bitten,
Setz du dein Willen drein."

Das Fräulein, das schreit Morde!
Mord über alles Leid:
„Mich kränken deine Worte,
Herzlieb nicht von mir scheid;
Für dich setz ich mein Gut in Ehr,
Und sollt ich mit dir ziehen,
Kein Weg ist mir zu fern."

Ich stand an einem Morgen.

(Gassenhauer geistlich, von Knaus. S. 28.)

2.

Ich stand an einem Morgen
Heimlich an einem Ort,
Da hielt ich mich verborgen,
Ich hört klägliche Wort,
Von einem frommen Christen fein,

Er sprach zu Gott, seinem Herrn:
„Muß denn gelitten sein?

Herr Gott, ich hab vernommen,
Du willst mich lassen schier,
In viel Anfechtung kommen,
Tut nicht gefallen mir."
„Merk männlich auf, was ich dir sag,
Tu dich nicht hart beklagen,
Ein Christ muß haben Plag."

Der fromm Christ weinet sehre,
Sein Herz war unmutsvoll,
„So gib mir Weis und Lehre,
Wie ich mich halten soll,
Der Glaub ist schwach und kalt in mir,
Mein Fleisch will mich verführen,
Daß ich soll weichen von dir."

Gott sprach, lachend zu Mute,
„Dein Willen ich wohl spür,
Du wollst wohl han das Gute,
Wenns dir nicht würde saur,
Wer aber will mit mir han Teil,
Muß alles fahren lassen,
Viel Glück ist ihm nicht feil."

Der fromme Christ schrie Morde,
Mord über alles Leid,
„Mich schrecken deine Worte,
Herr Gott, mach mich bereit,
Ich wollt doch alles tragen gern,
Die Weltlust gerne hassen,
Sie lassen von mir fern."

Gott sprach: „ich tu dich züchten,
Hab nur ein guten Mut,
Und tu mich allzeit fürchten,
Erkauft bist mit mein'm Blut;
Daran gedenk mit ganzem Fleiß,
All die ich fast tu lieben,
Straf ich, das ist mein Weis."

Da kehrt Gott ihm den Rücken,
Er redt zu ihm nicht mehr,
Der arm Christ tät sich schmücken
In einem Winkel leer;
Er weinet aus der Maßen viel:

„Dem Herrn im Kreuz aushalten,
Das ist kein Kinderspiel."

3.

Ich stand an einem Morgen: mein wo?
Hat dich niemand gesehen? Warum?
Vor wem? von wem? wer war sie dann?
Ists vielleicht die breite Gretha gewesen?
Was hat sie dann gesagt? Glück zu,
Glück zu, Glück zu wohl auf die Reis.

Glück der Schlemmer.

(Blum und Ausbund allerhand auserlesener züchtiger Lieder. Deventer 1602. Der Sammler ist Paul von der Älst. Mitgeteilt von H.H. Eschenburg.)

Es steht ein Baum in Österreich,
Der trägt Muskatenblumen;
Die erste Blume, die er trug,
Die brach eins Königs Töchter.

Dazu so kam ein Reiter gegangen,
Der freit des Königs Tochter;
Er freit sie länger denn sieben Jahr,
Er konnt sie nicht erfreien.

Laß ab, laß ab, du junger Knab,
Du kannst mich nicht erfreien;
Ich bin viel besser geborn denn du,
Von Vater und auch von Mutter.

Bist du viel besser geborn denn ich,
Von Vater und auch von Mutter,
So bin deines Vaters gedingter Knecht,
Und schwing dem Rößlein sein Futter.

Bist du meins Vaters gedingter Knecht,
Und schwingst dem Rößlein sein Futter;
So gibt dir mein Vater auch großen Lohn,
Damit laß dir genügen.

Den großen Lohn, den er mir gibt,
Der wird mir viel zu sauer;
Wenn andre zum Schlafkämmerlein gehn,
So muß ich zu der Scheuer.

Des Nachts wohl um die halbe Nacht,
Das Mägdlein begunnt zu trauern;

Sie nahm ihre Kleider untern Arm,
Und ging wohl zu der Scheuer.

Des Morgens da der Tag anbrach,
Die Mutter begunnt zu rufen;
Steh auf, steh auf, du gedingter Knecht,
Und gib dem Roß das Futter.

Das Futter, das ich ihm geben will,
Das liegt in meinen Armen,
Nächten abends war ich euer gedingter Knecht,
Euer Eidam bin ich worden.

Daß du mein Eidam worden bist,
Des muß sich Gott erbarmen!
Ich hab sie Rittern und Grafen versagt,
Dem Schlemmer ist sie worden!

Dem Schlemmer, dem sie worden ist,
Der kann sie wohl ernähren;
Er trinkt viel lieber den kühlen Wein
Denn Wasser aus dem Brunnen.

Der uns dies neue Liedlein sang,
Er hat's gar wohl gesungen;
Er ist dreimal in Paris gewesen,
Und immer wieder kommen.

Ländlich, sittlich.

(Abele künstliche Unordnung, IV. S. 412. Alte Buchhändleranzeige von einem Klassiker? –)

Ein schönes Jungfräulein, die von geschickten Sitten
Wird in die Stadt geführt, zu Markt auf einem Schlitten,
Der lieblich glänzt und prahlt mit Blumen, Laub und Kraut,
Der schönste Rosmarin beschmückt die junge Braut;
Die Pferde sind geputzt und freudig ausgezieret
Mit Rosen überall, und der die Jungfrau führet,
Kommt grün bekrönt daher, er treibet nach Gebühr
Die stolzen Hengste fort, sie tanzen für und für.
Beim Schlitten gehn zu Fuß drei und noch vier Jungfrauen,
Die nimmer ihren Leib den groben Gästen trauen;
Die streuen Palmen aus und sonsten ander Kraut,
Zur Ehr und süßen Lust der wunderschönen Braut.
So fährt der Schlitten her, auf Palmen und Zeitlosen,
Und kehrt sich niemals um, als auf gestreuten Rosen,
So sitzt die junge Braut mit Blumen wohl bestreut,

Dies ist die höchste Ehr in ihrer jungen Zeit.
Fünf Meister, wohl geübt, die Stimmen einzuzwingen,
In Flöten, Lautenklang, wenn sie aufs beste klingen,
Die spielen auf der Laut, und sonst ein Instrument,
Auf welchen süßen Ton ein jeder kommt gerennt,
Ja, alles Volk kommt frisch her zu den Schlitten springen,
Sie schöpfen Freud und Lust aus allen schönen Dingen.
Doch was dem lieben Volk am trefflichsten behagt,
Das ist das schöne Bild, das ist die junge Magd.
Wann dieser Zierrat nun ist auf den Markt gekommen,
Und eine Menge Volks den Schauplatz eingenommen,
So tritt der Rufer auf hart bei der jungen Braut,
Und fällt die Jungfrau an, und ruft so überlaut:
Kommt her, ihr jungen Leut, ihr frische junge Knaben,
Wer eine Labung sucht, das Bild, das kann ihn laben.
Wer Schönheit sucht, der komm, und biete Geld dafür,
Dies ist ein schönes Bild, von recht erwünschter Zier,
Kommt hie und kauft das Bild, kommt, kommt, ihr jungen Leute,
Hie ist ein Lilienherz, wohl! dem wird es zur Beute,
Hie ist ein Röselein, von keinem nicht gepflückt,
Von niemand angerührt, von keinem unterdrückt,
Hie ist ein roter Mund, hie ist ein ehrbar Wesen,
Hie ist ein schöner Schatz, von tausend auserlesen,
Hie ist ein treues Herz, hie ist ein junger Leib,
Hie ist für euer Lieb ein ehrlich Zeitvertrieb,
Hie ist ein wackres Aug, und rosengleiche Wangen,
Hie ist das schönste Haar, der Menschen Herz zu fangen,
Hie ist ein edel Pfand, das einem frischen Mann
Die ganze Lebenszeit zur Freude dienen kann.
Was ist ein schönes Weib mit lieblichen Gebärden?
Es ist ein Paradies, ein Himmel auf der Erden,
Es ist ein Augentrost und eine stete Freud,
Es ist ein sanfter Ort und Port für junge Leut,
Was ist ein häßlich Weib? Ein Ungeheur im Hause,
Medusen Schlangenhaupt, das immer lebt im Sause,
Wer solcher einmal sich hat ehelich verpflicht,
Wie klar die Sonn auch scheint, doch ist er ohne Licht.
So ruft der Rufer aus, die Jugend tritt entgegen,
Biet Geld, Geld über Geld, weil ihr daran gelegen,
Und wenn man dann zuletzt nicht höhern Vorteil spürt,
Wird dem, ders meiste biet, die Jungfrau zugeführt.
Und dann ruft alles Volk, ein glücklich langes Leben
Muß Gott der neuen Braut und ihrem Liebsten geben,
Und solches siebenmal, ja endlich setzt sich auch

Der Käufer bei ihr auf, nach ihres Landes Gebrauch,
Dann fahren sie zur Kirch und fangen an zu beten,
Wann dieses dann geschehn, so kommt er her getreten,
Umarmet sie, und wenn er sie nach Haus gebracht,
Genießt er drauf mit Lust, wonach er hat getracht.

Schlittenfahrt.

(Eingesandt.)

Daß uns der Winter nicht stet will sein,
Des trauern die Mädlein gar sehre;
Weil uns der Schnee nit bleiben will.
Und ander gut Gesellen mehre.
Heut ist trocken, morgen ist naß,
Da hat uns der Teufel den Winter herbracht;
Der Winter tut sich biegen,
Die Lerchen tun sich schmiegen,
Die Schlitten tun sie üben.

Ach feins mein Lieb, so sei mir hold,
Um Eins will ich dich bitten,
Kauf du mir ein gespiegeltes Roß,
Dazu ein gemalten Schlitten.
So fahren wir mit Schallen,
So fahren wir mit Schallen,
So fahren wir mit Schallen,
Die Gäßlein allenthalben,
Feinslieb, laß dirs gefallen.

Ach feins mein Lieb, so spar mich nit,
Ich bin dazu gewachsen.
Nimm nur dein Müfflein in die Hand,
Ich schau dir über die Achsel,
Weiß zugeschneites Osterlamm,
Mein Rößlein rasselt mit dem Kamm,
So fahren wir mit Schallen,
Die Gäßlein allenthalben,
Feinslieb, laß dirs gefallen.

Ach feins mein Lieb, nun spitz die Füß,
Wohl auf mit mir zum Tanze,
Zieh mir die Rädlein um und um,
Mit deinem Schleppenschwanze;
Und schwenkst du mirs nit in die Sporn,
Setz ich ein Kranz dir auf die Ohrn,
So fahren wir mit Schallen,

Die Gäßlein allenthalben,
Feinslieb laß dirs gefallen.

Ob einer käm, der murren wollt,
Wir wollen nichts drum geben,
Es muß vorbei gestochen sein,
Und kost es Leib und Leben,
So fahren wir über die Heide,
So fahren wir über die Heide,
So fahren wir über die Heide,
Wohl manchem Mann zu Leide,
Feinslieb, ich muß mich scheiden.

Schön Dännerl.

(Fliegendes Blatt.)

Bin ich das schön Dännerl im Tal,
Schleuß Federn;
Da kommen die Jägerbursch all
Wollens lernen.
Geht nur, all ihr Gesellen,
Ihr könnt euch nicht anstellen:
Ich bin das schön Dännerl im Tal,
Und bleib das schön Dännerl allemal.

Bin ich das schön Dännerl im Tal,
Strick Bändlein;
Da kommen die Schreibersbuben,
All wollen tändeln,
Ich laß euch nicht tändeln,
Mit meinem Vortuchbändlein: Ich bin etc.

Bin ich das schön Dännerl im Tal,
Eß Zucker;
Da kommen die Schubladenbuben all,
Wollen gucken:
Geht, laßts euch vergehen,
Ich laß euch nichts sehen. Ich bin etc.

Bin ich das schön Dännerl im Tal,
Strick Socken;
Da kommen die Gassenbuben all,
Wollen locken.
Geht, reist, ich mag nicht spielen,
Ihr seid mir zu viele: ich bin etc.

Bin ich das schön Dännerl im Tal,
Tu gießen;
Da kommen die Schützenbursch all,
Wollen schießen.
Geht, lasset das nur bleiben,
Mein Blumen sind kein Scheiben: Ich bin etc.

Bin ich das schön Dännerl im Tal,
Tu lieben;
Da kommen Studentenbursch all
Mit den Hiebern.
Ja, ja, ihr meine Herren,
Ich will euch nicht aussperren:
Ich bin das schön Dännerl im Tal,
Und bleib das schön Dännerl allemal.

Bei Nacht sind alle Kühe schwarz.

Bei der Nacht ist so finster im Weg,
Man sieht weder Brücke noch Steg,
Weder Stock noch Stein,
Man stößt sich ans Bein,
Drum geh ich nicht gern allein.

Bei der Nacht ist meine Frau auch so schön,
Bei Nacht mag ich nicht mit ihr gehn.
Bei der Nacht so schön!
Kanns gar nicht verstehn,
Mag halters nicht mit ihr gehn.

Und wann ich wieder heiraten tu,
So nehm ichs Laternel dazu;
Da sieht man beim Licht
Doch, was einer kriegt,
Eine Wüste, die mag ich mehr nicht.

Und wenn ich ein Kindelein krieg,
So muß es so schön sein als ich,
Sonst g'hört es nicht mein,
Ich gehs halt nicht ein,
Es muß wie ich so schön sein.

Bei der Nacht hat mich oft was gefreut,
Ich denk halt, 's gibt noch mehr so Leut,
Da schläft man in Ruh,
Und deckt sich brav zu,
Es geht, ich weiß selber nicht wuh!

Den dritten tu ich nicht nennen.
(Mündlich.)

Mein Bübli isch e Stricker,
Er strickt e manche Nacht,
Er strickt an einer Haube,
Haube, Haube,
S'isch noch nit ausgemacht.

Von Seiden isch die Haube,
Von Sammet isch die Schnur,
Bisch du ein wackres Mädle,
Mädle, Mädle,
Bind du dein Härle zu.

Ach nein, will sie nit binden,
Wills noch mehr fliegen lan,
Bis ander Jahr im Sommer,
Sommer, Sommer,
Will zu dem Tanze gehn.

Mit Freuden zu dem Tanze,
Mit Trauern wieder heim,
So geht es jedem Mädle,
Mädle, Mädle,
Und nit nur mir allein.

Dort droben auf jenem Berge,
Da steht ein schönes Haus,
Da schauen alle Morgen,
Morgen, Morgen,
Drei schöne Herren raus.

Der Erst, der ist mein Bruder,
Der Zweite geht mich an,
Den Dritten tu ich nicht nennen,
Nennen, nennen,
Der ist euch wohlbekannt.

Und unten an dem Berge,
Da geht ein rote Kuh.
Wenn sie die Magd tut melken,
Melken, melken,
Schaun ihr die Herren zu.

Sie tät die Milch verschütten,
Mit Wasser füllt sie zu:
Ach Mutter, liebe Mutter,

Mutter, Mutter,
Die Milch gibt unser Kuh.

Wir wollen die Kuh verkaufen,
So kommt der Gstank vom Haus;
So können hübsch die Herren,
Herren, Herren,
Spazieren um unser Haus.

Und drüben an dem Berge,
Da stehn zwei Bäumelein,
Das eine trägt Muskate,
Muskate, Muskate,
Das zweit braun Nägelein.

Muskatennuß sind süße,
Braun Näglein, die sind räß (scharf),
Die geb ich meinem Liebchen,
Liebchen, Liebchen,
Daß es mich nicht vergeß.

Hab deiner nie vergessen,
Hab alle Zeit an dich gedenkt;
Du liegst mir stets am Herzen,
Herzen, Herzen,
Wie d'Ros am Stiele hängt.

Dort unten auf der Wiese,
Da geht ein Mühlenrad,
Das mahlet nichts als Liebe,
Liebe, Liebe,
Vom Abend bis zum Tag.

Das Mühlenrad isch brochen,
Die Lieb hat noch kein End;
Und wann zwei Liebchen scheiden,
Scheiden, scheiden,
So geben sie sich die Händ.

Ach Scheiden über Scheiden,
Isch gar ein bittres Kraut;
Wann ich wüßte, wo es wüchse,
Wüchse, wüchse,
Wollt graben Wurzel raus.

Grab raus, grab raus mit Freuden,
Und nimm sie mit dir heim;
Leg sie in dein Schlafkämmerlein,
Schlafkämmerlein,
So hast du Würzelein.

Bienenlied.

(Fliegendes Blatt.)

Ein Liedlein will ich singen,
Vom Honigvögelein,
Die hin und her sich schwingen,
Wo bunte Blumen sein.
Das Völklein in dem Grünen,
Es schmauset auf der Weid,
Ich singe von den Bienen,
Auf dieser freien Heid.

Der Winter hält gefangen
Das zarte Jungfernvolk,
Bis daß der Schnee vergangen,
Frost, Schauer, Nebelwolk,
Und wann die Weste stimmen,
Nach linder Lenzen Art,
So machen sich die Immen
Auf ihre Blumenfahrt.

Sie ziehen mit der Trummel,
Der Stachel weist das Schwert;
Ihr Brummel und Gehummel
Hat niemand noch gefährdt.
Sie nehmen sonder Morden
Den zarten Blumenraub,
Und ihre Beut ist worden
Der Baum und Blüten Laub.

Wie sie die Wachsburg bauen,
Aus güldnem Pergament,
Kann niemand nicht beschauen,
Ja, keines Künstlers Händ
Hat man so sehr bewundert,
Die Zimmerchen so gleich,
Sechseckig ist gesondert
Das Honigkönigreich.

Man sieht sie friedlich leben
Ohn Eigennutz und Streit,
In steter Mühe weben,
Zu Lenz und Winterszeit;
Sie pflegen einzutragen
Der Blumen Saft und Tau,
Und führen mit Behagen
Gesamt den Zuckerbau.

Die Schwalben.

Es fliegen zwei Schwalben ins Nachbar sein Haus,
Sie fliegen bald hoch und bald nieder;
Aufs Jahr, da kommen sie wieder,
Und suchen ihr voriges Haus.

Sie gehen jetzt fort ins neue Land,
Und ziehen jetzt eilig hinüber;
Doch kommen sie wieder herüber,
Das ist einem jeden bekannt.

Und kommen sie wieder zu uns zurück,
Der Baur geht ihnen entgegen;
Sie bringen ihm vielmal den Segen,
Sie bringen ihm Wohlstand und Glück.

Ein Heller und ein Pfenning
Das ist ein kleiner Wert.

(Vier Bauernmädchen sammelten sonst mit diesem Liede von Haus zu Haus einiges Geld, um das Muttergottesbild, welches sie bei Prozessionen trugen, vorher auszuschmücken, in den rheinischen Dörfern Sponheim, Spabrück oder Geillesheim.)

Gott grüß euch all, ihr Herren,
Und die darinnen sind;
Gott tröst die betrübten Seelen,
Die in dem Fegfeuer sind.

Wir sind daher gegangen,
Wir sind daher gesandt;
Wir betteln für die Krone,
Die noch steht in Himmelshand.

Für einen Schleier heischen wir,
Und eine schöne Kron;
Zu Sponheim in der Kirche
Die Maria soll sie han.

Maria Königinne,
Sie ist eine reine Magd;
Sie kann gar treulich bitten,
Für unsre Missetat.

Ein Heller und ein Pfennig,
Das ist ein kleiner Wert;
Maria Königinne,
Ist aller Ehren wert.

Wir danken für die Gaben,
Die ihr uns habt getan;
Gott wirds an euren Seelen
Euch zum Guten lassen stahn.

Von alten Liebesliedern.

(Venusblümlein von Ambrosius Metzger. Nürnberg 1612.)

Spazieren wollt ich reiten,
Der Liebsten vor die Tür,
Sie blickt nach mir von weitem,
Und sprach mit großen Freuden:
„Seht dort meines Herzens Zier,
Wie trabt er her zu mir.
Trab, Rößlein, trab,
Trab für und für."

Den Zaum, den ließ ich schießen,
Und sprengte hin zu ihr,
Ich tät sie freundlich grüßen,
Und sprach mit Worten süß:
„Mein Schatz, mein höchste Zier,
Was macht ihr vor der Tür?
Trab, Rößlein, trab
Trab her zu ihr."

Vom Rößlein mein ich sprange,
Und band es an die Tür,
Tät freundlich sie umfangen,
Die Zeit ward uns nicht lange,
In Garten gingen wir
Mit liebender Begier;
Trab, Rößlein, trab,
Trab leis herfür.

Wir setzten uns da nieder
Wohl in das grüne Gras,
Und sangen hin und wieder
Die alten Liebeslieder,
Bis uns die Äuglein naß,
Wegen der Kläffer Haß.
Trab, Rößlein, trab,
Trab, trab fürbaß.

Don Juan.

(Vergl. Büschings und von der Hagens Sammlung.)

Ich hatt nun mei Trutschel
Ins Herz nei geschlosse,
Sie hat mir geschworen,
Sie wöll mich net losse,
Da reit mir der Teufel
Den Schulzen sei Hans,
Der führt sie zum Tanz.

So gehts, wenn die Mädchen
Zum Tanzboden gehn,
Da muß man bald immer
In Sorgen beistehn,
Daß sie sich verliebe,
In andere Knecht,
So Mädchen sind schlecht.

Es schmeckt mir kein Essen,
Es schmeckt mir kein Trinke,
Und wenn ich soll arbeit,
So möcht ich versinke;
Kurz, wenn ich mei Trutschel
Net bald wieder seh,
So muß ich vergeh.

Und wenn ich gestorbe,
Ich lat mich begrabe,
Und lat mer vom Schriner
Zwei Bretcher abschabe,
Und lat mer zwei firige Herzer druf male.
Ich kann sie bezahle.

Und lat mer anstimme
Die Sterbegesänge:
„Da leit nu der Esel
Die quer und die länge,
Der allzeit gesteckt in Liebesaffäre,
Zu Erde muß wern."

Hölzerne Not.

'Shätt sich mol ener zu mer welle küpple,
Häts Lädel nin welle krüpple,
Un al er maint er stoht,

Heb ich de Hönd blümbe lot,
Dazu uf et Mist,
Dü Hönd der de bist,
Jetzt westa was Gosategeh ist.

Er hätt mi au mol zum Tanz welle führe,
Hätt welle mit mer agiere,
Er tanzt wie e Bär so toll,
Mer mänt er hätt sich gsoffe voll,
Der wüst Sapperlot,
Er tanzt wie er goht,
'S is glatt e hölzerne Not.

Was wäre min Kamerade sahe
Wenn i so e Stumpe nehm?
Ging i mit am über d'Gaß,
D'Lit hätte de größte Gespaß,
Mit er solche Krot,
'S wär e Schand un e Gespott.

Des Zentauren Tanzlied.

(Christoph Demantius siebenundsiebzig Tänze. Nürnberg. 1601.)

Schau gut Gesell, was führ ich allhier,
Schau, was führe ich allhier?
Ein fein braun Mägdlein,
Guter Ding nach meinem Begier,
Wir wollen fein miteinander sein.

Drum sing mir bald ein kleines Tänzlein,
Ja ein kleines Tänzlein,
Ich will dirs lohnen,
Und dir bringen das Jungfräulein,
Du mußt ihr aber wohl verschonen.

Gleich wie ein hurtig Rösselein trabt,
Ja ein Rösselein trabt,
Leis unbeschlagen,
Also dies Mägdlein zu Tanz gaht,
Und springet, hüpfet ohn Verzagen.

Nachtanz.

Schau, wie er trabt, der wackre Gaul,
Auf scharfe Sporn tut er nit harren;
Stroh, Heu, dient gar nit für sein Maul,
Bei ihm kann man das alle sparen.

Ein reichen Herrn muß es traun han,
Der es allzeit so wohl mag warten,
Der dies Rößlein fein zäumen kann,
Zu reiten es in seim Lustgarten.

Gemachte Blumen.

(Mündlich.)

Es wollt ein Mägdlein Wasser holen,
Bei einem kühlen Brunnen;
Ein schneeweiß Hemdlein hat sie an,
Dadurch scheint ihr die Sonne.

Sie sah sich um, sie sah sich her,
Sie meint, sie wär alleine;
Da kam ein Reiter daher geritten,
Er grüßt die Jungfrau reine.

„Gott grüß euch, zartes Jungfräulein,
Wie stehet ihr hier alleine;
Wollt ihr dies Jahr mein Schlafbuhl sein?
So ziehet mit mir heime."

„Und euer Schlafbuhl bin ich nicht,
Ihr bringt mir denn drei Rosen,
Die in der Zeit gewachsen sein,
Wohl zwischen Weihnacht und Ostern."

Er reit über Berg und tiefe Tal,
Er konnt ihrer keine finden;
Er reit wohl für einer Malerin Tür:
„Frau Malerin, seid ihr darinnen?

Seid ihr darin, so kommt herfür,
Und malet mir drei Rosen,
Die dieses Jahr gewachsen sein,
Wohl zwischen Weihnachten und Ostern."

Und da die Rosen gemalet waren,
Da hub er an zu singen:
„Erfreu dich, Mägdlein, wo du bist,
Drei Rosen tu ich dir bringen."

Das Mägdlein an dem Laden stund,
Gar bitterlich tät sie weinen;
Sie sprach: „Ich habs im Scherz geredt,
Ich meint, ihr findet keine!"

„Hast du es nur im Scherz geredt,
Gar scherzlich wolln wirs wagen;
Bin ich dein Scherz, bist du mein Scherz,
So scherzen wir beid zusammen."

Der Brunnen.

(Mitgeteilt von Frau von Patberg.)

Hab ein Brünnlein mal gesehen,
Draus tät fließen lauter Gold,
Täten dort drei Jungfern stehen,
Gar so schön und gar so hold.

Täten all so zu mir sprechen:
Trinkst du aus dem Brünnelein,
Kriegt dich einer bei dem Kragen,
Wirft dich in den Brunnen nein.

Ihr schön Jungfern kühnlich glaubet,
Will den Durst nicht löschen hier,
Wenn die schönste mir erlaubet
Einen zweiten Kuß allhier.

Diese mit den schwarzen Augen
Küß ich gern, trau aber nicht;
Sie kann nur zum Zanken taugen,
Aber zu der Liebe nicht.

Diese mit den grauen Augen,
Diese falsche mag ich nicht;
Kann allein zum Roppen taugen,
Kratzt den Buhlen ins Gesicht.

Diese mit den blauen Augen,
Diese küß ich gar zu gern;
Diese kann zur Liebe taugen,
Diese gleicht dem Morgenstern.

Ein warmes Stüblein.

(Altes Musikbuch.)

Wann ich des Morgens früh aufstehe,
So ist mein Stüblein geheizet,
So kommt mein Lieb und beut mir einen guten Morgen.
Ein guter Morgen ist bald dahin,

Gott geb meiner Lieb ein steten Sinn,
Dazu ein fröhlich Gemute.

Verlobung.

(Greflingers Rosen und Dörner, Hülsen und Körner. Hamburg 1655.)

Haben die Götter es also versehen,
Liebet euch lieblich, ich willige zu,
Wollet euch ehrlich und ehlich begehen,
Mehren und ehren in lieblicher Ruh.

Widerhall.

(Musikalischer Zeitvertreiber. Nürnberg 1609. XLII.)

In diesem grünen Wald,
Wir wollen fröhlich singen,
Hört, wie es widerhallt,
Und fröhlich tut erklingen.

Ach, wie ein Lieblichkeit
Und holdseliges Leben
Die schöne Sommerzeit
Und helle Sonn tut geben.

Dieweil die Vögel all
In Luft und Freuden schweben;
Voraus die Nachtigall
Ihr Stimmlein tut erheben.

Warum soll uns denn nicht
Der Sang aus uns erfreuen;
Hört Echo widerspricht,
Und will uns überschreien.

Der Herr vom Himmelsthron
Woll seine Gnade geben,
Daß wir den Sommer schon
Öfter mit Freud erleben.

Der wohlgezogene Knecht.

Es ging ein wohlgezogner Knecht
Wohl über die breite Aue,

Da sah er einen schönen Tanz
Von adligen Jungfrauen;
Den Tanz, den wollt er schauen.

Da sprach der wohlerzogne Knecht:
„Gott grüß euch Jungfraun alle!“
Da sprach das Fräulein Rosental:
„Daß dir ein Ohr abfalle,
Eh ich dir wohlgefalle.“

Da sprach der wohlerzogne Knecht:
„Ihr seid ein grobe Maide.“
Da sprach das Fräulein Rosental:
„Du bist hier auf der Weide
In deinem groben Kleide.“

Da sprach der wohlerzogne Knecht:
„Die Rosen immer stechen!“
Da sprach das Fräulein Rosental:
„Laß die zum Kranz mir stehen,
Dir Nesseln wohl anstehen.“

Da sangen die Jungfräulein all:
„Ja Nesseln mußt du schneiden,
Die Rosen in dem Rosental,
Die tust du nur abweiden,
Wir tanzen drin mit Freuden.“

Auch ein Schicksal.

(Mündlich.)

Ich habe mein Feinsliebchen
So lange nicht gesehn,
Ich sah sie gestern abend,
Wohl vor der Türe stehn.

Sie sagt, ich sollt sie küssen,
Als ich vorbei wollt gehn;
Die Mutter sollts nicht wissen,
Die Mutter hats gesehn.

Ach Tochter, du willst freien,
Wie wird es dir ergehn;
Es wird dich bald gereuen,
Wenn du wirst andre sehn.

Wenn alle junge Mädchen
Wohlauf zum Tanzboden gehn,

Mit ihren grünen Kränzerchen
Im Reihentanze stehn.

Dann mußt du junges Weibchen
Wohl bei der Wiege stehn,
Mit deinem schneeweißen Leibchen,
Der Kopf tut dir so weh.

„Das Feuer kann man löschen,
Das Feuer brennt so sehr;
Die Liebe nicht vergessen,
Je nun und nimmermehr.“

Abschiedsklage.

(Bragur I. 170.)

Ach, in Trauern muß ich leben,
Ach! wie hab ichs denn verschuldt?
Weil mirs hat mein Schatz aufgeben,
Muß ichs leiden mit Geduld.

Vater und Mutter, die wollens nicht leiden,
Gelt, mein Schatz, das weißt du wohl?
Du hast recht in allen Sachen,
Kannst dein Glück noch besser machen,
Weil ich dich nicht kriegen soll.

Rosmarin und Lorbeerblätter
Verehr ich dir zu guter Letzt,
Das soll sein das letzt Gedenken,
Weil du mich nochmals ergötzt.

Es sind zwei Stern an dem Himmel,
Leuchten wie das klare Gold,
Der eine leucht zu meim Schätzchen,
Der andre durch das finstre Holz.

Sind wir oft beisammen gesessen,
Manche schöne halbe Nacht.
Haben wir oft den Schlaf vergessen,
Und mit Lieben zugebracht.

Morgens wenn ich früh aufstehe,
Ist mein Schatz schon aufgeputzt;
Schon mit Stiefeln, schon mit Sporen,
Gibt er mir den Abschiedskuß!

Warnung.

(Mündlich.)

Die Trutschel und die Frau Nachtigall,
Die saßen auf einer Linden;
„Ach du mein herzallerliebster Schatz,
Wo werd ich dich abends finden?“

Wo du mich abends finden wirst,
Des Morgens wirds dich reuen;
„Ach du mein h Schatz,
Was brichst du mir die Treue.“

Und all dein Treu, die mag ich nicht,
Will doch viel lieber sterben;
Was soll ich dann mein jung frisch Blut
An einem Knaben verderben.

Ach Mädchen, behalt deine Ehre fest,
Und laß dich nicht betrügen;
Denn Geld und Gut ist bald verzehrt,
Deine Ehr ist nimmer zu kriegen.

Ach Mädchen, behalt deine Ehre fest,
Als wie der Baum sein Äste;
Und wenn das Laub herunterfällt,
So trauern alle Ästger.

Wenn einer dich betrogen hat,
So zieht er aus dem Lande,
Er steckt die Feder auf sein Hut,
Läßts Mädchen brav in Schande.

Schön bin ich nicht.

(Schöne Lieder Henrici Finkeis. 1536.)

Schön bin ich nicht, mein höchster Hort,
Laß mich das nicht entgelten,
Lieb gilt für schön an manchem Ort,
Lieb soll vor aller Schönheit gelten.
Schön bin ich nicht, acht das gar klein,
Lieb tut all Ding bezwingen,
Lieb zwingt die Schönheit ganz allein,
Kann sie allein besingen:
„Ihr findet in Geschichten
Vom Fisch, Delphin genannt,

Kein Netz hält ihn mitnichten,
Und zieht ihn an das Land,
Allein durch lieblich Singen
Tut man ihn also zwingen,
Daß er kommt selbst ans Land.
Zum wunderbaren Zeichen
Auch die Waldvögelein,
Ihr Herzelein erweichen
Einander insgemein,
Mit lieblichem Gesange,
Das währet also lange,
Bis sie vereinigt sein."

Himmelsboten zu Liebchens Himmelbett.

Der Mondschein, der ist schon verblichen,
Die finstre Nacht ist hingeschlichen;
Steh auf, du edle Morgenröt,
Zu dir all mein Vertrauen steht.

Phöbus, ihr Vorbot wohlgeziert,
Hat schon den Wagen angeschirrt;
Die Sonnenroß sind vorgespannt,
Zügel ruht in seiner Hand.

Ihr Vorbot der Don Luzifer,
Schwebt allbereits am Himmel her,
Er hat die Wolken aufgeschlossen,
Die Erd mit seinem Tau begossen.

O fahrt vor ihr Schlafkämmerlein,
Weckt leis die süße Liebste mein;
Verkündet ihr, was ich euch sag,
Mein Dienst, mein Gruß, ein guten Tag.

Doch müßt ihr sie fein züchtig wecken,
Dabei mein heimliche Lieb entdecken;
Sollt sagen, wie ihr Diener wacht,
So kummervoll die ganze Nacht.

Schaut an für mich die gelbe Haar,
Ihr Hälslein blank, die Äuglein klar;
Küßt ihr für mich den roten Mund,
Und wenn sies leidt, die Brüstlein rund.

Armer Kinder Bettlerlied.

(Fliegendes Blatt.)

Es sungen drei Engel einen süßen Gesang,
Mit Freuden es im Himmel klang;
Sie jauchzten fröhlich auch dabei,
Daß Petrus sei von Sünden frei,
Von Sünden frei.

Denn als der Herr Jesus zu Tische saß,
Mit seinen zwölf Jüngern das Abendmahl aß,
So sprach der Herr Jesus: Was stehest du hier,
Wenn ich dich ansehe, so weinest du mir,
So weinest du mir.

Ach! sollt ich nicht weinen, du gütiger Gott!
Ich hab übertreten die zehen Gebot;
Ich gehe und weine ja bitterlich,
Ach komm, erbarme dich über mich,
Ach über mich!

Hast du dann übertreten die zehen Gebot,
So fall auf die Knie und bete zu Gott,
Und bete zu Gott nur allezeit,
So wirst du erlangen die himmlische Freud,
Die himmlische Freud.

Die himmlische Freud ist eine selige Stadt,
Die himmlische Freud, die kein End mehr hat;
Die himmlische Freude war Petro bereit,
Durch Jesum und allen zur Seligkeit,
Zur Seligkeit.

Abendsegen.

(Mündlich.)

Der Tag hat seinen Schmuck auf heute weggetan,
Es ziehet nun die Nacht die braunen Kleider an;
Und deckt die Welt in angenehmer Ruh
Mit ihren Schatten zu.

Wohlan, ich suche nun auch meine Lagerstatt,
Worauf der müde Leib sich zu erquicken hat;
Und wo der Geist geruhig und vergnügt
In süßer Stille liegt.

Ein gut Gewissen wird mein Abendsegen sein,
Die Unschuld machet mich von aller Falschheit rein,
Mein Herz ist treu, wer anders von mir spricht,
Der kennet mich nicht.

So kleide dich nun aus, mein ungebundner Sinn,
Durch dich leg ich vergnügt die Sorgenkleider hin;
Die Brust ist frei, die Kummer und Verdruß
Bei andern quälen muß.

Ein froh Gemüte soll mein saubres Nachtzeug sein,
In solchen schlaf ich sanft und ohne Schwermut ein;
Und machte mir auch was Melancholei,
So schwebt sie doch vorbei.

Der Himmel wacht bei mir, sein Auge, das mich kennt,
Muß mir die Lampe sein, die mir zum Troste brennt;
Und weil das Öl der Gnade nie gebricht,
Ach, so verlöscht sie nicht.

Die süßre Hoffnung ist auf meinen Dienst bereit,
Die lauter Rosen mir zum Ruhebette streut;
Und die Geduld deckt mich mit Myrthen zu,
So schön ist meine Ruh.

Zum Schlafgesellen nehm ich die Vergnügung an,
Die drück ich an mein Herz, so fest ich immer kann,
Man schläft, wenn so ein Schatz in Armen liegt,
Unmöglich mißvergnügt.

Und treibt ihr Träume ja ein Sinnenspiel mit mir,
So stellt in süßer Ruh mir meine Freundin für;
Vielleicht wird das, was jetzt ein Schatten ist,
Noch in der Tat geküßt.

Nun dir befehl ich mich, du angenehme Nacht,
Und wenn das Morgengold am frühen Himmel lacht,
So werde doch dem Herzen das geschenkt,
Worauf es schlafend denkt.

Bildchen.

Auf dieser Welt hab ich keine Freud,
Ich hab einen Schatz und der ist weit,
Er ist so weit, er ist nicht hier,
Ach, wenn ich bei mein Schätzgen wär!

Ich kann nicht sitzen und kann nicht stehn,
Ich muß zu meinem Schätzgen gehn,

Zu meinem Schatz, da muß ich gehn,
Und sollt ich vor dem Fenster stehn.

Wer ist denn draußen, wer klopfet an?
Der mich so leis aufwecken kann;
Es ist der Herzallerliebste dein,
Steh auf, steh auf und laß mich rein!

Ich steh nicht auf, laß dich nicht rein,
Bis meine Eltern zu Bette sein;
Wenn meine Eltern zu Bette sein,
So steh ich auf und laß dich rein.

Was soll ich hier nun länger stehn,
Ich seh die Morgenröt aufgehn:
Die Morgenröt, zwei helle Stern,
Bei meinem Schatz, da wär ich gern.

Da stand sie auf und ließ ihn ein,
Sie heißt ihn auch willkommen sein;
Sie reicht ihm die schneeweiße Hand,
Da fängt sie auch zu weinen an.

Wein nicht, wein nicht, mein Engelein!
Aufs Jahr sollst du mein eigen sein;
Mein eigen sollst du werden gewiß,
Sonst keine es auf Erden ist.

Ich zieh in Krieg auf grüne Heid,
Grüne Heid, die liegt von hier so weit,
Allwo die schönen Trompeten blasen;
Da ist mein Haus von grünem Rasen.

Ein Bildchen laß ich malen mir,
Auf meinem Herzen trag ichs hier;
Darauf sollst du gemalet sein,
Daß ich niemals vergesse dein.

Waldvögelein.

(Mündlich.)

Ich ging mit Lust durch einen grünen Wald,
Und hörte die Vöglein singen;
Sie sangen so jung, sie sangen so alt,
Die kleinen Waldvöglein in dem Wald,
Wie gern hört ich sie singen.

Nun sing, nun sing, Frau Nachtigall,
Sing dus bei meinem Feinsliebchen:

„Komm schier, komm schier, wenns finster ist,
Wenn niemand auf der Gassen ist,
Herein will ich dich lassen."

Der Tag verging, die Nacht brach an,
Er kam zu Feinslieb gegangen;
Er klopft so leis wohl an den Ring,
Ei schläfst du, oder wachst du, Kind,
Ich hab so lang gestanden.

Daß du so lang gestanden hast,
Ich hab noch nicht geschlafen;
Ich dacht als frei in meinem Sinn,
Wo ist mein Herzallerliebster hin,
Wo mag er so lang bleiben?

Wo ich so lang geblieben bin,
Das darf ich dir wohl sagen;
Beim Bier und auch beim roten Wein,
Bei einem schwarzbraunen Mädelein,
Hätt deiner bald vergessen.

Liebeswünsche.

Auf der Welt hab ich kein Freud,
Ich hab ein Schatz und der ist weit;
Wenn ich nur mit ihm reden könnt,
So wär mein ganzes Herz gesund.

Frau Nachtigall, Frau Nachtigall!
Grüß meinen Schatz viel tausendmal;
Grüß ihn so hübsch, grüß ihn so fein,
Sag ihm, er soll mein eigen sein.

Und komm ich vor ein Goldschmiedshaus,
Der Goldschmied schaut zum Fenster raus;
Ach Goldschmied, liebster Goldschmied mein!
Schmied mir ein feines Ringelein.

Schmieds nicht zu groß, schmieds nicht zu klein,
Schmieds für ein schönes Fingerlein;
Auch schmied mir meinen Namen dran,
Es solls mein Herzallerliebster han.

Hätt ich ein Schlüssel von rotem Gold,
Mein Herz ich dir aufschließen wollt,
Ein schönes Bild, das ist darein,
Mein Schatz, es muß dein eignes sein.

Wenn ich nur ein klein Waldvöglein wär,
So säß ich auf dem grünen Zweig;
Und wenn ich genug gepfiffen hätt,
Flög ich zu dir, mein Schatz ins Reich.

Wenn ich zwei Taubenflügel hätt,
Wollt fliegen über die ganze Welt;
Ich wollt fliegen über Berg und Tal,
Hin, wo mein Herzallerliebster wär.

Und wann ich endlich bei dir wär,
Und du redst dann kein Wort mit mir;
Müßt ich in Trauern wieder fort,
Adje, mein Schatz, adje von dir.

Sommerlied.

Geh aus, mein Herz, und suche Freud,
In dieser lieben Sommerzeit,
An deines Gottes Gaben;
Schau an der schönen Gärten Zier,
Und siehe, wie sie mir und dir
Sich ausgeschmücket haben.

Die Bäume stehen voller Laub,
Das Erdreich decket seinen Staub
Mit einem grünen Kleide.
Narzissen und die Tulipan,
Die ziehen sich viel schöner an,
Als Salamonis Seide.

Die Lerche schwingt sich in die Luft,
Das Täubchen fleucht aus seiner Kluft,
Und macht sich in die Wälder.
Die hochgelobte Nachtigall
Ergötzt und füllt mit ihrem Schall
Berg, Hügel, Tal und Felder.

Die Glucke führt ihr Küchlein aus,
Der Storch baut und bewohnt sein Haus,
Das Schwälblein speist die Jungen;
Der schnelle Hirsch, das leichte Reh
Ist froh, und kommt aus seiner Höh,
Ins tiefe Gras gesprungen.

Die Bächlein rauschen in dem Sand,
Und mahlen sich in ihrem Rand

Mit schattenreichen Myrthen;
Die Wiesen liegen hart dabei,
Und klingen ganz von Lustgeschrei
Der Schaf und ihrer Hirten.

Die unverdroßne Bienenschar
Fleucht hin und her, sucht hier und dar
Ihr edle Honigspeise;
Des süßen Weinstocks starker Saft
Bringt täglich neue Stärk und Kraft
In seinem schwachen Reise.

Ich selber kann und mag nicht ruhn,
Des großen Gottes großes Tun
Erweckt mir alle Sinnen;
Ich singe mit, wenn alles singt,
Und lasse, was dem Höchsten klingt,
Aus meinem Herzen rinnen.

Ach, denk ich, bist du hier so schön,
Und lässest uns so lieblich gehn,
Auf dieser armen Erden;
Was will doch wohl nach dieser Welt
Dort in dem festen Himmelszelt
Und güldnem Schlosse werden.

O wär ich da! o stünd ich schon,
Ach süßer Gott, vor deinem Thron,
Und trüge meine Palmen;
So wollt ich nach der Engel Weis
Erhöhen deines Namens Preis
Mit tausend schönen Psalmen.

Unseliger Kreislauf.

Wohl täglich will erscheinen
Die schöne Morgenröt,
Den Tau muß nieder weinen,
Die weiß bekleidet geht,
Luna ist sie genannt;
Schneeweiß tut sie uns leuchten,
Macht uns den Tag bekannt.

Und über ihr in Wonne
Phöbus mit Gold bekleidt,
Das ist die Liebessonne,
Die alle Welt erfreut;

Jedoch ihr klarer Schein
Soll mich nicht gar abwenden,
Wohl von dem Trauern mein.

Hört auf, ihr Sturmwind alle,
Die wehn vom Himmelsschild,
Mir ist in Sinn gefallen
Ein adeliges Bild;
Höflich und tugendreich,
Selbst Absalon muß weichen,
An Schönheit ihm nichts gleich.

Orpheus, der konnte zwingen
Die wilde Tier im Wald,
Sein Harfen und sein Singen
Lockt sie zusammen bald;
Das Wild in Fels und Stein
Hört wohl das tiefe Klagen
Und große Trauern mein.

Süß Orpheus Saiten hallen,
Und bitter meine Stimm
In armer Lieb muß schallen;
O Venus, laß den Grimm,
Durch Lieb des Buhlen dein,
Send meinem kranken Herzen
Doch bald der Hilfe Schein.

In mir hört man stets schlagen
Ein unruhige Uhr,
Und jeder Schlag will klagen
Um spröde Schönheit nur;
Hoffnung die Uhr zieht auf,
So geht sie ewig, ewig
Den schmerzlich bittern Lauf.

Es rennen alle Brunnen
Zusammen in das Meer,
Und sind sie hingeronnen,
So kehren sie daher;
So auch die Seufzer mein
Ziehn aus betrübtem Herzen,
Und kehren wieder drein.

Und sterbend schon in Leiden,
Bitt ich dich auch allein,
Du wollst mein Herz ausschneiden,
Und legen in einen Stein;

Damit anzeig ich bloß,
Daß dich ein Stein geboren,
Und nicht des Weibes Schoß.

Fürs andre lasse bauen
Ein Gitter ob dem Stein,
Daß jeder könne schauen
Das elend Herze mein;
Dem Amor vor der Zeit
Durch Lieb und heimlich Leiden
Genommen all sein Freud.

Zum dritten ich begehre
Begleite mich ins Grab,
Ein Kränzlein mir verehre,
Von bitterm Kraut Schabab;
Leb wohl dies Kraut bedeut,
Drum wird es auch wohl billig
An meinen Leib gestreut.

Zuletzt ich noch begehre,
Daß du mir trauern sollt,
In veilbraun mir zur Ehre,
Der Farbe war ich hold;
Trug sie im Leben mein,
Veilbraun will nichts bedeuten,
Als Lieb und heimlich Pein.

In der wüsten Heide.

Allhier in dieser wüsten Heid
Wohnt keine Seele weit und breit,
Die wilden Tier allein,
Die seh ich selbst Mitleiden tragen,
Die Vögel traurig sein,
Und mich mit schwacher Stimm beklagen;
Die kalten Brunnen stärker fließen,
Viel Tränen gleichfalls zu vergießen.

Nein, Wälder, Wiesen, Feld und Tal,
Hör ich beklagen meinen Fall,
Sie fühlen meine Pein;
Die Schafe wollen nicht mehr weiden,
Du Delia allein,
Wirst nicht bewegt durch meine Leiden,

Du Wonn und Zier der Schäferinnen,
Du strenge Fürstin meiner Sinnen.

Und laß ich diese grüne Welt,
Ist meine Treu doch fest gestellt,
Die Liebe mein zu dir,
Hab ich an manchen Baum geschnitten,
Da liest man für und für,
Was ich für Angst und Pein erlitten;
So lang Arkadia wird stehen,
Soll auch mein Name nicht vergehen.

Es tritt Diana selber hin,
Mein Grab zu machen in dem Grün,
Die Göttin Flora geht,
Sich nach Violen umzuschauen,
Mein Leichstein ist erhöht,
Darein die Nymphen werden hauen:
„Hier hat den Geist dahin gegeben,
Den seine Liebste bracht ums Leben."

Des guten Kerls Freierei.

Einstens, da ich Lust bekam,
Mir zu freien eine Dam,
Und sie freundlich fragte,
Ob ich ihr auch wohl gefiel:
„Wahrlich nicht besonders viel!"
Sie gar spöttisch sagte.

Ich sprach wieder, „bin ich nicht
Ein gut Kerle, gebt Bericht."
Drauf fragt sie mich wieder:
„Was dann ein gut Kerle wär?"
Ich sprach: „Setzt euch unbeschwert
Etwas zu mir nieder.

Für das Erst so bin ich recht,
Und von ehrlichem Geschlecht,
Hab auch aller Orten
Mich geübt von Jugend auf,
Nach der Welt Gebrauch und Lauf,
Daß ich grob bin worden.

Habe auch nicht viel studiert,
Bin nicht schön von Leib geziert,
Auch nicht reich von Gelde;

Dennoch bin ich auch nicht dumm,
Blind, lahm, sprachlos oder krumm,
Sondern frisch zu Felde.

Zu der Kaufmannschaft und auch
Zu dem Handwerk ich nicht taug,
Sondern mich ernähre
Mit dem Degen und Pistol,
Und von meinen Feinden hol
Ich, was ich begehre.

Ich hör gern der Armen Bitt,
Hab ich was, so teil ich mit;
Ich spendier die Heller
Auf ein gut Pferd und Gewehr,
Schenkt mir Gott noch etwas mehr,
Schick ichs nach dem Keller.

Auch lieb ich der Musikklang,
Stimm gern ein in den Gesang
Wackerer Gesellen;
Ich verderb kein gut Gelag,
Bei der Burst mich lustig mach,
Pfleg mich frisch zu stellen.

Esse gern was Gutes auch,
Immer hab ich den Gebrauch,
Ein gut Kleid zu tragen.
Ich bin fromm, so lang ich kann,
Wo nicht, pfleg ich mich alsdann
Frisch herum zu schlagen.

Jedem laß ich seine Ehr,
Liebe junge Mädchen sehr,
Tu mich auch befleißen,
Weil ich nicht bin schön und fein,
Daß ich doch möcht freundlich sein,
Dienste zu erweisen.

Werbe auch um ihre Gunst,
Seh ich, daß es ist umsonst,
Ich darum nicht zürne;
Ist die Jungfer stolz von Sinn,
Laß ich sie, und mach mich hin,
Zu der Bauerndirne.

Weil ich, wie dafür ich halt,
Nicht zu jung bin, noch zu alt,
Will ich mich umschauen,

Daß ich nicht allein mehr schlaf,
Sondern mir zum Weib verschaff
Eine schön Jungfraue.

So ein gut Kerl bin ich nun,
Bitt, wollt mir zu wissen tun,
Wie ich euch gefalle;
Sonst sollt ihr versichert sein,
Ich will lieben euch allein
Für das andre alle.

Wollt ihr nun, so ist es klar,
Und wir werden bald ein Paar."
Drauf spricht sie gar sachte:
„Ihr mögt mir nach allem Schein
Gar ein guter Kerle sein;"
Schmunzelt drauf und lachte.

Als die Antwort ich bekam,
Ich sie in die Arme nahm,
Küßt sie eins und fragte:
„Was der Abschied endlich wär."
„Komme morgen wieder her",
Sie gar freundlich sagte.

„Ich schwör so wahr, als ich bin,
Ein gut Kerl und geb euch hin
Meine beiden Hände;
Daß wie ein gut Kerle ich
Euch will ganz beständiglich
Lieben bis ans Ende."

Wir verstehen sie nicht.

Ein Schneider hätt ein böses Weib,
Vorwitzig, stolz, doch fein von Leib,
Sehr eigenwillig, frech und steil,
Trug ihre Ehr auch ziemlich feil,
Stets ihrem Mannne zuwider lebte,
In allem Guten widerstrebte;
Kein Ding er ihr befehlen kunnt,
Allzeit sie das unrecht verstund.

Sie sollt ihm einstens bringen Wachs,
Da kam sie heim und brachte Flachs;
Noch einmal schickt er sie nach Zwirn,
Da brachte sie statt dessen Birn.

Sie sollte weiße Seide holen,
Sie brachte Saiten unbefohlen;
Sie sollt ihm holen eine Scher,
Sie bracht daher viel Schweineschmer.

Er sprach einmal zu ihr mit Fleiß,
Mach eilends mir ein Eisen heiß;
Sie ließ ein Eisen machen bald,
Der Schmied brachts hin, da war es kalt.
Er sprach: „Ich hab zuvor genug Eisen,
Ich hab kein neues machen heißen;
Mein Weib mich nimmer recht versteht,
Mit allem sie den Krebsgang geht.

Einst sprach er: Gib mir her die Ell.
Da brachte sie ihm lissabonisch Öl;
Mehr sagt er: Dieses Kleid zertrenn,
Und sie verstand, das Kleid verbrenn.
Alsbald warf sie dasselb ins Feuer,
Das kam den Schneider gar sehr teuer;
Er hieß sie bringen ander Tuch
Zum Kleid, sie aber bracht ein Buch.

Er hieß sie früher aufzustehn,
Zur Predigt in die Kirch zu gehn;
Die Kinder überbringen hin,
Zur Schule was zu lernen drin.
Die Kinder in die Kirch sie führte,
Sie aber in der Schul studierte;
Einst folgt er ihr nach auf dem Fuß,
Und sah was, das ihm bracht Verdruß.

Als sie zu Hause wieder kam,
Geschwind er die Flachshechel nahm;
Schlug ihr damit den Kopf und Leib,
O weh! was tust du, sprach das Weib.
Er sprach: Ich muß mich nur bemühen,
Den Flachs fein durch die Hechel ziehen;
Sie rief: o weh, weh meine Stirn!
Er sprach: ich speise dich mit Birn.

Sie rief: o weh, mein Rück und Seit,
Er sprach: wie klingt die Zittersait?
Sie schrie: schlag mich doch nicht so sehr;
Er sprach: das Leder darf viel Schmer.
Sie bat: er sollt ihr Gnad erweisen,
Er sprach: ich schmied ein neues Eisen;

Sie schrie: o daß es Gott erbarm!
Er sprach: es ist noch nicht recht warm.

Sie rief: ich geb auf meine Seel,
Er sprach: ich heil dich mit dem Öl;
Sie bat: vergib mirs nur diesmal,
Er sagte: mir dies Kleid bezahl.
Sie sprach: die Schuld will ich bekennen,
Er sprach: das heißt mirs Kleid verbrennen;
Sie sprach: hört auf, ich schaff euch Tuch,
Er sprach: ich les in deinem Buch.

Sie sprach: erwürge mich nicht gar,
Er sprach: o nimm die Kirch fürwahr;
Und lerne da nicht in der Schul,
Sie sprach: ich hab da keinen Stuhl.
Er sprach: du sollst die Predigt hören,
So läßt du dich Studenten lehren;
Sie sprach: es soll nicht mehr geschehn,
Er sprach: ich kann dich nicht verstehn.

Also ein böses Weib wohl kann
Bös machen einen frommen Mann;
Hat diese Frau durch Schläge sich
Bekehrt, das soll fast wundern mich.
Denn man schlägt wohl raus einen Teufel,
Sechs aber drein ohn allen Zweifel;
Doch die dem Mann nicht folget bald,
Die soll er schlagen warm und kalt.

Maushund.

(Musikalischer Zeitvertreiber. Nürnberg bei Kaufmann 1609.)

Ein Maushund kam gegangen,
Von einem hohen Dach;
Der Kürschner wollt ihn fangen,
Zog ihn bald hinten nach.
Tat ihn beim Schwanz ergreifen,
Die Katz fing an zu pfeifen,
Pfuch, pfuch, pfuch, miau, mau mau.

Da sagt er zu der Katzen: Miau,
Mach kein Geschreien,
Magst mich erfreuen;
Allein dein Balg
Mir wohl gefallt,

Den wird es dich jetzt kosten,
Denn er ist ziemlich alt.

In ihren großen Nöten
Sprach die Katz: Mau,
Der Kürschner will mich töten,
Mau mau, er nahm mir einmal ein Kind,
Dazu ein langes Messer, damit er schindt;
Und wenn der Kürschner will tanzen,
So nimmt er die Katz beim Schwanze.

Ein hübsch Lied, genannt der Striegel, gar lustig zu singen und zu lesen in des Lindenschmids Ton.

(Fliegendes Blatt, gedruckt zu Zürich, bei Augustin Fries. 1530.)

Zu Konstanz saß ein Kaufmann reich,
Der hat ein Fräulein, war wonnigleich,
Denn sie war hübsch und kluge,
Sie hatt ein Doktor gar zu lieb,
Groß Lieb sie zusammen trugen.

Die Liebe, die war offenbar,
Und währt gar noch wohl sieben Jahr,
Der Kaufmann ward ihr innen;
Erfahr ich dann die rechte Mär,
Du magst mir nit entrinnen.

O Fräulein, mir ist Botschaft kommen,
Ich darf mich auch nit länger säumen,
Muß reiten in fremde Lande;
Nun halt dich wohl, und halt dich recht,
Daß wir nicht kommen zu Schande.

Nun halt dich wohl und halt dich recht,
Gedenk an unser beider Geschlecht,
Wir haben fromm Vater und Mutter,
Dazu ein kleines Schwesterlein,
Halt mirs in guter Hute.

Er reit zum obern Tor hinaus,
Zum untern reit er wieder hinein zu Haus,
Des Abends also spate;
Er reit vor seiner Freunde Haus:
Gebt mir ein guten Rate.

Ein guten Rat, den geben wir,
Bleib hier, bis an den Morgen früh,

Du hast ein eigen Hause;
Drinn hast du ein Badstüblein warm,
Da lebt der Doktor im Schmause.

Der Kaufmann trat fürs Schlossers Haus,
Und bist du drinn, so tritt heraus,
Ein Striegel gut ich möchte;
Er bracht daher wohl zehen Paar,
Es war ihm keiner rechte.

Mach mir ein Striegel in einer Stund,
Ich geb dir drum ein bares Pfund,
Mach mir ihn scharf und härte;
Mach Zähn dran eines Fingers lang,
Ich hab zwei freche Pferde.

Der Schlosser dacht in seinem Mut,
Was meint er mit dem Striegel gut,
Er hub ihn an zu machen;
Manch Bürger vor sein Laden trat,
Und tät des Striegels lachen.

Der Kaufmann war ein weiser Mann,
Sein Sachen griff er weislich an,
Ging ins Badstüblein warme,
Sein ehlich Fräulein fand er da,
Dem Doktor in seim Arme.

Da er schritt in das Badstüblein,
War da bereit gut Brot und Wein,
Mit andern guten Dingen;
Die zwei, die saßen im Wasserbad,
Das Fräulein tät entrinnen.

Er striegelt den Doktor also hart,
Von unten an bis auf den Bart,
Das Blut tät ihm abfließen;
Hör auf, mein lieber Kaufmann gut,
Laß mich mein Sünd hie büßen.

Es währt wohl auf ein halben Tag,
Man legt den Doktor in das Grab,
Das Rauchfaß tät man ihm bieten;
Ein Fräulein zu dem andern sprach,
Vor dem Striegel wolln wir uns hüten.

Dies Lied ist gemacht mit hohem Fleiß,
Vorm Striegel hüt dich, bist du weis!
Daß dir nicht misselinge;

Es sangs ein freier Schreiber gut,
Vor Freud tät er aufspringen.

Ein Striegel für den Kritikus,
Der diesem Buch gibt falschen Kuß,
Der liegt bei meinem Zimmer;
Er ist gemacht mit hohem Fleiß,
Vorm Striegel hüt dich, bist du weis.

Reit du und der Teufel.

(Eingesandt.)

Der Schiffmann fährt zum Lande,
Wem läutet man so sehr?
Wem singt man also sanfte,
Zu seiner letzten Ehr?

Die Jungfern sieht er heben
Wohl einen schönen Kranz,
Zum Sterben oder Leben,
Es war ein schwerer Gang.

Der Gang der war so schwere,
Zu seiner Liebsten Haus;
Ob sie gestorben wäre,
Oder eins andern Braut.

Er fand sie auf dem Kämmerlein,
Da sie die Haar aufbund;
Gott grüß dich, o mein Engelein,
Daß ich dich seh gesund.

Ich hab mir lassen sagen,
Du nähmst den Bändersknab;
So gib du mir die Treuheit,
Die ich dir geben hab.

Ich weiß von keiner Treuheit,
Ich weiß von keinem Geld;
Der Reiter soll mich holen,
Wenn ich von Treuheit weiß.

Da stehts an bis den dritten Tag,
Als da die Hochzeit war,
Da kam ein stolzer Reiter,
Der setzt sich oben an.

„Nun eßt und trinkt, ihr Jungfern,
Ich kann nicht fröhlich sein.“

Trompeten und Schalmeien,
Die gehen insgeheim.

Das erste, das er täte,
Den Tanz wohl mit der Braut;
Er schwenkt sie dreimal rumme,
Damit zur Tür hinaus.

Sie kamen über ein Heide,
Ein Land, es war wohl breit.
Der Hals war ihr zerbrochen,
Die Seel war eigen sein.

Ob sie von sonder – von sonderlichem Brot esse?
(Christoph Demantius Tänze. Nürnberg 1601.)

Nun freue dich, mein Herzelein, der Sommer,
Der Sommer, der bricht an,
Weiche alle Traurigkeit,
Und kehr wieder Fröhlichkeit,
Mir und dir ohn Unterlan.

Die Heide grünt und trägt nun so schöne,
So schöne Blümelein,
Und von diesen Blümlein allen,
Tust du mir gar wohl gefallen,
Ach zart liebes Jungfräulein!

Schau ich dich an, du deuchst mir viel schöner,
Viel schöner noch jetzund,
Als zuvor, wo kömmt dies her?
Sag mirs, das ist mein Begehr,
Lieblein zart zu jeder Stund.

Ißt du etwa mein Liebchen von sonder –
Von sonderlichem Brot?
Oder macht es dein Gebet?
Daß dir alles wohl ansteht,
Auch bist so weiß und rot.

Schlesisches Gebirgshirtenlied.
(Hagen und Büschings Volkslieder, hat Ähnlichkeit mit Wohl heute noch und morgen. II. B.)

Ich ging ins Väters Gärtela,
Ich lät mich nider, ä schlief;

Da träumte mir ä Träumila,
As schneit es über mich.

Und do ich nu erwachte,
Do wär es aber nich,
So wärens ruta Ruselä,
Die blühta über mich.

Ich bräch mir anes äbe,
Zu anen Ehrenkranz;
Ich nähms der Liebsta mitte,
Zu anen Ehrentanz.

An do der Tanz im Besta war,
Do war däs Giga aus,
Do soll ich m'r nu mein Schatz heimführe,
An hähs kein ehga Haus.

A Häusla will ich mir baua,
Von Ruhs an Rosmarin;
An will mirs wohl bestecka,
Mit ruthan Ruislanschien.

Un wenn ich's nu war fert'g han,
Beschar mir Gott was nein,
Das ich zu jauhr känn spreche:
Das Häusla das ist mein!

Die hohe Unterhändlerin.

(Büschings und von der Hagens Volkslieder. S. 89.)

„Schwing dich auf, Frau Nachtigall, geschwinde,
Vor meines Liebsten Fensterlein dich finde;
Sing ihm das Lied, welches, ohn Beschweren,
Mir erdacht, mein'm Schatz zu Ruhm und Ehren."

„Ich komm her von eurer Schönen, Zarten,
Welche mich aus ihrem Rosengarten,
Sendet zu euch samt einem Kranz geringe,
Den ich euch von ihrentwegen bringe.

Glück und Heil sie wünscht von Herzensgrunde
Ihrem Schatz zu jeder Zeit und Stunde,
Ihr zartes Herze ist gar sehr besessen
Sie kann ihres Liebsten nicht vergessen.

Je länger, je lieber heißt ein Blümelein,
Daraus hat sie gemacht das Ehrenkränzelein,

Augentrost ist darunter gemenget,
Vergißmeinnicht mit eingesprenget.

Auch ist so viel Ehrenpreis darinnen,
So werdet ihr des Wohlgemutes innen;
Der Kranzbügel ist mit Ehren gewunden,
Ein treues Herzelein hat ihn gebunden.

Merkt noch mehr, was sie mir hat befohlen,
Das sag ich euch ganz frei und unverhohlen:
Ohn Antwort soll ich nicht wiederkommen,
Darum merkt wohl, was ihr von mir vernommen."
„Fleißig hab ich dein Botschaft verstanden,
Antwort soll auch sein bei mir vorhanden;
Schwing dich auf mit deinem zarten Gefieder
Und grüße mir mein tausend Herzelein wieder. –

Nichts liebers hätte sie mir können schicken,
Dadurch sie tät mein junges Herz erquicken;
Als das Kränzelein mit den schönen Blumen,
Die man sonsten selten tut bekommen.

Ein Demant, ein Stein gar hart und teuer,
Welchen doch verzehren kann das Feuer;
Ist kaum meinem Herzen zu vergleichen,
Drum tät es das Kränzelein erweichen.

Von mir sag dem allerschönsten Herzen,
Eitel Freud und Wonn ohn alle Schmerzen;
Tu ihr für das Geschenk großen Dank sagen:
Fröhlich bin ich, weil sie mir ist gewogen.

Sprich, ich will ihr'r wieder nicht vergessen,
Ob ich mich gleich nicht kann hoch vermessen!
Schwing dich auf, sag ihrem roten Mund:
Gute Nacht, Glück, Heil zu aller Stund."

Der Abschied im Korbe.

(Mündlich.)

Er.

Wo gehst du hin, du Stolze,
Was hab ich dir getan;
Daß du vorbei tust gehen,
Und schaust mich gar nicht an.
Du schlägst die Äuglein nieder,
Und schaust nicht zu mir her;

Wie wenn ich deinesgleichen
Niemals gewesen wär.

Sie.
Der Abschied ist geschrieben,
Das Körblein ist gemacht;
Wärst du bei mir geblieben,
Hätt ich dich nicht veracht.

Er.
Nimm du das Körblein mit nach Haus,
Und leg den Abschied nein;
Hinführo aber lasse brav
Das falsche Lieben sein.

Steile Liebe.

'S ist mir auch kein Nacht so finster,
'S ist mir auch kein Weg so weit;
Wenn ich zu mein Schätzlein gehe,
Sehen mich die bösen Leut.

Regnets, schneits, und geht der Wind,
Wenn mein Schatz nur vors Fenster käm;
Steh nur auf, mach auf fein bald,
Bei der Nacht ists draus gar kalt.

Wenn die Sonn so schön ans Gebirg aneglanzt,
Und das Gemsel auf der Höh umme tanzt;
O du schöne Morgenröt!
Wenn ich dich allzeit bei mir hätt!

Schatz, du bist mein und ich bin dein,
Wir sind ja zwei Verliebterlein;
Von dir kann ich nit mehr lassen,
Ach, bis ich komme ins kühle Grab!

Das Dinterle fängt zu weinen an,
Ach Buberle, was haben wir getan?
Wir wollen wieder gehn nacher Haus,
Wollen gern stehen alles aus.

Druck und Gegendruck.

(Musikalisches Rosengärtlein. Nürnberg 1612.)

Schön klar einstmals die Sonne
Leuchtet mit ihrem Schein,

Als ich nach Herzenswonne
Spazierenging allein,
In grünen Wald am Morgen,
Darin fand ich verborgen
Ein schöns Jungfräulein voll Sorgen;
Drum fragt ich es bald in Geheim,
Auf wen sie wartet hier allein.

Sie sprach: ich liebt im Herzen
Ein Jüngling tugendvoll;
Er aber tät nur scherzen,
Und lohnte mir nit wohl,
Drum will ich hier verderben.
Ich sprach: Ihr sollt nit sterben,
Laßt mich euer Gunst erwerben,
Und drück mich an ihr Herz hinan,
Daß mir vor Lieb das mein zersprang.

Petersilie.

Was hab ich meinem Schätzlein zuleide getan?
Es geht wohl bei mir her, und sieht mich nicht an;
Es schlägt seine Augen wohl unter sich,
Und sieht einen andern Schatz wohl lieber als mich.

Petersilie, das edle grüne Kraut!
Was hab ich meinem Schätzelein so vieles vertraut;
Vieles Vertrauen tut selten gut,
So wünsch ich meinem Schätzelein alles Guts.

Alles Guts und noch viel mehr,
Ach, wenn ich nur ein Stündelein bei meinem Schätzgen wär;
Ein Viertelstündchen, zwei und drei,
Damit ich mit meinem Schatz zufrieden sei.

Das St. Hubertuslied.

Im grünen Wald bin ich gewesen,
Sah ich es ein Hirschelein stehn;
Das Hirschlein, das wollt ich erschießen,
O Wunder, was hab ich gesehn.

Es tut mir die Flinte versagen,
Ein Kreuz tut das Hirschelein tragen;

Stolzierend auf seinem Gewicht,
Die Gnade zum Sünder wohl spricht.

Da tät ich zur Erden hinsinken,
Wohl auf meine bogene Knie;
Tät mir es entgegenblinken,
Ein silbernes Kreuzlein schneeweiß.

Jetzt tu ich kein Hirschlein mehr schießen,
Will lieber ins Kloster mich schließen;
Dem grünen Wald sag ich gut Nacht,
Die Gnade hat alles gemacht!

Ablösung.

(Musikbuch.)

Kuckuck hat sich zu tot gefallen
An einer hohlen Weiden,
Wer soll uns diesen Sommer lang
Die Zeit und Weil vertreiben?
Ei, das soll tun Frau Nachtigall,
Die sitzt auf grünem Zweige;
Sie singt und springt, ist allzeit froh,
Wenn andre Vögel schweigen.

Unbeschreibliche Freude.

(Mündlich.)

Wer ist denn draußen und klopfet an?
Der mich so leise wecken kann?
Das ist der Herzallerliebste dein,
Steh auf und laß mich zu dir ein.

Das Mädchen stand auf, und ließ ihn ein,
Mit seinem schneeweißen Hemdelein;
Mit seinen schneeweißen Beinen,
Das Mädchen fing an zu weinen.

Ach weine nicht, du Liebste mein,
Aufs Jahr sollst du mein eigen sein;
Mein eigen sollst du werden,
O Liebe auf grüner Erden.

Ich wollt, daß alle Felder wären Papier,
Und alle Studenten schrieben hier;

Sie schrieben ja hier die liebe lange Nacht,
Sie schrieben uns beiden die Liebe doch nicht ab.

Schweizerlied.

(Lauberl Diminutio von Laubi, Stier, Gitzeli Geißlein.)

Wi's Bübli is wohl änetem Rhin,
I wollt ä klini Wile bi ihm si;
Lauberl, lauberl, liri lauberl,
Lauberl, lauberl, litum da.

Mi's Bübli kauf mir ä buchsigs Löffeli,
Giri, Giri, Gitzeli,
Lauberl, lauberl, liri lauberl,
Lauberl, lauberl, litum da.

Buchsigs Löffeli ohne Stiel:
Der schmutzigen Sennen gibt es viel;
Lauberl, lauberl, liri lauberl,
Lauberl, lauberl, litum da.

Mi Mueter ist a Schwitzeri,
Giri, giri Gitzeli;
Lauberl, lauberl, liri lauberl,
Lauberl, lauberl, litum da.

Mi Vater ist a Appenzeller,
Hat weder Win noch Most im Keller;
Lauberl, lauberl, liri lauberl,
Lauberl, lauberl, litum da.

Mi Vater hat a roten Stier,
Ist mir lieber weder diese all vier;
Lauberl, lauberl, liri lauberl,
Lauberl, lauberl, litum da.

Wollte Gott.

(Ein Bremberger. Gedruckt zu Zürich aus 1500.)

Meiner Frauen roter Mund,
Der brennt recht scharlachfarb;
Er brennt recht wie ein rote Ros,
In ihrer ersten Blüt.
Er brennt recht wie der rot Rubin,
In Goldes Farb;

Er brennt recht wie ein heiße Kohl,
Liegt in des Feuers Glut.

Ihr Hälslein weiß, ihr schwarze Äuglein klar,
Dazu trägt sie ein goldfarb krauses Haar;
Ihr werter Leib ist weißer als kein Hermelein,
Kein Meister lebt auf dieser Erd,
Der mirs malen könnt so fein.

Wollt Gott, wär ich ein lauter Spiegelglas!
Daß sich die allerschönste Frau
All Morgen vor mir pflanzieret;
Wollt Gott, wär ich ein seiden Hemdlein weiß,
Daß mich die allerschönste Frau
An ihrem Leibe trüge.

Wollt Gott, wär ich ein rot Goldringelein!
Daß mich die allerschönste Frau
An ihre Händlein zwinge;
Wollt Gott, wär ich ein Eichhorn traun,
Und spräng auf ihren Schoß,
Von rechter Liebe sie mich in ihr Ärmlein schloß.
Sie küßt mich an mein rosenfarbes Mündlein,
Das nehm ich für des Kaisers Gut,
Sollt ich drum desto ärmer sein.

Die Welt geht im Springen.
(Albert's Arien 1638. I., S. 16.)

Die Sonne rennt mit Prangen
Durch ihre Frühlingsbahn;
Und lacht mit ihren Wangen
Den runden Weltkreis an.

Der Himmel kömmt zur Erden,
Erwärmt und macht sie naß;
Drum muß sie schwanger werden,
Gebieret Laub und Gras.

Der Westwind läßt sich hören,
Die Flora seine Braut,
Aus Liebe zu verehren,
Mit Blumen, Gras und Kraut.

Die Vögel kommen nisten,
Aus fremden Ländern her;
Und hängen nach den Lüsten,
Die Schiffe gehn ins Meer.

Der Schäfer hebt zu singen
Von seiner Phyllis an;
Die Welt geht wie im Springen,
Es freut sich, was nur kann.

Letztes Toilettengeschenk.

Zart Äugelein zu winken,
Die Mägdlein jetzund han;
Ihr Angesicht zu schminken,
Groß Fleiß sie legen an.

Ihr Haupt tun sie beladen,
Mit Gold und Perlen schon;
Und sollten sie's bezahlen,
Sie brächten nichts davon.

Sie müssen sein geschmücket,
Daß es nur hab groß Schein;
Ob sie schon Armut drücket,
Geborget muß es sein.

Daß man sie doch lieb habe,
(Wenn ja solchs hülfe nicht,)
So gebens selbst aus Gaben,
Wie man erfährt und sieht.

Wenn sie den Knaben haben,
Und jeder bezahlt will sein;
Muß viel zum Juden traben,
Was vor gab großen Schein.

Aus dem Odenwald.

Es steht ein Baum im Odenwald,
Der hat viel grüne Äst;
Da bin ich schon viel tausendmal
Bei meinem Schatz gewest.

Da sitzt ein schöner Vogel drauf,
Der pfeift gar wunderschön;
Ich und mein Schätzlein lauern auf,
Wenn wir mitnander gehn.

Der Vogel sitzt in seiner Ruh,
Wohl auf dem höchsten Zweig;

Und schauen wir dem Vogel zu,
So pfeift er alsogleich.

Der Vogel sitzt in seinem Nest,
Wohl auf dem grünen Baum;
Ach Schätzel, bin ich bei dir gwest,
Oder ist es nur ein Traum?

Und als ich wiedrum kam zu dir,
Gehauen war der Baum;
Ein andrer Liebster steht bei ihr,
O du verfluchter Traum!

Der Baum, der steht im Odenwald,
Und ich bin in der Schweiz;
Da liegt der Schnee, und ist so kalt,
Mein Herz es mir zerreißt.

Erinnerung beim Wein.

Es dunkelt auf jenem Berge,
Nach Hause wollen wir gehen;
Den Wein, den wollen wir trinken,
Den wir gewohnet sein.

Ich hör ein Hirschlein rauschen,
Wohl rauschen durch den Wald;
Ich hör ein feines Lieb klagen,
Es hätt' die Ehr verlorn.

Hast du deine Ehr verloren,
Hab ich die meine noch;
So gehen wir miteinander,
Und tragen die Kränzelein.

Ein Kränzelein von Rosen,
Ein Kränzelein von Klee;
Zu Straßburg auf der Brucke,
Da liegt ein tiefer Schnee.

Wenn der Schnee tut schmelzen,
So lauft das Wasser in See;
Darauf bin ich gesessen,
Und gefahren bis hieher.

Und dies und das und das ist mein.

Heute wollen wir Haber mähn,
Morgen wollen wir binden:
Wo ist denn die Liebste mein?
Wo soll ich sie finden?
Gestern abend sah ich sie
Unter einer Linden;
Ich gedacht in meinem Sinn,
Ich will sie schon finden.
Was führ ich dann an meiner Hand,
Das ganze Hausgesinde –
Und dies und das, und das ist mein,
Das soll meine Liebste sein.

Tanzreime.

Aufe ist nit abe, 's ist aber weger wahr.
Wann ich meinen Schatz am Tag nit seh,
Und in der Nacht nit bei ihm steh,
Mein ich, es sei ein Jahr.

Zu dir bin ich gangen,
Durch Regen und Wind;
Zu dir geh ich nit mehr,
Du gehst mit nem Kind.

Geh mir nit über mein Äckerle,
Geh mir nit über mein Wies;
Oder ich prügel dich wegerle (wahrlich),
Oder ich prügel dich gwiß.

Und die Blätter sind grün,
Und die Rosen sind rot;
Und die lutherschen Buben
Sind gut in der Not.

Und wenn der Mond hell scheint,
Und 's platzregnen tut,
Und die Fremden nit kommen,
Sind die Heimischen gut.

Mein Daumen, mein Finger,
Mein Ellebogo;
Mein Sinn und Gedanke
Sind zu Sigmaringo.

Herüber, hinüber,
Ich hoff mir ein Glück;
Hab kürzlich ein Boten
Bei Sickingen geschickt.

Der Bote ist kommen,
Was hat er gebracht?
Ein Ringle am Finger,
Ein Schnupftuch im Sack.

* * *

(Ast's Zeitschrift für Wissenschaft und Kunst. I. S. 93.)

Die Kirschen sind zeitig,
Die Weichseln sind braun;
Hat jede einen Buben,
Muß auch um einen schaun.

Du schöner Kuckuck,
Wo singest denn du;
Du singest im Walde,
Verführest mich balde.

Bin ich oft mit meinem Schätzchen
In den Wald hineingegangen;
Und die Vöglein haben gesungen
Nach meinem Verlangen.

Wann ich jetzt oft allein
In den Wald hinaus geh,
So tuts mir im Herzen
Tief drinnen so weh.

Dort laß ich mein Kühlein
Am liebsten fressen;
Wo ich oft bin des Abends
Bei meinem Bübchen gesessen.

Ein schöns, ein schön Häuschen,
Ein schön, ein schön Bett;
Ein schöns, ein schöns Bübchen,
Sonst heirat ich nicht.

* * *

Klein bin ich, klein bleib ich,
Drum werd ich veracht;
Jetzt will ich studieren,
Will werden ein Pfaff.

Was willst du studieren,
Und willst ein Pfaff sein;
Man gibt dir ins Kloster
Kein Weibchen hinein.

* * *

Silberner Degen,
Ein goldener Knopf;
Die Mädle sind traurig,
Franzosen sind fort!

* * *

Ueber dem Wald, über dem Wald,
Hats nen schönen Reifen;
Dem Mädle sind die Ohren kalt,
Die Buben wollens greifen.

* * *

'Smein sein und 's dein sein,
Und's zu dir liege,
Das bringt mich sechs Jahr lang
Ins Soldatenlebe.
Sechs Jahr und drei Monat,
Dann ist mein Zeit aus;
Nach kömmt es mein Schätzle,
Und führt mich nach Haus.

* * *

Ich weiß nicht, wo's Vöglein ist,
Ich weiß nicht, wo's pfeift;
Hinterm kleinen Lädelein,
Schätzlein wo leist?

Es sitzt ja das Vögelein
Nicht alleweil im Nest;
Schwingt seine Flügelein,
Hüpft auf die Äst.

Wo ich gelegen bin,
Darf ich wohl sagen;
Hinterm grün Nägeleinstock
Zwischen zwei Knaben.

* * *

Er.

Du Dienerl, du netts,
Du liegst mir im Herz;
Du kömmst mir nicht raus,
Bis die Liebe ist aus.

Sie.
Aus ist sie mit dir,
Im ganzen Revier;
Wenn die Donau eintrocknet,
Dann heiraten wir.

Er.
Sie trocknet nit ein;
Bleibt alleweil naß;
Jetzt muß ich halt schauen,
Um ein anderen Schatz.

* * *

Wann mein Schatz Hochzeit macht,
Hab ich einen traurigen Tag:
Geh ich in mein Kämmerlein,
Wein um meinen Schatz.

Blümlein blau, verdorre nicht,
Du stehst auf grüner Heide;
Des Abends, wenn ich schlafen geh,
So denk ich an das Lieben.

O du mein liebes Herrgottle,
Was han i der denn taun;
Daß du mir an mein lebelang,
Net willst heiraten laun.
Jetzt will i nimmer betta,
Will net in Kirche gaun;
Geb acht, i kann de nöta,
Du wirst me heura laun.

Adam und Eva habens Lieben erdacht,
Ich und mein Schätzle habens auch so gemacht.

Mein Gott und mein Herr,
Wie fällt mirs so schwer;
Kein Vater, kein Mutter nit mehr,
Kein lieb Schätzele mehr!

Wegen eim Schätzele trauern,
Das wär mir ein Schand;
Kehr mich nur herummer,
Geb der andern die Hand.

In der Kirch, da ist ein Tritt,
Wo man zwei Lieben zusammen gibt.

Hab ein Ringlein am Finger,
Dadurch seh ich nur;
Da seh ich mein Schätzle
Seine falsche Natur.

Aus ist es mit dir,
Mein Haus hat kein Tür;
Mein Tür hat kein Schloß,
Von dir bin ich los.

Dort drüben am Rhein,
Da liegen drei Stein;
Dort führt mir ein andrer
Mein Schätzele heim!
Führt er mir sie heim,
So ist es mir recht;
So ist er der Meister,
Und ich bin der Knecht.

* * *

Mein Schätzle ist Nunn,
Mach mich nit lachun;
Die Lieb ist brochun,
Kanns nimmer machun.

Schatzlein, freu dich, juchze,
Das Abscheiden tut weh;
Die Liebe tut wanken,
Wie ein Schiff auf der See.

Daß im Wald finster ist,
Das machen die Birken;
Daß mich mein Schatz nicht mag,
Das kann ich merken.

Daß im Wald finster ist,
Das machen die Äst;

Daß mich mein Schatz nicht mag,
Das glaub ich fest.

Ich hab geheirat, ich hab gehaust,
Hab einen Mann wie eine Faust;
Hab ein Herz wie eine Nuß,
Ist keine Freud und keine Lust.

* * *

Hab Holzäpfel gehaspelt,
Kein Zaunstecken, kein Spitz;
Bin oft zu meim Schatz gangen,
Hats kein Mensch gewüßt.

Klein bin ich, das weiß ich,
Groß mag ich nit wern;
Ein Schätzel muß ich haben,
Wie ein Haselnußkern.

Ich hab ein schöns Schätzlein,
Wenns nur auch so bleibt;
Stells naus in Krautgarten,
Daß es die Vögel vertreibt!

* * *

Mein Schätzle ist hübsch,
Aber reich ist es nit;
Was nützt mir der Reichtum,
Das Geld küß ich nit.

Schön bin ich nit, reich bin ich wohl,
Geld hab ich auch a ganz Beuterl voll;
Gehn mer noch drei Batze ab,
Daß ich grad zwölf Kreuzer hab.

’s Kranzerle weg,
Und ’s Häuberle her;
Jungfrau gewest,
Und nimmermehr.

(Aus der Polizei Fama.)
Aufs Gässel bin ich gangen,
Aufs Gässel geh ich noch;
Der Scherg will mich fangen,
Ei, hätt er mich doch.
Wie soll er mich denn fangen,
Bei Tag geh ich nit;

Bei der Nacht is stockfinster,
Da sieht er mich nit.

* * *

So und so so geht der Wind,
So und so pfeift er;
Und wenn ich mein Schätzle säh,
Wär mirs gleich viel leichter.

So lieb als mir mein Leben ist,
So lieb ist mir mein Schatz;
Und wenn er auch gestorben ist,
So lieb ich noch den Platz.

Das Liederl ist gesungen,
Der Kreuzer ist gewunnen;
Und wer mir ihn nit geit,
Dem singe ich auf Beut.

* * *

Es ist ein Mädel hier,
Es hat ein Gulden vier;
Hat ein spitzigs Mäule,
Ein Näsle als wie ein Säule;
Zwei Augen als wie ein Stier,
Trotz allen Mädchen hier.

Jetzt ist mein Liedel aus,
Es beißt mich noch eine Laus;
Ich bin so keck und nehm sie,
Und nehm ein Messer und schind sie;
Und stech ihr beide Augen aus,
Jetzt hasts meine liebe Laus.

* * *

Schwimmen zwei Fischle im Wasser herum,
Strecken die Schwänzerl in die Höh;
Liegt es mein Schatzerl im Federbett,
Tut ihm sein Köpfle so weh.

Komm ich bei Mitternacht,
Wird mir gleich aufgemacht,
Habem sein Köpfle vollgeschwätzt,
Hab' ihms voll gelacht!

In dem schätzbaren Tiroler Sammler Innsbruck 1807. II. Bd. finden sich von S. 57–96 allerlei Tiroler Tanzreime abgedruckt mit Erläuterungen, die Sprache liegt der unsern sehr fern, und bedarf daher dieser Erläuterungen sehr; und doch liegt der größte Reiz gerade in dieser Sprache. Dies wäre zu weitläufig geworden für den Umfang unsres Buchs; Freunde dieser Liedergattung verweisen wir daher auf ienes Buch selbst.

Bei der Schusterrechnung zu singen.

Sechsmal hab ich sie angetroffen,
Siebenmal bin ich fehl geloffen,
Auf der Heide hin und her,
„Nein mein Bue, es geschieht nicht mehr."
Sechs paar Schuh und sieben paar Sohlen
Hab ich von wegen meiner Sennerin verloffen,
Auf der Heide hin und her!
„Nein mein Bue, es geschieht nicht mehr!"

Der Gruß.

Mir ist ein rotgold Ringelein
Auf meinen Fuß gefallen;
So darf ichs doch nicht heben auf,
Die Leut, die sehens alle.

Mit Lust tret ich an diesen Tanz,
Ich hoff, mir wird ein schöner Kranz
Von einem schön Jungfräuelein,
Darum will ich ihr eigen sein;

So tret ich hin auf einen Stein,
Gott grüß dich, zart Jungfräuelein;
Und grüß euch Gott allesamt gleich,
Sie sein arm oder reich.

Gott grüß euch alle als gemein,
Dazu auch die klein,
So ich grüß die ein, die andre nicht,
So wär ich kein Rechter, die andre spricht.

Lied des abgesetzten Sultan Selim im alten Serail, nachdem er sich der Kunst gewidmet.

Der Kuckuck ist ein braver Mann,
Der sieben Weiber brauchen kann;

Die erste kehrt die Stube aus,
Die zweite wirft den Unflat naus;
Die dritte nimmt den Flederwisch,
Und kehrt des Kuckuck seinen Tisch;
Die vierte bringt ihm Brot und Wein,
Die fünfte schenkt ihm fleißig ein;
Die sechste macht sein Bettlein warm,
Die siebente schläft in seinem Arm.

Weihnachtslied.

(Mündlich.)

O du mein Mopper, wo willst du hinaus,
Ich kann dir nicht erzählen
Meine güldene Klaus:
Laß klinken, laß klanken,
Laß all herunter schwanken;
Ich weiß nicht, soll ich hüten
Ochs oder Schaf,
Oder soll ich essen
Einen Käs und ein Brot.

Bei Ochsen und bei Schafen
Kann man nicht schlafen,
Da tut es sich eröffnen
Das himmlische Tor,
Da kugeln die Engel
Ganz haufenweis hervor.

Gute Lehre.

Grad Herz brich nicht,
Lieb mich und sags nicht,
Liebst du mich,
Wie ich dich,
Bleibt die Lieb beständiglich.

Schönste Rose fall nicht ab,
Bis ich komm und brech dich ab;
Wenn mich schon die Dornen stechen,
Will ich doch die Ros abbrechen.

Wer die Rosen will abbrechen,
Muß nicht achten der Dornen Stechen;

Rosendornen stechen sehr,
Falsche Liebe noch viel mehr!

Mailied.

Im Maien, im Maien ists lieblich und schön,
Da finden sich viel Kurzweil und Wonn;
Frau Nachtigall singet,
Die Lerche sich schwinget
Über Berg und über Tal.

Die Pforten der Erde, die schließen sich auf,
Und lassen so manches Blümlein herauf,
Als Lilien und Rosen,
Violen, Zeitlosen,
Zypressen und auch Nägelein.

In solchen wohlriechenden Blümlein zart,
Spazieret eine Jungfrau von edeler Art;
Sie windet und bindet,
Gar zierlich und fein,
Ihrem Herzallerliebsten ein Kränzelein.

Da herzt man, da scherzt man, da freuet man sich,
Da singt man, da springt man, da ist man fröhlich;
Da klaget ein Liebchen
Dem andern sein Not,
Da küßt man so manches Mündlein rot.

Ach Scheiden, ach Scheiden, du schneidendes Schwert,
Du hast mir mein junges frisch Herzlein verkehrt.
Wiederkommen macht,
Daß man Scheiden nicht acht't;
Ade, zu tausend guter Nacht.

Im Maien, im Maien, da freuet man sich,
Da singt man, da springt man, da ist man fröhlich,
Da kommet so manches
Liebchen zusammen;
Ade, in tausend Gottes Namen.

Schweizerisch Kriegsgebet.

Laßt üs abermal betta
Für üsra Stadt und Flecka,

Für üsre Küh und Geissa,
Für üsre Wittwa und Waisa,
Für üsre Roß und Rinder,
Für üsre Weib und Kinder,
Für üsre Henna und Hahna,
Für üsre Kessel und Pfanna,
Für üsre Gäns und Enta,
Für üsre Oberst und Regenta,
An insonderheit für üsre liebi Schwiz,
Wenn der blutig Krieg wett ko,
Wett alls nä, so wetten wir üs treuli wehra,
Und ihn niena dura loh,
Au den Find gar ztod schloh,
Und dann singa;
„Eia Viktoria! der Find ischt ko, hett alles gno,
Hett Fenster i gschlaga, hets Blie drus graba,
Hett Kugla drus goßa, und d'Baura erschossa;
Eia Viktoria! nu ischts us, geht wiedri na Hus."

Des Hirten Einsamkeit.

(Alpenlied.)

Isch äbi ä Mensch uf Erde, Simeliberg,
Un Fräneli ab de Kuggisberg
Un Sibetals Jäggeli änne de Berg,
Isch äbi ä Mensch uf Erde,
Daß i mag bi em si.

An mag der mi nit werde, Simeliberg
Un Franeli usw.
Un Sibetals usw.
Us Kummer sterben i.

In mines Buhiis Garte, Simeliberg usw.
Da stan zwei Bäumeli.

Das eine treit Muskate, Simeliberg usw.
Das andre Nägeli.

Muskate, die sind süßi, Simeliberg usw.
Die Nägeli schmecke räß.

Dort äne in der Tiefi, Simeliberg usw.
Da stand ä Mühlirad.

Das Mühlirad isch broche, Simeliberg usw.
Die Liebi hat än End.

Emmentaler Kühreihen.

Knabe.
Mis Lieb isch gar wit inne,
Dort inne uf der steinige Fluh;
Wenn i scho zun ihm wetti,
O so reute mi di Schuh!

Meitscheni.
La du di dSchuh nit reuen,
Leg du dine Bantöffeli a;
We du si de hest broche,
So chast ja de angeri ha.

Knabe.
I ma nit i der Wuche
Uf d Fluh zu minem Schätzeli ga,
Es gitt ja so ne Firtig,
Wo ni zum Schätzeli cha!

Meitscheni.
Mi Schatz cha gar gut hornen,
Er ta die Meihli alli gar wohl;
Er hornt mer alli Morgen,
O wenn i ga melche soll.

Knabe.
Mis Lieb tribt über d'Gasse,
Gar s'tusigs schönes Trüppeli Veh!
O i ha gar längi Ziti,
Wenn is de so nimme eha g'fah!

Meitscheni.
Wenn i de soll ga mälche,
So steit mer de mis Kühli nit recht;
Da stellen i d's Kühle näbe mi,
Und gaugle mit dem Knecht.

Knabe.
O d's Kühli wei mer verkaufe,
U d's Kalbeli wei mer de no b'ha;
Wenn früh de d'Meitscheni mälche,
O han i de no zu der gah.

Schweizerisch.

Sisch no nit lang, daß gregnet hätt,
Die Läubli tröpfle no,
I hab e mohl e Schazli ghätt,
I wott, i hätt es no.

Jetzt isch er gange go wandere,
I wünsch em Löcher in d'Schuh,
Jetzt hab i wieder en andere,
Gott gäb mer Glück dazu.

S'isch no nit lang, daß er g'heirat hätt,
S'isch gar e kurzi Zit;
Si Röckli ist em loderich,
Si Strümpfli sin em z'wit.

Jahreszeiten.

Schwarzbraun ist meine dunkle Farbe,
Darin will ich mich kleiden;
Den besten Schatz und den ich hab,
Der will jetzt von mir scheiden.

Ei, scheidet sich dann der Winter von mir,
So kommt ein frischer Sommer;
Hat er dann Lust und Liebe zu mir,
So wird er wiederum kommen.

Dort droben vor meines Vaters Haus,
Da steht eine grüne Linde;
Darauf saß die Frau Nachtigall
Und sang von heller Stimme.

Ei, sitzest du da, Frau Nachtigall,
Und singest von heller Stimme;
Ei, zwinget dich dann der edle Schnee,
Das grüne Laub vor der Linde.

Und wann die Linde das Laub verliert,
So trauern alle Äste;
Daran gedenkt ihr Mädchen jung,
Und setzt eure Kränzlein feste.

Setzt ihr sie fest und nicht zu fest,
Setzt ihr sie nach euren Maßen;

Und wenn es einmal zum Scheiden kommt,
Daß ihr sie könnt ablassen.

Schreibstunde.

(Drei weltliche neue Lieder i.J. 1642.)

Es bat ein Bauer ein Töchterlein,
Daß es doch täte den Willen sein;
Er bot ihr Silber und rotes Gold,
Daß sie ihn lieb hätt und heiraten sollt,
Gar öffentlich.

Als ein Studente das hat erhört,
Er seinem Haus den Rücken kehrt;
Kam vor der Jungfrauen ihre Tür,
Und klopft mit seinem Finger dafür,
Gar heimlich.

Die Jungfrau im Arm auf dem Bette lag,
Und zum Studenten ganz leise sprach:
Ist jemand draußen, begehret mein,
Der zieh das Schnürlein und komm herein
Gar heimlich.

Als das der Bauer doch hat gehört,
Dem Hause sein er den Rücken kehrt;
Und kam vor der Jungfrauen Tür,
Er klopft mit seinem Stiefel dafür
Gar öffentlich.

Die Jungfrau war in Freuden wach,
Und zu dem Bauern da lachend sprach:
Ist jemand da, der begehrt hinein,
Der such sich ein ander Jüngfräulein
Gar heimlich.

Wer ists, der heut uns dies Liedlein sang?
Ein freier Studente ist er genannt;
Er lehrt der Jungfrau Lesen und Schreiben,
Braucht dazu weder Feder noch Kreiden,
Gar heimlich.

Und wenn das Mädchen erst schreiben kann,
Dann reist er wieder, wird Doktor dann;
Und sitzt bei Büchern und bei dem Wein,
Ihr Brieflein tröstet ihn doch allein,
Gar heimlich.

Erdtoffeln mit Rippenstückchen.

Einstmals ein Mägdlein frisch und jung,
Ging aufrecht wie ein Hirsch im Sprung;
Und von einem Jüngling, den sie kannt,
Ihre Äuglein klar durchaus nicht wandt.

Der Jüngling schalt und sprach zu ihr,
Wie ihr mitnichten dies gebühr,
Sondern sie sollt ganz züchtiglich
Die Äuglein schlagen unter sich.

Sie sprach gar bald: Mitnichten das,
Dies Anschaun ich nit unterlaß;
Zur Erd zu schauen dir gebührt,
Weil aus der Erd dein Ursprung rührt.

Des Mannes Ripp mein Ursprung ist,
Die such ich auch ohn Falsch und List;
Und daß solch Ripp in Zucht und Ehr
Mit mir vereint werd, ich begehr.

Der verwandelte Einsiedler.
(Mündlich.)

Da droben aufm Hügel,
Wo die Nachtigall singt,
Da tanzt der Einsiedel,
Daß die Kutt in die Höh springt.

Der Knabe.
Ei, laßt ihn nur tanzen,
Ei, laß ihn nur sein;
Zu Nacht muß er beten,
Und schlafen allein.

Da droben aufm Hügel,
Wo's Füchslein drauf lauft;
Da sitzt der Einsiedel,
Hat d' Kutte verkauft.

Der Knabe.
Da droben aufm Hügel,
Wo die Nachtigall singt,
Da ist es mein Schätzel,
Mein allerliebst Kind.

Das Mädchen.
Der Einsiedel auf dem Zitterbaum,
Der schaute wo der Tag her kam.

Der Knabe.
Der Tag, der kommt vom Morgenstern,
Bei meinem Liebchen bin ich gern.

Espenzweigelein.

(Forsters frische Liedlein.)

Hätt mir ein Espenzweigelein
Gebogen zu der Erden;
Den liebsten Buhlen, den ich hab,
Der ist mir leider allzuferne.

Er ist mir doch zu ferne nicht,
Bei ihm hab ich geschlafen;
Von rotem Gold ein Fingerlein
Hab ich in seinem Bett gelassen.

Und da ichs da gelassen hab,
Will ichs auch wiederbekommen;
Und tun, als ob ichs bei mir hätt,
Und wär mir keinmal genommen.

Ja zwischen Berg und tiefe Tal
Da geht ein enge Straße:
Wer seinen Buhl nicht haben will,
Der soll ihn allzeit fahren lassen.

Scheid dich nit Herzensdöckelein,
Von dir will ich nit weichen;
Hab andere lieber nit als mich,
Im Reich findt man nit deinsgleichen.

Kurzweil.

(Mündlich.)

Ich weiß nicht, was ich meinem Schätzchen verhieß,
Daß sie den Riegel wohl hinter sich stieß;
Wohl hinter sich in die Ecke,
Dann schlich ich zu ihr ins Bettchen.

Die zwei, die liegen die halbe Nacht,
Bis daß das Glöcklein zwölfe schlagt:

„Steh auf, braunes Mädchen, zum Laden,
Schau, ob es noch nicht will tagen."

Sie gab dem Laden einen Stoß,
Da scheint ihr der helle Mond in den Schoß:
„Bleibt liegen, gut Ritterlein, stille,
Es taget nach unserm Willen."

Die zwei, die liegen die ganze Nacht,
Bis daß das Glöcklein Sechse schlagt;
„Steh auf, braunes Mädchen, zum Laden,
Schau, ob es noch nicht will tagen?"

Sie gab dem Laden einen Stoß,
Da scheint ihr die helle Sonn in den Schoß:
„Steh auf, gut Ritterlein balde,
Die Sonn steht überm Walde."

„Ei, scheint die Sonn, und ich bin noch hier,
O Gott! wie wirds ergehen mir;
Ich hab mich gestern abend vermessen,
Bins letztemal bei dir gewesen."

Das Mädchen war so hurtig und eil,
Ließ den Knaben herunter am Seil,
Sie meint, er wäre schon drunnen,
Da lag er im kühlen Brunnen.

Es stand wohl an dreiviertel Jahr,
Da Brausinde ein Kind gebar;
Wir wollen taufen Hänschen den Jungen,
Sein Vater ertrunken im Brunnen.

Schnelle Entwickelung.

(Nach dem Jenaer Codex.)

Ein junger Mann nahm sich ein Weib,
Holdselig und gar fein von Leib.

Dem Weib er übersah gar viel,
Schwieg ihr in allen Dingen still.

Also gewinnt das Weib den Mann,
Daß er nicht mehr zu Wein gehn kann.

Muß der Gesellen auch ablassen,
Darf nur mit ihr allein noch spaßen.

Doch einsmal seht, da ging er aus,
Kam ohngefähr vors Schenkwirtshaus.

Gesellen sein darinnen saßen,
Recht fröhlich tranken, sangen, aßen.

Sie täten ihm gar balde winken,
Der eine stand auf, bot ihm zu trinken.

Er schüttelte den Kopf und lachte,
Die Leute große Augen machten.

Der ein führt ihn hinein geschwind,
Er sitzt bei ihnen wie ein Kind.

Es war sein Herz ihm noch so schwer,
Hub an zu seufzen gar zu sehr.

Wie er ans Heimweh nur gedacht,
Der Frau Gesundheit ward gebracht.

Er tranks hinein, er trank es aus,
Und dachte gar nicht mehr nach Haus.

Sein Glas, das rückt er immer vor,
Und war der lauteste im Chor.

Doch die Gesellen gingen eben,
Zwei mußten ihn nach Hause heben.

Recht mit Gewalt sie mußten schleppen,
Er stürzt hinauf die schmalen Treppen.

Das Weib mit Angst kam angegangen,
Ein Unglück meint sie, wär ergangen.

Sie hat die ganze Nacht gewacht,
Und im Gebet an ihn gedacht.

Da ist er hart sie angegangen,
Mit Schlägen hat er sie empfangen.

Was ist für Lehr daraus geflossen?
Nicht jede Eh ist im Himmel geschlossen.

Kurzweil.

(Aus H. v. Stromers Familienbuche v. J. 1581.)

Ich hab mir ein Maidlein auserwählt,
Dasselbig mir im Herzen wohlgefällt;
Von Ehren ist sie hoch zu loben,
Mein junges Herz
In Schimpf und Scherz
Muß gar bei ihr vertoben.

Dasselbig Maidlein, das ist mein,
Soll mir also gesinnet sein;
Mein Herz ist traurig volle
Wieder hinum,
Das Maidlein fromm,
Mich herzlich trösten solle.

Am Abend, wenn ich soll schlafen gehn,
Nachdem so wird sie's wohl verstehn,
Nehm ich sie freundlich an meinen Arm,
An meinen Leib
Sie als mein Weib,
Ich als ihr lieber Mann.

Und wenn denn solches als geschicht,
So zweifelt mir mitnichten nicht,
Gott wird sein Segen dazu geben;
Drauf, daß uns komm
Ein Kindlein fromm,
In solchem ehlichen Leben.

Wird solches Kind ein Maidelein,
So soll Els sein Name sein;
Gleich wie man mein liebes Weib tut nennen,
Daß durch die Tauf
Sein Sünd ersauf,
Drauf daß es Gott erkenne.

Beschert mir Gott ein werten Sohn,
Bin ich mehr erfreuet von;
Also in solcher Gestalte,
Sein Nam christlich,
Heißen wie ich,
Mit Namen Jorg Grünenwalde.

Sonnenblicke.

(Mündlich.)

Der Sommer und der Sonnenschein,
Ganz lieblich mir das Herze mein
Erquicken und erfreuen;
Daß ich mit Lust im grünen Gras
Mag springen an dem Reihen.

Des lacht die Allerliebste mein,
Wollt Gott, ich sollt heut bei ihr sein,
In Züchten und in Ehren;

Das wär meins Herzens größte Freud,
Darauf darf ich wohl schwören.

Demselben wackren Mägdelein,
Schickt neulich ich ein Kränzelein,
Mit rotem Gold umwunden;
Dabei sie mein gedenken sollt,
Zu hunderttausend Stunden.

Ich ritt durch einen grünen Wald,
Da sangen die Vöglein wohlgestalt,
Frau Nachtigall mit ihnen;
Nun singt ihr klein Waldvögelein,
Um meines Buhlen willen.

Ehestand.

(Procopii decalogate conjugale II. T. p. 469.)

Ich ging spazieren in ein Feld
Ohne Sünde;
Mich umzusehen in der Welt,
Wie es stünde.
Es war an einem Sonntag gut,
Nach dem Essen;
Mein Leid, das mich so quälen tut,
Zu vergessen.
Mit Gedanken tät ich zanken,
Tät ich zanken.

Sehr tief gedacht ich hin und her,
Wo ich auswollt;
Mir selbst wußt nicht zu raten mehr,
Was ich tun sollt.
Allein zu bleiben, mich verdroß,
Mit der Weile;
Zum Heiraten die Lust war groß,
In der Eile.
Wollt schier wagen, ja zu sagen,
Ja zu sagen.

Und sieh, ein Jüngling trat herfür,
Wohlbekleidet;
Er grüßt mich freundlich in Gebühr,
Mich begleitet.
An Händen trug er güldne Ring,
Die ihn zierten;

Auch noch mehr andre köstlich Ding
Ihn berührten.
An dem allen hätt Gefallen,
Hätt Gefallen.

Bei neben ward ich auch gewahr,
Daß der Jüngling
Ein schweres Joch trug immerdar,
Das ihm anhing.
An Füßen hätt er Ketten stark,
Stahl und Eisen;
Das schmerzt ihn bis auf Bein und Mark,
Konnt aufreißen.
Ottern, Schlangen auch dran hangen,
Auch dran hangen.

Da ich nun ward mit ihm bekannt,
Ich ihn fragte:
Jüngling, wer bist? Wie wirst genannt?
Er mir sagte:
Ich bin der Ehstand dieser Welt,
Also heiß ich;
So mancher, tapfre kühne Held
Um mich reißt sich.
Zum Heiraten tu ich laden,
Tu ich laden.

Dann ich ihn erst recht schaute an,
Mit Verwundern;
Gedacht: Sollt denn ich freier Mann
Gleich jetzunder
Beladen mich mit solchem Joch,
Und verbinden?
Ich wills wohl lassen bleiben noch,
Kanns nicht finden;
Will mich drinnen baß besinnen,
Baß besinnen.

Todesahndung einer Wöchnerin.

Mein Auge wankt,
Am Mond erkrankt,
Er möchte mir beispringen,
Mir drohn des Todes Klingen.
Muß Sichelschein
Den Zirkel rund

Zur Todesfackel füllen,
Ich bild mirs ein,
Ich sterb zur Stund;
Helft weinen ihr Gespielen!

Vergönnt es mir,
Das Grün hinfür
Allhier noch anzuschauen,
Auf Bergen, Tal und Auen:
Was Laub und Blüt
Ins Auge trägt,
An Buchen, Eichen, Tannen,
Und was nur hie
Der Frühling pflegt,
Für Teppich aufzuspannen.

Die Wasserflüß
Bezeugen dies,
Die rauschend weiter fließen,
Die Büsche grün begießen;
Nie stehn sie still,
Sind ohne Ruh,
Die Reis mir anzudeuten;
Wenn ich erfüllt
Mein Werk dazu,
Nach den erkannten Zeiten.

Ein Monat Licht,
Von hinnen flücht;
Das Trauern in dem Hirne
Treibts Uhrwerk der Gestirne.
Wohlan so lauf,
O Trän, den Weg,
Zur Wanderschaft mußt fließen;
Verlobt zum Kauf
Dich niederleg,
Den jüngsten Tag zu grüßen.

Wenn ich schon klag,
So viel ich mag,
Mein schwache Stimm zu heben,
Weil ich möcht länger leben;
Mein Herz vernimmt
In gleichem Schall,
Umsonst ist mein Bewerben.
Es bringt die Stimm

Im Widerhall,
Ich müsse leider sterben!

Die Klinge zück,
Ich nicht verrück
Die perlenweiße Kehle,
Gott gnadet meiner Seele!
In Weiß und Rot,
Geziert will sein,
In hocherwünschten Farben;
Denn Jesu Tod
Bricht Röselein,
Die nie bisher verdarben.

Der verschwundene Stern.

(Von M. Claudius.)

Es stand ein Sternlein am Himmel,
Ein Sternlein guter Art;
Das tät so lieblich scheinen,
So lieblich und so zart.

Ich wußte seine Stelle
Am Himmel, wo es stand;
Trat abends vor die Schwelle
Und suchte, bis ichs fand.

Und blieb dann lange stehen,
Hat große Freud in mir;
Das Sternlein anzusehen,
Und dankte Gott dafür.

Das Sternlein ist verschwunden,
Ich suche hin und her;
Wo ich es sonst gefunden,
Und find es nun nicht mehr.

Ein hohes Lied.

(In des Schillers Ton. 1450–1500.)

Mein Herz, das schwebt in Freudenspur,
Gedenk ich, wie die Kreatur
In Zweiheit ist gebildet;
Des sei gelobt der Schöpfer weis,
Der uns erschuf im Paradeis,

Erschuf jungfräulichs Bilde,
Die er da einem Jüngling gab,
Den er gemacht aus Erden;
Darum dien jetzt ich junger Knab
Wohl einer Jungfrau werte.
Ihr hohes Lob, das will ich ihr verkünden,
Ob ich es mögt durchgründen,
Nach meines Herzens Gier,
Ob ich gefiel auch ihr.

Gott grüß die schönste Jungfrau fein,
Die gänzlich hat das Herze mein,
Mit ihrer Lieb besessen;
Darum hab ich sie auserwählt,
Ein Jungfrau, die mir wohl gefällt,
Ich kann ihr nicht vergessen.

Wohl Tag und Nacht, wohl früh und spät
Liegt sie mir in dem Sinne;
All meine Hoffnung auf ihr steht,
Möcht ihre Huld gewinnen.
Mir liebt ihr Zucht, ihr jungfräuliche Güte,
Sie führt ein frei Gemüte;
Sie lebt mit Ehren ganz,
Mit Recht trägt sie den Kranz.

Das Kränzlein, das sie tragen soll
In Wort und Sitte trägt sie's wohl
So ganz ohn allen Wandel;
Hutsam behält sie ihr Gesicht,
Kein Ärgernis gibt's keinem nicht,
In ihrem Gang und Wandel.
Sie geht so schnelle auf der Straß,
Wer sie darauf tät grüßen,
Schließts Mündlein auf in sanfter Maß,
Und dankt mit Worten süße.
Ihre Wort sind wahr und nicht erlogen,
Sie hat mich nie betrogen;
Mich nie geführt am Seil,
Sie biet sich selbst nicht feil.

Darum hab ich sie auserkorn,
Sie ist von gutem Stamm geborn,
Zu Ehren schön erzogen;
Darum will ich ihr Diener sein,
Sie hat erleucht das Herze mein,
Ist wahr und nicht erlogen.

Sie trägt ein ehrentlich Gewand,
Gar adelig gesticket,
Mit ihr zarten Kunstes Hand,
Und wer sie anerblicket,
Dem möcht sein Herz in lauter Freude lachen;
Auf Reinheit tut sie wachen,
Darum bin ich ihr hold
Vor Silber und vor Gold.

Gott grüß die Jungfrau wohl getan,
Gar schwer ich gnugsam loben kann,
Wohl ihren werten Leibe;
Ihr Haar ist lang, goldfarb und gelb,
Ihr Öhrlein sind gar fein gewölbt,
Kein Spott ich damit treibe.
Sie hat zwei hübsche Äuglein klar,
Lieblich als ein Demante;
Darin das Weiße ist nicht gespart,
Ihr Bräulein stehn ohn Schande.
Ihr Näslein scharf, wie schwer kann ich sie loben,
Ihr Kinn ist sanft erhoben,
Ihr Mund geschwungen fein,
Brennt recht als ein Rubein.

Die Zähnlein sind ihr ganz und weiß,
Die Wänglein rot nach allem Fleiß,
Darin zwei Grüblein kleine;
Ihr Angesicht, das scheint sogar
Gleich als der recht Kristall so klar,
Polieret also reine.
Ihr Kehle, die ist grad und schön,
Ihr Hälslein lilienweiße;
Auf ihrem Haupt ein Kron sollt stehn,
Gezieret recht mit Fleiße.
Ihr Händ sind lind, gleich wie ein Hermeleine,
Und weiß wie Elfenbeine,
Darin die Adern blau,
Gott grüß dich, o Jungfrau.

All Ebenmaß in ihrer Brust,
Ihr Herz geziert in aller Lust,
Daran zwei Brüstlein kleine,
Sind nicht zu klein, und nicht zu groß,
In Züchten trägt sie auch nicht bloß,
Sie hat zwei grade Beine.
Ihr zarter Leib ist wohlgestalt,
Nach aller Freud und Ziere.

Ihr Schönheit hab ich nun gemalt,
Jungfrau, erhör mich schiere,
Und sprecht zu mir ein liebreich, freundlich Worte,
Und wo ich das erhörte,
Mein Weh wär gar vorbei,
Also erquickt ein Leu.

Erquickt mit seiner Stimm die Wölf (Jungen).
Also mir ihre Tugend helf,
Mit einem lieben Grüßen;
Dann tät sie mir groß Freundschaft kund,
Aus ihrem rosenfarben Mund,
Sogar ohn alles Verdrießen.
Dein Angesicht mich so erquickt.
Gleich als der Strauß sein Junge;
Du bist mein Freud, mein Trost, mein Glück,
Mich lockt dein süße Zunge.
Wie auf der Jungfrau klares Singen,
Das Einhorn kömmt mit Springen;
Legt ihr das Haupt in Schoß,
Und schläft ganz kummerlos.

Also bezwingt mich deine Stimm,
Und wo ich dich Herzlieb vernimm,
Besänftet sich mein Grimme;
Du machest mich so tugendsam,
Demütiglich gleich einem Lamm,
Das macht dein milde Stimme.
Daß mich hat deine Lieb und Güt
So kräftiglich bezwungen;
Daran gedenk du treu Gemüt,
Ach, nicht der falschen Zungen.
Und wolle meinen Worten treulich glauben,
Ich will dich nie berauben;
Dein Ehr ist allen kund,
Ich führ sie nie im Mund.

Dies glaube meiner Stetigkeit,
Es wär mir für dich selber leid,
Mißläng dir deine Ehre;
Des lasse mich genießen schier,
Nach Gott ist niemand lieber mir,
Dein Dienst ich stets begehre.
Wenn ich dir wohlgefällig wär,
Und wäre nicht dein Spotte;
Vergangen wär mir all Beschwer,
Darum fleh ich zu Gotte.

Wie große, große Lieb ich zu dir trage,
Getrau ich nicht zu sagen:
Ach sieh mein Herze an!
Gott grüß dich wohlgetan!

O Jungfrau, adeliges Blut,
Womit der Pelikanus gut
Die Jungen mag ernähren,
Das nimmt er aus dem Herzen sein,
Und kömmt darum in schwere Pein,
Er tut sein Blut verzehren.
Also verzehr ich Leib und Blut,
Nach dir Sinn, Lieb und Witze;
Du bist mir über Phönix gut,
Der in der Glut tut sitzen.
Darin verjüngt er sich mit Feuers Brennen,
Wo ich dich, Lieb, hör nennen;
Da tut mein Herz ein Sprung,
Und wird vor Freuden jung.

Von dir mein Herz empfänget Kraft,
Recht nach des Panthers Eigenschaft,
Wenns gehet in den Maien;
Dann steigt er auf ein Berg hinan,
Viel andre Tiere folgen dann,
Stehn um ihn an den Reihen.
Jungfrau, könnt ich dich loben baß,
Das tät ich allzeit gerne;
Du gehst mir über Laub und Gras,
Wie der Mond über die Sterne.
Ach feins mein Lieb, laß mich der Treu genießen,
Tu mir dein Herz erschließen;
Vernimm den Willen mein,
Zart edles Jungfräulein.

Jungfrau, vernimmst du den Gesang,
Und hab ich dir gedienet lang,
Das magst du wohl vergelten;
Ich diene allezeit dir gern,
Du bist mein lichter Morgenstern,
Doch seh ich dich so selten.
Das schafft, o Lieb, der Schwätzer Mund,
Mit ihrem falschen Sagen;
Glaub ihnen nicht zu aller Stund,
Vernimm meines Herzens Klagen.
In rechter Treu sollst du nicht von mir wenken,
Dies Lied tu ich dir schenken;

Aus rechtem Sinn erdacht,
Gott gebe dir viel guter Nacht!

Ein neu Klaglied eines alten deutschen Kriegsknechts wider die greuliche und unerhörte Kleidung der Pluderhosen in des Penzenauers Ton.

1555.

Was soll ich aber singen,
Ein wunderbar Geschicht;
Das Herz möcht dem zerspringen,
Ders nur einmal ansicht.
Was man doch hat erfunden
Alldort in jenem Land,
Sieht man zu allen Stunden
Ein großes Übel und Schand.
Es hat die Welt gestanden,
Mehr als fünftausend Jahr,
Ist solche große Schande
Aufkommen nie fürwahr;
Daß man die Gottesgaben
Also mißbrauchen soll,
Das wird kein Mensch nicht loben,
Und ihnen sprechen wohl.
Und wer denn nun will wissen,
Was doch erfunden sei,
Die Kriegsleut sind beflissen
Auf solche Buberei;
Sie lassen Hosen machen,
In einem Überzug,
Der hängt bis auf die Knochen,
Ist doch noch nicht genug.
Ein Latz muß sein daneben,
Wohl eines Kalbskopfs groß;
Karteken drunter schweben,
Seiden ohn alle Maß.
Kein Geld wird da gesparet,
Und sollt man betteln gehn;
Damit wird offenbaret
Wer ihnen gibt den Lohn.
Da gehen sie einher waten,
Gleich als der Teufel recht;

Und schören sie sich ein Platten,
Sie wären seine Knecht.
Auch hangen dran die Zotten
Einer halben Elle lang.
Tut man dann ihrer spotten,
So hebens an ein Zank,
Und wollen da verfechten
Die ungeheuer Gestalt,
Als hätten sies zu rechten,
Und stünd in ihrer Gewalt.
Nach Gott tun sie nicht fragen,
Wies ihm gefallen werd;
Was er dazu wird sagen,
Ist ihnen ohn alles Gefährd.
Und wär es ihnen befohlen,
Sie tätens nimmermehr!
Sollt man den Teufel malen,
Mit seinem ganzen Heer,
Ärger könnt mans nicht machen,
Als mit ein solch Gestalt;
Doch sind sie freie Hachen,
Wer wills ihnen wehren bald.
Sie meinen, wenn sie tragen
Ein solch Gesperr am Bein;
So darf sie niemand schlagen,
Kriegsleut sind sie allein.
Da doch wird oft gefunden
Ein solch verzagtes Herz,
So man ihn wollt verwunden,
Er gäb die Flucht ohn Scherz.
Nun wollt ich doch gern sehen,
Wie ers wollt greifen an;
Wenn sollt ein Sturm geschehen,
Als ich gesehen han.
Zu laufen noch zu steigen,
Kann man ihn brauchen nicht;
Vom Waten will ich schweigen,
Wie denn da oft geschieht.
Da steht er wie ein Lüllen,
In sein zerhackten Kleid;
Wie will er doch erfüllen
Seinen geschwornen Eid?
Er kann sich selbst nicht schützen,
Wenn Laufen nötig wär;
Bleibts Herz in Hosen sitzen,

Sein Herz muß halten her.
Kein Türk, kein Heid, kein Tartar
Solch Unflat je erfind.
Davon sonst ein Hausvater
Gekleidet Weib und Kind,
Das muß jetzt einer haben
Zu einem paar Hosen gar;
Doch sind sie freie Knaben,
Trutz wers ihnen wehren darf.
Sechs Ellen lündisch Gewande
Wird einem begnügen kaum;
Ist das nicht große Schande,
Darunter hat sie Raum.
Wohl neunundneunzig Ellen
Karteken muß er han;
Dann sind sie freie Gesellen,
Und stehen für einen Mann.
Es tragens auch Studenten,
Von den man lernen soll;
Sie sollten sein Regenten,
Exempel geben wohl.
Ihre christlichen Lehren
Findens nicht in der Schrift;
Sie solltens andern wehren;
So sind sie selbst vergift.
Schickt man sie auf die Schulen
Mit groß Unkosten frei;
Sie lernen saufen und buhlen,
Das muß auch sein dabei.
Ein solch paar Pluderhosen,
Dann sind sie Doktor schon;
Weils tragen die Franzosen,
Drum lassens nicht davon.
Dazu die Handwerksgesellen,
Die kaum das Badgeld hand;
Doch Hosen tragen wollen,
Und kostet es ein Land.
Was sie durchs Jahr erkratzen,
Das tragen sie daran;
Dann sind sie freie Fratzen,
Wann sie solch Hosen han.
Wann sie dann unser Herrgott
Angreift mit Krankheit schwer,
So haben sie kein Vorrat,
Spital muß halten her,

Die großen Pluderhosen,
Haben das Geld verzehrt;
In leeren Beutel blasen,
Wird manchen dann gelehrt.
Ein Beispiel tun sie geben,
Mit ihren Hosen recht;
Das ihnen gleich woll leben
Schinder und Henkersknecht.
Die tragen auch solch Hosen,
Wann sie jagen die Hund;
Und fluchen wie Franzosen,
So sind sie gleich im Bund.
Noch eins das ist geschehen,
Das ich euch melden muß;
Ich hab es selbst gesehen,
Hosen bis übern Fuß.
Die Seiden, die muß lappen,
Wohl hinten nach ers schleppt;
Dazu ein kurze Kappen,
Die ihn den Latz nicht deckt.
Vor Zeiten macht man Röcke,
Daß man den Latz bedeckt;
Jetzund so muß er blecken,
Auch sind daran gesteckt:
Viel Farben mancherleien,
Die sind daran gestickt;
Man möchte sie anspeien,
Wenn man sie nur erblickt.
Es haben unsre Alten
Die Kleider drum gemacht,
Daß sie sich vor dem Kalten
Beschirmten Tag und Nacht,
So geben diese Kleider
Doch weder kalt noch warm,
Groß Straf, die fürcht ich leider
Für uns, daß Gott erbarm!
Wie kann Gott Glück doch geben,
Dem deutschen Kriegesheer;
Da sie so schändlich streben
Wider sein Lob und Ehr.
Niemand soll Wunder nehmen,
Daß der Türk nimmt überhand;
Wir sollten uns doch schämen
Vor jedem andern Land.
Der Teufel mag wohl lachen

Zu solchem Affenspiel;
Ihm gefallen wohl die Sachen.
Fleißig ers fördern will,
Seinem Rat folgen sie nach;
Bis er bezahlt ihr Taten,
Reu ist zu spät hernach.
Dies Laster tut verklagen.
Ein alter Landsknecht gut;
Der hat all seine Tage
Gehabt ein Löwenmut.
Sein Leib tät er nicht sparen,
In deutsch und welschem Land;
Doch hat er nie erfahren
Von Deutschen größre Schand
Drum ich dies Liedlein sange,
Und wundert sich so sehr;
Ihm ward darob auch bange,
Wo doch herkommen wär
Ein solch greuliche Trachte
Wider alle Billigkeit;
Wer sie doch wohl erdachte,
Ist Gott im Himmel leid.
Ihr Fürsten und ihr Herren,
Laßts euch zu Herzen gehn;
Tut diesem Laster wehren,
Heißt sie davon abstehn.
Denn Gott wills an euch rächen,
Er gab euch die Gewalt;
Tut ihren Willen brechen,
Denn Gottes Straf kommt bald.
O Gott, tu du drein sehen,
Verzeih uns unsre Sünd;
Und laß uns nicht geschehen,
Den Sündern trag Erbarmen
Über ihre Hosen weit,
Und hilf zuletzt uns Armen
In die ewige Seligkeit,
Amen.

Aufklärung.

(Fliegendes Blatt in Preußen.)

Was soll ich tun, was soll ich glauben?
Und was ist meine Zuversicht?

Will man mir meine Zuflucht rauben,
Die mir des Höchsten Wort verspricht?
So ist mein Leben, Gram und Leid,
In dieser aufgeklärten Zeit

Ein jeder schnitzt sich nach Belieben
Jetzt selber die Religion;
Der Teufel, heißt es, ist vertrieben,
Und Christus ist nicht Gottessohn;
Und nichts gilt mehr Dreieinigkeit,
In dieser aufgeklärten Zeit.

Die Taufe, das Kommunizieren,
Ist für die aufgeklärte Welt
Nur Torheit wie das Kopulieren,
Und bringet nur den Priestern Geld;
Der Kluge nimmt ein Weib und freit
Nach Art der aufgeklärten Zeit.

Der Ehebruch ist keine Sünde,
Noch weniger die Hurerei;
Und obs gleich in der Bibel stünde,
Steht doch der Galgen nicht dabei.
Drum ists galante Sittlichkeit
In dieser aufgeklärten Zeit.

Der Aufgeklärte folgt den Trieben,
Und diese sind ihm Glaubenslehr;
Was Gottes Wort ihm vorgeschrieben,
Das deucht ihm fabelhaft und schwer.
Dem Pöbel ist es nur geweiht
Und nicht der aufgeklärten Zeit.

Die Tugend sucht man zwar zu preisen,
Als die alleine selig macht;
Doch nur den Glauben zu verweisen,
Weil der uns unsre Laster sagt.
Und Laster suchet man nicht weit
In dieser aufgeklärten Zeit.

So liegt nun in dem Sündenschlafe
Das ganze aufgeklärte Land;
Weil auch die ewge Höllenstrafe
Ist glücklich aus der Welt verbannt.
Denn jeder hofft Barmherzigkeit
In dieser und in jener Zeit.

So schreiben alle Antichristen,
Weil es dem Leichtsinn wohlgefällt;

Denn diese sind als Kanzelisten
Vom Satan selber angestellt:
Durch sie gewinnt der Teufel mehr,
Als wenn er selbst zugegen wär.

O laßt mich doch bei meiner Bibel,
Laßt mich in meiner Dunkelheit:
Denn ohne Hoffnung wird mir übel,
Bei dieser aufgeklärten Zeit;
Und ohne Hoffnung bin ich hier
Ein elend aufgeklärtes Tier.

Drum Toren sprecht, ich mag nichts hören,
Verschonet mich mit eurem Gift;
Gesetzt, wenn es auch Fabeln wären,
Das, was ich lese in der Schrift;
So macht mich doch dies Fabelbuch
Zum Leben und zum Sterben klug.

Es spricht: Erwach vom Sündenschlafe,
Du töricht aufgeklärtes Land;
Es naht die schwere Höllenstrafe,
Der böse Feind ist nicht verbannt;
Ich will euch lesen aus dem Buch,
Im Unglück gibts mir Ruh genug.

St. Meinrad.

Graf Berthold von Sulchen, der fromme Mann,
Er führt sein Söhnlein an der Hand;
„Meinrad, mein Söhnlein von fünf Jahren,
Du mußt mit mir gen Reichenau fahren.

Hatto, Hatto, nimm hin das Kind,
Alle liebe Engelein mit ihm sind;
Die geistlich Zucht mag er wohl lernen,
Und mag ein Spiegel der Münche werden."

Er ging zur Schul barfuß ohne Schuh;
Und legt die geistlich Kunst sich zu;
Die Weisheit kam ihm vor der Zeit,
Da ward er zu einem Priester geweiht.

Da schickt ihn Hatto auf den Zürcher See,
Daß er ins Klösterlein bei Jona geh;
Bei Jona zu Oberzollingen,
Da lehrt er die Mönch beten und singen.

Da er lange ihr Schulmeister war,
Und ihn die Brüder ehrten gar;
Tät er oft an dem Ufer stehen,
Und nach dem wilden Gebirg hinsehen.

Sein Gewissen zog ihn zur Wüste hin,
Zur Einsamkeit stand all sein Sinn;
Er sprach zu einem Mönch: „Mein Bruder,
Rüst uns ein Schifflein und zwei Ruder.

Über See zur Wildnis zur Wüstenei,
Hab ich gehört gut fischen sei;
Da gehn die Fischlein in den einsamen Bächen!" –
„Ja Herr, mein Meister", der Mönch tät sprechen.

Sie führen gen Rapperswyl über See,
Zu einer frommen Wittib sie da gehn;
„Bewahr uns die Gewand", sie zu ihr sprechen,
„Daß sie uns nicht in der Wildnis zerbrechen."

Sankt Meinrad und der Bruder gut,
Sie folgten wohl der Bächlein Flut:
Sie fischten hinan in dem Flüßlein Sille,
Bis in die Alp gar wild und stille.

„O Herr und Meister, lieber Sankt Meinrad,
Wir haben Fischlein schon mehr als satt";
„Noch nit genug", Meinrad da saget,
Steigt wo der Finsterwald herraget.

Und da sie gegangen den dritten Tag
Im finstern Wald eine Matte lag;
Ein Born da unter Steinen quillet,
Da hat Sankt Meinrad den Durst gestillet.

„Nun lieber Bruder, nun ists genug",
Gen Rapperswyl die Fisch er trug;
Die fromm Wittib stand vor der Pforten,
Und grüßt die Mönch mit frohen Worten.

„Willkomm, willkomm, ihr bleibt schier lang,
Die reißende Tier, die machten mich bang";
Die Fisch, die tät sie braten und sieden,
Die aßen sie in Gottes Frieden.

„Frau, hört mich an durch Gott, den Herrn!" –
Die Wittib sprach: „Das tu ich gern!"
„Ein armer Priester hat das Begehren,
Sein Leben im Finsterwald zu verzehren.

Nun sprecht, ob hier ein Frommer leb,
Der ihm ein klein Almosen geb;“
Sie sprach: „Ich bin allein allhiere,
Ich werd ihm ein Almoseniere.“

Da tät Sankt Meinrad ihr vertrauen,
Daß er sich wollt ein Zelle bauen;
Und kehrt nach Oberpollingen,
Tät noch ein Jahr da beten und singen.

Aber die Einsamkeit drängt ihn sehr,
Er hat kein ruhig Stund da mehr;
Und eilt nach Rapperswyl zu der Frauen,
Die ließ ihm da seine Zelle bauen.

Am Äpfel wohnt er sieben Jahr,
Viel fromme Leut, die kamen dar;
Seine Heiligkeit macht groß Geschrei,
Und zog da gar viel Volks herbei.

Solch weltlich Ehr bracht ihm viel Schmerz,
Sein Hüttlein rückt er waldeinwärts;
Zum finstern Wald, wo das Brünnlein quillet,
Das ihm einst seinen Durst gestillet.

Und wenn er sich das Holz abhaut,
Daraus er seine Zelle baut;
Findt er ein Nest mit jungen Raben,
Die tät er da mit Brot erlaben.

Die fromm Frau auch von Rapperswyl
Schickt ihm Almosen ein gut Teil;
So lebt er während fünfzehn Jahren,
Sein Freund die beiden Raben waren.

Von Wollrau war ein Zimmermann,
Der kam da zu dem Wald heran;
Und bat auch den St. Meinrad eben,
Sein Kindlein aus der Tauf zu heben.

Da ging St. Meinrad hinab ins Land,
Dem Zimmermann zur Taufe stand;
Und kam da wieder zu vielen Ehren,
Das täten zwei böse Mörder hören.

Peter und Reinhard dachten wohl,
St. Meinrads Opferstock wär voll,
Und wie sie zum Finsterwald eintreten,
Die Raben schreien in großen Nöten.

St. Meinrad las die Meß zur Stund,
Der Herr tät ihm sein Stündlein kund;
Da betet er aus ganzer Seele,
Daß ihn der Himmel auserwähle.

Die Mörder schlagen an die Tür:
„Du böser Münich tret herfür;
Tu auf, gib uns dein Geld zusammen,
Sonst stecken wir dein Haus in Flammen."

Im Finsterwald schallts ganz verworrn,
Die Raben mehren ihren Zorn;
Um ihre Häupter sie wütend kreisen,
Nach ihren Augen hacken und beißen.

St. Meinrad sanft zu ihnen tritt,
Bringt ihnen Brot und Wasser mit;
„Eßt, trinkt, ihr Gäste, seid willkommen,
Dann tut, warum ihr hergekommen."

Der Reinhard sprach: „Warum komm ich?"
St. Meinrad sprach: „Zu töten mich";
Da schrien sie beide: „Kannst du es wissen?
So werden wirs vollbringen müssen.

Nun gib dein Silber und all dein Gut!"
Da schlugen sie ihn wohl aufs Blut;
Und da sie seine Armut sahen,
Täten sie ihn zu Boden schlagen.

Da sprach der liebe Gottesmann:
„Ihr lieben Freund, nun hört mich an;
Zündt mir ein Licht zu meiner Leiche,
Dann eilt, daß euch kein Feind erreiche."

Der Peter ging da zur Kapell,
Zu zünden an die Kerze hell;
Die tät durch Gott von selbst erbrennen,
Die Mörder da ihr Schuld erkennen.

Die Kerze brennt an seiner Seit,
Ein Wohlgeruch sich auch verbreit;
Sein Seel tät zu dem Himmel ziehen,
Die Mörder da erschrocken fliehen.

Aber die frommen Raben beid,
Die gaben ihnen bös Geleit;
Um ihre Häupter sie zornig kreisen,
Und ihnen Haar und Stirn zerreißen.

Durch Wollrau kamen sie gerannt,
Der Zimmermann die Raben kannt;
Da tät er seinen Bruder bitten,
Zu folgen ihren wilden Schritten.

Indes lief er in den Finsterwald,
Sucht seinen lieben Gevatter bald;
Der lag erschlagen auf grüner Heide,
Die Kerze brennt an seiner Seite.

Er küßt ihn auf den blutgen Mund,
Hüllt in den Mantel ihn zur Stund;
Legt weinend ihn in die Kapelle,
An seines heilgen Altars Schwelle.

Und eilt herunter in das Land,
Sein Jammer allen macht bekannt;
Und schickt hinauf sein Kind und Frauen,
Nach ihrem heilgen Freund zu schauen.

Die Mörder fand er im Wirtshaus,
Und der Schifflande zu Zürich draus;
Die Raben stießen die Fenster ein,
Und warfen um das Bier und Wein.

Die Mörder man ergriff und band,
Ihr Schuld, die haben sie bekannt;
Und bis hin auf den Scheiterhaufen,
Die Raben sie wohl hacken und raufen.

Der Abt zu Reichenau da hört,
Der fromm St. Meinrad sei ermördt;
Schickt auch mit Licht und Fahn viel Brüder,
Zu holen des St. Meinrads Glieder.

Und da der Leib zum Etzel kam,
Wo er gewohnt der heilge Mann;
Da war der Sarg nicht zu bewegen,
Sie mußten ihn da niederlegen.

Sein heilig Herz und Ingeweid
Sie da begruben zu der Zeit;
Den Leib sie dann mit Beten und Singen
Nach Reichenau zur Kirche bringen.

Wo er gestorben und gelebt,
Das Kloster Einsiedeln sich erhebt;
Für fromme Pilger ein Wunderquelle,
Quillt dort in St. Meinrads Kapelle.

Goldarbeiten auf dem Liebesbande.

(Christian Fende, Anleitung für eine gottsuchende Seele. Grätz 1732. S. 175.)

Ich wollt um meines Herren Haupt,
Das ganz von Dornen war umschraubt,
Ein Kronenband von Golde binden;
Das sollte meine Liebe sein,
Da braucht ich nun ein Schmelzwerk drein,
Das wußt ich nirgends aufzufinden;
Doch traf mein Geist auf guter Bahn
Noch endlich einen Goldschmied an.

Der legte mir zu dieser Zier
Der Muster eine Menge für;
Ich wählt und weiß es noch zu nennen,
Ein Haupt, darauf man Balsam goß,
Der auch davon herunter floß,
Doch, daß der Leib nicht wohl zu kennen;
Dabei war dies die Nebenschrift:
Wohl dem, den dieser Balsam trifft.

Zur andern ward mir vorgelegt
Ein Ölbaum, den man abgesägt,
Und frisch mit Reisern übersetzet;
Dabei ein alter Gärtner stund,
Von dem der ungehackte Grund
Mit Wasser ward umher benetzet;
Und schiens, als sagte dieser Greis:
Wohl dem, der hier steht, wie ein Reis.

Drauf legt er einen Weinstock dar,
Der voller grüner Reben war,
Die teils mit Trauben angefüllet,
Teils aber stunden nur zum Schein,
Und schnitt der Gärtner frisch darein,
Wo solches Laub den Stock verhüllet;
Sein Wort schien dies zu jeder Frist:
Weg, was kein fruchtbar Reben ist.

Das vierte war ein weißes Kleid,
Ein Sinnbild der Gerechtigkeit,
Mit Christi Werken ausgesticket;
Das gab ein Vater anzuziehn,
Der Sohn warf seinen Kittel hin,
Der ganz mit Flicken zugestücket;

Und wie es schien, fing dieser an:
Wohl, wenn ich mich so kleiden kann.

Drauf kam mir vor ein Weizenfeld,
Das große Bild der Christenwelt,
Mit Unkraut hin und her besprenget;
Da stand ein hurtger Ackermann,
Und schlug mit seiner Sichel an,
Wiewohl der Acker so gemenget;
Doch schiens, als spräch er dies darein:
Wohl dem, der hier kann Weizen sä'n.

Und was zum sechsten vor uns kam,
Das war ein edler Bräutigam,
Mit Hochzeitskleidern ausgeschmücket;
Der bot der Braut die Liebeshand,
Die war in reiner Lieb entbrannt,
Und schaut auf ihn, wie halb entzücket;
Vom Himmel gab es diesen Laut:
Wie selig ist des Höchsten Braut.

Darauf kam mir ein Schäfer für,
Zwar schlecht von Kleid und sonder Zier,
Doch lag ein Schaf auf seinem Rücken;
Das schien, als hätt ers aus der Nacht
Und aus der Irr auch heimgebracht,
Und wollt es bei der Herd erquicken;
Dabei dies Wort gelesen ward:
Wohl, wenn man hat des Schäfleins Art.

Zum achten zog in einem Kahn
Ein Schiffer seinen Zug heran,
Als wollt er nun das Netz ausleeren;
Da sah man Fisch und Kot und Stein
In einem Garn ergriffen sein,
Das fing er gleich an umzukehren;
Und mischte diesen Spruch darein:
Wohl dem, der wie ein Fisch kann sein.

Drauf sah ich, wie Metall da floß,
Das einer in die Forme goß,
Ein Kruzifix darauf zu gießen,
Das im Metall daneben stund;
Wie da der Herr für unsern Bund
Sein Blut ließ, wie die Ströme fließen;
Darüber stand dies Wort erhöht:
Wohl, wer in dieser Forme steht.

Zum zehnten war da ein Spital,
Und Kranken drinnen ohne Zahl,
Und wollt ein Arzt zu ihnen treten,
Den ließen viel von ferne stehn,
Zu einem schien er hinzugehn,
Der ihn zuvor mit Ernst gebeten;
Dabei ward dies mit angeführt:
Wohl dem, den dieser Arzt kuriert.

Daraus mach ich mein Liebesband,
Und bring es als mein Seelenpfand,
Und ehre dich mit diesem Namen:
Herr, dessen Schrift dies selbst erdacht,
Sei dies für mich, was ich dir bracht,
Und sprich zu allem selbst das Amen;
So werd ich sonder Bild und Schein
In dir wahrhaftig selig sein.

Vorbereitung.
(S. 63.)

Ewiger Bildner der löblichen Dinge,
Der du mich Armen so ferne erdacht;
Rühr mir die Zunge, damit ich dir singe,
Und eins beginne nach äußerster Macht:
Dich zu erheben,
Und dir zu leben,
Weil du mich mit so viel Gnaden bewacht.

Danket ihr Augen dem ewigen Lichte,
Daß ihr so sehend und offen dasteht;
Danket ihm für das erlangte Gesichte,
Das auch noch dauert und noch nicht vergeht.
Schauet mit Wonne
Auf ihn die Sonne,
Bis er euch über die Sterne erhöht.

Danket, ihr Ohren, dem Worte des Lebens,
Daß ihr vernehmen könnt, was es euch heißt;
Öffnet euch, daß es nicht rufe vergebens,
Laßt euch regieren den ewigen Geist;
Bis ihr könnt hören,
Wie man mit Chören
Dorten ihn ewig erhebet und preist.

Danket Gedanken, Verstand und du Wille,
Danke Gedächtnis und Urteil dazu;
Schwinget die Flügel zur ewigen Fülle,
Laßt euch nicht halten das zeitliche Nu.
Lob und Gefieder
Sinke nicht nieder,
Bis ihr gelanget zur himmlischen Ruh.

Augustinus und der Engel.

(Mündlich.)

Mit der Muschel schöpft das Büblein,
Aus dem Meer in ein Sandgrüblein;
Augustinus stille stand,
Und das Kind zu ihm begann.

Engel.

Augustinus, Licht des Glaubens,
Fromm und rein gleich wie die Tauben;
Sag mir an, wo gehst du hin?
Du hast Neues wohl im Sinn.

Tust vielleicht was Neu's studieren,
Oder gehst du nur spazieren?
Augustinus sag es gleich,
Sonst ich nicht von dir abweich.

Augustinus.

Liebes Kind, ich tu betrachten,
Ach und kann doch nimmer fassen,
Die allerheiligste Dreifaltigkeit
Als eine wahre Einigkeit.

Engel.

Eh will ich das groß Weltwasser
In dies klein Sandgrüblein fassen;
Es du dir wirst bilden ein,
Wie die Sach kann möglich sein.

Augustinus.

O wie hoch bin ich geflogen,
Wie hat mich das Gemüt betrogen;
Als ich nach dem Kindlein sah,
War es fort, war nicht mehr da.

Nimmer werd ich so hoch fliegen,
Nimmer michs Gemüt betrügen;

Bis zergehen wird die Erd,
Und ich nicht mehr denken werd.

Dies ist das ander Land.

(Manuskript. 1477.)

Es ist nit allewege Festabend,
Der Tod kömmt und bringet den Abend;
Und bindt uns mit einem festen Band,
Daß er uns bringe in das ander Land.

Auch so ist allezeit nit Maie,
Wir müssen tanzen an dem Reihe;
Daß uns der Mai wird entwandt,
Dann singen wir fort in das ander Land.

Alleweg mögen wir nit hie bleiben,
Der Tod will uns von hinnen treiben:
Noch morgen oder alle zur Hand,
Gott weiß, wir müssen in das ander Land.

Wie schön wir uns zieren und waschen,
Wir sind doch erst kommen von Aschen;
Das erst Volk, das man fand,
Das ist auch fort in das ander Land.

Ach was ist süßer als das Leben,
Wir müssen doch sterbend uns des begeben;
Der Tod kömmt sonder Widerstand,
Und schleift uns in das ander Land.

Ich wag, ich sorg, ich bebe, ich kreide,
Um Gut, das ist doch andrer Leute;
Es war auch hie, als ich es fand,
Hier laß ich es, und fahr in das ander Land.

Ich gehe scharren und schürchen,
Um Gut, als wollt ich mich erwürgen;
Gott hat mich nit darum hergesandt,
Muß nacket und bloß in das ander Land.

Ich sollte Gott hie zu allen Zeiten
Loben, danken und benedeien;
Das wär mein Schutz und mein Gewand
Vor Satanas in dem andern Land.

Herr Geier, Herr Geier, was ihr hie mögt erkriegen,
Es muß doch alles hie bleiben liegen;

Mit uns müßt ihr unter den Sand,
Fahren hin in das ander Land.

Keines Menschen Gut oder Ehr sollst du ihm nehmen,
Freund! des sollst du dich schämen;
Die das taten, die wurden geschand't,
Hie und auch im andern Land.

Kein Schande oder Schaden sollst du klaffen,
Auf Mönche, Nonnen oder Pfaffen;
Sie sind Gottes Schatz und edel Persant,
Sie geben Rede in dem andern Land.

Wo ist Karle, Hektor und Alexander!
Julius, Artus und mancher ander?
Ritter, Knecht und mancher Wigand,
Wo anders denn im andern Land.

Wär irgend ein Kaiser von Rome,
Der edel wär oder so schone;
Als ein Karfunkel oder Diamant,
Er muß nacket in das ander Land.

Wir gehen, als die vor uns waren,
Starke, weise, schön von Jahren;
Wie man sie nennt, oder waren genannt,
Sie sind all vor uns in das ander Land.

Der Tag mag zu Abend kommen,
Es sei zu Schaden oder zu Frommen;
Nach dem Leben kommt der Tod gerannt,
Und treibt uns in das ander Land.

Als wir sind tot, wir mögen kriegen,
Ein alt Leilach, darin wir liegen;
Oder ein neue Kiste bekannt,
Also fahren wir in das ander Land.

Wir werden alle nackend geboren,
Kein eigen Gut haben wir zware;
Denn unsre Seele ist ein Unterpfand,
Ihr Werk findet sie in dem andern Land.

O Seele, o Seele, geistliche Kreature,
Gott schuf dich selber nach seiner Figure;
Was du hast gesäet oder gepflanzt,
Das sollst du ernten in dem andern Land.

Das Beste, des ich mich kann entsinnen,
Das ist Gott fürchten und allzeit minnen;

Das soll sein unsrer Seele Gewand,
So fahren wir sicher in das ander Land.

Wenn wir werden alt, krank und krumm,
So wär es Zeit, daß wir uns sähen um;
Und wenn uns entfällt der Leckerzahn,
So wollen wir bald in das ander Land.

Ach Gott, wer soll unser Geleitsmann sein?
Wir wissen ja nichts von unsrer Pein;
Der Weg ist fern und unbekannt,
Den wir hinfahren in das ander Land.

Nachdem als maan beschrieben findt,
So ist unser Leben als der Wind;
Der da flieget über den Sand,
So schnell fahren wir in das ander Land.

Ach, daß ich je ward geboren!
Daß ich meine Zeit also hab verloren;
Ach Herre, ich setze meine Seel in deine Hand,
Wenn ich hinfahre in das ander Land.

Wir wollen immer das beste hoffen,
Die Gottesgnade steht uns allzeit offen;
Wiewohl uns Gott hat hergesandt,
Doch müssen wir in das ander Land.

Bitten wir Maria, die Jungfrau rein,
Daß sie unsre Trösterin wolle sein;
Und bleiben doch immer unser Vorstand,
Wenn wir fahren dahin in das ander Land.

Unser Herr Jesus hat uns gegeben
Im Himmelreich sein ewiges Leben;
Er behüte uns vor dem bösen Volant,
Daß wir nit kommen in das höllische Land.

Das ist aus: Ich kann nit mehr beschreiben,
Gott! der weise uns in sein ewig Leben;
Daß wir da werden mögen bekannt
Mit allen Heiligen in dem himmlischen Land.
Amen.

Kriegslied.

(Marcarium epithalamium. S. 148.)

Fangt an zu singen,
Die Trommel rühren,

Zertrennt ist Pharaos groß Heer;
Laßt Saiten klingen,
Und jubilieren,
Verschont hat uns das rote Meer.
Hat nachgelassen
So stark zu fließen,
Gestanden wie die Mauern fest;
Durch gute Straßen,
Mit trocknen Füßen
Gehn wir hindurch, wir sind getröst.

Will Moses führen
Das Heer der Männer,
Kommt ihr zu mir, ihr Jungfräulein;
Mein Heer zu zieren,
Trotz euch Bekenner,
Bin Aron ich, die Schwester dein.
Weil wir entronnen
Den Wasserwellen,
Sollt ihr der höchsten Majestät
So viel vergönnen,
Ein Fest anstellen,
Und singen, daß der Osten weht.

Der Tau wird fallen,
Und euch begießen,
Herab vom hohen Himmelsblau;
Ihr sollt vor allen
Das Herz erschließen,
Dem honigsüßen Himmeltau.
Dann wird benetzet,
Was vor geblieben,
Und ohne dies wohl Frucht gebracht;
Zugleich ergötzet,
Mehr angetrieben,
Was ausgedorret und verschmacht.

Eine heilige Familie.

(Marcarium epithalamium. Von Joh. Kuen. München 1659.)

Der Tag war schön, ins Grüne gehn,
Trieb an das lustge Wetter;
Das Feld geziert, vom Wind berührt,
Rot wie die Rosenblätter.
Maria rein, hätt Sorg allein,

Ihr Kindlein umzutragen;
Möcht ja von Haus, aus wohl hinaus,
Soll doch die Mutter fragen:
Ob sie dies dürfe wagen?

„Ei warum nit? Ich komm auch mit!"
Die Mutter Anna sprache;
„Dem Kind, auch dir, ingleichen mir
Ein Freud im Feld ich mache.
Die Luft man spürt, gelind regiert,
Laß uns der Zeit genießen;
Und allerlei Tapezerei,
Gesprengter Blümlein grüßen,
Die reichlich vorher sprießen."

Die Nachtigall, mit edlem Schall,
Ein Musik anzurichten,
Schwingt sich gar frei, zunächst hiebei,
Fängt lieblich an zu dichten.
Das schön Revier, gab gut Quartier,
Ein grünes Dach zu eigen;
Der Feigenbaum enthält sich kaum,
Kann sich genug nicht neigen,
Auch dienstbarlich erzeigen.

Maria wollt, wie sie auch sollt,
Mit ihrer Mutter teilen:
„Nimm, Ahnfrau, nimm! O süße Stimm!
Will dein Verlangen heilen."
Gab ihren Sohn, der Freude Lohn,
Der Mutter auf die Schoßen;
Inzwischen sie, sucht Rosenblüt,
Mit Blättern, klein und großen,
Gleich wies hervor gesprossen.

Zur selben Frist, auch Joseph ist,
Hienach mit Freuden kommen;
Hat Speis und Frücht, im Korb gericht,
Aus Vorsorg mitgenommen.
Damit das Kind und Hausgesind
Im Fall es würd begehret;
Wo nicht nach Gust, jedoch zur Lust,
Was hätt davon verzehret,
Dem Kind hat ers verehret.

„O schön Geschenk!" die Ahnfrau denkt,
„Ein Apfel reich dem Kinde;
Sieh ob ein Freud, könnt sein der Zeit,

Die meine überwinde?
Hab in dem Schoß, den Herren groß,
Der Himmel wird erfüllen;
Die Weisheit hoch, in Kindheit noch,
Seh ich nach meinem Willen,
Wie doch die Kinder spielen!"

Der Engel Kreis, stand rings so leis,
Und war doch ganz zugegen;
Der ungespart, in Gegenwart
Sein Schuld auch wollt ablegen.
Das Kind sich wendt, streckt seine Händ,
Als wär ihm Leid geschehen;
Wendt hin und her und in die Fern,
Und dann auch in die Nähen,
Bis es die Recht ersehen.

Der Lilienstamm, schier wieder kam,
Maria brachte Blumen;
Hat Maiengab gebrochen ab,
Als reines Weiß zu ruhmen.
Bald Anna bund ein Kränzlein rund.
So war das Kind ergötzet;
Der Jungfrau Sohn nahm an die Kron
Hats der aufs Haupt gesetzet,
Die würdig wird geschätzet.

„Herbei Johann, bist gut Gespann,
Komm her zu lieben Kindchen;
Mit uns verbleib, da Kurzweil treib,
Wie bald entweicht ein Stündchen.
Dein Lämmlein laß im grünen Gras,
Nur neben uns, da weiden;
Bringst auch mit dir ein Maienzier,
Und bist noch so bescheiden?
Bringst Rosen von der Heiden."

Die Rosen dein, hoch Leibfarb sein,
Bedeuten schmerzlich Leben;
Was machst damit, was bringt sie mit,
Will zwar nicht widerstreben.
O Rosenrot! O Pein! O Not,
Johannes mein verschone;
Mach mir nicht neu, die Prophezei,
Vermeldt von Simeone,
Bis ich des Leids gewohne.

„Ei ja, so seis, so rot und weiß,
Ist des Geliebten Zeichen;
Hab Lust hiezu, mein Jesus fruh,
Tu selber danach reichen;
Teil auch mit mir, ich bitt dafür,
Ich nehm von dir mit Freuden
Die Rosen rot, ja gar den Tod,
Und alles, was zu leiden,
Wenns je nicht ist, zu meiden."

Der Lilien weiß, ein ganz Gesträuß,
War für den Joseph eben;
Und Anna warb um Goldlackfarb,
Johannes hats ihr geben;
Das übrig ward geworfen dar
Ins Feld für einen Samen;
Daraus zerstreut, zu seiner Zeit,
Gepflanzt in Jesus Namen,
Viel tausend Blümlein kamen.

Erlösung.

(Königshoven Straßburger Chronik. S. 526.)

Maria.
Mein Kind, sieh an die Brüste mein,
Kein Sünder laß verloren sein.

Christus.
Mutter, sieh an die Wunden,
Die ich für dein Sünd trag alle Stunden,
Vater, laß dir die Wunden mein,
Ein Opfer für die Sünde sein.

Vater.
Sohn, lieber Sohn mein,
Alles was du begehrst, das soll sein.

Liebscherz mit dem neugebornen Kinde Maria.

(Procopii Mariale festivale. p. 228.)

Wann wünschen wär können, Maria rein,
So möcht ich jetzt wohl ein Baumeister sein;
Ich wünschte mir Salomons Schätze,
Dukaten und Taler viel Metzen,

Bloß deinen Geburtsort zu ehren,
Mein Andacht und Trost zu vermehren.

Ich wollte dir bauen ein Kirchelein,
Das sollte mit Golde gepflastert sein;
Von Edelstein alle Gewölbe,
Der Altar, das wäre ich selber;
Mein Herze, das müsse der Altardom sein,
Drauf müssest du wohnen, mein Kindelein.

Mein Seel sollt ein güldenes Rauchfaß sein,
Mit dem ich dir täglich wollt opfern fein,
Gewürzwerk, so viel dir behaget,
So viel ganz Arabia traget;
Die Menschen, die hätt ich an einer Kett,
Und jeder ein englische Stimmlein hätt.

Maria, du jetzt ein Kindlein bist,
Das sauget der heiligen Mutter Brüst;
Die Kinder gern alles verschenken,
Drum wollest auch meiner gedenken;
Mein Grobheit, die wollest verzeihen,
Viel Gnade dafür mir verleihen.

Wenn schlafest, so will ich aufwecken dich,
Tust weinen, so will ich erfreuen mich;
Die Engel, die werden dich stillen,
Gott selber wird tun deinen Willen;
Ihm opfre ein kleines Paar Zährlein,
Es wird ihm viel lieber als Perlen sein.

Vorbote des jüngsten Gerichts.

(Nach Procop.)

Pater Friedrich Procop, Kapuziner der Österreichischen Provinz zu Templin, in der Mark Brandenburg, gegen das Ende des sechzehnten Jahrhunderts geboren; zu seiner Zeit ein berühmter Redner und Dichter (seine weitläufigen Schriften erhielten mehr von Auflagen), durch den Religionsstreit in der Geschichte der Dichtkunst wie so manche andere vergessen, in dem ersten und zweiten Bande des Wunderhorns durch Proben einiger seiner zierlichsten Lieder wieder bekannt gemacht; schließt seine Abschiedsrede mit folgenden Versen.

Nun lob mein Seel den Herren gut,
Des Weisheit so regieren tut;
Daß alles in der ganzen Welt,
So süß und lieblich ist bestellt.
Ganz gnädiglich mich Würmlein arm

Beruft er aus des Luthers Schwarm;
Fürwahr durch wunderliche Weg,
Als ich oft nachzudenken pfleg.

Er mich versorgt zu seinem Ruhm,
Im Ordensstand und Priestertum;
Begabt mich mit so viel Verstand,
Daß ich das Weiß von Schwarz erkannt.
Die Bibel und die heilge Schrift,
So viel das Predigtamt betrifft,
Wollt er, daß ich begreifen mußt,
Verlieh dazu mir Lieb und Lust.

Ich predigt vierundzwanzig Jahr,
Bis ich an Kräften abnahm gar;
Die Kanzel ich dann fahren ließ,
Mein Obrigkeit mir selbst es hieß.
Und wagte mich an dieses Werk,
Dazu mir Gott gab Gnad und Stärk;
Viel mehr als ich gehoffet hätt,
Maria Hilf mich trösten tät.

Was ich gelehrt mit Zung und Mund,
Auch selbst geglaubt von Herzensgrund;
Das bracht ich fleißig zu Papier,
Der Leser kann es finden hier.
Vermein es manchem dienen soll,
Der sich des mag gebrauchen wohl;
Der Predigten ist groß die Zahl,
Daraus man hat die freie Wahl.

Gar vielmals hat man wenig Zeit,
Leidt auch nicht die Gelegenheit,
Daß man erst lang studieren tu,
Geschäfte lassen es nicht zu.
Nehm er nur meine Bücher her,
So hat er schon genug gut Lehr;
Zu Dank sag er nach meinem Tod:
Nun mein Procop, nun gnad dir Gott.

Gesänge macht ich allerlei,
Versah sie mit der Melodei;
Damit teil ich die Predigt ab,
Niemand dran Mißgefallen hab,
Sing oder brauch ein Instrument,
Doch mittlerweil zu Gott dich wend;
Dies war allein mein Zweck und Ziel,
So hast ein nützlich Musikspiel.

* * *

Einstmals war ich ein Wandersmann,
Reisend durch fremde Land,
In eine Stadt ich käme an,
Wo ich nicht war bekannt;
Ich war so müd und ja so matt,
Daß ich kaum essen mocht,
Mich dünkt, ich war vorhin schon satt,
Eh noch was ward gekocht.
Ich ließ das jüngst Gerichte,
Und legt mich auf das Stroh,
Wohl mit dem Angesichte,
Wie ich denn pflegte so.

Ich lag gar sanft geschlummert ein,
Und gleich im besten Schlaf,
Erquickte fein die Glieder mein,
Als wie ein müdes Schaf;
Da hebt sich an ein großer Lärm,
Es ward ein Feuersbrunst:
Es brennt, es brennt, daß Gott erbarm,
Schrie man und nicht umsunst.
Bringt Wasser, Leiter, Hacken,
Ihr Nachbarn eilt herzu;
Sturm schlug man an den Glocken,
Das machte groß Unruh.

Bald ich erhub auch meinen Kopf,
Wußt nicht, ob träumte mir,
Ich mußte auf, ich armer Tropf,
Da half mir nichts dafür;
Ich lief zum Fenster, schaut hinaus,
Nahm ein den Augenschein;
Ich sah das große Elend draus,
Es mocht nicht ärger sein.
Was sollt ich weiter machen,
In der betrübten Nacht;
Mir wohl verging das Lachen,
Ein jeder es eracht.

Es war ein Zeit gekommen schon,
Das Wasser war zu teuer,
Und wo ich schau und wo ich wohn,
Das vielgefräßge Feuer;
Gar alle Gassen lief es auf,
Die Funken flogen sehr;

Von Platz zu Platz, von Haus zu Haus,
Um sich griffs immer mehr.
Glückselig der sich schätzte,
Ders Leben bracht davon;
Auf Glut und Asche setzte
Sich hoch des Feuers Thron.

Propheten, Patriarchenchör,
Und die Apostel auch,
Evangelisten, ander mehr,
Nach ihrem alten Brauch;
Sie schreien rings und machen Lärm
Aufmuntern Bös und Fromm;
Es brenn, es brenn, daß Gott erbarm,
Wer löschen mag, der komm.
Die Häuser man verlasset,
Und eilet auf die Berg;
Mich da der Anblick fasset,
Daß ich mich bald verberg.

Da schrie und rief die tiefe Stimm,
Wohl bei dem Feuerthron mit Grimm:
Der jüngste Tag wird sich bald finden,
Solches verkündge den Menschenkindern;
Mann und Weib, dem tu ichs klagen,
Was ich in meinem Herzen tu tragen;
Ich eß oder trink, ich schlaf oder wach,
Oder was ich auf Erden mach,
So kommet mir nimmer aus meinen Ohrn,
Das greulich und grimmige Horn,
Das da tönet ohne Maßen Grimm,
Und schreit mit erschrecklicher Stimm:
Steht auf, ihr toten Leut,
Zu dem Gericht Gottes müßt ihr heut;
Die Posaune die Toten auferweckt,
Und auch die ganze Welt erschreckt.
Nun höret zu, was ich euch sag,
Es kommen vorher fünfzehn Tag,
An dem ersten Tag, da fang ich an:
Die Wasser lassen ihr laufen stahn,
Sie rinnen nicht mehr über Land,
Sie lehnen auf wie eine Wand,
Sie tun gar gräulich sausen,
Daß mans in der ganzen Welt hört brausen.
Danach wohl an dem andern Tag
Nach der lieben heiligen Sag,

So kommen die Wasser wieder hernieder,
Daß man sie kaum siehet wieder,
Ja, daß man sie kaum gesehen mag.
O weh, wie jämmerlicher Tag.
Der dritte Tag ist so grimm,
Die Fisch im Meer schreien mit lauter Stimm,
Und gar jämmerlich schreien alle Meerwunder,
Doch ein jeder in seiner Art besunder;
Also hart klagen sie ihre Not,
Daß sie müssen leiden den Tod.
Der vierte und jämmerliche Tag,
Und höret zu, was ich euch sag,
So muß die Welt groß Leid gewinnen,
Wenn sie tut sehen das Wasser brinnen,
Und das ganze Erdreich zumal,
Da ist großer Jammer überall.
Der fünfte Tag gar greulichen tut,
Alles Laub und Gras, das schwitzet Blut,
Das Laub wohl an den Ästen rinnt,
Wer das ansieht, groß Leid gewinnt,
Das Erdreich wird von Blut so rot,
Das mag wohl sein ein große Not.
Danach kommt der sechste Tag,
Und bringet mit sich ein greulich Klag,
Haus und Hof niederfällt,
Wie fest es auf Erden war gestellt;
Doch fällt alles nieder zu der Erd,
Silber und Gold wird sein gar unwert.
Der siebente Tag gar greulich ist,
Ein grausam Geschrei hört man zur Frist,
Ein Stein tut sich am andern schlagen,
Daß die Leut schier mögten verzagen;
Wer dann lebt, der muß alten,
Wenn er sieht die Stein verspalten.
Der achte Tag, vernehmt mich wohl,
Gar greulich Wunder bringen soll,
Der großen Erdbeben kommen so fast,
Daß weder Menschen noch Vieh hat Rast.
Es fällt alles nieder zu der Stund,
Und spricht: O weh, der Tod kummt!
Der neunte Tag läßt nichtes stahn,
Alle Berg und Hügel müssen sich niederlan,
Die grausamen, hohen Berge überall,
Die fallen hernieder in das Tal,
Und wird das Erdreich ganz eben,

O wie bitter wird sein das Leben.
Der zehnte Tag kommt bitterlich,
Die Leut schreien gar jämmerlich,
Die sich in Klüften haben verborgen,
Die kommen hervor mit großen Sorgen;
Ihr keiner schier mehr reden mag,
Also sehr fürchten sie den jüngsten Tag.
Der elfte Tag kommt gar klärlich,
Die Totenbein erzeigen sich,
Vor dem Grab sieht man sie liegen,
Das soll euch nicht sein verschwiegen;
Wann die lebendigen Leut das sehen,
Vor großer Angst sie dann vergehen.
Der zwölfte Tag tut so grausam wallen,
Dann sieht man die Stern vom Himmel fallen;
Und fliehen durch die ganze Welt zumal,
Da ist groß Jammer überall.
An dem dreizehnten und schrecklichen Tag,
Nun höret zu, was ich euch sag,
Daran müssen alle Menschen sterben,
Die kommen sind aus dieser Erden,
Daß sie von dem Tod auferstehen,
Und sämtlich vor den Richter gehen.
Der vierzehnte Tag gar greulich ist,
Davon verbrennt die Welt in kurzer Frist,
Luft, Wasser und Erdreich, alles da brinnt,
Und überaus groß Leid gewinnt;
Denn alles, was gemacht ist aus der Erden,
Muß wieder zu Staub und Asche werden.
Am fünfzehnten Tag, das ist wahr,
Da wird eine neue Welt gar schön und klar,
Alsdann müssen alle Menschen auferstehen aus dem Grab,
Wovon uns die heilige Schrift klar Zeugnis gab;
Der Engel mit dem großen Zorn,
Ruft allen Menschen durch das Horn!

Anmutiger Blumenkranz
aus dem Garten der Gemeinde Gottes,
ans Licht gegeben im Jahre 1712.

Es mögten sich nit wenige verwundern, daß man bei der Menge alter und neuer Gesangbücher doch wieder ein neues Liederbuch vor den Tag bringt, dazu zu einer Zeit, da man in der ganzen Welt nichts als Klag, Angst und Gefahr vorsiehet, und da die rechtschaffenen Sänger so rar, und die Harmonie unter denen, so den Namen der Freunde Gottes tragen, so gar schlecht und gering ist, daß Zion mehr Ursach findet, über sich und ihre Kinder zu weinen, als sie Lust gewinnen sollte, die Harfe vor dem Herrn zu rühren. Der Anlaß dieser neuen Sammlung war das Verlangen vieler Freunde, die unter den vielen Drangsalen den Mut nicht sinken lassen, vielmehr die innern Seelenkräfte durch vielerlei Anfechtungen an dem Kreuze Jesu ausspannen, und also vom Geiste der Weisheit in lebendiger Wahrheit gestimmt werden. Diese allein werden wohl die allerangenehmsten Sänger und Musikanten Gottes sein; besonders da alle die äußeren Gerichte und die inneren Anfechtungen nichts anderes als unfehlbare Vorboten sind, daß sich unsere Erlösung nahe. Wer wollte es einem treuen Kinde Gottes verdenken, wenn es mitten unter den Drangsalen sein Herz dem freudenreichen Geiste der Gnaden, als ein Werkzeug des Lobes Gottes darbietet, und den Herrn in seinem Herzen spiegeln läßt, so daß auch der Leib und die äußeren Organe zu einem andächtigen Gesang getrieben werden. Der Geist Gottes wechselt Seufzen und Gebet mit einem stärkenden Gesange.

Man hat also allen Fleiß angewendet, den Kern der Besten zu finden, ob man es allen recht gemacht habe, daran zweifelt man, worauf man daher auch nicht hat sehen können. Ja man kann nicht in Abrede sein, daß hier eine mehrere Freiheit gebraucht worden, als man bisher bei dergleichen Gesangbüchern mögte gewohnt sein, und daß man der Regel nicht genau nachgekommen sei, die gern haben will, daß man alles beim Alten lasse. Man hat kein Bedenken getragen, hie und da in den Gesängen zu ändern, je nachdem es sich der eignen Seele durch die geheime Wirkung der Gnade Gottes näher anfügte oder sonst dem Vorbild des heilsamen Wortes gemäßer wurde, nicht aus Verachtung der Singer, darum man auch nicht hoffet, daß irgendein noch lebender Verfasser eines hierin befindlichen Liedes dieses übel nehmen werde, da man doch keines keinem zuschreibt, sondern der allgemeinen Erbauung, die der Hauptgrund aller wahren Freiheit sein soll. So sind dann auch einige Lieder wieder in ihre erste Gestalt hergestellt worden, da solche von andern durch Zusätze und Veränderung eben nicht allezeit verbessert worden. Gleichwie man nun gedachtermaßen Freiheit genommen, zu tun, was man getan, so lässet man auch Freiheit, darüber mit Bescheidenheit zu urteilen. Sollte aber jemand die verschiedenen Ausdrücke und ungewohnten Redensarten dieser Lieder nach den Lehrsätzen irgendeiner Religion prüfen, und die unerforschlichen Wege Gottes mit dem kanonisierten Maßstabe der sogenannten Orthodoxie abzirkeln wollen, der wird diese Elle an beiden Enden zu kurz finden. Viele werden auch die hierin befindlichen Lieder nicht verstehen, viele können ihnen nicht anstehen. Der in der Welt nur Vergnügen oder nur Melancholie, oder die Zeit zu vertreiben suchet, und darum diese Liedlein herlallen wollte, der wird Zeugnis darin finden, die seine eitle Entheiligung bestrafen. So hat man auch nicht die Meinung, daß man durch Ausgebung so vieler Lieder die Weise einiger Werkheiligen billigen wolle, die entweder für sich allein oder in Gesellschaft mit andern, so viele Lieder nacheinander dahersingen, und meinen, Gott damit einen Dienst zu tun, da doch die äußere Stimme nur ein Ausdruck der inneren Begierde und Andacht, und dienet mehr zum Dienste dessen, der selbst anbetet, als eigentlich zum Dienste Gottes. Manche Seele sitzet oft von außen unter den Sängern, da sie der Geist von innen ins Klagehaus führet, äußere menschliche Satzungen gehen oft ganz gegen die inneren Wirkungen des Geistes; dagegen geschieht gar oft, daß die allergeheimsten Freunde Gottes inwendig von dem Geiste so getrieben werden, daß ihre Äußerung ein Gesang. Das göttliche Wesen ist kein tönend Erz, noch eine klingende Schelle, aber ein solches Singen ist kräftig, nicht nur sich selbst in heiliger Andacht zu erhalten, sondern auch andere, die es hören, zur wahren Andacht zu erwecken. Ja prüfet es und erfahret es, und der Geist wird zeugen, daß Geist Wahrheit sei!

1. Kampf des erwählten Volkes.

Auf, auf, auf, ihr Helden, waget Gut und Blut,
Würget mit vereinten Kräften Babels Brut!
Eure Feldposaunen,
Trommeln und Kartaunen,
Lasset tönen und erwecken Löwenmut.

Wann die Blutfahn flieget, so seid unverzagt,
Josua hat vor euch schon den Feind verjagt!
Unser Löwe brüllet,
Und mit Schrecken füllet
Das Heer der Assyrer, so sich an uns wagt.

Auf, auf, zuckt die Schwerter, schlaget mutig drein,
Stürmt die Türme Babels, reißt die Mauern ein.
Auf, sie sollen fallen,
Wenn Posaunen schallen,
Denn die Stunde, sie zu richten, bricht herein.

Du, o Jesu, führe selbsten deinen Krieg,
In uns, durch uns, mit uns, daß der Feind erlieg.
In der Kraft erscheinen
Wir nun als die deinen,
Können triumphieren nach erlangtem Sieg.

Preis, Kraft, Macht und Stärke sei dir starker Hort,
Von uns zubereitet immer fort und fort.
Jo, Jo, Jo, durch Sterben
Wollen wir erwerben
Deine Siegeskrone bei dem Friedensport.

Dann wird erst ertönen der Trompeten Hall,
Wenn wir werden jauchzen über Babels Fall.
Da wir können springen,
Neue Lieder singen,
Mit erhobnen Stimmen bei dem Jubelschall.

2. Erziehung durch Geschichte.

Löwen laßt euch wiederfinden,
Wie im ersten Christentum;
Die nichts konnte überwinden,
Seht nur an ihr Martertum.
Wie in Lieb sie glühen,
Wie sie Feuer spieen;
Da sich vor der Sterbenslust
Selbst der Satan fürchten muß.

In Gefahren unerschrocken,
Und von Lüsten unberührt;
Die aufs Eitle konnten locken,
Alles sie zum Himmel führt.
Keine Furcht in ihnen,
Auf die Kampfschaubühnen
Sprangen sie mit Freudigkeit,
Hielten mit den Tieren Streit.

Ei wohlan, nur fein standhaftig,
O ihr Brüder, tapfer drauf;
Lasset uns doch recht herzhaftig
Folgen jener Zeugen Hauf!
Nur den Leib berührets,
Was ihm so gebühret;
Er hats Leiden wohl verdient,
Und die Seel darunter grünt.

Fort, weg mit dem Sinn der Griechen,
Denen Kreuz ein Torheit ist;
O laßt uns zurück nicht kriechen,
Wenn ans Kreuz soll Jesu Christ!
Reiht euch dicht zusammen,
Wenn der Schlange Samen
Sich dem Glauben widersetzt,
Und das Schlachtschwert auf uns wetzt.

Schwängre vor, o goldner Regen,
Uns dein dürres Erb und Erd;

Daß wir dir getreu sein mögen,
Und nicht achten Feuer, Schwert,
Als in Liebe trunken,
Und in dir versunken;
Mach die Kirch an Liebe reich,
Daß das End dem Anfang gleich.

3. Triumph des erwählten Volkes.

Auf Triumph, es kommt die Stunde,
Da sich Zion, die Geliebte, die Betrübte hoch erfreut,
Babel aber geht zugrunde,
Daß sie kläglich über Jammer, über Angst und Kummer schreit.

Diese Dirne hat beflecket
Ihr geschenktes, schön geschmücktes jungfräuliches Ehrenkleid;
Und mit Schmach und Hohn bedecket,
Die dem Lamme auf die Hochzeit ist zum Weibe zubereit.

Stolze Dirne nicht verweile,
Die da auf den vielen, vielen, vielen großen Wassern sitzt;
Und mit Angeln und am Seile
Ganze Völker zu sich ziehet und in schnöder Brunst erhitzt.

Zion siehet auf den Straßen
Die entblößten und geschminkten stolzen Töchter Babels an;
Wie sie sich beschauen lassen,
König, Priester, hoch und niedrig haben ihre Lust daran.

Auf dem Lande, in den Städten
Hat die Dirne mit dem Becher, alle Heiden toll gemacht;
Sie stolzieren in den Ketten,
Haben sie als Schicksalsgöttin, sich als Götzen hoch geacht.

Zions Schöpfer schaut vom Himmel
Auf die vollen, tollen Heiden und sein heilig Herz entbrennt;
Daß das wüste Weltgetümmel
Sich sein trautes Zion nennet, welches ihn doch nicht erkennt.

Zion netzet ihre Wangen
Mit so vielen heißen Tränen über den Verwüstungsgräuel;
Und erwartet mit Verlangen
In den Banden der Chaldäer ihres Gottes Sieg und Heil.

Amen, Zion ist erhöret,
Unsre Tränen sind wie Wasser gegen Mittag aufgezehret;
Seht, Chaldäa ist zerstöret,
Unser Weinen ist ein Jauchzen, unsre Last in Lust verkehrt.

Freue dich mit Herz und Munde,
Du erkauftes, auserwähltes und erlöstes Israel;
Siehe Babels eigne Hunde,
Die die Frommen jagen mußten, fressen diese Jesabel.

Da wir noch an Babels Weiden
Unsre Harfen hängen müßten, war ein Tag wie tausend Jahr;
Aber nun in Zions Freuden
Wird für einen Tag gerechnet, was sonst tausend Jahre war.

O wie groß ist deine Wonne,
Schönstes Zion, es ist kommen, dein erwünschtes Hochzeitsfest;
Da sich Jesus, deine Sonne,
Der dich krönet, deinen Bräutigam, deinen König nennen läßt.

Nach der Hochzeit wird die Nymphe
Aus dem Hause ihrer Mutter in des Vaters Haus geführt;
Die mit ewigem Triumphe
In der Krone ihrer Hochzeit, ewig, ewig triumphiert.

Auf ihr Zimbeln, auf ihr Saiten,
Psalter, Pauken und Trompeten, lobt des Herren Heiligkeit;
Laßt uns ihm ein Lob bereiten,
Er ist König, er ist König in der Zeit und Ewigkeit.

4. Erziehung der erwählten Seele im erwählten Volke.

Fahre fort mit Liebesschlägen,
Süßer Jesu, liebster Hort;
Laß sich Trübsalsstürme regen,
Denn sie treiben mich zum Port.
Da mein Herr, hier ist mein Rücken,
Schlag nur zu, ich habs verschuldt;
An das Kreuz mit Liebesstricken
Zieht mich deine große Huld.

Ich bin lang von dir gewichen,
Lang war mir das Eitle lieb;
Doch bist du mir nachgeschlichen,
Weil dich deine Liebe trieb.
Liebe, die dir Händ und Füße
An das Kreuzesholz gespießt;
Liebe, die so honigsüße
Auf die armen Sünder fließt.

Ach so denke nicht, wie lange
Ich dich Bräutigam nicht erkannt;

Wie ich mich zur alten Schlange
Oft mit Herz und Sinn gewandt.
Sondern denk an deine Wunden,
Die dein heilig Fleisch durchritzt;
Denk an deine Trauerstunden,
Da du Blut für mich geschwitzt.

5. Erziehung durch Natur.

Ach hör das süße Lallen,
Den allerschönsten Ton
Der kleinen Nachtigallen,
Auf ihrem niedern Thron.
Hör, was sie dir da singet,
In ihrer grünen Klaus;
Ihr schlechtes Wesen bringet
Viel weise Lehr heraus.

Sie spricht: ihr Menschen sehet,
Mein Notdurft ist sehr klein;
Mein Wunsch nicht weiter gehet,
Als Nachtigall zu sein.
Ich laß die hohen Nester,
Und liebe Niedrigkeit;
Das meine ist weit fester,
Und ruhig allezeit.

Ich hab, was Adler haben,
Sie aber nicht, was ich;
Der Luft und Erde Gaben,
Sind eben wohl für mich.

Die großen Schwan und Storchen,
Die reisen her und hin;
Sie sind voll Müh für morgen,
Und dies ist ihr Gewinn.

6. Erziehung durch Glück.

Ach Gott, du bist, wie mans begehrt,
Du bist uns, was wir wollen;
Du bist ganz gut und ganz verkehrt,
Lieb kommt aus dir gequollen
Und Heil für den, der dies verlangt,

Wer aber Zorn will, Zorn empfangt;
O wunderbares Wesen.

Mach mich mein Schöpfer nur ganz stumm,
Und in die Still mich bringe;
Mein Will ist doch verkehrt und dumm,
Und will leicht solche Dinge,
Die selbst mich strafen wie ein Kind,
Ja mach mich taub und dazu blind,
Zu allem, was nicht ewig.

7. *Erziehung durch Leidenschaft.*

O Zorn, du Abgrund des Verderbens,
Du unbarmherziger Tyrann;
Du frissest, tötest sonder Sterben,
Und brennest stets von neuem an;
Wer da gerät in deine Haft
Bekommt der Hölle Eigenschaft.

Ach, wären wir verwahret blieben,
Vor deiner strengen Widrigkeit;
Wie selig wären wir im Lieben,
Und wüßten nicht, was Ungleichheit
Im Guten und im Bösen sei,
So wären wir des Zornes frei.

O daß wir doch wohl mögten fassen,
Woher der Grimm entsprungen sei;
Und stünden in der Lieb gelassen,
Und hielten uns des Zornes frei;
Der Hochmut und die Eigenheit
Erregen Zorn und Grimmigkeit.

Laß mich aus Eigenheit ausgehen,
Und aller Selbheit sterben ab;
Die Lieb heiß in mir auferstehen,
Und allen Zorn schick in das Grab;
Daß keine Not mir mehr setz zu,
Kein Widerwille brech die Ruh.

Die Liebe, die nicht ist ihr eigen,
Die sich in allem macht gemein;
In mir sich laß in Demut zeigen,
Laß mich ein Kind der Liebe sein;
Der alten Schlange Kopf zerbrich
In mir und dann erkenne dich.

Wo ist, o Liebe, deine Tiefe,
Der Urgrund deiner Wunderkraft;
Seel, komm ein einzig Tröpflein prüfe
Von dieser Wirkungseigenschaft.
O wer in diesem tiefen Meer
Gleich einem Tröpflein sich verlör!

8. Erziehung durch Erkenntnis.

O finstre Nacht, wann wirst du doch vergehen,
Wann bricht mein Lebenslicht herfür;
Wann werd ich doch von Sünden auferstehen,
Und leben nur allein in dir.
Wann werd ich in Gerechtigkeit
Dein Antlitz sehen allezeit?
Wann werd ich satt und froh mit Lachen,
O Herr, nach deinem Bild erwachen.

Darum mein Geist sei wacker, wach und streite,
Fahr immer in der Heilgung fort;
Vergiß, was rückwärts ist, die große Beute
Steht noch an ihrem Orte dort.
Streck dich darnach, eil nach ihr zu,
Du findest sonsten doch nicht Ruh;
Bis du hast diese Kron erstritten,
Und mit dem Herrn den Tod erlitten.

O goldnes Meer, durchbrich doch deine Dämme,
Komm wie die aufgehaltne Flut;
Und alles Fleisch, was lebet, überschwemme,
Das vor dir immer Böses tut.
O Gottes Lamm! dein Blut allein
Macht uns von allen Sünden rein;
Das Kleid, das drin gewaschen worden,
Das trägt allein dein Priesterorden.

9. Erziehung durch Langeweile.

Wo flieh ich hin? wo soll ich bleiben?
Wo wird die süße Stille sein?
Da ich mich könnte schließen ein,
Und mich nicht lassen mehr umtreiben
In Unruh dieser äußern Dinge.
Ist keine Einsamkeit bereit,

Darin ich Gott ein Loblied singe,
Der von Zerstreuung mich befreit?

Mein Geist will in die Wüste ziehen,
Und wünscht sich Taubenflügel an;
Weil er vor Angst nicht bleiben kann,
Da, wo die Menschen sich bemühen,
Von Gott noch weiter wegzugehen
Und niemals bei sich selbst zu sein;
Ich kann den Jammer nicht mehr sehen,
Und bleibe selbst dabei nicht rein.

Drum fort, o Seel! entzeuch geschwinde
Dich der Gesellschaft dieser Welt!
Zerreiß, was dich gefangen hält,
Damit dein Fuß die Ruhe finde,
Wo kein Geräusche dich verstöret;
Kein Zuspruch, Sorgen und Verdruß
Den Umgang dir mit Gott verwehret,
Der hier oft unterbleiben muß.

Ich freu mich schon auf eine Kammer,
Die mich in sich verschließen wird;
Und durch den engen Raum abführt,
Von aller Unruh, Streit und Jammer,
Den große Städt und Schlösser haben;
Hier soll nur meine Ruhstätt sein,
Da Sicherheit und Fried mich laben,
Und kein Unfriede bricht herein.

Nun will ich erst recht singen, beten,
Und in der Andacht kommen weit;
Weil ich nicht durch so viel zerstreut,
Vor Gott mit stillem Geist darf treten.
Da soll kein Feind mich hindern können,
Ich geh in Kanaan schon ein,
Mein Paradies soll man es nennen,
Hier will ich auch begraben sein.

Gegensatz.

Ach, triumphier nicht vor dem Siege,
O Seel, wo willst du fliehen hin;
Da dein verblendter Eigensinn
Vor Feinden frei und sicher liege.
Suchst du noch Ruh in äußern Dingen,

Ach glaube mir, du findst sie nicht;
Wirst du nicht nach dem Innern ringen,
So ists mit dem nicht ausgericht.

Drum bleib nun im Gehorsam stehen,
Kein Kriegsmann weicht von seinem Post;
Wenns auch schon Blut und Leben kost,
Wenn ihn sein Herr dahin heißt gehen.
Der Glaub weiß nichts von eignem Willen,
Er sieht sich selbst den Weg nicht aus,
Dadurch er Gottes Will erfüllen,
Und aus dem Streit will kommen raus.

Du bist dir selbst die größte Plage,
Du trägst noch Babel stets in dir;
Willst du noch Ruh genießen hier,
So laß dir keine süße Tage
Durch süße Träume hier verlegen,
Du machst dich nur mehr mißvergnügt;
Der liebe Jesu wird dich hegen,
Der alles Wissen überwiegt.

Du kannst auch mitten im Getümmel
Der Welt den Vater beten an;
Der dich ja bald erlösen kann,
Wenn dir erst nütze jener Himmel
Und dich Ägypten nicht sollt üben,
Daß deiner Treiber schweres Joch
Dich lehrte recht den Himmel lieben,
Und dein Verlangen stillte noch.

Hier ist kein Kanaan zu hoffen,
Kein Paradies ist mehr allhier;
Es hat noch niemand, der mit dir
Entfliehen will, den Zweck getroffen.
Die Hoffnung nährt sich mit den Dingen,
Die süß und doch unsichtbar sind;
Es muß uns doch zuletzt gelingen,
Bleib nur in Einfalt Gottes Kind.

Nur freue dich auf jene Kammer
Des Friedens, da du wohnen wirst,
Wenn dich nicht mehr nach Ruhe dürst,
Und bist befreit von allem Jammer,
Den hier noch Städt und Wüsten haben,
Und wo du nur willst fliehen hin;

Die Einsamkeit kann dich nicht laben,
Wenn mit dir zieht dein Eigensinn.

10. Erziehung durch Vergöttlichung.

Verborgenheit!
Wie ist dein Meer so breit
Und wundertief, ich kann es nicht ergründen,
Man weiß kein Maß, noch Ziel, noch End zu finden,
So lang man ist in der Vergänglichkeit,
Verborgenheit.

Die Herrlichkeit,
Die du hast allbereit,
Den Kindern deiner Lieb hier beigeleget,
Ist sonderlich. Wer dies Geheimnis heget,
Der trägt in sich auch zur elendsten Zeit
Die Herrlichkeit.

Du selber bist
Der Brunn, der ihnen ist
In ihrem Geist zum steten Heil entsprungen,
Durch dich ist ihnen manches Werk gelungen;
Doch leidets nicht so mancher falsche Christ,
Daß selbst du's bist.

Der Liebe Band
Ist vielen unbekannt;
Wie segnet sich der Geizige im Herzen,
Wenn er mit Geld die Christen siehet scherzen;
Das macht, er kennt nicht Gottes Wunderhand
In diesem Band.

Darum versteckt
Der Herr, was er erweckt,
Die Kinder gehn nur immer im Verborgen,
Die doch noch kein Gericht besorgen;
Bis endlich Gott die Herrlichkeit entdeckt,
Die war versteckt.

So wandelt er
Im Heiligtum umher,
Mit leisem Schritt, der kann ihn nicht vernehmen,
Wer sich zur Einfalt nicht will ganz bequemen,
Wie er sonst nichts zu tun pflegt ohngefähr,
So wandelt er.

11. Erziehung durch Ahndung.

Denkst du nicht, Maria, mehr an die ausgestandnen Schmerzen,
Als das kleine Jesulein in dir ein Gestalt gewann?
O wie sollt ich ihn nicht drum tausendmal im Glauben herzen,
Da er nun zusehens wächst, mir zum Bräutgam und zum Mann.

Hat Johannes nicht vor Freud, schon im Mutterleib gesprungen,
Spielt er nicht zum voraus schon, eh er noch kam an das Licht;
Haben wir nicht seine Freund oft sein Hochzeitslied gesungen,
Hat man mir mit Fingern da dieses Kind gezeiget nicht.

Nun liegt mir das Kind im Schoß! Nun hab ich das Lamm vor Augen,
Schaue, wie es mir zur Lust treibt so manches süße Spiel;
Ist dies nicht mein Freund, der pflegt meiner Mutter Brust zu saugen,
Ist er nicht mein Salomon, den ich niemals küß zu viel.

Ja er ists, und was ich will, kann ich in dem Kindlein finden,
Kind und Bräutigam zugleich heißt und ist er in der Tat;
Denn die zarte Liebe kann auch wohl Kinder ehlich binden,
Daß in Unschuld als sich selbst, eins das andre lieber hat.

12. Erziehung durch Überzeugung.

Wohl dem, welcher unverwirret
Von der irdischen Unruh
Wie ein einsam Täublein girret,
Und fleucht hohlen Felsen zu,
Dessen Herz auf Gott gericht,
Horchet, was er zu ihm spricht.

Wohl dem, welcher nimmt die Haue,
Grabet, hackt mit Lust und Schmerz,
Auf daß er den Acker baue
Und noch mehr sein dürres Herz,
Der die Welt mit ihrer Pracht,
Ehr, Gemächlichkeit verlacht.

Wohl dem, welcher dann alleine
Sitzt bei einem klaren Bach,

Lebet nur, auf daß er weine,
Übe an sich selber Rach;
Daß der keuschen Engel Hauf
Fasset seine Tränen auf.

Wohl dem, dessen Aug und Wangen
Wie ein überströmend Flut
Seinen Weg, den er gegangen,
Netzet mit dem Herzensblut,
Wohl der Erde, Holz und Au,
Dieses ist ihr Himmelstau.

13. Erziehung durch Genuß.

Steh auf, Nordwind,
Und komm, Südwind!
Weh mit deiner heilgen Luft
Durch den Garten,
Ich will warten
Dein in meines Herzens Gruft;
Laß dein Saufen
Auf mich brausen,
Meine Seele nach dir ruft.

Steh auf, Nordwind,
Und komm, Südwind!
Jag die schwarzen Wolken hin!
Mach das Dunkle,
Daß es funkle,
Alle Finsternis zerrinn!
Finstre Sünden
Laß verschwinden,
Und mach helle Herz und Sinn.

Steh auf, Nordwind,
Und komm, Südwind!
Mach mein kaltes Herze heiß;
Dich zu lieben,
Das zu üben,
Was gereicht zu deinem Preis.
Sei mir günstig,
Mach mich brünstig,
In mein Herz die Liebe gieß.

14. *Prüfung in heiliger Flamme.*

Brennt immerhin,
Ihr angezündte Flammen!
Bewahrt die Kraft beisammen,
Und hebt den schweren Sinn
Mit euren Liebesflügeln
Nach jenen Weihrauchhügeln,
Da mein verliebter Sinn
Brennt immerhin.

Ich weiß es schon,
Wo ich den Schönsten funden,
Der meinem Geist verbunden!
Er ist der Liebe Lohn,
Der sich mir selbst muß geben,
Soll anders ich noch leben.
Wo seine Schönheit wohn,
Das weiß ich schon.

Ich hab ihn nun,
Und such ihn doch noch immer
In meines Herzens Zimmer,
Wo er so gern will ruhn;
Das sehnliche Verlangen
Der Lieb hat mich gefangen,
Mir stetig wohl zu tun.
Ich hab ihn nun.

Kein Auge sieht,
Kein Herz hat überkommen,
Kein Ohr hat je vernommen,
Wenn unser Bette blüht;
Was Gott hat dem bereitet,
Der sich von ihm nicht scheidet,
Und Liebe in sich zieht,
Die man nicht sieht.

Man kann auch nicht
Von dem Geheimnis schreiben;
Es muß verschwiegen bleiben,
Was Lieb in uns verricht.
Es ist recht groß zu nennen,
Wenn Jesus will erkennen
Die Braut in seinem Licht,
Man kennt es nicht.

15. Bekenntnis.

Unschätzbares Einfaltwesen!
Perle, die ich mir erlesen;
Vielheit in mir ganz vernicht
Und mein Aug auf dich nur richt.

Mach mich los vom Doppeltsehen!
Laß auf eins den Sinn nur gehen;
In recht unverrückter Treu,
Und von allen Tücken frei.

Ei, so mach mich dann aufrichtig,
Einen Leib, der ganz durchsichtig;
Licht sei, schaff und ruf in mir
Aus der Finsternis herfür.

Mache neu die alte Erde,
Daß sie kristallinisch werde;
Und das Meer laß sein nicht mehr,
Außer nur dein gläsern Meer.

Dieses laß mit Feuergüssen
Aus dir in mich überfließen;
Komm, o stark erhabne Flut,
Reiß mich hin ins höchste Gut.

16. Hochzeitmorgen.

Weil ich nun seh die goldnen Wangen
Der Himmelsmorgenröte prangen,
So will auch ich dem Himmel zu,
Ich will der Leibsruh Abschied geben,
Und mich zu meinem Gott erheben,
Zu Gott, der meiner Seele Ruh.

Ich will durch alle Wolken dringen,
Und meinem süßen Jesu singen,
Daß er mich hat ans Licht gebracht;
Ich will ihn preisen, will ihm danken,
Daß er mich in des Leibes Schranken
Durch seinen Engel hat bewacht.

17. Hochzeitmittag.

Wenn die Seele sich befindet
In des Bräutigams Keller stehn,
Wird sie als vom Wein entzündet,
Jauchzet voll einherzugehn,
Daß ihr Leib und ganzer Geist
Trunken und entzücket heißt.

Alsdann wird sie aufgezogen,
Und in stille Luft geführt,
Aus den wilden Meereswogen,
Aus den Dingen, die sie spürt.
Unerträglich leer zu sein,
Wenn die Sinnen dringen ein.

Alles liegt zu ihren Füßen,
Was zu dieser Welt gehört,
Ja, sie kann auch leichtlich missen,
Was durch guten Schein betört;
Denn sie hat den klugen Geist,
Der ihr bessre Güter weiß.

Wie ein Trunkner liegt sie stille,
Der wie unempfindlich scheint,
Daß der sonst zerteilte Wille
Aufgeopfert nicht mehr meint,
Als nur Gott und seine Kraft,
Die den Sohn der Liebe schafft.

18. Hochzeitabend.

Nun muß ich ihn lieben, nun muß ich allein,
Des göttlichen Bräutgams Verlobte sein!
Ihn lieben ist Freude und selig genug,
Drum folg ich mit Lust dem heiligen Zug.

Was bringet die irdische Liebe als Tod?
Was wirken die fleischlichen Lüste als Not?
Wie bald ist ein Blick der Freude vorbei?
Da sieht man, wie kurz die Eitelkeit sei.

Der göttliche Funken kann nimmermehr ruhn,
Als wenn er zum Ursprung sich wieder kann tun;
Da findet er Lust, da gibt er sich ein,
Da wächset sein Licht vom lieblichsten Schein.

Und wenn er nun wächset, so mehrt sich die Kraft,
Die Gottes liebreizendes Küssen verschafft,
Da stirbet das Fleisch, da lebet der Geist,
Der Christi Verlobte nun ewiglich heißt.

Und ist dem Verliebten nur Reinheit bewußt,
So öffnet sich rein paradiesische Lust;
Da kämpfet und siegt vereinigte Stärk,
Wird täglich erfrischt zum göttlichen Werk.

Bewegst du, o Jeso, den innersten Grund,
So öffnet des Glaubens erweiterter Mund,
Erfülle das Herz mit Liebe zu dir,
Und bleibe im Schmerz und Freude bei mir.

Genug hast du Liebe, o Liebe für mich,
Drum such ich sie bei dir, mein anderes Ich,
Nun sink ich in deine Vollkommenheit ein,
Ich kann nicht ohn dich, mein Leben, mehr sein.

19. Hochzeit.

Ermuntert euch, ihr Frommen,
Zeigt eurer Lampen Schein;
Der Abend ist gekommen,
Die finstre Nacht bricht ein.
Es hat sich aufgemachet
Der Bräutigam mit Pracht;
Auf! Betet, kämpft und wachet,
Bald ist es Mitternacht.

Macht eure Lampen fertig,
Und füllet sie mit Öl;
Seid nun des Heils gewärtig,
Bereitet Leib und Seel!
Die Wächter Zions schreien,
Der Bräutigam ist nah,
Begegnet ihm im Reihen,
Und singt Halleluja.

Ihr klugen Jungfraun alle
Hebt nun das Haupt empor,
Mit Jauchzen und mit Schalle
Zum frohen Engelchor.
Die Tür ist aufgeschlossen,
Die Hochzeit ist bereit,

Auf! auf, ihr Reichsgenossen,
Der Bräutgam ist nicht weit.

Er wird nicht lang verziehen,
Drum schlaft nicht wieder ein;
Man sieht die Bäume blühen,
Der schöne Frühlingsschein
Verheißt Erquickungszeiten,
Die Morgenröte zeigt
Den schönen Tag von weiten
Vor dem das Dunkle weicht.

Wer wollte denn nun schlafen?
Wer klug ist, der ist wach;
Gott kommt, die Welt zu strafen,
Zu üben Grimm und Rach
An allen, die nicht wachen,
Und die des Tieres Bild
Anbeten, samt dem Drachen:
Drum auf, der Löwe brüllt.

Begegnet ihm auf Erden,
Ihr, die ihr Zion liebt,
Mit freudigen Gebärden,
Und seid nicht mehr betrübt!
Es sind die Freudenstunden
Gekommen und der Braut
Wird, weil sie überwunden,
Die Krone nun vertraut.

Hier sind die Siegespalmen,
Hier ist das weiße Kleid;
Hier stehn die Weizenhalmen,
Im Frieden nach dem Streit,
Und nach den Wintertagen,
Hier grünen die Gebein,
Die dort der Tod erschlagen,
Hier schenkt man Freudenwein.

Hier ist die Stadt der Freuden,
Jerusalem der Ort,
Wo die Erlösten weiden,
Hier ist die sichre Pfort.
Hier sind die goldnen Gassen,
Hier ist das Hochzeitmahl;
Hier soll sich niederlassen,
Die Braut im Rosental.

20. Triumph der erwählten Seele.

Triumph, Triumph! Es kommt mit Pracht
Der Siegesfürst heut aus der Schlacht;
Wer seines Reiches Untertan,
Schau heute sein Triumphfest an!
Triumph! Triumph! Victoria!
Und ewiges Halleluja.

Vor Freuden Tal, Berg, Wald erklingt,
Die Erde schönes Blumwerk bringt,
Der Zierat, die Tapezerei
Zeigt, daß ihr Schöpfer Sieger sei.
Triumph usw.

Die Sonne sich aufs Schönste schmückt,
Und wieder durch das Blaue blickt;
Die vor pechschwarz im Trauerkleid
Beschaut den blutgen Todesstreit,
Triumph usw.

Das stille Lamm jetzt nicht mehr schweigt,
Sich mutig als ein Löw erzeigt;
Kein harter Fels ihn hält und zwingt,
Grab, Siegel, Riegel vor ihm springt.
Triumph usw.

Der andre Adam heut erwacht,
Nach seiner harten Todesnacht;
Aus seiner Seite er erbaut,
Uns seine teur erlöste Braut.
Triumph usw.

Wie Aarons Rute schön ausschlug,
Am Morgen blüht und Mandeln trug;
So träget Frucht der Seligkeit
Des hohen Priesters Leichnam heut.
Triumph usw.

Nun ist die Herrlichkeit erkämpft,
Der Sünden Pest und Gift gedämpft;
Der schweren Handschrift Fluch und Bann
Vertritt hier mein Erlösersmann.
Triumph usw.

Du teure Seel bist ausgebürgt,
Der höllische Tyrann erwürgt,
Sein Raubschloß und geschworne Rott

Ist ganz zerstört, der Tod ein Spott.
Triumph usw.

Herr Jesu, wahrer Siegesfürst,
Wir glauben, daß du schenken wirst
Uns deinen Frieden, den du bracht
Mit aus dem Grab und aus der Schlacht.
Triumph! Triumph! Victoria!
Und ewiges Halleluja.

Hans Sachsens Tod.

(Eine Traumweise nach Adam Puschmann, in Hans Sachsens Lebensbeschreibung von Ranisch. S. 326.)

Als man schrieb um Weihnachten
Gleich Sechsundsiebenzig,
Mich da aufwachen machten
Die Nachtraben frostig,
Daß ich nicht mehr konnt schlafen,
Mich trafen
Gedanken allzuviel.
Da kam mir vor mein Wandern,
Und was ich trieb darin,
Mir fiel ein unter andern,
Wie viel Hans Sachs vorhin
Macht Lieder, geistlich Geschichte,
Gedichte,
Fabeln, Gespräch und Spiel,
Und wie es fromm,
Und Nutz draus komm,
Wohl jedem, der sich das annomm.
Indem entschlief ich wiederum,
Und morgens drauf mir in den Sinn
Ein fröhlich Traum da fiel.

Mich deucht, ich reist aus rüstig,
Und kam zur Maienzeit,
In eine Stadt groß, lustig
Von Häusern schön bereit,
Die Wohnung der gedürsten (kühnen)
Reichsfürsten
War mitten in der Stadt.
Und auch ein Berg hoch, grüne,
Darauf ein schöner Gart,
In Freuden war ich kühne,

Weil drin gepflanzet ward
Wohl mancher Baum voll Früchte,
Gezüchte,
Pomranzen und Muskat,
Mehr fand ich drein
Rosinlein fein,
Mandlen, Feigen, allerlei rein
Wohlschmeckend Früchte, groß und klein,
Genoß viel Volk da insgemein,
Das drin spazieret hat.

Mitten im Garten stande
Ein schönes Lusthäuslein,
Darin ein Saal sich fande,
Mit Marmor pflastert fein,
Mit schön lieblichen Schilden
Und Bilden,
Figuren frech und kühn.
Ringsum der Saal auch hatte
Fenster geschnitzet aus,
Durch die man all Frucht tate
Im Garten sehen draus.
Im Saal stand auch ohnecket
Bedecket
Ein Tisch mit Seiden grün.
An selbem saß
Ein Altmann blaß,
In einem großen Buch er las,
Hätt einen langen Bart fürbaß
Grauweiß, wie eine Taub er saß
Auf einem Blatte grün.

Das Buch lag auf dem Pulte,
Auf seinem Tisch allein,
Und auf den Bänken, gulden,
Mehr andre Bücher fein,
Die alle wohl beschlagen
Da lagen,
Der alt Herr nit ansah.
Wer zu dem alten Herren
Kam in den schönen Saal,
Und grüßet ihn von ferren,
Den sah er an diesmal,
Sagt nichts und täte neigen,
Mit Schweigen
Gen ihn sein alt Haupt schwach.

Dann Rede und
Gehör begunnt,
Ihm abzugehn aus Altersgrund,
Als ich nun da im Saale stund,
Und sein alt lieblich Antlitz rund
Beschaute, dacht ich nach.

Die große Stadt und Garten
Ein finstre Wolk bezug,
Daraus blitzt in mein Warten
Ein Feuerstrahl und schlug
Ein Donnerstrahl erbittert,
Es zittert
Alles an dieser Städt.
Ob diesem harten Knallen
Erschrak der alte Herr,
Tat in ein Ohnmacht fallen,
Bald ein Platzregen schwer
Ein Wasserflut tät geben,
Die eben
Sehr großen Schaden tät,
Zween Tag hernach
Der alt Mann schwach
Starb, ihm gab ichs Grabgleit hernach,
Mein Herz mit Weinen laut durchbrach,
Drob mich mein Weib aufweckt, ich sah,
Daß ich geträumet hätt.

* * *

Weihnachten, ach Weihnachten,
Du warst der Kinder Trost,
Die noch im Schlafe lachten,
Du Schlaf mir bald entflohst,
Die Stunden hell mir schlagen,
Wem sagen
Sie an den Tag so schnell,
Mein Wächter ist da drüben,
Er sagt mir an den Tag,
In Schmerzen vorzuüben,
Was hohe Lust vermag.
Zur Kirch bin ich gegangen,
Vergangen
War mir Verzweiflung schnell,
Es bleibt zurück
Ein seinend Glück,

Und in den Traum ein tiefer Blick,
Wie in der Kinder Aug entzückt,
Wie ich sie halb nach schlafend drück,
Süß springt der Augen Quell.

Des Traumes deutend Summen
Ich nun ermessen kann:
Soll alle Lust verstummen,
Erstirbt ein hoher Mann?
Die Tränenfluten brausen
Mit Grausen,
Der Menschen Haus versinkt!
Der Alte steigt als Taube
Verjünget aus der Flut,
Mit einem grünen Laube
Im Schnäblein sorgsam gut,
Auf einem Buch sie sitzet,
Das blitzet,
Und schwimmt und nicht ertrinkt,
Mit Perlen ist
Beschlagen, wisst,
Das wars, was da der Alte liest,
Als er die arme Neugier grüßt;
Dies Buch such auf, du frommer Christ,
Das dir den Frieden bringt.

Die Schmerzensfluten weichen,
Der Berg bleibt unverletzt,
Die neuen Menschen gleichen
Den Stämmen, die versetzt,
Es treibt sie edlen Leben,
Sie geben
Nun edle Früchte nur.
Es wird aus Erdenschlünden
Das Buch der Vorzeit mein,
Und ihre schweren Sünden
Sind abgewaschen rein.
O wollt das Trauern stillen,
Will füllen
Mosaisch jede Spur,
Am Boden hell
Der Himmelsquell
Ist eingelegt, so Well auf Well,
Die Taube bleibet mein Gesell
Und trinkt des Buches ewgen Quell,
Gottes Wort in der Natur.

Kinderlieder

Wacht auf ihr schönen Vögelein, ihr Nachtigallen kleine, die ihr auf grünem Zweigelein, noch eh die Sonn recht scheine, anstimmt die tönend Schnäbelein, gedreht von Helfenbeine. Lobt Gott ihr süssen Schwätzerlein, ihr sämtlich keusch und reine, ihr Luft- und Wolkensängerlein, für ihn bestellt alleine. Mit euch zum besten Liedelein, zwei schöne Kindlein reine, Anblasen ihre Pfeifelein, es schallt zum Wald hineine, hier bei dem Heilgenbildelein in Einsamkeit alleine, da nicken blicken Blümelein und duften also feine, und Hirsch und Reh und Häselein, die horchen in dem Haine, wie eure süssen Stimmelein erklingen am Gesteine, auch fällt ein klares Brünnelein, die Blumen schaun hineine, da netzet eure Züngelein nach Ordnung ein und eine, da spület Hals und Gürgelein, dann singt ihr noch so reine; den Takt schlagt mit den Flügelein, so schickt sich's recht ihr Feine, schwingt freudig auch die Federlein, regt Aermelein und Beine, erstreckt zum Klang die Hälselein, ein Jedes thu das Seine. Habt ihr kein andres Liedelein, so lernet nur das meine, ist nur ein einzig Seufzerlein bei Sonn und Mondenscheine, singt nur allein, gelobt sey Gott, Gott Sabaoth alleine.

Wacht auf ihr kleinen Schülerlein bei hellem Sonnenscheine, zieht an die Festtags Röckelein und macht euch auf die Beine, Gregorius das Schulfest heut ist wieder angekommen, auch schlägt der Frühling auf der Haid' die helle Freudentrommen. Ein alter Brauch bei Christen war, daß man zu diesen Zeiten die Kinder all in froher Schaar zu Schul und Kirch thät leiten. Ein Kinderbischoff wählet man, und neben ihn zwei Pfaffen, ihm folgen König, Handwerksmann, Soldat, Hanswurst und Affen. So zieht einher ein jeder Stand, in Kleidern schön gezieret, und jedes Kind in seiner Hand sein Handwerkszeug auch führet. Dem Bischoff wird am Hirtenstab die Bretzel vorgetragen, was das für ein Bewandniß hab, merkt auf, ich wills euch sagen. Die Bretzel heißt Pretiolum, ein Preislein für die Kinder, die in der Schule nit sind stumm und dumm gleichwie die Rinder. Sie hat in sich auch die Figur von den Buchstaben allen. Beiß hier, beiß dort auf rechter Spur, gelt das will dir gefallen. Die Bretzel ist ein liebes Buch, du wirst's bald ausstudieren, du kennst's von Weitem am Geruch, und wirst's drum nit verlieren. Du kannst es schon bis zu dem S, wird dirs nit abgenommen, du lerntest also ungemäß, daß du zum W thät'st kommen.

Anhang zum Wunderhorn.

Das Federspiel

A, B, C, mit Flügeln.

Wohl auf, ihr klein Waldvögelein, die ihr in Lüften schwebt,
Stimmt an, lobt Gott den Herren mein, singt all, die Stimm erhebt;
Denn Gott hat euch erschaffen, sich selbst zu Lob und Ehr,
Sang, Feder, Schnabel, Waffen, kommt alles von ihm her.

A a *Adler.*

Der aller Vögel König ist, macht billig den Anfang,
Komm Adler! komm hervor, wo bist? stimm an den Vogelsang,
Der Vorzug dir gebühret, kein Vogel ist dir gleich,
Drum dich im Wappen führet, der Kaiser und das Reich.

B b *Bachstelz.*

Die Bachstelz tut oft schnappen und fängt der Mücken viel,
Es hört nicht auf zu knappen ihr langer Pfannenstiel,
Den Schweif tut sie stets zwingen, sie läßt ihm niemals Ruh,
Wenn andre Vögel singen, schlägt sie den Takt dazu.

C c *Canarienvogel.*

Das lieb Canarivögelein kömmt her aus fremden Land,
Es singt gar schön, zart, hell und rein, wie allen ist bekannt,
Den Zucker frißt es gerne, doch nimmt es auch vorlieb,
Wenn man ihm Hanfsamkerne, und Rübesamen gibt.

D d *Distelfink.*

Merk auf, wie lockt so lieblich mit, der schöne Distelfink,
Beißt Distel auf und sticht sich nit, sein Witz ist nit gering,
Gar wohl ist er gezieret, schön gelb und rot bekleidt,
Sein Stimm er nie verlieret, singt fröhlich alle Zeit.

E e *Emmeriz.*

Der Emmeriz bis zum Abend spät, singt übel, übel hin,
Er sagt, wenns Feld nur Ähren hat, ich auch ein Schnitter bin,
Im Feld tut er sich nähren, bleibt Tag und Nacht darauf,
Was Gott ihm tut bescheren, das klaubt er fleißig auf.

F f *Fink.*

Des Morgens früh, des Abends spät, der Fink hat keine Ruh,
Die Musen er ins Grüne ladt mit seinem Reit her zu,
Früh ist gar gut studieren, wenns kühl, still, ruhig ist,
Steh auf und tus probieren, du fauler Prinzipist,
Grammatist,
Syntaxist,
Humanist.

Fröhlich der Fink im Frühling singt, sa sa, sa sa hui Dieb,
Im ganzen Wald sein Stimm erklingt, wenns Wetter nicht zu trüb,
Die Dieb will er verjagen, die rund heraus er schilt,
Dem Sperling tut er sagen, daß er viel Weizen stiehlt.

G g *Gimpel.*

Ein roter, dir gar wohl bekannt, ist schön, doch singt nicht viel,
Er kömmt aus deinem Vaterland, heißt Gimpel in der Still,
All tun sich seiner schämen, weil er ein Gimpel ist,
Tu du ihn zu dir nehmen, weil du sein Landsmann bist.

H h *Henne und Hahn.*

Die Henne fröhlich gaggagagt, und macht ein groß Geschrei,
Die Bäurin weiß wohl, was sie sagt und geht und holt das Ei,
Der Hahn tut früh aufwecken den Knecht und faule Magd,
Sie tun sich erst recht strecken und schlafen bis es tagt.

I i *Imme (Biene).*

Das honigsüße Immelein sich spät und früh bemüht,
Es sitzt auf allen Blümelein, versuchet alle Blüt,
Sehr emsig fliegts herummer, trägt ein mit großem Fleiß,
Und sucht den ganzen Sommer, auch für den Winter Speis.

K k *Königlein (Zaunkönig).*

Das winzigkleine Königlein, wie macht es sich so groß,
Wie zwitscherts mit seim Stimmelein, und ist so schlau und los,

Wie lieblich tut es singen nach Wunsch und nach Begehr,
Wie lustig tut es springen, wie hüpft es hin und her.

L l *Lerche.*

Das Lerchlein in den Lüften schwebt und singt den Himmel an,
Vom grünen Feld es sich erhebt und tröst den Ackermann,
Gar hoch tut es sich schwingen, daß mans kaum sehen mag,
Im Kreis herum tuts singen, lobt Gott den ganzen Tag.

M m *Meise.*

Die Meise hängt am Tannenast, als ob sie sich verberg,
Singt allezeit, was gibst, was hast, singt ewig Zizerberg,
Man tut ihr freundlich locken, bis sie zum Kloben springt,
Da hüpft sie unerschrocken, bis man sie gar umbringt.

N n *Nachtigall.*

O Nachtigall, dein edler Schall bringt uns sehr große Freud,
Dein Stimm durchstreift all Berg und Tal zur schönen Sommerzeit,
Wenn du fängst an zu zünden, die Vöglein schweigen still,
Es läßt sich keiner blicken, keiner mehr singen will.

O o *Omeis (Ameise).*

Du fauler Tropf, der müßig ist, die Ameis schau wohl an,
Dein Meisterin sie worden ist, die dich viel lehren kann,
Schau, wie sie ist ergeben der Arbeit Tag und Nacht,
Schäm dich, der du dein Leben mit Faulheit zugebracht.

P p *Papagei.*

Du Vogel auserlesen, der Federn hast du viel,
Wo bist so lang gewesen, warum schweigst du so still?
Papagei Zuckerfresser, ruft dir der Schulknab zu,
Geh in die Schul und lern besser, gibst ihm zur Antwort du.

Q q *Qu Qu.*

Qu qu der Kuckuck immer schreit, das ist an ihm das Best,
Sonst legt er andern allezeit sein Eier in ihr Nest,
Sein Ruf bringt allen Bangen, drum will kein Vögelein
Mit einem Q anfangen den edlen Namen sein.

R r *Rabe.*

Der Rab tut täglich singen, sein groben, rauhen Baß.
Heut will ihm nichts gelingen, drum singt er cras, cras, cras.*)
Wer alles schiebt auf morgen, und nichts gerichtet heut,
Der muß stets sein in Sorgen, daß es ihm fehle weit.

Rotkehlchen.

Das Rotkehlchen gar früh aufsteht, und wenn ich dann erwach,
Grüßt es die liebe Morgenröt, hoch oben auf dem Dach,
Wie lieblich ist sein Zücken, wie rötlich seine Kehl,
Mein Herz tut es erquicken, ermuntern meine Seel.

S s *Schwalbe.*

Schwätzerlein, wie schwätzst so toll, und plauderst hin und her,
Früh hast du Kisten und Kasten voll, abends ist alles le le leer,
Zu morgen, eh die Sonn aufsteht, erzählst du deinen Traum,
Und abends, wenn sie niedergeht, hast du geendet kaum.

St st *Star.*

Der Star schwätzt, pfeift und singet, er ists, der alles kann,
In Kopf er alles bringet, nimmt, was er höret, an,
Er ist gar schlau und lose und merket auf mit Fleiß,
Wäscht oft sein schwarze Hose und bringt sie nimmer weiß.

T t *Turteltaube.*

Die Turteltaub ohn allen Trost, will nicht mehr fröhlich sein,
Wenn ihren Gesell der Habicht stoßt, traurt sie und bleibt allein,
Wenn dir das Liebste, was du hast, der Tod nimmt mit Gewalt,
So traure, sei kein frecher Gast, vergiß es nicht so bald.

---

*) *cras* ist lateinisch, und heißt morgen.

U u *Uhu.*

Der Uhu sieht gar ernsthaft aus, als hätt er hoch studiert,
Geht nicht aus seiner Höhl heraus, bis Nacht und finster wird,
All Dunkelheit ist ihm ganz hell, doch sieht er nichts bei Tag,
Drum ist er auch ein solch Gesell, den nie kein Vogel mag.

V v *Vogel Strauß.*

Der Vogel Strauß hat große Bein, doch klein ist sein Verstand,
Es brütet ihm der Sonnenschein die Eier aus im Sand.
Oft Stein und Eisen er verschluckt, sein Magen, der ist gut,
Sein Federn sind der Weiber Schmuck, sie steckens auf den Hut.

W w *Wiedhopf.*

Der Wiedhopf ist sehr wohlgeziert, doch hat er keine Stimm,
Sein Krönlein er stets mit sich führt, steckt doch nichts hinter ihm,
Wie mancher hat viel Kleider, als wäre er ein Graf,
Sein Vater ist ein Schneider, sein Bruder hüt die Schaf.

Z z *Zeisig.*

Komm her, du schönes Zeiselein, komm fliege her behend,
Sing, spring auf grünem Reiselein und mach dem Lied ein End,
Lob Gott den Herren mein und dein, tu fröhlich singen ihm,
Ihn preisen alle Vögelein mit ihrer süßen Stimm.

Wohin geht all dies Dichten, du edles Federspiel,
Als daß wir alles richten zu gutem End und Ziel,
Daß wir im Herzen sorgen für einen guten Klang,
Wer weiß, ob heut, ob morgen uns rühret der letzt Gesang.

O sagt, ihr lieben Vögelein, wer ists, der euch erhält,
Wo fliegt ihr hin, wo kehrt ihr ein, wenn Schnee im Winter fällt,
Wo nehmt ihr eure Nahrung, so viel als ihr begehrt?
Es zeigt ja die Erfahrung, daß Gott euch all ernährt.

Ihr habt kein Feld, kein Heller Geld, nichts, das die Tasche füllt,
Der Tannebaum ist euer Zelt, trotz dem, der euch was stiehlt,

Euer Pflug ist lustig singen, stets lobt ihr Gott den Herrn,
Die Töne tut ihr schwingen bis zu dem Abendstern.

Ihr habt nicht Koch, nicht Keller, und seid so wohlgemut,
Ihr trinkt nicht Muskateller und habt so freudig Blut,
Nichts haben, nichts begehren, ist euer Liverei,
Ihr habt ein guten Herren, er hält euch alle frei.

Gott sei mein Herz auch heimgestellt, was er tut, ist getan,
Wenn Sonn und Mond vom Himmel fällt, er ists, der helfen kann,
Was lebt auf Erd, in Lüften schwebt, was sich im Wasser rührt,
Gott all mit einem Finger hebt, ohn alle Müh regiert.

Kein Sperling von dem Dache fällt, von meinem Haupt kein Haar,
Es sei denn, daß ihms wohlgefällt, der ewig ist und war,
Er ruft dem Storch zu seiner Zeit, der Lerch, der Nachtigall,
Er führ uns all zur Seligkeit, bewahr uns vor dem Fall.

Dort singt die rechte Nachtigall den rechten Vogelsang,
Den ganzen weiten Himmelssaal durchstreicht ihr Freudenklang,
Mit Freud dort ewig singen die Englein auf neun Chör,
Vor Freud tut ewig springen das ganze Himmelsheer.

Musik dort ewig währet, zu lang doch keinem währt,
Je mehr sie wird gehöret, je mehr sie wird begehrt,
Wer Gott hier tut verehren, ihm dient mit Sang und Klang,
Der wird dort ewig hören himmlischen Vogelsang.

Die ABC-Schützen.

Rate, was ich habe vernommen,
Es sind achtzehn fremde Gesellen ins Land gekommen,
Zu mahlen schön und säuberlich,
Doch keiner einem andern glich,
All ohne Fehler und Gebrechen,
Nur konnte keiner ein Wort sprechen,
Und damit man sie sollte verstehn,
Hatten sie fünf Dolmetscher mit sich gehn,
Das waren hochgelehrte Leut,
Der erst erstaunt, reißts Maul auf weit,
Der zweite wie ein Kindlein schreit,
Der dritte wie ein Mäuslein pfiff,
Der vierte wie ein Fuhrmann rief,

Der Fünft gar wie ein Uhu tut,
Das waren ihre Künste gut,
Damit erhoben sie ein Geschrei,
Füllt noch die Welt, ist nicht vorbei.

Die zwei Hirten in der Christnacht.

Als das Christkindlein geboren war, saßen die zwei Hirten Damon und Halton nachts bei ihrer Herde und erzählten sich einander, was sie dem Christkindlein für Geschenke machen wollten. Es war bei einem Bache, unter einem Palmbaum, ihre Schafe lagen um sie her und schliefen, es war auf einer weiten, weiten Wiese, oben auf einem Berge, der Mond war ganz groß, und rechts waren am Himmel eine Menge kleiner Wolken, wie Schäfchen so weiß, und der Mond war wie der Schäfer dazu; auf der linken Seite aber stand am Himmel der Morgenstern, ganz hell wie ein Kristall, der stand über dem Stall, worin das Jesuskindlein lag, die Hirten aber saßen unter dem Palmbaum am Bach, der rauschte ganz leis, da haben sie so gesungen:

Halton.
Ich will dem Kindlein schenken
Ein silberweißes Lamm,
So viel ich mich bedenke,
Kein schöners ich bekam;
Es hat zur linken Seite
Wie Blut so rot ein Fleck,
Weiß nicht, was der bedeutet,
Und was dahinter steckt.

Damon.
Und ich schenk diesem Kinde
Ein Kälbchen zart und klein,
Mit roten Bändern binde
Ich ihm die Füßlein sein;
Und so will ich es tragen
Gar schön auf meinem Hals,
Das Kindlein wird da sagen:
Ach Mutter, mir gefallts.

Halton.
Und ich will ihm noch schenken
Ein junges Böcklein schön,
Es treibt wohl tausend Schwänke,
Und bleibt nicht lange stehn;
Es klettert, stutzt und springet,
Und bleibt an keiner Stell,
An seinem Halse klinget
Ein goldnes Glöcklein hell.

Damon.
Und ich will ihm noch schenken
Ein rotes Hirschkälblein,
Sein Füßlein und Gelenke
Sind gar so zart und fein;
Da mirs auf grüner Straßen
Im Wald entgegenkam,
Ließ sichs ganz gerne fassen,
Ging mit und wurde zahm.

Halton.
Und ich will ihm noch schenken
Ein schönes Eichhörnlein,
Kann schnell herum sich schwenken,
Ein hurtig Meisterlein;
Das Christkindlein wird lachen,
Wenn es die Nüßlein packt,
Und schnell sie tut aufkrachen,
Trick track, wohl nach dem Takt.

Damon.
Und ich will ihm noch schenken
Ein weißes Häselein,
Es ist voll tausend Ränken,
Will stets bei Menschen sein;
Es wird beim Kripplein spielen
Und trommeln eigentlich,
Die Schläge nieder zielen
Mit Füßen meisterlich.

Halton.
Und ich will ihm noch schenken
Ein wachsam Hündelein,
So klug, man solls kaum denken,
Es tanzet ganz allein;
Es kann auch apportieren,
Und stehen auf der Wacht,
Sucht, was man tut verlieren,
Was gilts, das Kindlein lacht.

Damon.
Und ich will ihm noch schenken
Ein mausig Kätzelein,
Ihm darf kein Härlein kränken
Halton, dein Hündelein.
Es läßt sich auch nicht beißen,
Gar schnell sich widersetzt,

Tut brüsten sich und spreißen,
Bleibt immer unverletzt.

Halton.
Und ich will ihm noch schenken
Ein Stückchen Einerlei,
Mein, jetzo wirst du denken,
Was dieses doch wohl sei?
Zu deinem Kätzlein eben
Will ich ihm noch dabei
Ein pelzern Mausfall geben,
So hats der Kätzlein zwei.

Damon.
Und ich will ihm noch schenken
Ein muntres Täubelein,
Das lauft auf Tisch und Bänken
Mit seinem Schwesterlein;
Ein Ringlein ihnen beiden
Bezirkelt Hals und Brust,
Aus Flaum und Federseiden,
Recht farbig nach der Lust.

Halton.
Und ich will ihm noch schenken
Zwo Turteltauben keusch,
Die spreiten, heben, senken
Die Flügel ohn Geräusch;
Ihr Stimmlein, wie man spüret,
Sind lauter Seufzerlein,
Gott weiß, welch Leid sie rühret,
In ihrem Herzelein.

Damon.
Und ich will ihm noch schenken
Ein großen, bunten Hahn,
Der Haupt und Hals tut schwenken,
Gleich einem edlen Schwan;
Mit Sporn und Busch er gehet,
Stolz als ein Rittersmann,
Und morgens fleißig krähet
Der bunte Wettermann.

Halton.
Und ich will ihm noch schenken
Ein Fink und Nachtigall,
Die Kopf und Ohren lenken

Nach meiner Flöte Schall;
Spiel ich die Schäferlieder,
So kommen sie herbei,
Und pfeifen sie mir wieder
In ihrer Melodei.

Damon.
Und ich will ihm noch schenken
Ein weißes Körbelein,
An Balken soll mans henken,
Voll kleiner Vögelein;
Ich selber habs geschnitzet
In siebenthalben Tag,
Ist neu und unbeschmitzet,
Nicht gnug mans loben mag.

Halton.
Und ich will ihm noch schenken
Ein schönen Hirtenstab,
Mit Farben ihn besprengen,
Wie es noch keinen gab;
Die Kunst hab ich gelernet,
Wie man es machen soll,
Daß ganz er wird gesternet,
Und bunter Flecken voll.

Damon.
Und ich will ihm noch schenken
Viel schöne Sachen mehr,
Ja schenken und noch schenken
Je mehr und je noch mehr;
Auch Äpfel, Birn und Nüsse,
Milch, Honig, Butter, Käs,
Ach, wenn ich doch könnt wissen,
Was es recht gerne eß.

Halton.
Wohl dann, so laßt uns reisen
Zum schönen Kindelein,
Und unsre Gaben preisen,
Dem kleinen Schäferlein;
Ihm alles auf soll heben
Die Mutter mit Bescheid,
Daß es ihm wird gegeben
Hernach zu seiner Zeit.

Ein Wahrheitslied.

Als Gott der Herr geboren war,
Da war es kalt,
Was sieht Maria am Wege stehn?
Ein Feigenbaum.
Maria, laß du die Feigen noch stehn,
Wir haben noch dreißig Meilen zu gehn,
Es wird uns spät.

Und als Maria ins Städtlein kam,
Vor eine Tür,
Da sprach sie zu dem Bäuerlein,
Behalt uns hier,
Wohl um das kleine Kindelein,
Es möcht dich wahrlich sonst gereun,
Die Nacht ist kalt.

Der Bauer sprach von Herzen ja,
Geht in den Stall!
Als nun die halbe Mitternacht kam,
Stand auf der Mann;
Wo seid ihr dann, ihr armen Leut?
Daß ihr noch nicht erfroren seid,
Das wundert mich.

Der Bauer ging da wieder ins Haus,
Wohl aus der Scheuer,
Steh auf, mein Weib, mein liebes Weib,
Und mach ein Feuer,
Und mach ein gutes Feuerlein,
Daß diese armen Leutelein
Erwärmen sich.

Und als Maria ins Haus hin kam,
Da war sie froh,
Joseph, der war ein frommer Mann,
Sein Säcklein holt;
Er nimmt heraus ein Kesselein,
Das Kind tät ein bißchen Schnee hinein,
Und das sei Mehl.

Es tat ein wenig Eis hinein,
Und das sei Zucker,
Es tat ein wenig Wasser drein,
Und das sei Milch;

Sie hingen den Kessel übern Herd,
An einen Haken, ohn Beschwerd
Das Müslein kocht.

Ein Löffel schnitzt der fromme Mann
Von einem Span,
Der ward von lauter Elfenbein
Und Diamant;
Maria gab dem Kind den Brei,
Da sah man, daß es Jesus sei,
Unter seinen Augen.

Sommerverkündigung.

(In einigen Gegenden von Holstein ziehen die Kinder, um den Sommer anzukündigen, von Haus zu Haus; eines trägt in einem Korb einen toten Fuchs voraus, sie singen dazu:)

Hanns Voß heißt er,
Schelmstück weiß er,
Die er nicht weiß, die will er lehren,
Haus und Hof will er verzehren;
Brot auf die Trage,
Speck auf den Wagen,
Eier ins Nest,
Wer mir was gibt, der ist der Best!

Als ich hier von diesem war,
War hier nichts als Laub und Gras,
Da war auch hier kein reicher Mann,
Der uns den Beutel füllen kann,
Mit einem Schilling drei, vier oder mehr
Wenns auch ein halber Taler wär.

Droben in der Hausfirst,
Hängen die langen Mettwürst,
Gebt uns von den langen,
Laßt die kurzen hangen,
Sind sie etwas kleine,
Gebt uns zwei für eine;
Sind sie ein wenig zerbrochen,
So sind sie leichter kochen,
Sind sie etwas fett,
Je besser es uns schmeckt.

Havele Hahne.

(Zur Fastnacht gehn die Kinder am Rhein mit einem Korb, in dem ein gebundener Hahn liegt, sie schaukeln mit ihm und singen:)

Havele havele Hahne,
Fastennacht geht ane,
Droben in dem Hinkelhaus,
Hängt ein Korb mit Eier raus;
Droben in der Firste,
Hängen die Bratwürste,
Gebt uns die langen,
Laßt die kurzen hangen,
Ri ra rum,
Der Winter muß herum;
Was wollt ihr uns denn geben,
Ein glückseligs Leben,
Glück schlag ins Haus,
Komm nimmermehr heraus.

Kinderpredigt.

Ein Huhn und ein Hahn,
Die Predigt geht an,
Ein Kuh und ein Kalb,
Die Predigt ist halb,
Ein Katz und ein Maus,
Die Predigt ist aus.
Geht alle nach Haus,
Und haltet ein Schmaus.
Habt ihr was, so eßt es,
Habt ihr nichts, vergeßt es,
Habt ihr ein Stückchen Brot,
So teilt es mit der Not,
Und habt ihr noch ein Brosämlein,
So streuet es den Vögelein.

Das Wappen von Amsterdam.

Ich ging einmal nach Amsterdam,
Auf der Faulenzer Straße,
Man fragt mich, ob ich faulenzen kann,
Ich sagte nein und meint doch ja,

Ich setzt mich nieder und faulenzt da,
Es war wohl tausend Gulden wert,
Dafür kauft ich ein schönes Pferd,
Wars kein junges, wars ein alts,
Ohne Kopf und ohne Hals,
Ohne Schenkel, ohne Bein,
Auf dem Pferd ritt ich allein,
Auf dem Pferd ritt ich so lang,
Bis ihm gar der Bauch zersprang.
Flog heraus ein Göckerlein,
Krähte grob und krähte fein,
Hatt auf seinem Kopf ein Kamm,
Drauf stand das Wappen von Amsterdam.

Erschreckliche Geschichte vom Hühnchen und vom Hähnchen.

Ein Hühnchen und ein Hähnchen sind miteinander in die Nußhecken gegangen, um Nüsse zu essen, und jedes Nüßchen, welches das Hähnchen fand, hat es mit dem Hühnchen geteilt, endlich hat das Hühnchen auch eine Nuß gefunden, und das Hähnchen hat sie ihm aufgepickt, aber das Hühnchen war neidisch und hat nicht teilen wollen und hat aus Neid den Nußkern ganz verschluckt; der ist ihm aber im Halse stecken geblieben und wollte nicht hinter sich und nicht vor sich, da hat es geschrien: lauf zum Born und hol mir Wasser.

Hähnchen ist zum Born gelaufen,
Born, du sollst mir Wasser geben,
Hühnchen liegt an jenem Berg
Und schluckt an einem Nußkern;
Und da hat der Born gesprochen:
Erst sollst du zur Braut hinspringen,
Und mir klare Seide bringen.
Hähnchen ist zur Braut gesprungen,
Braut, du sollst mir Seide geben,
Seide soll ich Brunnen bringen,
Brunnen soll mir Wasser geben,
Wasser soll ich Hühnchen bringen,
Hühnchen liegt an jenem Berg
Und schluckt an einem Nußkern.
Und da hat die Braut gesprochen:

Sollst mir erst mein Kränzlein langen,
Blieb mir in den Weiden hangen;
Hähnchen ist zur Weide flogen,
Hat das Kränzlein runter zogen,
Braut, ich tu dirs Kränzlein bringen,
Sollst mir klare Seiden geben,
Seide soll ich Brunnen bringen,
Brunnen soll mir Wasser geben,
Wasser soll ich Hühnchen bringen,
Hühnchen liegt an jenem Berg
Und schluckt an einem Nußkern.
Braut gab für das Kränzlein Seide,
Born gab für die Seide Wasser,
Wasser bringt er zu dem Hühnchen,
Aber Hühnchen war erstickt,
Hat den Nußkern nicht verschlickt.

Da war das Hähnchen sehr traurig, und hat ein Wägelchen von Weiden geflochten, hat sechs Vögelchen davor gespannt, und das Hühnchen darauf gelegt, um es zu Grabe zu fahren, und wie es so fort fuhr, kam ein Fuchs,

„Wohin Hähnchen?"
„Mein Hühnchen begraben."
„Darf ich aufsitzen?"
„Sitz hinten auf den Wagen,
Vorne können̄s meine Pferdchen nicht vertragen."
Da hat sich der Fuchs aufgesetzt, kam ein Wolf.
„Wohin Hähnchen?" usw.
kam ein Löwe, kam ein Bär, usw. alle hinten drauf, endlich kam noch ein Floh,

„Wohin Hähnchen?" usw.

aber der war zu schwer, der hat grade noch gefehlt, das ganze Wägelchen mit aller Bagage, mit Mann und Maus ist im Sumpfe versunken, da braucht er auch kein Grab, das Hähnchen ist allein davon gekommen, ist auf den Kirchturm geflogen, da steht es noch und dreht sich überall herum, und paßt auf schön Wetter, daß der Sumpf austrocknet, da will es wieder hin und will sehen, wie er seinen Leichenzug weiter bringt, wird aber wohl zu spät kommen, denn es ist allerlei Kraut und Gras drüber gewachsen, Hühnerdarm und Hahnenfuß, und Löwenzahn und Fuchsia, und lauter solche Geschichten, wer sie nicht weiß, der muß sie erdichten.

Auf dem Grabstein eines Kindes in einem Kirchhof im Odenwald.

Liebe Eltern, gute Nacht!
Ich soll wieder von euch scheiden,
Kaum war ich zur Welt gebracht,
Hab genossen keine Freuden,
Ich das kleinste eurer Glieder,
Geh schon fort, doch nicht allein,
Eltern, Schwestern und die Brüder,
Werden auch bald bei mir sein,
Weil sie wünschen, bitten, weinen,
Daß ihr Tag mag bald erscheinen.

Kindergebet.

Lieber Gott und Engelein,
Laßt mich fromm und gut sein,
Laßt mir doch auch mein Hemdlein
Recht bald werden viel zu klein.

Wie oft Gott zu danken sei?

Wie viel Sand in dem Meer,
Wie viel Sterne oben her,
Wie viel Tiere in der Welt,
Wie viel Heller unterm Geld,
In den Adern wie viel Blut,
In dem Feuer wie viel Glut,
Wie viel Blätter in den Wäldern,
Wie viel Gräslein in den Feldern,
In den Hecken wie viel Dörner,
Auf dem Acker wie viel Körner,
Auf den Wiesen wie viel Klee,
Wie viel Stäublein in der Höh,
In den Flüssen wie viel Fischlein,
In dem Meere wie viel Müschlein,
Wie viel Tropfen in der See,
Wie viel Flocken in dem Schnee,
So viel Lebendig weit und breit,
So oft und viel sei Gott Dank in Ewigkeit.
Amen.

Abendgebet.

Abends, wenn ich schlafen geh,
Vierzehn Engel bei mir stehn,
Zwei zu meiner Rechten,
Zwei zu meiner Linken,
Zwei zu meinen Häupten,
Zwei zu meinen Füßen,
Zwei, die mich decken,
Zwei, die mich wecken,
Zwei, die mich weisen
In das himmlische Paradeischen.

St. Niklas.

Vater.
Es wird aus den Zeitungen vernommen,
Daß der heilige Sankt Niklaus werde kommen,
Aus Moskau, wo er gehalten wert,
Und als ein Heiliger wird geehrt;
Er ist bereits schon auf der Fahrt,
Zu besuchen die Schuljugend zart,
Zu sehn, was die kleinen Mägdlein und Knaben
In diesem Jahre gelernet haben,
In Beten, Schreiben, Singen und Lesen,
Auch ob sie sind hübsch fromm gewesen.
Er hat auch in seinem Sack verschlossen,
Schöne Puppen aus Zucker gegossen,
Den Kindern, welche hübsch fromm wären,
Will er solche schöne Sachen verehren.

Kind.
Ich bitte dich, Sankt Niklaus sehr,
In meinem Hause auch einkehr,
Bring Bücher, Kleider und auch Schuh,
Und noch viel schöne gute Sachen dazu,
So will ich lernen wohl,
Und fromm sein, wie ich soll.
Amen.

Sankt Niklas.
Gott grüß euch lieben Kinderlein,
Ihr sollt Vater und Mutter gehorsam sein,
So soll euch was Schönes bescheret sein;

Wenn ihr aber dasselbige nicht tut,
So bringe ich euch den Stecken und die Rut.
Amen.

Kinderlied zu Weihnachten.

Gotts Wunder, lieber Bu,
Geh, horch ein wenig zu,
Was ich dir will erzählen,
Was geschah in aller Fruh.

Da geh ich über ein Heid,
Wo man die Schäflein weidt,
Da kam ein kleiner Bu gerennt,
Ich hab ihn all mein Tag nicht kennt.

Gotts Wunder, lieber Bu,
Geh, horch ein wenig zu!
Den alten Zimmermann,
Den schaun wir alle an,
Der hat dem kleinen Kindelein
Viel Gutes angetan.

Er hat es so erkußt,
Es war ein wahre Lust,
Er schafft das Brot, ißt selber nicht,
Ist auch sein rechter Vater nicht.

Gotts Wunder, lieber Bu,
Geh, lausch ein wenig zu.

Hätt' ich nur dran gedenkt,
Dem Kind hätt ich was gschenkt;
Zwei Äpfel hab ich bei mir ghabt,
Es hat mich freundlich angelacht.

Gotts Wunder, lieber Bu,
Geh, horch ein wenig zu!

Sterndreherlied.

Wir reisen auf das Feld in eine Sonne,
Des freuet sich die englische Schar,
Wir wünschen euch allen ein glückselig Neujahr.

Wir wünschen dem Herrn einen goldnen Hut,
Er trinkt keinen Wein, denn er sei gut,
Des freuet sich usw.

Wir wünschen dem Herrn einen tiefen Bronnen,
So ist ihm niemals sein Glück zerronnen,
Des freuet sich usw.

Wir wünschen dem Herrn einen goldnen Mutzen,
Er läßt sich auch von keinem trutzen,
Des freuet sich usw.

Wir wünschen dem Herrn einen goldnen Tisch,
Auf jeder Eck einen gebacknen Fisch,
Des freuet sich usw.

Wir wünschen der Frau einen goldenen Rock,
Sie geht daher als wie eine Dock,
Des freuet sich usw.

Wir wünschen dem Sohn eine Feder in die Hand,
Damit soll er schreiben durchs ganze Land,
Des freuet sich usw.

Wir wünschen der Tochter ein Rädelein,
Damit soll sie spinnen ein Fädelein,
Des freuet sich usw.

Wir wünschen der Magd einen Besen in die Hand,
Damit soll sie kehren die Spinnen von der Wand,
Des freuet sich usw.

Wir wünschen dem Knecht eine Peitsch in die Hand,
Damit soll er fahren durchs ganze Land,
Des freuet sich usw.

Dreikönigslied.

Gott so wollen wir loben und ehrn,
Die heiligen drei König mit ihrem Stern,
Sie reiten daher in aller Eil
In dreißig Tagen vierhundert Meil,
Sie kamen in Herodis Haus,
Herodes sahe zum Fenster raus:
„Ihr meine liebe Herrn, wo wollt ihr hin?“
„Nach Bethlehem steht unser Sinn.
Da ist geboren ohn alles Leid
Ein Kindlein von einer reinen Maid.“
Herodes sprach aus großem Trotz:
„Ei, warum ist der hinter so schwarz?“
„O lieber Herr, er ist uns wohlbekannt,
Er ist ein König im Mohrenland,

Und wöllend ihr uns recht erkennen,
Wir dörffend uns gar wohl nennen.
Wir seind die König vom finstern Stern,
Und brächten dem Kindlein ein Opfer gern,
Myrrhen, Weihrauch und rotes Gold,
Wir seind dem Kindlein ins Herz nein hold."
Herodes sprach aus Übermut,
„Bleibend bei mir, und nehmt für gut,
Ich will euch geben Heu und Streu,
Ich will euch halten Zehrung frei."
Die heiligen drei König täten sich besinnen,
Fürwahr, wir wollen jetzt von hinnen.
Herodes sprach aus trutzigem Sinn,
„Wollt ihr nicht bleiben, so fahret hin."
Sie zogen über den Berg hinaus,
Sie funden den Stern ob dem Haus,
Sie tragen in das Haus hinein,
Sie funden Jesum in dem Krippelein.
Sie gaben ihm ein reichen Sold,
Myrrhen, Weihrauch und rotes Gold.
Joseph bei dem Kripplein saß,
Bis daß er schier erfroren was.
Joseph nahm ein Pfännelein,
Und macht dem Kind ein Müselein.
Joseph, der zog sein Höselein aus,
Und macht dem Kindlein zwei Windelein draus.
„Joseph, lieber Joseph mein,
Hilf mir wiegen mein Kindelein."
Es waren da zwei unvernünftige Tier,
Sie fielen nieder auf ihre Knie.
Das Öchselein und das Eselein,
Die kannten Gott den Herren rein.
Amen.

Christkindleins Wiegenlied.

O Jesulein zart,
O Jesulein zart,
Das Kripplein ist hart,
Wie liegst du so hart,
Ach schlaf, ach tu die Äugelein zu,
Schlaf, und gib uns die ewige Ruh.

Schlaf Jesulein wohl,
Nichts hindern soll,

Ochs, Esel und Schaf
Sind alle im Schlaf.
Schlaf, Kind, schlaf, tu deine Äuglein zu,
Schlaf und gib uns die ewige Ruh.

Sieh, Seraphim singt,
Und Cherubim klingt,
Viel Engel im Stall,
Die wiegen dich all.
Schlaf, Kind, schlaf, tu dein Äuglein zu,
Schlaf, und gib uns die ewige Ruh.

Sieh, Jesulein, sieh,
Sankt Joseph ist hie,
Ich bleib auch hiebei,
Schlaf sicher und frei.
Schlaf, Kind, schlaf, tu dein Äuglein zu,
Schlaf und gib uns die ewige Ruh.

Schweig, Eselein, still,
Das Kind schlafen will,
Ei, Öchsle nicht brüll,
Das Kind, das schlafen will.
Schlaf, Kind, schlaf, tu dein Äuglein zu,
Schlaf und gib uns die ewige Ruh.

Wiegenlied.

O Jesu, liebes Herrlein mein,
Hilf mir wiegen mein Kindelein,
Im Himmelreich und in der lieben Christenheit,
Eia! Eia! Schlaf, du liebes Kindelein,
Der heilig Christ will bei dir sein,
Mit seinen lieben Engelein, in Ewigkeit.
O du liebes Jesulein,
Du Tröster mein, erfreu dich fein,
Und mach uns arme Würmelein
Zu Dienern dein!

O Jesu, Gottes Söhnelein,
Und Marien Kindelein,
Laß dir mein Kind befohlen sein,
Im Himmelreich und in seim kleinen Wiegelein,
Eia! Eia! Schlaf, du liebes Kindelein,
Dein Christ bringt dir gut Äpfelein,
Baut dir ein schönes Häuselein im Himmelreich.

Du trautes Jesulein,
Gottes Lämmelein, erbarm dich mein,
Und faß mich auf deim Rückelein
Und trag mich fein.

O Jesu, liebes Brüderlein,
Du wollst Emanuelchen sein,
Und unser ewigs Priesterlein,
Im Himmelreich und in der lieben Christenheit.
Eia! Eia! schweig, du trautes Kindelein,
Es beißt dich sonst ein Eselein,
Und stößt dich Josephs Öchselein, zu Bethlehem.
O du süßes Jesulein,
Erhalt uns rein, im Glauben dein,
Bitt für uns arme Sünderlein,
Den Vater dein.

Jesus, das zarte Kindelein,
Lag in ein'm harten Krippelein,
Gewindelt in ein Tüchelein,
Zu Bethlehem, im finstern Stall, beim Öchselein.
Eia! Eia! Joseph kocht ein Müselein,
Maria streichts ihrm Söhnlein ein,
Das Kißlein wärmt ein Engelein,
Nun singet fein, o du liebes Jesulein,
Die Unschuld dein, laß unser sein,
Und mach uns arme Leute fein
Heilig und rein.

Frühlingsumgang.

Heut ist mitten in der Fasten,
Da leeren die Bauern die Kasten.

Die Kasten sind alle so leer,
Bescher uns Gott ein andres Jahr!

Die Früchte im Felde, sie kleiden so wohl,
Sie kleiden dem Bäuerlein die Scheuerlein voll.

Wo sind unsere hiesigen Knaben,
Die uns den Sommerkranz helfen rumme tragen?
Sie liegen wohl hinter dem Wingertsberg,
Und schaffen ihre Händelein rauh.

Jetzt gehn wir vor des Wirten Haus,
Da schaut der Herr zum Fenster raus.

Er schaut wohl raus und wieder nein,
Er schenkt uns was ins Beutelein nein.

Wir schreibens wohl auf ein Lilienblatt,
Wir wünschen dem Herrn einen guten Tag.

Wir wünschen dem Herrn einen goldenen Tisch,
Auf jeder Spitzen gebackne Fisch.

Mitten darinnen eine Kanne voll Wein,
Damit soll er brav lustig sein.

Wir wünschen der Frau eine goldene Wiege,
Damit soll sie ihr Kindelein wiegen.

Wir wünschen der Frau eine goldene Schnur,
Damit bindt sie ihr Kindelein zu.

Wir wünschen dem Herrn einen silbernen Wagen,
Damit soll er ins Himmelreich fahren!

Wenn die Kinder ihre heiße Suppe rühren.

Lirum larum Löffelstiel,
Alte Weiber essen viel,
Junge müssen fasten,
Brot liegt im Kasten,
Messer liegt daneben,
Ei, was ein lustig Leben!

Das Sommertagslied.

In der Pfalz und umliegenden Gegenden gehen am Sonntag Lätare, welchen man den Sommertag nennt, die Kinder auf den Gassen herum mit hölzernen Stäben, an welchen eine mit Bändern geschmückte Brezel hängt, und singen den Sommer an, worüber sich jedermann freut. Auch gehen oft zwei erwachsene junge Bursche verkleidet herum, von welchen einer den Sommer, der andere den Winter vorstellt, diese kämpfen miteinander und der Winter verliert. Im Kraichgau tragen die Mägdlein bei diesem Fest einen mit Immergrün umwundenen Reif auf einem Stecken, an dem Reife hängen kleine Spiegel, Goldflitter und Brezeln. Die Knaben aber tragen viele solcher kleinere Kränze an ihren Stecken, und geben immer einen als Gegengabe in jedem Hause ab, wo sie für ihren Gesang Geld, Eier, Schmalz oder Mehl erhalten. Dieser Kranz wird in der Mittelstube über dem Tisch an einem Faden aufgehängt und bleibt bis zum nächsten Jahre hängen. Durch die Ofenwärme, die in die Höhe zieht, bewegt sich der Kranz zuweilen, dann sagen die Kinder: das bedeutet was Gutes, wenn aber eine Hexe in die Stube kommt, sagen die alten Weiber, stehe der Kranz still. Das Sommerlied aber heißt so:

Tra, ri, ro,
Der Sommer, der ist do!
Wir wollen naus in Garten,
Und wollen des Sommers warten,
Jo, jo, jo,
Der Sommer, der ist do.

Tra, ri, ro,
Der Sommer, der ist do!
Wir wollen hinter die Hecken,
Und wollen den Sommer wecken,
Jo, jo, jo,
Der Sommer, der ist do!

Tra, ri, ro,
Der Sommer, der ist do!
Der Sommer, der Sommer!
Der Winter hats verloren,
Jo, jo, jo,
Der Sommer, der ist do.

Tra ri usw.
Zum Biere, zum Biere,
Der Winter liegt gefangen,
Den schlagen wir mit Stangen,
Jo usw.

Tra, ri usw.
Zum Weine, zum Weine,
In meiner Mutter Keller,
Liegt guter Muskateller,
Jo, usw.

Tra, ri usw.
Wir wünschen dem Herrn
Ein goldnen Tisch,
Auf jeder Eck ein gebacknen Fisch,
Und mitten hinein
Drei Kannen voll Wein,
Daß er dabei kann fröhlich sein.
Jo, jo, jo.
Der Sommer, der ist do.

Brunneneier-Liedlein.

In Kreuznach und andern Städten am Rhein werden um Johannistag die Brunnen gereinigt und neue Brunnenmeister erwählt, wobei sich die Nachbarn versammeln und nachdem sie manche nachbarliche Angelegenheit besprochen, ein kleines Fest geben. An dem Tage dieses Festes ziehen die Kinder in der Nachbarschaft Eier sammeln herum, die sie in einen mit Feldblumen geschmückten Korb auf Blätter legen und sich abends zu einem eignen Feste backen lassen, bei ihrem Eiersammeln singen sie folgendes Lied. Diese Gelage waren bereits im fünfzehnten Jahrhundert.

Gärtlein, Gärtlein, Brunneneier,
Heut han wir Johannistag,
Grün sind die Lilien,
Rufen wir Frau Wirtin an,
Drauß auf den Leyen (Leye, Schiefer)
Steht ein Korb voll Eier,
Sind sie zerbrochen,
Gebt mir eure Tochter,
Sind sie zu klein,
Gebt mir zwei für ein,
Strih, strah, stroh,
Heut übers Jahr sind wir all miteinander wieder do!

Knecht, Magd, Ochs, Esel und alles, was mein ist.

Als ich ein armes Weib war,
Zog ich über den Rhein,
Beschert mir Gott ein Hühnelein,
War ich ein reiches Weib,
Ging ich über die Wiese,
Fragten alle Leut,
Wie mein Hühnlein hieß,
Bibberlein heißt mein armes Hühnelein.

Als ich ein armes Weib war,
Zog ich über den Rhein,
Beschert mir Gott ein Entelein,
War ich ein reiches Weib,
Ging ich über die Wiese,
Fragten alle Leut,

Wie mein Entlein hieße,
Entequentlein heißt mein Entlein,
Bibberlein heißt mein armes Hühnelein.

Als ich ein armes Weib war,
Zog ich über den Rhein,
Beschert mir Gott ein Gänselein,
War ich ein reiches Weib,
Ging ich über die Wiese,
Fragten alle Leut,
Wie mein Gänselein hieße,
Wackelschwänzlein heißt mein Gänslein, usw.

Als ich usw.
Beschert mir Gott ein Zickelein,
usw.
Klipperbein heißt mein armes Zickelein,
Wackelschwänzlein usw.

Als ich usw.
Beschert mir Gott ein Schweinelein,
usw.
Schmortöpflein heißt mein armes Schweinelein,
Klipperbein usw.

Als ich usw.
Beschert mir Gott ein Kuh,
Gute Muh heißt mein Kuh,
Schmortöpflein heißt mein Schwein,
usw.

Als ich usw.
Beschert mir Gott ein Haus,
Guckheraus heißt mein Haus,
Gute Muh usw.

Als ich usw.
Beschert mir Gott ein Mann,
Kegelbahn heißt mein Mann,
usw.

Beschert mir Gott ein Kind,
Goldenring heißt mein Kind.

Beschert mir Gott ein Magd,
Hat er gesagt heißt meine Magd.

Beschert mir Gott ein Pferd,
Ehrenwert heißt mein Pferd.

Beschert mir Gott ein Knecht,
Haberecht heißt mein Knecht.

Beschert mir Gott ein Hahn,
Wettermann heißt mein Hahn.

Beschert mir Gott ein Floh,
Hüpf ins Stroh heißt mein Floh.

Nun kennt ihr mich mit Mann und Kind,
Und all meinem Hausgesind.

Für die Jüngelcher von unsern Leut.

Ein Zicklein, ein Zicklein,
Das hat gekauft das Väterlein
Um zwei Schilling Pfennig,
Ein Zicklein!

Da kam das Kätzlein,
Und aß das Zicklein,
Das hat gekauft mein Väterlein,
Um zwei Schilling Pfennig,
Ein Zicklein! Ein Zicklein!

Da kam das Hündelein,
Und biß das Kätzelein,
Das da hat gegessen das Zicklein,
Das da hat gekauft mein Väterlein,
Um zwei Schilling Pfennig,
Ein Zicklein!

Da kam das Stöckelein,
Und schlug das Hündlein,
Das da hat gebissen das Kätzlein,
Das da hat gegessen das Zicklein,
Das da hat gekauft mein Väterlein,
Um zwei Schilling Pfennig,
Ein Zicklein!

Da kam das Feuerlein,
Und verbrennt das Stöckelein,
Das da hat geschlagen das Hündelein,
Das da hat gebissen das Kätzlein,
Das da hat gegessen das Zicklein,
Das da hat gekauft mein Väterlein,
Um zwei Schilling Pfennig,
Ein Zicklein!

Da kam das Wasserlein,
Und verlöscht das Feuerlein,
Das da hat verbrennt das Stöcklein,
Das da hat geschlagen das Hündlein,
Das da hat gebissen das Kätzlein,
Das da hat gegessen das Zicklein,
Das da hat gekauft mein Väterlein,
Um zwei Schilling Pfennig,
Ein Zicklein!

Da kam der Ochse
Und trank das Wasserlein,
Das da hat verlöscht das Feuerlein,
Das da hat verbrennt das Stöckelein,
Das da hat geschlagen das Hündelein,
Das da hat gebissen das Kätzelein,
Das da hat gegessen das Zicklein,
Das da hat gekauft mein Väterlein,
Um zwei Schilling Pfennig,
Ein Zicklein! Ein Zicklein!

Da kam der Schochet (Metzger)
Und schlächt den Ochsen,
Der da hat getrunken das Wasserlein,
Das da hat verlöscht das Feuerlein,
Das da hat verbrennt das Stöckelein,
Das da hat geschlagen das Hündelein,
Das da hat gebissen das Kätzlein,
Das da hat gegessen das Zicklein,
Das da hat gekauft das Väterlein,
Um zwei Schilling Pfennig,
Ein Zicklein! Ein Zicklein!

Da kam der Malach hammoves (Engel des Todes)
Und schlächt den Schochet,
Daß er hat geschlächt den Ochsen,
Daß er hat getrunken das Wasserlein,
Das da hat verlöscht das Feuerlein,
Das da hat verbrennt das Stöckelein,
Das da hat geschlagen das Hündelein,
Das da hat gebissen das Kätzlein,
Das da hat gegessen das Zicklein,
Das da hat gekauft das Väterlein,
Um zwei Schilling Pfennig,
Ein Zicklein! Ein Zicklein!

Da kam unser lieber Herr Gott,
Und schlächt den Malach hammoves,
Der da hat geschlächt den Schochet,
Der da hat geschlächt den Ochsen,
Daß er hat getrunken das Wasserlein,
Das da hat verlöscht das Feuerlein,
Das da hat verbrennt das Stöckelein,
Das da hat geschlagen das Hündelein,
Das da hat gebissen das Kätzlein,
Das da hat gegessen das Zicklein,
Das da hat gekauft das Väterlein,
Um zwei Schilling Pfennig,
Ein Zicklein! Ein Zicklein!

Kinder-Konzert, prima vista.

Kleins Männele, kleins Männele, was kannst du machen?
Ich kann wohl spielen auf meiner Trumm,
Rum bum, bidi bum, so macht meine Trumm.
Rum bum, bidi bum.

Kleins Männele usw., bei was kannst du machen usw.
Ich kann wohl spielen auf meiner Flöt,
Dill dill dill, so macht meine Flöt,
Rum bum, bidi bum, so macht meine Trumm.
Rum bum, bidi bum, dill dill dill.

Kleins Männele usw., was kannst du machen usw.
Ich kann wohl spielen auf meiner Geig,
Ging ging ging, so macht meine Geig,
Dill dill dill, so macht meine Flöt,
Rum bum, bidi bum, so macht meine Trumm.
Rum bum, bidi bum, dill dill dill, ging ging ging.

Kleins Männele usw., was kannst du machen usw.
Ich kann wohl spielen auf meiner Zitter,
Bring bring bring, so macht meine Zitter,
Ging ging ging, so macht meine Geig,
Dill dill dill, so macht meine Flöt,
Rum bum, bidi bum, so macht meine Trumm.
Rum bum, bidi bum, dill dill dill, ging ging ging, bring bring bring.

Kleins Männele usw., was kannst du machen usw.
Ich kann wohl spielen auf meiner Laute,
Blum blum blum, so macht meine Laute,

Bring bring bring, so macht meine Zitter,
Ging ging ging, so macht meine Geig,
Dill dill dill, so macht meine Flöt,
Rum bum, bidi bum, so macht meine Trumm.
Rum bum, bidi bum, dill dill dill, ging ging ging, bring bring
bring, blum blum blum.

Kleins Männele usw., was kannst du machen usw.
Ich kann wohl spielen auf meinem Fagott,
Du du du, so macht mein Fagott,
Blum blum blum, so macht meine Laute,
Bring bring bring, so macht meine Zitter,
Ging ging ging, so macht meine Geig,
Dill dill dill, so macht meine Flöt,
Rum bum, bidi bum, so macht meine Trumm.
Rum bum, bidi bum, dill dill dill, ging ging ging, bring bring
bring, blum blum blum, du du du.

Kleins Männele usw., was kannst du machen usw.
Ich kann wohl spielen auf meiner Leier,
Eng eng eng, so macht meine Leier,
Du du du, so macht mein Fagott,
Blum blum blum, so macht meine Laute,
Bring bring bring, so macht meine Zitter,
Ging ging ging, so macht meine Geig,
Dill dill dill, so macht meine Flöt,
Rum bum, bidi bum, so macht meine Trumm.
Rum bum, bidi bum, dill dill dill, ging ging ging, bring bring
bring, blum blum blum, du du du. eng, eng, eng.

Kleins Männele usw., was kannst du machen usw.
Ich kann wohl spielen auf meiner Baßgeig,
Gu gu gu, so macht meine Baßgeig,
Eng, eng, eng, so macht meine Leier,
Du du du, so macht mein Fagott,
Blum blum blum, so macht meine Laut,
Bring bring bring, so macht meine Zitter,
Ging ging ging, so macht meine Geig,
Dill dill dill, so macht meine Flöt,
Rum bum, bidi bum, so macht meine Trumm.
Rum bum, bidi bum, dill dill dill, ging ging ging, bring bring
bring, blum blum blum, du du du, eng, eng, eng,
Gu gu gu,

in Ewigkeit Amen.

Der wunderliche Kittel.

Ich weiß mir einen Kittel,
Geht vornen nicht zusammen,
Bin ich zu einer Nonn gegangen.
„Ach liebe Nonn, gib auch dazu,
Daß der Kittel fertig wird!"
Sprach die Nonn: „Das soll geschehn,
Will dir meine Kutte geben." –
Ei, so haben wir eine Kutt!
Hinten Zipf,
Freu dich, Mädel, der Kittel wird hübsch.

Ich weiß mir einen Kittel,
Geht vornen nicht zusammen,
Bin ich zu einem Hahn gegangen.
„Ach lieber Hahn, gib auch dazu!"
Sprach der Hahn: „Das soll geschehn,
Will dir meinen Kamm geben." –
Ei, so haben wir einen Kamm!
Hahnenkamm,
Nonnenkutt,
Hintenzipf,
Freu dich, Mädel, der Kittel wird hübsch!

Ich weiß mir einen Kittel,
Geht vornen nicht zusammen,
Bin ich zu einer Gans gegangen.
„Ach liebe Gans, gib auch dazu!
Daß der Kittel fertig wird."
Sprach die Gans „Das soll geschehn,
Will dir meinen Kragen geben." –
Ei, so haben wir einen Kragen!
Ganskragen,
Hahnenkamm,
Nonnenkutt,
Hintenzipf,
Freu dich, Mädel, dein Kittel wird hübsch!

Ich weiß mir einen Kittel,
Geht vornen nicht zusammen,
Bin ich zu einer Ent gegangen.
„Ach liebe Ent, gib auch dazu!
Daß der Kittel fertig wird."
Sprach die Ent: „Das soll geschehn,
Will dir meinen Schnabel geben." –

Ei, so haben wir einen Schnabel!
Entenschnabel,
Ganskragen,
Hahnenkamm,
Nonnenkutt,
Hintenzipf,
Freu dich, Mädel, dein Kittel wird hübsch!

Ich weiß mir einen Kittel,
Geht vornen nicht zusammen,
Bin ich zu einem Has gegangen.
„Ach lieber Has, gib auch dazu!
Daß der Kittel fertig wird."
Sprach der Has: „Das soll geschehn,
Will dir meinen Lauf geben." –
Ei, so haben wir einen Lauf!
Hasenlauf,
Entenschnabel,
Ganskragen,
Hahnenkamm,
Nonnenkutt,
Hintenzipf,
Freu dich, Mädel, dein Kittel wird hübsch.

Was der Gans alles aufgepackt worden ist.

Was trägt die Gans auf ihrem Schnabel?
Federgans?
Einen Ritter mitsamt dem Sabel,
Trägt die Gans auf ihrem Schnabel.
Federgans.
Was trägt die Gans auf ihrem Kopf?
Federgans?
Einen dicken Koch mitsamt dem Topf
Trägt die Gans auf ihrem Kopf.
Federgans.
Was trägt die Gans auf ihrem Kragen?
Federgans?
Einen Fuhrmann mit Roß und Wagen
Trägt die Gans auf ihrem Kragen.
Federgans.
Was trägt die Gans auf ihren Flügeln?
Federgans?
Einen stattlichen Ritter mitsamt den Bügeln

Trägt die Gans auf ihren Flügeln.
Federgans.
Was trägt die Gans auf ihrem Rücken?
Federgans?
Ein altes Weib mitsamt den Krücken,
Trägt die Gans auf ihrem Rücken.
Federgans.
Was trägt die Gans auf ihren Zehen?
Federgans?
Ein Jungfer, die tut Hemdlein nähen;
Trägt die Gans auf ihren Zehen.
Federgans.
Was trägt die Gans auf ihrem Schwanzerl?
Federgans?
Ein Jungfrau in dem Hochzeitskranzerl
Trägt die Gans auf ihrem Schwanzerl,
Federgans.

Kinder-Predigt.

Quibus, quabus,
Die Enten gehn barfuß,
Die Gäns haben gar keine Schuh,
Was sagen dann die lieben Hühner dazu?
Und als ich nun kam an das kanaljeische Meer,
Da fand ich drei Männer und noch viel mehr,
Der eine hatte niemals was,
Der andre nicht das,
Und der dritte gar nichts,
Die kauften sich eine Semmel,
Und einen Zentner holländischen Käse,
Und fuhren damit an das kanaljeische Meer.
Und als sie kamen an das kanaljeische Meer,
Da kamen sie in ein Land und das war leer,
Und sie kamen an eine Kirche von Papier,
Darin war eine Kanzel von Korduan
Und ein Pfaffe von Rotstein,
Der schrie: „Heute haben wir Sünde getan,
Verleiht uns Gott das Leben, so wollen wir morgen wieder dran!"
Und die drei Schwestern Lazari,
Katharina, Sibilla, Schweigstilla,
Weinten bitterlich,
Und der Hahn krähete Buttermilch!

Das bucklige Männlein.

Will ich in mein Gärtlein gehn,
Will mein Zwiebeln gießen,
Steht ein bucklicht Männlein da,
Fängt als an zu niesen.

Will ich in mein Küchel gehn,
Will mein Süpplein kochen,
Steht ein bucklicht Männlein da,
Hat mein Töpflein brochen.

Will ich in mein Stüblein gehn,
Will mein Müslein essen;
Steht ein bucklicht Männlein da,
Hats schon halber gessen.

Will ich auf mein Boden gehn,
Will mein Hölzlein holen;
Steht ein bucklicht Männlein da,
Hat mirs halber gstohlen.

Will ich in mein Keller gehn,
Will mein Weinlein zapfen;
Steht ein bucklicht Männlein da,
Tut mir'n Krug wegschnappen.

Setz ich mich ans Rädlein hin,
Will mein Fädlein drehen;
Steht ein bucklicht Männlein da,
Läßt mirs Rad nicht gehen.

Geh ich in mein Kämmerlein,
Will mein Bettlein machen;
Steht ein bucklicht Männlein da,
Fängt als an zu lachen.

Wenn ich an mein Bänklein knie,
Will ein bißlein beten,.
Steht ein bucklicht Männlein da,
Fängt als an zu reden.

Liebes Kindlein, ach ich bitt,
Bet fürs bucklicht Männlein mit!

Einquartierung.

Die Enten sprechen: Soldaten kommen! Soldaten kommen!
Der Enterich spricht: Sackerlot, sackerlot!

Der Haushund spricht: Wo? wo? wo? wo?
Die Katze spricht: Von Bernau, von Bernau!
Der Hahn auf der Mauer: Sie sind schon da

Kriegsgebet.

Bet, Kinder, bet,
Morge kommt der Schwed,
Morge kommt der Oxestern,
Der wird die Kinder bete lern.

Trompeterstückchen.

Heiderlau!
Stirbt meine Frau,
Reis ich in die Wetterau,
Hol mir eine andre,
Die soll sein,
Hübsch und fein,
Schöner als die andre.

dito.
A Herr verscho-o-o-ne mich,
Jesus Maria-a-a,
Ist dann kein Kavallerie mehr da,
Jesus Marie,
Wo bleibt dann die Infanterie,
Hätten wir dies,
Hätten wir das,
Hätten wir Heu,
Hätten wir Gras,
So haben wir aber nichts als diese
Alte, alte, alte Schindmährerere.

Kriegslied.

Husaren kommen reiten,
Den Säbel an der Seiten!
Hau dem Schelm ein Ohr ab,
Haus ihm nicht zu dicht ab,
Laß ihm noch ein Stücklein dran,
Daß man den Schelm erkennen kann.

Vor der rechten Schmiede.

Beschlag, beschlags Rößle,
Zu Ulm steht ein Schlößle,
Steht ein Schmiedle nah dabei,
Schmiedle, beschlag mirs Rößle gleich,
Hab ich Nägele zu tief reingschlage,
Muß ichs wieder raußer grabe.

Wer da.

Drei Gäns im Haberstroh
Saßen da und waren froh,
Dann kam ein Bauer gegangen,
Mit einer langen Stangen,
Ruft: Wer do! Wer do!
Drei Gäns im Haberstroh
Saßen da und waren froh!

Proklamation.

Ännele wehr, Ännele wehr,
Buben sind im Garten,
Steck den hintern Riegel für,
Und laß die Narren warten.

Engelsgesang.

O du mein Gott, o du mein Gott,
Singen Engellein so fein,
Singen aufe, singen abe,
Schlagen Trillerlein drein!

Morgenlied von den Schäfchen.

Schlaf, Kindlein, schlaf,
Der Vater hüt die Schaf,
Die Mutter schüttels Bäumelein,
Da fällt herab ein Träumelein,
Schlaf, Kindlein, schlaf.

Schlaf, Kindlein, schlaf,
Am Himmel ziehn die Schaf,
Die Sternlein sind die Lämmerlein,
Der Mond, der ist das Schäferlein,
Schlaf, Kindlein, schlaf.

Schlaf, Kindlein, schlaf,
Christkindlein hat ein Schaf,
Ist selbst das liebe Gotteslamm,
Das um uns all zu Tode kam,
Schlaf, Kindlein, schlaf!

Schlaf, Kindlein, schlaf,
So schenk ich dir ein Schaf,
Mit einer goldnen Schelle fein,
Das soll dein Spielgeselle sein,
Schlaf, Kindlein, schlaf!

Schlaf, Kindlein, schlaf,
Und blöck nicht wie ein Schaf,
Sonst kömmt des Schäfers Hündelein,
Und beißt mein böses Kindelein,
Schlaf, Kindlein, schlaf.

Schlaf, Kindlein, schlaf,
Geh fort und hüt die Schaf,
Geh fort, du schwarzes Hündelein,
Und weck mir nicht mein Kindelein,
Schlaf, Kindlein, schlaf.

Wiegenlied im Freien.

Da oben auf dem Berge,
Da rauscht der Wind,
Da sitzet Maria,
Und wieget ihr Kind,
Sie wiegt es mit ihrer schneeweißen Hand,
Dazu braucht sie kein Wiegenband.

Reiterlied auf des Vaters Knie.

Troß troß trill,
Der Bauer hat ein Füll,
Das Füllen will nicht laufen,
Der Bauer wills verkaufen,

Verkaufen wills der Bauer,
Das Leben wird ihm sauer,
Sauer wird ihm das Leben,
Der Weinstock, der trägt Reben,
Reben trägt der Weinstock,
Hörner hat der Ziegenbock,
Der Ziegenbock hat Hörner,
Im Wald, da wachsen Dörner,
Dörner wachsen im Wald,
Der Winter, der ist kalt,
Kalt ist der Winter,
Vor der Stadt wohnt der Schinder,
Wenn der Schinder gessen hat,
So ist er satt.

Die arme Bettelfrau singt das kranke Kind in Schlaf.

Eia popeia popole,
Unser Herrgottche wird dich bald hole,
Kömmt er mit dem gulderne Lädche,
Legt dich hinunter ins Gräbche:
Über mich,
Über dich,
Kummer mitnander ins Himmelrich!

Wiegenlied einer alten, frommen Magd.

Ich wollte mich zur lieben Maria vermieten,
Ich sollte ihr Kindlein helfen wiegen;
Sie führt mich in ihr Kämmerlein,
Da waren die lieben Engelein,
Die sangen alle Gloria!
Gelobet sei Maria!

Ammenuhr.

Der Mond, der scheint,
Das Kindlein weint,
Die Glock schlägt zwölf,
Daß Gott doch allen Kranken helf!

Gott alles weiß,
Das Mäuslein beißt,
Die Glock schlägt ein,
Der Traum spielt auf den Kissen dein.

Das Nönnchen läut,
Zur Mettenzeit,
Die Glock schlägt zwei!
Sie gehn ins Chor in einer Reih.

Der Wind, der weht,
Der Hahn, der kräht,
Die Glock schlägt drei,
Der Fuhrmann hebt sich von der Streu.

Der Gaul, der scharrt,
Die Stalltür knarrt,
Die Glock schlägt vier,
Der Kutscher siebt den Haber schier.

Die Schwalbe lacht,
Die Sonn erwacht,
Die Glock schlägt fünf,
Der Wandrer macht sich auf die Strümpf.

Das Huhn gagackt,
Die Ente quackt,
Die Glock schlägt sechs,
Steh auf, steh auf, du faule Hex.

Zum Bäcker lauf,
Ein Wecklein kauf,
Die Glock schlägt sieben,
Die Milch tu an das Feuer schieben.

Tut Butter nein,
Und Zucker fein,
Die Glock schlägt acht,
Geschwind dem Kind die Supp gebracht.

Mäh, Lämmchen.

Mäh, Lämmchen, mäh!
Das Lämmchen lauft in Wald,
Da stieß sichs an ein Steinchen,
Tat ihm weh sein Beinchen,
Da schrie das Lämmchen mäh!

Mäh, Lämmchen, mäh!
Das Lämmchen lauft in Wald,
Da stieß sichs an ein Stöckelchen,
Tat ihm weh sein Köppelchen,
Da schrie das Lämmchen mäh!

Da stieß sichs an ein Sträuchelchen,
Tat ihm weh sein Bäuchelchen.

Da stieß sichs an ein Hölzchen,
Tat ihm weh sein Hälschen.

Da schrie das Lämmchen mäh.

Die Magd an der Wiege.

Hab ich mirs nicht längst gedacht,
Sitz ich an der Wiegen,
Hab den Wedel in der Hand,
Wehr dem Kind die Fliegen.

Wenn die Leut spazierengehn,
Muß ich an der Wiege stehn,
Muß da machen knick und knack,
Schlaf du kleiner Habersack.

Eia Popeia etzetera.

Eia im Sause,
Zwei Wiegen in einem Hause,
Soll der Vater nicht werden bang,
Um zwei Wiegen in einem Gang,
Eia im Sause.

Eia wiwi!
Wer schläft heut nacht bei mir,
Solls mein liebes Hänschen sein,
Wird es auch hübsch freundlich sein,
Eia wiwi.

Eia pum pum,
Unser kleiner Jung,
Will noch nicht alleine schlafen,
Will sich noch rumpumpeln lassen,
Eia pum pum.

Eia polei,
Kocht dem Schelm ein Brei,

Tut brav Zucker und Butter hinein,
So kriegt der Schelm ein geschmeidigen Sinn,
Eia polei.

Eia, schlaf süße,
Ich wieg dich mit den Füßen,
Ich wieg dich mit dem schwarzen Schuh,
Schlaf, mein Kind, schlaf immer zu.
Eia, schlaf süße.

Eia popei,
Willst du immer schreien,
Flenn eins auf der Geigen,
Kannst du nit geschweigen,
Eia popeien.

Eia popille,
Schweigst du mir nicht stille,
Geb ich dir, du Sünderlein,
Die Rute vor dein Hinterlein,
Eia popille!

Wiegenlied.

Eio popeio, was rasselt im Stroh,
Die Gänslein gehn barfuß,
Und haben keine Schuh,
Der Schuster hats Leder,
Kein Leisten dazu,
Kann er den Gänslein
Auch machen kein Schuh.

Eio popeio, schlags Kikelchen tot,
Legt mir keine Eier,
Und frißt mir mein Brot,
Rupfen wir ihm dann
Die Federchen aus,
Machen dem Kindlein
Ein Bettlein daraus.

Eio popeio, das ist eine Not,
Wer schenkt mir ein Heller
Zu Zucker und Brot?
Verkauf ich mein Bettlein,
Und leg mich aufs Stroh,
Sticht mich keine Feder,

Und beißt mich kein Floh
Eio popeio.

Walte Gott Vater!

Eia popeia!
Schlief lieber wie du,
Willst mirs nicht glauben,
So sieh mir nur zu.
Sieh mir nur zu,
Wie schläfrig ich bin,
Schlafen, zum schlafen,
Da steht mir mein Sinn.
Ei eia popeia.

Hab ich mein Kindele
Schlafen niedergelegt,
Hab ichs mit: walte
Gott Vater! zugedeckt.
Das walte Gott Vater,
Sohn, heiliger Geist,
Der mir mein Kindele
Tränket und speist,
Ei eia popeia.

Zu Bett.

Zu Bett, zu Bett,
Die ein Kindle hätt,
Die keines hätt,
Muß auch zu Bett.

Der Vogelfänger.

Hab ein Vögele gefangen,
Im Federbett,
Habs in Arm nein gnommen,
Habs lieb gehät!

Gute Nacht, mein Kind!

Guten Abend, gute Nacht,
Mit Rosen bedacht,
Mit Näglein besteckt,
Schlupf unter die Deck,
Morgen früh, wenns Gott will,
Wirst du wieder geweckt.

Morgenlied.

Steht auf, ihr lieben Kinderlein,
Der Morgenstern mit hellem Schein,
Läßt sich sehn frei gleich wie ein Held,
Und leuchtet in die ganze Welt.

Sei willkommen, du lieber Tag,
Vor dir die Nacht nicht bleiben mag,
Leucht uns in unsre Herzen fein,
Mit deinem himmelischen Schein.

Sämann.

Hutsch he! hutsch he!
Der Ackermann säet,
Die Vögelein singen,
Die Kernlein zerspringen,
Hutsch he! hutsch he!

Mondliedchen.

Wie der Mond so schön scheint,
Und die Nachtigall singt,
Wie lustig mags im Himmel sein,
Beim kleinen Jesuskind!

Tanzliedchen im Grünen.

Heidelbeeren, Heidelbeeren
Stehn in unserm Garten,

Mutter, gib mir auch ein paar,
Kann nicht länger warten.

Tannebaum.

O Tannebaum, o Tannebaum!
Du bist ein edles Reis!
Du grünest in dem Winter,
Als wie zur Sommerszeit!

Warum sollt ich nit grünen,
Da ich noch grünen kann?
Ich hab kein Vater, kein Mutter,
Der mich versorgen kann.

Sonnenlied.

Sonne, Sonne scheine,
Fahr über Rheine,
Fahr übers Glockenhaus,
Gucken drei schöne Puppen raus,
Eine, die spinnt Seiden,
Die andre wickelt Weiden,
Die andre geht ans Brünnchen,
Findt ein goldig Kindchen;
Wer solls heben?
Die Töchter aus dem Löwen.
Wer soll die Windeln wäschen?
Die alte Schneppertäschen.

Wo bist du dann gesessen?

Auf'm Bergle bin ich gesessen,
Hab dem Vögele zugschaut,
Ist ein Federle abe geflogen,
Hab'n Häusle draus baut.

Im Frühling, wenn die Maiglöckchen läuten.

Kling, kling Glöckchen,
Im Haus steht ein Döckchen,

Im Garten steht ein Hühnernest,
Stehn drei seidne Döckchen drin,
Eins spinnt Seiden,
Eins flicht Weiden,
Eins schließt den Himmel auf,
Läßt ein bißchen Sonn heraus,
Läßt ein bißchen drin,
Daraus die Liebfrau Maria spinn,
Ein Röcklein für ihr Kindelein.

Beim Spaziergang.

Steig auf das Bergle,
Fall aber nit herab,
O herzig liebs Schätzle,
Brichs Füßle nit ab!

Guten Appetit.

Es regnet, Gott segnet,
Die Sonne scheint,
Der Mond greint,
Der Pfaff sitzt aufm Laden,
Frißt all die Palisaden!
Die Nonne geht ins Wirtshaus,
Und trinkt die Gläser all, all aus.

Anschauungs-ABC.

A, b, ab,
Tu die Kapp ab.
A b c
Die Katz, die läuft in Schnee,
Der Vater hinterher,
Mit einem großen Stücke Schmer.

Wenn der Schelm die ersten Hosen anzieht.

Zimmermäntle, Zimmermäntle,
Leih mir deine Hosen. –

Nein, nein, leih dir sie nit,
Sie hangen hinterm Ofen!

Wenn man die kleinen Jungen mit ihren Schlabbertüchlein am Hals zu Tische setzt.

Hau dich nit, stich dich nit, brenn dich nit,
Suppen ist heiß,
Schneider, wenn du reiten willst,
Setz dich auf die Geiß.

Wenn das Kind etwas nicht gern ißt.

Bum bam beier,
Die Katz mag keine Eier,
Was mag sie dann?
Speck aus der Pfann!
Ei, wie lecker ist unsre Madam!

Wenn das Kind allzu wißbegierig ist.

Warum?
Darum.
Warum denn darum?
Um die Krumm.
Warum denn um die Krumm?
Weils nicht grad ist!

Wenn die Hühner im Garten sind.

Mein Hinkelchen, mein Hinkelchen,
Was machst in unserm Garten,
Pflückst uns all die Blümchen ab,
Machst es gar zu arg,
Mutter wird dich jagen,
Vater wird dich schlagen,
Mein Hinkelchen, mein Hinkelchen,
Was machst in unserm Garten.

Wenn die Kinder gehen lernen.

Trommel auf dem Bauch, hast ein schweren Ranzen,
Kannst du erst auf Stelzen gehn, so kannst du auch bald tanzen.

Wenn die Kinder auf der Erde herumrutschen.

Guck hinüber, fuff herüber,
Wohl über die Straß hinum,
Kann Deutschland nicht finden,
Rutsch alleweil drauf rum.

Wenn man die Kinder im Schlitten fährt.

Schäfele hat ein Küttele an,
Hänget voller Röllen,
Wann es über d'Gassen geht,
Fangen die Hund an bellen.

Schäfele komm,
Schlag mir die Tromm,
Führ mir mein Fritzle
Im Schlittle herum.

Weinsüppchen.

Anne Margrittchen!
Was willst du, mein Liebchen?
Ich trinke so gerne
Gezückerten Wein.

Zwei Pfund Zuckerchen,
Ein Pfund Butterchen,
Zwei Maße Wein,
So muß es gut sein.

Schütt es in ein Kesselchen,
Rühr es mit dem Löffelchen,
Anne Margritchen,
Welch Süpplein ist das?

Eine Weinsupp! eine Weinsupp!

Wetterprophet.

Drei Wolken am Himmel,
Was soll dies bedeuten?
Der Mesner soll heimgeh,
Soll Wetter läuten!

Wenn die Kinder üble Laune haben.

Zürnt und brummt der kleine Zwerg,
Nimmt er alles überzwerch,
Ein Backofen für ein Bierglas,
Den Mehlsack für ein Weinfaß,
Den Kirschbaum für ein Besenstiel,
Den Flederwisch für ein Windmühl,
Die Katz für eine Wachtel,
Den Sieb für eine Schachtel,
Das Hackbrett für ein Löffel,
Den Hansel für den Stöffel.

Wiegenlied.

Höre, mein Kindchen, was will ich dir singen,
Äpfel und Birnen soll Vater mitbringen,
Pflaumen, Rosinen und Feigen,
Mein Kindchen soll schlafen und schweigen.

Schulkrankheit.

Bist du so krank als wie ein Huhn,
Magst gern essen und nichts tun.

Den kleinen Kindern in die Hand gepatscht.

Patsche, patsche Küchelchen,
Mir und dir ein Krügelchen,
Mir und dir ein Tellerchen,
Mir und dir ein Hellerchen,
Sind wir zwei Gesellerchen.

Butzemann.

Es tanzt ein Butzemann
In unserm Haus herum, di dum,
Er rüttelt sich, er schüttelt sich,
Er wirft sein Säckchen hinter sich,
Es tanzt ein Butzemann
In unserm Haus herum.

Zu Gaste gebeten.

Geh mit mir in die Heidelbeeren,
Heidelbeeren sind noch nit blo (blau),
Geh mit mir ins Haberstroh,
Haberstroh ist noch nit zeitig,
Geh mit mir ins Besenreisig,
Besenreisig ist noch nit auf,
Geh mit mir die Trepp hinauf,
Trepplein ist verbrochen,
Sind wir nauf gekrochen,
Sind wir in dem Kämmerlein,
Schenk ein Schöpplein Wein ein.

Nicht weit her.

Ein Himmel ohne Sonn,
Ein Garten ohne Bronn,
Ein Baum ohne Frucht,
Ein Mägdlein ohne Zucht,
Ein Süpplein ohne Brocken,
Ein Turm ohne Glocken,
Ein Soldat ohne Gewehr,
Sind alle nicht weit her.

Ich schenk dir was.

Was ist denn das?
Ein silbernes Wart ein Weilchen,
Und ein goldnes Nixchen,
In einem niemalenen Büchschen.

Hast du auch was gelernt?

Wacker Mägdlein bin ich ja,
Rote Strümpflein hab ich an,
Kann stricken, kann nähen,
Kann Haspel gut drehen,
Kann noch wohl was mehr!

Was möchtest du nicht.

Ich möcht vor tausend Taler nicht,
Daß mir der Kopf ab wär,
Da spräng ich mit dem Rumpf herum,
Und wüßt nicht, wo ich wär,
Die Leut schrien all und blieben stehn:
Ei guck einmal den! Ei guck einmal den!

Als Hans vom Markt heimging.

Als Hans vom Markt heimging und seinem Schatz ein neu Spinnrad mitgebracht und sich eine neue Peitsche gekauft hatte, sang er lustig:

Buchsbaumes Rädle,
Ein flächsene Schwing,
Mein Schatz heißt Antonele,
Wie freut mich das Ding.

Ach und weh, kein Schmalzele meh!

Ich hab emal ein Bettelmädele küßt,
S Schmalz ist ihm aus dem Häfele raus gspritzt.
Bettelmädele schreit Ach und Weh,
Hab ja kein Schmalzele meh.

Wenn ers nur nicht krumm nimmt!

Um um um mein Krummer,
Krummer, du bist mein,
Ei, du krummer Dingerler,
Wie magst so lustig sein?

Was hast du dann zu dem Schustersbuben gesagt?

Schusterbue!
Flick mir die Schuh,
Gib mirs Leder auch dazu,
Es ist kein Gerber in der Stadt,
Der ein solches Leder hat.

Ein lustiger Bu
Braucht oft ein Paar Schuh,
Ein trauriger Narr,
Hat lang an eim Paar.

Kommt Hühner bibi.

Der Reiter zu Pferd,
Die Köchin am Herd,
Die Nonne im Kloster,
Der Fischer im Wasser,
Die Mutter backt Kuchen,
Sie läßt mich nicht gucken,
Sie gibt mir ein Brocken,
Soll Hühner mit locken,
Kömmt Hühner bibi,
Die Knochen ißt sie.

Lied, mit welchem die Kinder die Schnecken locken.

Klosterfrau im Schneckenhäusle,
Sie meint, sie sei verborgen?
Kommt der Pater Guardian,
Wünscht ihr guten Morgen!

An den Storchschnabel.

Storch, Storch, Steiner!
Mit den langen Beiner,
Flieg mir in das Bäckerhaus,
Hol mir ein warmen Weck heraus!

Ist der Storch nit ein schönes Tier,
Hat einen langen Schnabel und säuft kein Bier.

Klapperstorch.

Storch, Storch, Langbein,
Wann fliegst du ins Land herein,
Bringst dem Kind ein Brüderlein.
Wenn der Roggen reifet,
Wenn der Frosch pfeifet,
Wenn die goldnen Ringen
In der Kiste klingen,
Wenn die roten Appeln,
In der Kiste rappeln.

Der Goldvogel.

Goldvogel, flieg aus,
Flieg auf die Stangen,
Käsebrote langen;
Mir eins, dir eins,
Alle gute Gsellen eins.

Maikäferlied.

Maikäferchen, Maikäferchen, fliege weg!
Dein Häuschen brennt,
Dein Mütterchen flennt,
Dein Vater sitzt auf der Schwelle,
Flieg in Himmel aus der Hölle.

Petrus und Pilatus auf der Reise.

Bei diesem Liede reichen sich zwei Kinder die Hände kreuzweis und gehen singend auf und ab, und bei: „sprach Pilatus“ drehen sie sich durch einen Zug der Hände schnell herum und wandern wieder zurück.

Pilatus wollte wandern,
    Sprach Petrus.
Von einer Stadt zur andern,
Juchheisasa andern.
    Sagt Pilatus.
Jetzt kommen wir vor ein Wirtshaus,
    Sprach Petrus.

Frau Wirtin, schenkt uns Wein heraus,
Juchheisasa usw.
  Sagt Pilatus.
Womit willst du ihn bezahlen?
  Sprach Petrus.
Ich hab noch einen Taler,
Juchheisasa usw.
  Sagt Pilatus.
Wo hast du denn den Taler bekommen?
  Sprach Petrus.
Ich hab ihn den Bauern genommen,
Juchheisasa usw.
  Sprach Pilatus.
Jetzt hast du keinen Segen.
  Sprach Petrus.
Daran ist nichts gelegen,
Juchheisasa usw.
  Sprach Pilatus.
Jetzt kommst du nicht in Himmel ein.
  Sprach Petrus,
So reit ich auf einem Schimmel hinein.
Juchheisasa.
  Sprach Pilatus.
So fällst du herunter und brichst das Bein.
  Sprach Petrus.
So rutsch ich auf dem Hintern hinein,
Juchheisasa usw.
  Sprach Pilatus.

Abzählen bei dem Spiel.

Eins, zwei, drei,
In der Dechanei,
Steht ein Teller auf dem Tisch,
Kommt die Katz und holt die Fisch,
Kommt der Jäger mit der Gabel,
Sticht die Katze in den Nabel,
Schreit die Katz: Miaun, miaun,
Wills gewiß nicht wieder taun.

* * *

Eins, zwei, drei,
Hicke, hacke, Heu,

Hicke, hacke Haberstroh,
Vater ist ein Schnitzler worden,
Schnitzelt mir ein Bolz,
Zieh ich mit ins Holz,
Zieh ich mit ins grüne Gras,
Altvater, was ist das?
Kind, es ist ein weißer Has!
Puh, den schieß ich auf die Nas.

* * *

Jäger, bind dein Hündlein an,
Daß es mich nicht beißen kann,
Beißt es mich,
Straf ich dich,
Um sechshundertdreißig.

Aus einem Kindermärchen.

Königstochter jüngste,
Mach mir auf,
Weißt du nicht, was gestern
Du zu mir gesagt,
Bei dem kühlen Brunnenwasser?
Königstochter jüngste
Mach mir auf.

Linsenlied.

Die Linse,
Wo sin se?
Im Tippe,
Se hippe.
Deck se zu,
So han se Ruh.

Ringelreihe-Lied.

Die Kinder tanzen im Kreis und setzen sich plötzlich zur Erde nieder.

Ringel, Ringel, Reihe!
Sind der Kinder dreie,

Sitzen auf dem Hollerbusch,
Schreien alle musch, musch, musch,
  Sitzt nieder.

Sitzt ne Frau im Ringelein,
Mit sieben kleine Kinderlein,
Was essens gern?
  Fischlein
Was trinkens gern?
  Roten Wein.
Sitzt nieder.

Spiellied des Königs Töchterlein.

Ein Mägdlein setzt sich in die Mitte, ihren Rock zieht sie über den Kopf in die Höh, die Kinder stehen um sie und halten den Rock, einer geht herum und fragt:

Ringel, Ringel, Tale, ringen,
  Wer sitzt in diesem Turm drinnen?
Das Mägdlein antwortet:
  Königs, Königs Töchterlein.
Der Herumgesandte:
  Darf man sie auch anschauen?
Mägdlein.
  Nein, der Turm ist gar zu hoch,
  Du mußt ein Stein abhauen.

Nun schlägt er auf eine der Hände, und diese läßt den Rock fallen, nun fragt er von neuem: sind alle Steine herunter, so lauft das Königs Töchterlein nach, und wer erhascht wird, muß nun in den Turm.

Erbsenliedchen.

Gib mir eine Erbse.
„Ich habe keine."
Geh zum Müller und hol dir eine.
„Er gibt mir keine."
So such dir eine.
„Ich finde keine."
So blas ich dich.
„So wehr ich mich."

Nun blasen sich die Kinder ins Gesicht, wer es am längsten, ohne zu lachen, aushält, bekommt von dem andern eine Erbse.

Abzählen.

Eins, zwei, drei,
Bicke, borne hei,
Bicke borne Pfefferkoren,
Der Müller hat seine Frau verloren,
Hänschen hat sie gfunden.
D'Katzen schlagen d' Tromme,
D' Maus kehren d' Stuben aus,
D' Ratten tragen den Dreck hinaus:
'S sitzt ein Männel unter dem Dach,
Hat sich bald zu krank gelacht.

Dergleichen.

Gickes gackes Eiermus,
Gänse laufen barfuß,
Hinterm Ofen steht sie,
Vor dem Ofen geht sie,
Hat sie Schuh,
Sie legt sie an.
Hat sie keine,
So kauft sie ein Paar.

Wenn die Kinder Steine ins Wasser werfen.

Ist ein Mann in Brunnen gefallen,
Haben ihn hören plumpen,
Wär der Narr nit nein gefallen,
Wär er nit ertrunken.

Vöglein auf der Wiege.

Vöglein auf der Wiege,
Singst so klare Züge,
Also klar,
Sieben Jahr,
Sieben Jahr herum.

Maikäferlied.
(Am Überrhein.)

Türkenmännchen, flieg hinweg,
Die Weiber mit den Stangen,
Wollen dich empfangen.
Türkenweibchen, flieg hinweg,
Die Männer mit den Spießen,
Wollen dich erschießen.
Flieg in den Himmel,
Bring mirn Sack voll Kümmel,
Tunk ich meinen Weck hinein,
Bei dem roten, kühlen Wein.

Abzählen, den die letzte Silbe trifft, der muß nachlaufen.

Ahne, krahne, wickele, wahne,
Wollen wir nit nach England fahren,
England ist verschlossen,
Schlösser sind verrostet,
Schlüssel ist verloren,
Müssen wir ein Loch nein bohren,
Sind wir nein gekrochen,
Haben die Töpf verbrochen,
Wenn der Kessel tief ist,
Wenn die Milch süß ist,
Wenn die Puppen tanzen,
Wollen wir Lanzen pflanzen.

Abzählen.

Eins, zwei, drei, vier, fünf, sechs, sieben, acht, neun,
Geh ich in das Gässel h'nein,
Schlag dem Bauer die Fenster ein,
Kommt der Büttel, setzt mich ein,
Setzt mich in das Narrenhaus,
Geb ich drei, vier Batzen aus,
Ri ra Ofenloch,
Hätt ich mein drei Batzen noch!

Wirst du mir keine schöne Singerin.

Hinter der Donaubrück
Steht ein schön Häusle,
Sitzt ein schön Mädle drin,
Singt als wie ein Zeisle.

Geh, du schwarze Amsel.

Wann ich schon schwarz bin,
Schuld ist nicht mein allein,
Schuld hat mein Mutter gehabt,
Weil sie mich nicht gewaschen hat,
Da ich noch klein,
Da ich wunderwinzig bin gesein.

Vorbereitung zur Tanzstunde.

Mädele, bind den Geißbock an,
Gib ihm brav Heu,
Gib ihm nur, was er mag,
Daß er brav tanzen kann,
Wie ein Lakai.

Heubündele.

Mädle, was hast du,
Was trägst in deinem Bündele?
Mehl und Schmalz und ein Salz,
Für mein klein Kindle?

Etikette auf des Bettelmanns Hochzeit.

Widele wedele,
Hinterm Städele
Hat der Bettelmann Hochzeit,
Pfeift ihm Läusle,
Tanzt ein Mäusle,
'S Igele schlägt die Trommel,

Alle die Tier, die Wedele haben,
Sollen zur Hochzeit kommen.

Was haben wir dann zu essen?

Guten Abend, Ännele,
Zu essen häben wir wenele,
Zu trinken häben wir unsern Bach,
Häben wir nit die beste Sach?

Wer bist du, armer Mann?

Der Himmel ist mein Hut,
Die Erde ist mein Schuh,
Das heilge Kreuz ist mein Schwert,
Wer mich sieht, hat mich lieb und wert.

Was ißt du gern, was siehst du gern?

Geschnittne Nudele eß ich gern,
Aber nur die feine,
Schöne Mädele seh ich gern,
Aber nur die kleine.

Ach, wenn ich doch ein Täublein wär.

Dort oben auf dem Berge,
Da steht ein hohes Haus,
Da fliehen alle Morgen,
Zwei Turteltäublein raus.

Ach, wenn ich nur ein Täublein wär!
Wollt fliegen aus und ein,
Wollt fliegen alle Morgen!
Zu meinem Brüderlein.

Ein Haus wollt ich mir bauen,
Ein Stock von grünem Klee,
Mit Buchsbaum wollt ichs decke,
Und roten Nägelein.

Und wenn das Haus gebauet wär,
Beschert mir Gott was nein,

Ein kleines, kleines Kindelein,
Das soll mein Täublein sein.

Rote Äuglein.

Könnst du meine Äuglein sehen,
Wie sie sind vom Weinen rot,
Ich soll in das Kloster gehen,
Und allein sein bis in Tod.

Es sitzen auch zwei Turteltäublein
Drüben auf dem grünen Ast,
Wenn die voneinander scheiden,
So vergehen Laub und Gras.

Korbflechterlied.

Ich will ein Körblein flechten,
Ein Körblein hübsch und fein,
Nimm du dein falsches Herze,
Und legs mit größtem Schmerze
In dieses Körblein fein.

Tanzliedchen.

Bin ich nit ein Bürschlein
In der Welt?
Spring ja wie ein Hirschlein,
In dem Feld?
In dem Feld, im grünen Holz,
Begegnet mir ein Jungfrau stolz.

Guten Morgen, Jungfrau!
Mach geschwind,
Du sollst mit mir tanzen,
Munter Kind!
Bißchen auf und abgeschwenkt,
Und ein Gläschen eingeschenkt.

Schöne Musikanten
Spielet auf!
Spielet mir ein Tänzlein
Oben drauf;

Aufgeputzt, eingeschnürt,
Lustig dann zum Tanz geführt.
Heisasa.

Wenns Kind verdrießlich ist.

Der Müller tut mahlen,
Das Rädle geht rum,
Mein Schatz ist verzürnet,
Weiß selbst nit warum.

Liebesliedchen.

Mein Schätzle ist fein,
'S könnt feiner nit sein,
Es hat mirs versprochen,
Sein Herzle gehört mein.

Vom Vöglein.

Grüß dich Gott, mein lieb Regerl!
Ich komm aus dem Wald,
Hab gefangen ein schöns Vögerl.
Entwischt wär mirs bald.
Ich tät dirs gern schenken,
Nimms an, sei so gut,
Es wird dich nicht kränken,
Weils schön singen tut.

Ei du mein liebs Regerl,
Ich bitt dich um ein Gnad,
Verschaff doch dem Vögerl
Ein Häusle von Draht,
Tu auch nicht vergessen,
Ein Trögerl zum Trank,
Ein Trögerl zum Fressen,
Daß 's dir nit wird krank.

Der gescheite Hansel.

Hansel am Bach,
Hat lauter gut Sach,

Hats Häusel verbrennt,
Hat Lumpen drum gehenkt.

Hansel am Bach,
Hat lauter gut Sach,
Hat Fischlein gefangen,
Hat die Schuppen heimbracht.

Hansel und Gretel,
Zwei lustige Leut,
Der Hansel ist närrisch,
Die Gretel nit gescheit.

Liebeslieder.

Herzigs Kindlein, Zuckermündlein,
Ich hab ein Wecklein in meinem Säcklein,
Ich will dirs bringen,
Bis nach Bingen,
Zerrißne Hemder,
Die Schuh voll Bänder,
Papierne Absätz,
Hölzerne Sohlen;
Knäblein, willst du mich,
So tu mich holen.

Mein Schätzlein, mein Kätzlein,
O warte nur ein Jahr,
Und wann die Weiden Kirschen tragen,
So nehm ich dich fürwahr.
Die Weiden tragen keine Kirschen,
Die Königskerze ist kein Licht,
Also kannst du gedenken,
Daß ich dich nehme nicht.
Und wenn ich dich schon nehme,
So haben wir kein Haus,
Da setzen wir uns in die Kieze,
Und schauen oben raus.

Vergiß mein nicht.

Ist es nicht eine harte Pein,
Wenn Liebende nicht beisammen sein,
Drück mich fest in dein Herz hinein,
Wachsen heraus Vergißnichtmein.

Trotzliedchen.

Mein Schätzle ist klein,
Es bildt sich viel ein,
Jetzt mag es mich nimmer,
'S muß aber nit sein.

Scherzlied.

'S Band aufe 's Band abe,
Mein Schätzle ist mir lieb,
Dort in dem braunen Kittele,
Schön Sträußle auf dem Hut.

Ei der tausend.

Ich saß auf einem Birnenbaum,
Wollt gelbe Rüben graben,
Da kam derselbe Bauersmann,
Dem diese Zwiebeln waren!

Ach, ach, du Schelm, ach, ach, du Dieb!
Was machst du in den Nüssen,
So hatt' ich all mein Lebetag
Kein beßre Pflaumen gessen.

Der Esel hat Pantoffeln an,
Kam übers Dach geflogen,
Ach, ach, ich armes Mädelein,
Wie bin ich doch betrogen.

Scherz- und Liebes-Liedchen.

Was hilft mir ein roter Apfel,
Wenn er innen faul ist;
Was hilft mich ein schöns Kindlein,
Wenn sein Herzlein falsch ist.

Wenn ich ein schön Mägdlein seh
Mein ich, es sei mein,
Wenn ich mirs dann holen will,
Läßt michs nicht hinein.

Und wenn mein Kindchen auf dem Tannenbaum wär,
Ich wollt hinauf klettern, wenn's noch so hoch wär.

Ziehs naufi.

Margritchen, Margritchen,
Dein Hemdchen guckt für,
Ziehs naufi, ziehs naufi,
So tanz ich mit dir.

Tanzliedchen.

Tanz, Kindlein, tanz,
Dein Schühlein sind noch ganz,
Laß dir sie nit gereue,
Der Schuster macht dir neue.

Konterfait und Aussteuer.

Mein Schatz ist kreideweiß,
Hat krumme Glieder,
Geht schief zum Tor hinaus,
Kommt bucklig wieder.

Ein ungleich Paar Ochsen,
Eine bucklige Kuh,
Die gibt mir meine Mutter,
Wenn ich heiraten tu.

Von Adel und Tadel.

Ein silberne Scheide,
Ein goldene Kling,
Mein Schatz ist von Adel,
Wie freut mich das Ding.

Kreideweiße Haare,
Schwarz gewichste Schuh,
Ein Degen an der Seite,
Ein Goldstück dazu.

Mein Schatz ist von Adel,
Von Adel ist er,

Was hat er für einen Tadel?
Kein Waden hat er.

Gelegenheitsverse.

Wenn ein Schiff vom Stapel läuft, so singen in Lübeck die Kinder, die zu ihrem Vergnügen sich darauf befinden:

Laß ihm, laß ihm seinen Willen,
Er hat den Kopf voll Grillen.

Wenn die Knaben beim Spiel das letzte, was sie haben, einsetzen, singen sie:

Die letzte Hand klopft an die Wand,
Die wird mich nicht verlassen.

Schluß.

Dormi Jesu, mater ridet,
Quae tam dulcem somnum videt,
Dormi Jesu blandule.
Si non dormis, mater plorat,
Inter fila cantans orat;
Blande veni somnule.

Inhaltsverzeichnis

(Nach Überschiften und Liedanfängen)

10,–